Das große Buch

Office 2010

René Gäbler
Tilly Mersin
Hannes Pfeiffer
Stephan Wirth
Florens Dölschner

DATA BECKER

Copyright	© by DATA BECKER GmbH & Co. KG Merowingerstr. 30 40223 Düsseldorf
Produktmanagement und Lektorat	Lothar Schlömer
Umschlaggestaltung	Inhouse-Agentur DATA BECKER
Textverarbeitung und Gestaltung	Andreas Quednau (www.aquednau.de)
Produktionsleitung	Claudia Lötschert
Druck	Media-Print, Paderborn
E-Mail	buch@databecker.de

Alle Rechte vorbehalten. Kein Teil dieses Buchs darf in irgendeiner Form (Druck, Fotokopie oder einem anderen Verfahren) ohne schriftliche Genehmigung der DATA BECKER GmbH & Co. KG reproduziert oder unter Verwendung elektronischer Systeme verarbeitet, vervielfältigt oder verbreitet werden.

ISBN 978-3-8158-3049-9

Wichtiger Hinweis

Die in diesem Buch wiedergegebenen Verfahren und Programme werden ohne Rücksicht auf die Patentlage mitgeteilt. Sie sind für Amateur- und Lehrzwecke bestimmt.

Alle technischen Angaben und Programme in diesem Buch wurden von den Autoren mit größter Sorgfalt erarbeitet bzw. zusammengestellt und unter Einschaltung wirksamer Kontrollmaßnahmen reproduziert. Trotzdem sind Fehler nicht ganz auszuschließen. DATA BECKER sieht sich deshalb gezwungen, darauf hinzuweisen, dass weder eine Garantie noch die juristische Verantwortung oder irgendeine Haftung für Folgen, die auf fehlerhafte Angaben zurückgehen, übernommen werden kann. Für die Mitteilung eventueller Fehler sind die Autoren jederzeit dankbar.

Wir weisen darauf hin, dass die im Buch verwendeten Soft- und Hardwarebezeichnungen und Markennamen der jeweiligen Firmen im Allgemeinen warenzeichen-, marken- oder patentrechtlichem Schutz unterliegen.

Inhalt

1. Neues in Office 2010 ... 14

2. Word – Dokumente perfekt gestalten ... 21

2.1 Erste Schritte für Ein- und Umsteiger ... 22
Die Benutzeroberfläche im Überblick ... 23
Wählen Sie die richtige Ansicht für Ihre Arbeit ... 26
Die wichtigsten Tastenkombinationen für Ihre Arbeiten mit Dokumenten ... 27

2.2 Die professionelle Gestaltung Ihrer Korrespondenz ... 30
Der erste Geschäftsbrief entsteht ... 30
Professioneller Schriftverkehr ... 35
Den Geschäftsbrief als universelle Vorlage anlegen ... 36
Der Grundbaustein: die Faxvorlage ... 54
Schnelleres Arbeiten mit Schnellbausteinen ... 56
Serienbriefe schnell und komfortabel erstellen ... 58
Optionen für gelungene Dokumente ... 73
Die neuen Textgestaltungsfunktionen ... 85
Gestalten Sie Ihre Visitenkarten selbst ... 91

2.3 Erleichtern Sie sich die Arbeit mit Formatvorlagen ... 101
Aufbau einer Formatvorlage ... 101
Zeitersparnis durch Dokumentvorlagen ... 114
Eine eigene Dokumentvorlage definieren: Vertragsautomatisierung mit Feldfunktionen ... 116

2.4 Interaktive Formulare für jeden Praxiseinsatz ... 127
Geschäftsvordrucke mit Formularfeldern automatisieren ... 128
So schützen Sie Ihr Dokument ... 131
Automatisierte Rechnungsformulare mit Word erstellen ... 133

2.5 Professionelle Tabellengestaltung mit Word ... 145
Möglichkeit 1: Das Tabellengerüst mit zwei Klicks erstellen ... 145
Möglichkeit 2: Die Tabelle über den Menüband-Befehl Tabelle erstellen ... 146
Möglichkeit 3: Zeichnen Sie Ihre Tabelle ... 147
Tabellen mit Tabellenformatvorlagen schnell und attraktiv gestalten ... 147
Rechnen auch in Word-Tabellen ... 157
Eine Excel-Kalkulationstabelle in Word einfügen ... 158

2.6 Tägliche Praxisaufgaben einfach gelöst ... 159
Ansprechende Diagramme und Schaubilder gestalten ... 159
Formeln sind in Word kein Problem ... 160
Etiketten konsistent und schnell beschriften ... 161
Individuelle Faltprospekte gestalten ... 165

2.7 Dokumente im Team überprüfen und korrigieren .. 175
Fehlerfreie Dokumente durch Rechtschreibprüfung ... 175
Dokumente im Team bearbeiten ... 183

2.8 Lange Dokumente organisieren ... 189
Textpassagen, Begriffe oder Abschnitte suchen ... 189
Mit Verweisen und Textmarken arbeiten ... 199
Fuß- und Endnoten für zusätzliche Informationen nutzen ... 201
Lange Dokumente mit Querverweisen versehen ... 204
Das Navigationsfenster sinnvoll einsetzen ... 205
Grafiken Speicherplatz sparend einfügen ... 216
Inhalts- und Stichwortverzeichnisse erstellen ... 222

2.9 Dokumente drucken, faxen und versenden ... 233
Typische Druckprobleme beheben ... 234
Eine Word-Datei für den Offsetdruck bereitstellen ... 236
Faxdokumente direkt aus Word heraus senden ... 240
So speichern Sie Ihr Dokument richtig ab ... 240
Das sollten Sie beim Austausch von Word-Dokumenten beachten . 242

3. Aufgaben einfacher und schneller mit Excel 2010 erledigen ... 245

3.1 Der Schnelleinstieg für Ein- und Umsteiger ... 246
Die Oberfläche von Excel 2010 kennenlernen – so verwenden Sie die Multifunktionsleiste ... 246
Excel an die eigenen Wünsche und Bedürfnisse anpassen ... 249
Die wichtigsten Shortcuts im Überblick ... 252
Tabellendokumente mit der neuen Backstage-Zentrale erstellen, verwalten und ausgeben ... 257

3.2 Daten in einer Tabelle erfassen und formatieren ... 260
Daten effektiv eingeben ... 261
Zellen, Zeilen und Spalten einfügen, löschen und bearbeiten ... 266
Zellen zusammenfassen ... 268
Zahlenformate zuordnen und individuell erstellen ... 269
Eine typische Tabelle erstellen und formatieren ... 274
Wichtige Kennzahlen mit einer bedingten Formatierung sofort im Blick ... 279

	Bedingte Formatierung – eine eigene Regel erstellen	286
	Prompte Ergebnisse mit Formatvorlagen und Designs	288
	Umfangreiche Tabellendokumente planen	294
	Daten aus dem Internet importieren	295
3.3	**Formeln und Funktionen in Excel**	**299**
	Grundsätze der korrekten Datenberechnung in Excel	299
	Schnell einfache Berechnungen durchführen	305
	Zellbezüge festlegen	307
	Formeln direkt über das Ribbon wählen und anwenden	308
	Datengruppen benennen und mit benannten Bereichen effektiv mit umfangreichen Tabellendokumenten arbeiten	309
	Zeitdifferenzen und Stichtage exakt berechnen	327
	Effektive Fehlersuche mit der Verfolgung von Zellbezügen und dem richtigen Auswerten von Fehlermeldungen	339
	Mit einer Gültigkeitsprüfung nur die Eingabe bestimmter Daten erlauben	346
3.4	**Daten analysieren, auswerten und darstellen**	**351**
	Mit Diagrammen abstrakte Zahlenkolonnen verstehbar machen	352
	Übersicht auf engstem Raum: mit Sparklines Trends und Entwicklungen direkt in der Tabellenzelle zeigen	358
	Prognosen mit Trendlinien, Verbindungslinien und Fehlerindikatoren erschließen	360
	Diagramme an veränderte Daten anpassen	369
	Datenbestände schnell übersichtlich sortieren und filtern	372
	Datenprüfung, Konsolidierung, Szenarien und Zielwertsuche	380
	Anlagemöglichkeiten mit dem Szenario-Manager vergleichen	385
3.5	**Analyse großer Datenmengen mit Pivot-Tabellen**	**389**
	Pivot-Tabellen verstehen, erstellen und einsetzen	390
	Mit einem Datenschnitt nur die Daten anzeigen, die im Augenblick benötigt werden	395
	Mit PivotCharts Tabellendaten analysieren	395
	Daten aus verschiedenen Quellen mit dem Add-in PowerPivot in ein einziges Tabellendokument integrieren	396
3.6	**Tabellendokumente speichern, veröffentlichen und ausdrucken**	**398**
	Vor der Ausgabe: alle wichtigen Einstellungen zu einem Tabellendokument in der Backstage-Ansicht festlegen	398
	Eine Excel 2010-Arbeitsmappe speichern oder exportieren	399
	Übersichtlich und ansprechend: Tabellen drucken	400
	Ein Dokument als Vorlage speichern	403
	Arbeitsblätter schützen und mit Berechtigungen versehen	403
	Tabellendokumente freigeben	404

3.7 Excel in Form bringen ... 405
Formulare und Eingabemasken einsetzen ... 405
Besser navigieren mit eingefrorenen Fenstern ... 407
Listen- und Optionsfelder erstellen ... 408
Arbeitsabläufe mit dem Einsatz von Makros optimieren ... 410

4. PowerPoint – Planen und Erstellen von Präsentationen ... 415

4.1 Schnellstart für Ein- und Umsteiger ... 416
Die Oberfläche näher betrachtet ... 416
Das Folienfenster ... 417
Alles reine Ansichtssache ... 418
Shortcuts im Überblick – Übersicht über die Tastenkombinationen ... 420
Dokumentverwaltung in der Backstage-Ansicht ... 422
Das Dateiformat ... 423

4.2 Die beste Vorbereitung einer PowerPoint-Show ... 424
Zielgruppe und Botschaft bestimmen ... 424
Bestimmen Sie die Inhalte in einem Storyboard ... 425
Stimmen Sie das Design mit dem Thema ab ... 425
Erstellen Sie zuerst eine spannende Geschichte ... 426
Direkteingabe in die Folie ... 426
Zeitsparende Eingabe in die Gliederungsansicht ... 427
Übernahme aus einer Word-Gliederung ... 428
Ordnung ist das halbe Leben: Abschnitte für Folien ... 430

4.3 Was fürs Auge: Themen, Designs und Vorlagen nutzen ... 432
Layoutideen, die Aufmerksamkeit erregen ... 432
Komplette Designs auf die Präsentation anwenden ... 434
Designfarben ... 436
Welcher Hintergrund für welche Gelegenheit? ... 438
Corporate Design mit Mastervorlagen ... 442
Ganz individuelle Vorlagen erzeugen ... 446
Eine interaktive Fotoshow gestalten ... 448
Folienübergänge mit 3-D-Animationsgrafikeffekten ... 455
Der Mauszeiger als Laserpointer ... 456

4.4 Texte überzeugend darstellen ... 457
Gestaltung der Einzelfolien ... 457
Texte frei auf Folien arrangieren und formatieren ... 459
Gliederung und Struktur führen durch die Texte ... 461
Texte besonders hervorheben ... 463

4.5 Professionelle Mediengestaltung in PowerPoint 465
Originelle Formen einsetzen und selbst zeichnen 466
Grafiken müssen den Text optimal unterstützen 481
Grafik direkt in PowerPoint bearbeiten 490
Gestaltung von Folien mit SmartArt 498
Übertragen animierter Formate auf andere Objekte 503
Audio-/Videounterstützung spektakulär in Vorträge integrieren 505
Umwandeln einer Präsentation in ein Video 509

4.6 Tabellen müssen nicht ermüdend sein 510
Tabellen in eine Folie einfügen 510

4.7 Monotonen Zahlen Leben einhauchen 516
Diagramme in PowerPoint erstellen und bearbeiten 516

4.8 Verblüffen Sie: Animation und Videos einbinden 529
Wie geht man mit externen Videos um? 529
Mit Videoclips Bewegung in die PowerPoint-Präsentation bringen .. 531
Der Einsatz von Flash-Filmen 536
Vertonen Sie Ihre PowerPoint-Präsentation 537

5. Outlook – E-Mails, Kontakte und Termine managen 543

5.1 Schnelleinstieg für Ein- und Umsteiger 544
Die neue Oberfläche kennenlernen 544
Mehrere Layoutbereiche für einen schnellen Überblick 545
Der erste Start: E-Mail-Konto in fünf Minuten einrichten 546
POP3, IMAP oder Exchange? 547
Outlook-Datendatei 549
Schneller am Ziel durch kurze Tastenkombinationen 549

5.2 Outlook optimal einrichten 550
Outlook Heute 550
Silber, Blau oder Schwarz 551
Outlook als Standard-E-Mail-Programm 551
Editor-Optionen anpassen 552
Rechtschreibprüfung aktivieren 553
Die AutoKorrektur anpassen 553
Kalenderoptionen festlegen 553
Zugriff auf Outlook-Datendatei schützen 555

5.3 Die Multifunktionsleiste individuell anpassen 556
Die Multifunktionsleiste ausblenden 559
Wichtige Funktionen im Schnellzugriff 560

5.4 Ansichten und Aufteilungen der Oberfläche verändern ... 561
Eine optimierte Arbeitsansicht ... 561
Die Ansichten anpassen ... 562
Spalten nach eigenem Geschmack einrichten ... 563
Texte im Lesebereich per Maus zoomen ... 564
Die Schriftgröße in der Navigations- und Aufgabenleiste anpassen . 565

5.5 So werden Sie mit der täglichen E-Mail-Flut fertig .. 566
So rufen Sie Ihre E-Mails ab ... 566
E-Mails erstellen und gestalten ... 567
Visitenkarten, Briefpapiere und Designs verwenden ... 571
Zeit fürs Wesentliche: mit der Prioritätensetzung arbeiten ... 572
Lesebestätigung anfordern ... 573
Abstimmungen durchführen ... 573
Eigene und mehrere Optionen verwenden ... 575
Die Ergebnisse auswerten ... 576
Absender auswählen ... 577
E-Mails direkt vom Desktop aus verschicken ... 577
Textbausteine für schnelleres Schreiben ... 577
Nachrichten unterschreiben: Signaturen verwenden ... 579
Nachrichten lesen, beantworten und drucken ... 580
Das Kategoriensystem von Outlook ... 583
Aufgaben und Termine aus Nachrichten erstellen ... 584
Eine eigene Ordnerstruktur anlegen ... 584
Von Outlook die Post sortieren lassen: der Regel-Assistent ... 585
QuickSteps für regelmäßige Aktionen ... 586
Das Postfach entschlacken und aufräumen ... 588
Daten manuell archivieren ... 589
Die AutoArchivierung nutzen ... 590
Volle Postfächer gezielt abarbeiten ... 594
Genau das finden, was man sucht ... 595
Unterhaltungen abweisen ... 598
Zu lange gewartet? E-Mails ablaufen lassen ... 601

5.6 Outlook archivieren und mit Spam fertig werden .. 601
Professionelles Archivieren von E-Mail-Konten ... 601
Datenverlust mit regelmäßigen Backups vorbeugen ... 603
Spam erfolgreich bekämpfen ... 607
Tools zum Aufräumen ... 608

5.7 Professionelles Kontaktmanagement mit Outlook . 609
Adressbuch kennenlernen und anpassen ... 609
Die Outlook-Kontakte als Adressbuch einrichten ... 610
Die Sortierreihenfolge ändern ... 612
Erst die geschäftlichen Kontakte anzeigen lassen ... 614

Fehlermeldungen beim Öffnen des Adressbuchs	614
Ein LDAP-Verzeichnis einrichten	615
Mehrere Adressbücher zusammenführen	617
Doppelte Einträge finden	617
Neue Kontakte hinzufügen und anzeigen	618
Kontaktgruppen erstellen	619
Mehrere Empfänger zu Kontaktgruppen zusammenfassen	620
Mehrere Kontakte zu einer Kontaktgruppe zusammenfassen	620
E-Mails an eine Kontaktgruppe senden	621
So ändern Sie Kontaktgruppen nachträglich	622
So hält man die Daten der Kontaktgruppe automatisch aktuell	623
Kontaktgruppen mitnehmen oder einem Kollegen zuschicken	623
Schnelle Übersicht über Aktivitäten mit Kontakten	625
Kontakte kategorisieren	627
Einen Kontakt aus Outlook heraus anrufen	627
Telefonlisten drucken	627
Importieren und Exportieren von Kontakten	628

5.8 Soziale Netzwerke im Blick behalten ... 630

Den Assistenten installieren	631
Weitere soziale Netzwerke hinzufügen	632

5.9 Termine und Besprechungen stets im Griff ... 633

Ansichten des Kalenders	634
Verschiedene Kalenderansichten einsetzen	635
Ordnung im Kalender halten: Überflüssiges löschen	638
Termin erstellen	638
Wiederkehrende Termine erstellen	640
Termine schnell verschieben oder löschen	640
Termine und Besprechungen per E-Mail organisieren	641
Kalender per E-Mail versenden	642
Kalenderfreigaben für Kollegen	644
Kalender drucken	645
Tipps & Tricks für effizientes Arbeiten	646

5.10 E-Mails automatisch beantworten ... 647

Einen Stellvertreter einrichten	649

5.11 Weniger Stress: Aufgaben wirklich sinnvoll planen ... 651

Aufgabenplaner kennenlernen und einrichten	651
Aufgaben erstellen und verwalten	653
Aufgabenansichten, Gruppierungen und Filter	655
Einen Termin aus einer Aufgabe erstellen	656

**5.12 Termine und Aufgaben unter Kontrolle:
Tipps für ein effizientes Zeitmanagement** 656
    Ziele setzen 657
    Übersicht verschaffen 657
    Prioritäten setzen 657
    Planen 660

5.13 RSS-Feeds einrichten – News auf aktuellem Stand . 661
    RSS-Feeds abonnieren 662
    Hier finden Sie RSS-Feeds 662

5.14 Die Journalfunktion: Workflow-Analyse 663
    Journal einrichten und kennenlernen 663
    Eintrag gezielt im Journal hinzufügen 665

5.15 Notizen in Outlook 665
    Eine Notiz erstellen 666
    Notizen weiterleiten 666
    Notiz in einen Kalendereintrag umwandeln 667

5.16 Outlook mobil einsetzen 668

6. Gemeinsame Arbeitsweise im Office-Paket 671

**6.1 Daten zwischen den Anwendungen importieren
und exportieren** 672
    Datenexport aus Access 673
    Import einer CSV-Datei in Excel 675
    Datenaustausch zwischen Excel und Access 675
    Eine Pivot-Tabelle mit einer PowerPoint-Präsentation verknüpfen .. 678

6.2 Dokumente online freigeben 679
    Dokumente als Anhang per E-Mail versenden 679
    Dokumente als Internetfax senden 680
    Dokumente auf Windows Live SkyDrive veröffentlichen 680
    Zugriff auf Windows Live SkyDrive 682

6.3 Mit den Web Apps von überall Daten bearbeiten 682

6.4 Datenabgleich unterwegs mit Office Mobile 685

**6.5 Zwischenablage für Profis: OneNote übergreifend
einsetzen** 686
    So einfach richten Sie ein neues Notizbuch ein 686
    Die schnelle Verbindung zu Outlook 688

	Objektvielfalt auf Notizblättern	689
	Organisation und Zusammenarbeit	691
6.6	**Im- und Export von Outlook-Kontakten**	692
	Datenimport von Excel-Adressen in Outlook-Kontakte	692
	Datenexport von Outlook-Kontakten	696
6.7	**Zugriffe durch Berechtigungen einschränken**	698
	Anmeldung beim IRM-Dienst	699
	Berechtigungen mit IRM vergeben	701
6.8	**Digitale Zertifikate**	703
6.9	**Die Tools von Office 2010**	705
	Verwaltung digitaler Zertifikate für VBA-Projekte	705
	ClipArts mit dem Clip Organizer verwalten	707
	Spracheinstellungen	709
	Mit dem Microsoft Picture Manager Grafiken bearbeiten	710
	Diagnose des Systems	712
6.10	**Aufzeichnungen und Makros verwenden**	713
	So schützen Sie Formeln in Excel 2010 mit einem Makro	714
	Aufzeichnung eines Makros in Excel 2010	714
	Ausführung eines Makros in Excel 2010	717
	So vergeben Sie das aktuelle Datum für ein Tabellenblatt in Excel 2010	719
	Stellen Sie mit einem Makro fest, wie viele Grafiken innerhalb eines Textes und welche über dem Text liegen	722
6.11	**Updates: So halten Sie Ihr Office auf dem neusten Stand**	724

Stichwortverzeichnis 727

1. Neues in Office 2010

Die vielen neuen und verbesserten Fähigkeiten im Microsoft Office 2010-Paket sind so zahlreich, dass hier nur eine kleine Auswahl der wichtigsten und spannendsten vorgestellt werden soll. Alle weiterführenden Informationen finden Sie in den entsprechenden Kapiteln weiter hinten in diesem Buch.

Backstage

Eine der wohl interessantesten Neuheiten in Office 2010 ist das neu geordnete *Datei*-Menü, das jetzt Backstage heißt. In Office 2007 war es unter dem wenig geliebten Office-Button zu finden, was zu viel Verwirrung bei den Anwendern geführt hatte.

In diesem Backstage-Bereich sind jetzt sowohl bekannte Befehle wie *Öffnen*, *Speichern* und *Drucken* als auch ganz neue Funktionen zu finden.

Die Backstage-Ansicht von Word 2010.

Speichern und Senden

Ganz neu geordnet wurde insbesondere der Bereich *Speichern und Senden*, unter dem sich jetzt eine Vielzahl neuer Features befindet, wie z. B. *Im Web speichern* oder *In SharePoint speichern*. Mit ihnen ist es jetzt möglich, aus der jeweiligen Anwendung heraus seine Daten direkt auf z. B. einem Sky-Drive-Account im Internet zu speichern. Textelemente können auch direkt als Blogbeitrag veröffentlicht werden.

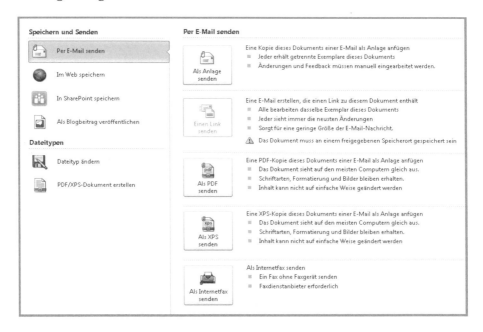

Web Apps

Daten können an die Microsoft Office Web Apps verschickt werden, mit denen Microsoft im Laufe des Jahres seine Office-Anwendungen auch im Internet zur Verfügung stellen will. Die Office-Dateien können dann direkt aus dem Programm heraus im Web gespeichert und von jedem beliebigen Computer aus im Internet bearbeitet werden, ohne dass man ein Office auf seinem Laptop installiert hat.

Office Mobile

Auch von Microsoft Office Mobile wird es bald eine neue Version 2010 geben, mit der die Dateien dann noch besser auf dem Smartphone unterwegs bearbeitet werden können, als das noch unter Office Mobile 2007 möglich ist.

Neuerungen in Word

In Word 2010 hat Microsoft einiges an visuellen Neuerungen eingebaut. Da gibt es z. B. die Möglichkeit, Aufzählungen ganz einfach mit ansprechenden grafischen Diagrammen aufzupeppen. Eine erweiterte Bildbearbeitung direkt in Word sorgt dafür, dass das lästige Wechseln zur externen Bildbearbeitung oftmals entfallen kann. Ebenfalls in Word integriert ist eine Screenshot-Funktion.

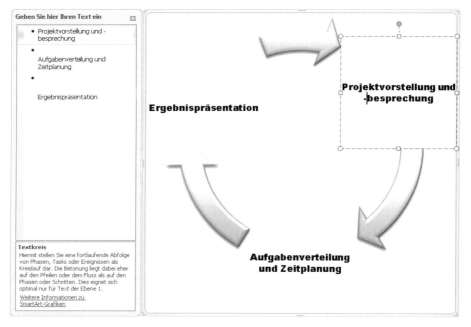

Umwandlung einer einfachen Aufzählung in ein ansprechendes Diagramm.

Sparklines

In Excel haben die neuen Sparklines bereits im Vorfeld viel Aufmerksamkeit erregt. Mit ihnen ist es möglich, innerhalb einer Zelle einen komplexen Zahlenverlauf schnell und übersichtlich darzustellen. Es ist dann nicht mehr notwendig, für jeden Blick auf die Entwicklung langer Zahlenkolonnen extra zu einem großen Diagramm zu wechseln.

Hamburg	3.281.562,98 €	8.353.423,00 €	8.540.454,00 €	3.770.505,00 €	1.824.069,00 €	2.649.183,00 €	9.394.064,00 €		
Hannover	931.533,50 €	9.909.525,00 €	7.710.145,00 €	1.671.685,00 €	7.672.734,00 €	9.739.380,00 €	8.486.674,00 €		
Berlin	1.276.200,89 €	1.642.693,00 €	9.112.905,00 €	1.811.950,00 €	6.459.574,00 €	9.335.428,00 €	7.170.071,00 €		
Dortmund	1.748.395,22 €	5.794.124,00 €	8.665.291,00 €	4.436.452,00 €	3.146.100,00 €	8.817.793,00 €	3.552.731,00 €		
Düsseldorf	6.159.165,56 €	1.759.497,00 €	5.236.330,00 €	4.977.569,00 €	6.598.618,00 €	6.120.956,00 €	5.429.073,00 €		
Stuttgart	679.951,46 €	3.779.123,00 €	6.100.932,00 €	4.225.113,00 €	2.058.648,00 €	1.055.976,00 €	1.334.404,00 €		
Frankfurt	4.495.741,29 €	6.425.511,00 €	5.566.722,00 €	4.792.211,00 €	6.118.909,00 €	7.687.429,00 €	1.786.184,00 €		
Nürnberg	2.395.301,45 €	3.993.586,00 €	1.080.825,00 €	7.939.449,00 €	4.642.040,00 €	7.689.564,00 €	3.412.908,00 €		
München	8.438.056,82 €	5.247.074,00 €	2.636.151,00 €	7.995.523,00 €	5.144.533,00 €	1.050.633,00 €	5.772.436,00 €		

Die Sparklines am rechten Rand geben eine schnelle Übersicht über Trends.

Weitere Optimierungen in Excel

Außerdem wurden in Excel die Drill-down-Funktionen erweitert. In der Pivot-Tabellen-Ansicht können jetzt Daten dynamisch gefiltert und aggregiert werden, sodass immer nur die gerade wichtigen Daten dargestellt werden.

Ebenfalls deutlich verbessert haben sich die grafischen Fähigkeiten in Excel bei der Darstellung von Diagrammen.

Neues in Outlook 2010

Outlook 2010 hat jetzt auch ein Menüband bekommen und zieht somit im Look & Feel mit den anderen Applikationen gleich.

Das Menüband von Outlook.

Die Suchfunktion war in früheren Outlook-Versionen vielfach ein Ärgernis, da gerade in einem Wust von E-Mails, Terminen und Kontakten die benötigten Daten manchmal nur schwer zu finden waren. In Outlook 2010 funktioniert die Suche weitaus besser und Zusatztools sind nicht mehr erforderlich.

Mit den neuen QuickSteps können jetzt bequem mehrere Schritte einer Aufgabe sehr komfortabel zusammengefasst und anschließend mit nur einem Klick ausgeführt werden. In Outlook sind bereits einige dieser QuickSteps vorhanden und der Anwender kann sich weitere individuell hinzufügen.

Soziale Netzwerke

Microsoft bereitet derzeit die weitgehende Integration von sozialen Netzwerken wie XING, Facebook oder LinkedIn in Outlook vor. Über den Outlook Connector kann der Anwender jederzeit direkt aus Outlook heraus auf sein Netzwerk zugreifen und bleibt über Ereignisse und Meldungen ständig auf dem Laufenden. Auch das Empfangen von Voicemail- und Faxnachrichten im Posteingang ist für Outlook 2010 kein Problem.

Neue Effekte in PowerPoint

In PowerPoint sind ebenfalls die medialen Fähigkeiten konsequent weiter ausgebaut worden. Egal ob es sich dabei um ausgefeilte Fotoeffekte oder um das Einbetten von Videos in die Präsentation handelt, PowerPoint 2010 bietet die Lösungen für diese Fragen. Es ist sogar möglich, die komplette Präsentation live im Internet freizugeben oder sie in ein Video mit ergänzenden gesprochenen Kommentaren zu konvertieren und dieses Video anschließend per Mail oder DVD zu verschicken.

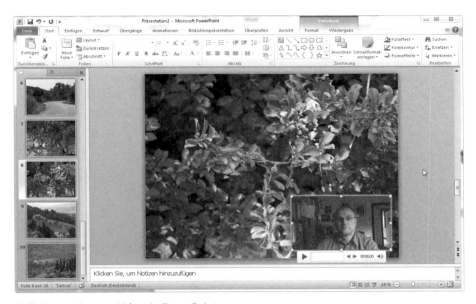

Volle Integration von Videos in PowerPoint.

Das sind aber bei Weitem noch nicht alle spannenden Features von Office 2010. Lesen Sie in den folgenden Kapiteln die detaillierte Vorstellung aller wichtigen Fähigkeiten von Office.

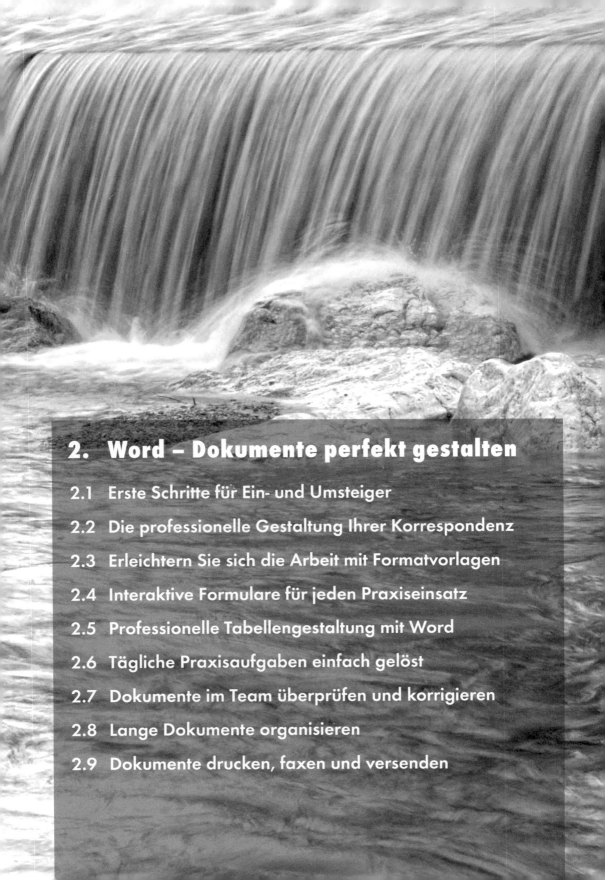

2. Word – Dokumente perfekt gestalten

2.1 Erste Schritte für Ein- und Umsteiger

2.2 Die professionelle Gestaltung Ihrer Korrespondenz

2.3 Erleichtern Sie sich die Arbeit mit Formatvorlagen

2.4 Interaktive Formulare für jeden Praxiseinsatz

2.5 Professionelle Tabellengestaltung mit Word

2.6 Tägliche Praxisaufgaben einfach gelöst

2.7 Dokumente im Team überprüfen und korrigieren

2.8 Lange Dokumente organisieren

2.9 Dokumente drucken, faxen und versenden

2. Word – Dokumente perfekt gestalten

Word unterstützt Sie bei der professionellen Gestaltung Ihrer Korrespondenz. Dazu gehören Funktionen wie die Arbeit mit Textfeldern, Dokumentvorlagen, AutoTexten und Seriendruck. Die folgenden Abschnitte zeigen Ihnen, wie Sie diese und viele andere Features einsetzen, um die Arbeit mit Briefen und anderen Dokumenten zu rationalisieren.

2.1 Erste Schritte für Ein- und Umsteiger

Nachfolgend erhalten Sie eine kurze Übersicht über die Funktionsweise von Word 2010 und die wichtigsten Bildschirmelemente.

Nach dem Starten von Word 2010 sehen Sie den folgenden Bildschirm:

Sie erhalten ein neues leeres Dokument, das Sie als Grundlage für Ihre Arbeit verwenden können. Alternativ klicken Sie auf das Register *Datei* am linken oberen Bildschirmrand und wählen den Befehl *Neu*.

Hier können Sie nun zwischen verschiedenen, fertig gestalteten Dokumentvorlagen wählen, die zum Teil sogar schon vordefinierte Inhalte bieten – so erhalten Sie nicht nur Unterstützung bei der Gestaltung der Dokumente, sondern auch einen inhaltlichen Leitfaden: Sie müssen die vordefinierten Inhalte nur noch ändern und ggf. ergänzen. Dieser Weg bietet sich immer dann an, wenn Sie es besonders eilig haben und auch ohne eingehende Beschäftigung mit Word zu akzeptablen Ergebnissen gelangen möchten.

Die Benutzeroberfläche im Überblick

Betrachten wir nun die Benutzeroberfläche. Gegenüber vielen anderen Anwendungsprogrammen enthält Office 2010 keine Menüs oder Symbolleisten. Stattdessen gibt es das sogenannte Menüband, das sich dynamisch ändert, je nachdem, was Sie im Dokument ausgewählt haben.

Die Register des Menübands funktionieren am besten in einer möglichst hohen Auflösung, obwohl auch eine Auflösung von 800 x 600 Pixeln noch denkbar ist. Für ein vernünftiges Arbeiten sollte Ihr Monitor aber mindestens 1.024 x 768 Pixel messen – je höher die Auflösung, desto intuitiver ist die Arbeit mit dem Menüband.

Menüband ausblenden

Bei Bedarf blenden Sie das Menüband ganz aus, indem Sie in der rechten oberen Bildschirmecke auf das Pfeilsymbol neben dem Fragezeichen klicken. Mit einem erneuten Klick auf das Symbol blenden Sie das Menüband wieder ein.

Menüband über die Tastatur bedienen

Bei Bedarf blenden Sie das Menüband ganz aus, indem Sie in der rechten oberen Bildschirmecke auf das Pfeilsymbol neben dem Fragezeichen klicken. Mit einem erneuten Klick auf das Symbol blenden Sie das Menüband wieder ein.

Das Menüband lässt sich übrigens auch schnell mit der Tastatur bedienen. Drücken Sie dazu einfach die [Alt]-Taste. Sie sehen nun zu jedem per Tastatur ansteuerbaren Befehl das entsprechende Tastenkürzel. Drücken Sie dieses, um zur entsprechenden Funktion zu gelangen.

Der Backstage-Bereich im Datei-Register

Eine gewisse Sonderstellung nimmt – allein schon optisch – das *Datei*-Register des Menübands ein. Sie können hier ein neues Dokument erstellen, Ihr Dokument speichern und drucken sowie seine Eigenschaften ändern.

Das Menüband individuell anpassen

Welche Befehle in den einzelnen Registern des Menübands angezeigt werden, können Sie in Word 2010 selbst festlegen. Klicken Sie dazu im *Datei*-Register des Menübands auf den Befehl *Optionen*.

Im folgenden Dialogfeld aktivieren Sie im linken Bereich die Kategorie *Menüband anpassen*.

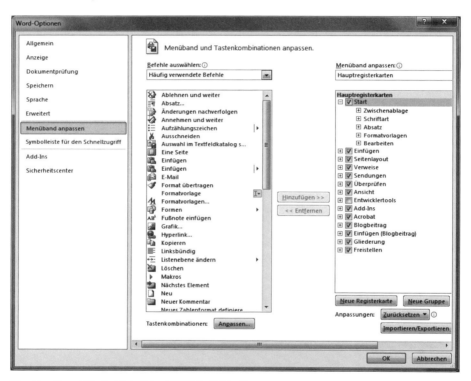

Das Menüband lässt sich in Word 2010 individuell anpassen.

Unter *Menüband anpassen* markieren Sie das Register, in das Sie den neuen Befehl einfügen möchten. Klicken Sie auf die Schaltfläche *Neue Gruppe*. Klicken Sie die neue Gruppe mit der rechten Maustaste an und wählen Sie *Umbenennen*. Vergeben Sie einen passenden Namen und wählen Sie bei Bedarf ein Symbol aus. Klicken Sie auf *OK* und lassen Sie die neue Gruppe markiert.

Nun wählen Sie aus dem Listenfeld *Befehle auswählen* den Befehlssatz, der den von Ihnen gewünschten Befehl enthält. Darunter markieren Sie in der Hauptliste den gewünschten Befehl. Klicken Sie auf *Hinzufügen*, um den Befehl in die neue Gruppe aufzunehmen.

Um einen von Ihnen nicht benötigten Befehl aus dem Menüband zu entfernen, markieren Sie ihn in der rechten Liste und klicken auf die Schaltfläche *Entfernen*.

Auch neue Register können Sie in das Menüband aufnehmen, indem Sie auf die Schaltfläche *Neue Registerkarte* klicken.

Zoomen

Die praktische Zoomleiste im rechten unteren Bildschirmbereich enthält einen Regler für die stufenlose Vergrößerung bzw. Verkleinerung der Dokumentansicht. Weiterhin können Sie durch einen Klick auf den momentanen Zoomwert das Dialogfeld *Zoom* öffnen, in dem Sie die Zoomstufe in numerischer Form eingeben.

Der Auswahlbereich

Äußerst praktisch ist auch der sogenannte Auswahlbereich. Sobald Sie einige Elemente in Ihrem Dokument erstellt haben, können Sie ganz rechts im Register *Start* des Menübands auf die Schaltfläche *Markieren* klicken. Hier können Sie beispielsweise das gesamte Dokument, gezeichnete Objekte oder alle Texte mit einer ähnlichen Formatierung wie das aktuell Markierte auswählen.

Das Dateiformat

Standardmäßig speichert Word 2010 Ihre Dokumente im DOCX-Format. Sie können Ihre Dokumente aber auch noch im alten DOC-Format speichern, um die Abwärtskompatibilität mit Word bis zur Version 2003 zu sichern. Das DOCX-Format basiert auf XML und ist damit robuster und erweiterbarer als das DOC-Format.

Wählen Sie die richtige Ansicht für Ihre Arbeit

Jetzt ist ein guter Zeitpunkt, sich die Arbeitsumgebung optimal einzurichten. Je nachdem, welche Aufgaben Sie in Ihrem Dokument gerade zu erfüllen haben, bietet Ihnen Word immer die geeignete Arbeitsansicht. Über das Register *Ansicht* oder die Symbolgruppe im rechten unteren Bildschirmbereich wechseln Sie schnell zur gerade benötigten Ansicht.

- ➢ Die Ansicht *Entwurf* verwenden Sie, wenn Sie schnell schreiben möchten, ohne sich groß um das Seitenlayout Ihres Dokuments zu kümmern. Seitenwechsel werden in Form von gepunkteten Linien dargestellt.

- ➢ Die Ansicht *Gliederung* eignet sich zum Umgruppieren, Einfügen und Löschen von Überschriften und Textelementen.

- ➢ Die Ansicht *Weblayout* zeigt Ihnen, wie Ihr Dokument aussieht, wenn Sie es über den Befehl *Speichern* im *Datei*-Register als HTML-Dokument speichern.

- ➢ Die Ansicht *Vollbild-Lesemodus* präsentiert die Seiten Ihres Dokuments in kurzen, für das Lesen am Bildschirm optimierten Einheiten, ohne Rücksicht auf tatsächliche Seitenumbrüche zu nehmen.

- ➢ Mit der Ansicht *Seitenlayout* begutachten Sie Ihr Dokument so, wie es letztendlich auch im Druck aussehen wird.

Die wichtigsten Tastenkombinationen für Ihre Arbeiten mit Dokumenten

Arbeit mit Dokumenten	
Strg+N	Neues Dokument erstellen
Strg+O	Dokument öffnen
Strg+W	Dokument schließen
Strg+S	Dokument speichern
Strg+F	Nach Text, Formatierung und Sonderzeichen suchen
Alt+Strg+Y	Weitersuchen
Strg+H	Text, Formatierung und Sonderzeichen ersetzen
Strg+G	Zu einer Seite, Textmarke, Fußnote, Tabelle, einem Kommentar, einer Grafik oder einer anderen Stelle im Dokument wechseln
Alt+Strg+Z	Zu einer Seite, Textmarke, Fußnote, Tabelle, einem Kommentar, einer Grafik oder einer anderen Stelle im Dokument zurückkehren
Esc	Aktion abbrechen
Strg+Z	Aktion rückgängig machen
Strg+Y	Aktion wiederherstellen oder wiederholen
Alt+Strg+L	Wechseln zur Layoutansicht
Alt+Strg+G	Wechseln zur Gliederungsansicht
Alt+Strg+N	Wechseln zur Entwurfsansicht

Formatieren von Zeichen und Absätzen	
Strg+Umschalt+A	Zeichenformatierung ändern
Strg+Umschalt+>	Schriftgrad vergrößern
Strg+<	Schriftgrad verkleinern
Strg+9	Schriftgrad um 1 Punkt vergrößern
Strg+8	Schriftgrad um 1 Punkt verkleinern
Umschalt+F3	Groß-/Kleinschreibung der Buchstaben ändern
Strg+Umschalt+G	Buchstaben als Großbuchstaben formatieren
Strg+Umschalt+F	Text fett formatieren
Strg+Umschalt+U	Text unterstreichen
Strg+Umschalt+W	Lediglich Wörter (keine Leerzeichen) unterstreichen

2. Word – Dokumente perfekt gestalten

Formatieren von Zeichen und Absätzen	
Strg+Umschalt+D	Text doppelt unterstreichen
Strg+Umschalt+H	Text verborgen formatieren
Strg+Umschalt+K	Text kursiv formatieren
Strg+Umschalt+Q	Buchstaben in Kapitälchen formatieren
Strg+#	Tiefgestellt-Formatierung zuweisen (automatischer Abstand)
Strg+Umschalt++	Hochgestellt-Formatierung zuweisen (automatischer Abstand)
Strg+Leertaste	Manuelles Zeichenformat entfernen
Strg+Umschalt+B	Dem markierten Text die Symbol-Schriftart zuweisen
Strg+Umschalt+* (Asterisk)	Nicht druckbare Zeichen anzeigen
Umschalt+F1 (danach auf den Text klicken, dessen Formatierung Sie überprüfen möchten)	Textformatierung überprüfen
Strg+Umschalt+C	Formate kopieren
Strg+Umschalt+V	Formate einfügen

Tastenkombination	Gewünschter Zeilenabstand
Strg+1	Einfacher Zeilenabstand
Strg+2	Doppelter Zeilenabstand
Strg+5	1,5-facher Zeilenabstand
Strg+0 (null)	Zeile vor einem Absatz hinzufügen oder entfernen
Strg+B	Absatz im Blocksatz ausrichten
Strg+L	Absatz linksbündig ausrichten
Strg+R	Absatz rechtsbündig ausrichten
Strg+M	Absatz von links einziehen
Strg+Umschalt+M	Absatzeinzug von links entfernen
Strg+T	Hängenden Einzug erstellen
Strg+Umschalt+T	Hängenden Einzug verkleinern
Strg+Q	Absatzformatierung entfernen
Strg+Umschalt+S	Formatvorlage zuweisen
Strg+J	AutoFormat starten

Tastenkombination	Gewünschter Zeilenabstand
[Strg]+[Umschalt]+[N]	Formatvorlage *Standard* zuweisen
[Alt]+[1]	Überschrift-Formatvorlage *Überschrift 1* zuweisen
[Alt]+[2]	Überschrift-Formatvorlage *Überschrift 2* zuweisen
[Alt]+[3]	Überschrift-Formatvorlage *Überschrift 3* zuweisen
[Strg]+[Umschalt]+[L]	Formatvorlage *Liste* zuweisen

Bearbeiten und Verschieben von Texten und Grafiken	
[Rück]	Zeichen links neben der Einfügemarke löschen
[Strg]+[Rück]	Wort links neben der Einfügemarke löschen
[Entf]	Zeichen rechts neben der Einfügemarke löschen
[Strg]+[Entf]	Wort rechts neben der Einfügemarke löschen
[Strg]+[X]	Markierten Text in die Zwischenablage verschieben
[Strg]+[Z]	Letzte Aktion rückgängig machen
[Strg]+[F3]	In die Sammlung verschieben

Kopieren und Verschieben von Text und Grafiken	
[Strg]+[C]	Text oder Grafiken kopieren
[F2] (danach Verschieben der Einfügemarke und Drücken der [Enter]-Taste)	Text oder Grafiken verschieben
[Alt]+[F3]	AutoText erstellen
[Strg]+[V]	Inhalt der Zwischenablage einfügen
[Strg]+[Umschalt]+[F3]	Inhalt der Sammlung einfügen
[Strg]+[F9]	Feld
[Enter] (nach Eingabe der ersten Zeichen des Namens des Auto-Text-Eintrags und Anzeige der QuickInfo)	AutoText-Eintrag
[Umschalt]+[Enter]	Zeilenwechsel
[Strg]+[Enter]	Seitenwechsel
[Strg]+[Umschalt]+[Enter]	Spaltenwechsel
[Strg]+[-]	Bedingter Bindestrich

Kopieren und Verschieben von Text und Grafiken	
[Strg]+[Umschalt]+[-]	Geschützter Bindestrich
[Strg]+[Umschalt]+[Leertaste]	Geschütztes Leerzeichen
[Alt]+[Strg]+[C]	Copyright-Symbol
[Alt]+[Strg]+[R]	Symbol für eingetragene Marke
[Alt]+[Strg]+[T]	Marken-Symbol
[Alt]+[Strg]+[.]	Auslassungspunkte

Markieren von Text und Grafiken	
[Umschalt]+[→]	Um ein Zeichen nach rechts
[Umschalt]+[←]	Um ein Zeichen nach links
[Strg]+[Umschalt]+[→]	Bis zum Wortende
[Strg]+[Umschalt]+[←]	Bis zum Wortanfang

2.2 Die professionelle Gestaltung Ihrer Korrespondenz

Word unterstützt Sie bei der professionellen Gestaltung Ihrer Korrespondenz. Dazu gehören Funktionen wie die Arbeit mit Textfeldern, Dokumentvorlagen, Schnellbausteinen und Seriendruck. Die folgenden Abschnitte zeigen Ihnen, wie Sie diese Features einsetzen, um die Arbeit mit Briefen, Umschlägen und Etiketten zu rationalisieren.

Der erste Geschäftsbrief entsteht

Wenn Sie noch keine Briefvorlage haben und schnell einen Geschäftsbrief benötigen, sehen Sie nachfolgend, wie Sie sich ungefähr nach den Vorschriften der DIN richten, damit der Brief in den handelsüblichen, ebenfalls genormten Fensterbriefumschlägen versandt werden kann. Allerdings ist es nicht notwendig, dass Sie sich sklavisch an die aus der Schreibmaschinenära stammende Norm halten.

1 Klicken Sie auf das Register *Datei* und dann auf *Neu*.

2 Klicken Sie auf *Leeres Dokument* und dann auf der rechten Seite auf *Erstellen*.

3 Ein neues leeres Dokument liegt vor Ihnen auf der Arbeitsfläche. Damit die Anschrift des fertigen Briefs genau in ein handelsübliches Fensterkuvert passt, wechseln Sie nun im Menüband in das Register *Seitenlayout* und klicken in der Gruppe *Seite einrichten* auf die Schaltfläche *Seitenränder*.

4 Wählen Sie ganz unten den Befehl *Benutzerdefinierte Seitenränder* und vergewissern Sie sich, dass im Listenfeld *Mehrere Seiten* der Eintrag *Standard* ausgewählt ist.

5 In dem Feld *Oben* geben Sie *6 cm* ein, in dem Feld *Links 2,4 cm* und in dem Feld *Rechts* ebenfalls *2,4 cm*.

Bestätigen Sie mit *OK* und geben Sie nun die Empfängeradresse ein. Formatieren Sie sie bei Bedarf über die Schaltflächen in den Gruppen *Schriftart* und *Absatz* des Registers *Start*.

1 Drücken Sie nun etwa fünfmal die Taste [Enter] und geben Sie das Datum ein. Sie können sich dabei von Word helfen lassen, indem Sie im Register *Einfügen* des Menübands auf die Schaltfläche *Datum und Uhrzeit* klicken. Im folgenden Dialogfeld geben Sie das gewünschte Datumsformat ein und klicken auf *OK*.

2 Word fügt automatisch das aktuelle Datum an der Stelle der Einfügemarke ein.

3 Drücken Sie erneut fünfmal die Taste [Enter] und geben Sie die Betreffzeile ein.

4 Markieren Sie die Zeile, wechseln Sie in das Register *Start* und formatieren Sie die Betreffzeile über das entsprechende Symbol in der Gruppe *Schriftart* fett.

F

5 Drücken Sie die Taste [Enter] dreimal und geben Sie die Anrede ein.

6 Drücken Sie die Taste [Enter] zweimal und geben Sie den Brieftext ein. Die einzelnen Absätze des Briefs trennen Sie jeweils durch eine Leerzeile.

7 Am Ende des Brieftextes drücken Sie wieder zweimal die Taste [Enter] und geben die Grußformel ein (*Mit freundlichen Grüßen* oder dergleichen).

8 Drücken Sie die Taste [Enter] sechsmal und geben Sie den Namen des Unterzeichners ein. Unterschrieben wird der ausgedruckte Brief dann zwischen Grußformel und dem Namen des Unterzeichners.

Der fertige Brief passt in jeden Fensterbriefumschlag. Sie können ihn nun über das Register *Datei* mit einem Klick auf *Drucken* auf Ihrem Briefpapier ausgeben. Haben Sie noch kein Firmen- oder persönliches Briefpapier, sehen Sie in den nächsten Abschnitten, wie Sie sich ein solches in Word gestalten.

Herrn
Silvio Neugereut
Fasanenweg 7

71711 Steinheim

08.11.2006

Verbesserung Ihres Kundenservice

Sehr geehrter Herr Neugereut,

Ich reise sehr häufig und war jahrelang ein treuer Kunde Ihres Hotels, weil ich Ihren Qualitätssinn und Ihren hervorragenden Service zu schätzen weiß. Aber vor kurzem habe ich einen Service in Ihrem Hotel erfahren, der meine Loyalität in Frage stellt.

Ich habe in Ihrem Hotel in Steinheim, Zimmer 203, von Montag, dem 1. September, bis Donnerstag, dem 4. September, übernachtet. Während meines Aufenthalts waren meine Handtücher durchweg schmutzig, und die Armaturen im Bad waren nicht in Ordnung. Es kam noch schlimmer: Einer meiner Zimmernachbarn war sehr laut und unterhielt seine Besucher bis 3 Uhr in der Nacht. Ich habe mich beim Empfangschef, Hubert Stahl, beschwert und um ein anderes Zimmer gebeten. Aber mir wurde gesagt, dass es keine freien Zimmer gibt. Keiner der Hotelangestellten hat in meinem Namen mit dem lauten Zimmernachbarn gesprochen. Trotz meiner wiederholten Beschwerden dauerte es drei Tage, bis die Armaturen repariert und die Handtücher ausgetauscht wurden. Wegen dem Lärm konnte ich zwei Nächte nicht ruhig schlafen, und daher waren meine Geschäftstreffen weit stressiger als notwendig.

Aus mehreren Gründen steige ich gern in Ihrem Hotel ab. Dank der gesamten Atmosphäre fühle ich mich dort wie zu Hause. Ich möchte wirklich nicht, dass meine positive Haltung zu Ihrem Hotel durch einen einzigen Besuch zunichte gemacht wird. Ich hoffe, dass dieses Problem bis zu meinem nächsten Aufenthalt gelöst wird.

Mit freundlichen Grüßen

Martina Jungbauer

Mahnschreiben, Angebote etc. auf die Schnelle

Microsoft hält bereits eine Reihe von vorgefertigten Anschreiben für Sie bereit. Sie können diese kostenlos herunterladen und mit wenigen Handgriffen an Ihre Bedürfnisse anpassen.

1 Stellen Sie sicher, dass eine Onlineverbindung mit dem Internet aufgebaut ist. Klicken Sie dann auf das Register *Datei* und dann auf *Neu*.

2 Klicken Sie nun unter *Office.com-Vorlagen* auf die Schaltfläche *Briefe*.

3 Im Hauptbereich klicken Sie dann beispielsweise auf *Unternehmen* und dann auf *Mahnschreiben*, wenn Sie eine Mahnung schreiben möchten.

4 Wählen Sie das Gewünschte aus und klicken Sie auf *Download*.

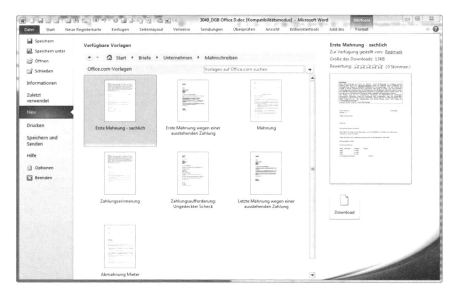

Das Anschreiben wird heruntergeladen und erscheint in Ihrem Word-Arbeitsfenster.

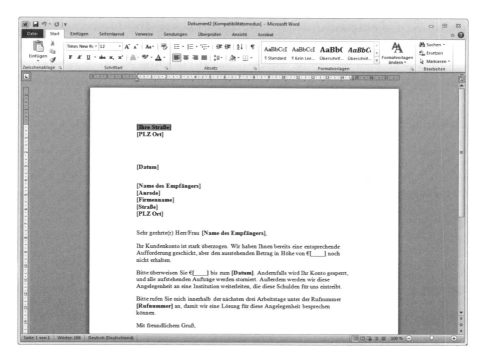

Passen Sie diese Briefvorlage mit den oben beschriebenen Schritten an die DIN an.

Professioneller Schriftverkehr

Wie versprochen erfahren Sie nun, wie Sie sich Ihr eigenes Briefpapier in Word gestalten.

Gestaltung einer neuen Briefvorlage

Die Grundlage für die attraktive Präsentation Ihrer Korrespondenz ist das Briefpapier. Es repräsentiert Sie oder Ihr Unternehmen nach außen.

Der Briefbogen vermittelt Ihren Kunden oder Interessenten nicht nur Ihre Adresse, sondern auch ein Bild von der Qualität Ihrer Produkte oder Dienstleistungen. Denn der Briefbogen beeinflusst das Bild, das sich der Betrachter über Ihre Firma macht, ganz erheblich. Häufig stellt er die erste Gelegenheit dar, Ihr Unternehmen einem potenziellen Kunden zu präsentieren.

Aus diesem Grund sollte das Design Ihres Briefpapiers das Image Ihrer Firma vermitteln. Ein Briefkopf für eine Anwaltskanzlei sollte anders aussehen als der Briefbogen eines Cartoon-Zeichners. Das Erscheinungsbild können Sie durch die Verwendung von unterschiedlichen Elementen – zum Beispiel Ihrem Logo, Farben, Schriften sowie dem verwendeten Papier – steuern.

Den Geschäftsbrief als universelle Vorlage anlegen

Damit Sie Ihre fertige Briefvorlage später bequem nutzen können, speichern Sie sie als Vorlage mit der Dateiendung *.dotx*.

1 Erstellen Sie ein neues leeres Dokument.

2 Klicken Sie im Register *Datei* auf *Speichern unter*.

3 Bei *Dateityp* wählen Sie *Word-Vorlage* und geben einen passenden Dateinamen an. Klicken Sie auf *Speichern*.

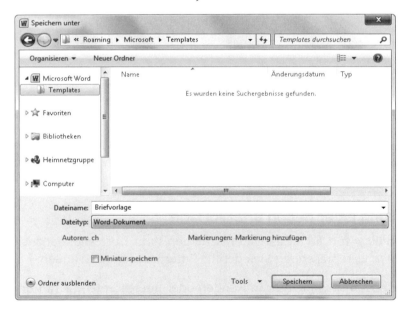

4 Von jetzt an können Sie die Vorlage mit dem Befehl *Neu* aus dem *Datei*-Register abrufen: Klicken Sie dazu im linken Bereich des angezeigten Dialogfelds unter *Vorlagen* auf *Meine Vorlagen*. Hier lässt sich Ihre Vorlage nun auswählen.

2.2 Die professionelle Gestaltung Ihrer Korrespondenz

5 Nach einem Doppelklick auf das Symbol erstellt Word ein neues leeres Dokument auf der Basis dieser Vorlage. Enthalten sind sämtliche Elemente, die Sie der Datei hinzufügen (womit wir uns im nächsten Schritt beschäftigen).

6 Öffnen Sie die soeben erstellte DOTX-Vorlage erneut. Im Folgenden beschäftigen Sie sich mit der Gestaltung der einzelnen Elemente.

Das Adressfeld für das Briefpapier anlegen

Wie eingangs erwähnt sollte ein moderner Briefbogen nach der DIN 676 gestaltet werden, und das bedeutet, dass einige Elemente auf dem Briefbogen zwingend notwendig sind.

Nach dieser Norm ist das Adressfeld 4,5 cm hoch und 8,5 cm breit. Es soll vom linken Rand 2,0 cm und zum oberen Rand 4,5 cm Abstand haben. Dieses Adressfeld gestalten Sie am besten über ein Textfeld. Textfelder haben den Vorteil, dass Sie damit Textelemente aus dem allgemeinen Textfluss herausnehmen können.

1 Aktivieren Sie im Menüband das Register *Einfügen*.

2 Klicken Sie auf das Symbol *Textfeld* und dann auf *Textfeld erstellen*.

3 Ziehen Sie mit der Maus ein Textfeld in noch beliebiger Größe und Platzierung auf.

4 Das Register *Zeichentools/Format* wird im Menüband automatisch aktiviert. Geben Sie in dem Feld *Formenhöhe* am rechten Rand des Registers *4,5 cm* ein. In dem Feld *Formenbreite* geben Sie *8,5 cm* ein.

5 Klicken Sie in demselben Register des Menübands auf die Schaltfläche *Position* und dann auf *Weitere Layoutoptionen*.

6 Vergewissern Sie sich, dass das Kontrollkästchen *Objekt mit Text verschieben* deaktiviert ist.

7 Geben Sie in der Optionsgruppe *Horizontal* eine absolute Position von *2 cm rechts von Seite* an. Das bedeutet, dass das Textfeld 2 cm vom linken Blattrand entfernt positioniert wird.

8 In der Optionsgruppe *Vertikal* geben Sie eine absolute Position von *4,5 cm unterhalb Seite* an.

Die Positionierung der ersten Falzmarke.

9 Klicken Sie auf *OK*. Das Adressfeld, das die Absender- und die Empfängeradresse aufnehmen soll, steht jetzt korrekt auf der Seite.

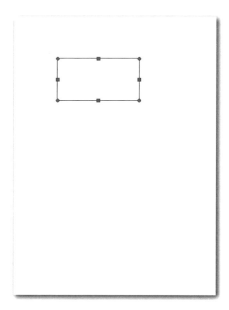

10 In der Grundeinstellung ist das Adressfeld von einem dünnen schwarzen Rahmen umgeben. Entfernen Sie diesen, indem Sie das Register *Zeichentools/Format* aktivieren, auf die Schaltfläche *Formkontur* klicken und *Kein Rahmen* wählen.

Das so vorbereitete Textfeld soll nun die Absenderangabe aufnehmen. Geben Sie diese in einer Zeile ein. Verwenden Sie dazu beispielsweise einen Schriftgrad von 7 bis 8 Punkt und eine klare, gut lesbare Schrift, zum Beispiel Arial, Georgia oder Verdana. Die Schriftart des markierten Textes legen Sie über die Schaltflächen des Registers *Start* im Menüband fest.

> **Punkte nicht zu groß**
>
> Verwenden Sie keine zu großen Punkte. Das sieht unprofessionell aus. Es genügt ein kleiner Punkt in der Schriftgröße des für den Text verwendeten Fonts.

Zwischen die einzelnen Komponenten der Absenderangabe fügen Sie jeweils einen kleinen Punkt zwischen zwei Leerzeichen ein.

> **Sonderzeichen einfügen**
>
> Zum Einfügen der Punkte klicken Sie entweder im Register *Einfügen* des Menübands auf *Symbol* und suchen den Punkt aus der Sonderzeichentabelle (*Schriftart: (normaler Text)*, *Subset: Lateinisch-1*) heraus oder Sie drücken einfach die Tastenkombination [Alt]+[0][1][8][3] (während Sie die Ziffern eingeben, halten Sie die [Alt]-Taste gedrückt).

Loch- und Falzmarken an der richtigen Stelle positionieren

Die praktischen Loch- und Falzmarken dienen zum richtigen Zusammenfalten des Briefs, sodass er mühelos in ein übliches Fensterkuvert passt. Falzmarken haben, gemessen vom oberen Blattrand, eine Position von 10,5 bzw. 21 cm. Die Lochmarke ist im Allgemeinen ein kleiner Punkt mit einem Randabstand von ca. 4 mm. Sie befindet sich an der Position 14,85 cm vom oberen Rand.

1 Um die Falzmarken anzubringen, zeigen Sie das Register *Einfügen* des Menübands an.

2 Klicken Sie auf *Formen* und wählen Sie die Schaltfläche *Linie*.

3 Ziehen Sie mit gedrückter [Umschalt]-Taste eine waagerechte Linie in beliebiger Länge und Position.

4 Das Register *Zeichentools/Format* des Menübands wird automatisch angezeigt.

5 Im rechten Bereich dieses Registers geben Sie in das Feld *Formenbreite 0,4* cm ein.

6 Klicken Sie auf die Schaltfläche *Position* desselben Registers und dann auf *Weitere Layoutoptionen*.

7 Vergewissern Sie sich, dass das Kontrollkästchen *Objekt mit Text verschieben* deaktiviert ist.

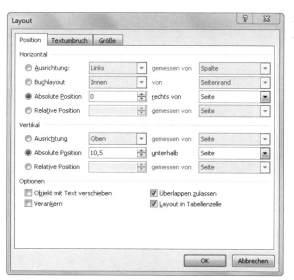

Den Stand der oberen Falzmarke festlegen.

8 Aktivieren Sie in der Gruppe *Horizontal* das Optionsfeld *Absolute Position*.

9 Geben Sie *0 cm rechts von Seite* an.

10 In der Optionsgruppe *Vertikal* stellen Sie *Absolute Position 10,5 unterhalb Seite* ein.

11 Nachdem Sie mit *OK* bestätigt haben, hat die erste Falzmarke ihren korrekten Stand auf der Seite. Kopieren Sie sie und fügen Sie sie erneut ein. Am schnellsten geht dies mit [Strg]+[D].

12 Klicken Sie wieder auf die Schaltfläche *Position* und wählen Sie den Befehl *Weitere Layoutoptionen*.

13 Geben Sie unter *Horizontal/Absolute Position 0 cm rechts von Seite* an, unter *Vertikal/Absolute Position 21 unterhalb Seite*. Die Falzmarken sind damit fertig.

14 Für die Lochmarke erstellen Sie eine weitere Kopie einer der beiden Falzmarken. Versehen Sie die Linie mit einer Breite von 0,2 cm und einer absoluten Position von 0,4 cm rechts von Seite sowie 14,85 cm unterhalb von Seite.

> **Die Linie unterhalb der Absenderangabe**
>
> Mit dieser Technik fügen Sie bei Bedarf auch die übliche Linie unter der Absenderangabe des Adressfelds ein.

Den nicht bedruckbaren Bereich ausfindig machen

Wenn Sie Ihr Briefpapier selbst ausdrucken möchten, haben Sie jetzt ein kleines Problem: den nicht bedruckbaren Bereich, den Ihr Drucker benötigt, um das Papier zu fassen. Elemente, die Sie in diesem Bereich platzieren, werden nicht ausgedruckt. Die beste Lösung besteht darin, die Loch- und Falzmarken als Punkte innerhalb des bedruckbaren Bereichs festzulegen.

Den bedruckbaren Bereich finden Sie heraus, indem Sie in das Register *Seitenlayout* des Menübands wechseln, hier auf die Schaltfläche *Seitenränder* klicken und den Befehl *Benutzerdefinierte Seitenränder* wählen. Setzen Sie hier alle Seitenränder auf 0 cm und klicken Sie dann auf *OK*.

Der Druckertreiber informiert Sie darüber, dass sich mehrere Seitenränder außerhalb des bedruckbaren Bereichs befinden. Klicken Sie auf *Korrigie-*

ren und sehen Sie erneut im Dialogfeld *Seite einrichten* nach. Hier sind die bedruckbaren Bereiche eingetragen. Nun wissen Sie, wie weit Sie mit den Werten für Kopf- und Fußzeile heruntergehen können.

Jetzt gestalten Sie Ihren Briefbogen

Mit korrekt positionierten Loch- und Falzmarken sowie dem richtigen Stand des Adressfelds haben Sie die wichtigsten Regeln auch schon berücksichtigt. Alles Weitere hängt von Ihrem persönlichen Geschmack oder den CI-Vorgaben Ihrer Firma ab.

Was ist noch zu beachten? Der linke Textrand Ihres Briefbogens sollte bei 2,5 cm stehen, um einen guten Anschluss mit dem Adressfeld zu finden. Der rechte Rand kann etwas größer sein, bei einem zentrierten Design Ihres Briefpapiers sollte er ebenfalls bei 2,5 cm stehen.

Falls Sie streng nach der DIN 676 gestalten möchten, müssen sowohl der linke als auch der rechte Rand jeweils 2,41 cm von den Seitenrändern entfernt sein.

Bevor Sie mit der weiteren Gestaltung beginnen, sammeln Sie alle Elemente, die auf Ihrem Briefbogen erscheinen sollen. Wählen Sie jetzt auch die Druckfarben sowie das Papier aus, auf dem Ihr Brief gedruckt werden soll.

> **Weitere Elemente**
>
> Sie können noch andere Elemente wie die Bezugszeichenzeile oder eine Fußzeile mit der Bankverbindung angeben. In den Briefkopf gehören im Allgemeinen das Firmenlogo und Angaben zu Firmensitz und Telefonverbindung.

Machen Sie sich Gedanken über die Schriftarten, die Sie verwenden möchten. Diese sollten zur Art Ihres Unternehmens passen. Verwenden Sie nach Möglichkeit nicht mehr als zwei verschiedene Schriften (einschließlich der Schrift für den Briefkörper selbst). Variationen innerhalb einer bestimmten Schrift erzielen Sie durch die Verwendung von fetten und kursiven Schnitten, Sie sollten jedoch auch hier eher sparsam sein. Zudem sollten die verwendeten Schriften – sowohl im Briefkopf als auch im Briefkörper – zu Form und Ausdruck Ihres Firmenlogos passen. Für die unterschiedlichen Informationen verwenden Sie verschiedene Schriftgrößen. Adresse, Telefonnummern und andere Informationen sollten zwischen 9 und 12 Punkt groß sein. Unter 7 Punkt sollten Sie mit der Schrift nicht gehen, da sie sonst sehr schwer lesbar wird.

Die Größe, die Sie für unterschiedliche Informationen verwenden, hängt davon ab, was die größte Aufmerksamkeit erhalten soll.

Das größte Element Ihres Briefbogens sollte der Firmenname und/oder das Firmenlogo sein – also die Informationen, die das Auge des Betrachters zuallererst anziehen sollen.

Überfrachten Sie den Briefbogen jedoch nicht mit zu vielen Informationen. Lassen Sie vielmehr genügend Platz für den Briefkörper. Weiße Fläche, effektiv genutzt, hilft Ihnen, die Aufmerksamkeit an die gewünschten Stellen zu lenken und den Eindruck von Klarheit und Seriosität zu vermitteln.

Dazu gehört auch, dass Sie Farbe nur sparsam verwenden. Setzen Sie in zu vielen Bereichen Farbe ein, entsteht ein disharmonischer Eindruck – die Bereiche „kämpfen" miteinander um die Aufmerksamkeit des Betrachters. Farbe im Briefbogen sollte vielmehr verwendet werden, um bestimmte Bereiche hervorzuheben.

Falls Sie bereits bestimmte Firmenfarben haben, verwenden Sie diese selbstverständlich auch im Briefpapier. Allerdings sind hier mehrere Probedrucke notwendig, weil Farben in Word anders definiert werden als in kommerziellen Druckereien.

Entscheiden Sie, welche Informationen über Ihre Firma auf dem Briefpapier erscheinen sollen, zum Beispiel:

- Firmenname
- Adresse
- Telefonnummern
- Web- und E-Mail-Adresse
- Bezugszeichenzeile
- Bankverbindung
- Steuernummer

etc.

> **Slogan**
>
> Falls Ihre Firma einen Slogan hat, sollten Sie auch diesen im Briefbogen unterbringen.

Ebenso wichtig ist es allerdings, keine unnötigen Informationen hinzuzufügen. Die wichtigste Information ist der Brief selbst und für diesen sollte ausreichend Platz vorhanden sein.

Gewicht, Finish und Farbe des verwendeten Druckpapiers beeinflussen das Erscheinungsbild Ihres Briefbogens ganz entscheidend. Auch die Papiersorte sollten Sie daher vor der Gestaltung des Briefbogens auswählen. Falls Sie getöntes Briefpapier verwenden möchten, sollten Sie Probedrucke durchführen – Druckertinte ist nicht deckend und so könnten auf getöntem Papier unerwünschte Mischfarben entstehen. Erst wenn Sie alle diese Fragen geklärt haben, sollten Sie mit der eigentlichen Gestaltung beginnen.

Mit Kopf- und Fußzeile arbeiten

Für ein stabiles Layout, das auch ein nachlässiger oder unerfahrener Benutzer nicht versehentlich ändern kann, arbeiten Sie am besten mit der Kopf- und Fußzeile des Word-Dokuments, die Sie über das Symbol *Kopfzeile* bzw. *Fußzeile* im Register *Einfügen* des Menübands erreichen.

In die Kopfzeile gehört im Allgemeinen das Firmenlogo und Angaben zum Firmensitz sowie zu den Kommunikationsmöglichkeiten, wobei die letzten beiden Elemente auch in der Fußzeile Platz finden können.

In der Grundeinstellung beginnt die Kopfzeile eines Word-Dokuments bei 1,25 cm vom oberen Rand gemessen. Diesen Wert sollten Sie verringern:

1 Aktivieren Sie im Menüband das Register *Einfügen*.

2 Klicken Sie auf das Symbol *Kopfzeile* und wählen Sie *Kopfzeile bearbeiten*.

3 In der Gruppe *Position* verringern Sie den Abstand vom Seitenrand für Kopf- und Fußzeile gesondert.

Die Folgeseiten richtig gestalten

Meist sollen auf den Folgeseiten nur reduzierte Kopf- und Fußzeileninformationen erscheinen. Beispielsweise sollen Anschrift, Telefon, Bankverbindung etc. nur auf der ersten Seite erscheinen und vielleicht soll auf den

Folgeseiten auch das Firmenlogo lediglich in verkleinerter Form ausgedruckt werden.

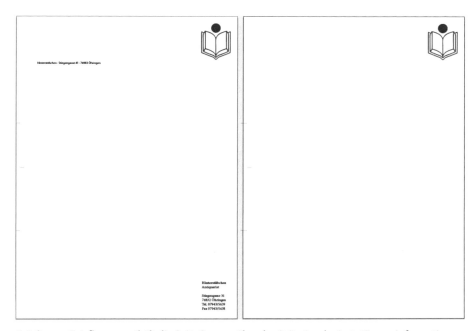

Bei diesem Briefbogen enthält die Seite 2 gegenüber der Seite 1 reduzierte Firmeninformationen.

Die Lösung, die Word hier bereithält, ist relativ einfach: Sie richten unterschiedliche Kopf- und Fußzeilen für die erste und für die Folgeseiten ein.

Diese Aufgabe sollten Sie erledigt haben, bevor Sie die Gestaltungselemente in die Kopf- und Fußzeile einfügen.

1 Bleiben Sie in der Kopfzeilenansicht (falls Sie sie bereits verlassen haben, rufen Sie sie über das Symbol *Kopfzeile* im Register *Einfügen* erneut auf).

2 Aktivieren Sie das Kontrollkästchen *Erste Seite anders*.

3 Schließen Sie die Kopfzeile mit einem Klick auf das Symbol *Kopf- und Fußzeile schließen* im Menüband.

4 Fügen Sie Ihrer Vorlage vorübergehend eine neue Seite hinzu, indem Sie die Tastenkombination [Strg]+[Enter] drücken.

Sobald Sie die Gestaltungsarbeiten komplett abgeschlossen haben, können Sie diese zweite Seite wieder löschen.

Gestaltungselemente für den Briefbogen einfügen

Fügen Sie die Gestaltungselemente für Ihren Briefbogen nun in die Kopf- bzw. Fußzeile ein.

1   Öffnen Sie die Kopfzeile erneut über das Register *Einfügen*.

2   Um das Firmenlogo einzufügen, klicken Sie im Register *Einfügen* auf die Schaltfläche *Grafik*. Wählen Sie die Logografik aus und klicken Sie auf *Einfügen*.

3   Anschließend klicken Sie auf die Grafik und im Register *Bildtools/Format* auf die Schaltfläche *Position*. Klicken Sie auf *Weitere Layoutoptionen* und wählen Sie die Option *Vor den Text*.

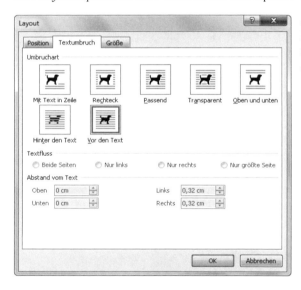

Mit der Option Vor den Text lassen sich eingefügte Grafiken frei auf der Seite bewegen.

Anschließend lässt sich die Grafik frei auf dem Briefbogen bewegen – übrigens nicht nur im Bereich der Kopfzeile, sondern im gesamten Dokument.

Texte fügen Sie am besten in Textfeldern ein, die Sie über die Schaltfläche *Formen* des Registers *Einfügen* erstellen und deren Linienfarbe Sie über die Schaltfläche *Formkontur* im Register *Zeichentools/Format* abschalten.

Fügen Sie auf diese Weise alle notwendigen Elemente ein. Anschließend ziehen Sie sie mit gedrückter Maustaste an die gewünschte Stelle, bis Sie das beabsichtigte Layout erzielt haben.

2.2 Die professionelle Gestaltung Ihrer Korrespondenz

1. Haben Sie die Elemente in der Kopf- bzw. Fußzeile der ersten Seite angeordnet, klicken Sie im Register *Kopf- und Fußzeilentools/Entwurf* auf das Symbol *Nächste*. Damit gelangen Sie in die Kopf-/Fußzeile für die Folgeseiten. Sie erinnern sich: Bei Bedarf können Sie diese abweichend von der ersten Seite gestalten.

2. Fügen Sie auch hier alle notwendigen Elemente ein und ordnen Sie sie an.

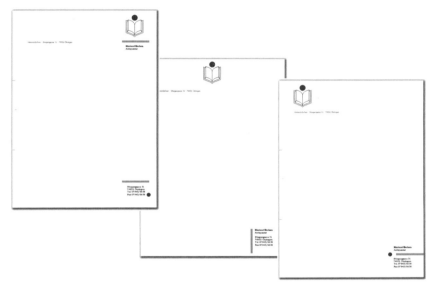

Erstellen Sie mehrere Layouts mit den vorgegebenen Elementen, aus denen Sie das beste auswählen.

Gestaltungsmöglichkeiten für Ihr Briefpapier

Bei der Gestaltung Ihres Briefpapiers können Sie die verschiedensten Gestaltungsfeatures von Word ausschöpfen. Obwohl Word kein DTP-Programm im engeren Sinne ist, bietet es Ihnen doch verschiedene Möglichkeiten, Ihren Briefentwürfen das gewisse Etwas zu verleihen.

> **Weniger ist mehr: einen Blickfang einsetzen**
>
> Kombinieren Sie die einzelnen Möglichkeiten aber so harmonisch miteinander, dass das Briefpapier schließlich nicht überladen wirkt. Am besten ist es meist, wenn Sie sich auf einen einzigen hervortretenden Blickfang konzentrieren und diesen so überzeugend und ausdrucksvoll wie möglich gestalten.

Bildwasserzeichen für das Briefpapier

1 Phantomtext oder eine Phantomgrafik hinter dem Briefkörper erstellen Sie in Word über die Schaltfläche *Wasserzeichen* im Register *Seitenlayout* im Bereich *Seitenhintergrund*.

2 Klicken Sie auf *Benutzerdefiniertes Wasserzeichen* und dann auf *Bildwasserzeichen*.

3 Wählen Sie das gewünschte Bild aus.

4 Geben Sie die Skalierung an. Das Kontrollkästchen *Ausgewaschen* bleibt aktiviert. Klicken Sie auf *OK*. Die Grafik wird eingefügt.

Briefbogen mit Seitenrahmen schmücken

Falls Sie Ihren Briefbogen mit einem Seitenrahmen schmücken möchten, sollten Sie beachten, dass Sie keine dicken schwarzen Linien wählen. Besser sind unterbrochene Linien in helleren Farben oder geschwungene Formen.

Vorgefertigte Seitenrahmen finden Sie, wenn Sie aus dem Register *Seitenlayout* des Menübands die Schaltfläche *Seitenränder* wählen.

Neben den schlichten Seitenrändern dieses Registers finden Sie im Listenfeld *Effekte* noch verschiedene grafisch gestaltete Ränder, die sich allerdings zumeist eher für private Zwecke eignen.

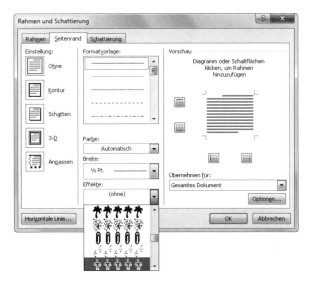

Die Seitenränder für den Briefbogen festlegen

Sobald Sie alle Elemente des Briefbogens angeordnet haben, richten Sie die Seitenränder so ein, dass der Briefkörper die passenden Proportionen gegenüber diesen Elementen erhält. Verwenden Sie dazu im Menüband das Register *Seitenlayout* und hier die Schaltfläche *Seitenränder* mit dem Befehl *Benutzerdefinierte Seitenränder*.

- Der linke Rand Ihres Briefbogens sollte bei ca. 2 cm stehen, um einen guten Anschluss mit dem Adressfeld zu finden.
- Als oberen Rand stellen Sie 10,5 cm ein, damit der Brieftext an der richtigen Position unterhalb des Adressfelds beginnt.
- Den rechten und den unteren Rand stellen Sie entsprechend den rechts und in der Fußzeile platzierten Elementen ein. Achten Sie auf einen großzügigen Abstand zwischen Briefkörper und diesen Elementen.

Den Umschlag für das Schreiben einrichten und bedrucken

Bei Bedarf bedrucken Sie zu jedem Brief gleich den passenden Umschlag.

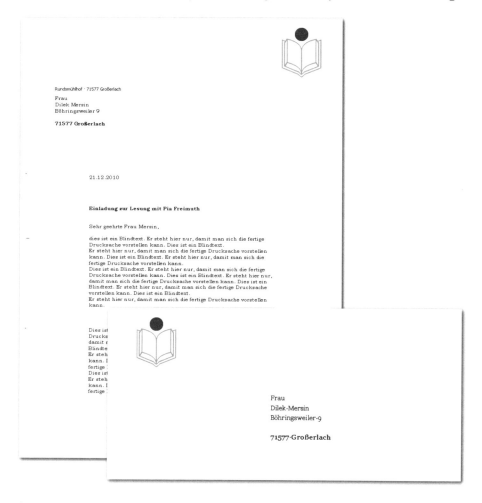

1   Wählen Sie in Ihrer Briefvorlage das Register *Einfügen* und klicken Sie auf *Kopfzeile/Kopfzeile bearbeiten*.

2   Markieren Sie das Logo in der Kopfzeile und kopieren Sie es in die Zwischenablage ([Strg]+[C]).

3   Klicken Sie auf die Schaltfläche *Kopf- und Fußzeile schließen*.

4   Aktivieren Sie das Register *Sendungen* und klicken Sie unter *Erstellen* auf die Schaltfläche *Umschläge*.

5 Falls im Feld *Empfängeradresse* etwas stehen sollte, löschen Sie diesen Text.

6 Klicken Sie auf *Optionen* und wählen Sie den von Ihnen verwendeten Umschlagtyp aus.

7 Klicken Sie auf *Zum Dokument hinzufügen*.

8 Der Briefumschlag wird am Anfang Ihres Dokuments hinzugefügt.

9 Klicken Sie in den linken oberen Bereich des Umschlags. Hier befindet sich das unsichtbar formatierte Absenderfeld, das durch einen Klick aktiviert wird.

10 Drücken Sie die Tastenkombination [Strg]+[V], um das Logo aus der Zwischenablage einzufügen.

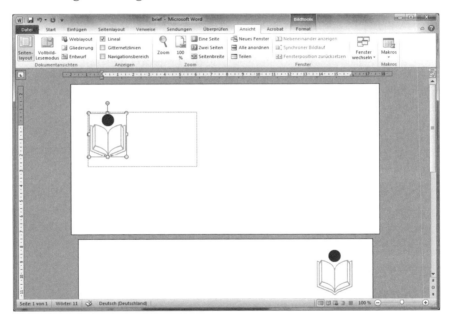

11 Ergänzen Sie es gegebenenfalls durch weitere Absenderangaben.

Um das Empfängerfeld auszufüllen, klicken Sie im linken unteren Bereich des Umschlags, um das für diesen Zweck vorgesehene Textfeld zu aktivieren. Hier können Sie nun die Empfängerangaben eintippen.

Die Gestaltung von Faxvorlagen

Bei der Gestaltung von Faxvorlagen sind teilweise andere Kriterien wichtig als bei der Gestaltung von Briefvorlagen. In mancherlei Hinsicht könnte man die Gestaltung von Faxvorlagen mit der Gestaltung von Webdesigns vergleichen, zum Beispiel was die Auswahl der Schriften angeht: Das Faxgerät hat nur eine geringe Auflösung – genau wie der Monitor, auf dem die Webseiten betrachtet werden. Zwar bietet Word verschiedene integrierte Faxvorlagen und sogar einen Fax-Assistenten, jedoch sind die Layouts dieser Vorlagen in mehrfacher Hinsicht nicht optimal geeignet.

Grundregeln bei der Erstellung von Faxvorlagen

Vor allem die folgenden Punkte sind für die gelungene Gestaltung eines Faxdokuments relevant:

- Das Fax soll gut lesbar sein.
- Das Fax soll nicht zu viel Tinte/Toner verbrauchen.
- Das Dokument soll möglichst zügig durchgefaxt werden.

Die folgenden Faustregeln sind eine gute Grundlage, um diese Ziele zu erreichen:

- Schriftgröße: Viele Faxgeräte haben nur eine sehr geringe Auflösung. Aus diesem Grund sollte die Schrift ca. 13 bis 14 Punkt groß sein (je nach verwendeter Schriftart).

- Schriftart: Feine Serifen brechen in niedrigen Auflösungen auf, wodurch der Text schwer lesbar wird. Serifenlose Schriften sind daher besser geeignet. Allerdings benötigen serifenlose Schriften meist etwas mehr Zeilenabstand als Serifenschriften.

Georgia
Georgia fett
Georgia kursiv
Verdana
Verdana fett
Verdana kursiv

Georgia und Verdana eignen sich bestens für Telefaxe.

- Tonflächen: Auf Rasterungen sollten Sie verzichten. Sie sind auf dem Faxbogen schwer zu lesen, reißen auf oder schmieren zu. Auf jeden Fall sollten Sie die Wirkung im Kopiermodus Ihres Faxgeräts ausprobieren.

> Fotos und Firmenlogo: Auch Fotos sehen in gefaxtem Zustand meist eher aus wie schwarze Flächen. Außerdem benötigen solche schwarzen Flächen mehr Toner/Tinte und brauchen lange zur Übertragung.

Statt fotografischer Abbildungen empfehlen sich deshalb eher einfache schwarz-weiße Strichgrafiken etc.

Flächige Logos mit wenigen Farben eignen sich vom Prinzip her am besten für die Umsetzung als Telefax.

Das Logo für die Faxvorlage anpassen

Ein Logo lässt sich vom Grundprinzip her nicht besonders weitgehend ändern – wenn es aus Grafiken mit feinen Details und vielen Farben besteht, müssen Sie wahrscheinlich damit leben und einfach versuchen, die Logografik bestmöglich für das Faxen anzupassen.

Ein guter Ansatz ist das Register *Bildtools/Format* in Word.

Es gibt Ihnen unter anderem die Möglichkeit, jede Grafik und jedes Foto in eine Schwarz-Weiß-Strichgrafik umzuwandeln. Verwenden Sie dazu die Schaltfläche *Farbe* und wählen Sie aus dem angezeigten Menü unter *Neu einfärben* einen der Einträge *Schwarzweiß 25%*, *Schwarzweiß 50%* oder *Schwarzweiß 75%*.

Über die Schaltfläche Farbe verwandeln Sie Fotos in faxtaugliche Strichvorlagen.

Der Grundbaustein: die Faxvorlage

Nachfolgend erstellen wir ein Faxdeckblatt, das sich komfortabel und vor allem schnell ausfüllen lässt.

Vorlage für Faxdeckblätter anlegen

Erstellen Sie zunächst eine Dokumentvorlage, die als Grundlage für künftige Faxdeckblätter dient.

1. Klicken Sie auf das Register *Datei* und dann auf *Neu* und erzeugen Sie ein leeres Dokument.

2. Klicken Sie dann im Register *Datei* auf *Speichern unter* und wählen Sie als Dateityp *Word-Vorlage*. Klicken Sie auf *Speichern*.

3. Die neue Vorlage kann von nun an automatisch ausgewählt werden, wenn Sie im Office-Menü auf *Neu* klicken und anschließend *Meine Vorlagen* wählen.

Die Gestaltung der Faxvorlage

Alle unveränderlichen Elemente Ihres Faxdeckblatts bringen Sie am besten in der Kopfzeile unter. Der Inhalt der Kopfzeile ist nicht auf den oberen Seitenrand beschränkt; Sie können z. B. Zeichnungselemente auf der ganzen Seite anordnen, wenn Sie in der Kopfzeile arbeiten. Sobald Sie die Kopfzeile wieder verlassen, sind diese Elemente geschützt, das heißt, dass Sie sie nicht mehr versehentlich verschieben oder löschen können etc.

Um in die Kopfzeile des Dokuments zu wechseln, aktivieren Sie das Register *Einfügen* und klicken auf *Kopfzeile*. Fügen Sie hier alle mehr dekorativen Elemente wie Rahmen etc. ein.

Die Elemente des abgebildeten Beispiels wurden alle über das Register *Einfügen* erstellt.

> Die schwarzen Flächen hinter den Buchstaben wurde mit der Schaltfläche *Formen/Rechteck* aufgezogen.

> Die Buchstaben selbst wurden als Textfelder (Schaltfläche *Formen/Textfeld*) erstellt.

2.2 Die professionelle Gestaltung Ihrer Korrespondenz

Mehr Elemente benötigt ein Faxdeckblatt gar nicht. Hinzukommen könnte noch Ihr Firmenzeichen, beispielsweise in der rechten oberen Ecke. Sie können dieses über die Schaltfläche *Grafik* des Registers *Einfügen* in die Kopfzeile einfügen und es anschließend vor den Text legen, damit es frei verschiebbar ist. (Lassen Sie es dazu markiert, klicken Sie im Register *Bildtools/Format* auf die Schaltfläche *Position*, wählen Sie *Weitere Layoutoptionen* und klicken Sie auf *Vor den Text*.)

Kehren Sie in den Dokumentkörper zurück, indem Sie im Register *Kopf- und Fußzeilentools* auf *Kopf- und Fußzeile schließen* klicken.

Empfänger und Absender abspeichern

Für Empfänger- und Absenderangaben etc. verwenden Sie am besten eine Tabelle mit ausgeblendeten Gitternetzlinien. Diese ist erfahrungsgemäß einfacher zu handhaben und zu ändern als Tabulatoren.

Nachdem Sie die Kopfzeile verlassen haben, wählen Sie im Register *Einfügen* die Schaltfläche *Tabelle*. Klicken Sie auf *Tabelle einfügen* und entscheiden Sie sich für zwei Spalten und vier Zeilen.

2. Word – Dokumente perfekt gestalten

Füllen Sie die Tabellenzellen nun entsprechend aus und formatieren Sie die Texte etwa so:

AN:¤	VON:¤	¤
FAXNr.:¤	FAXNr.:¤	¤
DATUM:¤	SEITEN:¤	¤
BETREFF:¤	CC:¤	¤

¶

Wenn Sie Empfänger, Absender etc. in Tabellenzellen anordnen, ergibt sich automatisch ein sauberes Erscheinungsbild.

Die Tabellenlinien unsichtbar machen

Attraktiver sieht Ihr Faxdeckblatt aus, wenn die Tabellenlinien unsichtbar sind. Man sieht ihm dann nicht mehr an, dass es auf der Grundlage einer Tabelle gestaltet wurde.

1   Klicken Sie in die linke obere Zelle der Tabelle und ziehen Sie mit gedrückter Maustaste zur rechten unteren Zelle.

2   Klicken Sie im Register *Start* auf das Symbol für die Rahmenlinien und wählen Sie *Kein Rahmen*.

Schnelleres Arbeiten mit Schnellbausteinen

Sicherlich verwenden Sie in Ihren Geschäftsbriefen auch immer wieder die gleichen Floskeln und Begriffe wie zum Beispiel den Namen Ihrer Firma, die Namen von Unterzeichnenden oder aber Fachausdrücke, die Ihnen beim Tippen einfach nicht so leicht aus den Fingern fließen wollen. In solchen Fällen sind Textbausteine ideal geeignet.

2.2 Die professionelle Gestaltung Ihrer Korrespondenz

Word hält mit dem Schnellbaustein-Feature die Möglichkeit bereit, häufig verwendete Floskeln unter einem Kürzel zu speichern, unter dem sie auch wieder abgerufen werden können: Der Anwender gibt das Kürzel ein und drückt die Taste [F3], um den kompletten Textbaustein in das Dokument einzufügen.

Die Unterschrift als Schnellbaustein bereithalten

Versehen Sie Faxe etc. häufig mit gescannten Unterschriften, suchen Sie vielleicht nach einem Weg, diese schneller einzufügen als über die Schaltfläche *Grafik* im Register *Einfügen*.

1 Fügen Sie die gescannte Unterschrift zunächst auf herkömmliche Art über die Schaltfläche *Grafik* im Register *Einfügen* ein.

2 Markieren Sie die eingefügte Unterschriftgrafik und klicken Sie – ebenfalls im Register *Einfügen* – unter *Text* auf die Schaltfläche *Schnellbausteine*.

3 Wählen Sie *Auswahl im Schnellbaustein-Katalog speichern*.

4 Geben Sie in das Feld *Name* einen passenden Text, beispielsweise Ihre Initialen, ein.

5 Bei Bedarf legen Sie über das Listenfeld *Kategorie* eine neue Kategorie für den Schnellbaustein an.

6 Standardmäßig wird Ihr Schnellbaustein in *Building Blocks*, also der Standardvorlage für neue Dokumente, gespeichert. Damit ist er für alle Dokumente verfügbar. Möchten Sie den Baustein nur in der momentan verwendeten Dokumentvorlage speichern, wählen Sie diese aus dem Listenfeld *Speichern in* (mehr über Dokumentvorlagen erfahren Sie weiter unten).

7 Bestätigen Sie mit *OK*.

Sobald Sie nun Ihre Initialen eingeben und [Enter] oder die [Leertaste] drücken, wird Ihre Unterschrift automatisch eingefügt.

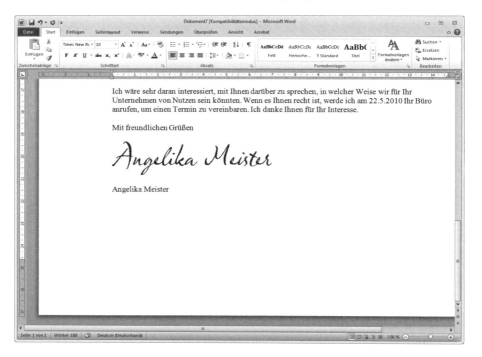

Als Alternative klicken Sie im Register *Einfügen* auf die Schaltfläche *Schnellbausteine*. Hier lässt sich Ihr neuer Eintrag auch bequem über das Schaltflächenmenü abrufen.

Serienbriefe schnell und komfortabel erstellen

Seriendokumente für Werbemails, Mahnungen, Briefumschläge, Etiketten etc. können eine sehr zeitaufwendige Aufgabe sein. Mit Microsoft Office erstellen Sie Serienbriefe jedoch schnell und komfortabel.

Prinzipiell starten Sie den Seriendruck selbst aus Word heraus. Als Datenquelle können Sie jedoch neben Word-Dokumenten auch andere Office-Dokumente verwenden – etwa Excel-Tabellen oder das Adressbuch von Outlook.

Um ein Seriendokument zu erstellen, benötigen Sie zwei Dokumente: Das eine Dokument, die Datenquelle, enthält einen genau festgelegten Satz von Daten, beispielsweise Namen und Adressen. Das andere Dokument, das Hauptdokument, ist eine Art Formular, in das die Daten eingefügt werden. Das Hauptdokument sieht aus wie ein normales Dokument, abgesehen davon, dass es Seriendruckfeldfunktionen enthält, die die Positionierung der eingefügten Daten bestimmen. In einem typischen Seriendruck ist das Hauptdokument ein Serienbrief, in den die Namen und Adressen eingefügt werden, die Datenquelle ist die Liste mit diesen Namen und Adressen.

> **Externe Datenquellen**
>
> Wenn Sie in Word eine neue Datenquelle erstellen, speichert das Programm sie automatisch im Access-Datenbankformat – gleichgültig, ob Sie Access installiert haben oder nicht.

Die Datenquelle muss auf eine bestimmte Art angeordnet sein, sonst treten beim Mischvorgang Fehler auf. Die erste Zeile der Datenquelle muss aus Feldnamen bestehen. Darunter stehen Zeilen mit Daten. Jede dieser Zeilen ist eine Datenreihe und jede Dateneinheit in der Zeile, beispielsweise *Nachname*, ist ein Feld. Jeder Name in der ersten Zeile des Dokuments ist ein Feldname. Durch diesen Feldnamen kann auf jedes Feld Bezug genommen werden.

Wenn Sie Dokumente mischen, ersetzt Word die Seriendruckfelder durch den entsprechenden Text in der Datenquelle. Sie können dann entscheiden, ob Sie das Ergebnis in einem neuen Dokument auf dem Bildschirm sehen oder es direkt ausdrucken möchten.

Die Datenquelle für den Seriendruck auswählen

Wenn Sie nur wenige Daten haben, ist es oft am bequemsten, die Datenquelle direkt im Word-Dokument zu erstellen.

> **Tabellen erstellen**
>
> Mehr über die Erstellung von Tabellen erfahren Sie weiter unten in diesem Kapitel ab Seite 145.

Dazu erzeugen Sie einfach eine Tabelle mit den entsprechenden Spaltenüberschriften. Die Spaltenüberschriften müssen sich allerdings an die Konventionen für Feldnamen halten: Sie müssen mit einem Buchstaben beginnen, dürfen keine Leerzeichen enthalten, nicht länger als 40 Zeichen sein, und sie müssen eindeutig sein (dürfen also nicht doppelt vorkommen).

Sobald Sie ein solches Dokument in Word erstellt haben, speichern Sie es auf Ihrer Festplatte. Von nun an können Sie es als Datenquelle verwenden.

Anrede	Name	Straße	Ort
Herrn	Günter Jolanden	Haller Straße 1	71577 Großerlach
Frau	Meike Hartung	Günselweg 7	71577 Großerlach
Frau	Dagmar Löffler	Dorfstraße 50	71577 Großerlach
Herrn	Götz Gmeiner	Südstraße 5	71641 Backnang
Herrn	Hubert Scheu	Industriegebiet 20	71645 Backnang
Frau	Susi Graulich	Güglinger Gasse 1	71540 Murrhardt
Frau	Irene Döbereiner	Hohlweg 5	71540 Murrhardt
Herrn	Eckehardt Zeiss	Blumenstraße 8	71577 Großerlach

Als Datenquelle kann eine einfache Word-Tabelle dienen.

Den eigentlichen Serienbrief erstellen

Nachdem Sie die gewünschte Datenquelle erstellt haben, fahren Sie mit dem eigentlichen Serienbrief fort.

Dieser Brief soll für den Seriendruck eingerichtet werden.

2.2 Die professionelle Gestaltung Ihrer Korrespondenz

Erstellen Sie zunächst Ihr Seriendokument. Legen Sie es an wie einen ganz normalen Brief. Anstelle von Adresse und Anrede etc. – also den Dokumentteilen, die durch den Seriendruck automatisiert werden sollen – können Sie zunächst beliebige Platzhalter eingeben.

1 Zeigen Sie das Register *Sendungen* an und klicken Sie auf die Schaltfläche *Empfänger auswählen*.

2 Wählen Sie den Befehl *Vorhandene Liste verwenden*. Im Dialogfeld *Datenquelle auswählen* wählen Sie die im vorigen Schritt erzeugte Tabelle und klicken auf *Öffnen*.

Die Empfängerliste bearbeiten

Falls Sie die so ausgewählte Datenquelle noch einmal betrachten oder sogar noch überarbeiten möchten, klicken Sie im Register *Sendungen* auf die Schaltfläche *Empfängerliste bearbeiten*. Die Tabelle wird in Datenbankform im Dialogfeld *Seriendruckempfänger* angezeigt. Bei Bedarf können Sie Empfänger, denen Sie keinen Brief schicken möchten, hier deaktivieren, indem Sie das Häkchen aus den entsprechenden Kontrollkästchen entfernen.

2. Word – Dokumente perfekt gestalten

> **Weitere Optionen im Dialogfeld Seriendruckempfänger**
>
> Für einen besseren Überblick über die Liste skalieren Sie das Dialogfeld über den diagonalen Anfasser in der rechten unteren Ecke. Auch können Sie die Datensätze – analog zum AutoFilter in Excel – über die kleinen Pfeile rechts neben den Datensatzbeschriftungen sortieren.

Die fertigen Seriendruckfelder einfügen

Nachdem Sie das Dialogfeld *Seriendruckempfänger* wieder mit *OK* geschlossen haben, sind Sie bereit, die sogenannten Seriendruckfelder in Ihren Brief einzufügen. Denn Word hat nun aus jeder Datenfeldbeschriftung in Ihrer Tabelle (zum Beispiel *Anrede, Vorname, Name* etc.) ein Seriendruckfeld erstellt.

1 Löschen Sie die eventuell eingefügten Textplatzhalter für Anrede, Name, Adresse etc.

2 Klicken Sie im Dokument dorthin, wo Sie das erste Seriendruckfeld einfügen möchten – in unserem Beispiel das für die Anrede.

3 Klicken Sie im Register *Sendungen* auf die Schaltfläche *Seriendruckfeld einfügen*.

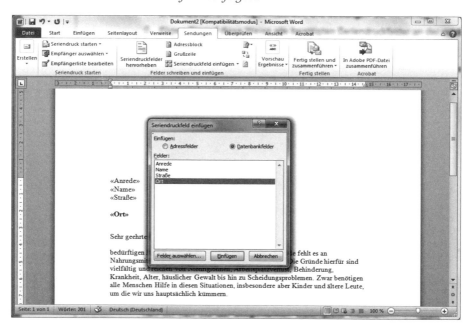

4 Vergewissern Sie sich, dass im angezeigten Dialogfeld das Optionsfeld *Datenbankfelder* aktiviert ist, damit die Felder Ihrer Tabelle angezeigt werden – und nicht die von Word vorgeschlagenen.

5 Wählen Sie das Seriendruckfeld, das Sie an der Stelle der Einfügemarke in das Dokument einfügen möchten, und bestätigen Sie mit *Einfügen*.

6 Fügen Sie auf diese Weise alle benötigten Seriendruckfelder an der richtigen Stelle in Ihr Dokument ein.

Datenquelle fertigstellen und zusammenführen

Damit ist Ihr erster Serienbrief auch schon fertig. Sie können ihn nun mit der ausgewählten Datenquelle mischen. Dazu verwenden Sie die Schaltfläche *Fertig stellen und zusammenführen* im rechten Bereich des Registers *Sendungen*:

Fertig stellen und zusammenführen ▼

> Der Befehl *Einzelne Dokumente bearbeiten* mischt das Hauptdokument und die Datenquelle und erstellt daraus ein neues Word-Dokument.

> Der Befehl *Dokumente drucken* mischt Hauptdokument und Datenquelle und druckt das Ergebnis auf dem ausgewählten Drucker.

> Mit dem Befehl *E-Mail-Nachrichten senden* erstellen Sie eine Serien-E-Mail.

Nachdem Sie das gewünschte Symbol angeklickt haben, wählen Sie im folgenden Dialogfeld, ob Sie alle Datensätze mit dem Brief verbinden möchten oder nur eine bestimmte Anzahl. In diesem Fall geben Sie die erste Datensatznummer in dem Feld *Von*, die letzte in dem Feld *An* ein.

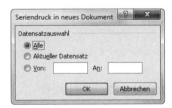

Die folgende Abbildung zeigt das Seriendruckdokument, das über *Einzelne Dokumente bearbeiten* erstellt wurde.

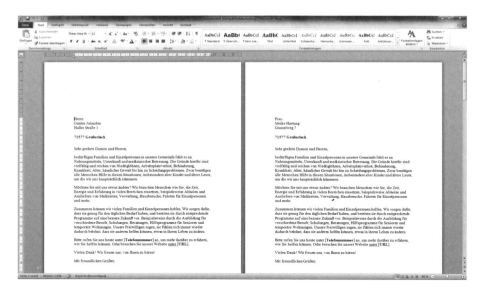

Es enthält den gesamten Text des Hauptdokuments, wobei jeder der individuell adressierten Briefe in einem eigenen Abschnitt steht. Dieses Dokument enthält keine Feldfunktionen, Sie können mit ihm arbeiten wie mit jedem eingegebenen Text. Mit jedem Abschnittswechsel (in der Entwurfsansicht dargestellt durch eine doppelte gestrichelte Linie) beginnt eine neue Zeile, sodass beim Drucken des Dokuments lauter einzelne Briefe ausgegeben werden. Natürlich können Sie wie üblich arbeiten, wenn Sie etwas ändern möchten.

> **Speicherkapazität des Druckers nicht überschreiten**
>
> Wenn Sie eine große Anzahl von Datensätzen verwenden, übergeben Sie den Seriendruck am besten gleich dem Drucker, damit Sie die Speicherkapazität nicht überschreiten. Bei Bedarf verbinden Sie vor dem Drucken ein paar Datensätze, damit Sie sehen, ob der Seriendruck richtig funktioniert.

Serienbriefe mit Regeln – ein Mitarbeiter-Rundschreiben konzipieren und ausgeben

Für viele Anwender ist es eine große Arbeitserleichterung, wenn sie den Seriendruck benutzerdefiniert, beispielsweise anhand von Bedingungsfeldern, einrichten können. Diese Möglichkeiten gehören zu den anspruchsvollsten Word-Funktionen.

2.2 Die professionelle Gestaltung Ihrer Korrespondenz

Das Programm bietet Ihnen viele Regeln, die die Arbeit mit Serienbriefen erleichtern. Sie können eine Liste aller verfügbaren Felder betrachten, wenn Sie im Register *Sendungen* auf das Symbol *Regeln* klicken.

| Frage... |
| Eingeben... |
| Wenn... Dann... Sonst... |
| Datensatz zusammenführen |
| Sequenz zusammenführen |
| Nächster Datensatz |
| Nächster Datensatz Wenn... |
| Textmarke festlegen... |
| Datensatz überspringen wenn... |

Die für Seriendokumente verfügbaren Regeln.

Diese Felder helfen Ihnen, interaktive Benutzereingaben in Ihren Seriendruckdokumenten zu erzeugen und diese zu strukturieren.

Als Beispiel soll uns ein kleines Rundschreiben an die Mitarbeiter unserer Firma dienen, in dem es um die aktuelle Lohnerhöhung geht. Unter anderem wird bekannt gemacht, in welcher Höhe der jeweilige Mitarbeiter Weihnachtsgeld erhält. Dieses richtet sich nach der Betriebszugehörigkeit: Erst ab 1,5 Jahren Betriebszugehörigkeit erhält der Mitarbeiter Weihnachtsgeld, und zwar 30 % seines Monatsgehalts.

1 Legen Sie die Mitarbeitertabelle für das Rundschreiben in Form einer Word-Tabelle an.

2 Fügen Sie Spalten für Anrede, Name, Straße und Wohnort an, außerdem eine Spalte für die Dauer der Betriebszugehörigkeit.

Anrede	Name	Straße	Ort	Betriebszugehörigkeit in Jahren
Herrn	Günter Jolanden	Haller Straße 1	71577 Großerlach	0,5
Frau	Meike Hartung	Günselweg 7	71577 Großerlach	7
Frau	Dagmar Löffler	Dorfstraße 50	71577 Großerlach	9
Herrn	Götz Gmeiner	Südstraße 5	71641 Backnang	3
Herrn	Hubert Scheu	Industriegebiet 20	71645 Backnang	2
Frau	Susi Graulich	Güglinger Gasse 1	71540 Murrhardt	0,5
Frau	Irene Döbereiner	Hohlweg 5	71540 Murrhardt	11
Herrn	Eckehardt Zeiss	Blumenstraße 8	71577 Großerlach	1

3 Klicken Sie an die Stelle, an der Sie den seit mindestens 1,5 Jahren beschäftigten Mitarbeitern die Zahlung von Weihnachtsgeld mitteilen möchten.

4 Klicken Sie im Register *Sendungen* auf das Symbol *Regeln* und wählen Sie *Wenn... Dann... Sonst...*

5 Ein Dialogfeld zur Eingabe der Vergleichskriterien und der beiden Alternativtexte wird angezeigt. Geben Sie diese wie folgt ein:

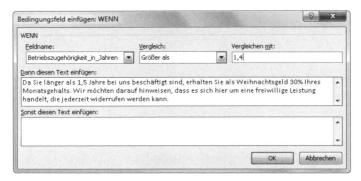

Führen Sie Ihren Serienbrief zusammen. Wie Sie sehen, wird der im Feld *Dann diesen Text einfügen* eingegebene Satz nur bei seit mindestens 1,5 Jahren beschäftigten Mitarbeitern eingefügt (Allbildung nächste Seite).

Datensätze überspringen

Auch die Regel *Datensatz überspringen wenn...* ist sehr praktisch: Je nachdem, ob eine Bedingung erfüllt ist, soll ein Datensatz entweder übergangen oder mit dem Hauptdokument verbunden werden, sodass Sie ihn ausdrucken können.

Zum Beispiel haben Sie in einer Tabelle das Feld *Anrede*. Hier steht jeweils *Herrn* oder *Frau*, je nachdem, ob der betreffende Kunde männlich oder weiblich ist.

Nun möchten Sie in einem Werbebrief ausschließlich Kundinnen ansprechen. In diesem Fall können Sie ein *Datensatz überspringen wenn...*-Feld verwenden.

2.2 Die professionelle Gestaltung Ihrer Korrespondenz

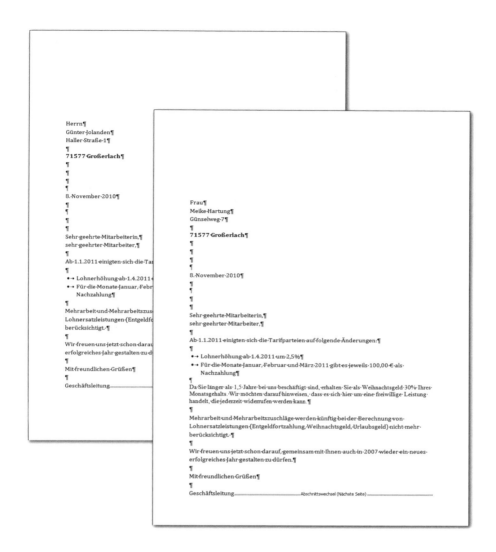

Im Dialogfeld dieser Regel suchen Sie aus dem Listenfeld *Feldname* heraus, auf welches Seriendruckfeld sich das Feld *Überspringen* beziehen soll – in unserem Fall *Anrede*. Im Listenfeld *Vergleich* wählen Sie *Gleich*. In das Feld *Vergleichen mit* geben Sie *Herrn* ein.

Somit filtert Word im Seriendruck alle Datensätze, deren Anrede *Herrn* lautet, heraus und druckt sie nicht aus.

2. Word – Dokumente perfekt gestalten

Serienbriefe mit individuellen Grafiken versehen

Als erstes Beispiel wählen wir einen Serienbrief an die Kunden einer kleinen Reiseagentur. Je nachdem, wie viele Buchungen der jeweilige Kunde bereits bei dieser Agentur vorgenommen hat, soll er eine entsprechende Anzahl Treuepunkte erhalten. Diese sollen im Brief grafisch dargestellt werden.

Vorbereitungen – Grafiken und Tabelle erzeugen

Erstellen Sie zunächst die entsprechenden Grafiken – in unserem Beispiel drei Bilder für 8, 16 und 24 Treuepunkte.

In unserem Beispiel geht es um ein Bonuspunktsystem – je nach erfolgter Buchungsanzahl erhält der jeweilige Kunde eine entsprechende Anzahl Treuepunkte.

1. Speichern Sie die Grafiken in einem Ordner auf Ihrer Festplatte.

2. Erzeugen Sie in Word die Kundentabelle mit den nachfolgend abgebildeten Spalten.

Anrede	Name	Straße	Ort	Anrede2	Bild
Herrn	Günter Jolanden	Haller Straße 1	71577 Großerlach	r Herr Jolanden	
Frau	Meike Hartung	Günselweg 7	71577 Großerlach	Frau Hartung	
Frau	Dagmar Löffler	Dorfstraße 5	71577 Großerlach	Frau Löffler	
Frau	Sabine Riesenberg	Bolzenstraße 15	71518 Schwäbisch Hall	Frau Riesenberg	
Herrn	Götz Gmeiner	Südstraße 5	71641 Backnang	r Herr Gmeiner	
Herrn	Hubert Scheu	Industriegebiet 20	71645 Backnang	r Herr Scheu	
Frau	Gerda Zander	Krummer Pfad 2	71510 Schwäbisch Hall	Frau Zander	
Herrn	Florian Teusser	An der Aue 3	71711 Steinheim	r Herr Teusser	
Herrn	Hartmut Schön	Hohle Gasse 3	71645 Backnang	r Herr Schön	
Frau	Sabrina Normann	Dorfstraße 9	71577 Großerlach	Frau Normann	
Frau	Gesine Zweig	Kochertalstraße 5	71510 Schwäbisch Hall	Frau Zweig	

3. In die Spalte *Bild* fügen Sie nun den Pfad zur jeweiligen Bilddatei ein, wie es die folgende Abbildung zeigt.

2.2 Die professionelle Gestaltung Ihrer Korrespondenz

Anrede	Name	Straße	Ort	Anrede2	Bild
Herrn	Günter Jolanden	Haller Straße 1	71577 Großerlach	r Herr Jolanden	D:\\aktion\\8.wmf
Frau	Meike Hartung	Günselweg 7	71577 Großerlach	Frau Hartung	D:\\aktion\\16.wmf
Frau	Dagmar Löffler	Dorfstraße 5	71577 Großerlach	Frau Löffler	D:\\aktion\\24.wmf
Frau	Sabine Riesenberg	Bolzenstraße 15	71518 Schwäbisch Hall	Frau Riesenberg	D:\\aktion\\16.wmf
Herrn	Götz Gmeiner	Südstraße 5	71641 Backnang	r Herr Gmeiner	D:\\aktion\\16.wmf
Herrn	Hubert Scheu	Industriegebiet 20	71645 Backnang	r Herr Scheu	D:\\aktion\\8.wmf
Frau	Gerda Zander	Krummer Pfad 2	71510 Schwäbisch	Frau Zander	D:\\aktion\\8.wmf

In die letzte Spalte tragen Sie die Bilddateipfade mit doppelten Backslashs ein.

Backslash doppelt setzen

Achten Sie darauf, dass Sie alle Backslashs in den Verzeichnisangaben doppelt setzen müssen. Dies ist notwendig, weil Sie den Pfad gleich im nächsten Schritt in ein Feld aufnehmen werden (Word würde einen einfachen Backslash in einer Feldfunktion nur als Zeichen für einen Feldschalter interpretieren).

Zum Schluss: das Seriendokument erstellen

Zeigen Sie nun den Serienbrief an, verbinden Sie ihn mit der soeben erstellten Tabelle und fügen Sie über die Symbolleiste *Seriendruck* die notwendigen Seriendruckfelder für Adresse, Name, Anrede etc. hinzu.

Als Nächstes benötigen Sie eine Feldfunktion, die für das korrekte Einfügen der individuellen Grafiken sorgt. Verfahren Sie dazu folgendermaßen:

1 Setzen Sie die Einfügemarke an die Stelle in Ihrem Serienbrief, an der später die Grafik erscheinen soll.

2 Wählen Sie im Register *Einfügen* die Schaltfläche *Schnellbausteine* und klicken Sie auf *Feld*.

3 Im linken Bereich wählen Sie den Eintrag *IncludePicture*.

2. Word – Dokumente perfekt gestalten

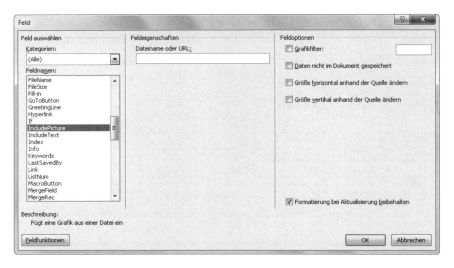

4 Bestätigen Sie mit *OK*, um das *IncludePicture*-Feld einzufügen. Sie erhalten die Meldung *Fehler! Es wurde kein Dateiname angegeben*.

5 Markieren Sie diese Meldung und öffnen Sie anschließend mit einem Rechtsklick das Kontextmenü.

6 Wählen Sie den Befehl *Feldfunktionen ein/aus*. Alternativ drücken Sie die Tastenkombination [Alt]+[F9].

Statt des Feldinhalts wird nun die Feldfunktion *{ INCLUDEPICTURE * MERGEFORMAT }* angezeigt.

7 Setzen Sie die Einfügemarke hinter *INCLUDEPICTURE* und löschen Sie die Anweisung * *MERGEFORMAT*.

8 Im Register *Sendungen* klicken Sie auf die Schaltfläche *Seriendruckfeld einfügen*.

9 Fügen Sie das Feld *Bild* ein, da dies die Spalte mit den festgelegten Bilddateinamen ist.

Die fertige Feldfunktion sieht so aus:

{ INCLUDEPICTURE { MERGEFIELD "Bild" } }

Als geübter Word-Anwender geben Sie eine solche Feldfunktion auch manuell ein: Erzeugen Sie zuerst mit der Tastenkombination [Strg]+[F9] ein Feldklammernpaar. Fügen Sie in dieses die Anweisung *INCLUDEPICTURE* ein. Klicken Sie hinter *INCLUDEPICTURE* und drücken Sie erneut die Tastenkombination [Strg]+[F9], um ein weiteres Klammernpaar einzufügen. Fügen Sie in dieses die Anweisung *MERGEFIELD Grafik* ein.

Ihr Brief sollte nun dem in der folgenden Abbildung ähneln (Feldfunktion eingerahmt):

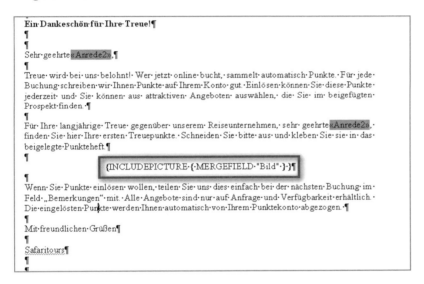

Erzeugen Sie nun die Seriendokumente:

1 Klicken Sie im Register *Sendungen* auf *Fertig stellen und zusammenführen* und wählen Sie *Einzelne Dokumente bearbeiten*.

2 Im resultierenden Dokument drücken Sie die Tastenkombination [Strg]+[A], um alles auszuwählen.

3 Anschließend drücken Sie die Taste [F9], um die Felder zu aktualisieren.

2. Word – Dokumente perfekt gestalten

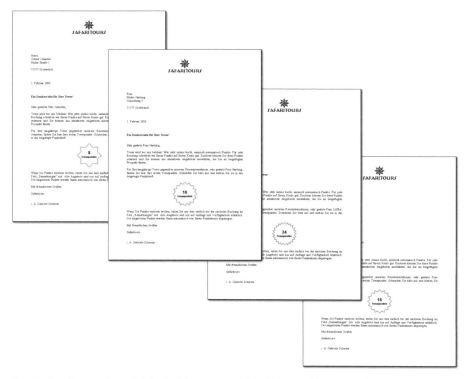

Geschafft – die einzelnen Briefe sind durch unterschiedliche Grafiken individualisiert worden.

Die Seriendruckdaten aus dem Outlook-Adressbuch importieren

Bisher haben wir für unsere Serienbriefe stets in Word erzeugte Tabellen verwendet. Genauso gut lassen sich aber bereits vorhandene Datenquellen, zum Beispiel Excel-Tabellen oder das Outlook-Adressbuch, für diese Zwecke verwenden.

Um beispielsweise das Outlook-Adressbuch als Datenquelle für einen Serienbrief zu verwenden, gehen Sie folgendermaßen vor:

1 Legen Sie Ihr Seriendokument an.

2 Im Register *Sendungen* klicken Sie auf die Schaltfläche *Empfänger auswählen*.

3 Klicken Sie auf die Schaltfläche *Aus Outlook-Kontakten auswählen*.

4 Wählen Sie als Profilnamen *Outlook*.

5 Klicken Sie so oft auf *OK*, bis Sie sich wieder in Ihrem Seriendokument befinden.

Optionen für gelungene Dokumente

Wie Sie an den bisherigen Beispielen dieses Kapitels gesehen haben, bietet Word Ihnen eine überwältigende Fülle von Gestaltungsmöglichkeiten. Nachfolgend stellen wir einige bisher noch nicht besprochene Gestaltungsoptionen vor.

In Spalten angeordneter Text

Nicht immer soll Text einfach Zeile für Zeile vom linken bis zum rechten Seitenrand laufen. In Spalten angeordneter Text lässt sich durch die kürzeren Zeilen häufig besser lesen. In Word können Sie auf einer Seite Spalten mit gleicher oder unterschiedlicher Breite erstellen sowie bei Bedarf eine senkrechte Linie zwischen den Spalten einfügen. Zusätzlich können Sie mit sogenannten Dokumentabschnitten arbeiten, um die Spaltenanzahl innerhalb des Dokuments zu variieren.

> **Faustregel für die Wahl der Spaltenanzahl**
>
> Zu viele Spalten auf einer Seite machen das Dokument schwer lesbar. Als Faustregel sollten Sie nicht mehr als drei bis vier Spalten im Hochformat oder fünf Spalten im Querformat auf einer Seite unterbringen.

1 Um einen vorhandenen Text in Spalten anzuordnen, markieren Sie ihn und klicken im Register *Seitenlayout* auf *Spalten*.   ≣ Spalten ▾

2 Wählen Sie aus der Palette die gewünschte Spaltenanzahl.

3 Word ordnet den markierten Text in Spalten an; davor und danach fügt das Programm jeweils einen Abschnittswechsel ein.

Haben Sie nichts markiert, wird der gesamte Text bzw. der gesamte Abschnitt in Spalten angeordnet.

2. Word – Dokumente perfekt gestalten

> **Spalten in der Entwurfsansicht**
>
> In der Entwurfsansicht werden Abschnittswechsel durch das in Doppelpunkte gestellte Wort ::::::::::*Abschnittswechsel*:::::::::: angezeigt. In der Entwurfsansicht sehen Sie Spalten zwar in der richtigen Breite, aber nicht nebeneinander. Nur in der Ansicht *Seitenlayout* werden die Spalten nebeneinander dargestellt.

Neben der beschriebenen Möglichkeit, Spalten zu erstellen und dabei Abschnittswechsel in Ihr Dokument einzufügen, können Sie auch folgendermaßen vorgehen:

1 Klicken Sie in Ihrem Dokument an die Stelle, ab der der Spaltensatz beginnen soll.

2 Klicken Sie auf die Schaltfläche *Spalten* und wählen Sie *Weitere Spalten*.

3 Legen Sie fest, dass die Spalten nicht für das gesamte Dokument, sondern für *Dokument ab hier* gelten sollen.

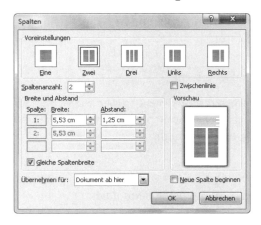

4 Word fügt nun an der Position der Einfügemarke einen Abschnittswechsel ein.

> **Spalten im gesamten Dokument durchgängig verwenden**
>
> Wenn das gesamte Dokument einheitlich in Spalten formatiert werden soll, benötigen Sie natürlich keine Abschnittswechsel. Das Dokument besteht ja in der Grundeinstellung ohnehin aus nur einem einzigen Abschnitt. Es genügt daher, die Einfügemarke an eine beliebige Stelle im Dokument zu setzen und dann die ge-

wünschte Spaltenanzahl auf die oben beschriebene Weise zuzuweisen. Wenn Sie nur einen Abschnitt in Spalten aufteilen wollen und das Dokument schon aus mehreren Abschnitten besteht, genügt es, die Einfügemarke in den entsprechenden Abschnitt zu stellen (wenn mehrere Abschnitte markiert sind, werden die Spalten diesen markierten Abschnitten zugewiesen).

Die gesamte Spaltenformatierung ist in der Abschnittswechselmarke am Abschnittsende gespeichert (wie gesagt, nur in der Entwurfsansicht zu sehen). Wenn Sie diese löschen, nimmt der Abschnitt die Spalten- und Absatzformatierung des nachfolgenden Abschnitts an.

Die Spaltenbreite einstellen

In der Grundeinstellung werden alle Spalten gleich breit formatiert. Im Dialogfeld *Spalten* können Sie aber auch bestimmen, dass die Spalten unterschiedliche Breiten erhalten sollen.

Die Voreinstellungen in diesem Dialogfeld enthalten unter anderem Einträge, die aus einer schmalen und einer breiten Spalte bestehen, wobei die schmale Spalte einmal links und einmal rechts erscheint (die breite Spalte ist doppelt so breit wie die schmale). Die Voreinstellungen bilden einen guten Ausgangspunkt, um Spalten selbst zu definieren. In der Vorschau sehen Sie jeweils, wie die Spalten aussehen werden.

Sie können die Breite und den Abstand der einzelnen Spalten dadurch einstellen, dass Sie in die gleichnamigen Listenfelder für die jeweiligen Spalten das Gewünschte eingeben.

1 In der Optionsgruppe *Breite und Abstand* werden nur drei Spalten angezeigt. Drücken Sie im Feld *Spaltenanzahl* die ↑-Taste oder klicken Sie auf den Aufwärtspfeil rechts neben dem Feld, um zusätzliche Spalten hinzuzufügen.

2 Geben Sie die Spaltenbreite der ausgewählten Spalte ein. Den Spaltenabstand können Sie rechts davon eingeben (für die ganz rechts gelegene Spalte kann natürlich kein rechter Abstand eingestellt werden).

3 Wählen Sie einen Eintrag aus dem Listenfeld *Übernehmen für*. Die Einträge hängen davon ab, ob Text markiert ist oder ob das Dokument mehrere Abschnitte enthält.

> **Was bedeutet Übernehmen für?**
>
> Normalerweise entscheidet Word in Abhängigkeit vom Standort der Einfügemarke logisch, wo Spalten zugewiesen werden sollen: Der Eintrag *Markierte Abschnitte* erscheint nur, wenn mehrere Abschnitte markiert sind. Diese werden dann in Spalten unterteilt. Der Eintrag *Markierter Text* erscheint nur, wenn Text zuvor markiert wurde. Der Text wird dann in Spalten unterteilt. Ein Abschnittswechsel wird vor und nach der Markierung eingefügt. Der Eintrag *Dokument ab hier* erscheint nur, wenn kein Text markiert ist. Die Spalten werden ab der Einfügemarke eingefügt – und davor ein Abschnittswechsel. Der Eintrag *Markierter Abschnitt* erscheint nur, wenn die Einfügemarke in einem von mehreren Abschnitten steht. Dieser Abschnitt wird in Spalten unterteilt. Der Eintrag *Gesamtes Dokument* formatiert das ganze Dokument in Spalten.

4   Schließlich können Sie zwischen Spalten noch Linien hinzufügen, indem Sie das Kontrollkästchen *Zwischenlinie* aktivieren.

Spalten nachträglich anpassen

Vorhandene Spalten lassen sich ebenfalls über das Dialogfeld *Spalten* ändern.

Am schnellsten erreichen Sie dieses Dialogfeld, indem Sie im Seitenlineal auf die blaue Fläche zwischen den Spalten doppelklicken.

> **Das Seitenlineal anzeigen**
>
> Sollte das Seitenlineal momentan nicht angezeigt werden, wählen Sie im Register *Ansicht* das Kontrollkästchen *Lineal*.

> **Die Länge der Spalten genau abstimmen**
>
> Auf Seiten, in denen der Spaltentext bis auf die nächste Seite reicht, gleicht Word die letzte Textzeile am Spaltenende automatisch ab. Wenn Text in Spalten allerdings über eine Seite hinausgeht, könnte es sein, dass Sie zwei ausgefüllte Spalten und eine dritte nur teilweise gefüllte Spalte erhalten. Sie können die Spaltenlängen so abstimmen, dass alle Spaltenenden auf einer Zeile liegen. Positionieren Sie die Einfügemarke am Textende in der letzten Spalte des Abschnitts und wählen Sie im Register *Seitenlayout* die Schaltfläche *Umbrüche*. Klicken Sie auf *Fortlaufend*.

Tabulatoren richtig einsetzen

In der Praxis haben viele Word-Anwender einen gehörigen Respekt vor Tabulatoren. So kommt es, dass man sehr oft Word-Dokumente sieht, die statt mit Tabulatoren mit Leerzeichen formatiert sind. Diese Vorgehensweise führt ganz schnell zu einem Chaos – ganz umsonst, denn die Arbeit mit Tabulatoren ist eigentlich ganz einfach, wie Sie im Folgenden sehen werden. Außerdem hat die Arbeit mit Tabulatoren einen immensen Vorteil: Sie können die Tabstopps verändern oder austauschen und der Text wird dann an diesen neuen Tabulatoren ausgerichtet.

Tabulatoren beziehen sich immer auf einen Absatz. Markieren Sie also alle Absätze, denen Sie die Tabulatoren zuweisen wollen.

In der Grundeinstellung finden Sie alle 1,25 cm auf dem Lineal einen Tabstopp. Das Lineal stellt diese Tabstopps als kleine senkrechte Striche unter der eigentlichen Linealskala dar. Jedes Mal, wenn Sie die [Tab]-Taste drücken, wird der auf die Einfügemarke folgende Text zur nächsten Tabstopp-Position verschoben. Auf diese Weise können Sie beispielsweise Auflistungen erstellen.

> **Lassen Sie sich die Tabstopp-Zeichen anzeigen**
>
> Bei der Arbeit mit Tabulatoren empfiehlt es sich außerdem, die Tabstopp-Zeichen im Dokument anzuzeigen, indem Sie auf die Schaltfläche ¶ *einblenden/ausblenden* im Register *Start* klicken. Die Tabstopps erscheinen als Rechtspfeile.

1 Wünschen Sie eine andere Tabstopp-Position als alle 1,25 cm, klicken Sie einfach an der gewünschten Stelle in die Linealleiste. Falls das Lineal nicht angezeigt wird, aktivieren Sie im Register *Ansicht* unter *Anzeigen* das Kontrollkästchen *Lineal*.

2 Der erste linksbündige Tabulator wird schon gesetzt. Sie erkennen ihn am Symbol eines kleinen schwarzen Winkels.

3 Alle standardmäßig eingerichteten Tabstopps vor diesem benutzerdefinierten Tabstopp werden entfernt.

Um einen irrtümlich gesetzten Tabulator zu entfernen, klicken Sie ihn auf dem Lineal an und ziehen ihn bei gedrückter Maustaste nach oben oder nach unten weg.

Bisher haben Sie nur linksbündige Tabulatoren eingesetzt. Sie können aber auch rechtsbündige und zentrierte Tabulatoren oder am Komma ausgerichtete sogenannte Dezimaltabulatoren erstellen, um die Informationen entsprechend auszurichten und anzuordnen.

Die Arbeit mit Tabulatoren erfolgt in zwei Schritten:

1 Zunächst setzen Sie die benötigten Tabulatoren, wenn Sie nicht die standardmäßig eingestellten linksbündigen Tabstopps alle 1,25 cm verwenden möchten. Dazu wählen Sie zuerst den gewünschten Tabulatortyp aus: *Links*, *Zentriert*, *Rechts*, *Dezimal* oder *Vertikale Linie*.

2 Daraufhin fügen Sie den Tabulator an der gewünschten Stelle im Lineal mit einem Klick ein. Der zweite Schritt besteht darin, dass Sie – wie bereits beschrieben – während der Eingabe die [Tab]-Taste drücken, damit die Einfügemarke zum nächsten Tabstopp springt.

Bestehende Tabstopps übernehmen

Sie sollten bei der Arbeit mit Tabulatoren berücksichtigen, dass Tabstopps wie alle Absatzformatierungen in der Absatzmarke gespeichert werden. Wenn Sie während der Eingabe einen Tabstopp setzen und dann die [Enter]-Taste drücken, werden die Tabulatoreinstellungen in den nächsten Absatz übernommen. Wenn Sie die Tabulatoren hingegen später setzen, werden sie nur dem Absatz oder den Absätzen, die Sie dabei markiert haben, zugewiesen.

Exakte Positionierung von Tabstopps über das Dialogfeld

Ist exakte Arbeit gefragt, arbeiten Sie am besten mit dem Dialogfeld *Tabstopps*. Denn hier können Sie die Position jedes Tabulators exakt in Dezimalzahlen festlegen. Darüber hinaus können Sie verschiedenartige Füllzeichen für den Platz zwischen dem Text vor und nach dem Tabulator festlegen. Solche Füllzeichen führen das Auge durch die Auflistung – geeignet beispielsweise für Inhaltsverzeichnisse etc.

1 Markieren Sie den Absatz oder die Absätze, den bzw. die Sie mit Tabstopps versehen möchten, oder stellen Sie die Einfügemarke dorthin, wo die Einstellungen beginnen sollen.

2 Setzen Sie einen Tabstopp an beliebiger Stelle und doppelklicken Sie darauf, um das Dialogfeld zu öffnen.

3 Geben Sie im Feld *Tabstoppposition* die Position für den gewünschten Tabstopp ein.

4 Wählen Sie aus der Optionsgruppe *Ausrichtung* die gewünschte Vorlage: *Links*, *Zentriert*, *Rechts*, *Dezimal* oder *Vertikale Linie*.

5 In der Optionsgruppe *Füllzeichen* wählen Sie, falls gewünscht, eine entsprechende Vorlage: *1* für kein Füllzeichen, *2* für eine gepunktete Linie, *3* für eine gestrichelte Linie oder *4* für eine durchgezogene Linie.

6 Klicken Sie auf die Schaltfläche *Festlegen*, um den Tabstopp festzulegen. Wiederholen Sie diese Schritte, wenn Sie weitere Tabstopps setzen möchten. Die gesetzten Tabulatoren werden im Feld *Tabstoppposition* angezeigt.

7 Sie können diese bestehenden Tabulatoren im Dialogfeld auch neu formatieren. Dazu markieren Sie in der Liste *Tabstoppposition* den entsprechenden Tabstopp.

8 Wählen Sie in den Optionsgruppen *Ausrichtung* und *Füllzeichen* die Optionen für den markierten Tabstopp.

9 Klicken Sie auf *Festlegen*.

Wie Sie einen gesetzten Tabstopp mit gedrückter Maustaste aus dem Lineal herausziehen und ihn damit löschen, haben Sie bereits erfahren. Bei Bedarf verwenden Sie dazu aber auch das Dialogfeld *Tabstopps*. Wieder ist wichtig, dass Sie zuerst in Ihrem Dokument den bzw. die Absätze auswählen, aus denen Sie die Tabstopps löschen möchten. Oder Sie klicken an die Stelle, ab der die neuen Einstellungen gelten sollen.

1 Öffnen Sie das Dialogfeld *Tabstopps*.

2 Mit der Schaltfläche *Alle löschen* entfernen Sie Tabstopps. Sie können auch einen einzelnen Tabstopp aus der Liste *Tabstoppposition* auswählen und dann auf die Schaltfläche *Löschen* klicken.

3 Wiederholen Sie diesen Vorgang, wenn Sie weitere Tabstopps löschen möchten.

4 Klicken Sie auf *OK*.

Tabstopp-Typen über das Lineal definieren

Die verschiedenen Tabulatortypen können Sie auch über das Lineal setzen. Hierbei fehlt allerdings die Möglichkeit, Füllzeichen zu setzen.

1 Wieder markieren Sie zuerst den Absatz oder die Absätze, die Sie mit Tabstopps ausstatten möchten.

2 Klicken Sie ganz links oben auf dem Lineal so oft auf das Symbol *Tabulator-Ausrichtung*, bis das Symbol für die Tabulatorart, die Sie verwenden möchten, angezeigt wird:

Symbol	Tabulatortyp
L	Links
⊥	Zentriert
⌐	Rechts
⊥.	Dezimal – Zahlen mit Dezimalstellen werden am Dezimalkomma ausgerichtet
|	Mit dem fünften Klick rufen Sie den Tabulatortyp *Vertikale Linie* auf. Damit können Sie in Ihrem Dokument eine senkrechte Linie einfügen. Mehr darüber erfahren Sie weiter unten.

3 Klicken Sie an der gewünschten Stelle in das Lineal, um den Tabulator einzufügen.

4 Befindet sich die Markierung auf dem Lineal noch nicht genau an der richtigen Stelle, ziehen Sie die Tabulatormarke mit gedrückter Maustaste an die richtige Position.

Mit Einzügen arbeiten

Einzelne Absätze oder Gruppen von Absätzen können Sie mit Einzügen versehen. Sie können Absätze von links, von rechts oder von beiden Rändern oder auch nur die erste Zeile einziehen – eine Methode, die oft die Eingabe eines Tabstopps am Anfang eines neuen Absatzes ersetzt. Sie können auch einen hängenden Einzug erstellen, bei dem die erste Zeile gegenüber dem Rest des Absatzes nach links hängt. Hängende Einzüge verwendet man oft für Aufzählungen oder Nummerierungen, mit denen wir uns weiter unten in diesem Kapitel beschäftigen werden.

Das Lineal enthält dreieckige Markierungen, die Einzugsmarken, am linken und am rechten Rand. Sie können diese nach links und nach rechts ziehen, um Einzüge festzulegen.

Das obere Dreieck am linken Rand stellt den Erstzeileneinzug dar, das untere Dreieck den linken Einzug.

➢ Beide Marken lassen sich unabhängig voneinander verschieben. Um einen linken Einzug zu setzen, ziehen Sie das Rechteck unter der linken Einzugsmarke an die Position auf dem Lineal, an der der Einzug erscheinen soll (beachten Sie, dass sich das obere Dreieck mitbewegt). Für einen Erstzeileneinzug ziehen Sie die rechte Einzugsmarke an die Position, an der Sie den Einzug haben möchten. Für einen hängenden Einzug ziehen Sie die linke Einzugsmarke an die gewünschte Position auf dem Lineal.

➢ Das Rechteck unter dem unteren Dreieck ziehen Sie, um den Erstzeileneinzug und den linken Absatzeinzug gleichzeitig zu verschieben.

➢ Das Dreieck am rechten Rand stellt den rechten Einzug des Absatzes dar. Ziehen Sie dieses nach links, um einen rechten Einzug für die markierten Absätze festzulegen.

Wie misst Word die Einzüge?

Rechte und linke Einzüge werden jeweils vom rechten und vom linken Rand gemessen. Die Erstzeileneinzüge misst Word relativ zum linken Einzug.

Absätze mit Aufzählungen und Nummerierungen versehen

Mit Aufzählungen können Sie einen Text übersichtlicher gestalten, sodass er angenehm zu lesen ist.

Nummerierungen sind dafür geeignet, bestimmte Informationen aus einer Vielfalt von Informationen hervor- und somit vom restlichen Text abzuheben. Einen guten Einsatz finden nummerierte Listen zum Beispiel bei Produktvorstellungen, Arbeitsanleitungen, Meetingplänen etc.

Möchten Sie nur einen einzigen Absatz mit einem Aufzählungszeichen versehen, genügt es, wenn Sie in ihn hineinklicken. Wollen Sie hingegen mehrere Absätze formatieren, wählen Sie den entsprechenden Textabschnitt aus und klicken im Register *Start* auf das Symbol *Aufzählungszeichen*.

Um das Aufzählungszeichen wieder aus dem Textabschnitt zu entfernen, klicken Sie erneut auf das Symbol. Bei Bedarf können Sie das Aufzählungszeichen bearbeiten, d. h., den Abstand zwischen Aufzählung und Rand einstellen. Dazu verwenden Sie – siehe oben – die Randeinsteller des Lineals:

1 Markieren Sie den gewünschten Aufzählungstext (soll nur ein Absatz bearbeitet werden, genügt es wieder, wenn Sie in ihn hineinklicken).

2 Ziehen Sie mit gedrückter Maustaste den Randeinsteller an die gewünschte Position im Lineal. Entsprechend verändert sich der Abstand zwischen Aufzählungszeichen und Text.

3 Über den Pfeil am Symbol *Aufzählungszeichen* öffnen Sie das gleichnamige Dialogfeld. Hier suchen Sie bei Bedarf ein anderes Aufzählungszeichen für den markierten Text heraus. Über den Befehl *Neues Aufzählungszeichen definieren* gelangen Sie an weitere Aufzählungspunkte.

Nummerierungen werden – genau wie Aufzählungen – absatzweise zugeteilt. Das heißt, nachdem Sie die einzelnen Punkte der Information in eigenen Absätzen eingegeben haben, markieren Sie die so entstandene Liste und klicken im Register *Start* auf das Symbol *Nummerierung*.

Auch die Nummerierung gestalten Sie bei Bedarf über den Pfeil am Symbol.

Absätze einrahmen und schattieren

Um Ihrem Dokument den letzten Schliff zu geben, können Sie Absätze einrahmen und schattieren. Es müssen nicht immer Bilder und Grafiken sein, mit denen Sie Ihren Dokumenten einen besonderen Ausdruck verleihen. Weitverbreitet sind auch Linien, Rahmen, Hinterlegungen etc. Solche Elemente können dazu dienen, eine Fläche zu gliedern, bestimmte Akzente zu setzen und die Gesamtwirkung zu steigern.

Trennen und Hervorheben mit Linien und Rahmen

Wie Sie ganze Seiten einrahmen, haben Sie bereits erfahren. Sie können aber auch einzelne Absätze oder gar Wörter mit Rahmen versehen.

Linien werden zumeist zum Trennen oder Hervorheben verwendet, ihre Geradheit ist besonders zum Stützen oder Begrenzen unruhiger oder zerrissener Textgruppen willkommen. Markieren Sie den Absatz, den Sie formatieren möchten. Im Dialogfeld *Rahmen und Schattierung* (Register *Start*, Listenpfeil an der Schaltfläche *Rahmenlinien*), das Sie über den gleichnamigen Befehl erreichen, können Sie dann die verschiedensten Linien und Rahmen zuweisen.

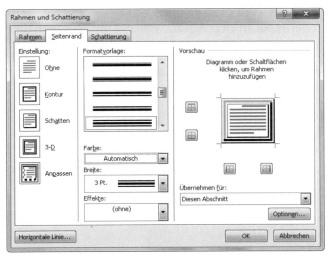

Im Dialogfeld Rahmen und Schattierung weisen Sie benutzerdefinierte Rahmen und Hinterlegungen zu.

Wenn Sie sich für einen benutzerdefinierten Rahmen entscheiden, wählen Sie rechts in der Vorschau aus, ob Sie eine rechte, obere, untere oder linke Rahmenlinie definieren wollen, und weisen der Auswahl dann eine Linienart, -stärke und -farbe zu. Auf diese Weise kann ein Textblock theoretisch vier verschiedene Linienarten erhalten.

> **Einzelne Wörter einrahmen**
>
> Sie können auch nur einzelne Wörter oder Wortgruppen einrahmen, indem Sie diese statt des gesamten Absatzes markieren und dann wie beschrieben vorgehen.

Texte oder Absätze mit Schattierungen versehen

Holen Sie die Registerkarte *Schattierung* im Dialogfeld *Rahmen und Schattierung* nach vorn. Hier stehen Ihnen Graustufen und verschiedene Farbtöne zur Verfügung. Benötigen Sie allerdings exakte Sättigungswerte, wählen Sie im Feld *Muster* in der Liste *Formatvorlage* einen exakten Prozentwert. Benutzen Sie das Listenfeld *Übernehmen für*, um festzulegen, ob die Einstellungen für den markierten Text oder für den Absatz gelten sollen.

Absätze mit einer Initiale hervorheben

Ein besonderes typografisches Schmuckelement ist die sogenannte Initiale. Mit Word haben Sie solche hervorgehobenen und/oder verzierten Anfangsbuchstaben schnell erstellt:

1. Stellen Sie die Einfügemarke in den Absatz, den Sie mit einer Initiale versehen wollen, und aktivieren Sie das Register *Einfügen*.

2. Klicken Sie hier auf die Schaltfläche *Initiale* und dann auf *Initialoptionen*.

3. Normalerweise wählen Sie die Option *Im Text*. Belassen Sie *Initialhöhe* auf 3 und wählen Sie die gewünschte Schriftart aus.

4 Mit *Abstand vom Text* müssen Sie je nach gewählter Schriftart etwas experimentieren. Er sollte nicht zu groß sein, damit der Initialbuchstabe nicht den Anschluss zum dazugehörigen Wort verliert. Schließen Sie das Dialogfeld mit *OK*.

5 Für eine besonders aussagekräftige Gestaltung können Sie die Initiale anschließend über die Schaltfläche *Texteffekte* im Register *Start* noch mit besonderen Effekten versehen.

> Beachten Sie, dass Ihr Dokument schon bei der Eingabe hierarchisch strukturiert sein sollte, damit Sie es in der Gliederungsansicht sinnvoll bearbeiten können: Gliedern Sie es in Standardabsätze und Überschriften. Legen Sie Wert darauf, gleich von Beginn an organisiert vorzugehen, erstellen Sie das Dokument am besten gleich in der Gliederungsansicht, um die Hierarchie zu betrachten, Hauptüberschriften in Unterüberschriften umzuwandeln oder umgekehrt. Dabei ist es sinnvoll, mit der Struktur zu beginnen: mit Kapitel, Kapitelüberschriften, Zwischenüberschriften und so weiter. Für diese Hierarchien verwenden Sie ausschließlich die in Word 2007 integrierten Formatvorlagen.

Die neuen Textgestaltungsfunktionen

Word bietet Ihnen eine überwältigende Fülle von Möglichkeiten, Ihre Texte effektvoll zu gestalten und mit dem gewissen Etwas zu versehen.

Grafiken effektvoll gestalten

Eingefügte Fotos und andere Bilder können Sie nach dem Markieren über das Register *Bildtools/Format* des Menübands mit den verschiedensten interessanten Effekt versehen.

So erzielen Sie beispielsweise den beliebten Sepiaeffekt, der an ein antikes, gebräuntes Schwarz-Weiß-Foto erinnert. Klicken Sie dazu in der Gruppe *Anpassen* des Registers *Bildtools* auf *Farbe* und wählen Sie den gewünschten Effekt.

> **Zweiton**
>
> Durch die Kolorierung erzeugen Sie grundsätzlich ein Zweitonbild, das heißt ein Bild, das für die dunklen Bereiche eine Farbe verwendet und für die hellen eine andere.

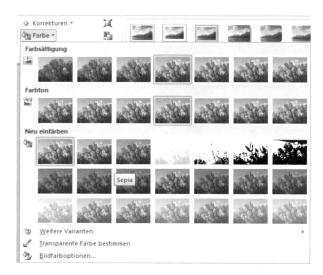

Neben dem Einfärben von Bildern können Sie in der Gruppe *Anpassen* Ihre Bilder auch über die Schaltfläche *Korrekturen* bezüglich ihrer Helligkeit und ihres Kontrasts ändern.

Oder Sie klicken auf die Schaltfläche *Künstlerische Effekte* und verwandeln Ihr Bild mit einem einzigen Klick in ein Kunstwerk – zum Beispiel in eine Bleistiftzeichnung, eine Pastellmalerei oder in ein Mosaik.

Mit *Bild ändern* ersetzen Sie das vorhandene markierte Bild durch ein anderes Bild auf Ihrer Festplatte. *Grafik zurücksetzen* entfernt sämtliche Effekte – das Bild sieht danach wieder so aus wie direkt nach dem Einfügen.

2.2 Die professionelle Gestaltung Ihrer Korrespondenz

Original.

Bleistift: Graustufen.

Silhouette.

2. Word – Dokumente perfekt gestalten

Rechts von diesen Funktionen finden sich verschiedene effektvolle Bildrahmen, und über die Schaltfläche *Bildlayout* lässt sich das markierte Bild schnell mit einer effektvollen Bildbeschriftung versehen.

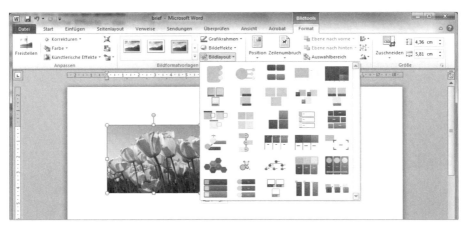

Eine effektvolle Bildbeschriftung mit einem einzigen Mausklick zugewiesen.

Bilder freistellen

Möchten Sie ein Motiv verwenden, das vor einem farbigen Hintergrund fotografiert wurde? Wenn das Objekt klar umrissen ist, können Sie es mit einem Klick auf die Schaltfläche *Freistellen* ganz links im Register *Bildtools/Format* freistellen, also vor weißem Hintergrund abbilden.

2.2 Die professionelle Gestaltung Ihrer Korrespondenz

> **Bilder speichern**
>
> Ihr fertig bearbeitetes Bild können Sie übrigens auch als Grafikdatei speichern. Klicken Sie es dazu mit der rechten Maustaste an und wählen Sie aus dem Kontextmenü den Befehl *Als Grafik speichern*.

Einen Bildausschnitt anfertigen

Häufig möchten Sie nicht das ganze Bild zeigen, sondern nur einen Ausschnitt. Ein solches Bild, auf dem nur ein einzelnes, entsprechend vergrößertes Detail gezeigt wird, kann besonders interessant wirken.

1 Markieren Sie das Bild und klicken Sie im Register *Bildtools* auf die Schaltfläche *Zuschneiden*.

2 Der Mauszeiger ändert sich in zwei sich überschneidende Winkel. Ziehen Sie die schwarzen Balken um das Bild herum nach innen, bis es auf den gewünschten Ausschnitt zugeschnitten ist.

Häufig wirkt es interessanter, nicht das gesamte Bild zu zeigen, sondern nur einen Ausschnitt.

WordArt und Texteffekte

WordArt ist der Office-Begriff für (kurze) Texte, die mit besonderen grafischen Effekten versehen sind. Für längere Texte sind diese Effekte weniger geeignet, weil sie in fast allen Fällen die Lesbarkeit der Schrift beeinträchtigen.

Die WordArt-Optionen eignen sich zur Gestaltung von Logos und anderen kurzen Texten.

1 Wählen Sie das Register *Einfügen* des Menübands und klicken Sie in der Gruppe *Text* auf das Symbol *WordArt*.

2 Der WordArt-Katalog wird angezeigt. Hier wählen Sie zunächst das gewünschte Erscheinungsbild (Sie können es später noch anpassen).

2. Word – Dokumente perfekt gestalten

3 Das Register *Zeichentools* wird aktiviert. Es bietet Ihnen die verschiedensten ausgefeilten Möglichkeiten zur Formatierung Ihrer WordArt-Grafik. Sie können beispielsweise Schatten und 3-D-Effekte und vieles mehr zuweisen.

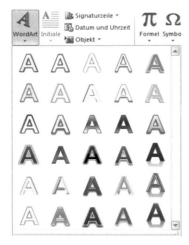

Der WordArt-Katalog bietet eine Fülle von attraktiven Vorlagen.

Sie können aber auch „ganz normalen" Text – auch einzelne Wörter mitten im Textfluss – mit Texteffekten versehen:

1 Dazu markieren Sie den gewünschten Text und aktivieren das *Start*-Register des Menübands.

2 Klicken Sie in der Gruppe *Schriftart* auf das Symbol *Texteffekte* und wählen Sie den gewünschten Effekt aus, um ihn der Markierung zuzuweisen.

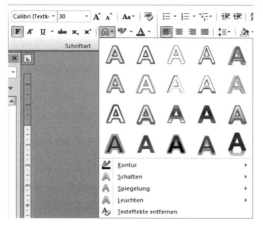

Texteffekte auswählen.

Das Besondere daran ist, dass der Text danach zwar grafisch aufbereitet ist, sein Wortlaut aber dennoch frei bearbeitet werden kann.

Gestalten Sie Ihre Visitenkarten selbst

Die Visitenkarte ist ein sehr fundamentales Marketing-Mittel. Im Handel gibt es ein breites Sortiment von Bögen für Visitenkarten. Mit Word ab Version 6.0 können Sie diese Bögen mit nur wenigen Handgriffen über die Etikettendruckfunktion mit den jeweils gewünschten Informationen versehen. Mit der nachfolgend beschriebenen Technik erstellen Sie ohne großen Aufwand preiswerte Visitenkarten, die für ein kleines Unternehmen völlig ausreichend sind.

Vorüberlegungen

Wie für jedes Medium gibt es auch für Geschäftskarten ein paar einfache Grundregeln für eine optimale Gestaltung.

- Schriften sollten nicht kleiner als 7 Punkt sein.
- Verwenden Sie Ihre Firmenfarben. Schwarz-weiße Visitenkarten sind nicht nur langweilig, sondern bleiben auch nicht so gut im Gedächtnis Ihres Geschäftspartners haften. Am besten ist es, wenn Sie Ihre Karten auf einem Farblaserdrucker ausgeben können.
- Sparen Sie nicht am Papier: Eine Karte auf billigem, läppischem Papier sagt aus: eine billige, läppische Firma ... Verwenden Sie das dickste und beste Papier, das Sie auftreiben können und mit dem Ihr Drucker klarkommt.
- Wenn Sie mehrere Adressen und/oder Postfächer haben, überlegen Sie, welche Sie auf der Visitenkarte abdrucken möchten. Entscheiden Sie sich möglichst für eine einzige Postadresse.
- Jede Person in Ihrer Firma sollte ihre eigene Karte haben (nebenbei bemerkt ist das eine preiswerte Möglichkeit, den Mitarbeitern Ihre Wertschätzung auszudrücken).

Checkliste

Folgende Angaben sollten auf jeder Visitenkarte enthalten sein:

- Firma
- Name des Ansprechpartners

- Telefon mit Durchwahl
- Telefax
- E-Mail-Adresse
- Webadresse
- Postanschrift
- Öffnungszeiten (falls zutreffend)

Praktische Vorbereitungen

Wenn Sie mit vorgefertigten Bögen arbeiten, lassen sich Visitenkarten am einfachsten über das Etiketten-Feature erzeugen. Vorgefertigte Visitenkartenbögen gibt es für wenig Geld in jedem Schreib- oder Bürowarengeschäft. Sie sind bereits mit einer Perforation bzw. einer Schnittkante versehen, die Ihnen das mühsame und meist ungenaue Schneiden der Karten erspart.

Besorgen Sie sich möglichst Visitenkartenbögen bekannter Hersteller, da in Word die Einstellungen zum Bedrucken der meisten dieser Etiketten schon vorhanden sind.

Drucker beachten

Achten Sie darauf, für welchen Drucker Sie Visitenkarten erwerben (Tintenstrahl- oder Laserdrucker). Einer der Gründe: Im Laserdrucker entstehen sehr hohe Temperaturen. Visitenkarten mit abziehbarem Rücken, die eigentlich nur für Kopierer oder Tintenstrahldrucker vorgesehen sind, könnten schmelzen oder abgezogen werden.

Möchten Sie Ihre Visitenkarten doppelseitig drucken, ist noch auf Folgendes zu achten: Kaufen Sie auf jeden Fall Bögen, auf denen die rechten und linken Ränder identisch sind. Außerdem sollten Sie ein Lineal zur Hand haben, um bei der Vorbereitung des Visitenkartendrucks Ihre Karten und deren Anordnung auf den Bögen nachmessen zu können.

Machen Sie immer erst einen Probedruck auf normalem Papier, bevor Sie den ersten Etikettenbogen zum Ausdruck einlegen.

Das Dokument für die Visitenkarte einrichten

Vom Grundprinzip ist es nicht besonders schwierig, mit Word Visitenkarten zu erstellen.

1. Öffnen Sie in Word ein neues Dokument.

2. Aktivieren Sie im Menüband das Register *Sendungen*.

3. Klicken Sie in der Gruppe *Erstellen* auf die Schaltfläche *Beschriftungen*. Löschen Sie eventuell im Feld *Adresse* voreingetragenen Text.

4. Nun stellen Sie den Etikettentyp ein, indem Sie auf die Schaltfläche *Optionen* klicken. Dadurch gelangen Sie in das Dialogfeld *Etiketten einrichten*.

5. Aus dem Listenfeld *Etikettennummer* wählen Sie den entsprechenden Eintrag und bestätigen Ihre Angaben mit der Schaltfläche *OK*. Wählen Sie im Dialogfeld *Etiketten einrichten* zuerst die Marke Ihrer Visitenkarten und anschließend die Bestellnummer.

6. Gleich danach klicken Sie auf die Schaltfläche *Neues Dokument* – Sie erhalten ein neues Dokument mit einer noch leeren Tabelle.

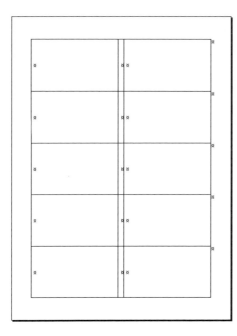

Das Ergebnis ist ein Bogen mit einer noch leeren Tabelle – zur Verdeutlichung wurden hier die Tabellenlinien eingeschaltet.

Einen eigenen Visitenkartentyp definieren

Können Sie in der Liste der Hersteller den Hersteller Ihrer Etikettenbögen nicht finden, müssen Sie die notwendigen Daten selbst eingeben.

Auch wenn Sie Ihre Visitenkarten nicht selbst ausdrucken, sondern sie einer professionellen Druckerei übergeben möchten, benötigen Sie wahrscheinlich die nachfolgend beschriebene Technik. Allerdings sollten Sie sich zuvor bei der Druckerei über den Aufbau des Bogens informieren. Lassen Sie sich die genauen Abstände vom oberen und linken Rand und die vertikalen und horizontalen Abstände der Karten untereinander mitteilen.

1 Dazu wählen Sie zunächst aus der Liste des Dialogfelds *Etiketten einrichten* einen Typ aus, der von den Proportionen her weitgehend Ihrem Visitenkartenbogen entspricht (achten Sie auf die Informationen im Feld *Etiketteninformation*).

2 Dann klicken Sie auf die Schaltfläche *Details*, um die hier erforderlichen Anpassungen vorzunehmen.

3 Im Folgenden müssen Sie die Maße Ihrer Visitenkarten selbst eingeben; daher sollten Sie sich ein Lineal zur Hand nehmen.

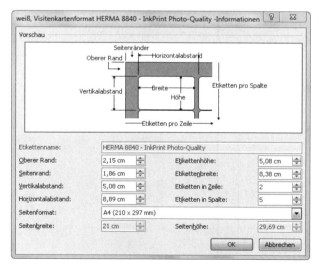

Ausgehend von dem am besten passenden Etikettentyp stellen Sie in diesem Dialogfeld Ihre eigenen Abstände und Ränder ein.

> In das Feld *Oberer Rand* tragen Sie den Abstand zwischen dem oberen Rand des Bogens und der Oberkante des ersten Etiketts ein.

> In das Feld *Seitenrand* tragen Sie den Abstand zwischen dem linken Rand des Bogens und der linken Kante der ersten Visitenkartenspalte ein.

> In das Feld *Vertikalabstand* tragen Sie den Abstand von der Oberkante der ersten Visitenkarte bis zur Oberkante der darunterliegenden Karte ein.

> In das Feld *Horizontalabstand* tragen Sie den Abstand zwischen der linken Kante der ersten Visitenkartenspalte bis zur linken Kante der rechts daneben liegenden Visitenkartenspalte ein.

> In die Felder *Etikettenhöhe* und *Etikettenbreite* tragen Sie die Abmessungen einer einzelnen Visitenkarte ein.

> In das Feld *Etiketten in Zeile* tragen Sie die Anzahl der nebeneinander liegenden Visitenkarten auf Ihrem Bogen ein. Entsprechend tragen Sie in das Feld *Etiketten in Spalte* die Anzahl der untereinander angeordneten Visitenkarten ein.

> Als Papierformat ist A4 voreingestellt. Diese Einstellung können Sie in der Regel belassen.

Geben Sie einen Namen für Ihren eigenen Visitenkartentyp ein und schließen Sie das Dialogfeld. Von nun an ist der selbst definierte Typ ebenfalls über die Auswahlliste verfügbar.

Die Textränder für die Visitenkarte festlegen

Standardmäßig stellt Word die Textränder innerhalb der Tabellenzelle recht knapp ein – der Text klebt am oberen Rand. Für unsere Zwecke ist dies eher ungünstig.

1 Klicken Sie in die Tabelle und aktivieren Sie das Register *Tabellentools/Layout*.

2 Klicken Sie auf die Schaltfläche *Auswählen* und wählen Sie *Tabelle auswählen*. Damit haben Sie alle Visitenkartenlayouts auf der gesamten Seite ausgewählt.

Nun regeln Sie den Abstand des Textes von den Zellenrändern.

1 Lassen Sie die Gesamttabelle markiert und klicken Sie im Register *Tabellentools/Layout* auf die Schaltfläche *Zellenbegrenzungen*.
Zellenbegrenzungen

2 Im angezeigten Dialogfeld geben Sie für *Oben*, *Unten*, *Links* und *Rechts* einen passenden Abstand vom linken, rechten, oberen und unteren Zellenrand an.

> **Keine Größenänderung zulassen!**
>
> Achten Sie darauf, dass das Kontrollkästchen *Automatische Größenänderung zulassen* deaktiviert bleiben muss.

Die Visitenkarte gestalten

Gestalten Sie zunächst nur die linke obere Karte.

Sie können sämtliche in Word verfügbaren Formatierungs- und Grafikoptionen innerhalb dieser Tabellenzelle verwenden und beispielsweise mit WordArt, Flächen, eingefügten Grafiken und selbst gezeichneten Elementen arbeiten.

Wenn Sie eine Logografik etc. in Ihre Visitenkarten einfügen möchten, binden Sie diese am besten nicht fest ein, sondern verknüpfen sie mit dem Dokument. Das hat den Vorteil, dass die Dateigröße des Visitenkartenbogens klein bleibt, und bietet sich besonders an, weil Sie die Grafik im Endeffekt zehnmal auf dem Bogen benötigen:

1 Aktivieren Sie das Register *Einfügen* und klicken Sie auf die Schaltfläche *Grafik*.
Grafik

2 Suchen Sie die Grafik auf Ihrer Festplatte heraus und klicken Sie auf den kleinen Pfeil neben der Schaltfläche *Einfügen*. Wählen Sie *Mit Datei verknüpfen*.

2.2 Die professionelle Gestaltung Ihrer Korrespondenz

In der Grundeinstellung steht die so eingefügte Logografik mit dem Text in einer Zeile. Für freie (Visitenkarten-)Layouts ist das meist weniger günstig.

1. Lassen Sie die Grafik deshalb nach dem Einfügen markiert und aktivieren Sie das Register *Bildtools/Format*.

2. Klicken Sie auf die Schaltfläche *Zeilenumbruch* und wählen Sie *Passend*.

Von nun an lässt sich die Grafik frei im Layout umherziehen, wobei sie aber gleichzeitig den umgebenden Text verdrängt, was für Visitenkarten meist günstig ist.

Sobald Sie mit der Gestaltung der ersten Karte fertig sind, übertragen Sie die Elemente per [Strg]+[C] sowie [Strg]+[V] in die übrigen Visitenkarten.

Mit diesen Schritten haben Sie einen Bogen mit zehn identischen Visitenkarten erhalten – Sie müssen diesen nur noch ausdrucken.

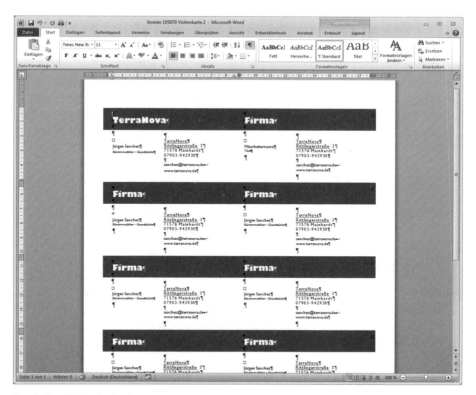

Der fertige Visitenkartenbogen.

Visitenkarten über die Druckfunktionen erzeugen

Wenn Sie nicht mit vorgefertigten Visitenkartenbögen arbeiten, ist die nachfolgend beschriebene Methode praktischer.

1. Legen Sie ein neues leeres Dokument an.

2. Aktivieren Sie im Menüband das Register *Seitenlayout*.

3. Klicken Sie in der Gruppe *Seite einrichten* auf die Schaltfläche *Größe* und dann auf *Weitere Papierformate*.

Größe

4. Tragen Sie in dem Feld *Breite 9 cm* ein, in dem Feld *Höhe 5 cm*.

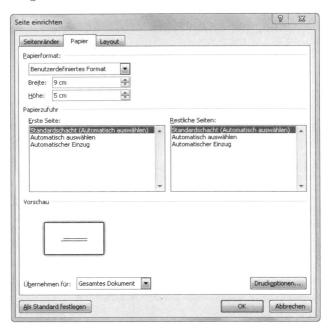

5. Aktivieren Sie in demselben Dialogfeld das Register *Seitenränder* und stellen Sie alle Seitenränder auf 0,5 cm.

6. Falls Sie Ihre Karte selbst ausdrucken möchten, sollten Sie ihr einen dünnen hellgrauen Seitenrahmen hinzufügen, damit Sie es beim Schneiden einfacher haben. Aktivieren Sie die Registerkarte *Layout* und klicken Sie auf die Schaltfläche *Ränder*.

7. Das Dialogfeld *Rahmen und Schattierung* wird mit der Registerkarte *Seitenrand* angezeigt.

2.2 Die professionelle Gestaltung Ihrer Korrespondenz

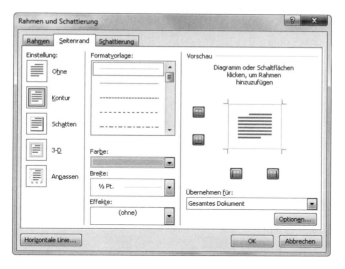

8 Klicken Sie unter *Einstellung* auf *Kontur* und wählen Sie als Farbe ein helles Grau aus. Bei *Breite* geben Sie ½ *Pt.* an.

9 Klicken Sie dann auf die Schaltfläche *Optionen*, um das Dialogfeld *Rahmen- und Schattierungsoptionen* anzuzeigen.

10 Setzen Sie in diesem Dialogfeld alle Seitenränder auf *0*.

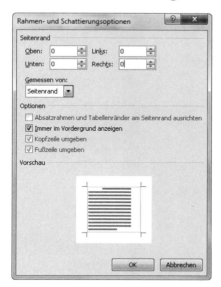

Klicken Sie dann zweimal auf *OK*. In Ihrem Word-Arbeitsfenster wird ein Dokument mit den Standardabmessungen einer Visitenkarte angezeigt.

2. Word – Dokumente perfekt gestalten

Diese Visitenkarte können Sie jetzt nach Ihren Wünschen oder den CI-Vorgaben Ihrer Firma gestalten.

> **Schriftgröße nicht zu klein**
>
> Zoomen Sie das Dokument gelegentlich auf 100 %, um sich ein besseres Bild von seinem späteren Aussehen zu machen. Verwenden Sie keine Schriftgrößen, die kleiner sind als ca. 7 Punkt, um eine gute Lesbarkeit der Karte zu gewährleisten.

Drucken Sie mehrere Visitenkarten auf einem Blatt aus

1 Wenn Sie mit der Gestaltungsarbeit fertig sind, klicken Sie auf das Register *Datei* und dann auf *Drucken*.

2 Klicken Sie den kleinen Pfeil des Eintrags *1 Seite pro Blatt* an und wählen Sie *8 Seiten pro Blatt*. Klicken Sie dann links oben auf *Drucken*, um die Karten auszudrucken.

Mehrere Seiten auf ein Blatt drucken.

2.3 Erleichtern Sie sich die Arbeit mit Formatvorlagen

Das gute, ausgewogene Erscheinungsbild eines Dokuments basiert maßgeblich auf der Anordnung des Textes auf den Seiten, der Form der Absätze, der Formatierung der Buchstaben und dem Gebrauch von Linien und Rahmen. Alle diese Elemente sind Formatierungsmerkmale, die Sie während der Arbeit mit Word definieren.

Genauso wichtig sind allerdings die Lesbarkeit und Einheitlichkeit Ihres Dokuments. Wenn das Erscheinungsbild Ihres Dokuments seinem Inhalt entspricht, ist es für den Leser einfacher, die enthaltenen Informationen aufzunehmen. Word stellt Ihnen Werkzeuge zur Verfügung, mit denen sich die Formatierung Ihres Dokuments sehr einfach gestaltet: Format- und Dokumentvorlagen.

Aufbau einer Formatvorlage

Eine Formatvorlage ist ein Satz von Formatierungsanweisungen, der unter einem Namen gespeichert ist und unter diesem jederzeit abgerufen werden kann. Alle Texte, denen Sie die gleiche Formatvorlage zuweisen, werden exakt identisch formatiert. Wenn Sie an einer Formatvorlage eine Änderung vornehmen, wird gleichzeitig das Aussehen aller Texte, denen diese Formatvorlage zugewiesen ist, neu definiert. Wie Sie sich denken können, stellt dies eine ungeheure Arbeitserleichterung dar, da Sie Ihre Dokumente schnell und konsistent formatieren können.

Eine Formatvorlage kann die verschiedensten Formatierungsmerkmale beinhalten – zum Beispiel:

- Schriftart
- Schriftgrad
- Schriftschnitt
- Zeichenabstand
- Absatzausrichtung
- Zeilenabstände
- Absatzabstände
- Einzüge
- Rahmenlinien

➢ Schattierungen
➢ Tabulatoren
➢ Aufzählungen
➢ Nummerierungen

Wichtig ist auch, dass es vier verschiedene Arten von Formatvorlagen gibt:

➢ Absatzformatvorlagen werden stets dem gesamten Absatz, in dem die Einfügemarke steht, zugewiesen. Dieser Formatvorlagentyp enthält neben Definitionen der Schriftart etc. eventuell auch Tabstopps, Nummerierungen etc.

➢ Zeichenformatvorlagen werden dem Wort, in dem die Einfügemarke steht, bzw. der markierten Textpassage zugewiesen. Dieser Formatvorlagentyp kann beispielsweise Definitionen des Schriftgrades und Schriftschnitts etc. enthalten – also alle Merkmale, die Sie über den Menübefehl *Format/Zeichen* einstellen können. Mit einer Zeichenformatvorlage lassen sich bestimmte Wörter in einem Absatz mit einer eigenen Schriftformatierung gestalten, auch wenn dem Absatz selbst eine Absatzformatvorlage zugewiesen wurde.

Auch eine Kombination aus beiden ist möglich.

➢ Listen- und Tabellenformatvorlagen dienen der schnellen und konsistenten Formatierung von Aufzählungen und Tabellen.

Alle harten Formatierungen entfernen

Bevor Sie mit Zeichenformatvorlagen arbeiten, kann es sinnvoll sein, alle manuellen Zeichenformatierungen aus dem Text zu entfernen, um Verwirrung und Konflikte zwischen den verschiedenen Formatierungsarten zu vermeiden. Ein schneller Weg, um alle manuellen Zeichenformatierungen zu entfernen: Markieren Sie das gesamte Dokument, indem Sie die Tastenkombination [Strg]+[A] drücken. Drücken Sie dann die Tastenkombination [Strg]+[Leertaste].

In einem Buchmanuskript, wie es diesem Buch zugrunde liegt, werden beispielsweise Überschriften, Aufzählungen, Bildunterschriften etc. mit Absatzformatvorlagen formatiert, Menübefehle, Tastenkombinationen etc. mit Zeichenformatvorlagen.

So nutzen Sie die vorgefertigten Schnellformatvorlagen

Der Name der Formatvorlage, die im aktuellen Absatz oder in der aktuellen Markierung verwendet wird, zeigt sich in der Gruppe *Formatvorlagen* im Register *Start* des Menübands. Sie sehen hier die wichtigsten Formatvorlagen, die sogenannten Schnellformatvorlagen.

Mit einem Klick auf das Symbol *Weitere* in der Gruppe *Formatvorlagen* zeigen Sie alle verfügbaren Schnellformatvorlagen an.

Sie können die Formatvorlagen jedem beliebigen Absatz bzw. jeder beliebigen Zeichenfolge zuweisen:

Haben Sie beispielsweise einen Text mit mehreren Überschriften, können Sie jeder Überschrift die Formatvorlage *Überschrift 1* zuweisen, indem Sie in den Absatz mit der Überschrift klicken und aus der Schnellformatvorlagenliste den Eintrag *Überschrift 1* wählen.

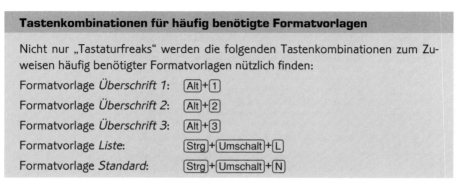

Tastenkombinationen für häufig benötigte Formatvorlagen

Nicht nur „Tastaturfreaks" werden die folgenden Tastenkombinationen zum Zuweisen häufig benötigter Formatvorlagen nützlich finden:

- Formatvorlage *Überschrift 1*: Alt+1
- Formatvorlage *Überschrift 2*: Alt+2
- Formatvorlage *Überschrift 3*: Alt+3
- Formatvorlage *Liste*: Strg+Umschalt+L
- Formatvorlage *Standard*: Strg+Umschalt+N

2. Word – Dokumente perfekt gestalten

Sie sehen, wie schnell, einfach und vor allem konsistent Sie auf diese Weise Ihr Dokument formatieren können.

Eine Formatvorlage ändern

Die aktuell in der Formatvorlagenpalette angezeigten Vorlagen sind gestalterisch aufeinander abgestimmt: Sie gehören alle zu demselben Designschema. Möchten Sie ein anderes Designschema verwenden, klicken Sie auf die Schaltfläche *Formatvorlagen ändern* und wählen dann das Gewünschte aus.

Die in der Formatvorlagenliste stets enthaltene Formatvorlage *Standard* ist die Grundlage für alle anderen Formatvorlagen, die innerhalb eines Dokuments abgelegt sind. Neben *Standard* gibt es eine Reihe weiterer Formatvorlagen, die Ihnen das Standard-Word-Dokument zur Verfügung stellt. Das Formatvorlagenfeld zeigt nur die wichtigsten.

1 Weitere Formatvorlagen erreichen Sie, indem Sie rechts unten im Formatvorlagenfeld auf den kleinen Pfeil klicken, um den Aufgabenbereich *Formatvorlagen und Formatierung* anzuzeigen.

2 Ganz unten im Aufgabenbereich klicken Sie auf *Optionen*.

3 Wählen Sie aus dem Listenfeld *Anzuzeigende Formatvorlagen auswählen* den Eintrag *Alle Formatvorlagen*.

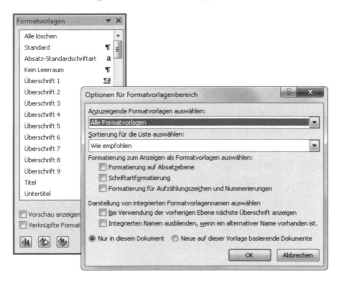

4 In der Formatvorlagenliste des Aufgabenbereichs sehen Sie nun sämtliche verfügbaren Formatvorlagen.

5 Mit einem Klick können Sie nun eine Formatvorlage auswählen und der aktuellen Markierung (Zeichenformatvorlagen) bzw. dem aktuellen Absatz (Absatzformatvorlagen) zuweisen.

Alle nicht als Formatvorlagen verwendeten Formatierungen abrufen

Hinzu kommt, dass Sie auch im aktuellen Dokument bereits verwendete, aber nicht als Formatvorlagen gespeicherte Formatierungskombinationen aus der Formatvorlagenliste abrufen können. Klicken Sie dazu im Aufgabenbereich wieder auf *Optionen* und aktivieren Sie die Kontrollkästchen *Formatierung auf Absatzebene* sowie *Schriftartformatierung*.

Eine verwendete Formatvorlage soll geändert werden

Weisen Sie in einem neuen leeren Dokument einem Absatz beispielsweise die Formatvorlage *Überschrift 1* zu, formatiert Word sie in Cambria fett, 14 Punkt, dunkelblau.

Vor dem Absatz wird ein Abstand von 24 Punkt eingefügt und der Zeilenabstand auf 1,5-fach gesetzt. (Sie können das im Dialogfeld *Format/Absatz* überprüfen, das Sie mit einem Klick auf das kleine Pfeilsymbol an der Gruppe *Absatz* des Registers *Start* erreichen.)

Vielleicht möchten Sie aber lieber, dass alle Absätze mit der Formatvorlage *Überschrift 1* in Georgia kursiv, 14 Punkt, zentriert formatiert sind.

In solchen Fällen bietet es sich an, die integrierte Formatvorlage *Überschrift 1* zu ändern. Nach diesen Änderungen werden alle Absätze im Dokument, denen Sie diese Formatvorlage zugewiesen haben, automatisch der geänderten Formatierung angepasst.

> **Ablageort der Formatvorlagen**
>
> Für die folgenden Ausführungen ist es wichtig zu wissen, dass Formatvorlagen sowohl in einem Dokument als auch in einer Dokumentvorlage gespeichert sein können.

1 Zeigen Sie – wie bereits beschrieben – den Aufgabenbereich *Formatvorlagen* an.

2 Platzieren Sie den Mauszeiger auf der Formatvorlage, die Sie bearbeiten möchten.

3 Über den angezeigten Listenpfeil wählen Sie den Befehl *Ändern*.

4 Sie erhalten das Dialogfeld *Formatvorlage ändern*. Dieses enthält unter anderem eine Symbolleiste, über die Sie Formatierungseigenschaften wie Schriftart und -größe, Zeilenabstand und vieles mehr ändern können.

5 Oder Sie klicken unten im Dialogfeld auf die Schaltfläche *Format*, um weitere Formatierungen, zum Beispiel Positionsrahmen oder Spracheinstellungen, festzulegen.

6 Haben Sie die Formatvorlage in diesem Dialogfeld fertig bearbeitet, können Sie noch entscheiden, ob Sie sie gleichzeitig der Dokumentvorlage, auf der das aktuelle Dokument basiert, zuweisen möchten. Wenn ja, aktivieren Sie das Kontrollkästchen *Neue auf dieser Vorlage basierende Dokumente*.

7 Entscheiden Sie schließlich noch, ob Sie die Formatvorlage automatisch aktualisieren möchten oder nicht. Ist dieses Kontrollkästchen aktiviert, passen sich alle Absätze mit dieser Formatvorlage automatisch an, wenn Sie in einer beliebigen Textpassage, die mit dieser Vorlage ausgestattet ist, eine manuelle Formatierungsänderung vornehmen.

> **Pro und kontra automatische Aktualisierung**
>
> Nehmen wir etwa an, dass Sie die Formatvorlage *Überschrift 1* mit dieser Option versehen haben. In Ihrem Dokument haben Sie mehrere Absätze mit dieser Formatvorlage formatiert. Nun möchten Sie, dass alle Überschriften der Ebene 1 dunkelblau formatiert werden. Im vorliegenden Fall müssten Sie dann nicht mehr den langen Weg über das Dialogfeld gehen, um die Formatvorlage *Überschrift 1* neu zu definieren, sondern es würde ausreichen, wenn Sie einen der mit dieser Formatvorlage versehenen Absätze dunkelblau färben. Automatisch würde die Formatvorlage aktualisiert und dadurch würden alle anderen Absätze mit der Formatvorlage *Überschrift 1* dunkelblau.
>
> Allerdings könnte es auch sein, dass Sie aus irgendwelchen Gründen nur eine einzige *Überschrift 1* anders formatieren möchten. In diesem Fall stünde Ihnen die Option eher im Weg, weil sich bei jeder Änderung – wie gesagt – auch alle anderen Absätze mit der Formatvorlage *Überschrift 1* entsprechend ändern würden. In diesem Fall sollten Sie das Kontrollkästchen lieber deaktivieren (das können Sie selbstverständlich auch noch nachträglich tun).

Formatvorlagen selbst definieren

Reichen Ihnen die von Microsoft vorgesehenen Formatvorlagen nicht aus, können Sie auch eigene erstellen.

Eine neue Formatvorlage aus einem bereits bestehenden Text erstellen

1 Formatieren Sie einen beliebigen Absatz auf die gewünschte Weise und klicken Sie in der Formatvorlagenliste des Menüband-Registers *Start* auf dem Symbol des Aufgabenbereichs *Formatvorlagen* auf das Symbol *Weitere*.

2 Wählen Sie *Auswahl als neue Schnellformatvorlage speichern*.

3 Geben Sie in dem Feld *Name* einen aussagekräftigen Namen für die geplante Formatvorlage ein.

4 Bei Bedarf legen Sie weitere Optionen für die neue Vorlage fest, indem Sie auf die Schaltfläche *Ändern* klicken.

5 Nun können Sie beispielsweise im Feld *Formatvorlagentyp* festlegen, ob Sie eine Zeichen-, eine Absatz-, eine verknüpfte Formatvorlage, eine Listen- oder eine Tabellenformatvorlage erstellen möchten.

6 Bei Bedarf legen Sie fest, auf welcher vorhandenen Formatvorlage die neue basieren soll. (Dann haben Sie einerseits nicht mehr so viel Formatierungsarbeit, andererseits ändert sich die neue Formatvorlage mit, wenn Sie beispielsweise die Schriftart der zugrunde liegenden Vorlage ändern.)

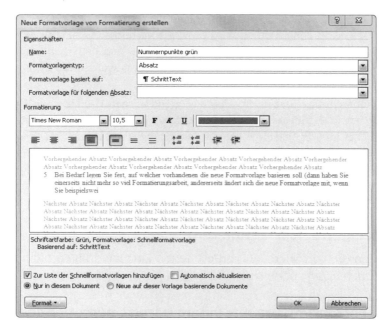

7 Falls gewünscht, aktivieren Sie nun noch das Kontrollkästchen *Neue auf dieser Vorlage basierende Dokumente* (siehe oben).

8 Legen Sie die gewünschten Formatierungsmerkmale fest und bestätigen Sie mit *OK*.

Schon haben Sie Ihre eigene Schnellformatvorlage erstellt, die Sie von nun an beliebigen Dokumentteilen zuweisen können.

Erstellen Sie eine Formatvorlage für Marginalbemerkungen

Sicherlich kennen Sie aus Fachbüchern und sonstigen Publikationen die sogenannten Marginalbemerkungen – erläuternde Texte oder auch Bildbeschriftungen etc., die sich auf der Randspalte der Buchseite befinden. Auch in Word erstellte Berichte, wissenschaftliche Arbeiten etc. können Sie mit solchen Randbemerkungen sowohl optisch als auch inhaltlich aufwerten.

Nun wäre es eine sehr undankbare und mühselige Arbeit, jeden Marginaltext einzeln in ein Textfeld zu setzen und von Hand zu positionieren. Viel besser ist es, auch hier mit einer Formatvorlage zu arbeiten, die den Text exakt an die richtige Stelle auf der Randspalte setzt. Mit Positionsrahmen ist das gar nicht so schwierig.

Nützlich ist es dabei zu wissen, dass Positionsrahmen im Gegensatz zu Textfeldern (die sich stets in der von der Textebene unabhängigen Zeichnungsebene befinden) nichts anderes als eine Art Absatzformatierung sind. Demnach können Sie bei der Erstellung einer Absatzformatvorlage auch einen Positionsrahmen definieren.

Sorgen Sie zunächst dafür, dass die linken und rechten Ränder Ihres Dokuments in Innen- und Außenränder verwandelt werden. Denn auf den geraden und ungeraden Seiten eines Buchlayouts sind die Ränder und damit auch die Marginalspalten jeweils seitenverkehrt.

1. Aktivieren Sie im Menüband das Register *Seitenlayout* und klicken Sie in der Gruppe *Seite einrichten* auf das Symbol *Seitenränder*. Wählen Sie *Benutzerdefinierte Seitenränder*.

2. Wählen Sie aus dem Listenfeld *Mehrere Seiten* den Eintrag *Gegenüberliegende Seiten*.

3. Die Marginalspalte unseres Dokuments soll sich außen befinden. Geben Sie deshalb auf derselben Registerkarte bei *Innen* einen Rand von *2,5 cm* und bei *Außen* einen Rand von *5 cm* ein.

Sie erzielen damit den für dieses Beispiel benötigten Satzspiegel.

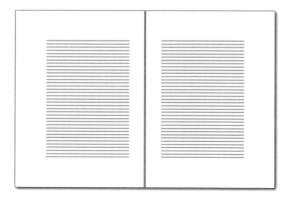

Erstellen Sie nun auf dem äußeren Rand einen Positionsrahmen. (Da es keine linken und rechten Ränder mehr gibt, sondern nur noch äußere und innere, ist es gleichgültig, auf welcher Seite Sie sich befinden – wichtig ist nur, dass Sie den Positionsrahmen im Folgenden auf dem breiteren Rand einfügen.)

1 Zeigen Sie das Register *Einfügen* des Menübands an.

2 Klicken Sie auf das Symbol *Formen* und wählen Sie aus der Gruppe *Standardformen* das Symbol *Textfeld*.

3 Ziehen Sie ein beliebiges Textfeld auf dem äußeren Dokumentrand auf.

4 Zeigen Sie auf den Rand des Textfelds, sodass der Cursor zu einem Vierfachpfeil wird. Klicken Sie dann mit der rechten Maustaste und wählen Sie aus dem Kontextmenü den Befehl *Textfeld formatieren*.

5 Klicken Sie auf der Registerkarte *Textfeld* des angezeigten Dialogfelds auf die Schaltfläche *Zu Positionsrahmen umwandeln*.

6 Bestätigen Sie mit *OK*.

7 Ziehen Sie den Positionsrahmen mit der Maus zurecht, bis er die gewünschte Platzierung und Skalierung erhalten hat. (Achten Sie darauf, dass Sie den Positionsrahmen so hoch aufziehen, dass die maximale Textlänge noch gut hineinpasst.) Seine Oberkante sollte mit dem oberen Rand des zugehörigen Absatzes abschließen.

2.3 Erleichtern Sie sich die Arbeit mit Formatvorlagen

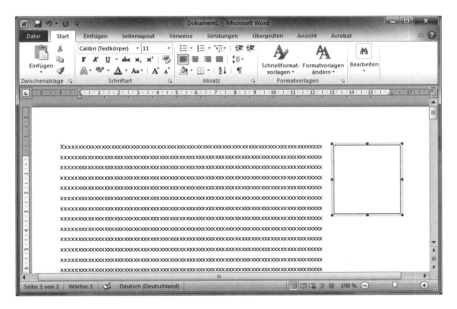

8   Klicken Sie im Register *Start* auf den Pfeil neben dem Symbol *Rahmenlinie* und wählen Sie aus der angezeigten Palette das Symbol *Kein Rahmen*.

9   Legen Sie nun noch über das Register *Start* die gewünschten Textformatierungen fest.

Einen Positionsrahmen formatieren

Achten Sie darauf, dass Sie die Formatierungen dem gesamten Positionsrahmen zuweisen. Dazu klicken Sie einfach auf den schraffierten Rahmen, damit der Rahmen als Ganzes ausgewählt wird. Sie erkennen dies an acht rechteckigen Ziehpunkten auf dem Rahmen. Anschließend wird jede Formatierung dem gesamten Inhalt zugewiesen.

Für den nächsten Schritt lassen Sie den Positionsrahmen ausgewählt und legen eine Formatvorlage fest:

1   Klicken Sie in der Gruppe *Formatvorlagen* des Registers *Start* auf das Symbol *Weitere* und wählen Sie *Auswahl als neue Schnellformatvorlage speichern*.

2. Word – Dokumente perfekt gestalten

2 Geben Sie einen passenden Namen für die Vorlage ein, z. B. *Marginal*.

3 Bestätigen Sie die Eingabe mit *OK*, um die neue Formatvorlage anzulegen.

Alle verwendeten Formatvorlagen in Dokument oder Dokumentvorlage ausdrucken

Zu diesem Zweck können Sie die Definitionen ausdrucken. Öffnen Sie entweder ein Word-Dokument, das auf der entsprechenden Dokumentvorlage basiert, oder öffnen Sie gleich die Dokumentvorlage selbst. Klicken Sie auf das Register *Datei* und dann auf *Drucken*. Klicken Sie dann auf den kleinen Pfeil des Eintrags *Alle Seiten drucken* und wählen Sie den Eintrag *Formatvorlagen*. Starten Sie den Ausdruck links oben mit der Schaltfläche *Drucken*.

Um die neue Formatvorlage einzusetzen, gehen Sie folgendermaßen vor:

1 Geben Sie die Marginalbemerkung in einen gewöhnlichen Absatz im Textfluss ein – und zwar vor dem Absatz, neben dem sie schlussendlich erscheinen soll – und lassen Sie die Einfügemarke darin stehen.

2 Wählen Sie aus der Formatvorlagenliste im Register *Start* die neue Formatvorlage *Marginal*.

3 Daraufhin wird der Text in einen Positionsrahmen gesetzt und neben dem darauf folgenden Absatz auf dem Seitenrand positioniert.

Nicht mehr benötigte Formatvorlagen löschen

Nicht mehr benötigte Formatvorlagen können Sie problemlos entfernen, indem Sie im Aufgabenbereich *Formatvorlagen und Formatierung* darauf zeigen, auf den angezeigten Listenpfeil klicken und den Befehl *Löschen* wählen. Die Absätze, die vorher mit dieser Formatvorlage versehen waren, erhalten die Vorlage *Standard*.

Nicht entfernen lassen sich die in Word integrierten Formatvorlagen.

Formatvorlagenfamilien anwenden

Formatvorlagenfamilien sind eine feine Sache: Durch Abhängigkeiten können Sie die Formatvorlagen Ihres Dokuments so geschickt hierarchisch gestalten, dass sich die Absätze bei der Texteingabe quasi von selbst formatieren.

Denn bei Bedarf legen Sie fest, auf welcher vorhandenen die neue Formatvorlage basieren soll. Dann haben Sie einerseits nicht mehr so viel Formatierungsarbeit, andererseits ändert sich die neue Formatvorlage mit, wenn Sie beispielsweise die Schriftart der zugrunde liegenden Vorlage ändern.

1 Markieren Sie einen Absatz mit der Formatvorlage, auf deren Grundlage Sie eine neue Formatvorlage erzeugen möchten.

2 Zeigen Sie den Aufgabenbereich *Formatvorlagen* an und klicken Sie auf die Schaltfläche *Neue Formatvorlage*.

3 Im Feld *Formatvorlage basiert auf* steht bereits der richtige Eintrag.

4 Geben Sie der geplanten Formatvorlage einen passenden Namen.

5 Legen Sie die Merkmale, die bei der neuen Vorlage anders sein sollen als bei der Vorlage, die als Grundlage dient, fest und bestätigen Sie mit *OK*.

Wenn Sie nun etwas in der zugrunde liegenden Formatvorlage ändern, etwa die Schriftart, ändert sich die andere Formatvorlage gleich mit! Auf diese Weise lassen sich ganze Formatvorlagenfamilien erzeugen.

Zeitersparnis durch Dokumentvorlagen

Selbst versierte Anwender verwenden häufig nur die integrierte *Normal.dotm*-Vorlage (die Sie mit der Tastenkombination [Strg]+[N] oder über das Register *Datei/Neu/Leeres Dokument* ansprechen) als Grundlage für neue Dokumente. Dabei können Dokumentvorlagen Ihnen sehr viel Arbeitszeit ersparen und ein professionelles, harmonisches und einheitliches Erscheinungsbild regelmäßig erstellter Dokumente gewährleisten. Klug ausgetüftelt, kann eine selbst erstellte Dokumentvorlage eine immense Arbeitsersparnis bedeuten.

Was ist der Unterschied zwischen einer Dokumentvorlage und einer Formatvorlage?

Eine Dokumentvorlage ist eine Datei, die Dokumentteile und Funktionen, die für bestimmte Dokumenttypen verwendet werden, enthält. Dokumentvorlagen können

- Texte,
- Grafiken,
- Diagramme,
- Formatierungen,
- Formatvorlagen,
- Makros,
- Schnellbausteine,
- Feldfunktionen

enthalten.

Alle diese Elemente können Sie, falls Sie sie für eine bestimmte Aufgabe wiederholt benötigen, in der Dokumentvorlage definieren. Jedes Mal, wenn Sie ein neues Dokument auf der Grundlage dieser Vorlage erzeugen, sind die Elemente verfügbar. Sie werden dann jeweils auf ein neues leeres

Dokument übertragen. Dabei bleibt die Originalvorlage unverändert auf der Festplatte bestehen. Das ist ein weiterer wichtiger Vorteil der Dokumentvorlagen: Dem versehentlichen Löschen oder Verändern wichtiger Informationen, Einstellungen oder Anweisungen in Ihrem Musterdokument ist ein wirksamer Riegel vorgeschoben.

Vordefinierte Dokumentvorlagen

Im Lieferumfang von Word sind mehrere vordefinierte Dokumentvorlagen enthalten. Diese können Grundlage für Ihre neuen Dokumente sein, aber auch geändert werden bzw. als Ausgangsbasis für ganz neu zu erstellende Vorlagen dienen. Die Vorlagenlayouts sind in verschiedene, vordefinierte Designs eingeteilt.

> **Programmübergreifende Designs**
>
> Die Designs sind programmübergreifend. Das heißt, dass sie in allen Office-Programmen verfügbar sind. Damit wird es sehr einfach, professionell gestaltete Dokumente „aus einem Guss" zu erstellen.

In jedem Design werden bezüglich der Farben, Schriftarten etc. ähnliche Gestaltungsgrundsätze beachtet.

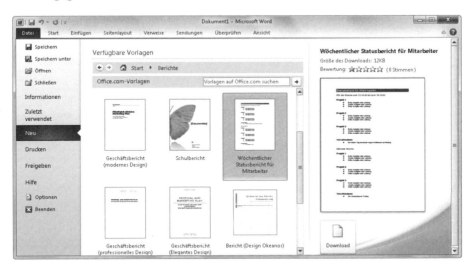

Sämtliche Word-Dokumente basieren auf einer Vorlage. Selbst dem Standarddokument liegt eine solche zugrunde, die *Normal.dotm*. Alle Elemente in dieser Dokumentvorlage – etwa Formatvorlagen, Makros, Schnellbausteine etc. – stehen in sämtlichen Dokumenten jederzeit zur Verfügung: Sie sind global verfügbar.

> **Weitere nützliche Dokumentvorlagen von der Microsoft-Website herunterladen**
>
> Zusätzliche Dokumentvorlagen können Sie von der Microsoft-Website herunterladen, indem Sie nach der Auswahl des Befehls *Neu* im Register *Datei* auf die Punkte unter der Kategorie *Office.com-Vorlagen* klicken.

Eine eigene Dokumentvorlage definieren: Vertragsautomatisierung mit Feldfunktionen

Wenngleich Word 2010 eine Reihe integrierter Dokumentvorlagen für Sie bereithält, gibt es bestimmt auch in Ihrem Arbeitsalltag verschiedene Dokumente, zu denen keine dieser Dokumentvorlagen passt. Lesen Sie nachfolgend, wie Sie eigene Dokumentvorlagen benutzerfreundlich automatisieren.

> **Allgegenwärtig und hilfreich – die Feldfunktionen**
>
> Felder sind unverzichtbar für eine rationelle und benutzerfreundliche Textverarbeitung. Außerdem erstellt Word für Sie während der „ganz normalen" Arbeit – und ohne dass Sie sich dessen immer bewusst sind – Felder, zum Beispiel beim Einfügen von Bildern etc.
>
> Felder sind Funktionen, die sichtbar oder unsichtbar, etwas in Ihrem Text bewirken, was Sie nicht direkt über die Tastatur eingeben können. Sie sind eine einfache Lösung für komplexe Aufgaben, sie arbeiten unbemerkt im Hintergrund und nehmen Ihnen vielfältige Aufgaben ab.

Wenn Sie häufiger standardisierte Verträge mit nur wenigen Variablen erstellen müssen, werden Sie sich sicher schon die Frage gestellt haben, wie Sie diese Aufgabe so automatisieren können, dass Sie den Namen nur einmal eingeben müssen und zudem eine befriedigende Benutzerführung erhalten. Sie verwenden dazu Feldfunktionen.

Eine einfache und doch wirksame Lösung ist die Verwendung des sogenannten *FILLIN*-Felds. Damit erzeugen Sie eine Dialogbox, in die eine Information (z. B. ein Name) nur einmal eingegeben werden muss. Durch einige vorausschauende Erweiterungen dieses Felds kann das Element auch mehrmals im Dokument erscheinen. Sie können sich vorstellen, dass diese Funktion für Geschäftsformulare, in denen der größte Teil des Textes unverändert bleibt, sehr nützlich ist.

> **FILLIN-Feld für Seriendokumente nutzen**
>
> Das *FILLIN*-Feld ist übrigens auch eine tolle Lösung für Serienbriefe, in die persönliche Sätze einfließen sollen. Es wird nämlich jedes Mal, wenn ein neuer Datensatz verbunden wird, angezeigt und kann sogar personalisiert werden.

Für Eingaben, die nur einmal im Dokument benötigt werden, kann auch das Feld *MacroButton* verwendet werden. Dieses Feld hat aber noch weiter reichende Funktionen: Sie können über dieses Feld zum Beispiel Querverweise auf andere Dokumente in Ihren Text einbauen oder zum Aufruf von Programmen auffordern.

Der Beispielvertrag

Als Beispiel nehmen wir folgenden Vertrag an, dessen erste Seite auf der nächsten Seite abgebildet ist.

FILLIN-Felder erstellen

Um diesen Vertragsvordruck so zu automatisieren, dass er schnell und komfortabel ausgefüllt werden kann, müssen wir zunächst eine Lösung für die Eingabe des Arbeitgebernamens finden. Sinnvoll und rationell wäre es, dass der Name nur einmal eingegeben werden muss und dann automatisch überall dort, wo er erscheinen soll, eingefügt wird. Sie haben bereits gelesen, dass sich hier das *FILLIN*-Feld anbietet.

1 Positionieren Sie die Einfügemarke dort, wo die Eingabe erfolgen soll, also zwischen die Wörter „und" und „wohnhaft".

2 Im Register *Einfügen* klicken Sie auf das Symbol *Schnellbausteine* und wählen *Feld*.

3 Im folgenden Dialogfeld wählen Sie aus der Kategorie *Seriendruck* den Feldnamen *Fill-in*.

4 Klicken Sie in das Eingabefeld *Auffordern* und tragen Sie den folgenden Text ein: *Geben Sie bitte den Namen des Arbeitnehmers ein*.

5 Klicken Sie dann auf *OK*.

Unbefristeter Arbeitsvertrag

Anstellungsvertrag

Zwischen **Halbstein GmbH, Erlacher Weg 7, 71544 Ammertsweiler**

und ...., wohnhaft ...., wird Folgendes vereinbart:

§ 1 Beginn des Anstellungsverhältnisses/Tätigkeit

.... wird mit Wirkung vom .... als .... in ...... eingestellt. Die einzelnen zum Aufgabenbereich gehörenden Tätigkeiten ergeben sich aus der als Anlage 1 beigefügten und zum Vertrag gehörenden Stellenbeschreibung............... verpflichtet sich, im Bedarfsfall auch andere ihm zumutbare Tätigkeiten im Betrieb zu übernehmen. Eine Gehaltsminderung darf hiermit jedoch nicht verbunden sein.

§ 2 Probezeit/Kündigungsfristen

Die ersten ...... Monate des Anstellungsverhältnisses gelten als Probezeit. Während der Probezeit können beide Parteien den Anstellungsvertrag mit einer Frist von ..... Wochen zum Monatsende kündigen. Nach Ablauf der Probezeit ist eine Kündigung nur unter Einhaltung einer Frist von ...... Wochen/Monaten zum .... zulässig. Verlängert sich die Kündigungsfrist für die Firma aus tariflichen oder gesetzlichen Gründen, gilt diese Verlängerung auch für den Arbeitnehmer. Das Anstellungsverhältnis endet mit Ablauf des Monats, in dem .... das .... Lebensjahr vollendet, ohne dass es einer Kündigung bedarf. Eine Kündigung des Anstellungsvertrages vor Dienstantritt ist ausgeschlossen.

§ 3 Vergütung

Die monatliche Bruttovergütung beträgt während der Probezeit EUR ...., nach Ablauf der Probezeit EUR .... Die Vergütung wird jeweils am Letzten eines Monats fällig. Die Zahlung erfolgt bargeldlos auf das der Firma benannte Konto des Arbeitnehmers. Die Zahlung von etwaigen Sondervergütungen (Gratifikationen, Urlaubsgeld, Prämien etc.) erfolgt in jedem Einzelfall freiwillig und ohne Begründung eines Rechtsanspruchs für die Zukunft.

§ 4 Abtretungen/Pfändungen

Die teilweise oder vollständige Abtretung und Verpfändung der Vergütung ist ausgeschlossen. Im Falle einer Lohnpfändung ist die Firma berechtigt, die konkrete Bearbeitungsgebühr einzubehalten.

§ 5 Arbeitszeit/Überstunden

Die Arbeitszeit richtet sich nach der betriebsüblichen Zeit und beträgt derzeit wöchentlich ...... Stunden ohne die Berücksichtigung von Pausen. Der Arbeitsbeginn ist auf ..... Uhr, das Arbeitsende auf ..... Uhr festgelegt. Von ..... Uhr bis ..... Uhr ist Frühstücks-, von ..... Uhr bis ..... Uhr Mittagspause. Die Firma ist berechtigt, aus dringenden betrieblichen Erfordernissen eine Änderung der Arbeitszeiteinteilung vorzunehmen. Die Firma ist berechtigt, bei dringenden betrieblichen Erfordernissen Überstunden anzuordnen. Bis zu ..... Überstunden kann .... nach Absprache mit der Firma durch Freizeit ausgleichen oder sich vergüten lassen. Darüber hinausgehende Überstunden werden grundsätzlich vergütet. Der Überstundenzuschlag beträgt ..... %. Die Auszahlung der Überstundenvergütung erfolgt jeweils mit der Vergütung des Folgemonats.

§ 6 Urlaub / Nebentätigkeit

.... erhält ...... Werktage Urlaub. Urlaubsjahr ist das Kalenderjahr. Der Zeitpunkt des jeweiligen Urlaubsantritts ist mit den betrieblichen Notwendigkeiten abzustimmen. Während des Urlaubs ist jede auf Erwerb gerichtete Tätigkeit untersagt. Während der Dauer des Anstellungsverhältnisses ist jede Nebenbeschäftigung untersagt, die die Arbeitsleistung des Angestellten oder die Interessen der Firma in sonstiger Weise beeinträchtigen kann. .... ist verpflichtet, die Firma vor jeder Aufnahme einer Nebenbeschäftigung zu informieren.

Dieser Lückentext ist typisch für die herkömmliche Art, ein Vertragsformular auszufüllen.

2.3 Erleichtern Sie sich die Arbeit mit Formatvorlagen

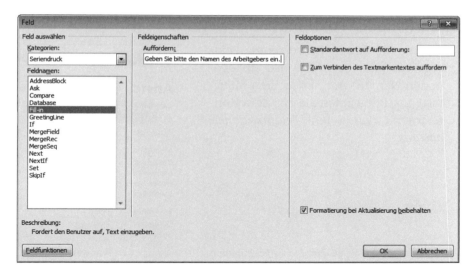

Die Dialogbox wird nun angezeigt, und Sie können testweise einen Namen eintragen. Dabei sind auch Zeilenumbrüche möglich (drücken Sie dazu die Enter-Taste).

Sie sehen, dass der Eintrag aus der Dialogbox nun anstelle der Feldfunktion angezeigt wird. Wenn Sie die Taste F9 zur Aktualisierung der Feldfunktion drücken, erscheint die Dialogbox erneut und Sie können einen anderen Namen eingeben.

Das Feldergebnis mehrmals verwenden

Diese Lösung ist noch nicht perfekt. Der Name des Arbeitnehmers soll in dem Vertrag schließlich mehrmals erscheinen, aber nur einmal eingegeben werden. Um diese Aufgabe zu lösen, nehmen Sie zwei weitere Feldfunktionen zu Hilfe:

- *Set* weist Daten einer Textmarke zu. Diese speichert die Informationen, sodass sie später wiederverwendet werden können.
- *Ref* zeigt die Inhalte einer Textmarke anstelle des Felds an. Dieses Feld wird verwendet, um den Inhalt einer Textmarke an anderen Stellen im Dokument anzuzeigen.

Die vorhandene Feldfunktion erweitern

1 Klicken Sie das soeben erzeugte Feldergebnis (also den testweise eingegebenen Namen) mit der rechten Maustaste an und wählen Sie aus dem Kontextmenü den Befehl *Feldfunktionen ein/aus*.

So blenden Sie die Feldfunktion anstatt des bisher angezeigten Feldergebnisses ein.

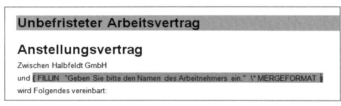

So sieht die Feldfunktion aus.

2 Diese Feldfunktion muss nun entsprechend erweitert werden. Dazu klicken Sie vor die bisherige Feldfunktion und drücken die Tastenkombination [Strg]+[F9]. Ein weiteres geschweiftes Feldklammernpaar wird eingefügt.

3 Tragen Sie in dieses Folgendes ein: { SET Name }.

4 Markieren Sie anschließend die bisherige Feldfunktion und schneiden Sie sie mit [Strg]+[X] aus.

5 Klicken Sie in der neuen Feldfunktion vor die schließende geschweifte Klammer und betätigen Sie die Tastenkombination [Strg]+[V].

6 Die ausgeschnittene Feldfunktion wird in die neue Feldfunktion eingefügt, also in diese verschachtelt.

Das Ergebnis sieht folgendermaßen aus:

2.3 Erleichtern Sie sich die Arbeit mit Formatvorlagen

> **Unbefristeter Arbeitsvertrag**
>
> **Anstellungsvertrag**
>
> Zwischen **Halbstein GmbH, Erlacher Weg 7, 71544 Ammertsweiler**
> und { SET Name { FILLIN "Geben Sie bitte den Namen des Arbeitnehmers ein." * MERGEFORMAT } },
> wohnhaft ...., wird Folgendes vereinbart:

7 Fügen Sie direkt nach dieser verschachtelten Feldfunktion mit Strg+F9 ein weiteres Feldklammernpaar ein.

8 In dieses tragen Sie ein: *{ REF Name }*

Die gesamte Anweisung lautet dann:

{ SET Name { FILLIN „Geben Sie bitte den Namen des Arbeitnehmers ein." * MERGEFORMAT } } { REF Name }

> **Unbefristeter Arbeitsvertrag**
>
> **Anstellungsvertrag**
>
> Zwischen **Halbstein GmbH, Erlacher Weg 7, 71544 Ammertsweiler**
> und { SET Name { FILLIN "Geben Sie bitte den Namen des Arbeitnehmers ein." * MERGEFORMAT } }{
> REF Name }, wohnhaft ...., wird Folgendes vereinbart:

Diese beiden Feldfunktionen fragen den Namen des Arbeitnehmers ab und speichern ihn in der Textmarke Name.

Die Felder funktionieren folgendermaßen:

➢ Die *Fill-in*-Funktion fragt den Namen des Arbeitgebers ab.

➢ Die *Set*-Funktion legt die Textmarke *Name* entsprechend dem Eintrag in die *Fill-in*-Funktion fest.

➢ Die *Ref*-Funktion schließlich zeigt den Eintrag, der in der Textmarke *Name* gespeichert wurde, an.

Nun müssen Sie nur noch an jeder Stelle, an der der Name des Arbeitgebers erscheinen soll, die Feldfunktion *{REF Name}* einfügen, da die Textmarke ja bereits gespeichert wurde.

Den Vertrag als Dokumentvorlage speichern

Am besten speichern Sie jetzt erst einmal den bisherigen Vertrag als Dokumentvorlage. Damit können Sie künftig ein neues Vertragsformular aufrufen, ohne Gefahr zu laufen, dass Sie versehentlich das Original verändern oder überschreiben, denn Sie erhalten von nun an nur noch eine Kopie der Vorlage.

1 Im Register *Datei* des Menübands wählen Sie den Befehl *Speichern unter*.

2 Als Dateityp wählen Sie *Word-Vorlage*.

3 Word weiß automatisch, wo die Vorlage abgespeichert werden muss. Bestätigen Sie mit *OK*.

Testen der Funktionen

Nun möchten Sie die von Ihnen eingegebenen Felder testen.

1 Rufen Sie mit dem Befehl *Neu* im Register *Datei* ein neues Dokument auf der Basis der soeben erstellten Vorlage auf.

2 Das Dialogfeld wird angezeigt. Geben Sie den Namen des Arbeitnehmers ein und klicken Sie auf *OK*.

3 Der Name wird im gesamten Vertrag an den entsprechenden Stellen eingefügt.

Unbefristeter Arbeitsvertrag

Unbefristeter Arbeitsvertrag

Anstellungsvertrag

Zwischen **Halbstein GmbH, Erlacher Weg 7, 71544 Ammertsweiler**

und Tilly Mersin, wohnhaft .... , wird Folgendes vereinbart:

§ 1 Beginn des Anstellungsverhältnisses/Tätigkeit

Tilly Mersin wird mit Wirkung vom .... als .... in ..... eingestellt. Die einzelnen zum Aufgabenbereich gehörenden Tätigkeiten ergeben sich aus der als Anlage 1 beigefügten und zum Vertrag gehörenden Stellenbeschreibung. Tilly Mersin verpflichtet sich, im Bedarfsfall auch andere ihm zumutbare Tätigkeiten im Betrieb zu übernehmen. Eine Gehaltsminderung darf hiermit jedoch nicht verbunden sein.

§ 2 Probezeit/Kündigungsfristen

Die ersten ......Monate des Anstellungsverhältnisses gelten als Probezeit. Während der Probezeit können beide Parteien den Anstellungsvertrag mit einer Frist von.....Wochen zum Monatsende kündigen. Nach Ablauf der Probezeit ist eine Kündigung nur unter Einhaltung einer Frist von ...... Wochen/Monaten zum .... zulässig. Verlängert sich die Kündigungsfrist für die Firma aus tariflichen oder gesetzlichen Gründen, gilt diese Verlängerung auch für den Arbeitnehmer. Das Anstellungsverhältnis endet mit Ablauf des Monats, in dem Tilly Mersin das .... Lebensjahr vollendet, ohne dass es einer Kündigung bedarf. Eine Kündigung des Anstellungsvertrages vor Dienstantritt ist ausgeschlossen.

Die übrigen Variablen

Was jetzt noch in dem Vertragstext fehlt, ist eine Lösung für die übrigen Variablen. Zwar ließe sich auch hier ein *Set*-Feld verwenden. Das hätte aber den Nachteil, dass während der Eingabe in die Dialogboxen der Überblick über das gesamte Dokument fehlen würde.

Stattdessen verwenden Sie nun die Feldfunktion *MacroButton*. Die Syntax dieser Funktion lautet:

{ MACROBUTTON Makroname Schaltflächentext }

Auch hier benötigen Sie nicht den vollen Funktionsumfang des Felds. Es kommt eigentlich nur darauf an, eine beliebig lange Eingabeaufforderung in den Text einzufügen, die mit einem einzigen Klick markiert und überschrieben werden kann. Dafür ist das Feld *MacroButton* ideal geeignet.

1 Markieren Sie die Pünktchen nach dem Wort „wohnhaft" und wählen Sie im Register *Einfügen* des Menübands die Schaltfläche *Schnellbausteine*.

2 Klicken Sie auf *Feld*.

3 Aus der Kategorie *Dokumentautomation* wählen Sie *MacroButton*.

4 In das Feld *Text anzeigen* geben Sie *[KLICK, um Straße, PLZ und Wohnort einzugeben]* ein.

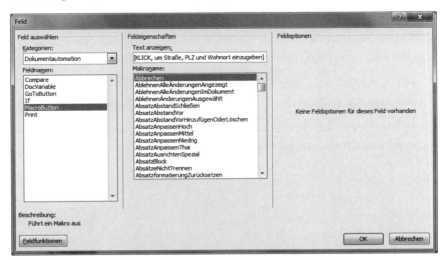

5 Klicken Sie auf *OK*, um die Feldfunktion an der Stelle der Einfügemarke einzufügen.

6 Verfahren Sie analog mit den übrigen Feldern. Entscheiden Sie jeweils, ob Sie lieber mit dem *Fill-in*-Feld oder mit dem *MacroButton*-Feld arbeiten möchten.

Fill-in-Feld oder MacroButton-Feld?

Grundsätzlich lässt sich sagen, dass das Fill-in-Feld besser geeignet ist, wenn Sie einen bestimmten Eintrag im gesamten Dokument mehrfach benötigen. Das Feld *MacroButton* ist immer dann richtig, wenn Sie neben einer komfortablen Eingabemöglichkeit auch den vollen Überblick über das Dokument benötigen.

Das Datum automatisieren

Das Datum am Ende des Vertrags ist schnell automatisiert:

1 Fügen Sie statt der Pünktchenreihe, in die das Datum eingegeben werden soll, eine Feldfunktion aus der Kategorie *Datum und Uhrzeit* ein.

2 Hierfür kann z. B. das Feld *PrintDate* verwendet werden. Damit wird das Datum, zu dem der Vertrag ausgedruckt wird, ausgegeben.

3 Je nachdem, wie Sie Ihr Vorgehen organisieren wollen, können Sie natürlich auch ein anderes Datumsfeld verwenden.

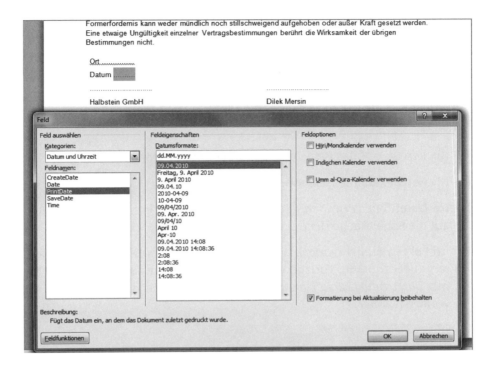

So nutzen Sie mehrere Dokumentvorlagen gleichzeitig

Statt eine Dokumentvorlage auszutauschen, können Sie auch mehrere Vorlagen gleichzeitig aktivieren. Die Inhalte dieser Dokumentvorlagen sind dann – wie die der *Normal.dotm* – global verfügbar.

1 Klicken Sie im Dialogfeld *Dokumentvorlagen und Add-Ins* auf *Hinzufügen*.

2 Wählen Sie die gewünschte Vorlage aus und klicken Sie auf *Öffnen*.

3 Die gewünschte Vorlage erscheint mit aktiviertem Kontrollkästchen im Listenfeld *Markierte Elemente sind derzeit geladen*.

Auch die Merkmale der zusätzlich geladenen Dokumentvorlage sind nun verfügbar.

Vorlagenelemente aus einer anderen Datei übernehmen

Nehmen wir einmal an, Sie arbeiten mit einer bestimmten Dokumentvorlage. Nachträglich stellen Sie fest, dass Sie gern auf ein Feature in einer anderen Vorlage, zum Beispiel auf eine bestimmte Formatvorlage, zugreifen möchten.

In diesem Fall können Sie dem aktuellen Dokument die Vorlage nachträglich zuordnen. Dadurch ändert sich der vorhandene Dokumenttext nicht, selbst wenn in der nachträglich zugeordneten Dokumentvorlage Text enthalten ist.

1 Klicken Sie auf das Register *Datei* und dann auf *Optionen*.

2 Klicken Sie auf die Kategorie *Add-Ins*.

3 Im Listenfeld *Verwalten* ganz unten wählen Sie *Vorlagen* und klicken auf die Schaltfläche *Gehe zu*.

4 Im Feld *Dokumentvorlage* wird der Name der dem Dokument momentan zugeordneten Vorlage angezeigt – bei einem Dokument, das Sie mit *Datei/Neu/Leeres Dokument* erstellt haben, ist das die Dokumentvorlage *Normal*.

5 Klicken Sie auf die Schaltfläche *Anfügen*. Das Dialogfeld *Vorlage verbinden* wird angezeigt.

6 Wählen Sie hier die gewünschte Vorlage aus und klicken Sie auf *Öffnen*.

7 Zurück im Dialogfeld *Dokumentvorlagen und Add-Ins* aktivieren Sie das Kontrollkästchen *Dokumentvorlagen automatisch aktualisieren*, um die

Formatvorlagen im vorhandenen Dokument der neuen Vorlage anzupassen.

8   Klicken Sie schließlich auf *OK*.

> **Der schnellste Weg, um einzelne Formatvorlagen aus einem Dokument in einem anderen zu verwenden**
>
> Öffnen Sie das Dokument, in das Sie die neuen Formatvorlagen einfügen möchten. Öffnen Sie auch das Dokument, das die Formatvorlagen enthält, die Sie in dem anderen Dokument verwenden wollen. Markieren Sie in diesem Dokument einen Absatz mit der gewünschten Formatvorlage und drücken Sie die Tastenkombination [Strg]+[C]. Aktivieren Sie das andere Dokument und wählen Sie die Tastenkombination [Strg]+[V], um den Absatz mitsamt Formatvorlage einzufügen. Löschen Sie den Absatz nun. Die Formatvorlage bleibt erhalten.

2.4 Interaktive Formulare für jeden Praxiseinsatz

Viel Zeit sparen Sie, wenn Sie oft verwendete Formulare mit der leistungsfähigen Onlineformularfunktion gestalten. Ein Onlineformular ist eine Dokumentvorlage oder ein Dokument mit leeren Bereichen zum Sammeln und Organisieren von Informationen. Es kann Textfelder zum Ausfüllen enthalten, Kontrollkästchen, die aktiviert oder deaktiviert werden müssen, und Listenfelder mit einer Liste von Elementen, aus denen eine Antwort ausgewählt werden kann.

Sie können das fertige Formular natürlich auch ausdrucken. Wenn Sie das Formular als Dokumentvorlage speichern und ein neues Dokument auf der Grundlage dieser Dokumentvorlage erzeugen, können Sie am Bildschirm die Textfelder ausfüllen, Kontrollkästchen ankreuzen und Elemente aus Listenfeldern auswählen. Gedruckt werden in der Regel nur die Daten und der festgelegte Text.

Geschäftsvordrucke mit Formularfeldern automatisieren

Ein Faxdeckblatt automatisieren

Ab Seite 54 dieses Kapitels haben Sie gesehen, wie Sie in Word ein praktisches Faxdeckblatt erstellen. Dieses lässt sich mit Formularfeldern sehr gut automatisieren.

1. Speichern Sie das Faxdeckblatt als Dokumentvorlage, indem Sie im Register *Datei* auf *Speichern unter* klicken und im Feld *Dokumenttyp* den Eintrag *Word-Vorlage* wählen. Klicken Sie auf *Speichern*. Vergeben Sie im Feld *Dateiname* einen aussagekräftigen Namen, für unser Beispiel *Faxdeckblatt*, und bestätigen Sie mit *Speichern*.

2. Wählen Sie im Register *Ansicht* des Menübands die Schaltfläche *Seitenlayout*, damit Sie während der Arbeit einen guten Überblick über das Aussehen Ihres Dokuments haben.
Seitenlayout

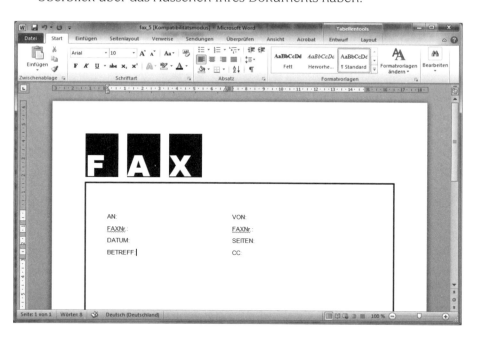

Das Einfügen des Datums per Feld automatisieren

Zunächst automatisieren Sie das Einfügen des Datums.

1 Stellen Sie die Einfügemarke hinter die Zeichenfolge *DATUM:* und geben Sie ein Leerzeichen ein.

2 Aktivieren Sie das Register *Einfügen* des Menübands und klicken Sie in der Gruppe *Text* auf *Schnellbausteine*. Wählen Sie *Feld*.

3 Im angezeigten Dialogfeld wählen Sie aus der Liste *Feldnamen* den Eintrag *Date*. Rechts daneben wählen Sie das gewünschte Datumsformat und bestätigen mit *OK*.

> **Die Feldfunktion Date**
>
> Mit der Feldfunktion *Date* sorgen Sie dafür, dass in das auf der Grundlage Ihrer Dokumentvorlage erstellte Dokument stets automatisch das aktuelle Datum eingefügt wird.

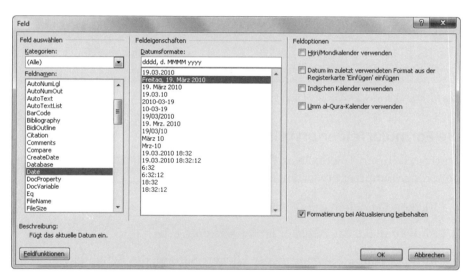

Die Feldeigenschaften der Feldfunktion Date bieten Ihnen viele Formatierungsmöglichkeiten.

Für die folgenden Arbeiten benötigen Sie im Menüband das Register *Entwicklertools*. Falls dieses noch nicht vorhanden ist, müssen Sie es zunächst aktivieren:

1 Klicken Sie auf das Register *Datei* und dann auf *Optionen*.

2 In der Kategorie *Menüband anpassen* aktivieren Sie rechts das Kontrollkästchen *Entwicklertools*.

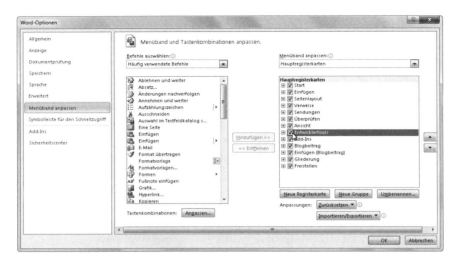

3 Bestätigen Sie das Dialogfeld mit *OK*.

Das Register Entwicklertools wird nun im Menüband angezeigt.

Die Formularfelder erstellen

Zurück zu Ihrem Telefax. Nun fügen Sie Formularfelder an den Stellen, an denen der Benutzer etwas eingeben soll, hinzu.

1 Klicken Sie neben den Text *AN:*.

2 Aktivieren Sie das Register *Entwicklertools*.

3 In der Gruppe *Steuerelemente* klicken Sie auf die Schaltfläche *Rich-Text-Inhaltssteuerelement*. Ein Textformularfeld wird an der Stelle der Einfügemarke erstellt.

4 Fahren Sie so fort und fügen Sie an jeder Stelle, an der der Benutzer Informationen einfügen soll, ein Feld ein. Vergessen Sie nicht, eines für die Nachricht selbst einzufügen.

2.4 Interaktive Formulare für jeden Praxiseinsatz

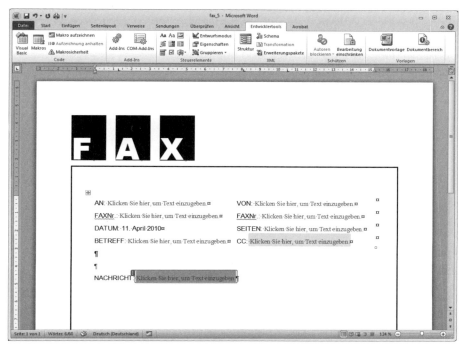

Fügen Sie alle benötigten Textformularfelder ein.

So schützen Sie Ihr Dokument

Damit der Benutzer der Vorlage nur die Formularfelder ändern kann, die übrigen Elemente hingegen nicht, aktivieren Sie abschließend noch den Dokumentschutz für die Formulareingabe.

1   Klicken Sie im Register *Entwicklertools* auf die Schaltfläche *Bearbeitung einschränken*.

2   Im Aufgabenbereich klicken Sie nun auf *Formatierungen auf eine Auswahl von Formatvorlagen beschränken*.

3   Aktivieren Sie das Kontrollkästchen *Nur diese Bearbeitungen im Dokument zulassen* und wählen Sie *Ausfüllen von Formularen*.

4   Klicken Sie auf die Schaltfläche *Ja, Schutz jetzt anwenden*. Vergeben Sie bei Bedarf ein Kennwort – das ist aber nicht unbedingt notwendig.

Damit ist Ihr Formular funktionsfähig: Navigieren Sie mit der [Tab]-Taste zwischen den Formularfeldern, um die Eingabeprüfungen und automatischen Formatierungen zu testen.

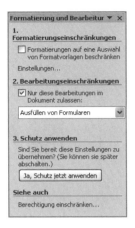

Ein Dokument über das Verknüpfungssymbol ganz schnell öffnen

Eine sinnvolle Möglichkeit, die Erstellung von Faxdeckblättern zu beschleunigen, ist beispielsweise ein entsprechendes Symbol in der Schnellzugriffsleiste neben dem Register *Datei*, das direkt ein neues Dokument auf der Basis der Faxvorlage öffnet.

1 Klicken Sie im Register *Ansicht* des Menübands ganz rechts auf den kleinen Pfeil der Schaltfläche *Makros*. Wählen Sie hier den Befehl *Makro aufzeichnen*.

2 Geben Sie dem Makro einen passenden Namen und bestätigen Sie mit *OK*.

3 Alles, was Sie von nun an tun, wird im Makro aufgezeichnet! Klicken Sie auf das Register *Datei*, dann auf *Neu* und öffnen Sie Ihre Faxvorlage.

4 Anschließend beenden Sie das Makro mit einem Klick auf den Befehl *Aufzeichnung beenden* über die Schaltfläche *Makros* des Registers *Ansicht*. Schneller geht's mit der gleichnamigen Schaltfläche auf der Statusleiste ganz unten.

Nun binden Sie das so erzeugte Makro in die Schnellstartleiste ein:

1 Klicken Sie auf das Register *Datei* und dann auf *Optionen*.

2 Klicken Sie auf die Kategorie *Symbolleiste für den Schnellzugriff*.

3 Aus dem Listenfeld *Befehle auswählen* wählen Sie *Makros*.

4 Wählen Sie Ihr neues Makro aus und klicken Sie auf *Hinzufügen*.

5 Wählen Sie bei Bedarf ein anderes Symbol aus, indem Sie auf die Schaltfläche *Ändern* klicken.

Von nun an können Sie über einen Klick auf das neue Symbol in der Symbolleiste für den Schnellzugriff ein neues Faxdeckblatt erzeugen.

Automatisierte Rechnungsformulare mit Word erstellen

Nun erstellen wir ein automatisiertes Rechnungsformular. Es demonstriert unter anderem, dass Sie in Formularen auch automatische Berechnungen durchführen können. Das Formular bietet den Vorteil, dass durch einmaliges Hinterlegen von Formeln bei jeder Verwendung die eingegebenen Zahlen automatisch berechnet werden.

Wir zeigen die einzelnen Schritte zur Erstellung eines solchen Rechnungsformulars, in das bei der Anwendung nur noch die Nettobeträge und ein eventuell abweichender Mehrwertsteuersatz eingegeben werden müssen.

Die Struktur des automatisierten Rechnungsformulars aufbauen

Beginnen Sie mit einem Grundgerüst, auf dem Sie die weiteren Funktionen des Formulars Schritt für Schritt aufbauen. Dieses Grundgerüst beinhaltet bereits ein wichtiges Prinzip für den Aufbau eines Onlineformulars: Jedem Formular sollte immer eine eigene Dokumentvorlage zugeordnet werden.

1 Öffnen Sie ein neues leeres Dokument und speichern Sie es als Dokumentvorlage unter dem Namen *Rechnung.dotx*.

2 Aktivieren Sie als nächsten Schritt das Register *Ansicht* und klicken Sie auf die Schaltfläche *Seitenlayout*.

3 Klicken Sie im Register *Einfügen* auf *Kopfzeile/Kopfzeile bearbeiten* und fügen Sie Ihre Firmenbezeichnung, Ihr Firmenlogo und Ähnliches ein. Bei Bedarf klicken Sie anschließend auf *Fußzeile/Fußzeile bearbeiten* und geben Ihre Bankverbindung etc. ein.

4 Stellen Sie die Seitenränder über die Schaltfläche *Seitenränder* des Registers *Seitenlayout* entsprechend ein. Es empfiehlt sich, den oberen Rand auf 6 cm einzustellen, damit die Rechnung gut in einem Fensterbriefumschlag versandt werden kann.

5 Über das Symbol *Tabelle* des Registers *Einfügen* erstellen Sie eine Tabelle aus zwei Spalten und einer Zeile. Ziehen Sie hierfür den Mauszeiger über das Raster, bis die gewünschte Größe (*1x2 Tabelle*) erscheint, und klicken Sie als Bestätigung auf die markierte Fläche.

6 In die rechte Spalte dieser Tabelle tragen Sie das Wort *Rechnung* ein und, nach einer Leerzeile, *Rechnung Nr.* und darunter *Rechnungsdatum*.

7 Richten Sie alle drei Zeilen rechtsbündig in der Tabellenzelle aus. Dazu verwenden Sie das Symbol *Text rechtsbündig ausrichten* in der Gruppe *Absatz* des Registers *Start*.

8 Entfernen Sie den Rahmen um die Tabelle, indem Sie in die erste Zelle klicken und mit gedrückter Maustaste in die andere Zelle ziehen, um beide zu markieren. Wählen Sie dann aus der Rahmenpalette – ebenfalls in der Gruppe *Absatz* des Registers *Start* – den Eintrag *Kein Rahmen*.

Diese Formatierungen stellen den unveränderbaren Text dar, der auf dem herkömmlichen Formular auf Papier dem Vordruck entspricht. Dieser Vordruck wird in einem nächsten Schritt mit Variablen ergänzt.

Formularsteuerelemente einsetzen

1 Klicken Sie hinter das Wort *Rechnung Nr.*, geben Sie ein Leerzeichen ein und aktivieren Sie das Register *Entwicklertools*.

2 In der Gruppe *Steuerelemente* klicken Sie auf das Symbol *Vorversionstools*.

3 In der angezeigten Palette klicken Sie auf das Symbol *Textfeld (Formularsteuerelement)*. In das dadurch erzeugte Textsteuerelement wird später die aktuelle Rechnungsnummer eingegeben.

4 Klicken Sie hinter das Wort *Rechnungsdatum*, geben Sie wiederum ein Leerzeichen ein und klicken Sie in der Gruppe *Steuerelemente* des Registers *Entwicklertools* auf das Symbol *Datumsauswahl*. Hier kann der Nutzer später komfortabel das gewünschte Rechnungsdatum auswählen.

Die bisher noch unbenutzte linke Zelle Ihrer Tabelle ist für die Empfängeradresse bestimmt. Auch hier fügen Sie über das Register *Entwicklertools*, Schaltfläche *Vorversions-Tools*, Textformularfelder für Anrede, Firma, Straße, Postleitzahl und Ort ein.

Textformularfelder mit Vorgabetexten versehen

Zur einfachen Benutzung der Formularfelder fügen Sie den Textformularfeldern nun noch Vorgabetexte hinzu:

1 Doppelklicken Sie auf das oberste Textformularfeld für die Anrede. Daraufhin öffnet sich das Dialogfeld *Optionen für Textformularfelder*.

2 Geben Sie *Anrede* in dem Feld *Standardtext* ein und klicken Sie anschließend auf *OK*.

3 Verfahren Sie analog mit den übrigen Textformularfeldern. Das Formular sollte nun so aussehen wie in der folgenden Abbildung:

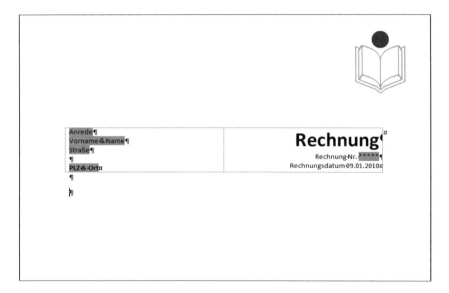

Zellen teilen

Für den weiteren Aufbau des Rechnungsformulars benötigen Sie zwei weitere Zeilen mit je vier Zellen, die sich an die bisherige Tabelle anschließen.

Stellen Sie den Cursor in die rechte Zelle der bereits vorhandenen Tabelle und drücken Sie die (Tab)-Taste. Dadurch wird eine weitere Tabellenzeile mit zwei Zellen angefügt. Da jedoch in dieser Zeile vier Zellen benötigt werden, müssen die vorhandenen Zellen geteilt werden.

2.4 Interaktive Formulare für jeden Praxiseinsatz

1 Für die Teilung markieren Sie die Zeile, indem Sie den Mauszeiger so vor der gewünschten Zeile positionieren, dass ein Rechtspfeil erscheint.

2 Anschließend klicken Sie einmal mit der linken Maustaste und klicken im Register *Tabellentools/Layout* auf die Schaltfläche *Zellen teilen*.

3 In dem nun angezeigten Dialogfeld geben Sie bei *Spaltenanzahl* 4 und bei *Zeilenanzahl* 2 ein und klicken auf *OK*.

4 Füllen Sie die daraus entstandenen acht Zellen wie folgt aus:

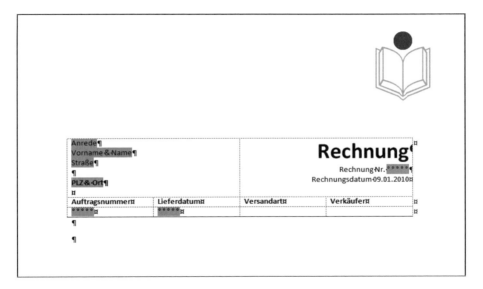

Unter *Auftragsnummer* und *Lieferdatum* befindet sich wieder je ein Textformularfeld.

Drop-down-Felder in das Formular einfügen

Da die Anzahl der möglichen Versandarten sowie die Anzahl der Verkäufer begrenzt ist, bietet es sich hier an, Listenfelder, auch Drop-down-Felder genannt, zu verwenden, aus denen die jeweilige Versandart und der jeweilige Verkäufer schnell ausgewählt werden können.

1. Um diese Drop-down-Funktion einzurichten, klicken Sie in die Zelle unter der Beschriftung *Versandart* und dann im Register *Entwicklertools* auf die Schaltfläche *Vorversionstools* und auf *Kombinationsfeld (Formularsteuerelement)*.

2. Ein leeres Formularfeld wird eingefügt. Doppelklicken Sie darauf, um das Dialogfeld *Optionen für Dropdown-Formularfelder* anzuzeigen.

3. Tragen Sie in das Feld *Dropdownelemente* die erste Versandart ein und nehmen Sie sie durch einen Klick auf die Schaltfläche *Hinzufügen* in die Drop-down-Liste auf.

> **Fehlerhafte Eingaben löschen**
>
> Um eine fehlerhafte Eingabe zu löschen, klicken Sie auf die Schaltfläche *Entfernen*.

4. Die Versandart erscheint jetzt im Feld *Elemente*. Die übrigen Versandarten fügen Sie auf die gleiche Weise hinzu.

5. Die Reihenfolge der Elemente ändern Sie mit den beiden Pfeilschaltflächen rechts vom Feld *Elemente in Dropdownliste*. Ist die Eingabe vollständig und korrekt, klicken Sie auf *OK*.

Bei einem Drop-down-Feld ist zu beachten, dass es erst dann funktioniert, wenn das Formular fertiggestellt ist. Bis zur Fertigstellung bleibt diese Funktion im Entwurfsmodus, sodass Sie sie noch nicht testen können.

Verfahren Sie analog mit dem Drop-down-Menü für den Verkäufer.

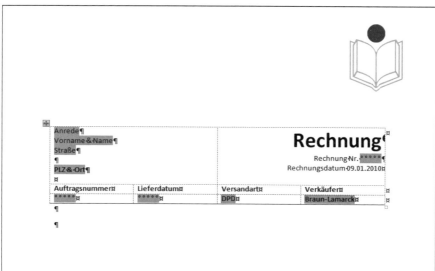

Ein rechnendes Formular erstellen

Unter der fertigen Tabelle fügen Sie zwei Leerzeilen ein und erstellen danach eine Tabelle mit zwölf Zeilen und vier Spalten.

Die erste Zeile enthält folgende Spaltenbeschriftungen:

- *Menge*
- *Artikel*
- *Einzelpreis*
- *Gesamtpreis*

Die Spalten können entsprechend angepasst werden, indem Sie den Mauszeiger über die Begrenzung zwischen zwei Spalten führen, bis ein Doppelpfeil erscheint. Mit gedrückter Maustaste ziehen Sie den Doppelpfeil so weit nach links bzw. nach rechts, bis die Spalte die gewünschte Größe erhält.

Die nächste Zeile ist für die entsprechenden Textformularfelder vorgesehen, die Sie hier in jede Zelle einfügen.

In dem ersten Textformularfeld unter dem Begriff *Menge* sollen nur Zahlen eingegeben werden können. Um dies sicherzustellen, gehen Sie folgendermaßen vor:

1 Doppelklicken Sie auf das Textformularfeld und wählen Sie im Listenfeld *Typ* den Eintrag *Zahl*. Falls ein Nutzer in dieses Feld versehentlich einen Buchstaben eingibt, erscheint eine Meldung, dass diese Eingabe nicht möglich ist.

> **Warum ist diese Vorgabe notwendig?**
>
> Diese Funktion ist unbedingt notwendig, um eine Fehlfunktion des fertigen Formulars zu vermeiden, da in der Spalte *Gesamtpreis* die Multiplikation der Menge mit dem Einzelpreis vorgesehen ist. Diese Berechnung kann natürlich nur dann funktionieren, wenn sowohl in der Spalte *Menge* als auch in der Spalte *Einzelpreis* ausschließlich Zahlen stehen.

2 Bei *Zahlenformat* wählen Sie das Format *#.##0* aus. Dieses Zahlenformat sorgt dafür, dass alle Zahlen, unabhängig vom eingegebenen Format, ohne Dezimalstelle, dafür aber mit Tausendertrennzeichen dargestellt werden.

2. Word – Dokumente perfekt gestalten

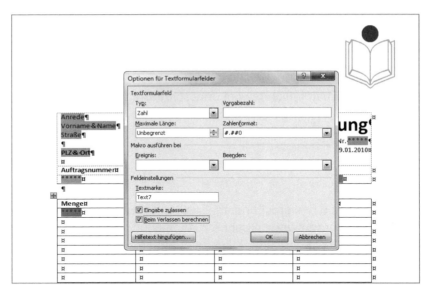

3 Das Kontrollkästchen *Beim Verlassen berechnen* aktivieren Sie mit einem Klick. Bliebe es deaktiviert, wäre das Ergebnis der Berechnung erst beim Drucken des Dokuments zu erkennen und nicht sofort am Bildschirm.

4 Um die Eingaben zu bestätigen, klicken Sie auf *OK*.

Das Textformularfeld in der Spalte *Artikel* muss nicht besonders formatiert werden.

Für das Formularfeld in der Spalte *Einzelpreis* wählen Sie für eine korrekte Berechnung wiederum den Typ *Zahl* aus. Da es sich um einen Euro-Betrag handelt, wählen Sie das Zahlenformat *#.##0,00 ;(#.##0,00)*. Aktivieren Sie anschließend das Kontrollkästchen *Beim Verlassen berechnen* und klicken Sie auf *OK*.

Diese Einstellungen nehmen Sie für das Formularfeld Einzelpreis vor.

Den Gesamtpreis errechnen

Das letzte Textformularfeld soll automatisch den Gesamtpreis berechnen.

Doppelklicken Sie auf das Formularfeld, um das Dialogfeld zu öffnen, und wählen Sie den Typ *Berechnung*. Geben Sie in dem Feld *Ausdruck* die benötigte Formel ein. Die Eingabe erfolgt wie in Excel, dabei ist jedoch zu beachten, dass keine Zeilen- und Spaltenköpfe vorhanden sind und deshalb die Zellen manuell, jedoch nach dem gleichen System wie in Excel abgezählt werden müssen: Die Zelle mit der Überschrift *Menge* heißt demnach a1, die Zelle darunter a2, die Zelle mit der Überschrift *Artikel* heißt b1 etc.

Da Sie die Inhalte der Zellen a2 und c2 multiplizieren möchten, geben Sie im Feld *Ausdruck* die Formel *=a2*c2* ein. Als Zahlenformat wählen Sie auch hier wieder das Euro-Format mit Tausendertrennzeichen und zwei Nachkommastellen.

Da auf einer Rechnung meist mehrere Posten aufgeführt werden, kopieren Sie die soeben erstellten Formularfelder mit den entsprechenden Formatierungen und fügen diese in die nächsten sechs Zeilen ein.

Der aktuelle Stand des Rechnungsformulars.

Bei diesem Kopiervorgang ist die Berechnungsformel in der Spalte *Gesamtpreis* nicht automatisch angepasst worden. Die Formel muss deshalb für jede Zeile manuell geändert werden.

1. Für diese Anpassung doppelklicken Sie auf das Formularfeld in der Zelle d3, also das Formularfeld für die Berechnung in der dritten Zeile der Spalte *Gesamtpreis*.

2. Ändern Sie den Ausdruck von *=a2*c2* in *=a3*c3*.

3. Den Ausdruck in der vierten Zeile ändern Sie in *=a4*c4* etc.

Den Nettopreis errechnen

In der neunten Zeile soll der Nettopreis berechnet werden.

1. Tragen Sie in dieser Zeile in die dritte Zelle von links *Nettopreis* ein.

2. In die vierte Zelle fügen Sie ein Textformularfeld mit der Berechnung *=SUM(ÜBER)* ein. Mit diesem Ausdruck addieren Sie alle Zahlen, die über dem Ergebnisfeld stehen – allerdings darf sich keine Leerzeile dazwischen befinden.

3. Auch hier aktivieren Sie wieder das Kontrollkästchen *Beim Verlassen berechnen*, da anschließend noch die Mehrwertsteuer und die Versandkosten berechnet werden müssen. Geben Sie auch wie bei den bisherigen Euro-Beträgen das entsprechende Zahlenformat ein.

Mit Textmarken die Mehrwertsteuer berechnen lassen

Unter der Zeile mit der Berechnung des Nettobetrags berechnen Sie die Mehrwertsteuer.

1. Dazu fügen Sie in der Zelle unter der Bezeichnung *Nettopreis* ein Textformularfeld ein. Dahinter schreiben Sie *% Mehrwertsteuer*.

2. Anschließend doppelklicken Sie auf das Textformularfeld, um die entsprechenden Einstellungen vorzunehmen.

3. Bei *Typ* wählen Sie *Zahl*. Da die Mehrwertsteuer in den meisten Fällen 19 % beträgt, geben Sie als Vorgabezahl *19* ein. Diese Vorgabezahl kann jederzeit im fertigen Formular überschrieben werden, um einen abweichenden Mehrwertsteuersatz einzugeben.

4. Als *Zahlenformat* wählen Sie hier *0* aus. Auch aktivieren Sie wieder das Kontrollkästchen *Beim Verlassen berechnen*.

5. In das Feld *Textmarke* geben Sie *MwSt* ein. Auf diese Textmarke wird sich der Ausdruck im nächsten Berechnungsfeld beziehen.

2.4 Interaktive Formulare für jeden Praxiseinsatz

In der nächsten Zelle soll die Mehrwertsteuer automatisch berechnet werden. Dafür benötigen Sie wieder ein Textformularfeld vom Typ *Berechnung*.

1. Tragen Sie in dem Feld *Ausdruck* die Formel *=(d9*MwSt)/100* ein. *MwSt* bezieht sich hier auf die im vorigen Schritt festgelegte Textmarke.

2. In die Zelle unter dem Mehrwertsteuer-Prozentsatz geben Sie den Begriff *Versandkosten* ein und in die Zelle rechts daneben fügen Sie ein Textformularfeld für die Versandkosten vom Typ *Zahl* mit der Vorgabezahl *0* und dem Euro-Zahlenformat ein.

3. Unterhalb des Betrags für die Versandkosten wird das Textformularfeld zur Berechnung der Endsumme eingefügt. Für diese Berechnung nehmen Sie folgende Formel: *=d9 + d10 + d11*.

Dieser Ausdruck dürfte verständlich sein: Wir zählen hiermit den Nettopreis, die Mehrwertsteuer und die Versandkosten zusammen.

Den Hinweis auf die Zahlungsweise legen Sie abschließend ebenfalls als Textformularfeld an. Auch die Bankverbindung kann in dieser Form angegeben werden, sofern sie nicht schon in der Fußzeile enthalten ist.

Formatieren Sie die Tabelle über das Register *Tabellentools/Entwurf* ansprechend. Das fertige Formular könnte wie in der Abbildung gezeigt aussehen:

Damit die Daten der Vorlage nicht versehentlich verändert werden und damit nur noch in die Formularfelder etwas eingegeben werden kann, schützen Sie Ihre Dokumentvorlage nun. Gehen Sie dabei vor wie bei der Automatisierung der Hausmitteilung beschrieben.

1 Schließen und speichern Sie die Dokumentvorlage.

2 Danach wählen Sie Ihre Vorlage mit einem Klick auf das Register *Datei*, dem Befehl *Neu* und einem Klick auf die Kategorie *Meine Vorlagen* aus.

> **Die graue Unterlegung von Formularfeldern deaktivieren**
>
> Auch in der Vorlage selbst können Sie übrigens die graue Unterlegung der Formularfelder bereits ausblenden, indem Sie im Register *Entwicklertools* auf die Schaltfläche *Vorversionstools* klicken und dann das Symbol *Feldschattierung anzeigen* deaktivieren.

Bei der Bearbeitung des Rechnungsformulars werden Sie feststellen, dass Sie nur noch in die grau unterlegten Formularfelder Daten eingeben können und dass die Summe der Endbeträge automatisch ausgewiesen wird.

Mit der [Tab]-Taste können Sie von Formularfeld zu Formularfeld springen, um die Felder einzeln auszufüllen. Auf dem Papierausdruck werden Sie keinen Unterschied mehr zwischen den grau unterlegten Formularfeldern und den Vorgaben erkennen.

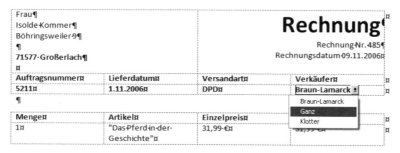

Im fertigen Formular können Sie aus den Listenfeldern für Versandart und Verkäufer das Entsprechende auswählen.

2.5 Professionelle Tabellengestaltung mit Word

Mit Tabellen können Sie tabellarische Daten, Auflistungen etc. in Ihrem Dokument darstellen. Mindestens genauso häufig aber dienen Tabellen zur Formularanpassung, zur exakten Platzierung von Text oder Grafiken. Ein Beispiel haben Sie im vorigen Abschnitt bereits gesehen. Word bietet Ihnen dazu eine sehr leistungsfähige Tabellenfunktion. In eine Tabelle können Sie sämtliche Elemente, die auch im Text verwendet werden können, einfügen – Bilder, Aufzählungen etc. – und diese frei formatieren. Andererseits können Sie auch vordefinierte Layouts verwenden, um Ihre Tabellen schnell und professionell zu formatieren.

Möglichkeit 1: Das Tabellengerüst mit zwei Klicks erstellen

Word bietet Ihnen mehrere Möglichkeiten, die so wichtigen Tabellen in Ihr Dokument einzufügen. Am schnellsten – aber auch mit den wenigsten Optionen ausgestattet – ist der Weg über das Symbol *Tabelle* im Register *Einfügen*.

Ein Klick auf dieses Symbol gibt eine Palette frei, aus der Sie mit gedrückter Maustaste die gewünschte Zeilen- und Spaltenanzahl wählen und dann die Maustaste freigeben, damit Word die Tabelle im Dokument erstellt.

Eine Tabelle mit drei Spalten und zwei Zeilen erzeugen.

Möglichkeit 2: Die Tabelle über den Menüband-Befehl Tabelle erstellen

Nur wenig aufwendiger, dafür aber mit mehr Optionen ausgestattet ist die folgende Alternative:

1 Klicken Sie auf den Pfeil unter der Schaltfläche *Tabelle* und wählen Sie den Befehl *Tabelle einfügen*.

2 Geben Sie im angezeigten Dialogfeld in der Optionsgruppe *Tabellengröße* die gewünschte Spalten- und Zeilenanzahl an.

3 Darunter – in der Optionsgruppe *Einstellung für optimale Breite* – bestimmen Sie die Spaltenbreite:

   ➢ Mit der Option *Feste Spaltenbreite* legen Sie über das daneben liegende Feld für alle Spalten dieselbe feste Breite in Pixeln fest.

   ➢ Mit der Option *Optimale Breite: Inhalt* sorgen Sie dafür, dass sich die Spaltenbreite während der Texteingabe ändert und sich der jeweiligen Textlänge anpasst.

   > **Internettabellen**
   >
   > Solche Tabellen, die während der Eingabe „mitgehen", kennen Sie vielleicht von der Webseitenerstellung her.

   ➢ Auch mit der Option *Optimale Breite: Fenster* werden alle Spalten gleich breit; die Tabelle erstreckt sich allerdings stets vom linken bis zum rechten Seitenrand.

4 Falls die so vorbereitete Tabelle zukünftig als Standard für alle neu zu erstellenden Tabellen dienen soll, aktivieren Sie das Kontrollkästchen *Abmessungen für neue Tabellen speichern*.

5 Bestätigen Sie mit *OK*, und Word erstellt die Tabelle an der Stelle der Einfügemarke.

Möglichkeit 3: Zeichnen Sie Ihre Tabelle

Die letzte Möglichkeit ist der Befehl *Tabelle zeichnen* der Schaltfläche *Tabelle*.

> **Die Linie muss lang genug sein**
>
> Ist die Linie nicht lang genug, wird sie nicht erstellt.

Word schaltet nach der Auswahl dieses Befehls in die Layoutansicht um. Der Mauszeiger wird zu einem Stift. Ziehen Sie den Umriss der Tabelle in der gewünschten Größe auf. Sie können den Mauszeiger nach unten rechts bzw. links oder nach oben rechts bzw. links bewegen.

Positionieren Sie den Zeiger dort, wo Sie die erste Zeilen- oder Spaltenbegrenzung zeichnen möchten. Ziehen Sie die punktierte Linie, bis sie eine ausreichende Länge hat.

> **Tabellen verschachteln**
>
> Übrigens können Sie Tabellen auch verschachteln, mit anderen Worten: eine neue Tabelle in eine vorhandene Tabelle einfügen.

Tabellen mit Tabellenformatvorlagen schnell und attraktiv gestalten

Es kann eine aufwendige Sache sein, eine Tabelle attraktiv zu formatieren. Dank der professionellen, in Word integrierten Tabellenformatvorlagen können Sie diesen Vorgang aber auf wenige Mausklicks abkürzen. Denn diese Funktion weist einer markierten Tabelle automatisch ein bereits fertig gestaltetes Format zu. Dieses Format enthält Rahmen, Schattierung, Schriftart, Farben etc.

Beispiel: Einen Kalender schnell in Form bringen

Als Beispiel öffnen Sie nun eine Kalendervorlage und formatieren diese mit wenigen Klicks.

1 Aktivieren Sie im Menüband das Register *Datei* und klicken Sie auf *Neu*.

2 Unter *Office.com-Vorlagen* klicken Sie auf *Kalender*, auf *Kalender 2010* und doppelklicken dann auf *Kalender 2010 (einfaches Design, Mo-So)*.

Kalender 2010 (einfaches Design, Mo-So)

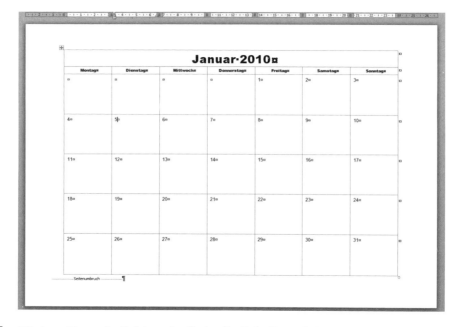

3 Klicken Sie an beliebiger Stelle in die Tabelle auf der ersten Seite.

4 Aktivieren Sie das Register *Tabellentools/Entwurf*.

5 Zeigen Sie in der Liste *Tabellenformatvorlagen* auf eines der Vorschaubilder. Es wird Ihrer Tabelle vorübergehend zugewiesen. Sobald Sie eine Formatvorlage gefunden haben, die Ihnen zusagt, klicken Sie darauf. Sie wird der Tabelle dann dauerhaft zugewiesen.

2.5 Professionelle Tabellengestaltung mit Word

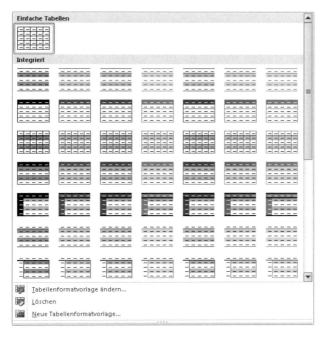

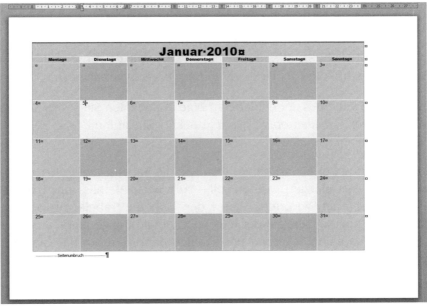

Die auf eine dieser Arten formatierte Tabelle können Sie nachträglich auch per Hand ändern. Ziehen Sie einfach die Maus über die Zeile oder Spalte, die Sie abweichend formatieren möchten, und verwenden Sie die Schaltflächen *Schattierung* und *Rahmen*, um die Umriss- bzw. Füllfarbe zu ändern.

Positionieren Sie die Tabelle an einer beliebigen Stelle

In der Grundeinstellung wird Ihre Tabelle an der Stelle der Einfügemarke eingefügt und mit dem Text verschoben, wenn Sie beispielsweise darüber neue Zeilen einfügen. Allerdings können Sie sie auch – gleich einem Textfeld oder einer Grafik – aus dem Textfluss herausnehmen und frei auf der Seite positionieren. Der Text kann auch um sie herumfließen.

1 Zeigen Sie mit der Maus auf die erstellte Tabelle.

2 Betrachten Sie die beiden Symbole in ihrer linken oberen und ihrer rechten unteren Ecke.

> ➢ Das Symbol links oben dient zum freien Positionieren der Tabelle: Halten Sie die Maustaste darauf gedrückt und ziehen Sie die Tabelle an eine andere Stelle.

> ➢ Das Symbol rechts unten dient zum Ändern der Tabellengröße: Klicken Sie darauf und ziehen Sie in die gewünschte Richtung, um die Tabelle zu vergrößern bzw. zu verkleinern.

Klicken Sie auf eines der beiden Symbole und wählen Sie das Register *Tabellentools/Layout*. Klicken Sie auf die Schaltfläche *Eigenschaften*.

Nun legen Sie bei Bedarf genau fest, wie die Tabelle gegenüber dem umgebenden Text platziert werden soll – zum Beispiel links vom Text, rechts davon oder auch zentriert. Wenn der Text die Tabelle umgeben soll, klicken Sie zuerst – wie auf der folgenden Abbildung gezeigt – rechts unten auf das Schaubild *Umgebend* und wählen dann darüber das Gewünschte aus.

2.5 Professionelle Tabellengestaltung mit Word

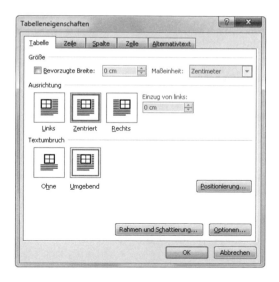

Ein Klick auf die Schaltfläche *Positionierung* bringt Sie in das Dialogfeld *Tabellenposition*. Dieses gleicht dem zum Positionieren von Textfeldern oder Grafiken: Sie können die Tabelle hier relativ zur Seite und zum Text platzieren.

In der Tabelle navigieren und Tabellenteile markieren

Wenn Sie eine neue Tabelle erstellt haben, befindet sich die Einfügemarke standardmäßig in der ersten Zelle. Sie können nun einfach mit der Texteingabe beginnen. Der Text wird – genau wie Sie es von der Dokumentbearbeitung her kennen – automatisch in die nächste Zeile der Zelle umbrochen, wenn er zu lang ist. In diesem Fall erweitert sich die gesamte Zellenreihe nach unten. Dasselbe geschieht, wenn Sie in einer Zelle die Enter-Taste drücken. Die Einfügemarke wird in die nächste Zeile gestellt, die Zeile wird dadurch höher. Jede Zelle verhält sich wie eine winzige Dokumentseite.

Um sich durch die Zellen der Tabelle zu bewegen, verwenden Sie die Tab-Taste. Drücken Sie Umschalt+Tab, um sich rückwärts zu bewegen. Wenn Sie die Tab-Taste drücken, um zu einer Zelle zu gelangen, markieren Sie den gesamten Text in dieser Zelle. Wenn Sie mit der Maus arbeiten möchten, klicken Sie an die Stelle in einer Zelle, an der die Einfügemarke stehen soll.

Wenn Sie die letzte Zelle einer Tabelle (rechts unten) erreichen und dann die Tab-Taste drücken, erzeugen Sie eine neue Zeile am Ende der Tabelle und setzen die Einfügemarke in die erste Zelle dieser Zeile. Um die Tabelle zu verlassen, drücken Sie eine Pfeiltaste oder setzen die Einfügemarke mit der Maus an eine Stelle außerhalb der Tabelle. Mit den Pfeiltasten können Sie sich auch in der Tabelle bewegen.

Tabellenelemente auswählen

Bevor Sie die Befehle zum Bearbeiten von Tabellen verwenden, müssen Sie die entsprechenden Zellen, Zeilen oder Spalten markieren. Mithilfe von Menübefehlen können Sie Zellen, Zeilen, Spalten oder die gesamte Tabelle markieren.

Klicken Sie dazu in eine Zelle innerhalb der Zeile oder Spalte, die Sie markieren möchten. Klicken Sie in die Tabelle und wählen Sie das Register *Tabellentools/Layout*. Klicken Sie hier auf die Schaltfläche *Auswählen* und wählen Sie den gewünschten Eintrag.

Sie können aber auch die Maus verwenden, um Zelleninhalte zu markieren. Ziehen Sie einfach über den entsprechenden Text innerhalb der Tabelle. Sobald die auf diese Weise erstellte Auswahl den Rand einer Zelle erreicht, markieren Sie keine Zeichen mehr, sondern ganze Zellen. Außerdem können Sie eine ganze Zeile markieren, indem Sie den Mauszeiger an ihrem Anfang platzieren, bis dieser zu einem Pfeil wird, und dann klicken. Analog können Sie eine ganze Spalte markieren, indem Sie über ihr klicken. Die folgende Tabelle gibt Ihnen einen Überblick über die Markierung von Tabellenelementen mit der Maus:

Tabellenelement	Mausaktion
Zelle	Klicken Sie an der linken inneren Kante der Zelle, wenn sich das Maussymbol zu einem weißen Pfeil verändert.
Zellbereich	Markieren Sie von der ersten Zelle bis zur letzten Zelle oder markieren Sie die erste Zelle, halten Sie dann die [Umschalt]-Taste gedrückt und klicken Sie auf die letzte Zelle.
Zeile(n)	Klicken Sie im Bereich links vor der Zeile. Sie haben hier einen weißen Pfeil als Maussymbol. Ziehen Sie nach unten, um mehrere Zeilen zu markieren.
Spalte(n)	Zeigen Sie auf die Oberkante der ersten Zeile in der Spalte. Wenn der Mauszeiger richtig positioniert ist, erscheint er als schwarzer Pfeil nach unten. Nun klicken oder ziehen Sie nach beiden Seiten, um mehrere Spalten auszuwählen.
Tabelle	Setzen Sie die Maus links vor die Tabelle, als ob Sie eine Zeile markieren wollten. Drücken Sie die Taste [Alt] und führen Sie einen Doppelklick aus.

Tabellenelemente per Tastatur auswählen

Auch mit der Tastatur lassen sich Tabellenbereiche markieren:

Taste(n)	Markierter Bereich in der Tabelle
[Tab]	Die nächste Zelle
[Umschalt]+[Tab]	Die vorherige Zelle
[Umschalt] + Pfeiltaste bzw. [Umschalt] + Bewegen des Cursors	Zeichen-/zeilenweise in der aktuellen Zelle und dann die gesamten folgenden Zellen, je nach Richtung
[F8], Pfeiltaste	Aktuelle Zelle und je nach Richtung die folgenden Zellen. Drücken Sie die [Esc]-Taste, um den Markierungsmodus aufzuheben.
[Alt]+[Umschalt]+[5]^{Num}	Gesamte Tabelle

In einer neuen Tabelle (beispielsweise mit *Tabelle/Einfügen/Tabelle*) haben alle Spalten zunächst die gleiche Breite. Sie teilen sich gleichmäßig den Raum zwischen linkem und rechtem Rand. Spalten- und einzelne Zellbreiten lassen sich auf unterschiedliche Weise ändern:

➢ Ziehen Sie am rechten Zellrand der Spalte.
➢ Ziehen Sie die Spaltenmarke auf dem Lineal.

Normalerweise wird die gesamte Spalte auf die neue Breite eingestellt. Haben Sie jedoch einen Zellbereich markiert, wird nur dieser Bereich auf die neue Breite eingestellt.

Sie können die Folgespalten und die gesamte Tabellenbreite beim Ziehen einer Spaltenbreite mit der Maus durch Drücken verschiedener Tasten unterschiedlich beeinflussen:

➢ Beim Ziehen ohne Zusatztasten verändern Sie die Breite der rechten Nachbarspalte. Die Breitenänderung geht also auf Kosten dieser Spalte.
➢ Mit gedrückter [Umschalt]-Taste ändern Sie nur die Breite der betreffenden Spalte. Die Folgespalten rücken mit gleichbleibender Breite weiter oder nach. Die Gesamtbreite der Tabelle erhöht oder verringert sich um Ihre Änderung.
➢ Mit gedrückter [Strg]-Taste passen Sie alle Folgespalten mit der gleichen Breite an. Die Änderung geht also gleichmäßig verteilt auf Kosten der Folgespalten. Die Tabellengesamtbreite ändert sich nicht.

> Mit den Tasten [Strg]+[Umschalt] beim Ziehen bringen Sie die Folgespalten alle auf die gleiche Breite. Sie teilen sich den verbleibenden Rest der Tabellenbreite gleichmäßig. Die Tabellengesamtbreite ändert sich nicht.

Einer Tabelle neue Zeilen oder Spalten hinzufügen

Um eine neue Zeile an beliebiger Stelle in Ihrer Tabelle einzufügen, gehen Sie folgendermaßen vor:

1 Markieren Sie die Zeile, über oder unter der Sie eine neue Zeile einfügen möchten.

2 Zeigen Sie das Register *Tabellentools/Layout* an und klicken Sie auf die Schaltfläche *Darüber einfügen* bzw. *Darunter einfügen*.

> **Mehrere Zeilen einfügen**
>
> Bei Bedarf können Sie auch mehrere Zeilen auf einmal einfügen. In diesem Fall markieren Sie im ersten Schritt die gewünschte Anzahl Zeilen und fahren dann mit Schritt 2 fort.

Möchten Sie am Tabellenende eine neue Zeile anfügen, klicken Sie einfach in die letzte Zelle der letzten Zeile und drücken die [Tab]-Taste. Word fügt automatisch eine neue Zeile am Tabellenende ein. Beachten Sie, dass diese genauso formatiert ist wie die nun vorletzte Zeile.

Analog fügen Sie neue Spalten ein (Spalte markieren und Schaltfläche *Links einfügen* oder *Rechts einfügen* wählen).

So löschen Sie Zellen, Zeilen oder Spalten

Durch einen einfachen Druck auf die [Entf]-Taste lassen sich Tabellenbestandteile wie Zellen, Zeilen oder Spalten nicht ohne Weiteres löschen. Denn diese Taste entfernt nur den Inhalt des markierten Tabellenelements, nicht aber das Element selbst.

Möchten Sie eine Zeile, Spalte, Zelle oder auch die gesamte Tabelle löschen, markieren Sie dieses Element, wählen im Register *Tabellentools/Layout* die Schaltfläche *Löschen* und dann den entsprechenden Unterbefehl.

Löschen

Praktisch: eine fertig formatierte Tabelle als Schnellbaustein speichern

Müssen Sie ein und denselben Tabellentyp mit immer der gleichen Spaltenzahl und Formatierung wiederholt in unterschiedliche Dokumente einfügen? Dann erleichtern Sie sich die Arbeit mit der folgenden Vorgehensweise:

1 Versehen Sie die Tabelle mit allen gewünschten Formatierungen – beispielsweise Zellrahmen, -schattierungen, Schriftarten etc. Dieses Muster legen Sie nun als Vorlage für künftige Tabellen fest.

2 Klicken Sie in die Tabelle und aktivieren Sie das Register *Tabellentools/Layout*.

3 Klicken Sie auf die Schaltfläche *Auswählen* und wählen Sie *Tabelle auswählen*.

4 Aktivieren Sie das Register *Einfügen* und klicken Sie auf *Schnellbausteine*.

5 Wählen Sie *Auswahl im Schnellbaustein-Katalog speichern*. Vergeben Sie einen aussagekräftigen Namen. Im Feld *Kategorie* klicken Sie gegebenenfalls auf *Neue Kategorie erstellen* und geben eine neue Kategorie an.

6 Bestätigen Sie mit *OK*.

Definieren Sie die Tabelle als neuen Schnellbaustein.

Wenn Sie nun den angegebenen Text eingeben und F3 drücken, wird die formatierte Tabelle eingefügt.

Eine Tabelle in Text umwandeln

Sie können die Inhalte einer Tabellenzelle in durch Semikolons, Tabstopps oder andere einzelne Zeichen getrennten Text umwandeln. Die Inhalte jeder Zelle können in einen oder mehrere Absätze konvertiert werden.

1 Klicken Sie zuerst in die Tabelle, die Sie in Text umwandeln möchten.

2 Zeigen Sie das Register *Tabellentools/Layout* an und klicken Sie auf die Schaltfläche *Daten*.

3 Wählen Sie *In Text konvertieren* und dann eine Option aus der Optionsgruppe *Text trennen durch*. Sie können alle Zellinhalte durch Absatzmarken, Tabulatoren, Semikolons oder andere einzelne Zeichen trennen.

4 Klicken Sie auf *OK*.

Der umgekehrte Fall: wie Sie Texte oder Absätze in eine Tabelle umwandeln

Auch der umgekehrte Weg ist möglich, Sie wandeln normalen Text in eine Tabelle um:

1 Markieren Sie die Zeilen des Textes oder Absatzes, die Sie in eine Tabelle umwandeln möchten, und aktivieren Sie das Register *Einfügen*. Hier klicken Sie auf die Schaltfläche *Tabelle*.

2 Wählen Sie *Text in Tabelle umwandeln*.

3 Word schlägt auf der Grundlage des markierten Textes die Anzahl der Spalten und Zeilen, die Spaltenbreite und das Trennzeichen für die Erstellung der Spalten vor. Sie können diese Einstellungen ändern, um sie Ihren eigenen Bedürfnissen anzupassen.

4 Geben Sie in das Feld *Spaltenanzahl* eine andere Zahl ein, um eine andere Spaltenanzahl festzulegen.

5 Geben Sie die Anzahl der Zeilen im Feld *Zeilenanzahl* ein, um eine andere Zeilenanzahl festzulegen.

2.5 Professionelle Tabellengestaltung mit Word

6 Geben Sie eine genaue Spaltenbreite in das Feld *Breite der ersten Spalte* ein, wenn Sie nicht die automatische Einstellung verwenden möchten.

Option	Ergebnis
Absatzmarken	Jeder Absatz erhält eine eigene Zelle.
Tabstopps	Jeder durch einen Tabstopp abgetrennte Text erhält eine eigene Zelle. Word wandelt jeden Absatz und jedes Zeilenende mit einem harten Zeilenumbruch (der erstellt wird, wenn Sie Umschalt+Enter drücken) in eine Zeile um. Die Anzahl der Spalten wird von der größten Anzahl Tabstopps in einem Absatz oder einer Zeile bestimmt.
Semikolons	Jeder durch ein Semikolon abgetrennte Text erhält eine eigene Zelle. Word wandelt jeden Absatz und jedes Zeilenende mit einem harten Zeilenumbruch (der erstellt wird, indem Sie Umschalt+Enter drücken) in eine Zeile um. Die Anzahl der Spalten wird von der größten Anzahl von Semikolons in einem Absatz oder einer Zeile bestimmt.
Andere	Auch einige andere Zeichen können verwendet werden, um die Daten in einzelne Zellen zu trennen. Word wandelt jeden Absatz und jedes Zeilenende mit einem harten Zeilenumbruch (der erstellt wird, indem Sie Umschalt+Enter drücken) in eine Zeile um. Die Anzahl der Spalten wird von der größten Anzahl der festgelegten Zeichen in einem Absatz oder einer Zeile bestimmt.

Rechnen auch in Word-Tabellen

Nicht nur mit Formularfeldern können Sie rechnen, sondern auch direkt in Word-Tabellen.

1 Für Berechnungen aller Art schreiben Sie die Daten in eine Word-Tabelle. Die Eingabe erfolgt wie in Excel; dabei ist jedoch zu beachten, dass keine Zeilen- und Spaltenköpfe vorhanden sind und deshalb die Zellen manuell, jedoch nach dem gleichen System wie in Excel abgezählt werden müssen. Die abgebildete Tabelle reicht demnach von a1 (*Menge*) bis hin zu d4 (*Gesamtpreis Brautspiere*).

Menge	Artikel	Einzelpreis	Gesamtpreis
5	Rosenkerrie	6,89	
9	Forsythie	0,99	
6	Brautspiere	2,95	

2 Möchten Sie den Gesamtpreis für die erste Zeile errechnen, klicken Sie in die letzte Zelle der zweiten Zeile und aktivieren das Register *Tabellentools/Layout*.

3 Klicken Sie ganz rechts unter *Daten* auf die Schaltfläche *Formel*.

4 In das Feld *Formel* geben Sie =a2*c2 ein und klicken auf *OK*.

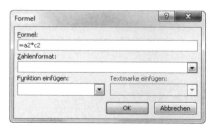

5 Für die nächste Zeile lautet die Formel =a3*c3, für die übernächste =a4*c4.

Geben Sie in die Spalten *Menge* und *Einzelpreis* nun neue Zahlen ein, ändert sich der Gesamtpreis nicht automatisch. Sie müssen ihn erst markieren und die Taste [F9] drücken.

Auf dieselbe Weise setzen Sie auch Additionen und Subtraktionen ein. Möchten Sie eine Spalte zusammenrechnen, verwenden Sie in der letzten Zelle die Formel *=SUM(ABOVE)*.

Menge	Artikel	Einzelpreis	Gesamtpreis
5	Rosenkerrie	6,89	34,45
9	Forsythie	0,99	8,91
6	Brautspiere	2,95	17,70

Eine Excel-Kalkulationstabelle in Word einfügen

Manchmal ist es entschieden praktischer, eine Tabelle – etwa mit komplizierten Berechnungen – in Excel zu erzeugen. Sie können eine solche Excel-Tabelle direkt aus Word heraus erstellen. Gehen Sie hierfür folgendermaßen vor:

1 Aktivieren Sie in Word das Register *Einfügen* und klicken Sie auf die Schaltfläche *Tabelle*.

2 Wählen Sie *Excel-Kalkulationstabelle*.

3 Das Word-Menüband wird durch die Register des Excel-Menübands ersetzt. Gleichzeitig erscheint eine leere Excel-Tabelle in Ihrem Dokument.

4 Erzeugen Sie die gewünschte Tabelle und klicken Sie anschließend außerhalb der Tabelle in das Word-Dokument, um die Excel-Ansicht zu schließen.

Mit einem Doppelklick in die Tabelle öffnen Sie den Excel-Bearbeitungsmodus erneut, falls Sie noch nachträgliche Änderungen an der Tabelle vornehmen möchten.

2.6 Tägliche Praxisaufgaben einfach gelöst

Ansprechende Diagramme und Schaubilder gestalten

Benötigen Sie auf die Schnelle ein Diagramm oder ein Schaubild in Ihrem Word-Dokument? Sie müssen es nicht erst in Excel oder PowerPoint erstellen und dann in Word einfügen – denn in Word selbst können Sie ebenfalls solche Grafiken erzeugen.

1 Zeigen Sie im Menüband das Register *Einfügen* an.

2 Für ein Diagramm klicken Sie auf die Schaltfläche *Diagramm*.

Diagramm

3 In dem daraufhin angezeigten Dialogfeld wählen Sie Ihren gewünschten Diagrammtyp aus. Anschließend geben Sie in der angezeigten Datentabelle Ihre gewünschten Werte ein.

4 Wie Sie sehen, ist das Menüband durch die Symbolleiste zur Bearbeitung und Gestaltung von Diagrammen ersetzt worden. Mit einem Klick auf die Schaltfläche *Diagrammtyp ändern* können Sie bei Bedarf die Darstellungsweise ändern.

Diagrammtyp ändern

Mehr über die Gestaltung und Formatierung von Diagrammen erfahren Sie im Kapitel „Excel – Daten organisieren und analysieren" ab Seite 245.

Genauso schnell erzeugen Sie ein attraktives Schaubild zur Visualisierung von Sachverhalten.

1 Klicken Sie im Register *Einfügen* auf die Schaltfläche *SmartArt* und wählen Sie den gewünschten Schaubildtyp aus, zum Beispiel ein Organisationsdiagramm.

2 Das Menüband erhält daraufhin ein Register *Diagrammtools*, das Sie zur Bearbeitung und Formatierung Ihres Schaubildes verwenden können.

Mehr über die Gestaltung und Formatierung von SmartArt-Schaubildern erfahren Sie im Kapitel „PowerPoint – Planen und Erstellen von Präsentationen" ab Seite 415.

Formeln sind in Word kein Problem

Auch mathematische und physikalische Formeln und Sonderzeichen lassen sich ohne große Schwierigkeiten in Word-Dokumente integrieren und fast beliebig gestalten. Ähnlich wie Diagramme und SmartArt-Schaubilder werden auch Formeln als Objekte in den Fließtext eingebunden.

1 Zeigen Sie das Register *Einfügen* des Menübands an.

2 Klicken Sie auf die Schaltfläche *Formel* und wählen Sie *Neue Formel einfügen*. Das Menüband erweitert sich um das Register *Formeltools*.

3 Dieses Register bietet Ihnen eine große Palette an unterschiedlichsten Formelbestandteilen – klicken Sie sich Ihre Formel mithilfe der Symbole einfach zusammen.

Um die bekannte Gleichung $E = mc^2$ über den Formeleditor darzustellen, gehen Sie nach Aktivieren des Registers *Formeltools* folgendermaßen vor:

1 Geben Sie das *E* über die Tastatur ein.

2 Klicken Sie im Register *Formeltools* auf das Symbol *Gleich*.

3 Geben Sie *mc* über die Tastatur ein.

4 Markieren Sie die Buchstaben *mc* mit der Maus und klicken Sie im Register *Formeltools* auf die Schaltfläche *Skript*.

5 Wählen Sie das Symbol *Hochgestellt*.

6 Geben Sie in den leeren Platzhalter *2* ein.

$$E = mc^2$$

> **Formeln formatieren**
>
> Übrigens können Sie die Formatierungsoptionen des Registers *Start* auch für Ihre Formeln einsetzen.

Etiketten konsistent und schnell beschriften

Über die Etikettenfunktion von Word lassen sich nicht nur Adressetiketten gestalten, sondern auch Ordnerrücken, DVD-Hüllen und vieles mehr. Dabei lässt sich sowohl die Funktion zum Erzeugen einzelner Etiketten als auch die Seriendruckfunktion nutzen. Lesen Sie hier, wie Sie beispielsweise DVD-Beschriftungen in Word erstellen.

Um Ihre eigenen DVD-Beschriftungen herzustellen, benötigen Sie als Erstes unbeschriftete, selbstklebende DVD-Etiketten. Der Handel hält ein umfangreiches Sortiment an Etiketten bereit. Nachdem Sie sich die DVD-Etiketten besorgt haben, gehen Sie folgendermaßen vor:

> **Tipps zur Anschaffung von Etikettenbögen**
>
> Bei der Anschaffung der benötigten Bögen sollten Sie noch Folgendes beachten: Verzichten Sie bei der Auswahl Ihrer Etiketten auf No-Name-Hersteller. Verwenden Sie vielmehr Etiketten von bekannten Firmen, z. B. Herma, Zweckform, Avery oder DATA BECKER. Der Grund dafür ist, dass Word zum Bedrucken der Etiketten über Voreinstellungen für die Etiketten dieser Unternehmen verfügt, auf die Sie dann zugreifen können. Vergewissern Sie sich zudem, dass der Etikettentyp zu dem von Ihnen verwendeten Druckertyp passt (Tintenstrahldrucker, Laserdrucker etc.).

1   Klicken Sie auf die Schaltfläche *Beschriftungen* des Registers *Sendungen*, um den Dialog *Umschläge und Etiketten* zu öffnen. Klicken Sie hier auf die Schaltfläche *Optionen*.

2   Suchen Sie die Marke und den Typ Ihres Bogens heraus.

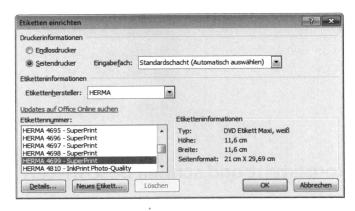

3 Klicken Sie auf *OK* und geben Sie den Beschriftungstext ein.

Etiketten manuell formatieren

Selbstverständlich könnten Sie den fertig ausgegebenen Etikettenbogen manuell formatieren. Eine rationellere Möglichkeit ist aber meist das Formatieren der Adresse direkt im Dialogfeld *Umschläge und Etiketten*.

Hier können Sie die üblichen Tastenkombinationen zur Formatierung von Zeichen verwenden – zum Beispiel [Strg]+[Umschalt]+[F] für den Schriftschnitt Fett oder [Strg]+[Umschalt]+[K] für Kursiv etc.

Eine weitere Möglichkeit ist Folgendes:

1 Markieren Sie im Dialogfeld *Umschläge und Etiketten* den Text, den Sie formatieren möchten.

2 Klicken Sie mit der rechten Maustaste auf den markierten Text, um das Kontextmenü aufzurufen.

3 Hier können Sie auf zwei Dialogfelder zugreifen: Verwenden Sie das Dialogfeld *Zeichen*, um Zeichenformatierungen auszuführen. Dagegen können Sie im Dialogfeld *Absatz* verschiedene Absatzformatierungen vornehmen, wie z. B. Einzüge, Abstände etc.

Die Etikettenbeschriftung formatieren.

Klicken Sie nach Abschluss der Formatierungsarbeiten auf *Neues Dokument*.

Mit dieser Technik lassen sich nicht nur DVD-Etiketten, sondern auch Namensschilder, Ordnerrücken, Visitenkarten oder Tischkärtchen für geschäftliche und private Zwecke herstellen.

Inspiration auf Office.com

Übrigens bietet Ihnen Office.com auch bereits gestaltete Vorlagen für DVD-Labels. Aktivieren Sie in Word das Register *Datei* und klicken Sie auf *Neu*. Klicken Sie auf *Etiketten* und dann auf *Medien*. Laden Sie sich die gewünschte Vorlage mit einem Doppelklick herunter und ändern Sie sie Ihren Anforderungen entsprechend ab.

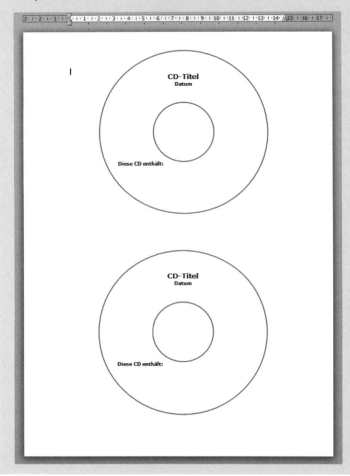

Individuelle Faltprospekte gestalten

Die häufig als Werbemittel verwendeten Faltblätter, die aus ganz normalen, doppelseitig bedruckten A4-Bögen hergestellt werden, scheinen für viele Anwender gar nicht so einfach erstellbar zu sein. Eine besondere Hürde ist meist der korrekte Umgang mit dem Spaltensatz.

Durch entsprechendes Falzen eines DIN-A4-Blatts können Sie einen sechsseitigen Prospekt erstellen. Um dies zu verwirklichen, setzen Sie Grafiken und Texte dreispaltig auf die Vorder- und Rückseite eines querformatigen A4-Blatts.

Ein großer Vorteil dieses Werbemediums: Die fertigen Prospekte lassen sich auf Tintenstrahl- und Laserdrucker ohne größere Schwierigkeiten und in akzeptabler Qualität ausdrucken. Ein weiterer Vorteil ist die Möglichkeit, innerhalb kürzester Zeit die beispielsweise für eine Mailing-Aktion erforderlichen Informationen am eigenen PC übersichtlich und handlich aufzubereiten. Dies ist ein kostengünstiger und relativ einfacher Weg, zu eigenen Werbemedien zu kommen.

Auch in der nächsten Besprechung bei Ihrer Werbeagentur kann ein auf diese Weise gestaltetes Faltblatt sehr gut als Vorlage oder Muster dienen

Die auf diese Art gefalteten A4-Bögen haben auch noch den Vorteil, dass sie bis zu einem bestimmten Papiergewicht in einem normalen Briefumschlag mit nur 0,55 Euro Porto versendet werden können, da sie unterhalb der 20-g-Grenze bleiben. Dies bringt Ihnen eine deutliche Kostenersparnis, wenn Sie Hunderte von Prospekten verschicken wollen.

Das Faltblatt grundlegend einrichten

Erstellen Sie ein neues Dokument und speichern Sie es. Dann richten Sie es folgendermaßen ein:

1. Aktivieren Sie im Menüband das Register *Seitenlayout* und klicken Sie auf *Seitenränder*. Wählen Sie *Benutzerdefinierte Seitenränder*. Hier können Sie das Papierformat und den Satzspiegel festlegen.

2. In der Optionsgruppe *Ausrichtung* klicken Sie auf *Querformat*.

3 Da Sie das doppelseitig bedruckte A4-Blatt in sechs Seiten aufteilen wollen, wird die beschreibbare Fläche etwas eingeschränkt. Also sollten Sie die voreingestellten Werte für die Ränder verringern und die Abstände bei *Oben*, *Unten*, *Links* und *Rechts* in der Gruppe *Seitenränder* jeweils auf *1,5 cm* setzen.

4 Auch die Werte für Kopf- und Fußzeile verringern Sie im Register *Layout*, um die Seite besser auszunutzen.

Den bedruckbaren Bereich ermitteln

Haben Sie einen älteren Tintenstrahldrucker, kommen Sie eventuell mit diesem Satzspiegel nicht hin, weil er an einem oder mehreren Rändern nicht bis ganz zum Rand drucken kann. In diesem Fall ist es sinnvoll, den bedruckbaren Bereich ermitteln zu lassen. Stellen Sie im Register *Seitenränder* des Dialogfelds *Seite einrichten* alle Seitenränder auf *0 cm* und klicken Sie dann auf die Schaltfläche *OK*. Der Druckertreiber informiert Sie darüber, dass sich mehrere Seitenränder außerhalb des bedruckbaren Bereichs befinden.

Klicken Sie auf *Korrigieren* und sehen Sie erneut im Dialogfeld *Seite einrichten* nach. Hier sind die bedruckbaren Bereiche eingetragen. Nun wissen Sie, wie weit Sie mit den Werten für Kopf- und Fußzeile heruntergehen können.

5 Nachdem Sie auf diese Weise Ihre Seite eingerichtet haben, bestätigen Sie mit einem Klick auf *OK*.

Mehrere Textspalten anlegen

Für unser Faltblatt benötigen wir drei Textspalten. Diese können Sie entweder mit dem Tabellen-Feature von Word erstellen oder aber die Seite dreispaltig einrichten.

Wollen Sie neben dem Text auch noch Grafiken im Faltblatt unterbringen, ist der zuletzt genannte Weg wesentlich effektiver. Denn dann können Sie die einzelnen Textelemente, Tabellen und Grafiken wie Fotos, Logos, Diagramme etc. leichter anordnen.

1 Zunächst klicken Sie im Register *Seitenlayout* des Menübands auf das Symbol *Spalten*. Wählen Sie *Weitere Spalten*.

2 Klicken Sie auf das Symbol für den dreispaltigen Satz und lassen Sie das Kontrollkästchen *Gleiche Spaltenbreite* aktiviert – so sichern Sie die symmetrische Anordnung der Spalten auf dem A4-Bogen für das spätere Falzen.

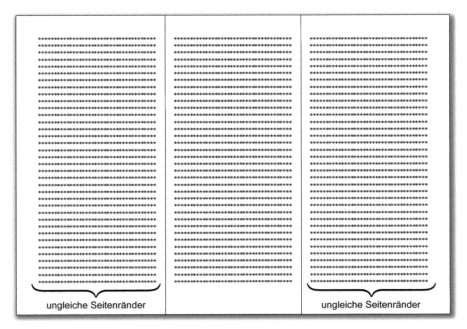

In der Standardeinstellung würden sich bei den beiden äußeren Seiten unausgewogene rechte bzw. linke Seitenränder ergeben.

Ein weiterer wichtiger Punkt ist der Spaltenabstand. Sie haben beim Definieren des Satzspiegels ja rechts und links jeweils 1,5 cm Rand. Der Standardabstand zwischen den drei Spalten beträgt aber, wie Sie im Bereich *Breite* und *Abstand* ablesen können, 1,25 cm.

Das Ergebnis ist, dass nach der Faltung der rechte bzw. der linke Rand der außen liegenden Seiten nur noch 0,63 cm beträgt (die Hälfte von 1,25 cm).

Für identische rechte und linke Ränder auf allen Seiten des Faltblatts benötigen Sie also Spaltenabstände von 3 cm.

1 Geben Sie im Feld *Abstand* des Dialogfelds *Spalten* den Wert *3 cm* ein.

2 Word setzt die Spaltenbreite automatisch auf 6,95 cm herunter.

3 Achten Sie darauf, dass das Kontrollkästchen *Zwischenlinie* deaktiviert bleibt – bei einem Faltblatt sind Trennungslinien eher störend, da durch das Falzen ja bereits eine eindeutige Trennung zwischen den Spalten erfolgt.

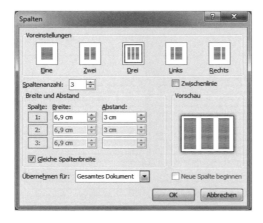

4 Schließen Sie das Dialogfeld mit einem Klick auf *OK*.

> **Spalten anpassen**
>
> Haben Sie wegen eines eventuell größeren Druckbereichs Ihres Druckers andere Seitenränder eingestellt – etwa 1,7 cm für den rechten und den linken Rand –, müssen Sie die Abstände zwischen den Spalten natürlich entsprechend anpassen, indem Sie die Randbreite verdoppeln, zum Beispiel 3,4 cm.

Wenn Sie die Abstände zwischen den Spalten auf 3 cm hochsetzen, erzielen Sie identische Ränder auf allen Seiten des Faltblatts.

Die Datei als Dokumentvorlage speichern

Speichern Sie Ihr Dokument nun als Vorlage. Wenn Sie anschließend im Register *Datei* den Befehl *Neu* wählen, ist Ihre Vorlage verfügbar. Von nun an können Sie beliebig gestaltete Faltblätter auf der Grundlage dieser Vorlage erstellen.

Die Anordnung der Faltblattseiten auf dem Blatt herausfinden

Wichtig ist es nun herauszufinden, welche Spalte nach dem Ausdrucken und Falzen welche Seite des doppelseitigen A4-Dokuments ergibt. Sehen wir uns also nun an, wie Sie Ihre Inhalte sinnvoll auf Ihrem Faltblatt unterbringen.

Die folgende Abbildung zeigt, wie die Seiten nach dem Falzen angeordnet sind:

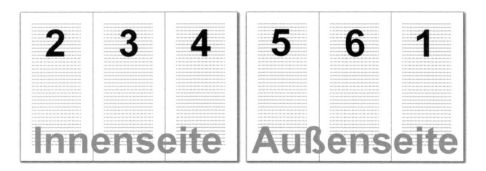

Während Sie die Inhalte eines Faltprospekts in den angelegten Spalten gestalten, sollten Sie sich diese Skizze vor Augen führen. Das Faltblatt wird nur dann gelingen, wenn Sie beim Einsetzen der Informationen wissen, wo sich die jeweilige Spalte als Seite im Prospekt befindet. Ob Sie nun die Seite 1 des Word-Dokuments als Außen- oder als Innenseite betrachten, ist dabei gleichgültig.

Das Wichtigste ist, dass Sie stets die Anordnung der Seiten des Faltprospekts im Auge behalten.

Die Platzierung der Inhalte

> Üblicherweise enthalten die drei Innenseiten – die Seiten 2, 3 und 4 – die detaillierten Hauptinhalte des Prospekts, also sämtliche relevanten Informationen über das Produkt, die Dienstleistung oder die Veranstaltung.

> Auf der Vorderseite des Prospekts – der Seite 1 – fügen Sie Slogan, Logo und andere werbewirksame Blickfänge ein.

> Die Rückseite – die Seite 6 – bietet Platz für Anschrift, Telefon, E-Mail und Webadresse. Werben Sie in dem Prospekt für die Teilnahme an einer Veranstaltung, sind hier gelegentlich auch Preise aufgeführt.

> Der linke Teil der Außenseite – also die Seite 5 – eignet sich am besten dafür, die Vorteile des beworbenen Produkts noch einmal zusammenzufassen. Der Grund: Das Auge des Betrachters bleibt beim Öffnen des Prospekts besonders an dieser Seite hängen.

Spaltenumbrüche für die sinnvolle Anordnung der Inhalte

Eines der größten Probleme vieler Anwender bei der Texteingabe in Spalten ist: Wie gelange ich in die nächste Spalte, obwohl die aktuelle Spalte noch nicht bis unten voll geschrieben ist? Mancher versucht dann, durch entsprechend häufiges Drücken der Enter-Taste in die nächste Spalte zu gelangen. Das sollten Sie aber lieber nicht tun – so wird es nämlich unmöglich, ein stabiles Seitenlayout zu erzielen, das auch Änderungen von Schriftgröße oder -art etc. unbeschadet übersteht. Die bessere Lösung ist ein Spaltenumbruch nach jeder fertig gestalteten Spalte.

1 Nachdem Sie die erste Spalte Ihrer Seite fertig gestaltet haben, klicken Sie im Register *Seitenlayout* des Menübands auf die Schaltfläche *Umbrüche*.

2 Wählen Sie *Spalte*.

3 Gestalten Sie die nächste Spalte und fügen Sie wiederum einen Spaltenwechsel ein.

4 Am Ende der dritten (und letzten) Spalte der Seite benötigen Sie selbstverständlich keinen Spaltenwechsel.

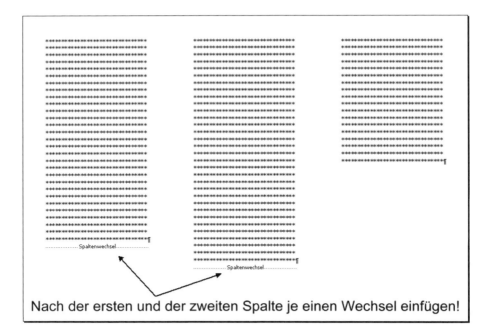

Die Lesbarkeit verbessern

Für die Lesbarkeit eines Textes spielt die Zeilenlänge eine große Rolle. Ganz allgemein sind lange Zeilen schwerer lesbar. Die normale Augenspannweite beträgt etwa 8 cm. Längere Zeilen erfordern, dass der Leser die Augen von links nach rechts und wieder zurück bewegt oder dass er sogar den Kopf leicht drehen muss. Dadurch verliert er natürlich die aktuelle Zeile leichter aus dem Auge und die Hin- und Her- bzw. Drehbewegung wirkt auf Dauer ermüdend. Zu schmale Textspalten wiederum unterbrechen den Lesefluss und wirken unschön.

Eine Zeile sollte prinzipiell etwa neun bis elf Wörter bzw. 30 bis 60 Zeichen umfassen. Um das zu erreichen, reduzieren Sie die Schriftgröße auf ca. 10 Punkt – und wählen eine Schriftart, die auch in dieser Punktgröße einwandfrei lesbar ist! Hier bieten sich die folgenden Schriften an:

- Cambria
- Calibri
- Georgia
- Tahoma
- Trebuchet
- Verdana

Das Gleiche gilt für andere Schriften, die sich durch ein möglichst weites, offenes Schriftbild und eine gute Unterscheidbarkeit der Buchstaben auszeichnen.

Es ist üblich, Text in derart kurzen Zeilen im Blocksatz zu setzen, der mit einer Silbentrennung versehen wird, um hässliche „Löcher" zwischen den Wörtern zu vermeiden.

1 Dazu klicken Sie im Register *Seitenlayout* des Menübands auf die Schaltfläche *Silbentrennung*. Wählen Sie *Silbentrennungsoptionen*.

2 Aktivieren Sie das Kontrollkästchen *Automatische Silbentrennung*.

3 Als Silbentrennzone können Sie bei kurzen Spalten wie in unserem Faltblatt 0,5 cm wählen.

4 Bestätigen Sie mit *OK*.

Manuelle Silbentrennung

Wollen Sie ganz sichergehen, dass Word die Wörter exakt in Ihrem Sinne trennt, klicken Sie auf die Schaltfläche *Manuell*. Nun schlägt Word jedes einzelne Wort vor, bei dem eine Silbentrennung möglich ist, und Sie können entweder ablehnen oder zustimmen. Das ist natürlich nur für kürzere Texte praktikabel.

Das Layout attraktiver gestalten

Reine Textwüsten regen die wenigsten Betrachter zum Lesen an. Achten Sie darauf, Ihr Faltblatt möglichst abwechslungsreich zu gestalten. Dies gilt besonders für die Seiten 2, 3 und 4, also die komplette Innenseite Ihres Prospekts.

Die Außenseiten 5, 6 und 1 sind ja meist eher für Slogan, Logo etc. reserviert, sodass hier weniger die Notwendigkeit einer zusätzlichen Auflockerung besteht.

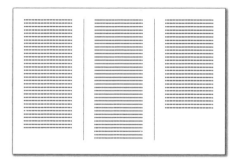 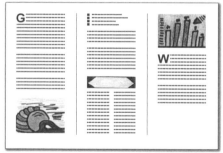

Die rechte Faltblatt-Innenseite wird der Betrachter bestimmt lieber studieren als die linke.

Wollen Sie Ihr Layout noch attraktiver gestalten, sollten Sie vor allem auf der Innenseite des Faltblatts (Seiten 2–4) weitere Gestaltungsvarianten ersinnen, damit die drei relativ engen und mit kleiner Schrift bedruckten Seiten aufgelockert werden. Sie können z. B. Aufzählungen, Abbildungen, Diagramme etc. verwenden.

Selbst die Spaltenanzahl können Sie innerhalb des Spaltensatzes ändern. Fügen Sie dazu etwa eine dreispaltige Tabelle in den Fließtext ein und schalten Sie ihre Linien ab. Sie erhalten standardgemäß genau die Breite einer Textspalte.

Ausdrucken und Falzen des Prospekts

Sind Sie mit der Gestaltung beider Seiten zufrieden, können Sie sie drucken.

1 Klicken Sie im Register *Datei* des Menübands auf *Drucken*.

2 Geben Sie in das Feld *Exemplare* die gewünschte Auflage ein.

3 Über *Einseitiger Druck* geben Sie in das Eingabefeld *1* ein. Damit legen Sie fest, dass zuerst die Vorderseite Ihres Prospekts gedruckt wird.

4 Starten Sie den Druckvorgang.

5 Danach wenden Sie die fertigen Blätter und legen sie erneut in den Drucker.

Probedrucke

Da hier jeder Drucker anders funktioniert, lohnt es sich, vor dem Drucken der endgültigen Auflage einen doppelseitigen Probedruck anzufertigen!

6 Wählen Sie erneut den Befehl *Drucken* und geben Sie die gewünschte Auflage an. In das Eingabefeld über *Einseitiger Druck* geben Sie dieses Mal allerdings *2* ein, damit die zweite Seite Ihres Faltblatts gedruckt wird.

Anschließend müssen Sie Ihre Faltprospekte nur noch falzen. Verwenden Sie dazu am besten ein (Stahl-)Lineal oder dergleichen.

2.7 Dokumente im Team überprüfen und korrigieren

Dank Word ist es sehr einfach, allein oder gemeinsam mit Kollegen dasselbe Word-Dokument zu bearbeiten und zu korrigieren. Häufig überarbeiten ja mehrere Kollegen gemeinsam oder nacheinander einen Bericht oder dergleichen. In solchen Fällen empfiehlt es sich, die Funktionen zum Verfolgen von Änderungen und zum Einfügen von Kommentaren etc. zu nutzen. Sie werden dabei sehr bald feststellen, dass die Möglichkeit, Word-Dokumente am Bildschirm mit Korrekturzeichen zu versehen, bei solcher Teamarbeit schier unverzichtbar ist.

Aber auch wenn Sie nicht in einem Team, sondern allein an einem Word-Dokument arbeiten, behalten Sie die Überarbeitungen an einem Dokument mit der Funktion *Änderungen verfolgen* stets im Auge. In Word lassen sich Kommentare genauso einfach anbringen, wie Sie Notizen auf den Rand eines Blatts Papier schreiben würden. Diese Kommentare geben Ihnen und anderen Bearbeitern die Möglichkeit, Hinweise und Fragen festzuhalten.

Fehlerfreie Dokumente durch Rechtschreibprüfung

Bei Bedarf unterziehen Sie Ihre Texte einer Rechtschreibprüfung. Damit machen Sie schnell Wörter im Dokument ausfindig, die nicht mit den im integrierten Wörterbuch eingetragenen Wörtern übereinstimmen. Sind Sie wegen eines Wortes unsicher, kann Word Ihnen Alternativschreibweisen zeigen. Das Programm durchsucht sein Wörterbuch nach passenden Begriffen und zeigt Ihnen eine Liste anderer Schreibweisen.

In der Version 2010 ist die Rechtschreibprüfung verbessert worden; ihr fallen auch Fehler auf, wenn ein Wort zwar richtig geschrieben, aber in einem falschen Zusammenhang verwendet wird.

Ist die automatische Rechtschreibprüfung eingeschaltet, werden Wörter, die nicht im Wörterbuch enthalten sind, mit einer roten gewellten Linie unterstrichen. Dadurch können Sie diese Wörter leicht herausfinden, wenn Sie das Dokument korrigieren.

Darüber hinaus erscheint in der Statuszeile am unteren Rand des Word-Bildschirms ein Buch mit einem roten X, das Ihnen signalisiert, dass in Ihrem Dokument ein oder mehrere Rechtschreibfehler gefunden wurden.

Weitere Prüfoptionen

Die Word-Rechtschreibprüfung fahndet auch nach verschiedenen anderen Problemen: etwa doppelten Wörtern („das das"), Wörtern mit falscher Großschreibung („*kApitel*") und Wörtern, die großgeschrieben werden sollten („*stuttgart*").

Die Rechtschreibprüfung beginnt an der Position der Einfügemarke und überprüft den gesamten Dokumentinhalt. Oder Sie markieren einen Abschnitt, um nur in diesem die Rechtschreibung zu überprüfen.

Die Rechtschreibprüfung gibt Ihnen ein gewisses Maß an Sicherheit, dass Ihre Arbeit korrekt ist. Passen Sie trotzdem auf. Keine Rechtschreibprüfung kann Ihnen mitteilen, ob Sie Wörter falsch verwendet haben, beispielsweise ob das Wort „dass" mit einfachem statt mit doppeltem s geschrieben wird. Die Rechtschreibprüfung kann also das Korrekturlesen nicht ersetzen, sondern nur ergänzen.

Die automatische Rechtschreibprüfung

Bereits während der Texteingabe werden Wörter, die Word nicht in seinem Wörterbuch findet, automatisch mit einer roten Zickzacklinie unterstrichen – vorausgesetzt, diese Funktion ist eingeschaltet.

So stellen Sie die Rechtschreibprüfung individuell ein

Dies erledigen Sie über einen Klick auf das Register *Datei* und anschließend mit einem Klick auf die Schaltfläche *Optionen*: Zeigen Sie hier die Kategorie *Dokumentprüfung* an und vergewissern Sie sich, dass das Kontrollkästchen *Rechtschreibung während der Eingabe überprüfen* aktiviert ist.

2.7 Dokumente im Team überprüfen und korrigieren

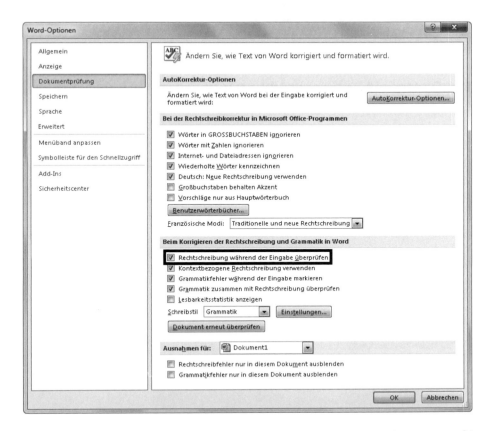

Mit einem Doppelklick auf das Buch mit dem roten Kreuz in der Statusleiste springt Word nun zum nächsten als fehlerhaft gekennzeichneten Wort. Gleichzeitig erscheint das Kontextmenü, das Ihnen eine Liste von Korrekturvorschlägen und zusätzlichen Optionen anzeigt. Wählen Sie bei Bedarf einen der Korrekturvorschläge aus der Liste aus (falls einer angezeigt wird) oder tippen Sie das neue, korrekt geschriebene Wort direkt ein.

Wählen Sie aus dem Kontextmenü *Alle ignorieren*, um alle Vorkommen des Wortes im Dokument zu ignorieren. Wählen Sie *Hinzufügen zum Wörterbuch*, um das Wort dem aktuell ausgewählten Benutzerwörterbuch hinzuzufügen (mehr über die Benutzerwörterbücher erfahren Sie weiter unten).

Kontextmenü direkt öffnen

Sie können das Kontextmenü natürlich auch direkt auf einem als fehlerhaft gekennzeichneten Wort öffnen, indem Sie es mit der rechten Maustaste anklicken.

Wiederholen Sie diesen Vorgang für jedes Wort, das Sie überprüfen möchten.

Das Dialogfeld Rechtschreibung und Grammatik verwenden

Statt des Buchsymbols am unteren Rand des Bildschirms können Sie auch das Register *Überprüfen* mit dem Symbol *Rechtschreibung und Grammatik* bzw. die Taste [F7] verwenden. Word scrollt durch das Dokument und vergleicht jedes Wort mit dem Hauptwörterbuch. Sobald das Programm auf ein ihm unbekanntes Wort stößt, wird das Dialogfeld *Rechtschreibung und Grammatik* angezeigt. Das unbekannte Wort wird im Text hervorgehoben und im Feld *Nicht im Wörterbuch* angezeigt.

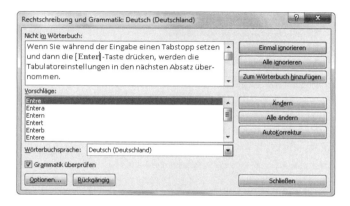

> Finden Sie in der Liste *Vorschläge* die korrekte Schreibweise, markieren Sie diese und klicken dann auf *Ändern*. Das im Text markierte Wort wird entsprechend Ihrer Auswahl geändert.

> Klicken Sie auf *Alle ändern*, um alle Vorkommen des falsch geschriebenen Wortes im Dokument zu ändern.

> Wenn keines der Wörter in der Liste *Vorschläge* passt, können Sie das Wort im Feld *Nicht im Wörterbuch* selbst manuell bearbeiten. Danach klicken Sie auf die Schaltfläche *Ändern*.

> Oder Sie wählen *Einmal ignorieren*, um das Wort so zu lassen, wie es ist.

> Klicken Sie auf *Alle ignorieren*, um alle weiteren Vorkommen des Wortes zu ignorieren.

➢ Wenn Word ein Wort nicht in seinem Wörterbuch findet, obwohl es richtig geschrieben ist, können Sie es dem Wörterbuch hinzufügen: Klicken Sie auf *Zum Wörterbuch hinzufügen*. Das Programm fügt das Wort dann dem aktuell ausgewählten Wörterbuch hinzu.

> **Doppelte Wörter bearbeiten**
>
> Findet die Rechtschreibprüfung doppelte Wörter, wird das Feld *Nicht im Wörterbuch* zum Feld *Wortwiederholung*. Das wiederholte Wort ist rot hervorgehoben. Um das wiederholte Wort zu löschen, klicken Sie auf die Schaltfläche *Löschen*.

Ein Dialogfeld zeigt an, wenn die Rechtschreibprüfung am Ende des Dokuments oder der Markierung angelangt ist. Haben Sie vor dem Öffnen des Dialogfelds eine Markierung vorgenommen, werden Sie gefragt, ob Sie den Rest des Dokuments auch überprüfen wollen. Klicken Sie auf *Ja* oder auf *Nein*. Beginnen Sie mit der Rechtschreibprüfung mitten im Dokument, wird es bis zum Ende überprüft und dann vom Anfang bis zu der Stelle, an der Sie begonnen haben.

Sie können die Rechtschreibprüfung anhalten, um Ihr Dokument zu bearbeiten, ohne das Dialogfeld *Rechtschreibung und Grammatik* zu schließen. Verschieben Sie das Dialogfeld so, dass Sie die zu bearbeitende Stelle sehen können. Klicken Sie in das Dokument, um das Dokumentfenster zu aktivieren. Nachdem Sie das Dokument bearbeitet haben, klicken Sie im Dialogfeld *Rechtschreibung und Grammatik* auf die Schaltfläche *Weiter*, um die Rechtschreibprüfung dort fortzusetzen, wo Sie sie unterbrochen haben.

Häufig verwendete Wörter ins Wörterbuch aufnehmen

Nehmen wir einmal an, Sie arbeiten häufig an – sagen wir technischen – Fachtexten. Darin kommen selbstverständlich viele Begriffe vor, die nicht zum gängigen Umgangsdeutsch gehören und die Sie deshalb beim Tippen noch nicht so recht „in den Fingern" haben. Daher lassen Sie gern die Rechtschreibprüfung über Ihre Texte laufen, entweder nach oder schon während der Bearbeitung. Jedes Mal, wenn Word auf einen der von Ihnen verwendeten Fachbegriffe stößt, „reklamiert" das Programm diesen Begriff, da es ihn nicht in seinem Wörterbuch findet – egal ob Sie ihn richtig oder falsch geschrieben haben. Kein Problem: Mit einem rechten Mausklick auf das Wort und einem Klick auf die Schaltfläche *Hinzufügen* im Kontextmenü können Sie das Wörterbuch um dieses Wort ergänzen, sodass es von nun an nicht mehr als fehlerhaft angezeigt wird.

Nehmen wir weiterhin an, Sie schreiben gerade einen Aufsatz über Internettechnologie. Hier gibt es natürlich verschiedene Fachausdrücke, die besonders häufig vorkommen. Jetzt wäre es doch sehr hilfreich, wenn Sie die Rechtschreibprüfung von vornherein so einstellen könnten, dass diese Begriffe nicht moniert würden. Diese Aufgabe können Sie in Word ganz leicht erledigen:

1 Klicken Sie auf das Register *Datei* und dann auf *Optionen*.

2 In der Kategorie *Dokumentprüfung* können Sie mit einem Klick auf die Schaltfläche *Benutzerwörterbücher* nun feststellen, welche Benutzerwörterbücher Sie gerade verwenden. In der Grundeinstellung wird das Standardbenutzerwörterbuch *BENUTZER.DIC* verwendet.

Rein technisch betrachtet handelt es sich bei den Wörterbüchern um einfache Textdateien, die mit der Endung *.dic* versehen sind. Damit können diese Dateien in einem Texteditor oder in Word bearbeitet werden. Standardmäßig werden Einträge, die Sie während der Rechtschreibprüfung hinzufügen, in das Standardwörterbuch *BENUTZER.DIC* eingetragen.

3 Klicken Sie im immer noch angezeigten Dialogfeld *Benutzerwörterbücher* auf die Schaltfläche *Neu*.

4 Word legt ein ganz neues Wörterbuch an und zeigt das Dialogfeld *Benutzerwörterbuch erstellen* an. Erstellen Sie ein neues Benutzerwörterbuch mit beispielsweise dem Namen *INTERNET.DIC*.

5 Belassen Sie den vorgeschlagenen Speicherort, damit Word keine Probleme mit dem Auffinden des neuen Wörterbuches bekommt, und geben Sie einen Dateinamen ein.

6 Klicken Sie auf *Speichern*. Das neue Wörterbuch wird mit einem kleinen Häkchen davor sofort in der Liste des Dialogfelds *Benutzerwörter-*

2.7 Dokumente im Team überprüfen und korrigieren

bücher angezeigt. Dieses Häkchen bedeutet, dass das neue Wörterbuch jetzt verwendet wird, wenn Word die Rechtschreibung Ihres Dokuments überprüft.

> **Rechtschreibung wichtig**
>
> Achten Sie jetzt besonders darauf, dass Sie alle Wörter korrekt schreiben, denn diese Schreibweise dient Word als Grundlage für die Rechtschreibprüfung.

Bisher enthält das neue Wörterbuch natürlich keinen einzigen Eintrag. Jetzt ist es Ihre Aufgabe, das neue Wörterbuch mit den Fachbegriffen zu füllen, damit diese während der Rechtschreibprüfung von Word nicht mehr reklamiert werden.

1 Markieren Sie – immer noch im Dialogfeld *Benutzerwörterbücher* – das neu angelegte Wörterbuch und klicken Sie auf die Schaltfläche *Wortliste bearbeiten*.

> **Bestätigen Sie mit der Enter-Taste**
>
> Wichtig ist, dass Sie hinter jedem Wort die Enter-Taste drücken. Verzichten Sie auf jede Formatierung.

2 Das neue Wörterbuch wird in einem eigenen, noch leeren Fenster angezeigt. Tragen Sie jetzt alle Fachbegriffe ein und klicken Sie jeweils auf *Hinzufügen*.

3 Zum Schluss bestätigen Sie mit *OK*.

Fügen Sie dem neuen Wörterbuch alle gewünschten Begriffe hinzu. Achten Sie auf die korrekte Schreibweise!

Auf diese Weise können Sie ein umfangreiches Fachwörterbuch erstellen und für die Rechtschreibprüfung nutzen.

> **Grammatikalische Fehler erkennen und verbessern**
>
> Beim Erstellen eines Dokuments sind Sie unter Umständen manchmal unsicher, ob die Satzstruktur grammatikalisch korrekt ist. Für derartige Fälle gibt es eine deutsche Grammatikprüfung, die Fehler im Satzbau findet und Ihnen auch Vorschläge unterbreitet, wie Sie diese verbessern können.
>
> Die Grammatik wird in der Grundeinstellung mit der Rechtschreibung geprüft. Wenn Sie nichts markieren, bevor Sie die Grammatikprüfung aktivieren, überprüft Word das gesamte Dokument, beginnend an der Einfügemarke. Wenn Sie Text markieren, wird nur die Markierung überprüft. Eine Markierung muss selbstverständlich mindestens einen vollständigen Satz enthalten, damit die Grammatikprüfung korrekt arbeiten kann.
>
> Wenn Word einen Verbesserungsvorschlag anbieten kann, erscheint dieser im Feld *Vorschläge*. Eine Erklärung des Fehlers oder zweifelhaften Ausdrucks wird über dem oberen Feld angezeigt.

Synonyme schnell ausfindig machen

Kennen Sie die Bedeutung eines Wortes nicht genau, merken Sie, dass Sie einen bestimmten Begriff zu oft benutzen, oder fällt Ihnen einfach das richtige Wort nicht ein? Dann arbeiten Sie am besten mit dem Thesaurus. Er definiert markierte Wörter und zeigt Ersatzbegriffe (Synonyme) an.

Der Thesaurus sucht immer nur nach einem Wort auf einmal. Sie können das Wort auswählen, indem Sie es markieren. Sonst schlägt der Thesaurus das Wort nach, in dem die Einfügemarke steht, bzw. das vor der Einfügemarke.

1 Nachdem Sie die Markierung festgelegt bzw. die Einfügemarke positioniert haben, klicken Sie im Register *Überprüfen* des Menübands auf die Schaltfläche *Thesaurus* (Gruppe *Dokumentprüfung*). Noch schneller geht's mit der Tastenkombination [Umschalt]+[F7].

2 Das markierte Wort wird im Aufgabenbereich *Recherchieren* angezeigt.

3 Die Definition des Wortes erscheint in dem Feld *Bedeutungen*. Wählen Sie das gewünschte Ersatzwort aus und klicken Sie auf die Schaltfläche *Ersetzen*.

Bei Bedarf können Sie auch in anderen Quellen recherchieren. Öffnen Sie dazu das Listenfeld unter dem Feld *Suchen nach* und wählen Sie das Gewünschte aus. So können Sie beispielsweise Textpassagen übersetzen lassen etc. Für die meisten Informationsquellen benötigen Sie eine Verbindung ins Internet.

Textpassagen übersetzen

Word 2010 bietet Ihnen die Möglichkeit, Wörter, Sätze oder auch ein ganzes Dokument automatisch in eine andere Sprache zu übersetzen. Es versteht sich von selbst, dass eine solche maschinelle Übersetzung immer einer gründlichen manuellen Überarbeitung bedarf. In vielen Fällen kann die erzeugte Grobübersetzung jedoch sehr hilfreich sein.

1 Im Register *Überprüfen* des Menübands klicken Sie auf die Schaltfläche *Übersetzen*.

2 Wählen Sie nun, ob Sie das gesamte Dokument oder die aktuelle Markierung übersetzen möchten. Wenn Sie die letzte Option einschalten, können Sie auf ein Wort zeigen, um es zu übersetzen.

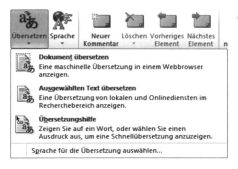

Die neuen Übersetzungsfunktionen.

Dokumente im Team bearbeiten

Die Überarbeitungsfunktionen richtig einsetzen

Wenn Sie im Team beispielsweise an einem PR-Artikel, einem Jahresbericht o. Ä. arbeiten, sind die in Word integrierten Überarbeitungsfunktionen sehr sinnvoll. Denn diese geben Ihnen die Möglichkeit, Korrekturzeichen, Löschungen und Einfügungen sowie sonstige Überarbeitungen in Ihrem Dokument anzubringen.

Wenn Sie das Dokument dem Autor zurückgeben, kann dieser sehen, von wem die Überarbeitungen stammen, und entscheiden, welche in das Dokument aufgenommen werden sollen. Ohne diese Funktion wäre das eine recht mühselige Aufgabe.

Jeder Überarbeiter erhält bei dieser Funktion automatisch seine eigene Korrekturfarbe für das Dokument. Auf diese Weise erkennen Sie, wer welche Überarbeitungen vorgenommen hat, und entscheiden dann, welche Änderungen angenommen werden sollen und welche nicht.

Bevor Sie mit dem Hinzufügen von Korrekturen beginnen, sollten Sie möglichst eine Kopie des Originaldokuments anfertigen. Dies kann sich später als sehr nützlich erweisen, wenn Sie eine Änderung fälschlicherweise akzeptieren und diese dann nachträglich mit dem Original vergleichen wollen. Das Hinzufügen von Korrekturzeichen ist ganz einfach, wie Sie gleich selbst feststellen werden.

Schalten Sie zunächst die Überarbeitungsfunktion ein:

1   Aktivieren Sie im Menüband das Register *Überprüfen*.

2   Klicken Sie auf die Schaltfläche *Änderungen nachverfolgen*. Die Änderungsfunktion ist damit eingeschaltet.

3   Überarbeiten Sie nun Ihr Dokument. Als Test können Sie beispielsweise einmal ein Wort überschreiben, es löschen oder einen Satz hinzufügen.

Sie stellen fest, dass diese Überarbeitungen automatisch markiert werden, und zwar wird eingefügter Text unterstrichen und erhält eine andere Schriftfarbe. Gelöschter Text verschwindet, dafür erscheint eine kleine Markierung, die durch eine gestrichelte Linie mit einem umrandeten Feld mit dem Zusatz *Gelöscht* am rechten Rand verbunden ist. In diesem Feld wird der gelöschte Text nochmals gezeigt. Am linken Rand neben jeder Zeile, in die Text eingefügt oder aus der Text gelöscht wurde, erscheinen überdies senkrechte Korrekturbalken.

Damit diese Korrekturzeichen korrekt erscheinen, klicken Sie unter *Nachverfolgung* auf die Schaltfläche *Markup anzeigen*. Wählen Sie dann den Befehl *Sprechblasen/Überarbeitung in Sprechblasen anzeigen*.

> **Nach dem Löschen**
>
> Text, der bereits als eingefügt gekennzeichnet ist und dann doch wieder gelöscht wird, verschwindet einfach – nur Originaltext wird nach dem Löschen als gelöschter Text aufgeführt.

Die Korrekturzeichen für verschobenen Text sind zunächst vielleicht etwas verwirrend. Denn hier erscheinen zwei Hervorhebungen, was im Grunde auch ganz logisch ist: Der verschobene Text wird an seiner ursprünglichen Stelle gelöscht und am rechten Rand im Feld *Gelöscht* als gelöschter Text dargestellt. An der neuen Stelle wird der Text als eingefügter Text gekennzeichnet.

Auf diese Weise erhalten Sie einen genauen Überblick darüber, welche und wie viele Zusätze und Löschungen Sie selbst oder ein beliebiger Bearbeiter in Ihrem Dokument vorgenommen hat.

Zu beachten ist noch: Haben verschiedene Bearbeiter Änderungen an dem Dokument vorgenommen, werden diese in unterschiedlichen Farben angezeigt.

Wie Sie die Korrekturzeichen vorübergehend ausblenden

Diese Markierungen, Korrekturzeichen genannt, können selbstverständlich auch vorübergehend ausgeblendet werden, wenn Ihnen diese Ansicht beim Bearbeiten des Dokuments zu unübersichtlich erscheint.

1 Wählen Sie dazu im Register *Überprüfen* die Schaltfläche *Markup anzeigen*. Deaktivieren Sie hier die Überarbeitungen, die Sie ausblenden möchten, zum Beispiel *Einfügungen und Löschungen*.

2 Die Überarbeitungszeichen werden vorübergehend ausgeblendet (sind aber gleichwohl noch vorhanden).

Änderungen am Dokument übernehmen oder ablehnen

Die Korrekturzeichen verschwinden, sobald Sie die Überarbeitungen in den Originaltext aufnehmen oder sie verwerfen. Um sämtliche vorgenommenen Änderungen in Ihr Dokument aufzunehmen, gehen Sie folgendermaßen vor:

1 Klicken Sie im Register *Überprüfen* auf den Pfeil unter der Schaltfläche *Annehmen*.

2 Aus dem angezeigten Menü wählen Sie den Eintrag *Alle Änderungen im Dokument annehmen*.

Eingefügter Text wird nun in den Originaltext aufgenommen und gelöschter Text verschwindet.

Alle Änderungen im Dokument ablehnen

Wenn Sie hingegen auf den Pfeil neben der Schaltfläche *Ablehnen und weiter* und dann auf *Alle Änderungen im Dokument ablehnen* klicken, wird das Dokument in den Urzustand vor der Korrektur zurückversetzt.

Diese Befehle lassen sich natürlich auch rückgängig machen, falls Sie sich geirrt haben. Beachten Sie aber, dass Formatänderungen im Dokument erhalten bleiben, egal ob Sie Bearbeitungen verwerfen oder akzeptieren.

Änderungen einzeln bearbeiten

Meistens sollen einige Änderungen in einem Dokument akzeptiert, andere abgelehnt werden. Gehen Sie deshalb Ihr Dokument durch und springen Sie dabei von einem Korrekturzeichen direkt zum nächsten. Dabei können Sie jeweils entscheiden, ob Sie die Änderung annehmen möchten oder nicht:

1 Klicken Sie im Register *Überprüfen* auf *Zurück* bzw. *Weiter*, um zur vorherigen oder zur nächsten Korrektur zu springen.

2 Akzeptieren Sie die Änderungen mit der Schaltfläche *Annehmen* oder lehnen Sie sie mit der Schaltfläche *Ablehnen und weiter* ab.

Wie Sie die Bearbeitung von bestimmten Elementen in Ihrem Dokument einschränken

Vielleicht schaltet ein Bearbeiter die Überarbeitungsfunktion einmal aus, weil er mit ihr nicht klarkommt, sie ihm nicht zusagt oder Ähnliches. In diesem Fall könnte viel unnötige Arbeit auf Sie zukommen, da Sie dann selbst herausfinden müssten, wer was geändert hat. Schützen Sie Ihr Dokument deshalb für Überarbeitungen. Überdies können Sie noch ein Kennwort eingeben, sodass nur Sie selbst die Möglichkeit haben, den

Dokumentschutz aufzuheben. Alle Änderungen werden dadurch markiert und können nicht entfernt werden – weder durch Annehmen noch durch Ablehnen.

Für diese Aufgaben verwenden Sie die Schaltfläche *Bearbeitung einschränken* im Register *Überprüfen* des Menübands. Wählen Sie hier *Formatierungen auf eine Auswahl von Formatvorlagen beschränken*.

Bearbeitung einschränken

1. Der gleichnamige Aufgabenbereich wird angezeigt. Hier aktivieren Sie das Kontrollkästchen *Nur diese Bearbeitungen im Dokument zulassen* und wählen aus dem zugehörigen Listenfeld den Eintrag *Überarbeitungen*.

2. Klicken Sie auf die Schaltfläche *Ja, Schutz jetzt anwenden*.

Möchten Sie den Dokumentschutz später wieder aufheben, klicken Sie erneut auf die Schaltfläche *Bearbeitung einschränken* und dann auf *Schutz aufheben*. Das Kennwort wird abgefragt und danach ist die uneingeschränkte Bearbeitung wieder möglich.

Texte kommentieren

Manchmal möchten Sie nicht selbst Änderungen einfügen, sondern vielleicht nur Verbesserungsvorschläge und andere Hinweise für den Autor hinzufügen. Mit dem Kommentar-Feature lassen sich Textteile durch Hinweise kommentieren, ohne den Textfluss dadurch zu unterbrechen.

> **Das Kürzel des Kommentators festlegen**
>
> Das Kürzel des Verfassers entspricht den Initialen, die der jeweilige Benutzer auf der Registerkarte *Benutzerinformationen* des Dialogfelds *Extras/Optionen* angegeben hat.

Kommentierte Textpassagen erkennen Sie in der Seitenlayoutansicht an der farbigen Hinterlegung sowie einer Art Sprechblase auf dem rechten Rand, die neben dem Kürzel des Verfassers auch den eigentlichen Kommentartext enthält.

In der Entwurfsansicht sehen Sie ebenfalls die farbige Hinterlegung und im Anschluss die Initialen des Verfassers in eckigen Klammern.

> **Einstellungen für Kommentare beim Drucken**
>
> Standardmäßig erscheinen die Kommentare im Ausdruck. Möchten Sie dies verhindern, wählen Sie im Listenfeld *Drucken* des Menüs *Datei/Drucken* den Eintrag *Dokument*. Sie können auch nur die Kommentare ohne zugehörigen Text drucken lassen, indem Sie aus dem Listenfeld den Eintrag *Markupliste* wählen.

Möchten Sie die im Dokument vorhandenen Kommentare ausblenden, aktivieren Sie das Register *Überprüfen*, klicken auf die Schaltfläche *Markup anzeigen* und deaktivieren den Befehl *Kommentare*. Mit demselben Befehl zeigen Sie die Kommentare dann auch wieder an.

Eine Textstelle mit einem Kommentar versehen

Um eine Textstelle mit einem Kommentar zu versehen, gehen Sie folgendermaßen vor:

1 Markieren Sie die Textstelle, die Sie kommentieren möchten.

2 Aktivieren Sie im Menüband das Register *Überprüfen* und klicken Sie in der Gruppe *Kommentare* auf *Neuer Kommentar*.

3 Wenn Sie in der Entwurfsansicht arbeiten, öffnet sich am linken Bildschirmrand der Kommentareditor. Arbeiten Sie in der Seitenlayoutansicht, erscheint am rechten Rand des Dokuments eine Sprechblase, die auf die markierte Textpassage deutet.

4 Geben Sie Ihren Kommentartext ein.

5 Mit einem Klick in das Dokument schließen Sie die Kommentareingabe ab.

Bearbeitungsmöglichkeiten für Kommentare

➢ In einem mit mehreren Kommentaren ausgestatteten Dokument navigieren Sie durch die Anmerkungen, indem Sie im Register *Überprüfen* auf die Symbole *Zurück* bzw. *Weiter* klicken.

➢ Verwenden Sie das Symbol *Löschen*, um den aktuell markierten Kommentar zu löschen, in dem sich die Einfügemarke befindet bzw. den Sie mit *Weiter* oder *Zurück* angesteuert haben.

2.8 Lange Dokumente organisieren

Nicht nur Autoren von Computerbüchern wissen ein Lied davon zu singen: Wenn Sie häufig Dokumente von 30 oder mehr Seiten erstellen und bearbeiten müssen, geht viel zu viel Zeit damit verloren, durch den Text zu scrollen, Absätze auszuschneiden und zu kopieren, Textstellen zu suchen, Dokumente aus verschiedenen Dateien zusammenzusetzen etc. Gleichgültig ob Sie wissenschaftliche Arbeiten, Berichte, Handbücher oder umfangreiche Vertragswerke schreiben müssen: Solche Dokumente könnten Sie ohne die weiterführenden Funktionen von Word 2010 nur mit großem Aufwand sinnvoll organisieren. Word stellt Ihnen für die Bearbeitung langer Dokumente besonders leistungsfähige Funktionen zur Verfügung. Auch das Manuskript dieses Buches wurde in Word 2010 bearbeitet!

Textpassagen, Begriffe oder Abschnitte suchen

Die Suche nach bestimmten Textstellen

Bei der Arbeit an längeren Dokumenten müssen Sie oft nach einem bestimmten Begriff, einer Textpassage oder einem Abschnitt suchen, um dort Bearbeitungen durchzuführen. Zu diesem Zweck steht Ihnen in Word 2010 eine sehr gute, überarbeitete Suchfunktion zur Verfügung.

Für die Suchfunktion klicken Sie im Register *Start* auf die Schaltfläche *Suchen*. Alternativ drücken Sie die Tastenkombination [Strg]+[F]. Im linken Bildschirmbereich wird das Navigationsfenster mit der Suchfunktion geöffnet.

1 Tippen Sie in das Eingabefeld *Suchen nach* das Wort oder die Zeichenfolge, wonach Sie in Ihrem Dokument suchen möchten.

2 Standardmäßig zeigt Word Ihnen im linken Bereich „live" alle Fundstellen in einer Liste. Im Dokument selbst werden die Vorkommen gleichzeitig gelb markiert hervorgehoben. Klicken Sie eine Fundstelle im Navigationsfenster an, springt das Dokument zur entsprechenden Stelle.

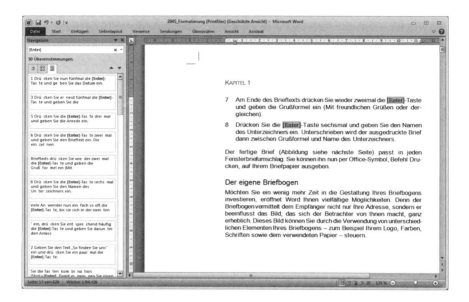

Sie können aber auch in zwei andere Ansichten umschalten:

➢ Klicken Sie im Navigationsfenster auf das Register *Durchsuchen der Seiten in Ihrem Dokument*, sehen Sie im Navigationsfenster die Miniaturen der Seiten mit den Fundstellen. Klicken Sie eine solche Miniatur an, springt Word im Dokumentfenster zur Seite mit der entsprechenden Fundstelle.

➢ Oder Sie klicken auf die Schaltfläche *Durchsuchen der Überschriften in Ihrem Dokument*, dann markiert Word im Navigationsfenster alle Überschriften mit Fundstellen gelb. Mit einem Klick auf die entsprechende Überschrift steuern Sie diese im Dokument an.

Gefundene Texte durch eine Zeichenfolge ersetzen

Nachdem Sie im Dokument die gesuchte Zeichenfolge gefunden haben, können Sie diese nun durch eine gewünschte Zeichenfolge ersetzen. Haben Sie beispielsweise nach der Zeichenfolge *Sie* suchen lassen und möchten diese durch *wir* ersetzen, gehen Sie folgendermaßen vor:

1 Klicken Sie im oberen Teil des Navigationsbereichs auf den Pfeil neben dem Lupensymbol und wählen Sie *Ersetzen*. Alternativ klicken Sie im Register *Start* des Menübands auf das Symbol *Ersetzen*. Das Dialogfeld *Suchen und Ersetzen* wird mit der Registerkarte *Ersetzen* angezeigt.

2 Prüfen Sie, ob im Feld *Suchen nach* die gewünschte Zeichenfolge steht. Darunter tragen Sie in dem Eingabefeld *Ersetzen durch* die Zeichenfolge ein, mit der Sie die im Text gefundene Zeichenfolge ersetzen möchten.

3 Starten Sie den Suchvorgang mit der Schaltfläche *Weitersuchen*. Um die gefundene Zeichenfolge mit der Zeichenfolge im Feld *Ersetzen durch* auszutauschen, klicken Sie auf die Schaltfläche *Ersetzen*.

4 Möchten Sie die gesuchte Zeichenfolge durchgehend im ganzen Dokument ersetzen, können Sie den Vorgang beschleunigen, indem Sie auf die Schaltfläche *Alle ersetzen* klicken. Dann führt Word die ganze Prozedur automatisch durch, ohne dass Sie bei jeder Stelle die *Ersetzen*-Schaltfläche anklicken müssen.

Sobald Word das gesamte Dokument durchsucht hat, wird dies in einem kleinen Dialogfeld angezeigt.

Mit dieser Funktion sollten Sie aber bedacht umgehen, da Word es mit der eingegebenen Zeichenfolge sehr genau nimmt. Nehmen wir an, in einem Dokument wurde durchgehend das Wort *Sachbuch* benutzt und Sie möchten es durch *Fachbuch* ersetzen. Nun können Sie die Arbeit natürlich in einem Zug durch einen Klick auf die Schaltfläche *Alle ersetzen* erledigen. Allerdings müssten Sie danach einen weiteren Suchlauf starten, da auch der Begriff *Sachbücher* vorkommen könnte. Sie könnten diese Aufgabe beschleunigen, indem Sie gleich nach *Sachb* suchen und diese Zeichenfolge durch *Fachb* ersetzen.

> **Nur einen bestimmten Textteil durchsuchen**
>
> In der Grundeinstellung wird die Suche im ganzen Dokument durchgeführt. Wenn Sie möchten, können Sie den Suchbereich aber auch einschränken. Hierzu markieren Sie einfach den gewünschten Bereich, in dem die Suche stattfinden soll. Word beschränkt sich bei der Suche dann auf die von Ihnen vorgegebene Markierung.

Erweiterte Suchfunktionen

Für schwierigere Aufgaben können die erweiterten Suchfunktionen sehr hilfreich sein. Diese Suchfunktionen stehen Ihnen im Dialogfeld *Suchen und Ersetzen* über die Schaltfläche *Erweitern* zur Verfügung. Ein Klick auf diese Schaltfläche erweitert das Dialogfeld nach unten.

- Im Bereich *Suchoptionen* legen Sie über das Listenfeld *Suchen* fest, ob die Suche im ganzen Dokument ausgeführt werden soll oder ab der Einfügemarke nach unten Richtung Textende bzw. nach oben Richtung Textanfang.

- Aktivieren Sie das Kontrollkästchen *Groß-/Kleinschreibung beachten*, veranlassen Sie Word, während der Suche auf die Groß-/Kleinschreibweise der gesuchten Zeichen zu achten. So könnten Sie beispielsweise die veraltete Schreibweise *im allgemeinen* bei aktiviertem Kontrollkästchen durch die neue Schreibweise *im Allgemeinen* ersetzen.

- Aktivieren Sie das Kontrollkästchen *Nur ganzes Wort suchen*, betrachtet Word die von Ihnen eingegebene Zeichenkette als einzelnes Wort. Suchen Sie beispielsweise ohne weitere Angaben nach dem Wort *Symbol*, würde Word bei nicht aktiviertem Kontrollkästchen auch die Wörter *Symbole*, *symbolisch* etc. finden. Bei aktivierter Funktion *Nur ganzes Wort suchen* hingegen hält Word tatsächlich nur nach dem Wort *Symbol* Ausschau.

- Bei aktiviertem Kontrollkästchen *Platzhalter verwenden* können Sie sogenannte Platzhalterzeichen in das Feld *Suchen nach* eingeben – zum Beispiel ein Sternchen (*), wenn Sie nach einer beliebigen Anzahl von beliebigen Zeichen suchen. Wenn Sie nach einem beliebigen Zeichen suchen, geben Sie ein Fragezeichen (?) ein.

> **Die erweiterten Optionen wieder ausblenden**
>
> Benötigen Sie die erweiterten Funktionen bei der Suche nicht, können Sie das Dialogfeld natürlich jederzeit wieder verkleinern, um mehr Platz zu schaffen. Klicken Sie dazu einfach auf die Schaltfläche *Reduzieren*. Die erweiterten Optionen werden dadurch ausgeblendet und das Dialogfeld wird verkleinert. Die Schaltflächenbezeichnung ändert sich wieder in *Erweitern*.

Um Ihnen die Möglichkeiten des Mustervergleichs zu verdeutlichen, bietet sich die Suche nach einer Variante der Namen Meier/Mayer/Meyer/Maier sehr gut an. Für diesen häufigen Nachnamen existieren viele verschiedene Schreibweisen. Nehmen wir an, Sie haben einen langen Text, in dem sehr häufig der Name *Meier* vorkommt. Das Problem ist, dass im Text dieser Name mehrmals auf verschiedene Arten falsch geschrieben wurde – zum Beispiel einmal *Meyer*, dann wieder *Maier* etc. Mit dem Mustervergleich lässt sich dieser Fehler ohne langwieriges Suchen und Herumprobieren schnell beheben.

Die Namen *Meier*, *Mayer* etc. beginnen alle mit dem Buchstaben *M* und enden mit der Buchstabenkombination *er*. Dazwischen stehen stets zwei Buchstaben, die jedoch nicht festgelegt sind. Daher bietet sich das Platzhalterzeichen *?* für ein beliebiges Zeichen an – es ergäbe sich im Feld *Suchen nach* der Suchbegriff *M??er*. Damit würden Sie Word mitteilen, dass Ihnen der zweite und der dritte Buchstabe nicht bekannt sind.

Das kann allerdings so noch nicht funktionieren, da Word nach der genauen Zeichenfolge *M??er* suchen und keine *Meiers*, *Mayers* oder *Meyers* finden würde. Sie müssen Word also noch mitteilen, dass es sich bei den Fragezeichen nicht um zu suchende Zeichen, sondern nur um Platzhalter für Zeichen (also Platzhalterzeichen) handelt. Dazu stehen Ihnen zwei Wege offen.

> **Platzhalterzeichen**
>
> Eine Auflistung der verfügbaren Platzhalterzeichen finden Sie weiter unten.

Sie können zunächst das Kontrollkästchen *Platzhalterzeichen verwenden* aktivieren, sodass Word die Fragezeichen als Platzhalterzeichen für jeweils ein beliebiges Zeichen interpretiert.

> **Die Suche mit dem Asterisk**
>
> Mit dieser Vorgehensweise könnten Sie auch das Sternchen (*) als Platzhalterzeichen für null oder mehr Zeichen verwenden – dann würde der Suchbegriff für unser Beispiel *M*er* lauten. Allerdings würde Word dann auch Begriffe wie *Meister*, *Minensucher* oder auch Kombinationen wie *Merkmale der* etc. finden.

Beachten Sie, dass Sie in diesem Beispiel bei aktiviertem Kontrollkästchen *Platzhalterzeichen verwenden* nicht mehr nach Fragezeichen im Text suchen können – würden Sie bei aktiviertem Mustervergleich in das Feld *Suchen nach* ein Fragezeichen eingeben, würde Word jedes einzelne Zeichen im Text als erfolgreiches Suchergebnis auswerten. Davon sind auch die Kontrollkästchen *Groß-/Kleinschreibung beachten* und *Nur ganzes Wort suchen* betroffen, Sie können sie nicht mehr einsetzen.

Bei aktiviertem Mustervergleich stehen Ihnen noch weitere Platzhalterzeichen zur Verfügung, die Sie mit einem Klick auf die Schaltfläche *Sonstiges* im Dialogfeld *Suchen und Ersetzen* erreichen.

Klicken Sie zuerst in das Feld *Suchen nach* und dann auf die Schaltfläche *Sonstiges*. Wählen Sie hier das benötigte Platzhalterzeichen, das dann im Feld *Suchen nach* eingesetzt wird.

Die Suche mit Steuerzeichen

Um unbekannte Zeichenfolgen und Sonderzeichen in einem Text zu finden, sind Sie nicht gezwungen, per Mustervergleich vorzugehen. Sie können auch Steuerzeichen einsetzen – dann müssen Sie das Kontrollkästchen *Platzhalterzeichen verwenden* nicht aktivieren. Es handelt sich dabei um bestimmte Zeichenfolgen, die immer mit einem Caret-Zeichen (^) beginnen. Wenn Sie eine solche Zeichenfolge einsetzen, teilen Sie Word mit, dass es nach etwas ganz Bestimmtem suchen soll.

Aber auch diese Steuerzeichen brauchen Sie nicht direkt in das Feld *Suchen nach* einzutragen, Sie können sie ebenso über die Schaltfläche *Sonstiges* auswählen. Achten Sie nur darauf, dass Sie das Kontrollkästchen *Platzhalterzeichen verwenden* deaktiviert haben. Wenn Sie dann die Schaltfläche *Sonstiges* anklicken, zeigt Word Ihnen die Liste an.

Sie können nach den verschiedensten Elementen suchen, etwa nach Tabstopps, Feldern, Fußnotenzeichen, Grafiken etc.

Zurück zu unserem Beispiel:

1. Um alle Schreibweisen des Namens *Meier* unter Verwendung von Steuerzeichen und ohne Mustervergleich zu finden, vergewissern Sie sich, dass das Kontrollkästchen *Nur ganzes Wort suchen* deaktiviert ist.
2. Geben Sie in dem Feld *Suchen nach* den Buchstaben *M* ein.
3. Klicken Sie dann auf die Schaltfläche *Sonstiges*.
4. Wählen Sie aus der Liste den Eintrag *Beliebiger Buchstabe*.
5. Wiederholen Sie diesen Vorgang.
6. Abschließend geben Sie die Buchstabenfolge *er* ein.
7. Aktivieren Sie die Kontrollkästchen *Groß-/Kleinschreibung* sowie *Nur ganzes Wort suchen*.

Damit haben Sie den Suchbegriff so weit wie irgend möglich eingegrenzt und können die Suche mit einem Klick auf die Schaltfläche *Weitersuchen* starten.

Mit etwas Übung werden Sie mit den einzelnen Platzhalterzeichen vertraut, sodass Sie sie auch selbst eingeben können – ohne Caret-Zeichen (^) beim Mustervergleich und mit diesem Zeichen, wenn Sie ohne Mustervergleich arbeiten wollen.

Überblick über die Operatoren für den Mustervergleich

Die folgende Tabelle gibt Ihnen eine Übersicht darüber, welche Bedeutung die verschiedenen Zeichen haben und welchem Zweck sie dienen können. Für differenzierte Suchvorhaben können Sie die Zeichen auch miteinander kombinieren.

Zeichen	Name	Bemerkungen	Beispiel
?	Beliebiges Zeichen	Wurde bereits weiter oben am Beispiel erläutert.	
[-]	Zeichenbereich		Die Suche nach *E [1-3],-* findet *E 1,-*, *E 2,-*, *E 3,-*, nicht aber *E 4,-* etc. Die Suche nach *[F-H]alle* findet *Falle*, *Galle* und *Halle*.
<()	Wortanfang	Die angegebene Zeichenkette muss am Wortanfang stehen, damit sie gefunden wird.	*<(wer)* findet *werden*, aber nicht *Ingwer*.
()>	Wortende	Im Prinzip gleicht dieses Zeichen der vorherigen Funktion, mit dem Unterschied, dass die Zeichenkette am Wortende gesucht wird.	
[]	Zeichenliste	Findet Textstellen, die an der angegebenen Position eines der Zeichen in der Liste enthalten.	*H[au]nd* findet sowohl *Hand* als auch *Hund*.
[!]	Nicht	Mit diesem Operator legen Sie fest, dass bestimmte Zeichen nicht an der angegebenen Stelle vorkommen dürfen.	Mit *[!S]and* finden Sie *Land*, *Hand* und *Band*, aber nicht *Sand*.
[!x-y]	Zeichenbereich nicht	Ähnelt der vorherigen Möglichkeit, mit dem Unterschied, dass nicht bestimmte Zeichen, sondern ganze Zeichengruppen ausgeschlossen werden.	Mit *E [!6-7],-* finden Sie zwar *E 5,-*, *E 8,-* etc., aber nicht *E 6,-* und *E 7,-*.

Zeichen	Name	Bemerkungen	Beispiel
@	Zeichen, das einmal oder mehrfach vorkommt	Das Zeichen vor dem Operator kommt an der gesuchten Stelle einmal oder mehrmals vor.	Mit *Schif@ahrt* finden Sie sowohl die alte (*Schiffahrt*) als auch die neue Schreibweise (*Schifffahrt*) des Wortes.
*	0 oder mehr Zeichen	Wurde bereits weiter oben am Beispiel erläutert.	
()	Ausdruck	Die runden Klammern kennzeichnen Ihre Eingaben als Ausdruck, sodass Sie verschiedene Suchmethoden miteinander verknüpfen können. Nach der Tabelle finden Sie ein Beispiel dafür.	
{n}	Zeichen genau n-mal	Das Zeichen vor dem Operator muss genau n-mal vorkommen.	Mit *Schif{3}ahrt* finden Sie nur die neue Schreibweise des Wortes.
{n;}	Zeichen mindestens n-mal	Das Zeichen vor dem Operator muss mindestens n-mal vorkommen.	
{n;m}	Zeichen n- bis m-mal	Das Zeichen vor dem Operator muss n-mal bis m-mal vorkommen.	Mit *E 10{1,5}* finden Sie *E 10, E 100, E 1000* und *E 100000*.
\n	Ausdrücke umgruppieren	Dieser Operator weicht von den vorherigen ab, da er nur für das *Ersetzen durch*-Feld ist. Mit ihm können Sie Wörter in eine neue Reihenfolge bringen. Auch diesen Operator werden wir im gleich nachfolgend beschriebenen Beispiel benötigen.	

Suchen und Ersetzen von Grafiken

Wie ersetzen Sie eine Grafik im gesamten Dokument durch eine andere? Mit einem kleinen Umweg klappt es über das Dialogfeld *Suchen und Ersetzen*.

1 Zeigen Sie das Dialogfeld *Ersetzen* an.

2 Klicken Sie in das Feld *Suchen nach* und geben Sie ^g ein. Word sucht damit nach allen Grafiken.

3 Geben Sie in dem Feld *Ersetzen durch* eine Zeichenfolge ein, die sicher nicht in Ihrem Dokument vorkommt, zum Beispiel *qqqqqqq*.

4 Klicken Sie so lange auf *Weitersuchen*, bis Sie das erste Vorkommen der entsprechenden Grafik gefunden haben. Klicken Sie auf *Ersetzen*.

5 Fahren Sie so fort, bis Sie jedes Vorkommen der Grafik durch die angegebene Zeichenfolge ersetzt haben.

6 Klicken Sie an eine beliebige Stelle in Ihrem Dokument und fügen Sie die neue Grafik ein.

7 Schneiden Sie sie gleich darauf mit [Strg]+[X] aus.

8 Klicken Sie im Dialogfeld *Suchen und Ersetzen* in das Feld *Suchen nach* und geben Sie die vorhin gewählte Zeichenfolge (*qqqqqqq*) ein.

9 Klicken Sie in das Feld *Ersetzen durch* und dann auf *Erweitern* und auf *Sonstiges*. Wählen Sie *Inhalt der Zwischenablage*.

10 Klicken Sie auf *Alle ersetzen*.

Zeichenfolgen im Text durch Ersetzen löschen

Wenn Sie die Ersetzen-Funktion intelligent anwenden, können Sie damit auch bestimmte Zeichenfolgen im Text löschen. Angenommen, Sie haben sich im Namen einer Person geirrt, z. B. soll Frau Prof. Enderle im Text diesen Titel nicht tragen, sondern nur als Frau Enderle angesprochen werden.

1 Geben Sie in dem Feld *Suchen nach* den Begriff *Prof.* ein.

2 Das Feld *Ersetzen durch* lassen Sie einfach frei und klicken dann auf die Schaltfläche *Alle ersetzen*.

3 Nun wird der Professorentitel vor dem Namen im ganzen Dokument gelöscht.

Gezieltes Suchen und Ersetzen von Textformatierungen

Word bietet Ihnen nicht nur die Möglichkeit, nach Zeichenfolgen zu suchen, sondern Sie können auch gezielt nach Formatierungen, z. B. nach Unterstreichungen, Fettsetzungen oder auch nach Schriftarten, suchen. Dabei können Sie sowohl nach einem Wort in einer bestimmen Formatierung als auch nur nach einer bestimmten Formatierung suchen.

Ein Beispiel: Sie haben ein bestimmtes Wort im gesamten Dokument kursiv formatiert und entscheiden danach, dass es doch eher fett gedruckt werden sollte. Oder aber Sie möchten in einem Text alle in der Schriftart Arial Black und der Schriftgröße 14 Punkt formatierten Absätze mit der Formatvorlage *Überschrift 1* formatieren. Auch das ist kein Problem.

1. Klicken Sie im erweiterten Zustand des Dialogfelds *Suchen und Ersetzen* in das Feld *Suchen nach* und danach auf die Schaltfläche *Format*.

2. Eine Liste mit verschiedenen Formatierungsmöglichkeiten wird angezeigt.

3. Wählen Sie hier zum Beispiel den Eintrag *Zeichen*, erscheint ein Dialogfeld, das fast genauso aussieht wie das zum Formatieren von Zeichen in einem Word-Dokument. Sie können hier Schriftart, Auszeichnungen, Schriftgröße und Effekte auswählen.

> **Was Sie bei der Suche nach Textformatierungen beachten sollten**
>
> Beachten Sie dabei: Wenn Sie in einem der Felder keine Eingabe vornehmen, also zum Beispiel keinen Schriftschnitt bestimmen, jedoch festlegen, dass der zu suchende Text in der Schriftart Arial formatiert werden soll, wird Word alle Textteile in der Schriftart Arial, ungeachtet des Schriftschnitts, finden.

Weiterhin sehen Sie im Feld *Schriftschnitt* die Einträge *Nicht Fett* und *Nicht Kursiv*, die bei der Zeichenformatierung im Dialogfeld *Zeichen* nicht verfügbar sind. Mit diesen Einträgen können Sie bestimmen, dass der gesuchte Text nicht fett oder nicht kursiv formatiert sein soll. Ähnlich verhält es sich mit den verschiedenen Effekten des Dialogfelds *Format*. Hier kann jedes Kontrollkästchen drei verschiedene Zustände annehmen:

- Aktiviert: Der gesuchte Text muss die aktivierte Formatierung aufweisen.
- Aktiviert, aber grau: Die Formatierung ist unbedeutend für die Suche.
- Deaktiviert: Der gesuchte Text darf die gewünschte Formatierung nicht aufweisen.

Wenn Sie im Feld *Suchen nach* keine Angabe machen, wird Word alle Zeichenfolgen, auf die Ihre Auswahlkriterien zutreffen, finden. Wenn Sie hingegen eine Zeichenfolge eingegeben haben, werden nur diejenigen Zeichenfolgen, auf die zusätzlich die angegebenen Formatmerkmale zutreffen, gefunden.

> **Absatzformate, Tabstopps und Sprachversionen suchen**
>
> Auch nach Absatzformaten können Sie gezielt suchen, zum Beispiel nach Abständen, Einzügen und Textfluss sowie Zeilen- und Seitenwechseln. Die Suche kann sich aber auch auf Tabstopps, Sprachversionen (dazu muss allerdings dem gesuchten Textteil über die Befehlsfolge *Extras/Sprache* explizit eine bestimmte Sprache zugewiesen sein), hervorgehobenen Text etc. beziehen. Anschließend kann eine Ersetzung durch eine andere Formatierung erfolgen.

Mit Verweisen und Textmarken arbeiten

In längeren Dokumenten ist die Arbeit mit Textmarken sinnvoll. Sie können sich diese in etwa vorstellen wie Lesezeichen, die dazu dienen, eine bestimmte Textstelle schnell ansteuern zu können. Textmarken bleiben auch nach dem Speichern des Dokuments erhalten.

Textstellen markieren und jederzeit rasch ansteuern

1 Möchten Sie eine Textstelle schnell wiederfinden, klicken Sie in diese hinein und aktivieren das Register *Einfügen* des Menübands. Klicken Sie hier auf die Schaltfläche *Textmarke*.

2 Vergeben Sie einen aussagekräftigen Namen, mit dem Sie auch später noch etwas anfangen können. Klicken Sie auf *Hinzufügen*.

3 Damit haben Sie die Textmarke erstellt.

4 Benötigen Sie ein weiteres solches Lesezeichen an einer anderen Stelle des Dokuments, fügen Sie dort auf die gleiche Weise eine Textmarke ein.

5 Die so gekennzeichneten Textstellen können Sie nun jederzeit ansteuern, indem Sie wieder die Schaltfläche *Textmarke* anklicken, die gewünschte Textmarke auswählen und auf die Schaltfläche *Gehe zu* klicken.

Mit der Funktion Gehe zu eine bestimmte Textstelle ansteuern

Mit dem Befehl *Gehe zu*, der sich ebenfalls hinter der Schaltfläche *Suchen* verbirgt, oder der Tastenkombination [Strg]+[G] öffnen Sie die Registerkarte *Gehe zu* des Dialogfelds *Suchen und Ersetzen*. Hier können Sie angeben, welches Element der Textcursor im aktuellen Dokument ansteuern soll – zum Beispiel eine bestimmte Seitenzahl, eine Zeilennummer, einen Abschnitt, eine Textmarke (siehe oben) etc.

> **So markieren Sie lange Textabschnitte**
>
> Nebenbei bietet Ihnen die Funktion *Gehe zu* auch eine Möglichkeit, lange Textabschnitte zu markieren: Klicken Sie an die Stelle, an der die Markierung beginnen soll, drücken Sie die Taste F8 und wählen Sie im Dialogfeld *Gehe zu* die Stelle aus, an der die Markierung enden soll. Mit der Taste Esc heben Sie den Markierungserweiterungsmodus anschließend wieder auf.

Haben Sie im linken Kategorienbereich *Seite* gewählt, tragen Sie beispielsweise in das Eingabefeld einfach die Nummer der gesuchten Seite ein und bestätigen mit der Schaltfläche *Gehe zu*.

Eine Seitenzahl ansteuern.

> **Mit der Suchen-Schaltfläche nach bestimmten Inhalten suchen**
>
> Die vertikale Bildlaufleiste enthält an ihrem unteren Rand das Symbol *Browseobjekt auswählen*. Ein Klick darauf öffnet eine Palette mit verschiedenen Objekten, nach denen Sie suchen können, zum Beispiel nach Tabellen, Grafiken, Überschriften etc.

Möchten Sie in Ihrem Dokument um 20 Seiten vor- oder zurückblättern? Auch das ist über das Register *Gehe zu* möglich: Wählen Sie unter *Gehe zu Element* den Eintrag *Seite* aus. Tragen Sie in das Feld *Seitenzahl eingeben* *+ 20* ein, um 20 Seiten vorzublättern, bzw. *-20*, um 20 Seiten zurückzublättern.

Fuß- und Endnoten für zusätzliche Informationen nutzen

Schon seit Langem werden Fuß- und Endnoten in wissenschaftlichen Abhandlungen verwendet, um zusätzliche Informationen über ein Thema oder einen Verweis anzufügen. Mit Fuß- und Endnoten können Sie es vermeiden, den Text Ihres Dokuments mit allen notwendigen Informationen vollstopfen zu müssen. Stattdessen können Sie zusätzliche Bemerkungen oder Verweise als Fuß- oder Endnotentext einfügen. Da es für jede Fuß- oder Endnote im Text einen Verweis gibt, ist es einfach, diese zusätzlichen Informationen im Bedarfsfall aufzufinden.

Die folgenden Begriffe sollten Ihnen für die kommenden Ausführungen vertraut sein:

- Fußnoten stellen Zusatzinformationen, die nicht direkt im Text untergebracht werden, am jeweiligen Seitenende dar. Sie werden oft für Anmerkungen, die sich direkt auf den Text beziehen, verwendet.
- Endnoten zeigen diese Informationen erst am Dokument- oder am Abschnittsende an. Sie werden meist für Literaturverzeichnisse etc. verwendet.
- Das Fuß-/Endnotenzeichen ist die (normalerweise hochgestellte und kleiner dargestellte) Nummer im Text, die auf die Fuß-/Endnote verweist.
- Die Fuß-/Endnote ist der eigentliche Text am Seiten- bzw. Dokumentende, auf den sich dieses Zeichen bezieht.

Das Einfügen solcher Anmerkungen kann recht zeitaufwendig sein, besonders wenn sie nachträglich noch aktualisiert und/oder ergänzt werden müssen.

Gerade derartige Aufgaben sind eine besondere Stärke von Word 2010: Gleichgültig ob Sie Fuß- bzw. Endnoten bereits während der Texteingabe oder erst nachträglich einfügen, ob Sie in der richtigen Reihenfolge vorgehen oder immer einmal wieder eine Fußnote einschieben: Die Fußnotennummer wird durch die zugrunde liegende Feldfunktion stets sofort aktualisiert und der Text in der richtigen Reihenfolge eingereiht.

Dokumente mit vielen Fußnoten sind häufig schwer lesbar, da die Fußnoten den unteren Teil der Seite ausfüllen. Endnoten hingegen stören beim Lesen selbst weniger. Allerdings werden sie häufiger ignoriert, da der Leser nach hinten blättern muss, um den Endnotentext zu finden.

Für die Länge von Fuß- und Endnoten gibt es keine Vorschriften. Falls Sie sehr viele und/oder sehr lange Fuß- oder Endnoten verwendet haben, werden diese auf der Folgeseite fortgesetzt.

So fügen Sie Fuß- und Endnoten in Ihr Dokument ein

Um in Word 2010 eine Fußnote einzufügen, klicken Sie zunächst hinter das Wort, auf das Sie verweisen möchten. Alternativ können Sie das Wort auch markieren. Bei beiden Verfahren fügt Word das Fuß-/Endnotenzeichen nach dem Begriff ein.

1 Aktivieren Sie im Menüband das Register *Verweise*.

2 Je nachdem, welche Anmerkungsart Sie wünschen, klicken Sie jetzt entweder die Schaltfläche *Fußnote einfügen* oder die Schaltfläche *Endnote einfügen* an.

3 Falls Sie sich in der Entwurfsansicht befinden, zeigt Word 2010 das Fuß-/Endnoten-Teilfenster, falls Sie sich in der Layoutansicht befinden, den unteren Seitenrand (bei Fußnoten) bzw. das Dokumentende (bei Endnoten) an, wo Sie nun den Fuß-/Endnotentext eingeben können.

Nachdem Sie die Fuß-/Endnote eingegeben haben, möchten Sie wahrscheinlich an die Textstelle, die Sie gerade bearbeitet haben, zurückkehren. In der Entwurfsansicht drücken Sie dazu die Taste [F6], wenn Sie sich in der Seitenlayoutansicht befinden, die Tastenkombination [Umschalt]+[F5].

Die gezielte Suche nach Fußnoten

Manchmal ist es gerade in längeren Texten erforderlich, mit dem Cursor schnell zu einer ganz bestimmten Fuß- oder Endnote zu springen, um dort noch Änderungen vorzunehmen.

Am schnellsten gelingt Ihnen das über das bereits erläuterte Register *Gehe zu*. Hier wählen Sie den Eintrag *Fußnote* bzw. *Endnote* und geben die Nummer der Note, die Sie finden möchten, in das Eingabefeld *Fußnotennummer* bzw. *Endnotennummer eingeben* ein.

Um die nächste oder vorhergehende Fuß- oder Endnote zu suchen, lassen Sie das Textfeld leer und klicken auf *Weiter* oder auf *Zurück*. Wenn Sie beispielsweise *+3* eingeben, wird die dritte Fußnote ab der Markierung angezeigt, wenn Sie

> - 3 eingeben, springt Word drei Fußnoten zurück. Das Dialogfeld kann während der Arbeit im Dokument im Vordergrund geöffnet bleiben. Bei Bedarf schieben Sie es zur Seite, damit es Sie nicht stört, und klicken dann in Ihren Text, um diesen zu bearbeiten.

Fuß- und Endnoten verwalten

Möchten Sie eine Fuß- oder Endnote verschieben oder löschen, müssen Sie dazu das Fuß- oder Endnotenzeichen verwenden – nicht den Fuß- oder Endnotentext. Wenn Sie ein Fußnotenzeichen markieren und löschen, nummeriert Word alle Fußnoten neu durch. Dasselbe gilt für Endnoten. Wenn Sie hingegen nur den Fuß-/Endnotentext verschieben oder löschen, bleibt das zugehörige Zeichen im Textkörper an seiner Stelle.

> **Alle Fuß-/Endnoten in einem Zug aus dem Dokument entfernen**
>
> Falls Sie alle Fuß- oder Endnoten gleichzeitig aus dem Text löschen möchten, öffnen Sie das Dialogfeld *Ersetzen*, klicken auf die Schaltfläche *Erweitern* und dann auf *Sonderformat*. Wählen Sie den Eintrag *Fußnotenzeichen* bzw. *Endnotenzeichen*, vergewissern Sie sich, dass das Textfeld *Ersetzen* leer ist, und klicken Sie auf *Alle ersetzen*.

Fuß- und Endnoten positionieren

In der Standardeinstellung werden Fußnoten am unteren Rand der Seite unterhalb einer eigens eingefügten Trennlinie positioniert.

Bei Bedarf sorgen Sie dafür, dass die Fußnoten direkt unter dem Text erscheinen (fällt besonders bei kurzen Seiten ins Gewicht). Endnoten – die normalerweise am Ende des Dokuments platziert werden – können Sie bei Bedarf an das Ende jedes Abschnitts setzen (dazu muss das Dokument bereits in Abschnitte unterteilt sein).

Im Register *Verweise* klicken Sie dazu auf den kleinen Pfeil rechts unten an der Gruppe *Fußnoten*.

Öffnen Sie das Listenfeld im Optionsbereich *Speicherort* und wählen Sie die gewünschte Option.

Bei Fußnoten haben Sie die Wahl zwischen der Positionierung am Seitenende und der Positionierung direkt unterhalb des Textes.

Lange Dokumente mit Querverweisen versehen

In einem langen Dokument haben Sie auf einer bestimmten Seite ein Schaubild eingefügt. Mehrere Seiten weiter hinten möchten Sie noch einmal auf dieses Schaubild verweisen.

Statt die Seitenzahl, auf der das Schaubild zu sehen ist, manuell einzutippen, sollten Sie eine spezielle Funktion verwenden. Denn es könnte sein, dass sich die Seitenzahl nachträglich ändert, weil Sie beispielsweise vor der Seite mit dem Bild Text löschen oder einfügen müssen. Gehen Sie folgendermaßen vor:

1 Geben Sie den Verweistext ein, beispielsweise *siehe Abbildung auf Seite*.

2 Navigieren Sie zu der gewünschten Abbildung und markieren Sie den Absatz.

3 Im Register *Einfügen* des Menübands klicken Sie auf die Schaltfläche *Textmarke* und geben in dem Feld *Textmarkenname* einen sprechenden Namen ein – besonders wichtig, wenn mehrere Querverweise im Dokument erstellt werden müssen.

4 Klicken Sie auf *Hinzufügen*.

5 Wechseln Sie an die vorherige Schreibposition ([Umschalt]+[F5]).

6 Im Register *Einfügen* klicken Sie auf die Schaltfläche *Querverweis*.

7 Als Verweistyp wählen Sie *Textmarke*, im Feld *Verweisen auf* wählen Sie *Seitenzahl*.

8 In der unteren Liste wählen Sie den Textmarkennamen und bestätigen mit *Einfügen*.

Ändert sich nun die Seitenzahl der Seite mit dem Bild, wird der Querverweis automatisch angepasst. Dadurch bleibt dieser Textteil immer up to date.

Das Navigationsfenster sinnvoll einsetzen

Eine effiziente und flexible Möglichkeit zur Bearbeitung von langen Dokumenten ist das Navigationsfenster. Es ist ein hervorragendes und zeitsparendes Werkzeug, wenn es um das Kopieren und Verschieben von Absätzen, das Auffinden von Abschnitten und um einen Überblick über die Struktur eines längeren Textes geht.

Effiziente Bearbeitung von Buch- und anderen langen Manuskripten

Ihr Dokument wird durch das Hinzuschalten des Navigationsfensters sehr viel übersichtlicher, da seine Elemente (Überschriften, Unterüberschriften und Standardabsätze) in hierarchischen Ebenen gestaffelt werden und Sie diese ganz nach Wunsch ein- und ausblenden können. Beispielsweise ist es kein Problem, nur die Hauptüberschriften oder auch die gesamte Überschriftenstruktur anzuzeigen. Dadurch verschaffen Sie sich in jedem Stadium Ihrer Arbeit einen genauen Einblick in die Architektur Ihres Dokuments.

Dieser Aufbau lässt sich mit dem Navigationsfenster auch ganz einfach verändern. Beispielsweise können Sie Hauptüberschriften mit allen zugehörigen Unterüberschriften und Textabsätzen einfach per Drag & Drop an eine andere Stelle des Dokuments verschieben. Wenn Sie schon einmal durch ein Dokument gescrollt sind, um zum Teil seitenlange Unterkapitel zu markieren und zu verschieben, werden Sie diese Funktion schnell nicht mehr missen wollen.

Vorbereitung auf die effiziente Arbeit mit dem Navigationsfenster

Ihr Dokument sollte schon bei der Eingabe hierarchisch strukturiert werden, damit Sie es im Navigationsfenster sinnvoll bearbeiten können: Gliedern Sie es in Standardtextabsätze und Überschriften. Für diese Hierarchien verwenden Sie ausschließlich die in Word 2010 integrierten Formatvorlagen *Überschrift 1* bis *Überschrift 9*.

Das Navigationsfenster in der Praxis

Am besten öffnen Sie nun ein fertiges, längeres Dokument. Aktivieren Sie im Menüband das Register *Datei* und aktivieren Sie das Kontrollkästchen *Navigationsbereich*. Ihr Dokument könnte daraufhin etwa aussehen wie das in der folgenden Abbildung.

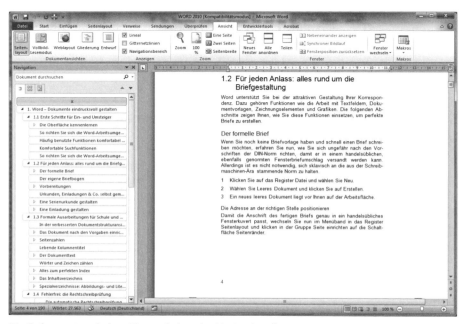

Ein Dokument nach dem Hinzuschalten des Navigationsfensters.

Wie Sie sehen, erscheinen im Navigationsfenster links von jeder Überschrift bzw. jedem Absatz kleine Dreiecksymbole.

Für eine optimale Bearbeitungstechnik sollten Sie dafür sorgen, dass die Formatvorlagen optisch gut zu unterscheiden sind.

Überschriftformatvorlagen

Voraussetzung ist wie gesagt, dass Sie konsequent mit den in Word 2010 integrierten Überschriftformatvorlagen gearbeitet haben!

- An einem ausgefüllten, abwärts weisenden Dreiecksymbol erkennen Sie, dass die entsprechende Überschrift ausgeklappt ist, das heißt, dass die ihr untergeordneten Überschriften ebenfalls angezeigt werden.
- Ein weißes, nach rechts weisendes Dreiecksymbol bedeutet, dass sich hinter der entsprechenden Überschrift noch weitere Unterüberschriften verbergen, die Sie mit einem Klick auf das weiße Dreieck einblenden können.
- Durch Anklicken einer Überschrift navigieren Sie im Dokumentfenster an die entsprechende Stelle im Text.
- Ziehen Sie eine Überschrift mit gedrückter Maustaste nach oben oder nach unten, wird sie mitsamt den zugehörigen Unterüberschriften an die Stelle im Dokument verschoben, an der Sie die Maustaste freigeben.

> **Weitere Ansichten im Navigationsfenster**
>
> Testen Sie auch die Register *Durchsuchen der Seiten in Ihrem Dokument* und *Durchsuchen der Ergebnisse der aktuellen Suche*. Das zuerst genannte Register bietet Ihnen Miniaturansichten Ihres Dokuments; das zuletzt genannte Register die bereits besprochene Suchfunktion.

Die Gliederungsansicht

Wenn Ihnen die Möglichkeiten des Navigationsfensters nicht ausreichen, verwenden Sie die Gliederungsansicht, die Sie über die Schaltfläche *Gliederung* im Register *Ansicht* einschalten.

Nun sehen Sie links von jeder Überschrift bzw. jedem Absatz kleine Symbole in Form von Plus- oder Minuszeichen sowie gefüllten Kreisen.

An einem Plussymbol erkennen Sie, dass sich der zugehörige Gliederungspunkt auf einer der Ebenen *Überschrift 1* bis *Überschrift 9* befindet. Das Minussymbol zeigt Ihnen, dass zu dem entsprechenden Gliederungspunkt keine Unterebenen und kein Textkörper gehören. Den eigentlichen Textkörper erkennen Sie an dem gefüllten Kreissymbol. Er gehört jeweils zu der darüberliegenden Gliederungsebene.

2. Word – Dokumente perfekt gestalten

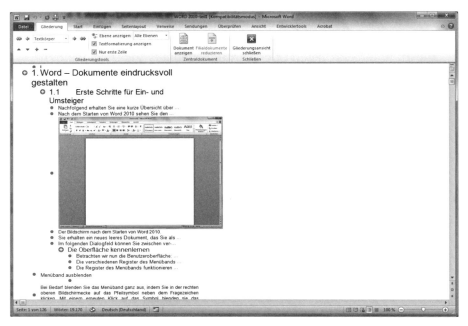

Ein Dokument nach dem Umschalten in die Gliederungsansicht.

Bis hierhin unterscheidet sich die Gliederungsansicht noch nicht wesentlich von den übrigen Ansichten. Ihr entscheidender Vorteil liegt in den Möglichkeiten, die sich Ihnen über die Gliederungssymbole und das nun automatisch geöffnete Register *Gliederung* des Menübands bieten.

1 Zeigen Sie mit der Maus auf eines der gerade besprochenen Gliederungssymbole.

2 Der Mauszeiger wird zu einem Vierfachpfeil.

3 Wenn Sie nun klicken, wird die zugehörige Ebene mit allen ihren Unterebenen markiert.

4 Ziehen Sie mit gedrückter Maustaste, um die Markierung an eine Stelle zu verschieben, an der Sie die Maustaste dann wieder freigeben.

> **Markierung höher oder tiefer stufen**
>
> Sehr praktisch ist auch, dass Sie die Markierung nach rechts oder links ziehen können, um ihr eine tiefere oder höhere Ebene zuzuweisen: Ziehen Sie zum Beispiel eine Überschrift mit der Formatvorlage *Überschrift 2* nach links, wird diese zur *Überschrift 1* hochgestuft. Ebenso werden alle folgenden Unterüberschriften mit den zugehörigen Texten eine Ebene höher eingestuft (bis zur nächsten *Überschrift 2*).

Überschriften ordnen und einstufen

Wie bereits erwähnt wurde, zeigt Word beim Umschalten in die Gliederungsansicht automatisch das Register *Gliederung* an. Auch mit diesem Register lässt sich die Gliederung Ihres Dokuments sehr komfortabel bearbeiten.

Ein Klick auf das Symbol *Höher stufen zu Überschrift 1* weist der markierten Ebene die Formatvorlage *Überschrift 1* zu.

Klicken Sie auf das Symbol *Höher stufen*, erhält die markierte Ebene die nächsthöhere Formatvorlage. Verwenden Sie dieses Symbol beispielsweise, wenn aus einer Unterüberschrift mit der Formatvorlage *Überschrift 2* eine Hauptüberschrift mit der Formatvorlage *Überschrift 1* werden soll.

> **Was Sie beim Umstufen beachten sollten**
>
> Wenn Sie einen Gliederungspunkt höher oder tiefer stufen, werden auch alle ihm untergeordneten Ebenen mit verschoben – das kennen Sie bereits vom Ziehen der Gliederungssymbole.

Das Symbol *Tiefer stufen* bewirkt dementsprechend, dass der markierten Ebene die nächsttiefere Formatvorlage zugewiesen wird.

Das Symbol *Tiefer stufen zu Textkörper* verwandelt eine Überschrift in normalen Text mit der Formatvorlage *Standard*.

Auch wenn Sie – was sich empfiehlt – Ihren Text bereits in der Gliederungsansicht eingeben, statt ihn erst nachträglich zu gliedern, verwenden Sie die genannten Funktionen, um bei der Eingabe einer neuen Überschrift oder eines neuen Textabsatzes in die entsprechende hierarchische Ebene zu gelangen.

Mit den Pfeilsymbolen *Nach oben* und *Nach unten* verschieben
Sie den markierten Absatz vor bzw. hinter den ersten sichtbaren
Absatz, der dem markierten Absatz vorausgeht bzw. folgt. Dabei ändern
sich die Formatvorlage und damit die Hierarchie nicht.

Besonders wichtig für Ihre Arbeit mit langen Dokumenten ist die Möglichkeit, Teile des Textes auszublenden, um zum Beispiel lediglich alle Überschriften oder gar nur die Hauptüberschriften anzuzeigen. Am einfachsten geht das, indem Sie auf das Pluszeichen vor einem Gliederungspunkt doppelklicken. Der hierarchisch zu diesem Gliederungspunkt gehörige Text wird ausgeblendet – bis zum nächsten Gliederungspunkt auf gleicher Ebene.

Differenzierter sind die Möglichkeiten des Registers *Gliederung*. Probieren Sie zunächst die Funktionen *Gliederung erweitern* und *Gliederung reduzieren* aus: Klicken Sie in eine Hauptüberschrift und dann auf das Symbol *Gliederung reduzieren*. Dadurch verschwindet zuerst der Textkörper unter den Unterüberschriften. Klicken Sie noch einmal, um auch die Ebenen der Unterüberschriften nacheinander auszublenden.

Mit diesem Feature erleichtern Sie sich das Kopieren, Verschieben oder Löschen von langen Absätzen erheblich. Wenn Sie die noch sichtbare Überschriftenebene markieren, wird auch der reduzierte Text mit markiert – und Sie behalten dabei jederzeit den Überblick über das Gesamtdokument.

In diesen Zusammenhang passt das Listenfeld *Ebene anzeigen* in diesem Register. Mit dem Eintrag *Alle Ebenen* stellen Sie rasch den ganzen Text dar, falls dieser reduziert ist. Sollte er bereits erweitert sein, zeigt der Eintrag *Alle Ebenen* alle Überschriften des Dokuments.

Wertvoll für den Überblick über lange, stark gegliederte Texte sind auch die Einträge *Ebene 1* bis *Ebene 9*. Hiermit zeigen Sie jeweils alle Ebenen bis zur angeklickten Nummer an.

Möchten Sie sich zwar einen raschen Überblick über ein langes Dokument verschaffen, legen dabei aber Wert darauf, dass Sie wenigstens ansatzweise sehen können, was im Textkörper steht, aktivieren Sie das Kontrollkästchen *Nur erste Zeile*. Damit wird vom Textkörper nur die erste Zeile angezeigt, ohne dass sich die Ebenendarstellung ändert.

Das Kontrollkästchen *Textformatierung anzeigen* ist standardmäßig deaktiviert. Aktivieren Sie es, damit Word die Formatierungen des Textes anzeigt.

Dokumentverwaltung mit System: Master- und Unterdokumente

Wenn Sie ein Handbuch, eine wissenschaftliche Arbeit oder dergleichen in Word 2010 erstellen möchten, teilen Sie Ihr umfangreiches Werk wahrscheinlich in mehrere Dokumente auf, speichern diese einzeln ab und öffnen immer nur den Textteil (beispielsweise das Kapitel), an dem Sie gerade arbeiten. Auf diese Weise gewährleisten Sie eine schnelle Bearbeitung. Der Nachteil dieser Vorgehensweise ist unter anderem, dass es etwas kompliziert ist, ein automatisiertes Inhaltsverzeichnis oder einen Komplettindex für das Gesamtwerk zu erstellen.

Eine der besten Antworten auf die Probleme, die eine solche Vorgehensweise aufwirft, ist die Arbeit mit dem Masterdokument.

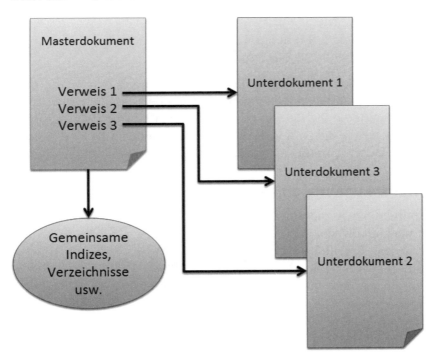

Ein Masterdokument besteht lediglich aus Verweisen auf mehrere Einzeldateien, die Unterdokumente. Über das Masterdokument können Sie für diese Einzeldateien gemeinsame Inhaltsverzeichnisse, Indizes und Ähnliches generieren.

Es handelt sich dabei um eine umfassende Datei, deren Inhalt lediglich aus Verweisen auf die zum Gesamtdokument gehörenden Dateien besteht (beispielsweise den einzelnen Kapiteln eines Handbuches). Diese Einzeldateien werden in diesem Zusammenhang Unterdokumente genannt. Besonders praktisch an dieser Technik ist, dass Sie die Unterdokumente sowohl einzeln als auch in ihrer Gesamtheit über das Masterdokument bearbeiten, gliedern oder umstellen können. Dazu müssen Sie nur das Masterdokument, das sehr wenig Speicher benötigt, laden.

Die Masterdokumentansicht bietet Ihnen überdies alle Funktionen, die Sie aus der Gliederungsfunktion bereits kennen: Sie können sich die einzelnen Überschriftenebenen anzeigen lassen, aber natürlich auch die einzelnen Teildokumente bearbeiten.

Das Masterdokument definieren

Am einfachsten ist es, wenn Sie mit einem leeren Masterdokument beginnen, indem Sie eine ganz gewöhnliche leere Datei anlegen.

1. Zeigen Sie dieses Dokument nun in der Gliederungsansicht an (Register *Ansicht*, Schaltfläche *Gliederung*).

2. Erstellen Sie die Gliederung für Ihr Dokument, um es danach in Unterdokumente unterteilen zu können. Mit den oben beschriebenen Techniken generieren Sie die Überschriftenebenen (etwa Kapitel 1, Unterkapitel 1.1 etc.), die Sie für das Dokument benötigen. Es ist praktisch, später aus den Hauptüberschriften die Unterdokumente zu generieren.

Die Unterdokumente anlegen

Zwar könnten Sie zu diesem Zeitpunkt mit der noch relativ kleinen Datei problemlos in die Entwurfsansicht wechseln, um den Text unter den Überschriften einzugeben. Allerdings ist es am besten, bereits jetzt die einzelnen Abschnitte in Unterdokumente auszulagern.

> **Einschränkungen**
>
> Achten Sie darauf, dass Ihr Masterdokument nicht mehr als 80 Unterdokumente enthalten soll.

1. Markieren Sie die Überschriften, die in dem jeweiligen Unterdokument enthalten sein sollen, zum Beispiel *Überschrift 1 Kapitel 1* für das erste Unterdokument.

2. Klicken Sie im Register *Gliederung* auf *Dokument anzeigen* und dann auf *Erstellen*.

Dokument anzeigen

2.8 Lange Dokumente organisieren

> **Jede Überschrift erhält ein eigenes Unterdokument**
>
> Sie können dabei auch mehrere Überschriften der gleichen Ebene (zum Beispiel mit der Formatvorlage *Überschrift 1*) markieren. Word definiert für jede Überschrift ein eigenes Unterdokument.

3. Wenn Sie das Masterdokument speichern, legt Word für jedes Unterdokument selbstständig eine separate Datei an, und zwar im selben Verzeichnis wie das Masterdokument. Demnach ist es günstig, für das Masterdokument gleich ein eigenes Verzeichnis zu erstellen.

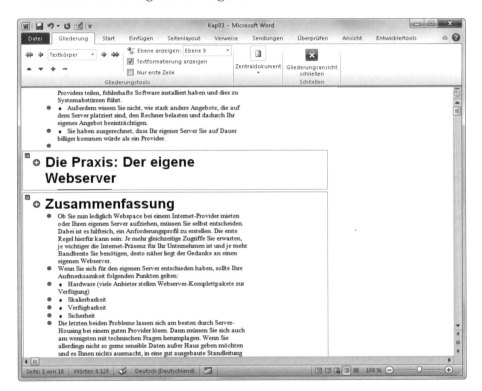

So wandeln Sie eine bestehende Datei in ein Masterdokument um

Aber auch wenn Sie bereits ein langes Dokument haben, können Sie dieses nachträglich ohne Probleme in ein Masterdokument umwandeln.

213

1. Öffnen Sie das Dokument und stellen Sie es in der Gliederungsansicht dar.

2. Legen Sie fest, welche Abschnitte Sie zu Unterdokumenten zusammenfassen möchten. Die Überschriften dieser Abschnitte bearbeiten Sie mit den Symbolen *Höher stufen* und *Tiefer stufen* im Register *Gliederung*, bis alle Überschriften, die Unterdokumentanfänge darstellen sollen, auf einer Ebene liegen (zum Beispiel die Formatvorlage *Überschrift 2* besitzen).

3. Bei Bedarf verschieben Sie einzelne Abschnitte mit der Maus (wie bereits erläutert).

4. Markieren Sie die Abschnitte, die zu Unterdokumenten werden sollen, und klicken Sie auf die Schaltfläche *Dokument anzeigen*, dann auf *Erstellen*.

5. Nun noch die Datei speichern – und Word legt ein Masterdokument mit den zugehörigen Unterdokumenten an.

So erzeugen Sie aus bestehenden Dokumenten Unterdokumente

Um eine bestehende Datei in Ihr Masterdokument aufzunehmen, gehen Sie folgendermaßen vor:

1. Klicken Sie dorthin, wo Sie das neue Unterdokument einbauen möchten.

2. Vergewissern Sie sich, dass die Schaltfläche *Dokument anzeigen* aktiviert ist, und klicken Sie auf *Einfügen*.

3. Das angezeigte Dialogfeld dient zur Auswahl der gewünschten Datei. Bestätigen Sie anschließend mit *OK*.

4. Unter Umständen erhalten Sie nun ein oder auch mehrere Meldungsfenster. Diese leuchten ein, wenn Sie berücksichtigen, dass Word 2010 die zusammengefassten Dateien tatsächlich als ein einziges Dokument behandelt. Daher müssen Sie sich bei Überschneidungen der Formatvorlagennamen für jeweils eine Formatvorlage entscheiden, was meist auch sinnvoll ist (denken Sie an den klassischen Fall eines Handbuches).

Wenn Sie ein Masterdokument aus mehreren bestehenden Dateien auf der Basis von unterschiedlichen Formatvorlagen generiert haben, erhalten Sie beim Einfügen des Unterdokuments eine Meldung, dass die Formatierungen nicht übereinstimmen. Sobald Sie das Unterdokument daraufhin im Masterdokument bearbeiten, erhält das Unterdokument die Formatvorlage des Masterdokuments.

> **Das sollten Sie beim Aufrufen von separaten Unterdokumenten beachten**
>
> Rufen Sie ein Unterdokument separat auf (mit einem Doppelklick auf das Unterdokumentsymbol), dürfen Sie auf keinen Fall Änderungen in dessen Formatvorlage vornehmen, um spätere Schwierigkeiten mit dem Masterdokument zu vermeiden.

Eventuell sehen Sie auch ein Meldungsfenster, das Ihnen mitteilt, dass Ihre verschiedenen Unterdokumente identisch benannte Textmarken enthalten. Bei Bedarf kann Word die Textmarken automatisch umbenennen. Sie können das aber auch selbst erledigen.

Die relative Umständlichkeit dieses Verfahrens (es ist nicht möglich, mehrere Dateien auf einmal zu einem Masterdokument zusammenzufassen) trägt weiter dazu bei, dass es sich wirklich lohnt, das Erstellen eines umfangreichen Dokuments gut zu planen und von Anfang an mit dem Masterdokument zu arbeiten, statt zunächst einzelne Dateien beispielsweise für jedes Kapitel zu generieren.

Im Masterdokument arbeiten

Nachdem Sie das Masterdokument mit seinen Unterdokumenten fertiggestellt haben, können Sie es bearbeiten und formatieren wie ein gewöhnliches Word-Dokument – verwenden Sie bei Bedarf alle Textbearbeitungsfunktionen, die Ihnen helfen, Textstellen zu suchen, Text zu überarbeiten, Grafiken oder WordArt einzufügen etc. Nur einige Besonderheiten sollten Sie berücksichtigen:

- Am rationellsten bearbeiten Sie Ihr Masterdokument und die darin enthaltenen Unterdokumente in der Entwurfsansicht. Denn hier ist kein Unterschied zu einem normalen, langen Dokument festzustellen – bis auf die höhere Arbeitsgeschwindigkeit.

> Möchten Sie das gesamte Dokument ausdrucken, sollten Sie unbedingt in der Entwurfsansicht arbeiten, denn aus der Gliederungsansicht druckt Word nur die jeweils sichtbaren Einträge.

Eine andere Möglichkeit, die bereits kurz genannt wurde, ist, die Unterdokumente separat zu bearbeiten. Doppelklicken Sie dazu auf das Unterdokumentsymbol links von der Überschrift. Die Datei wird daraufhin in einem neuen Fenster geöffnet.

Das wirklich Besondere bei der Arbeit mit Masterdokumenten ist jedoch die Bequemlichkeit, mit der Sie quer durch alle verbundenen Dokumente mit fortgeschrittenen Funktionen wie Überarbeitungen, Indizes, Querverweisen und Inhaltsverzeichnissen arbeiten können – als handle es sich um ein einziges Dokument –, und wie überdies einzelne Unterdokumente vor Überarbeitungen geschützt werden können, zum Beispiel wenn ein Arbeitsteam gemeinsam an einem umfangreichen Werk arbeitet.

Grafiken Speicherplatz sparend einfügen

Word ist längst mehr als ein Textverarbeitungsprogramm – auch für das Einbinden von Grafiken ist es ideal geeignet.

Zunächst scheint sich der Vorgang ganz einfach zu gestalten: Mit der Schaltfläche *Einfügen* im Register *Grafik* lässt sich jede beliebige Grafik, die auf Ihrer Festplatte gespeichert ist und für die ein Grafikfilter installiert ist, in Word einfügen. Alternativ können Sie eine Grafik, die sich in der Zwischenablage befindet, mit dem Befehl *Bearbeiten/ Einfügen* in Ihr Word-Dokument einbinden.

Fehlende Grafikfilter

Sie können fehlende Grafikfilter nachträglich installieren, indem Sie das Word-Setup erneut ausführen und dabei nur die fehlenden Grafikfilter auswählen.

Spätestens beim Einsatz umfangreicher und zahlreicher Bitmap-Bilddateien in ein und demselben Word-Dokument können Sie allerdings Probleme bekommen: Ihr System kann sehr langsam werden. Aus diesem Grund bietet Word Ihnen Möglichkeiten, Bilddateien sinnvoll in Ihr Dokument zu integrieren, ohne überflüssigen Speicherplatz zu belegen.

Grafiken benötigen viel Speicher

Bitmap-Bilddateien sind häufig das Ergebnis digitalisierter Fotos oder eingescannter Grafiken. Diese Bitmaps setzen sich aus vielen Punkten, den Pixeln, zusammen. Da die Position und Farbe jedes Pixels einzeln berechnet werden muss, benötigen Bitmap-Dateien so viel Speicherplatz. Ein Beispiel: Ein digitalisiertes Farbfoto mit einer Auflösung von 300 dpi in DIN-A4-Größe belegt über 36 MByte!

> **JPEG-Dateien reduzieren die Dateigröße nicht**
>
> Nun werden Sie vielleicht denken: Wozu gibt es komprimierte Bilder, z. B. JPEGs? Nehmen wir an, Sie speichern in Ihrem Dokument ein JPEG-Bild mit ca. 100 KByte. Betrachten Sie die Dateigröße des Word-Dokuments – Sie werden feststellen, dass sie dennoch über 3 MByte beträgt! Wie kann das sein? Weil eine JPEG- oder auch eine GIF-Datei kein Bild ist, sondern sozusagen nur der Zustand eines Bildes, das zum Transport so klein wie möglich zusammengepackt wurde. Beim Einfügen einer JPEG-Datei in ein Word-Dokument wird sie entpackt, und dabei wird die volle Dateigröße wiederhergestellt. Das Bild benötigt also genauso viel Speicherplatz wie vor der Kompression als JPEG.

Die Pixel sind in einem Raster angeordnet und bilden dadurch Muster von Formen und Farben, sodass sie im Allgemeinen nicht als einzelne Punkte wahrgenommen werden. Die einfachsten Bilder setzen sich nur aus den Farben Schwarz und Weiß zusammen. Schattierungen und Grautöne entstehen durch eine bestimmte Verteilung von schwarzen und weißen Pixeln, die für das menschliche Auge miteinander zu Mustern verwachsen. Komplexere Bilder können über 16 Millionen unterschiedliche Farben aufweisen. Eine solche Farbenvielfalt ist aber nur auf Kosten von sehr viel Speicherplatz zu erreichen.

Bei Bitmap-Grafiken sind drei Faktoren für Qualität und Dateigröße maßgeblich:

➢ Der Datentyp (RGB, Graustufen, indizierte Palette etc.) bestimmt die Vielfalt der Farben und Schattierungen.

➢ Das Dateiformat legt fest, wie der Computer die Bildinformationen speichert und reproduziert.

➢ Die Auflösung bestimmt die Anzahl von Pixeln in einem Bild.

Farbtiefen im Überblick

Der Datentyp (die Farbtiefe) legt fest, wie viele Farben ein Bild maximal enthalten kann und wie sie definiert werden. Die Anzeige der einzelnen Datentypen hängt unter anderem vom Bildschirm ab. Ein Monochrommonitor kann Farbbilder zwar zeigen, aber sie erscheinen selbstverständlich nur in Graustufen. Im 16-Farben-Modus können Echtfarbenbilder wohl angezeigt werden, jedoch werden die meisten Farben durch Streuung anderer, vordefinierter Farben (Dithering) dargestellt. Eine sehr wichtige Überlegung bei der Wahl des Datentyps ist die Farbtiefe in Bit (Binärzeichen). Diese bestimmt, wie viele verschiedene Farben ein Bild aufweisen kann. Folgende Datentypen können mit den meisten PC-Bildbearbeitungsprogrammen definiert werden:

> Schwarz-Weiß (1 Bit): Wenn ein Bild in diesem Datentyp gespeichert ist, kann jedes Pixel nur schwarz oder weiß sein. Diese Pixel können jedoch so geschickt in Mustern angeordnet sein, dass sich Grautöne und Schattierungen vortäuschen lassen. Dieser Datentyp benötigt nur sehr wenig Speicherplatz und ist für Dokumente, die ohnehin auf Schwarz-Weiß-Druckern ausgegeben werden, oftmals ausreichend.

> Indizierte 16 Farben (4 Bit) und indizierte 256 Farben (8 Bit): Bilder mit indizierten Farben haben eine eigene Farbtabelle, in denen die verfügbaren Farben definiert sind. Farben, die in der Tabelle nicht vorhanden sind, werden durch Dithering (Fehlerstreuung) vorgetäuscht. Wenn Sie Ihr Word-Dokument mit bunten Fotos über einen Farbtintenstrahldrucker ausgeben möchten, sollten Sie Ihre Bilder vor dem Einfügen in Word in diesem Datentyp abspeichern und in den Druckoptionen die Fehlerstreuung (Dithering) einstellen. Indizierte Bilder benötigen weniger Speicherplatz als Echtfarbenbilder.

> Graustufen (8 Bit): Auch Graustufenbilder benötigen nicht allzu viel Speicherplatz. Sie bestehen aus 8 Bit pro Pixel, d. h., es sind 254 verschiedene Abstufungen von Grau möglich. Für Schwarz-Weiß-Drucker ist dies der ideale Grafiktyp. Wenn Sie farbige Fotos vorliegen haben, die in Ihr Word-Dokument eingebunden werden sollen, können Sie sie vorher in Graustufenbilder umwandeln, um die Systemressourcen zu schonen.

> RGB-HiColor (15 oder 16 Bit) und RGB-Echtfarben (24 Bit): Es ist nicht notwendig, Bilder für Word-Dokumente, die auf Farbdruckern ausgegeben werden sollen, im RGB-Modus zu speichern. Die Buchstaben

RGB stehen für **R**ot, **G**rün und **B**lau. Aus diesen drei Farben werden alle Farben auf einem Farbmonitor aufgebaut. Das wichtigste Unterscheidungsmerkmal ist heutzutage RGB-HiColor und RGB-Echtfarben, je nachdem, ob 15 bzw. 16 Bit oder 24 Bit, also 32.268 bzw. 65.536 oder gar über 16,7 Mio. verschiedene Farben (praktisch alle Farben des sichtbaren Spektrums) möglich sind. Schon an diesen astronomischen Zahlen ersehen Sie, dass diese Datentypen nur für Bilder in Fotoqualität vonnöten sind.

Die richtige Auflösung

Unter der Bildauflösung versteht man die Anzahl von Pixeln auf einer 1 Zoll langen Strecke. Die Auflösung wird in ppi (**p**ixel **p**er **i**nch) oder dpi (**d**ots **p**er **i**nch) angegeben.

Die Auflösung hat einen sehr starken Einfluss auf die Dateigröße. Bedenken Sie, dass ein Bild mit einer Auflösung von 300 dpi nicht etwa nur doppelt so „schwer" ist wie ein gleich großes mit einer Auflösung von 150 dpi – die Datenmenge wächst bei Verdoppelung der Auflösung sogar im Quadrat an!

Überlegen Sie also, wie hoch die Auflösung Ihres Bildes sein muss. Die für digitale Medien übliche Bildschirmauflösung von 72 dpi bzw. 96 dpi ist aber auf jeden Fall zu wenig – was am Bildschirm noch perfekt aussieht, wirkt im Druck unzureichend. Streben Sie für gedruckte Medien eine Auflösung ab ca. 200 dpi bis 300 dpi an.

Haben Sie beispielsweise einen 600-dpi-Drucker? Dann sind Sie vielleicht versucht, auch Ihre Bilder mit einer Auflösung von 600 dpi einzuscannen. Das Ergebnis wäre ein riesengroßes Bild, das Word im Extremfall zum Absturz bringen könnte. Versuchen Sie es lieber mit einer Bildauflösung von 300 dpi und stellen Sie die Druckeroption Fehlerstreuung ein, damit das Bild gedithert wird.

Wenn Sie schon ein Bild mit einer Auflösung von beispielsweise 100 dpi gespeichert haben und dieses ausdrucken möchten, könnten Sie versuchen, in Ihrem Bildbearbeitungsprogramm die Auflösung auf 200 dpi heraufzusetzen. In diesem Fall, also bei einem bereits digitalisierten Bild, bestimmt die Auflösung die Bildgröße. Wenn Sie die Auflösung eines digitalisierten Bildes erhöhen, bleibt zwar die Anzahl der Pixel erhalten, jedoch werden die individuelle Größe und der Abstand der Pixel zueinander verändert. Wenn Sie also die Auflösung von 100 Punkten pro Zoll auf 200 Punkte pro Zoll heraufsetzen, wird die Bildabmessung um die Hälfte kleiner, da ja die Anzahl der Bildpunkte erhalten bleibt. Der einzige Weg in einem solchen Fall: neu einscannen!

Bildbearbeitungsmöglichkeiten in Word

Word 2010 bietet bei markiertem Bild über das Register *Bildtools/Format* interessante Möglichkeiten zur Bildbearbeitung. So können Sie z. B. Grafiken in Graustufen umwandeln oder sie zuschneiden. Aber diese Arbeiten haben – genau wie das Skalieren der Grafiken – keinerlei Einfluss auf die Dateigröße, denn die Originalgrafik bleibt bestehen. Davon können Sie sich auch durch einen Klick auf die Schaltfläche *Grafik zurücksetzen* überzeugen. Es handelt sich um keine wirkliche Bildbearbeitung, nur das Abbild der Grafik in Ihrem Dokument wird verändert. Bearbeiten Sie Ihre Grafiken daher immer vor dem Importieren in Word in Ihrem Bildbearbeitungsprogramm!

Die Dateigröße von Bildern reduzieren

Über dasselbe Register kommen Sie an eine Funktion, die es Ihnen ermöglicht, Bilder so zu komprimieren, dass das resultierende Word-Dokument weniger Speicherplatz einnimmt. Klicken Sie dazu auf *Bilder komprimieren*. Nehmen Sie nun die gewünschten Komprimierungseinstellungen vor (wenn Sie ein Bild ausgewählt haben, können Sie entscheiden, ob die Komprimierung für alle Bilder im Dokument oder nur für das aktuell markierte gelten soll). Um eine Verringerung der Dateigröße zu erzielen, setzen Sie die Auflösung herab und/oder aktivieren das Kontrollkästchen *Bilder komprimieren*. Wenn Sie Bilder im Dokument über das Symbol *Zuschneiden* zugeschnitten haben, sollten Sie zusätzlich noch das Kontrollkästchen *Zugeschnittene Bildbereiche löschen* aktivieren, damit diese tatsächlich aus dem Dokument entfernt werden (andernfalls verbleiben sie im Dokument und sind nur unsichtbar).

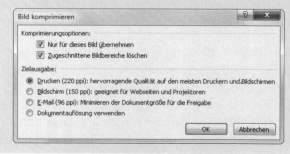

Grafiken mit der Datei verknüpfen

Nun kennen Sie die Voraussetzungen, um eine wirklich kleine Bilddatei zu erzeugen und diese dann in Ihr Word-Dokument einzufügen.

Wenn das Dokument dann immer noch „unhandlich" ist, haben Sie die Möglichkeit, die Grafiken nicht im Dokument zu speichern, sondern sie nur mit ihm zu verknüpfen.

1 Dazu klicken Sie – wie üblich – im Register *Einfügen* auf die Schaltfläche *Grafik*.

Grafik

2 Im Dialogfeld *Grafik einfügen* öffnen Sie das Listenfeld der Schaltfläche *Einfügen* und wählen den Eintrag *Mit Datei verknüpfen*.

3 Klicken Sie auf *OK*, dann wird die Grafik ganz normal in Ihrem Dokument angezeigt und kann auch skaliert werden.

Drücken Sie einmal die Tastenkombination [Alt]+[F9]. So werden in Ihrem Dokument statt der Feldergebnisse die Feldfunktionen angezeigt. Sie sehen nun die Feldfunktion *INCLUDEPICTURE*, deren Argumente auf den Speicherort der Grafikdatei hinweisen.

Die Vorteile liegen klar auf der Hand: Statt das komplette Bild im Dokument speichern zu müssen, muss nur noch die verweisende Feldfunktion gesichert werden.

Einen kleinen Nachteil hat die Arbeit mit der Feldfunktion allerdings: Wenn Sie ein Dokument mit solchen Grafikverweisen weitergeben möchten, dürfen Sie es natürlich nicht versäumen, auch die Bilddateien mitzuliefern. Sonst wird nur ein leerer Platzhalter angezeigt.

Außerdem müssen eventuell die Pfadangaben der Feldfunktion angepasst werden oder sowohl Dokument als auch Grafiken müssen im selben Ordner liegen. Dann erstellt Word beim Einfügen einen relativen Pfad und die Bilder werden auf jeden Fall gefunden.

Die Quelle der Verknüpfung ändern

Um den Pfad nachträglich zu ändern, falls Sie ein Bild in einen anderen Ordner verschoben haben, gehen Sie folgendermaßen vor:

1 Markieren Sie den Platzhalter des nicht gefundenen Bildes.

2 Im Register *Bildtools* klicken Sie auf die Schaltfläche *Bild ändern*.

3 Wählen Sie die gewünschte Grafik aus.

Inhalts- und Stichwortverzeichnisse erstellen

Sie haben gesehen, wie man lange Dokumente gliedert und zusammenfasst. Damit sich der Leser eines solchen Dokuments, sei es nun ein Handbuch, ein Katalog oder eine Diplomarbeit, schnell in Ihrem Werk zurechtfindet, sollten Sie sowohl ein Inhalts- als auch ein Stichwortverzeichnis hinzufügen. Auch ein Abbildungsverzeichnis kommt häufig noch hinzu. Dieses listet alle im Werk vorkommenden Bilder anhand ihrer Seitenzahlen auf.

Über Feldfunktionen lassen sich solche Arbeiten problemlos und schnell erledigen. Auch nachträgliche Überarbeitungen dieser Verzeichnisse machen keine Schwierigkeiten.

Stichworteinträge definieren und zu einem Index zusammenführen

Unverzichtbar in langen Fachdokumenten aller Art ist ein Index, der wichtige Stichwörter, alphabetisch sortiert, mit der entsprechenden Seitenzahl auflistet.

Um einen Index zu erstellen, müssen Sie alle Wörter, die darin erscheinen sollen, im Dokument durch eine *XE*-Feldfunktion kennzeichnen. Das klingt vielleicht zunächst etwas geheimnisvoll, ist aber in Wirklichkeit ganz einfach:

1 Markieren Sie das Wort, das indiziert werden soll, und klicken Sie im Register *Verweise* des Menübands auf die Schaltfläche *Eintrag festlegen*. Schneller sind Sie mit der Tastenkombination [Alt]+[Umschalt]+[X].

2 Das markierte Wort wird im Dialogfeld *Indexeintrag festlegen* unter *Haupteintrag* angegeben.

3 Wenn Sie einen mehrgliedrigen Index erstellen möchten, können Sie jetzt noch einen Untereintrag festlegen. Auch ein Querverweis ist möglich. Dazu klicken Sie das Optionsfeld *Querverweis* an und tragen anschließend das Stichwort, auf das verwiesen werden soll, ein.

2.8 Lange Dokumente organisieren

Diese Abbildung zeigt, wie ein Indexeintrag mit Untereintrag und Querverweis erzeugt wird.

Praktischerweise können Sie nach dem Festlegen des ersten Indexeintrags das Dialogfeld *Indexeintrag festlegen* geöffnet lassen, Ihren Text bearbeiten und dabei weitere Indexeinträge festlegen, indem Sie im Text den gewünschten Begriff markieren, danach im Dialogfeld in das Feld *Haupteintrag* klicken, eventuell weitere Optionen angeben und dann auf *Festlegen* klicken. Sie können den Dialog natürlich an der Titelleiste verschieben, um den Dokumenttext ungestört bearbeiten zu können.

1 Haben Sie alle Indexeinträge erzeugt, schließen Sie das Dialogfeld und setzen die Einfügemarke an die Stelle, an der der Index eingefügt werden soll (meist ist dies das Ende des Dokuments – in einem Masterdokument auf jeden Fall außerhalb eines Unterdokuments).

2 Schalten Sie verborgenen Text, nicht druckbare Zeichen und Feldfunktionen aus, um einen korrekten Seitenumbruch zu erzielen. Dazu klicken Sie auf das Register *Datei* und dann auf *Optionen*. In der Kategorie *Anzeigen* deaktivieren Sie die Kontrollkästchen unter *Diese Formatierungszeichen immer auf dem Bildschirm anzeigen*. Zudem deaktivieren Sie in der Kategorie *Erweitert* unter *Dokumentinhalt anzeigen* das Kontrollkästchen *Feldfunktionen anstelle von Werten anzeigen*.

3 Klicken Sie dann im Register *Verweise* auf die Schaltfläche *Index einfügen*.

4 Sie können im Listenfeld *Formate* eines von sieben Indexformaten auswählen.

2. Word – Dokumente perfekt gestalten

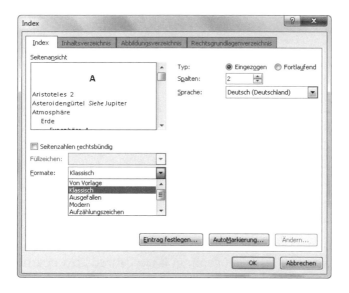

> **Das Format des Indextextes anpassen**
>
> Wenn Sie die Option *Von Vorlage* auswählen, können Sie mit einem Klick auf die Schaltfläche *Ändern* das Format des Indextextes anpassen, indem Sie in dem angezeigten Dialog *Formatvorlage* die Indexvorlagen 1 bis 9 ändern.

5 Im Drehfeld *Spalten* legen Sie fest, aus wie vielen Spalten der Index bestehen soll. Weitere Formatierungsmöglichkeiten bestehen über *Seitenzahlen rechtsbündig* und *Füllzeichen*.

6 Wenn Sie Ihre Auswahl mit *OK* bestätigen, wird ein Seitenumbruch für das Dokument durchgeführt und der Index zusammengestellt. Dabei wird die Feldfunktion *INDEX* eingefügt.

Das fertige Stichwortverzeichnis nachträglich ändern

Selbstverständlich kommt es vor, dass Sie die Indexeinträge nachträglich erweitern oder verändern möchten. In diesem Fall stellen Sie einfach die Einfügemarke in den fertigen Index und drücken dann die Taste [F9] (aktualisiert die Felder). Nun werden neue Indexeinträge hinzugefügt, gelöschte entfernt und die Seitenzahlen aktualisiert. Beachten Sie, dass dabei alle Formatierungen, die Sie direkt im Indextext vorgenommen haben, verloren gehen.

2.8 Lange Dokumente organisieren

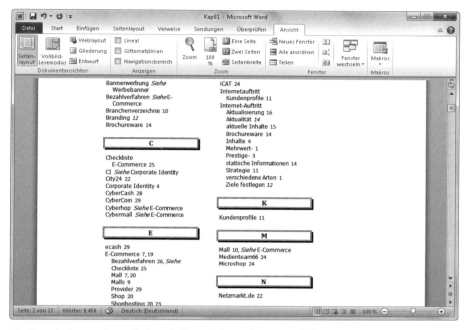

Ein Ausschnitt aus einem fertigen Index mit der Vorlage Ausgefallen.

Indexeinträge individuell formatieren

Es lohnt sich nicht, den fertig zusammengestellten Index manuell zu formatieren. Denn: Bei jeder Aktualisierung der zugrunde liegenden Feldfunktion mit der Taste [F9] würden die Formatierungen wieder verschwinden, da die standardmäßigen Formatvorlagen wieder zugewiesen werden. Auch die fertige *INDEX*-Feldfunktion kann nicht so bearbeitet werden, dass einzelne Indexeinträge eine besondere Formatierung erhalten.

Formatieren Sie die einzelnen Indexeinträge daher bereits bei der Erstellung im Dialogfeld *Index und Verzeichnisse:*

1 Stellen Sie die Einfügemarke im jeweiligen Eingabefeld in das Wort, das die Formatierung erhalten soll (bei Mehrworteinträgen markieren Sie die entsprechenden Wörter).

2 Verwenden Sie die Tastenkombinationen zur Zeichenformatierung.

Falls Sie diese nicht kennen oder zur Auffrischung sehen Sie hier eine kleine Zusammenstellung dieser Shortcuts:

Formatierung	Tastenkombination
Großbuchstaben	Strg+Umschalt+G
Fett	Strg+Umschalt+F
Unterstrichen	Strg+Umschalt+U
Wörter unterstrichen	Strg+Umschalt+W
Doppelt unterstrichen	Strg+Umschalt+D
Kursiv	Strg+Umschalt+K
Kapitälchen	Strg+Umschalt+Q
Tiefgestellt	Strg+#
Hochgestellt	Strg+Umschalt++
Manuelles Zeichenformat entfernen	Strg+Leertaste

Einträge manuell formatieren

Sie können die Indexeinträge auch manuell formatieren, indem Sie die *XE*-Feldfunktion bearbeiten. Die einfachste *XE*-Feldfunktion, zum Beispiel *{XE "Sonnenblume"}*, hat im fertigen Index folgendes Ergebnis: *Sonnenblume, 18*.

Die Feldfunktion *{XE "Sonnenblume \r "textmarke1}* verweist auf eine Textmarke mit dem Namen *textmarke1*, die mehrere Seiten umschließt. Das Ergebnis sieht daher folgendermaßen aus: *Sonnenblume, 18-24*. Die Feldfunktion *{XE "Sonnenblume \i}* enthält den Feldschalter für kursiv (*\i* wie *italic*). Die Seitenangabe wird entsprechend formatiert.

Erweiterte Optionen für die Bearbeitung von Indexeinträgen

Um wirklich professionelle Indizes, wie man sie in Fachbüchern findet, zu erzeugen, stellt Word noch weitere Optionen für Indexeinträge zur Verfügung.

➢ Falls sich der Indexeintrag nur auf die aktuelle Seite beziehen soll, aktivieren Sie das Optionsfeld *Aktuelle Seite*.

➢ Häufig werden in Indizes ganze Seitenbereiche angegeben, z. B. *Drucker einrichten, 104-116*. Das ist natürlich auch in Word möglich. Markieren Sie dazu den gesamten Bereich, auf den verwiesen werden soll, und weisen Sie ihm eine Textmarke zu. Wie bereits angesprochen, aktivieren Sie im Dialogfeld *Indexeintrag festlegen* das Optionsfeld *Seitenbereich* und wählen den Namen der Textmarke aus.

> Auch die Seitenzahlen können formatiert werden. Es lohnt sich hier aber ebenfalls nicht, den fertigen Index manuell zu formatieren, da diese Formatierungen bei jeder Aktualisierung verschwinden. Wählen Sie das Format lieber über die Kontrollkästchen *Fett* oder *Kursiv* aus.

> Ganz wichtig ist die Unterscheidung zwischen den Schaltflächen *Festlegen* und *Alle festlegen*. Wenn Sie möchten, dass der markierte Haupteintrag nur einmalig im Index erscheint, klicken Sie auf die Schaltfläche *Festlegen*.

> Anders sieht es aus, wenn Sie auf die Schaltfläche *Alle festlegen* klicken. Word durchsucht in diesem Fall das gesamte Dokument und legt jedes Mal, wenn es eine Entsprechung für den Text im Feld *Haupteintrag* findet, einen weiteren Indexeintrag fest. Das kann sich natürlich im fertigen Index sehr störend auswirken, zum Beispiel wenn Sie ein sehr häufig verwendetes Wort an einer bestimmten Stelle definieren und nur diese Stelle in den Index aufnehmen möchten. Die Schaltfläche ist übrigens nur dann verfügbar, wenn Sie Text im Dokument markiert und die Option *Aktuelle Seite* angeklickt haben.

Die INDEX-Feldfunktion vor Bearbeitungen schützen

Wenn Sie einen geschützten Index erstellen möchten, den andere Benutzer nicht verändern können, dann sperren Sie die *INDEX*-Feldfunktion. Das geht folgendermaßen:

1 Klicken Sie an eine beliebige Stelle innerhalb des fertigen Index und drücken Sie die Tastenkombination [Strg]+[F11]. Der Index kann jetzt nicht mehr aktualisiert werden.

2 Um die Feldfunktion wieder zu entsperren, drücken Sie die Tastenkombination [Umschalt]+[Strg]+[F11].

3 Wenn Sie ganz sichergehen möchten, können Sie das Feldergebnis auch in normalen Text umwandeln. Dazu stellen Sie die Einfügemarke wiederum in den Index oder die Feldfunktion. Drücken Sie die Tastenkombination [Umschalt]+[Strg]+[F9].

> **Vorsicht beim Lösen von Verknüpfungen**
>
> Wenn Sie die Verknüpfung gelöst und das Dokument gespeichert haben, können Sie den Index nicht mehr in ein Feld umwandeln.

Automatische Zusammenstellung eines Inhaltsverzeichnisses

Für die automatische Zusammenstellung eines Inhaltsverzeichnisses werden üblicherweise die Überschriftformatvorlagen des Dokuments verwendet. Damit die Arbeit zu einem Kinderspiel wird, treffen Sie zunächst einige Vorkehrungen:

1   Überprüfen Sie in Ihrem Text, ob Sie allen Überschriften die Formatvorlagen *Überschrift 1* bis *Überschrift 9* zugewiesen haben.

2   Setzen Sie die Einfügemarke an die Stelle, an der Sie das Inhaltsverzeichnis einfügen möchten. In der Regel ist dies der Anfang (gelegentlich auch das Ende) eines Dokuments.

3   Aktivieren Sie im Menüband das Register *Verweise* und klicken Sie auf die Schaltfläche *Inhaltsverzeichnis*. Wählen Sie *Inhaltsverzeichnis einfügen*.

Verzeichnisse schnell mit vordefinierten Formatvorlagen erstellen

Das Dialogfeld enthält verschiedene nützliche Optionen, die wir Ihnen im Folgenden vorstellen:

➢ Das Feld *Formate* enthält verschiedene vordefinierte Formatvorlagen, die Sie anwenden können, um Verzeichnisse zu gestalten. Klicken Sie auf eine Vorlage, erhalten Sie im Vorschaufenster eine Vorschau der Verzeichnisgliederung.

➢ Lassen Sie das Kontrollkästchen *Seitenzahlen anzeigen* aktiviert, damit auch auf die Seitenzahlen verwiesen wird.

➢ Ebenso sollten Sie das Kontrollkästchen *Seitenzahlen rechtsbündig* aktiviert lassen, damit diese übersichtlich dargestellt werden. Ansonsten würden die Seitenzahlen gleich hinter dem Text angezeigt werden. Wenn Sie sich die Vorlagen genauer ansehen, stellen Sie jedoch fest, dass es hier auch Inhaltsverzeichnisse gibt, die ohne diese Funktion gut aussehen.

➢ Die Option *Füllzeichen* betrifft den Raum zwischen dem Text und der Seitenzahl. Dieser Abstand kann mit Punkten oder Linien ausgefüllt sein, damit das Auge des Betrachters die beiden zusammengehörigen Elemente leichter erfassen kann. In den Vorlagen finden Sie wieder einige mit und einige ohne diese Option.

➢ Das Feld *Ebenen anzeigen* bezieht sich auf die Überschriftenebenen des Inhaltsverzeichnisses. Damit können Sie bestimmen, wie viele Überschriftenebenen für das Inhaltsverzeichnis verwendet werden sollen. Für sehr lange Dokumente sind beispielsweise zwei bis drei Ebenen zu empfehlen, damit das Inhaltsverzeichnis nicht allzu lang ausfällt.

Haben Sie im Dialogfeld *Inhaltsverzeichnis* die gewünschten Einstellungen vorgenommen, bestätigen Sie es mit der Schaltfläche *OK*, damit Word das Inhaltsverzeichnis an der Position der Einfügemarke automatisch erstellt.

Die Seitenzahlen stimmen nicht überein

Vielleicht stellen Sie bei der Durchsicht Ihres Inhaltsverzeichnisses fest, dass die Seitenzahlen im Verzeichnis gar nicht mit den Seitenzahlen im Dokument übereinstimmen. Als Ursache kommt im Grunde nur ein Fehler infrage: Sie haben es vor dem Erstellen des Inhaltsverzeichnisses versäumt, Feldfunktionen bzw. verborgenen Text auszuschalten. Dadurch haben sich die Seitenumbrüche verschoben und die Seitenangaben im Inhaltsverzeichnis stimmen nicht mehr mit denen des Ausdrucks überein.

2. Word – Dokumente perfekt gestalten

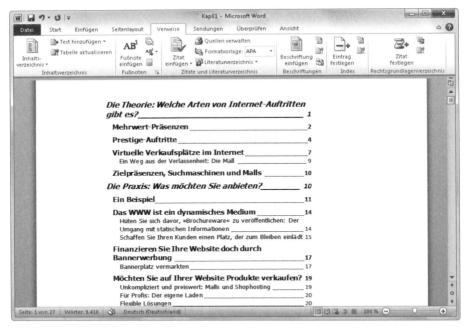

Word erstellt automatisch ein gut formatiertes Inhaltsverzeichnis auf der Grundlage der Überschriftformatvorlagen.

Wenn Sie nun Änderungen im Dokumenttext vornehmen, beispielsweise Überschriften hinzufügen oder löschen oder sie umformulieren, wird das Inhaltsverzeichnis nicht automatisch aktualisiert. Um es zu aktualisieren, verwenden Sie die Taste [F9], mit der Sie in Word 2010 prinzipiell jede Feldfunktion aktualisieren können:

1 Klicken Sie an eine beliebige Stelle im Inhaltsverzeichnis.

2 Drücken Sie die Taste [F9].

3 Word fragt Sie, ob Sie das gesamte Inhaltsverzeichnis oder nur die Seitenzahlen des vorhandenen Verzeichnisses aktualisieren möchten.

4 Wählen Sie das Gewünschte aus und bestätigen Sie mit *OK*.

Inhaltsverzeichnis aus beliebigen Elementen erstellen

In Word 2010 können Sie Inhaltsverzeichnisse aber nicht nur aus Überschriftenebenen erstellen, sondern auch auf Basis anderer Elemente. Nehmen wir beispielsweise an, dass Sie Kapitelüberschriften stets mit einer selbst erstellten Formatvorlage namens *Kapitel* formatieren. Selbstverständlich sollen auch diese *Kapitel*-Überschriften in das Inhaltsverzeichnis integriert werden.

Gehen Sie folgendermaßen vor:

1. Klicken Sie im Register *Inhaltsverzeichnis* auf die Schaltfläche *Optionen*, um in das Dialogfeld *Optionen für Inhaltsverzeichnis* zu gelangen.
2. Geben Sie in das Feld neben der Formatvorlage, die Sie in das Inhaltsverzeichnis integrieren möchten, die gewünschte Ebene im Inhaltsverzeichnis ein.
3. Daraufhin müssen Sie die Überschriftformatvorlagen wahrscheinlich entsprechend anpassen – der Formatvorlage *Überschrift 1* beispielsweise manuell die Ebene 2 zuweisen, der Formatvorlage *Überschrift 2* die Ebene 3 etc.
4. Bei Bedarf können Sie eine Formatvorlage bei der Verzeichniserstellung auch komplett ausschließen, indem Sie die Zahl neben dieser Formatvorlage löschen.

Haben Sie diese Einstellungen vorgenommen, bestätigen Sie zweimal mit *OK*, um das Inhaltsverzeichnis zu erstellen.

Sonstige Verzeichnistypen erstellen

Besonders für wissenschaftliche Arbeiten etc. müssen häufig nicht nur Inhaltsverzeichnisse erstellt werden, sondern auch andere Verzeichnistypen wie Abbildungsverzeichnisse, Autorenverzeichnisse, Tabellen- oder Diagrammverzeichnisse etc.

Für das Erstellen eines Abbildungs- oder Autorenverzeichnisses verwenden Sie die gleiche Feldfunktion wie für ein Inhaltsverzeichnis und arbeiten ebenfalls mit dem Befehl *Index und Verzeichnisse*. Es stehen Ihnen zwei Wege offen:

- ➢ Zum einen können Sie das Verzeichnis über Formatvorlagen, zum Beispiel die in die *Normal.dotm* integrierte Formatvorlage *Beschriftung*, erstellen.
- ➢ Zum anderen besteht die Möglichkeit, dass Sie die Verzeichniseinträge selbst in dem Dokument eingeben.

Abbildungsverzeichnis auf der Grundlage von Formatvorlagen erstellen

Beginnen Sie mit der zuerst genannten Vorgehensweise, indem Sie ein Abbildungsverzeichnis auf der Grundlage von Formatvorlagen erstellen. Diese Variante gelingt besonders einfach:

1 Versehen Sie alle Abbildungen in Ihrem Dokument mit Bildbeschriftungen. Fügen Sie diese unbedingt mit dem automatischen Beschriftungsfeature über die Schaltfläche *Beschriftung einfügen* des Registers *Verweise* ein. Denn nur dann legt Word eine automatische *SEQ*-Funktion für jede Beschriftung an.

Haben Sie alle Bilder mit einer solchen Beschriftung versehen, können Sie mit dem Abbildungsverzeichnis beginnen.

2 Positionieren Sie die Einfügemarke an der Stelle im Dokument, an der das Abbildungsverzeichnis entstehen soll. Das könnte zum Beispiel das Dokumentende sein. Doch Vorsicht bei Masterdokumenten: Hier darf es sich nicht um ein Unterdokument handeln.

3 Schalten Sie die Anzeige von Feldfunktionen und verborgenen Texten aus (Register *Datei*, *Optionen*, Kategorie *Anzeigen*: *Ausgeblendeten Text* deaktivieren, Kategorie *Erweitert*: *Feldfunktionen anstelle von Werten anzeigen* deaktivieren), damit der Seitenumbruch korrekt durchgeführt wird.

4 Wählen Sie im Register *Verweise* das Symbol *Abbildungsverzeichnis einfügen* (Gruppe *Beschriftungen*).

> **Formatvorlagen für Abbildungsverzeichnisse**
>
> Genauso wie beim Erstellen eines Inhaltsverzeichnisses stehen Ihnen auch hier in der Liste *Formate* verschiedene vordefinierte Vorlagen zur Verfügung. Wählen Sie mithilfe des Vorschaufelds eine Vorlage aus. Andernfalls können Sie auch selbst definierte Formatvorlagen verwenden, indem Sie in der Liste auf den Eintrag *Von Vorlage* und dann rechts auf die Schaltfläche *Ändern* klicken. Im Dialogfeld *Formatvorlage* passen Sie das Verzeichnis dann Ihren Wünschen an.

5 Bestätigen Sie mit der Schaltfläche *OK*.

Anschließend wird das Dokument neu umbrochen und das Abbildungsverzeichnis angelegt.

2.9 Dokumente drucken, faxen und versenden

Zum Drucken eines Textdokuments klicken Sie auf das Register *Datei* und dann auf *Drucken* oder drücken Sie die Tastenkombination [Strg]+[P].

➢ Wählen Sie im angezeigten Dialogfeld zuerst den gewünschten Drucker aus der Liste *Drucker*. Hier werden alle von Ihnen unter Windows installierten Drucker aufgeführt.

Praktischer Nutzen

Sie können diese Funktion hervorragend verwenden, um Visitenkarten etc. zu drucken.

➢ In der Optionsgruppe *Einstellungen* stellen Sie ein, in welcher Skalierung das Dokument gedruckt werden soll. Sie können hier etwa einstellen, dass vier Exemplare des Dokuments auf ein Blatt passen sollen – dann wird das Dokument entsprechend kleiner skaliert.

Hier verkleinern Sie Ihr Dokument im Ausdruck so, dass vier Exemplare davon auf ein Blatt passen.

Ein Word-Dokument besteht nicht nur aus dem, was unmittelbar am Bildschirm sichtbar ist. Oder anders ausgedrückt: Alle Formatierungen, aber auch sonstige Informationen werden ebenfalls in der Word-Datei abgelegt. Viele dieser Informationen können Sie ausdrucken, falls Sie sie schwarz auf weiß benötigen.

Im Listenfeld *Einstellungen* können Sie auswählen, welche Dateiinformationen Sie drucken wollen.

Ein typischer Fall ist das Ausdrucken aller Textbausteine, um im Bedarfsfall zu sehen, welche Textbausteine existieren und unter welchem Kürzel sie abrufbar sind. Ein anderer Fall ist, zu einem Bericht nur die Überarbeitungen und Kommentare (Markups genannt) auszudrucken.

Die übrigen Funktionen dieses Listenfelds sind eigentlich selbsterklärend – so legen Sie beispielsweise unter *Dokument* fest, ob Sie alle Seiten oder nur die aktuelle Seite drucken möchten. Auch das Drucken einer vorher festgelegten Auswahl ist möglich.

Typische Druckprobleme beheben

Bei der täglichen Arbeit kommt es hin und wieder mal vor, dass der Drucker Probleme macht. Dafür kann es verschiedene Gründe geben, wie z. B. veraltete oder falsche Treiber, defekter Drucker, Papierstaus etc. Soll der Fehler behoben werden, beginnt die Fehlersuche, die meist nicht so einfach ist, da es oft mehrere mögliche Fehlerquellen gibt.

Druckergebnis und Bildschirmanzeige weichen voneinander ab

Beim Ausdrucken kann es auch vorkommen, dass das Druckresultat nicht der Ansicht auf dem Bildschirm entspricht. In diesem Fall können folgende Ursachen vorliegen: Bei dem überwiegenden Teil der modernen Tintenstrahl- und Laserdrucker wird jede zu druckende Seite als Grafik verarbeitet. Leider arbeiten nicht alle Drucker exakt identisch. Haben Sie Ihr Word-Dokument formatiert, während Ihr Tintenstrahldrucker ausgewählt war, kann es sein, dass beim Ausdruck auf einem Laserdrucker oder auf einem Tintenstrahldrucker anderen Typs beispielsweise der Seitenumbruch nicht mehr stimmt.

Das kann daran liegen, dass die unterschiedlichen Druckertypen mit den Seitenrändern anders umgehen. Darüber hinaus druckt nicht unbedingt jeder Drucker jede Schriftart ganz exakt gleich.

Abweichungen zwischen Bildschirmanzeige und Druckausgabe gibt es auch, wenn Sie Ihr Dokument aus der Ansicht *Weblayout* heraus drucken. Wechseln Sie also immer zuerst in die Entwurfsansicht, bevor Sie etwas ausdrucken. In diesem Fall können Sie sich darauf verlassen, dass Sie im Druck das Ergebnis erhalten, das Sie auf dem Bildschirm gesehen haben.

Drucken aus verschiedenen Papierschächten

Häufig wird die erste Seite eines Geschäftsbriefs auf einem anderen Papier gedruckt als die folgenden. Falls Sie einen Drucker mit mehreren Papierschächten zur Verfügung haben, können Sie sich hier die Möglichkeiten des Dialogfelds *Seite einrichten* zunutze machen, um die gewünschte Zweiteilung der Papierzufuhr zu automatisieren:

1 Legen Sie das Papier für die erste Seite in den einen Papierschacht ein, das für die Folgeseiten in den anderen.

2 Aktivieren Sie das Register *Seitenlayout* und klicken Sie auf *Seitenränder/Benutzerdefinierte Seitenränder*.

3 Wechseln Sie zur Registerkarte *Format*. Diese Registerkarte sieht – je nach aktuell ausgewähltem Druckertreiber – immer etwas anders aus.

4 Hier legen Sie in der Gruppe *Zufuhr* fest, aus welchem Schacht die erste Seite und aus welchem die übrigen Seiten genommen werden sollen.

In den meisten Fällen wird wohl für die erste Seite der manuelle Einzug und ab der zweiten Seite der Standardpapierschacht die benötigte Einstellung sein. Am effizientesten ist es, wenn Sie für Ihre Korrespondenz eine Dokumentvorlage erstellen, die unter anderem auch diese Einstellungen für die Papierzufuhr beim Drucken enthält.

Eine Word-Datei für den Offsetdruck bereitstellen

Nicht zuletzt durch die Möglichkeit, eine belichtungsfähige Datei aus der fertigen Word-Datei zu erstellen, kann das Programm für „Schnellschüsse" und einfachere Produkte durchaus als Satzprogramm verwendet werden.

Word 2010 ist zwar kein Desktop-Publishing-Programm, kann aber – wie Sie in diesem Kapitel schon mehrfach gesehen haben – für das Layouten von einzelnen oder auch mehreren Seiten durchaus verwendet werden. Die Frage ist immer nur das Wie. Denn die Möglichkeiten sind vielfältig und zum Teil auch verwirrend – neben Tabellen, Positionsrahmen und Textfeldern ist auch die Gitternetzfunktion für das genaue Platzieren von Elementen geeignet. Das Hauptlayoutelement ist und bleibt aber wohl das Textfeld. Sie haben dieses ja bereits kennengelernt.

Eine auf einem Bürodrucker ausgedruckte Hauszeitung, Broschüre etc. wird aber niemals einen völlig professionellen Eindruck machen. Über einen Laser- oder Tintenstrahldrucker kann keine wirklich exzellente Qualität erzielt werden. Häufig empfiehlt es sich daher, das fertige Dokument von einer Druckerei im Offsetdruckverfahren zu Papier bringen zu lassen. Dabei müssen allerdings einige Besonderheiten beachtet werden.

> **Welche Auflage benötigen Sie?**
>
> Auch in anderen Fällen bietet sich der Offsetdruck an: Soll ein Dokument in einer Auflage von mehr als 500 Exemplaren vervielfältigt werden, ist der Offsetdruck eine sinnvolle Alternative zum Ausdrucken und Kopieren der Seiten.

Vorbereitungen für den Offsetdruck

Grundsätzlich haben Sie drei Möglichkeiten, wenn Sie eine Vorlage für das Offsetdruckverfahren erstellen möchten:

> Sie liefern Ihrer Druckerei einen sehr guten Ausdruck (am besten auf einem 600-dpi-Laserdrucker erzeugt) oder
> Sie beauftragen Ihre Druckerei, direkt aus Ihrer Word-Datei zu drucken.
> Sie liefern ein PDF-Dokument Ihrer Word-Datei.

Das erste Verfahren eignet sich für reine Textdokumente oder auch noch für Dokumente mit einfarbigen oder Graustufen-Vektorgrafiken, die klare Umrisse haben. In allen anderen Fällen sollten Sie sich für die zweite oder besser noch die dritte Möglichkeit entscheiden.

Vierfarbige Bilder ausgeben

Häufig hört man die Ansicht, dass aus Word heraus keine vierfarbigen Bilder belichtet werden könnten. Diese Ansicht ist so nicht richtig. Sie können durchaus farbige Bilder aus Word belichten lassen. Der Vorgang ist nur technisch komplizierter und bedeutet für die Reproanstalt etwas mehr Arbeit. Beispielsweise lässt Word es nicht zu, eigene Farben anzulegen. Deshalb müssen die gewünschten Farben, z. B. die eines vierfarbigen Fotos, aus der Word-eigenen Farbpalette definiert werden.

Da diese Möglichkeiten nicht unbedingt gängige Praxis sind, ist eine Voraussetzung unumgänglich: Sie benötigen einen wirklich kompetenten Reprobetrieb, der sich mit Word-Dateien auskennt. Prüfen Sie jedoch genau seine Leistungsfähigkeit und vereinbaren Sie auf jeden Fall eine Probebelichtung.

Bei Dokumenten mit Bildern ist es auch wichtig, auf welchem Papier Ihr Dokument gedruckt werden soll und in welcher Auflösung das Belichtungsgerät, mit dem die Filme hergestellt werden, arbeitet. Diese Angaben sollten Sie unbedingt mit Ihrer Druckerei besprechen und danach die Helligkeit und Auflösung der Bilder entsprechend festlegen. Sie können sich nämlich auf das Aussehen des Probedrucks auf Ihrem Laser- oder Tintenstrahldrucker genauso wenig verlassen wie auf die Darstellung am Bildschirm.

Beim Offsetdruck nimmt der sogenannte Tonwertzuwachs starken Einfluss auf das Aussehen der Bilder. Tonwertzuwachs bedeutet, dass die Druckfarbe – je nach verwendeter Papiersorte – mehr oder weniger stark verläuft. Dadurch fallen Bilder im Offsetdruck höchstwahrscheinlich dunkler aus als auf Ihrem Bildschirm. Klären Sie daher mit Ihrer Druckerei, wie stark der Tonwertzuwachs auf dem gewünschten Papier ist. Je stärker der Tonwertzuwachs ist, desto stärker sollten Sie die Bilder aufhellen. Am besten ist es, wenn Sie dem Drucker einen Ausdruck mit der gewünschten Bildhelligkeit mitliefern.

DOC- oder PDF-Dokument?

Nachdem Sie Ihr Word-Dokument nach diesen Gesichtspunkten aufbereitet haben, könnten Sie es an die Druckerei geben.

Aber auch hier sollten Sie vorher einige Fragen klären:

> Ganz einfach ist es, wenn die Druckerei selbst Word installiert hat. Dann können Sie die Word-Datei so abliefern, wie sie ist. Sie sollten dabei alle Bilder in Ihrem Dokument speichern – eine externe Verknüpfung genügt nicht. Klicken Sie außerdem im Register *Datei* auf *Speichern unter* und dann auf *Tools/Speicheroptionen*. Aktivieren Sie das Kontrollkästchen *Schriftarten in der Datei einbetten*. Nun werden alle verwendeten Schriften im Dokument gespeichert, sodass Sie keine Schriftdateien mitliefern müssen.

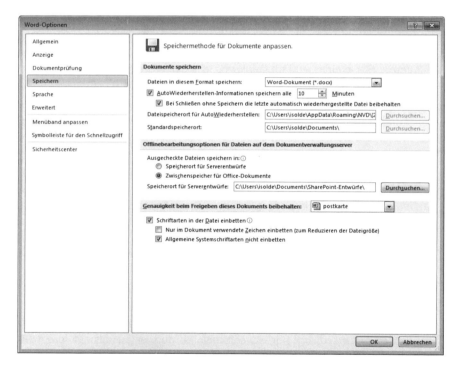

> Leider gehören Word und Windows-PCs allgemein häufig nicht zur Standardausstattung von Unternehmen im grafischen Gewerbe. In diesem Fall müssen Sie Ihr Dokument so aufbereiten, dass es von den üblichen PostScript-RIPs gelesen werden kann. Zu diesem Zweck erstellen Sie am besten ein PDF-Dokument daraus.

> **Nicht alle Schriften lassen sich einbetten**
>
> Nicht alle Schriften lassen ein Einbetten zu. Beim Speichern erhalten Sie eine Warnmeldung, falls Sie eine solche Schriftart verwendet haben. In einem solchen Fall müssen Sie die Schriftartdatei an das Belichtungsstudio mitliefern. Dabei dürfen aber keine Lizenzrechte verletzt werden.
>
> Beachten Sie auch, dass manche Druckereien die Annahme von TrueType-Schriften ablehnen. In diesem Fall kommen Sie an der Anschaffung von PostScript-Schriften nicht vorbei.

Ein PDF-Dokument erstellen

Für die dritte Möglichkeit, eine PDF-Datei an Ihre Druckerei zu liefern, gehen Sie folgendermaßen vor:

1 Aktivieren Sie im Menüband das Register *Datei*.

2 Wählen Sie *Freigeben* und klicken Sie auf *PDF/XPS-Dokument erstellen*.

3 Lassen Sie das Kontrollkästchen *Standard (Onlineveröffentlichung und Drucken)* aktiviert.

4 Klicken Sie auf *Veröffentlichen*, um das PDF-Dokument zu erstellen.

> **Konvertierung mit Adobe Acrobat**
>
> Beachten Sie, dass sich diese Art der Konvertierung nur für einfachere Dokumente eignet, weniger für Plakate mit hochqualitativen Farbfotos. Für solche Zwecke sollten Sie sich das Programm Adobe Acrobat besorgen. Nach der Installation enthält das Word-Menüband ein neues Register mit dem Namen *Acrobat*. Hier klicken Sie zunächst auf *Grundeinstellungen* und wählen *Druckausgabequalität*. Anschließend erstellen Sie das PDF-Dokument über die Schaltfläche *PDF erstellen*.

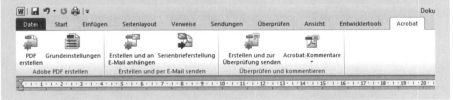

Faxdokumente direkt aus Word heraus senden

Auch Faxdokumente können Sie direkt aus Word heraus senden. Dazu benötigen Sie lediglich eine Onlineverbindung sowie eine Faxsoftware. Zum Versenden Ihres aktuellen Word-Dokuments klicken Sie im Register *Datei* auf den Befehl *Freigeben/Als Internetfax senden*. Der Fax-Assistent wird geöffnet. Folgen Sie anschließend den Schritten des Assistenten.

Word-Dokumente direkt mailen

Ähnlich komfortabel und einfach verläuft das Mailen von Dokumenten direkt aus Word heraus. Klicken Sie dazu im Register *Datei* auf den Befehl *Freigeben/Per E-Mail senden*.

So speichern Sie Ihr Dokument richtig ab

Grundsätzlich speichern Sie ein Word-Dokument über den Befehl *Speichern* bzw. *Speichern unter* im Register *Datei*. Obwohl dieser Vorgang so einfach ist, bieten sich Ihnen beim Speichern die verschiedensten Optionen – von der Auswahl verschiedener Datentypen über den Schutz Ihrer Dokumente vor unerwünschtem Zugriff bis hin zum Einbetten der verwendeten TrueType-Schriften.

Einen eigenen Speicherort auswählen

Standardmäßig verwendet Word zum Speichern von neuen Dokumenten den Ordner *Eigene Dateien*. Falls Sie dies nicht wünschen, können Sie den Standardspeicherordner ändern:

1 Öffnen Sie das Register *Datei* und klicken Sie auf *Optionen*.

2 In der Kategorie *Speichern* wählen Sie über die Schaltfläche *Durchsuchen* einen neuen Standardspeicherort aus.

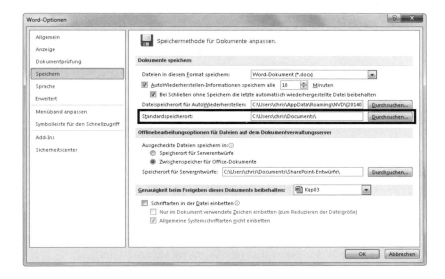

Automatische Sicherungskopien

Wichtige Dokumente sollten Sie durch Sicherungskopien schützen. Falls Sie dann beispielsweise einmal eine Datei versehentlich löschen, ist das kein Beinbruch mehr. Word nimmt die Erstellung von Sicherungskopien automatisch vor, wenn Sie die Kategorie *Erweitert* der Word-Optionen wählen und unter *Speichern* das Kontrollkästchen *Immer Sicherungskopie erstellen* aktivieren.

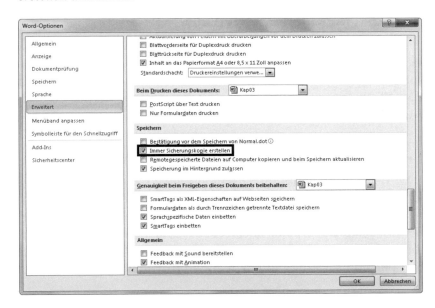

Die gespeicherten Sicherungskopien, die Word neben der Originaldatei anlegt, erkennen Sie am Zusatz *Sicherungskopie von*.

AutoWiederherstellen-Information erstellen

Zusätzlich können Sie noch dafür sorgen, dass Word eine sogenannte AutoWiederherstellen-Information erstellt. Dadurch speichert Word in einem von Ihnen festgelegten Rhythmus automatisch die Inhalte Ihrer Dateien. Nach einem Programm- oder Rechnerabsturz zeigt Word Ihnen dann die gespeicherten AutoWiederherstellen-Informationen an und Sie können sie wie normale Word-Dokumente öffnen und weiterverwenden.

Um dieses Feature zu nutzen, aktivieren Sie in der Kategorie *Speichern* der *Word-Optionen* das Kontrollkästchen *AutoWiederherstellen-Informationen speichern alle* und legen daneben das gewünschte Intervall fest.

Das sollten Sie beim Austausch von Word-Dokumenten beachten

Beim Datenaustausch von Word-Dokumenten ist einiges zu beachten – sei es, dass Sie besondere Schriftarten in Ihrer Datei verwenden, die die wenigsten Anwender auf ihrem System installiert haben, oder dass Sie vermeiden möchten, dass etwas an dem Dokument geändert werden kann etc.

Wählen Sie den richtigen Dateityp aus

Word 2010 verwendet das nicht abwärtskompatible Dateiformat DOCX. Das heißt, dass Word 2010-Dateien nicht in Word-Versionen wie Word 2000 oder 2003 geöffnet und weiterbearbeitet werden können. Sie haben aber die Möglichkeit, Ihr Dokument im altvertrauten DOC-Format zu speichern. Dann sind Ihre Dokumente abwärtskompatibel.

Zudem kann es gelegentlich sinnvoll sein, ein Dokument in einem ganz anderen Dateityp zu speichern, zum Beispiel wenn Sie ein Dokument Benutzern, die Word nicht auf ihrem System installiert haben, zur Verfügung stellen möchten. Im Dialogfeld *Speichern unter* finden Sie daher im Listenfeld *Dateityp* eine ganze Menge von unterschiedlichen Dateiformaten, in denen Sie Ihre Word-Dokumente abspeichern können. Allerdings ist dabei zu beachten, dass eventuell Word-typische oder auch sonstige Formatierungen bei der Konvertierung in einen anderen Dateityp verloren gehen können.

Schriftarten in das Dokument einbetten

Wenn Sie ein Dokument weitergeben, wird es auf dem Rechner des Benutzers nur dann genauso aussehen wie auf Ihrem PC, wenn er die gleichen Schriftarten installiert hat wie Sie – oder wenn Sie die verwendeten Schriftarten in Ihr Word-Dokument einbetten.

1. Wählen Sie im Dialogfeld *Word-Optionen* die Kategorie *Speichern*.

2. Aktivieren Sie das Kontrollkästchen *Schriftarten in der Datei einbetten*. Nun werden alle verwendeten Schriften im Dokument gespeichert, sodass Sie keine Schriftdateien mitliefern müssen.

> **Speicherplatz minimieren**
>
> Besteht Ihr Dokument nur aus wenigen Zeichen, könnte es sich lohnen, das Kontrollkästchen *Nur im Dokument verwendete Zeichen einbetten* anzuklicken, um Speicherplatz zu sparen. Denn ein Dokument mit eingebetteten Schriften vergrößert sich selbstverständlich deutlich.
>
> Beachten Sie allerdings, dass aufgrund lizenzrechtlicher Bedingungen nicht jede TrueType-Schriftart eingebettet werden kann.

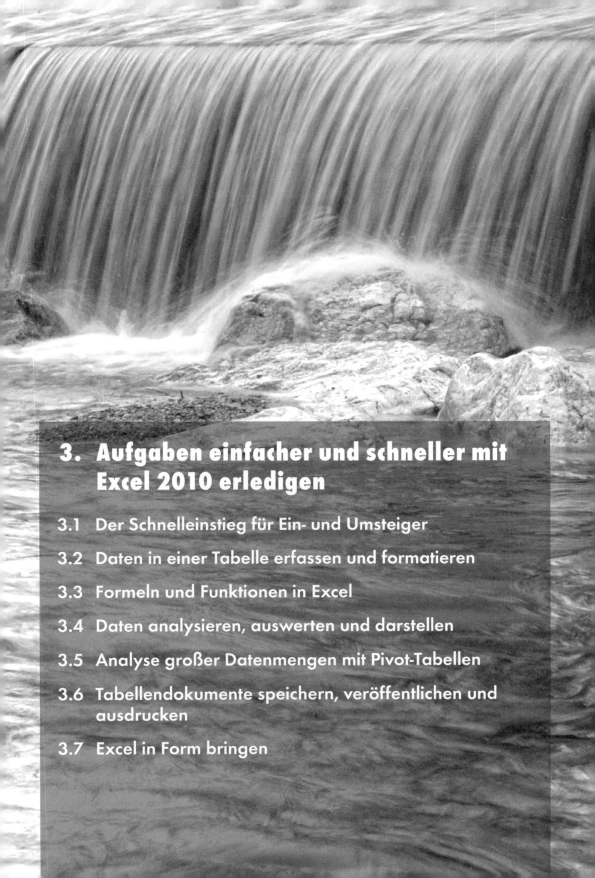

3. Aufgaben einfacher und schneller mit Excel 2010 erledigen

3.1 Der Schnelleinstieg für Ein- und Umsteiger

3.2 Daten in einer Tabelle erfassen und formatieren

3.3 Formeln und Funktionen in Excel

3.4 Daten analysieren, auswerten und darstellen

3.5 Analyse großer Datenmengen mit Pivot-Tabellen

3.6 Tabellendokumente speichern, veröffentlichen und ausdrucken

3.7 Excel in Form bringen

3. Aufgaben einfacher und schneller mit Excel 2010 erledigen

In diesem Kapitel erfahren Sie, wie Sie mit Excel 2010 Tabellen erstellen und die eingegebenen Werte richtig formatieren. Sie erfahren, wie Sie Formeln erstellen und mit ihren Werten rechnen. Der Einsatz von Funktionen und die Auswertung der Daten in anschaulichen Diagrammen sind weitere Themen dieses Kapitels. Praxisnahe Beispiele zeigen Ihnen, wie bestimmte Aufgaben zu Hause oder im Büro schnell und einfach zu lösen sind. Schritt für Schritt werden Sie dabei durch die Lösung geführt. So sind auch schwierige Aufgaben ohne den Erwerb von zusätzlichen Anwendungen mit Excel 2010 im Handumdrehen zu lösen.

3.1 Der Schnelleinstieg für Ein- und Umsteiger

Bevor Sie mit Excel arbeiten können, gilt es, ein paar wichtige Grundlagen kennenzulernen. Sie erfahren in diesem Kapitel, wo Sie die für Ihre Arbeit notwendigen Funktionen finden. Sie lernen die neue Oberfläche kennen und erfahren, wie Sie Excel an Ihre eigenen Wünsche anpassen können.

Zum Abschluss des Kapitels lesen Sie, wie Sie mit Tastenkombinationen schnell und einfach bestimmte, oft benötigte Funktionen aufrufen. Sie lernen die neue Backstage-Ansicht kennen. In dieser finden Sie alle wichtigen Funktionen, die Sie für die Verwaltung Ihrer Dokumente brauchen.

Die Oberfläche von Excel 2010 kennenlernen – so verwenden Sie die Multifunktionsleiste

Vielleicht kennen Sie ja bereits Excel 2007 und konnten dort die neue Multifunktionsleiste nutzen. Wenn Sie eine ältere Version von Microsoft Office genutzt haben, ist dies für Sie neu.

Die Multifunktionsleiste bietet einen schnellen und effektiven Zugriff auf oft benötigte Funktionen. Nur noch selten ist das Öffnen von Dialogfeldern notwendig. Alle Funktionen, die Sie für die Arbeit mit Ihren Tabellendokumenten benötigen, sind auf einen Blick zu finden.

Das neue Interface von Office 2010 fasst alle Befehle, Funktionen und Dialoge in verschiedenen Registern zusammen. Ein langes ausgeklapptes und verschachteltes Menü gehört der Vergangenheit an.

Das Interface ist kontextsensitiv, das heißt, es zeigt nur Befehle, die in der jeweiligen Situation tatsächlich verwendet werden können. Über die Registerkarten wechseln Sie in eine andere Befehlsauswahl. Sie finden in Excel 2010 die sieben Register *Start*, *Einfügen*, *Seitenlayout*, *Formeln*, *Daten*, *Überprüfen* und *Ansicht*. Ein Klick auf eine Registerkarte und die Multifunktionsleiste zeigt Ihnen die für dieses Register passenden Schaltflächen an.

In dieser Abbildung sehen Sie einen Teil des Registers Formeln. Hier finden Sie die Summenfunktion, Listenfelder mit verschiedenen Rechenfunktionen, den Namens-Manager und einiges mehr.

Das neue Interface erspart Ihnen den Weg in ein langes, verschachteltes Menü. Sie können schneller und bequemer arbeiten. Anwender, die mit der Oberfläche vorangegangener Versionen von Excel vertraut sind, müssen sich an das neue Interface gewöhnen. Haben Sie mit einem Programm aus Microsoft Office 2007 bereits gearbeitet, werden Sie sich dagegen schnell zurechtfinden.

Die Formelleiste bleibt immer eingeblendet, ganz egal, in welche Multifunktionsleiste Sie wechseln. Gleiches gilt für die Schnellzugriffleiste, die Sie links oben in Ihrem Arbeitsfenster finden.

Nach dem Programmstart zeigt die Multifunktionsleiste die Symbolschaltflächen und Befehle aus dem Register *Start* an. Hier können Sie die Überschriften und Textinhalte Ihrer Tabellendokumente formatieren. Sie finden hier Symbolschaltflächen für häufig verwendete Zahlenformate und Befehle zum Sortieren, Filtern und Durchsuchen Ihres Datenbestands. Möchten Sie eine Bilddatei einfügen, ein Diagramm erstellen oder mit WordArt arbeiten, wechseln Sie zu *Einfügen*. Auf die gleiche Weise erreichen Sie weitere Befehle und Funktionen in den anderen Registern der Multifunktionsleiste.

Die Inhalte der Multifunktionsleiste sind in Abschnitte unterteilt. Diese dienen Ihnen zur Orientierung. Anhand dieser Abschnitte wissen Sie, wo sich die Befehle für die Arbeit mit der Zwischenablage, die Funktionen zum Formatieren von Schriftelementen oder die Befehle zum Festlegen eines Zahlenformats befinden.

Bei einigen Symbolschaltflächen sehen Sie einen kleinen nach unten zeigenden Pfeil unter dem Symbol. Klicken Sie darauf, wird ein Menü geöffnet. Hier finden Sie weitere untergeordnete Befehle und Funktionen. Ein Mausklick genügt und der gewünschte Befehl wird ausgeführt oder der betreffende Dialog wird geöffnet.

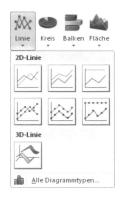

Einige wenige Abschnitte der Multifunktionsleiste besitzen in der rechten unteren Ecke eine kleine, schräg nach unten zeigende Pfeilschaltfläche. Ein Mausklick öffnet einen bestimmten Dialog. Wie alle anderen Symbolschaltflächen ist auch diese mit einer QuickInfo versehen. Führen Sie den Cursor der Maus auf die Schaltfläche. Ohne zu klicken, warten Sie einen Augenblick. Excel zeigt Ihnen nun an, mit welcher Funktion die Schaltfläche belegt ist.

Die QuickHilfe zeigt in diesem Beispiel nicht nur den Dialog an, den Sie mit der Pfeilschaltfläche erreichen, sondern die zugehörige Tastenkombination, eine kurze Beschreibung des Dialogs und eine verkleinerte Voransicht.

Bevor Sie mit Excel arbeiten, schauen Sie sich einmal die Multifunktionsleiste an. Wechseln Sie in die verschiedenen Kategorien.

Die Programmhilfe öffnen Sie mit dem blauen Fragezeichen am rechten oberen Rand des Fensters. Hier finden Sie auch die Symbole zum Minimieren und Vergrößern des Fensters.

Mit dem Pfeilsymbol links neben dem Hilfe-Symbol minimieren Sie die Multifunktionsleiste. Auf diese Weise steht Ihnen mehr Platz für die Arbeit mit Ihren Tabellen zur Verfügung. Mit der Pfeilschaltfläche blenden Sie die Multifunktionsleiste wieder ein.

 Unter den Symbolschaltflächen zum Minimieren und Schließen des Fensters finden Sie die Hilfe von Excel und ein Symbol zum Minimieren der Multifunktionsleiste.

Hier sehen Sie ein Excel 2010-Tabellenblatt mit minimierter Multifunktionsleiste. Die Register der Multifunktionsleiste mit ihren Befehlsschaltflächen und Listenfeldern sind ausgeblendet.

Excel an die eigenen Wünsche und Bedürfnisse anpassen

Excel enthält viele Möglichkeiten, die Oberfläche an die Wünsche des Anwenders anzupassen. Alle diese Einstellungen werden über den Dialog *Excel-Optionen* vorgenommen. Sie können hier die Schnellzugriffleiste um zusätzliche Symbole erweitern, häufig verwendete Funktionen anschalten, die Standardschriftart anpassen und einiges mehr.

Die Schnellzugriffleiste anpassen

Die Schnellzugriffleiste enthält bereits die Befehle *Speichern*, *Rückgängig*, und *Wiederholen*. Diese Leiste können Sie ergänzen. Befehle, die Sie sehr oft benötigen, legen Sie hier ab. An einem Beispiel soll gezeigt werden, wie Sie das machen können.

 So sieht die Schnellzugriffleiste von Excel 2010 in der Vorgabeeinstellung aus. Ganz rechts sehen Sie die Pfeilschaltfläche, mit der Sie den Dialog Excel-Optionen öffnen.

1 Klicken Sie auf den nach unten zeigenden Pfeil am rechten Ende der Schnellzugriffleiste. Wählen Sie *Weitere Befehle*.

2 Sie landen im Register *Symbolleiste für den Schnellzugriff* des Dialogs *Excel-Optionen*. Die Kategorie *Häufig verwendete Befehle* ist bereits ausgewählt. Markieren Sie *Zeilen einfügen*. Klicken Sie auf die Schaltfläche *Hinzufügen*. Wiederholen Sie diese Schritte mit *Verbinden und zentrieren*, *Summe*, *Schriftgrad vergrößern* und *Schriftgrad verkleinern*. Bestätigen Sie mit *OK*.

3. Aufgaben einfacher und schneller mit Excel 2010 erledigen

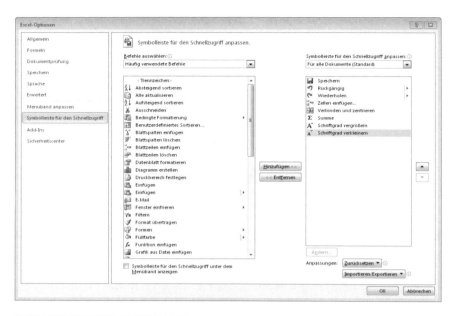

 *Die Schnellzugriffleiste hat einige neue Symbolschaltflächen erhalten.*

Über das Listenmenü *Befehle auswählen* im Dialog *Symbolleiste für den Schnellzugriff anpassen* können Sie auf weitere Befehlskategorien zugreifen und auch aus diesen Befehle in die Schnellzugriffleiste einfügen. Mit den Pfeilschaltflächen auf der rechten Seite lassen sich die Befehle in ihrer Reihenfolge verändern. Um einen Befehl wieder aus der Liste zu löschen, markieren Sie ihn und wählen *Entfernen*.

Über das Menü bei der Symbolleiste für den Schnellzugriff lassen sich Befehle in dieser auch zeitweise deaktivieren. Sie bleiben dann in der Leiste, werden jedoch nicht angezeigt. Erst nach dem Anschalten sehen Sie diese wieder in der Schnellzugriffleiste.

Excel personalisieren

Personalisieren heißt, Excel an die persönlichen Bedürfnisse und die Arbeitsbedingungen anzupassen. Im folgenden Beispiel soll das Programm an die Erfordernisse eines Büroarbeitsplatzes angepasst werden.

3.1 Der Schnelleinstieg für Ein- und Umsteiger

1 Klicken Sie auf *Datei* und wählen Sie in der Backstage-Ansicht *Optionen*. Klicken Sie darauf, um in den gleichnamigen Dialog zu gelangen.

2 Wechseln Sie in das Register *Menüband anpassen*. Rechts sehen Sie das Auswahlfeld *Hauptregisterkarten*. Schalten Sie hier *Entwicklertools* an. Im entsprechenden Register finden Sie Tools für die Arbeit mit Makros, Vorlagen und XML-Features.

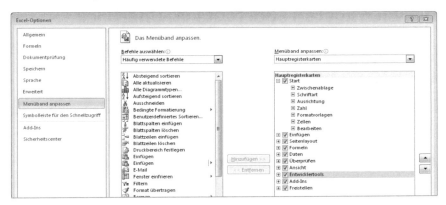

3 Wechseln Sie in das Register *Speichern*. Passen Sie die Verzeichnispfade für die Ablage der AutoWiederherstellen-Informationen und den Standardspeicherort an. Im Beispiel wird *H:\Mustermann\Backup* für die Auto-Wiederherstellen-Informationen und *H:\Mustermann\2010\Work* für die Ablage der erstellten Tabellendokumente verwendet. Diese Verzeichnispfade tragen Sie in die beiden Dialogfelder ein und ersetzen so die Vorgabeeinstellungen. Daneben wurde im Beispiel das Zeitintervall, in dem eine solche Auto-Wiederherstellen-Datei abgelegt wird, auf fünf Minuten gesenkt.

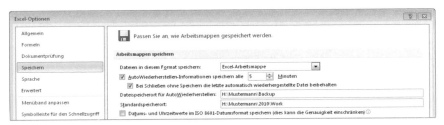

4 Im Register *Erweitert* schalten Sie die Option *Dezimalkomma automatisch einfügen* an. Das verbessert die Lesbarkeit von Werten, die ein oder mehrere Kommastellen besitzen. Verlassen Sie den Dialog mit einem Mausklick auf die Schaltfläche *OK*.

Die wichtigsten Shortcuts im Überblick

Tastenkombinationen vereinfachen die Arbeit mit Tabellen. Sie können effektiver arbeiten, wenn Sie eine benötigte Funktion mit einer Taste oder einer Tastenkombination aufrufen.

In den folgenden Tabellen werden die wichtigsten Tastenkombinationen, die Ihnen bei der Arbeit mit Excel zur Verfügung stehen, genannt.

Allgemeine Tastenkombinationen

Taste, Tastenkombination	Funktion
Strg+O	Zeigt das Dialogfeld *Öffnen* an. Wählen Sie eine Tabellendatei aus und öffnen Sie diese.
Strg+L	Blendet das Dialogfeld *Tabelle erstellen* ein.
Strg+N	Erstellt eine neue leere Arbeitsmappe.
Alt+Umschalt+F1 Umschalt+F11	Fügt ein neues Tabellenblatt ein.
Strg+Alt+P	Zeigt das aktuelle Tabellenblatt in der Druckvorschau an.
Strg+P	Blendet den Dialog *Drucken* ein.
Strg+S	Speichert die aktive Datei. Verwendet wird der aktuelle Dateiname, das aktuelle Dateiformat und der aktuell gewählte Speicherort.
F12	Blendet den Dialog *Speichern unter* ein.
Strg+W Strg+F4	Schließt das markierte Arbeitsmappenfenster.

Tastenkombinationen für den Wechsel zwischen Ansichten und die Navigation im Programm

Taste, Tastenkombination	Funktion
Strg+F1	Blendet die Multifunktionsleiste ein.
F6	Wechselt zwischen Tabellenblatt, Multifunktionsleiste, Aufgabenbereich und Zoom-Steuerelementen. Ist das Tabellenblatt geteilt, werden die geteilten Fenster für den Wechsel miteinbezogen.
Umschalt+F6	Wechselt zwischen Tabellenblatt, Zoom-Steuerelementen, Aufgabenbereich und Multifunktionsleiste.
Strg+F6	Sofern mehrere Arbeitsmappenfenster geöffnet sind, wechseln Sie mit dieser Tastenkombination in die nächste Arbeitsmappe.
Alt+F11	Öffnet den Microsoft Visual Basic Editor.
F1	Zeigt die Microsoft Excel-Hilfe an.

Verschiedene Tastenkombinationen für oft verwendete Funktionen

Taste, Tastenkombination	Funktion
Strg+Y F4	Wiederholt den zuletzt ausgeführten Befehl oder die zuletzt ausgeführte Aktion.
Strg+Z	Macht den letzten Befehl rückgängig oder löscht den zuletzt eingegebenen Befehl.
Strg+Umschalt+Z	Macht die letzte automatische Korrektur rückgängig.
Strg+G F5	Blendet das Dialogfeld *Gehe zu* ein.
Strg+F	Blendet das Dialogfeld *Suchen und Ersetzen* ein. Ausgewählt ist die Registerkarte *Suchen*.
Strg+H	Blendet das Dialogfeld *Suchen und Ersetzen* ein. Ausgewählt ist die Registerkarte *Ersetzen*.
Umschalt+F4	Wiederholt den letzten Suchvorgang.
Strg+-	Blendet das Dialogfeld *Löschen* ein. Mit diesem können Sie die markierten Zellen löschen.
F7	Öffnet den Dialog *Rechtschreibprüfung*.
Alt+F8	Öffnet das Dialogfeld *Makro*. In diesem können Sie ein Makro erstellen, ausführen, bearbeiten oder löschen.

Tastenkombinationen für die Bearbeitung einer Tabelle

Taste, Tasten-kombination	Funktion
Alt+Enter	Beginnt in derselben Zelle eine neue Zeile.
Strg+Enter	Füllt den markierten Zellbereich mit dem aktuellen Eintrag.
Umschalt+Enter	Schließt die Eingabe einer Zelle ab und markiert die darüberliegende Zelle.
Umschalt+Leertaste	Markiert in einem Tabellenblatt eine komplette Zeile.
Strg+Umschalt+Leertaste	Markiert das gesamte Tabellenblatt. Enthält das Tabellenblatt Daten, wird der aktuelle Bereich markiert. Drücken Sie die Tastenkombination ein zweites Mal, werden der aktuelle Bereich und die zugehörigen Zusammenfassungszeilen markiert.
	Drücken Sie die Tastenkombination ein drittes Mal, wird das gesamte Tabellenblatt markiert. Ist ein Objekt markiert, werden mit dieser Tastenkombination alle Objekte auf dem Tabellenblatt markiert.
Strg+Umschalt+Bild↑	Markiert in einer Arbeitsmappe das aktuelle und das vorherige Tabellenblatt.
Strg+Umschalt+Bild↓	Markiert in einer Arbeitsmappe das aktuelle und das nachfolgende Tabellenblatt.
F2	Bearbeitet die aktive Zelle. Setzt die Einfügemarke an das Ende des Zellinhalts.
Umschalt+F2	Fügt einen Zellkommentar ein oder bearbeitet einen vorhandenen Zellkommentar.
Rück	Löscht auf der Bearbeitungsleiste ein Zeichen links. Löscht außerdem den Inhalt einer aktiven Zelle.
Entf	Löscht den Inhalt einer Zelle. Entfernt werden Daten und Formeln. Formate und Kommentare bleiben erhalten. Im Zellbearbeitungsmodus wird das Zeichen neben der Einfügemarke gelöscht.

Tastenkombinationen für die Navigation in einer Tabelle

Taste, Tastenkombination	Funktion
Pfeiltasten	Bewegung in einem Tabellenblatt um eine Zelle nach oben, unten, links oder rechts.
[Ende]	Navigiert zu der Zelle in der rechten unteren Ecke des Arbeitsfensters. Für diese Funktion muss *Rollen* angeschaltet sein.
[Umschalt]+[Tab]	Navigiert in einem Tabellenblatt zur vorherigen Zelle.
[Strg]+[Ende]	Navigiert zur letzten verwendeten Zelle in einem Tabellenblatt.
[Pos1]	Bewegt den Cursor an den Anfang einer Zelle im Tabellenblatt. Ist *Rollen* angeschaltet, bewegen Sie sich mit [Pos1] zu der Zelle in der oberen linken Ecke des Fensters.
[Strg]+[Pos1]	Navigiert an den Anfang des Tabellenblatts.
[Bild↑]	Navigiert in einem Tabellenblatt eine Bildschirmansicht nach oben.
[Alt]+[Bild↑]	Navigiert in einem Tabellenblatt eine Bildschirmansicht nach links.
[Bild↓]	Navigiert in einem Tabellenblatt eine Bildschirmansicht nach unten.
[Alt]+[Bild↓]	Navigiert in einem Tabellenblatt eine Bildschirmansicht nach rechts.
[Strg]+[Bild↑]	Navigiert in einer Arbeitsmappe zum vorherigen Tabellenblatt.
[Strg]+[Bild↓]	Navigiert in einer Arbeitsmappe zum nächsten Tabellenblatt.

Tastenkombinationen für die Arbeit mit Zahlenformaten

Taste, Tastenkombination	Funktion
[Strg]+[~]	Weist das allgemeine Zahlenformat zu.
[Strg]+[Umschalt]+[§]	Weist das Währungsformat zu. Zwei Dezimalstellen werden verwendet. Negative Werte werden in eine Klammer gesetzt.
[Strg]+[Umschalt]+[%]	Weist das Zahlenformat *Prozent* zu.
[Strg]+[^]	Weist das Zahlenformat *Exponential* zu. Zwei Dezimalstellen werden verwendet.
[Strg]+[Umschalt]+[!]	Weist das Zahlenformat mit zwei Dezimalstellen und Tausendertrennzeichen zu. Negative Werte werden mit einem Minuszeichen kenntlich gemacht.

Tastenkombinationen für die Arbeit mit Datums- und Zeitformaten

Taste, Tastenkombination	Funktion
Strg+Umschalt+:	Trägt die aktuelle Uhrzeit ein.
Strg+Umschalt+;	Trägt das aktuelle Datum ein.
Strg+#	Weist das Datumsformat zu.
Strg+@	Weist das Zeitformat zu. Stunde und Minute werden angezeigt. Die Tageszeit wird hierbei mit AM oder PM angezeigt.

Tastenkombinationen für die Ausführung von Berechnungen und die Überprüfung von Formeln

Taste, Tastenkombination	Funktion
F9	Berechnet alle Tabellenblätter in den geöffneten Arbeitsmappen.
Umschalt+F9	Berechnet das aktive Tabellenblatt.
Strg+Alt+F9	Berechnet alle Tabellenblätter in den geöffneten Arbeitsmappen. Die Berechnung wird auch ausgeführt, wenn sich der Inhalt der Tabellenblätter seit dem Ausführen der letzten Berechnung nicht geändert hat.
Strg+Alt+Umschalt+F9	Überprüft abhängige Formeln und berechnet alle Zellen in den geöffneten Arbeitsmappen.
Strg+-	Wechselt zwischen der Anzeige von Zellwerten und der Anzeige von Formeln im Tabellenblatt.
Strg+A	Blendet das Dialogfeld *Funktionsargumente* ein. Die Einfügemarke muss sich in einer Formel rechts neben einem Funktionsnamen befinden.
Strg+Umschalt+A	Fügt in eine Formel Argumentnamen und Klammern ein. Die Einfügemarke muss sich in einer Formel rechts neben einem Funktionsnamen befinden.

Tastenkombinationen für das Markieren von Tabelleninhalten und die Arbeit mit der Zwischenablage

Taste, Tastenkombination	Funktion
⌃Strg+Umschalt+*	Markiert den aktuellen Bereich um die aktive Zelle. Bei einer PivotTable wird der gesamte PivotTable-Bericht markiert.
Strg+Umschalt+Ende	Erweitert die Zellenauswahl bis zur letzten im Tabellenblatt verwendeten Zelle.
Strg+A	Markiert das gesamte Tabellenblatt. Enthält das Tabellenblatt Daten, wird mit der Tastenkombination der aktuelle Bereich markiert. Drücken Sie die Tastenkombination zweimal hintereinander, um den aktuellen Bereich und die zugehörigen Zusammenfassungszellen zu markieren. Drücken Sie die Tastenkombination dreimal, um das gesamte Tabellenblatt zu markieren.
Strg+D	Kopiert den Inhalt und das Format der obersten Zelle eines markierten Bereichs in die darunterliegenden Zellen.
Strg+R	Kopiert den Inhalt und das Format der obersten Zelle eines ganz links markierten Bereichs rechts neben die Markierung.
Strg+C	Kopiert die markierten Zellen in die Zwischenablage. Drücken Sie die Tastenkombination zweimal, um die Zwischenablage anzuzeigen.
Strg+V	Fügt den Inhalt der Zwischenablage an der Position, an der sich die Einfügemarke befindet, ein. Eine mögliche Auswahl wird dabei ersetzt.

Tabellendokumente mit der neuen Backstage-Zentrale erstellen, verwalten und ausgeben

Die neue Backstage-Zentrale fasst alle wichtigen Elemente zusammen, die Sie für das Öffnen, Verwalten und Speichern Ihrer Dokumente benötigen. Klicken Sie auf *Datei*, gelangen Sie in diese Ansicht.

Auf der linken Seite finden Sie eine Liste mit Befehlen und Namen von Registerkarten. Mit den ersten vier Befehlen (von oben gesehen) speichern, öffnen und schließen Sie ein Dokument.

Im Register *Informationen* sehen Sie die Eigenschaften der aktuell geöffneten Arbeitsmappe. Die wichtigsten Eigenschaften sind am rechten Rand aufgelistet. Hier sehen Sie auch ein verkleinertes Vorschaubild der Arbeitsmappe. Mit *Eigenschaften* öffnen Sie ein Listenmenü und können den Dokumentenbereich anzeigen, die erweiterten Eigenschaften der Arbeitsmappe editieren und alle Eigenschaften einsehen. Im mittleren Bereich des Registers erreichen Sie über drei Schaltflächen die Einstellungen zur Freigabe, zu den Berechtigungen und zur Verwaltung der verschiedenen Versionen der Arbeitsmappe.

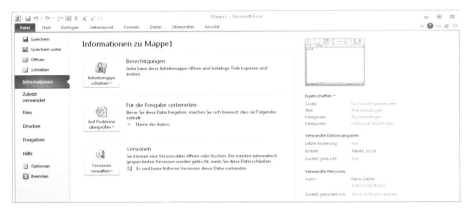

Ein Dokument, das Sie zuletzt bearbeitet haben, können Sie über die Liste *Zuletzt verwendet* öffnen. Rechts von jedem Dokumentennamen sehen Sie ein Reißzwecke-Symbol. Klicken Sie darauf, bleibt das Dokument in der Liste. Ein wiederholter Klick auf das Symbol entfernt es, sobald weitere Dokumente hinzukommen.

Möchten Sie schnell ein Tabellendokument erstellen, wählen Sie das Register *Neu*. Hier finden Sie eine Reihe von Vorlagen, mit denen Sie arbeiten können. Gerade bei kleineren Tabellen sind solche Vorlagen sinnvoll. So lässt sich schnell eine Rechnung erstellen, ein Arbeitszeitnachweis bearbeiten und ein Lagerbestand erfassen. Ein Mausklick auf eine Kategorie nimmt eine Verbindung in das Internet auf. Excel 2010 überprüft, welche Vorlagen zu der gewählten Kategorie zur Verfügung stehen. Schauen Sie sich diese an. Mit einem weiteren Mausklick wird eine Vorlage auf Ihren Rechner geladen und in Excel geöffnet. Über das Register erreichen Sie auch

3.1 Der Schnelleinstieg für Ein- und Umsteiger

eigene Vorlagen, Beispiele und die bereits von Office.com heruntergeladenen Vorlagen.

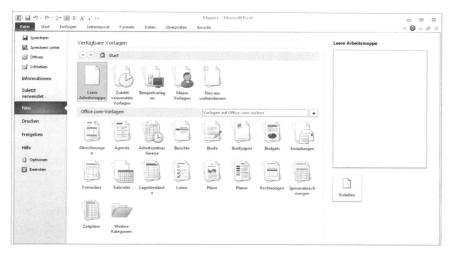

In einem weiteren Register der Backstage-Ansicht finden Sie den Druckdialog. Sie sehen in diesem alle wichtigen Einstellungen auf einen Blick. Auf der rechten Seite wird dazu eine Druckvorschau eingeblendet. Über diverse Listenfelder können Sie wichtige Druckeinstellungen verändern, z. B. Papierformat, ein- oder beidseitiger Duck etc.

Unter *Freigaben* finden Sie Möglichkeiten, ein Tabellendokument auf dem Onlinespeicher SkyDrive abzulegen, per E-Mail an einen Kollegen zu senden oder auf einem SharePoint-Server abzulegen.

Sie können hier auf Excel-Services zurückgreifen oder den Dateityp eines Tabellendokuments verändern. Über das Register kann ein Dokument in die Formate PDF oder XPS konvertiert werden.

In zwei weiteren Registern finden Sie den Hilfe-Dialog von Excel 2010 und den Einrichtungsdialog. Mit *Beenden* schließen Sie das Programm.

Viele der genannten Dialoge und Funktionen werden Sie in späteren Kapiteln näher kennenlernen.

3.2 Daten in einer Tabelle erfassen und formatieren

Bevor Sie eine Tabelle erstellen, machen Sie sich Gedanken darüber, wie Sie an diese Arbeit herangehen. Welche Daten sollen erfasst werden? Handelt es sich um eine kleine, relativ einfache Tabelle oder um ein umfangreiches Tabellenprojekt mit verschiedenen Formeln, Funktionen und Auswertungen?

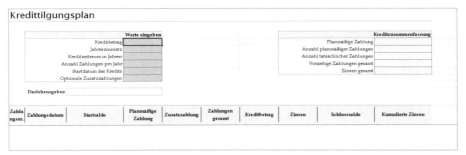

So könnte Ihre Tabelle aussehen. Eine Überschrift zeigt, welche Inhalte erfasst werden. Alle Eingabezellen sind beschriftet. Die Zellen sind farblich formatiert. Formeln für die Auswertung der Daten sind bereits enthalten.

Gerade bei großen Tabellen müssen Sie zuvor ein paar Grundüberlegungen durchführen. Halten Sie diese mit Notizen fest. Notieren Sie:

> Welche Daten sollen erfasst werden?
> Welche Auswertungen sind nötig?
> Welche Rechnungen müssen ausgeführt werden?

Ist nur eine Tabelle notwendig, müssen Sie nicht viel mehr tun. Sie können sofort mit der Umsetzung der Aufgabe beginnen.

Bei mehreren Tabellen erstellen Sie am besten ein Diagramm. Aus diesem soll vor allem hervorgehen, welche Tabellen mit anderen in Verbindung stehen und welche für sich stehen.

In den folgenden Abschnitten gehen wir zuerst von einfachen, kleineren Tabellenprojekten aus. Anhand von verschiedenen Beispielen erfahren Sie, wie Sie Daten eingeben, Tabellen formatieren sowie kleinere Berechnungen und Auswertungen ausführen.

Daten effektiv eingeben

Überlegen Sie sich zunächst, wie eine Tabelle angeordnet werden soll. Lassen Sie für eine Überschrift mehrere Zeilen frei. Achten Sie darauf, das alle Zellen, Spalten und Zeilen, in die später Daten eingegeben werden sollen, beschriftet werden.

Für die Eingabe von Daten setzen Sie den Cursor in die erste Zeile und geben den Wert oder die Beschriftung ein. Bestätigen Sie mit [Enter]. Excel 2010 bringt die Eingabemarke automatisch in die nächste, darunterliegende Zelle. Hier können Sie den nächsten Wert eingeben.

Die Tabellenkalkulation versucht zu erkennen, um welche Art von Daten es sich handelt, und formatiert diese entsprechend. Das gelingt nicht immer. So kann Excel nicht zwischen 123.450,65 Euro und 123.450,65 unterscheiden. Hier sollten Sie zuerst das Zahlenformat festlegen und dann die Daten in die Tabelle eingeben.

Wenn Sie Zahlen- und Eingabefolgen erstellen, können Sie auf die Auto-Ausfüllen-Funktion von Excel 2010 zurückgreifen. Monatsnamen, Wochentage und logische Zahlenfolgen sind so schnell erstellt.

Die Arbeit mit AutoAusfüllen erspart Ihnen Tipparbeit. Sie können ganz schnell eine Wertereihe füllen. Auch Datumsangaben, Monatsnamen oder Zeitangaben sind auf diese Weise schnell eingetragen.

AutoAusfüllen mit Werten

Tragen Sie einen Wert in Ihre Tabelle ein. Ziehen Sie diesen in die benachbarten Zellen nach links oder nach unten. Der gleiche Wert wird in die Nachbarzellen übertragen.

1 Tragen Sie zwei Werte ein, die miteinander in Verbindung stehen. Im Beispiel werden *243* und *486* verwendet. Damit die Werte korrekt eingetragen werden, geben Sie *243,0* und *486,0* ein.

2 Legen Sie das für Ihre Zwecke passende Zahlenformat fest.

3 Markieren Sie beide Zellen. Ziehen Sie den Anfasser nach links oder unten. Bereits beim Ziehen zeigt Excel an, welche Werte es in die Zellen setzt. Excel ersetzt die Inhalte der Nachbarzellen.

Wichtig ist, dass Sie die Zellen Ihrer Tabelle mit dem richtigen Zahlenformat versehen. Nach dem Eintragen der ersten Werte verwenden Sie die Funktion AutoAusfüllen. Excel wird die vorgegebenen Werte entsprechend ergänzen.

Beim AutoAusfüllen finden Sie in der linken unteren Ecke des letzten Wertes eine Symbolschaltfläche. Klicken Sie darauf, erhalten Sie verschiedene Auswahloptionen. Hier können Sie bestimmen, ob Sie Zellen kopieren, Datenreihen ausfüllen,

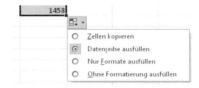

nur die Formate ausfüllen oder ohne die Formatierung die Zellen ausfüllen möchten.

AutoAusfüllen am Beispiel von Datums- und Zeitangaben

Sie kennen das sicher: In einer Tabelle sollen bestimmte Daten für jeden Tag aufgenommen werden. In der Überschriftenzeile muss jeder Tag als Datum erscheinen. Auch hier hilft das AutoAusfüllen. Es genügt, den ersten Wert einzugeben. Das kann ein Datum, der Name eines Wochentags oder ein Monatsname sein. Excel erkennt die Eingabe und wählt das passende Zahlenformat. Im nächsten Schritt können Sie die weiteren Überschriften mit AutoAusfüllen ergänzen.

Eine Datumsreihe anlegen:

1 Tragen Sie in die erste Zelle das Anfangsdatum der Datumsreihe ein. Im Beispiel soll dies der *17.03.2010* sein.

2 Füllen Sie die benachbarten Zellen mit AutoAusfüllen aus.

3.2 Daten in einer Tabelle erfassen und formatieren

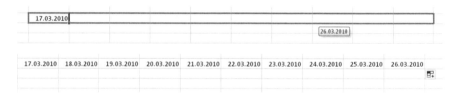

3   Öffnen Sie den Optionsdialog am Ende des letzten Datums. Wählen Sie *Wochentage ausfüllen*. Die Daten, die auf ein Wochenende fallen, werden entfernt. Excel ergänzt das von Ihnen eingegebene Datum um die Daten der folgenden Arbeitstage.

17.03.2010 18.03.2010 19.03.2010 22.03.2010 23.03.2010 24.03.2010 25.03.2010 26.03.2010 29.03.2010 30.03.2010

Bei einer Datumsreihe können Sie die Optionen *Tage ausfüllen*, *Wochentage ausfüllen*, *Monate ausfüllen* oder *Jahre ausfüllen* wählen. Sie bestimmen so den Inhalt der Datumsreihe. Statt den Tagesnamen auszuschreiben, können Sie auch Abkürzungen verwenden. Schreiben Sie *Mo*, *Di*, *Mi*, *Do*, *Fr*, *Sa* und *So*.

Eine Liste mit Monatsnamen erstellen Sie folgendermaßen:

1   Geben Sie in die erste Zelle Ihrer Tabelle *Januar* ein.

2   Verwenden Sie AutoAusfüllen, um alle benachbarten Zellen mit den Folgemonaten zu füllen.

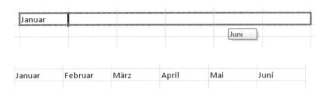

Auch bei Monatsnamen können Sie Abkürzungen verwenden. Schreiben Sie *Jan*, *Feb*, *Mrz*, *Apr*, *Mai*, *Jun*, *Jul*, *Aug*, *Sep*, *Okt*, *Nov*, *Dez*.

Mit Listen arbeiten

Bei Ihren Tabellen kommt immer wieder die gleiche Reihenfolge von aufeinanderfolgenden Namen oder Daten vor. Excel kann jedoch die Datenreihe mit AutoAusfüllen nicht ergänzen. Die Lösung: Sie erstellen eine benutzerdefinierte Liste. Einmal erstellt, können Sie die Listeneinträge immer wieder verwenden.

Sie benötigen zum Beispiel immer wieder Tabellen mit den gleichen Produktreihen.

1 Öffnen Sie die Backstage-Ansicht. Wählen Sie *Optionen*. Klicken Sie im Register *Erweitert* auf die Schaltfläche *Benutzerdefinierte Listen bearbeiten*. Sie müssen ein wenig nach unten scrollen. Die genannte Schaltfläche befindet sich ganz unten in diesem Register, Abschnitt *Allgemein*:

2 Tragen Sie in der rechten Spalte den Namen oder die Nummer des ersten Artikels ein. Im Beispiel wird eingetragen: *Artikel 042.001*. Drücken Sie (Enter). Tragen Sie den nächsten Artikel ein. Fahren Sie so fort, bis alle Artikelbezeichnungen in der rechten Spalte des Dialogs stehen.

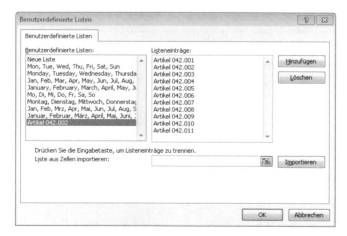

3 Klicken Sie auf die Schaltfläche *Hinzufügen*. Die benutzerdefinierte Liste erscheint nun in der linken Liste.

4 Schließen Sie den Dialog mit *OK*. Klicken Sie noch einmal auf *OK*, um auch den Dialog der Optionen zu schließen.

Mit Excel gibt es noch eine zweite Möglichkeit, eine benutzerdefinierte Liste zu erstellen: Sie übernehmen eine Datenreihe aus einer vorhandenen Tabelle.

Ein Beispiel: Sie benötigen immer wieder Tabellen mit den Namen Ihrer Mitarbeiter. Nehmen wir an, eine solche Tabelle ist bereits vorhanden.

1 Markieren Sie die Zellen mit den Namen der Mitarbeiter.

2 Öffnen Sie den Dialog *Benutzerdefinierte Listen*. Im Feld *Liste aus Zellen importieren* sind bereits die Zellen mit den markierten Namen eingetragen. Im Beispiel enthält die Liste 128 Einträge. Die Namen befinden sich in der Tabelle in den Zellen A1:A128. Im Feld *Liste aus Zellen importieren* steht nun:

$A$1:$A$128

3 Klicken Sie auf *Importieren*.

4 Schließen Sie die beiden geöffneten Dialoge.

Sie können den Bereich, der die Daten für die benutzerdefinierte Liste enthält, auch nachträglich übernehmen. Ein Beispiel:

1 Öffnen Sie den Dialog *Benutzerdefinierte Listen*.

2 Klicken Sie auf das kleine Symbol am Ende des Felds *Liste aus Zellen importieren*. Der Dialog wird minimiert. Nur eine kleine Fensterzeile ist noch sichtbar.

3 Markieren Sie die Zellen mit den Daten, die Sie als Liste übernehmen wollen. Die Adresse des Bereichs wird in das Feld *Benutzerdefinierte Listen* übernommen. Klicken Sie auf das Symbol am Ende des minimierten Dialogs. Der Dialog wird vergrößert und enthält die Adresse des markierten Bereichs.

4 Klicken Sie auf *Importieren* und zweimal auf *OK*.

Möchten Sie Daten aus nicht zusammenhängenden Zellen in eine benutzerdefinierte Liste übernehmen, halten Sie die Taste [Strg] gedrückt und markieren nacheinander alle Zellen. Ein Beispiel für einen so übernommenen Bereich:

$A$4;$A$7;$A$10;$A$12;$A$15:$A$19

Zellen, Zeilen und Spalten einfügen, löschen und bearbeiten

Im Bereich *Zeilen* des Registers *Start* finden Sie alle Funktionen, die Sie für das Einfügen von Zellen, Zeilen und Spalten benötigen. Hier können Sie auch Spalten und Zeilen löschen.

Zeilen einfügen

Sie stellen fest, dass in Ihrer Tabelle im mittleren Bereich eine Zeile eingefügt werden muss. Gehen Sie wie folgt vor:

1 Setzen Sie den Mauscursor an die Position, über der eine Zeile eingefügt werden soll.

	A	B	C	D	E	F
1	Produkt	Kunde	Qrtl 1	Qrtl 2	Qrtl 3	Qrtl 4
2	Alice Mutton	ANTON	- €	702,00 €	- €	- €
3	Aniseed Syrup	ALFKI	- €	- €	- €	60,00 €
4	Boston Crab Meat	ANTON	- €	165,60 €	- €	- €
5	Camembert Pierrot	ANATR	- €	- €	340,00 €	- €
6	Chef Anton's Cajun Seasoning	BERGS	- €	- €	237,60 €	- €
7	Chef Anton's Gumbo Mix	MAGAA	- €	- €	288,22 €	- €
8	Filo Mix	VINET	- €	- €	- €	126,00 €
9	Gorgonzola Telino	AROUT	- €	- €	- €	625,00 €
10	Grandma's Boysenberry Spread	MEREP	- €	- €	1.750,00 €	- €

2 Wechseln Sie in das Register *Start*. Öffnen Sie das Listenmenü *Einfügen*. Wählen Sie *Blattzeilen einfügen*.

Über die eingeblendete Schaltfläche können Sie bestimmen, ob das gleiche Format wie in der darüberliegenden oder in der darunterliegenden Zeile verwendet wird. Auch das Löschen der Formatierung ist möglich.

Die Maße von Spalten und Zeilen anpassen

Das Anpassen der Breite und der Höhe von Zeilen und Spalten können Sie Excel überlassen. Im Register *Start* der Multifunktionsleiste finden Sie im Bereich *Zellen* alle dafür notwendigen Funktionen. Klicken Sie auf *Format* und wählen Sie *Zeilenhöhe automatisch anpassen* oder *Spaltenbreite automatisch anpassen*.

Möchten Sie nur die Breite von Spalten oder die Höhe von Zeilen verändern, ziehen Sie diese einfach auf die gewünschte Größe. Dabei wird immer das aktuelle Maß angezeigt.

Bei großen Tabellen ist es zu aufwendig, die Größe jeder Spalte oder Zeile mit der Maus festzulegen. Das kann in einem Arbeitsgang schnell erledigt werden:

1 Ziehen Sie eine Spalte der Tabelle auf die gewünschte Größe. Merken Sie sich das Maß. Im Beispiel wird die Spalte B auf eine Breite von 21,0 gezogen.

2 Markieren Sie die Tabelle. Wählen Sie im Register *Start* der Multifunktionsleiste *Format/Spaltenbreite*. Tragen Sie *21,0* ein. Bestätigen Sie mit *OK*.

In gleicher Weise können Sie beim Anpassen der Zeilenhöhe vorgehen. Mit *Spaltenbreite automatisch anpassen* orientiert sich Excel an dem Inhalt der Zellen und passt entsprechend die Breite der Spalten an. Gleiches gilt für die Höhe der Zeilen bei der Funktion *Zeilenhöhe automatisch anpassen*.

Zellen zusammenfassen

Öffnen Sie das Auswahlmenü *Verbinden und zentrieren* im Register *Start*, finden Sie vier verschiedene Befehle vor. Die Unterschiede dieser Befehle sehen Sie in der folgenden Tabelle:

Befehl	Funktion
Verbinden und zentrieren	Verbindet alle markierten Zellen zu einer Zelle. Der Inhalt der neuen Zelle wird zentriert. Enthalten die Zellen Daten, bleiben nur die Daten der ersten Zelle erhalten.
Verbinden über	Verbindet alle markierten Zellen zeilenweise. Nur die Spaltenände werden gelöst. Enthalten die Zellen Daten, bleiben nur die Daten der ersten Spalte erhalten.
Zellen verbinden	Die markierten Zellen werden verbunden. Enthalten die Zellen Daten, bleiben nur die Daten der ersten Zelle erhalten.
Zellverbund aufheben	Hebt eine Verbindung zwischen den Zellen wieder auf.

Um den Unterschied zwischen *Verbinden und zentrieren* sowie *Zellen verbinden* einerseits und *Verbinden über* andererseits deutlich zu machen, folgt ein kleines Beispiel. Zuerst die unveränderten Zellen:

3.2 Daten in einer Tabelle erfassen und formatieren

Wenden Sie auf diese Zellen einen der Befehle *Verbinden und zentrieren* oder *Zellen verbinden* an, sieht das Ergebnis wie folgt aus:

Eine übergroße Zelle entsteht. Das können Sie gut verwenden, um eine Überschrift oder eine Bilddatei unterzubringen.

Mit *Verbinden über* sieht das Ergebnis wie folgt aus:

Zahlenformate zuordnen und individuell erstellen

Um mit den Werten in einer Tabelle rechnen zu können, müssen diese formatiert werden. Excel muss wissen, ob es sich um Währungsbeträge, Prozentangaben, Maßangaben, Kilometer oder andere Formate handelt. Nur dann können die Werte richtig verrechnet werden.

In einer Tabelle sollen die eingegebenen Werte als Euro-Beträge formatiert werden. Das geht am schnellsten über die Schnellformatierungen in der Multifunktionsleiste. Im folgenden Beispiel soll der Inhalt einer Tabelle mit einem Währungsformat versehen werden.

	Januar	Februar	März	April
Frank Mustermann	230	300,8	410,8	420
Marko Beispiel	430,8	420,5	430,8	430,3
Hans Test	650,5	400	450,8	400,8
Ulrich Beispiel	450,8	430	500,9	390,9
Franz Test	400	420	480,9	450,5

Ohne zugeordnete Zahlenformate kann man nur erahnen, was in dieser Tabelle dargestellt wird. Die Cent-Beträge werden nicht dargestellt. Das Euro-Symbol fehlt. Es könnten auch Dollar sein oder vielleicht gar keine Geldbeträge.

1 Achten Sie darauf, dass die Multifunktionsleiste das Register *Start* zeigt. Markieren Sie bei gedrückt gehaltener Maustaste den Zellbereich, der mit einem Zahlenformat versehen werden soll. Einzelne nicht zusammenhängende Zellen können Sie markieren, indem Sie die Taste [Strg] gedrückt halten und jede Zelle mit der Maus anklicken.

2 Klicken Sie auf das Symbol *Buchhaltungszahlenformat*. Es ist voreingestellt auf die Euro-Währung (das in Windows eingestellte Währungssymbol). Benötigen Sie Dollar für Ihre Tabelle, öffnen Sie das Listenmenü und wählen diese Währung aus.

	Januar	Februar	März	April
Frank Mustermann	230,00 €	300,80 €	410,80 €	420,00 €
Marko Beispiel	430,80 €	420,50 €	430,80 €	430,30 €
Hans Test	650,50 €	400,00 €	450,80 €	400,80 €
Ulrich Beispiel	450,80 €	430,00 €	500,90 €	390,90 €
Franz Test	400,00 €	420,00 €	480,90 €	450,50 €

Mit einem Klick auf das Symbol Buchhaltungszahlenformat führt Excel 2010 zwei Arbeitsschritte aus: Zum einen wird eine Dezimalstelle hinzugefügt. Zum anderen wird das Euro-Symbol ergänzt. Nun sind die Tabelleninhalte klar als Geldbeträge zu erkennen.

Auf die gleiche Weise können Sie Prozentwerte formatieren. Auch hierfür gibt es ein Symbol im Zahlenbereich der Multifunktionsleiste. Außerdem können Sie hier mit einem Mausklick ein Tausendertrennzeichen  einfügen, eine Dezimalstelle hinzufügen und eine solche entfernen. Über das Listenmenü *Zahl/Standard* werden weitere Zahlenformate festgelegt. Ein Beispiel:

Die Werte einer Spalte sollen als Datumswerte formatiert werden.

1 Markieren Sie die Spalte.

2 Klicken Sie auf den Pfeil hinter der Symbolschaltfläche *Standard* in der Multifunktionsleiste. Scrollen Sie in der Liste nach unten. Wählen Sie *Datum, lang*.

Excel 2010 bietet Ihnen zwei unterschiedliche Datumsformate in diesem Listenmenü an. Dabei bedeutet *Datum, lang* nichts anderes, als dass der Wochentag und der Monatsname hinzugefügt werden. Die Anwendung des Zahlenformats *Datum, kurz* ist in der Regel nicht notwendig. Excel erkennt den eingegebenen Wert und formatiert eine Datumsangabe bereits als solche.

3.2 Daten in einer Tabelle erfassen und formatieren

| 21.04.2010 |
| Mittwoch, 21. April 2010 |

In der oberen Zelle sehen Sie das häufig verwendete Format Datum, kurz. Darunter befindet sich die lange Schreibweise.

Über die genannte Schaltfläche können Sie Ihren Werten die Formate *Währung, Zahlenformat, Buchhaltung, Datum kurz, Datum, lang, Zeit, Prozent, Bruch, Exponentialzahl* und *Text* zuteilen.

Nicht immer reichen die Möglichkeiten der Multifunktionsleiste aus. Doch Excel bietet Ihnen weit mehr Zahlenformate, als Sie auf den ersten Blick sehen. Sie erreichen diese über die Schaltfläche ganz unten im Abschnitt *Zahl* der Multifunktionsleiste (nach rechts unten zeigendes Pfeilsymbol) bzw. über das Kontextmenü *Zellen formatieren*. Alle Formatierungen sind in Kategorien eingeteilt. Zu jeder Kategorie gibt es mehrere Formatmöglichkeiten.

Zu den aus der Multifunktionsleiste bekannten Zahlenformatierungen kommen die Kategorien *Text, Wissenschaft* und *Sonderformat* hinzu. Mit Letzterem können Zellinhalte z. B. als Postleitzahl, Versicherungsnummer oder ISBN formatiert werden.

Zahlenwerte als Text formatieren

Verwenden Sie für Zahlen nur dann das Format *Text*, wenn Sie mit den Zahlenwerten nicht rechnen wollen. Beachten Sie, dass es bei Zahlen, die als Text formatiert wurden, zu Problemen bei der Sortierung kommen kann.

In unserem Beispiel sollen negative Werte in Rot mit einem vorangestellten Minuszeichen dargestellt werden.

1 Markieren Sie alle Zellen, die formatiert werden sollen.

2 Öffnen Sie den Dialog *Zellen formatieren*.

Wählen Sie die Kategorie *Währung*. Markieren Sie rechts im Dialog die untere rote Zahl. Bei ihr werden negative Beträge mit einem vorangesetzten Minus und der Farbe Rot formatiert. Bestätigen Sie mit *OK*.

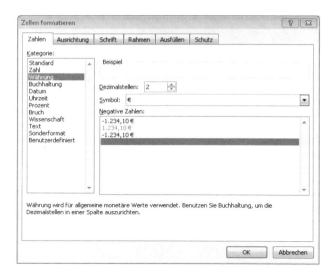

Die Formate Buchhaltung und Währung

Die beiden Formate *Buchhaltung* und *Währung* ähneln sich sehr. Es gibt allerdings einige kleine Unterschiede:

Das Minuszeichen wird im Währungsformat direkt vor die Zahl geschrieben, im Buchhaltungsformat steht es am linken Rand der Zelle.

Die Null wird im Buchhaltungsformat als waagerechter Strich dargestellt.

Das Buchhaltungsformat fügt nach dem Währungssymbol noch ein Leerzeichen ein, d. h., der Inhalt ist am rechten Rand etwas eingerückt.

Es kann vorkommen, dass die vorgegebenen Formatierungen nicht ausreichen. In diesem Fall müssen Sie ein benutzerdefiniertes Format erstellen. Ein solches Format müssen Sie nur einmal erstellen. Es wird in Excel abgelegt und kann über die Kategorie *Benutzerdefiniert* immer wieder ausgewählt werden.

Excel verwendet Codes für die Darstellung der Zahlen. Jede Zahl wird als Null dargestellt. Je Ziffer wird eine Null verwendet. So bedeutet die folgende Formatierung eine dreistellige Zahl. Danach folgen ein Punkt und zwei Zahlen.

000.00

Diese Formatierung macht aus der Eingabe *23434* eine *00.234* und aus *12345,56* eine *12.346*.

Der Punkt wird hier als Tausendertrennzeichen verwendet. Möchten Sie dies nicht, setzen Sie ihn in Anführungszeichen. So lassen sich beispielsweise mehrstellige Produktnummern darstellen:

000"."000"."000

Diese Formatierung zeigt eine Zahl in drei Abschnitten mit jeweils drei Ziffern, getrennt durch einen Punkt.

Mithilfe des Punkts können Sie auch andere Zeichen und Texte anzeigen lassen.

Positive und negative Werte können Sie mit einer Farbe darstellen lassen. Der Name der gewünschten Farbe wird in einer eckigen Klammer vor den Zahlencode gesetzt. Ein Beispiel:

[Schwarz]0,00; [Gelb]-0,00

Sie sehen an diesem Beispiel, dass verschiedene Formatcodes mit einem Semikolon voneinander getrennt werden. Positive Zahlenwerte werden mit der Farbe Schwarz dargestellt, negative Werte in Gelb.

Die folgenden Farben können Sie in einem Formatcode verwenden:

[Blau] [Gelb] [Grün] [Magenta] [Rot] [Schwarz] [Weiß] [Zyan]

Neben diesen Farbbezeichnungen können Sie Farben aus der Windows-Farbpalette zuordnen. Dabei setzen Sie in eckige Klammern das Codewort *Farbe* gefolgt von einer Zahl zwischen 0 und 56. Ein Beispiel:

[Farbe 39] 000,00

In der folgenden Tabelle sehen Sie die Codes, die Sie bei einer benutzerdefinierten Formatierung verwenden können, und ihre Bedeutung:

Code	Bedeutung
0	Eine einzelne Ziffer. Mehrere Nullen stehen für die entsprechende Anzahl Ziffern. Nicht vorhandene Stellen werden mit Nullen aufgefüllt. Mit dem Formatcode *0000* wird aus *123* ein *0123*.
,	Komma. Bestimmen Sie, wie viele Zeichen eine Zahl nach dem Komma hat. *0,000* bedeutet, dass der Inhalt einer Zelle mit drei Stellen nach dem Komma formatiert wird.
.	Tausendertrennzeichen

Code	Bedeutung
#	Mit diesem Code werden nur eingegebene Zahlen angezeigt. Stellen nach dem Komma werden gerundet. Beispiel: ###,# macht aus *989,78* eine *989,8*.
@	Die nach diesem Codezeichen folgenden Zeichen werden als Text ausgegeben.
?	Nicht angegebene Nullen werden als Leerzeichen ausgegeben. Das trifft auf beide Seiten der Dezimalstelle zu. Zahlenwerte werden am Komma ausgerichtet.
_	Leerraum. Die nachfolgenden Zeichen bestimmen die Größe dieses Leerraums.
*	Wiederholt das auf eine Zahl folgende Zeichen. Mit *x wird die Zelle mit dem Zeichen *x* gefüllt.
%	Der eingegebene Wert wird mit 100 multipliziert. Dem ausgegebenen Wert wird ein Prozentzeichen hinzugefügt.
	Euro-Zeichen.

> **Rückgängigmachung von Zahlenformatierungen**
>
> Falsch eingetragene Werte können Sie einfach löschen, oder Sie stellen mit der Funktion *Rückgängig* den Zustand vor dem Eintrag wieder her. Bei einem Zahlenformat funktioniert dies leider nicht. Löschen Sie den Inhalt einer Zelle, bleibt das Zahlenformat erhalten. Die Lösung: Weisen Sie ein neues Zahlenformat zu.

Eine typische Tabelle erstellen und formatieren

Bei der Formatierung von Tabellen in Excel können Sie auch auf schnell anwendbare Formatbefehle oder auf Formatvorlagen zurückgreifen. Diese finden Sie im Register *Start* im Bereich *Formatvorlage*. Excel 2010 unterscheidet zwischen drei unterschiedlichen Arten der Formatierung. Welche das sind und was sich dahinter verbirgt, sehen Sie in der folgenden Tabelle:

Art der Formatierung	Zweck, Auswirkung
Bedingte Formatierung	Heben Sie bestimmte Zellen Ihrer Tabelle hervor. Verweisen Sie auf besondere Werte. Sie können auf Datenleisten, Farbskalen und auf Symbolsätze zurückgreifen. Die Hervorhebung erfolgt mit einer vorgegebenen Regel. Alternativ können Sie auch eine eigene Regel erstellen.
Als Tabelle formatieren	Formatieren Sie einen Zellbereich als Tabelle. Der markierte Bereich wird dabei in eine Tabelle konvertiert.
Zellenformatvorlagen	Formatiert eine markierte Zelle. Die vorgegebenen Zellformatvorlagen können durch eigene Kreationen ergänzt werden.

Zellenformatvorlagen verwenden

Wenden wir einmal eine Zellenformatvorlage an. Im dazugehörigen Dialog sind die Formatierungen entsprechend ihrer Anwendung sortiert. So fällt es leicht, die passende Formatvorlage zu finden. Hier sehen Sie nun die Ausgangstabelle für dieses Beispiel:

1. Markieren Sie die Überschrift in der Tabelle. Öffnen Sie das Auswahlmenü *Zellenformatvorlagen*. Wählen Sie mit einem Mausklick *Überschrift 3*. ie finden sie an vorletzter Stelle unter *Titel und Überschriften*.

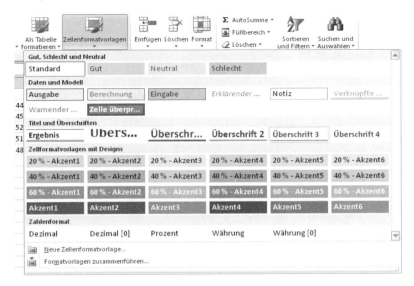

2. Wiederholen Sie Schritt 1 mit den Zeilenüberschriften der Tabelle.

3. Markieren Sie den Datenbereich der Tabelle. Öffnen Sie wieder das Auswahlmenü *Zellenformatvorlagen*. Wählen Sie die Formatvorlage *Eingabe* aus dem Bereich *Daten und Modell*.

	Januar	Februar	März	April
Frank Mustermann	230,00 €	300,80 €	410,80 €	420,00 €
Marko Beispiel	430,80 €	420,50 €	430,80 €	430,30 €
Hans Test	650,50 €	400,00 €	450,80 €	400,80 €
Ulrich Beispiel	450,80 €	430,00 €	500,90 €	390,90 €
Franz Test	400,00 €	420,00 €	480,90 €	450,50 €

Die Tabelle benötigt noch eine Überschrift. Auch diese muss gestaltet werden. Eine Überschrift über der gesamten Tabelle sorgt dafür, dass der Anwender sofort weiß, welchen Zweck die Tabelle erfüllt.

1 Setzen Sie den Cursor in die Zelle A1. Wählen Sie im Register *Start Einfügen/Zellen einfügen*. Schalten Sie die Option *Ganze Zeile* an und bestätigen Sie.

2 Wiederholen Sie den ersten Schritt weitere drei Male.

3 Markieren Sie alle Zellen der Spalte A, die eine Überschrift enthalten. Klicken Sie auf die Symbolschaltfläche *Fett*.

4 Markieren Sie den Bereich B2 bis G4. Klicken Sie auf *Verbinden und zentrieren*. Die markierten Zellen werden zu einer Zelle zusammengefasst.

5 Setzen Sie den Cursor in die neu entstandene übergroße Zelle und geben Sie die Überschrift ein. Im Beispiel verwenden wir *Umsätze Mitarbeiter freies Büro Mustermann*.

6 Markieren Sie die Überschrift. Öffnen Sie *Zellenformatvorlagen* und wählen Sie *Überschrift*.

Formatierungen lassen sich jedoch auch über die Zwischenablage kopieren. So können Sie eine einmal erstellte Formatierung auch auf eine andere Tabelle anwenden. Umfangreiche Formatierungen halten Sie in einer Vorlage fest.

Daten als Tabelle formatieren

Die Formatvorlagen unter *Als Tabelle formatieren* sind interessant, wenn Sie nur Daten und Überschriften in Ihrer Tabelle haben und diese noch nicht formatiert sind – praktisch eine „nackte" Datentabelle. Ein Beispiel sehen Sie hier:

Name	Vorname	Straße	Ort	PLZ	Telefon
Testhausen	Hans	Musterstraße 12	Berlin	12429	030 1234897
Mustermann	Werner	Testplatz 4a	Berlin	13359	030 2317748
Beispiel	Maria	Am Musterdamm 42	Berlin	14890	030 9845185
Testhausen	Franz	Beispielstrasse 8	Zittau	02763	03583 129845
Mustermann	Monika	Testplatz 12	Zittau	02763	03583 984526
Testmann	Mario	Musterdamm 31	Berlin	13359	030 7823810
Beispielhausen	Heiko	Beispielplatz 14	Berlin	12346	030 2318904
Mustermann	Sebastian	Am Bahnhof 4	Uebigau-Wahrenbrück	04938	0172 673410067
Test	Marco	Musterstrass 42	Zittau	02763	03583 123489

1 Markieren Sie die Tabelle. Der Bereich mit Ihren Daten muss ebenso markiert sein wie die Überschriften der einzelnen Spalten.

2 Öffnen Sie das Auswahlmenü *Als Tabelle formatieren*. Wählen Sie mit einem Mausklick die Formatvorlage *Mittel 4*. Das ist die zweite Formatvorlage im Bereich *Mittel*.

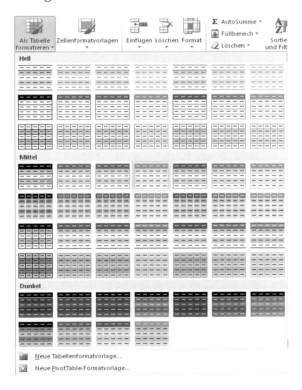

3 Im Dialog *Als Tabelle formatieren* ist der markierte Bereich bereits eingetragen. Achten Sie darauf, dass die Option *Tabelle hat Überschriften* aktiviert ist. Bestätigen Sie mit OK.

Name	Vorname	Straße	Ort	PLZ	Telefon
Testhausen	Hans	Musterstraße 12	Berlin	12429	030 1234897
Mustermann	Werner	Testplatz 4a	Berlin	13359	030 2317748
Beispiel	Maria	Am Musterdamm 42	Berlin	14890	030 9845185
Testhausen	Franz	Beispielstrasse 8	Zittau	02763	03583 129845
Mustermann	Monika	Testplatz 12	Zittau	02763	03583 984526
Testmann	Mario	Musterdamm 31	Berlin	13359	030 7823810
Beispielhausen	Heiko	Beispielplatz 14	Berlin	12346	030 2318904
Mustermann	Sebastian	Am Bahnhof 4	Uebigau-Wahrenbrück	04938	0172 673410067
Test	Marco	Musterstrass 42	Zittau	02763	03583 123489

Die Multifunktionsleiste wird um den Menüeintrag *Tabellentools/Entwurf* erweitert. Hier können Sie bequem den Namen der Tabelle ändern, eine andere Formatvorlage wählen und verschiedene andere Einstellungen festlegen.

Auch die Formatvorlage lässt ich hier noch einmal verändern. Sehr praktisch ist das Ändern der Größe der Tabelle. In der rechten unteren Ecke der Tabelle finden Sie einen Anfasser. Ziehen Sie ihn einfach, bis die Tabelle die gewünschte Größe besitzt.

Jede Spalte der Tabelle ist bereits mit einem AutoFilter versehen. In der Multifunktionsleiste lassen sich verschiedene Formatoptionen auf einfache Weise an- oder ausschalten. So können Sie die Überschrift an- oder ausschalten oder auch gerade und ungerade Zeilen unterschiedlich formatieren. All dies geschieht im Bereich *Optionen für Tabellenformat*. Was diese bewirken, sehen Sie in der folgenden Tabelle:

Formatbefehl	Bedeutung
Überschrift	Schaltet die Überschriftenzeile an bzw. aus.
Ergebniszeile	Fügt der Tabelle eine Zeile hinzu. Betitelt wird diese mit *Ergebnis*. Angezeigt wird die Zahl der Einträge. Über eine Schaltfläche lässt sich ein Listenmenü öffnen. Hier können andere Rechenfunktionen ausgewählt werden.
Erste Spalte	Hebt die erste Spalte der Tabelle mit einer besonderen Formatierung hervor.
Letzte Spalte	Hebt die letzte Spalte der Tabelle mit einer besonderen Formatierung hervor.

Formatbefehl	Bedeutung
Verbundene Zeilen	Verwendet für gerade und ungerade Zeilen eine helle bzw. dunkle Hintergrundfarbe.
Verbundene Spalten	Verwendet für gerade und ungerade Spalten eine helle bzw. dunkle Hintergrundfarbe.

Wichtige Kennzahlen mit einer bedingten Formatierung sofort im Blick

Eine bedingte Formatierung eignet sich sehr gut, um bestimmte Daten hervorzuheben. Hervorheben können Sie zum Beispiel die zehn obersten Daten, Daten, die innerhalb eines bestimmten Wertebereichs liegen, doppelte Werte und bestimmte Textelemente.

Andere Anwendungsmöglichkeiten sind die folgenden Fragen:

- In welchen Monaten oder bei welchen Produkten lagen in den letzten fünf Jahren besonders niedrige Gewinne vor?
- Bei welchen Produkten geht die Verkaufszahl zurück? Wo bricht die Nachfrage ein?
- Welcher Vertreter oder welcher Firmensitz hat im letzten Monat mehr als 30.000 Euro Gewinn erwirtschaftet?
- Wie sieht die Entwicklung bestimmter Aktien und Devisen aus?
- Welche Teilnehmer eines Kurses liegen mit ihren Ergebnissen über oder unter dem Durchschnitt?

Diese und andere Fragen lassen sich leicht mit einer bedingten Formatierung hervorheben. Dabei haben Sie die Wahl, vorgefertigte Formatvorlagen aus Excel zu verwenden oder eigene Regeln zu erstellen.

Eine Warentabelle enthält verschiedene Artikel und zeigt, wann wie viele Artikel bestellt wurden. Mit einer bedingten Formatierung sollen die drei höchsten Bestellsummen gekennzeichnet werden.

1 Markieren Sie die Spalte *Bestellsumme*.

2 Achten Sie darauf, dass die Multifunktionsleiste das Register *Start* zeigt. Wählen Sie *Bedingte Formatierung/Obere/untere Regel/Obere 10 Elemente*.

3 Im zugehörigen Dialog legen Sie die Bedingungen für die Formatierung fest. Wann soll welche Formatierung angewandt werden? Tragen Sie den Wert 3 ein. Lassen Sie die Vorgabe *hellroter Füllung 2* stehen. Bestätigen Sie mit *OK*.

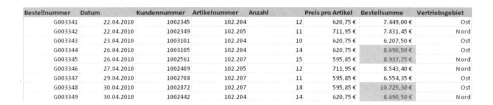

Werte mit Datenleisten und Farbskalen hervorheben

Datenleisten und Farbskalen zeigen die Höhe der Werte anhand von Farbbalken und Farben an. Anhand der Bestellliste soll dies einmal gezeigt werden:

1 Markieren Sie die Spalte *Bestellsumme*.

2 Achten Sie darauf, dass die Multifunktionsleiste das Register *Start* zeigt. Wählen Sie *Bedingte Formatierung/Datenbalken*. Wählen Sie die mittlere graduelle Füllung in der zweiten Reihe.

Anhand der Länge der Farbbalken sehen Sie auf einen Blick, welche die höchsten und welche die niedrigsten Einnahmen sind.

In der QuickInfo zu jeder bedingten Formatierung können Sie die Besonderheiten einer Kennzeichnung ablesen. So lesen Sie hier, woran sich die farbliche Gestaltung orientiert. Sie können Farbverläufe (graduelle Füllungen), einfarbige Füllungen, Farbskalen und Symbolsätze verwenden. Bei den Füllungen zeigt die Länge des Datenbalkens die Höhe des Wertes in der Zelle an. Bei den Farbskalen wird diese Information durch die Stärke der Farbe verdeutlicht.

3.2 Daten in einer Tabelle erfassen und formatieren

Anzahl	Preis pro Artikel	Bestellsumme	Vertriebsgebiet
12	620,75 €	7.449,00 €	Ost
11	711,95 €	7.831,45 €	Nord
10	620,75 €	6.207,50 €	Ost
14	620,75 €	8.690,50 €	Ost
15	595,85 €	8.937,75 €	Nord
12	711,95 €	8.543,40 €	Nord
11	595,85 €	6.554,35 €	Ost
18	595,85 €	10.725,30 €	Ost
14	620,75 €	8.690,50 €	Nord

Werte mit Symbolsätzen hervorheben

Ein Symbolsatz kennzeichnet die Daten anhand von Schwellenwerten. Wählen Sie einen Symbolsatz mit drei Zeichen, steht ein Zeichen für niedrige, eines für mittlere und eines für hohe Werte. Excel bietet Ihnen für die Kennzeichnung Symbolsätze mit drei bis fünf Schwellenwerten an.

Das Programm bietet Ihnen ganz unterschiedliche Symbolsätze. Sie können anhand von Pfeilen oder kleinen Datenbalken Trends darstellen oder anhand der Farbe eines Symbols hervorheben, wie sich die Werte entwickelt haben. Auch eine Bewertung mit Sternsymbolen ist möglich. Passen Sie die Art der verwendeten Symbole an Ihre Daten an.

Möglich ist es auch, verschiedene bedingte Formatierungen zu kombinieren. So können Sie auf eine Spalte oder Zeile zugleich Datenbalken und Symbolsätze anwenden. In der Regel sorgt dies aber für eine verspielte, übersättigte Darstellung. Entscheiden Sie sich für einen Typ der möglichen bedingten Formatierungen.

In einer Tabelle sind die Summen der Bestellungen bestimmter Artikel eingetragen. Mithilfe eines Symbolsatzes sollen nun niedrige, mittlere und hohe Werte gekennzeichnet werden.

1 Markieren Sie den Datenbereich Ihrer Tabelle. Im Beispiel ist dies der Bereich B2:H10.

2 Wählen Sie *Bedingte Formatierung/Symbolsätze*. Wählen Sie den Symbolsatz *5 Bewertungen*.

Preis pro Artikel	Bestellsumme	Vertriebsgebiet
620,75 €	7.449,00 €	Ost
711,95 €	7.831,45 €	Nord
620,75 €	6.207,50 €	Ost
620,75 €	8.690,50 €	Ost
595,85 €	8.937,75 €	Nord
711,95 €	8.543,40 €	Nord
595,85 €	6.554,35 €	Ost
595,85 €	10.725,30 €	Ost
620,75 €	8.690,50 €	Nord

↘	7.449,00 €	✗	7.449,00 €	◐	7.449,00 €
↘	7.831,45 €	❗	7.831,45 €	◐	7.831,45 €
↓	6.207,50 €	✗	6.207,50 €	○	6.207,50 €
⇒	8.690,50 €	❗	8.690,50 €	◑	8.690,50 €
↗	8.937,75 €	❗	8.937,75 €	●	8.937,75 €
⇒	8.543,40 €	❗	8.543,40 €	◑	8.543,40 €
↓	6.554,35 €	✗	6.554,35 €	○	6.554,35 €
↑	10.725,30 €	✓	10.725,30 €	●	10.725,30 €
⇒	8.690,50 €	❗	8.690,50 €	◑	8.690,50 €

In diesem Beispiel sehen Sie drei verschiedene Symbolsätze. Die optische Wirkung ist ganz unterschiedlich. Nicht immer passt ein Symbolsatz zu den dargestellten Werten. Wählen Sie aus, welcher Symbolsatz für Ihre Tabelle geeignet ist.

Bedingte Formatierungsregeln verwalten und bearbeiten

Haben Sie verschiedene Regeln in einer Tabelle oder in einem Arbeitsblatt erstellt, können Sie diese im Dialog *Regel verwalten* einsehen und bearbeiten. Hier lässt sich eine Regel auch löschen oder anhalten. Sehen Sie im Folgenden ein Beispiel dazu.

In unserer Artikeltabelle wurden drei bedingte Formatierungen verwendet. Die Anzahl der verkauften Artikel wurde mit einem Sternsymbol gekennzeichnet. Ein hoher Verkauf wird hier mit einem gelben Stern markiert. Die zwei höchsten Preise wurden hervorgehoben. Die Höhe der Bestellsumme wurde mit Kästchen markiert.

Artikelnummer	Anzahl	Preis pro Artikel	Bestellsumme	Vertriebsgebiet
102.204 ☆	12	620,75 €	7.449,00 €	Ost
102.205 ☆	11	711,95 €	7.831,45 €	Nord
102.204 ☆	10	620,75 €	6.207,50 €	Ost
102.204 ☆	14	620,75 €	8.690,50 €	Ost
102.207 ☆	15	595,85 €	8.937,75 €	Nord
102.205 ☆	12	711,95 €	8.543,40 €	Nord
102.207 ☆	11	595,85 €	6.554,35 €	Ost
102.207 ☆	18	595,85 €	10.725,30 €	Ost
102.204 ☆	14	620,75 €	8.690,50 €	Nord

So sieht die Tabelle aus, deren bedingte Formatierungen nun eingesehen und verwaltet werden sollen.

Die Tabelle ist um zehn Einträge gewachsen. Einige der bedingten Formatierungen sollen auch auf die neuen Einträge angewandt werden. Doch nicht jede bedingte Formatierung ist in diesem Beispiel notwendig. Die Markierung der Preise pro Artikel soll entfernt werden. Dafür sollen die Kennzeichnungen von hohen oder niedrigen Bestellsummen verändert werden.

3.2 Daten in einer Tabelle erfassen und formatieren

1 Wechseln Sie in das Register *Start*. Wählen Sie *Bedingte Formatierung/Regel verwalten*.

2 In der Auswahlliste *Formatierungsregeln anzeigen für* wählen Sie *Dieses Arbeitsblatt*. Nun sind im unteren Bereich die erstellten Formatierungsregeln sichtbar. Für jede Regel werden das Format und der Tabellenbereich angezeigt.

3 Die Kennzeichnung der Anzahl der Bestellungen mit einem Sternsymbol soll im Beispiel bleiben. Nur der Datenbereich für diese bedingte Formatierung soll erweitert werden. Klicken Sie auf die Symbolschaltfläche *Dialog reduzieren* der ersten Regel. Markieren Sie den Bereich E2:E20. Klicken Sie auf *Dialog erweitern*, um in das Dialogfeld *Manager für Regeln zur bedingten Formatierung* zurückzugelangen. Wählen Sie im Dialog *Übernehmen*. Nun wird die Regel auch auf die neuen Zeilen in der Tabelle angewandt.

4 Die zweite Regel soll nun gelöscht werden. Markieren Sie diese Regel im Dialog und wählen Sie *Regel löschen*. Mit einem Klick auf *Übernehmen* wird die Veränderung in die Tabelle übernommen.

5 Die zweite Regel soll zuerst auf die neuen Zeilen ausgeweitet und dann verändert werden. Gehen Sie zuerst vor, wie in Schritt 3 beschrieben. Markieren Sie anschließend die Regel und wählen Sie *Regel bearbeiten*. Im Dialog müssen Sie nur einen anderen Symbolsatz wählen. Lassen Sie die Auswahl *Symbolsätze* unverändert. Öffnen Sie das Listenfeld *Symbolart* und wählen Sie *5 Pfeile (farbig)*. Nun ändern Sie die Werte, die den einzelnen Symbolen zugeordnet sind. Verwenden Sie *90*, *75*, *50* und *35*. Mit *OK* schließen Sie den Dialog. Klicken Sie auf *Übernehmen*, um die Veränderung in Ihrer Tabelle zu sehen. Möchten Sie noch etwas ändern, können Sie die Regel noch einmal bearbeiten und korrigieren. Klicken Sie auf *OK*.

Im Dialog *Formatierungsregel bearbeiten* können Sie nicht nur einen anderen Symbolsatz wählen, sondern auch die Umstände der bedingten Formatierung anpassen. So werden die einzelnen Symbole eines Symbolsatzes mit bestimmten Bedingungen verknüpft. Bei einem bestimmten Prozentwert wird ein bestimmtes Symbol verwendet. Diesen Prozentwert können Sie anpassen. Sie können auch die Kennzeichnung umkehren oder die Werte in der Tabelle ausblenden. Entscheiden Sie sich für Letzteres, dann sind nur die Symbole sichtbar. Daneben können Sie verschiedene Regeltypen wählen. Dazu lesen Sie mehr im nachfolgenden Abschnitt.

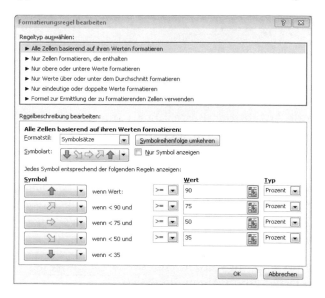

3.2 Daten in einer Tabelle erfassen und formatieren

Die Zwischenablage von Excel 2010 effektiv nutzen

Werte und Formeln können Sie über die Zwischenablage von Windows kopieren. Sie markieren eine Zelle oder einen Zellbereich, wählen *Kopieren* aus dem Kontextmenü oder drücken [Strg]+[C]. Nun setzen Sie den Cursor an eine neue Stelle und wählen *Einfügen*. Auch hier können Sie die Tastenkombination [Strg]+[V] verwenden.

Im Kontextmenü können Sie nun wählen, welche Inhalte Sie in die neue Zelle oder den Zellbereich einfügen wollen. Unter *Einfügen* können Sie nur die Werte oder auch nur die Formeln einfügen. Die Inhalte lassen sich transponieren. Sie können nur die Formatierung über die Zwischenablage kopieren oder die Werte als Verknüpfung einfügen.

Über *Inhalte einfügen* erhalten Sie weitere Auswahlmöglichkeiten. Hier können Sie die Formeln und das Zahlenformat übernehmen, die ursprüngliche Formatierung beibehalten, die Rahmenlinie nicht mit übernehmen, die Breite der Ursprungsspalte beibehalten oder auch verschiedene bedingte Formatierungen zusammenführen. Sie können Werte und Zahlenformat übernehmen, Werte und Quellenformat, nur ein grafisches Element oder Sie können eine Verknüpfung zu einer Grafik erstellen.

Wenn Sie einmal die Bedeutung einer Symbolschaltfläche nicht kennen oder auch deren Wirkung sehen möchten, führen Sie die Maus auf die Schaltfläche (ohne zu klicken). Warten Sie einen Augenblick. Die QuickInfo zeigt den Namen der Funktion an, für die ein Symbol steht. Daneben zeigt die Live-Vorschau in Excel 2010 bereits, wie das Ergebnis einer Funktion in Ihrer Tabelle aussehen wird.

Bedingte Formatierung – eine eigene Regel erstellen

Finden Sie nicht die für Ihre Zwecke passende Formatierungsvorlage, können Sie eine eigene Regel erstellen. Dabei bietet Ihnen Excel sechs verschiedene Regeltypen an:

Typ der Formatierungsregel	Bedeutung, Anwendung
Alle Zellen basierend auf ihren Werten formatieren	Legen Sie fest, welcher Wertebereich formatiert werden soll. Sie können einen höchsten und niedrigsten Wert bestimmen, einen bestimmten Wert eingeben oder einen Prozentwert festlegen. Möglich ist auch das Eintragen einer Formel und das Verwenden eines Quantils.
Nur Zellen formatieren, die enthalten	Es werden nur Zellen gekennzeichnet, die einen bestimmten Inhalt haben. Dabei kann es sich um Text, Werte, bestimmte Daten, Leerzeichen oder Fehler handeln.
Nur oben und unten rangierende Werte formatieren	Kennzeichnet nur einen bestimmten prozentualen Wertebereich. Sie wählen, ob der obere oder untere Bereich formatiert werden soll, und legen den Prozentwert fest.
Nur Werte über oder unter dem Durchschnitt formatieren	Über eine Auswahlliste legen Sie fest, ob obere, untere oder abweichende Werte hervorgehoben werden sollen.
Nur eindeutige oder doppelte Werte formatieren	Hebt mehrfach vorkommende oder eindeutige Werte hervor.
Formel zur Ermittlung der zu formatierenden Zellen verwenden	Geben Sie eine Formel ein und kennzeichnen Sie so den Wertebereich, der formatiert werden soll.

In einer kleinen Tabelle sind die Einnahmen von sechs Mitarbeitern eines kleinen Unternehmens gekennzeichnet. Eine bedingte Formatierung soll nun zeigen, welche Mitarbeiter die höchsten Umsätze generieren und welche die wenigsten. Die bedingte Formatierung soll nur die zwei besten und die zwei schlechtesten Mitarbeiter eines Monats und des gesamten halben Jahres zeigen.

	Januar	Februar	März	April	Mai	Juni	Gesamt-Umsatz HJ
Hans Mustermann	6.000,00 €	6.100,00 €	8.200,00 €	3.800,00 €	7.200,00 €	6.900,00 €	38.200,00 €
Maria Test	4.500,00 €	5.400,00 €	6.800,00 €	7.400,00 €	6.900,00 €	5.900,00 €	36.900,00 €
Manfred Musterhausen	8.500,00 €	7.800,00 €	7.400,00 €	7.900,00 €	8.100,00 €	8.500,00 €	48.200,00 €
Heike Beispiel	7.200,00 €	8.000,00 €	8.400,00 €	8.200,00 €	8.500,00 €	9.400,00 €	49.700,00 €
Simone Test	5.400,00 €	4.800,00 €	6.600,00 €	5.800,00 €	6.100,00 €	6.500,00 €	35.200,00 €
Mario Mustermann	6.400,00 €	7.200,00 €	7.800,00 €	6.900,00 €	8.200,00 €	7.500,00 €	44.000,00 €

3.2 Daten in einer Tabelle erfassen und formatieren

1 Markieren Sie den Monatsumsatz der Mitarbeiter und den Gesamtumsatz in Ihrer Tabelle. In ihm sollen bestimmte Daten mit einer bedingten Formatierung hervorgehoben werden. für den die bedingte Formatierung hinterlegt werden soll, also den, in dem sich die Zahlen für das erste Halbjahr befinden. Im Beispiel ist dies B2:G7.

2 Wählen Sie *Bedingte Formatierung/Neue Regel*. Markieren Sie den Regeltyp *Formel zu Ermittlung der zu formatierenden Zellen verwenden*.

3 Schalten Sie die Option *Nur obere und untere Werte formatieren* an. Lassen Sie die Auswahl *Obere* im Listenfeld stehen. Geben Sie eine *20* in das Feld daneben ein. Klicken Sie auf *Formatieren*.

4 Öffnen Sie das Listenfeld *Farbe*. Wählen Sie einen dunklen blauen Farbton.

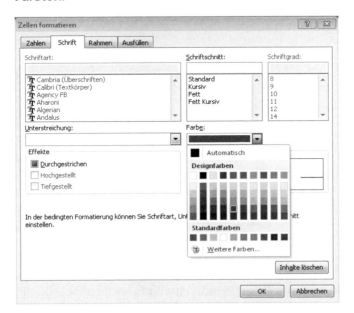

5 Wiederholen Sie Schritt 3 und 4. Wählen Sie *Untere 20 % des ausgewählten Bereichs*. Wählen Sie einen roten Farbton. Bestätigen Sie und verlassen Sie den Dialog.

	Januar	Februar	März	April	Mai	Juni	Gesamt-Umsatz HJ
Hans Mustermann	6.000,00 €	6.100,00 €	8.200,00 €	3.800,00 €	7.200,00 €	6.900,00 €	38.200,00 €
Maria Test	4.500,00 €	5.400,00 €	6.800,00 €	7.400,00 €	6.900,00 €	5.900,00 €	36.900,00 €
Manfred Musterhausen	8.500,00 €	7.800,00 €	7.400,00 €	7.900,00 €	8.100,00 €	8.500,00 €	48.200,00 €
Heike Beispiel	7.200,00 €	8.000,00 €	8.400,00 €	8.200,00 €	8.500,00 €	9.400,00 €	49.700,00 €
Simone Test	5.400,00 €	4.800,00 €	6.600,00 €	5.800,00 €	6.100,00 €	6.500,00 €	35.200,00 €
Mario Mustermann	6.400,00 €	7.200,00 €	7.800,00 €	6.900,00 €	8.200,00 €	7.500,00 €	44.000,00 €

Mit den Möglichkeiten des Dialogs *Zelle formatieren* in Kombination mit einer bedingten Formatierung können Sie nicht nur einen Hintergrund hervorheben. Wird eine Bedingung erfüllt, können Sie den Inhalt von Zellen mit einer anderen Schriftart hervorheben und ihn fett oder unterstrichen darstellen. Sie können auch Zellen mit einem Rahmen hervorheben und noch einiges mehr.

Prompte Ergebnisse mit Formatvorlagen und Designs

Excel 2010 bietet Ihnen eine ganze Reihe Hilfsmittel an, um schnell und einfach Tabellen zu formatieren. Mit *Als Tabelle formatieren* heben Sie die Daten Ihrer Tabelle und die Überschriften hervor. *Zellenformatvorlagen* wenden Sie auf einzelne Zellen oder einen ganzen Zellbereich an. Sie können auch hier Überschriften und Datenbereiche hervorheben. Im Unterschied zu den Funktionen unter *Als Tabelle formatieren* werden einzelne Zellen und nicht die ganze Tabelle gestaltet. Sie finden hier jedoch auch vorgegebene Zahlenformate. Formatvorlagen finden Sie auch in anderen Bereichen von Excel. Sie ändern damit die Darstellung von Tabellen, Pivot-Tables, Diagrammen und Formen.

Excel 2010 bietet Ihnen noch eine weitere Möglichkeit zum Formatieren Ihrer Tabellendokumente an: Verwenden Sie Designs. Mit einem solchen wird das komplette Tabellendokument verändert. Ein Design enthält Farben, Schriftarten und Fülleffekte. Diese drei Komponenten können auch einzeln verwendet werden. Designs und Designkomponenten werden über das Register *Einfügen* verwendet. Die Funktionen *Als Tabelle formatieren* und *Zellenformatvorlagen* finden Sie im Register *Start*.

Mit Excel können Sie auch Designs und Formatvorlagen anpassen oder selbst erstellen. So lassen sich ganz individuelle Erfordernisse, die Sie bei

3.2 Daten in einer Tabelle erfassen und formatieren

Ihrer täglichen Arbeit benötigen, festhalten und später immer wieder verwenden.

Die Anwendung einer Formatvorlage ist mit wenigen Schritten getan:

1 Wechseln Sie in der Multifunktionsleiste in das Register *Start*.

2 Markieren Sie zunächst die Zellen mit den Überschriften in Ihrer Tabelle. Halten Sie dabei die Taste [Strg] gedrückt. So lassen sich mehrere Zellen zugleich markieren. Auch nicht zusammenhängende Zellen können so ausgewählt werden. Öffnen Sie das Listenmenü *Zellenformatvorlagen* und wählen Sie *Überschrift 4*.

3 Markieren Sie den Datenbereich und wählen Sie die Zellenformatvorlage *Eingabe*.

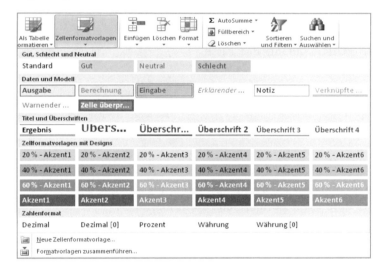

289

Sie können auf eine Zelle auch mehrere Zellenformatvorlagen anwenden. So zum Beispiel *Überschrift 4* und *Akzent 6*. Auch die Kombination der Zahlenformate und der Zellenformate ist möglich. Achten Sie nur darauf, dass die Daten und Überschriften gut lesbar bleiben.

Und so wird ein Design angewendet:

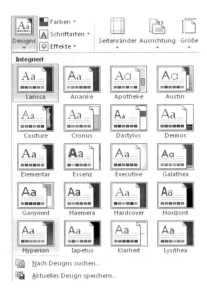

1. Wechseln Sie in der Multifunktionsleiste in das Register *Seitenlayout*.

2. Öffnen Sie das Auswahlmenü *Designs*. Wählen Sie eines der möglichen Designs aus. Bereits während Sie die Maus auf eines der Designs führen, sehen Sie eine Echtzeitvorschau in Ihrem Dokument. So können Sie beurteilen, welches Design Ihnen am besten gefällt. Ein Klick mit der linken Maustaste wendet das Design an. Im Beispiel wurde *Hyperion* gewählt.

Das ausgewählte Design wird auf alle Tabellen im Arbeitsblatt angewandt. Es ist nicht notwendig, vor dem Anwenden eines Designs ein Tabellenblatt zu öffnen oder einen Tabellenbereich zu markieren.

Bestellnummer	Datum	Kundennummer	Artikelnummer	Anzahl	Preis pro Artikel	Bestellsumme	Vertriebsgebiet
G003341	40200	1002345	102204	12	620.75	7440	Ost
G003342	40200	1002340	102205	11	711.05	7831.45	Nord
G003343	40201	1003101	102204	10	620.75	6207.5	Ost
G003344	40204	1003105	102204	14	620.75	8680.5	Ost
G003345	40204	1002561	102207	15	595.85	8937.75	Nord
G003346	40205	1002400	102205	12	711.05	8543.4	Nord
G003347	40207	1002708	102207	11	595.85	6554.35	Ost
G003348	40208	1002872	102207	18	595.85	10725.3	Ost
G003349	40208	1002442	102204	14	620.75	8680.5	Nord
G003350	40301	1002345	102204	9	620.75	5586.75	Ost
G003351	40301	1003109	102205	12	711.05	8543.4	Ost
G003352	40301	1002051	102207	14	595.85	8341.9	Nord
G003353	40302	1002104	102204	12	620.75	7440	Ost
G003354	40303	1002112	102205	8	711.05	5605.6	Nord
G003355	40303	1003152	102207	12	595.85	7150.2	Nord
G003356	40308	1003109	102205	11	711.05	7831.45	Nord
G003357	40310	1003157	102205	15	711.05	10670.25	Ost
G003358	40310	1002977	102207	11	595.85	6554.35	Ost
G003359	40312	1002345	102205	12	711.05	8543.4	Nord

Natürlich können Sie das Layout auch „in Handarbeit" festlegen und schrittweise Zellen und Zellbereiche formatieren. Doch sofern es möglich ist, sollten Sie sich für die Designs, Tabellenformate und Zellenformatvor-

3.2 Daten in einer Tabelle erfassen und formatieren

lagen entscheiden. Sie sind schnell angewandt, und Sie sparen viel Zeit mit diesen Funktionen.

Tabellenformate, Zellformatvorlage und Designs können Sie auch selbst erstellen. Am Beispiel der Tabellenformatvorlagen soll dies einmal gezeigt werden:

1 Wählen Sie im Register *Start Als Tabelle formatieren/Neue Tabellenformatvorlage*. Sie finden diesen Eintrag ganz am unteren Rand des Listenmenüs.

2 Geben Sie eine Bezeichnung für die neue Vorlage ein. Wählen Sie ein Tabellenelement und klicken Sie auf die Schaltfläche *Formatieren*.

3 Wählen Sie einen Schriftfont. Legen Sie eine Größe fest. Sie können nun ebenfalls einen Rahmen, die Farbe der Schrift und die des Zellenhintergrunds auswählen. Bestätigen Sie.

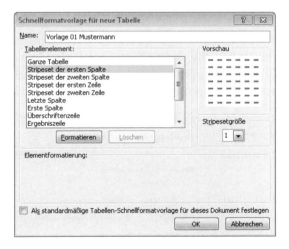

4 Wählen Sie ein weiteres Tabellenelement und wiederholen Sie Schritt 3.

5 Sind alle Tabelleninhalte formatiert, verlassen Sie den Dialog mit *OK*.

Die neue Formatvorlage finden Sie ganz oben im Dialog. Sie wird unter *Benutzerdefiniert* eingruppiert. Über das Kontextmenü können Sie ein Format duplizieren und so als Grundlage für eine neue Formatvorlage verwenden. Hier sind auch das Löschen, das Festlegen als Standard-Formatvorlage oder das Einfügen in die Symbolleiste für den Schnellzugriff möglich.

Bei einer Tabellenformatvorlage werden Stripesets formatiert. Dabei werden ein bis neun zusammengehörende Zeilen oder Spalten gleich formatiert. Danach wird ein weiteres Stripeset anders formatiert. So können verschiedene Daten unterschiedlich formatiert werden. Die Stripeset-Größe kann unterschiedlich sein. Die gleiche Größe sorgt jedoch für eine optische Gleichförmigkeit und ein sauberes Layout. Sie müssen sich nur entscheiden, ob die Stripes zeilen- oder spaltenförmig ausgerichtet sind.

Möchten Sie eine eigene Zellenformatvorlage erstellen, ist die Vorgehensweise wie folgt:

1 Formatieren Sie Ihre Tabelle. Legen Sie das Zahlenformat der Werte in den Zellen fest. Bestimmen Sie ebenfalls die Schriftart, mit der der Inhalt der Zellen dargestellt wird, die Ausrichtung und ob Sie einen Rahmen verwenden wollen oder nicht. Festlegen können Sie außerdem einen Füllbereich und den Schreibschutz der Zellen.

2 Wählen Sie *Zellenformatvorlagen/Neue Zellenformatvorlage*. Auch diese Funktion finden Sie im Register *Start*.

3 Geben Sie eine Bezeichnung für die neue Formatvorlage ein.

4 Wählen Sie aus, welche Elemente Sie in der Formatvorlage festhalten wollen. Bestätigen Sie.

3.2 Daten in einer Tabelle erfassen und formatieren

Excel 2010 übernimmt die Formatierung der markierten Zellen in die neue Formatvorlage. Alternativ können Sie zuerst die Funktion *Neue Zellenformatvorlage* aufrufen und dann die Formatierung festlegen. Auch hier wird die neue Vorlage in das Listenmenü übernommen und unter *Benutzerdefiniert* eingruppiert.

Möchten Sie ein eigenes Design erstellen und festhalten, legen Sie zunächst die Farbeigenschaften der Zellinhalte, Schriftarten und -eigenschaften sowie Rahmen fest. Achten Sie darauf, das Sie nicht nur die Eigenschaften der Schriftinhalte festhalten, sondern auch den farblichen Hintergrund der Zellen bestimmen. Ein Design ist der Gesamtentwurf eines Dokuments inklusive Farben, Schriften und Effekte. Haben Sie diese Vorarbeit hinter sich gebracht, wechseln Sie in das Register *Seitenlayout* und wählen *Designs/Aktuelles Design speichern*. Geben Sie einen Dateinamen ein und bestätigen Sie.

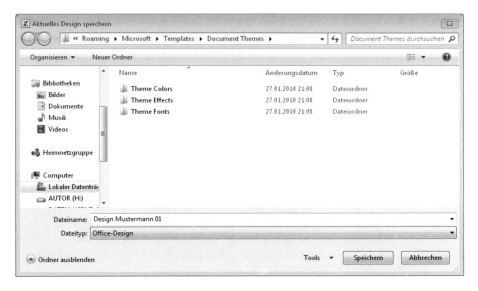

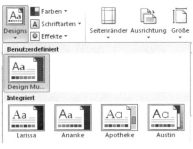

Das neue Design steht ab sofort für das Gestalten Ihrer Tabellendokumente zur Verfügung.

Umfangreiche Tabellendokumente planen

Eine kleine Tabelle, mit der Sie Einnahmen und Ausgaben in Ihrem Haushalt gegenüberstellen, ist schnell erstellt. Sie müssen nicht lang planen, wie das Problem zu lösen ist. Findet sich für Ihre Aufgabe eine passende Vorlage, gilt das Gleiche. Auch hier sind Vorüberlegungen nicht notwendig. In vielen Fällen jedoch müssen Sie eine Tabelle Schritt für Schritt erstellen. Ohne grundlegende Vorüberlegungen werden sich hier bei umfangreichen Tabellenprojekten später einige Schwierigkeiten ergeben.

Mit einer Datenbank erfassen Sie Daten der unterschiedlichsten Art: Textinhalte, Zahlenwerte, Bilddateien und vieles mehr. Die Daten werden strukturiert gesammelt und miteinander in Beziehungen gesetzt. Die Verwendung der Datenbanksprache SQL ist bei vielen Datenbanken möglich. Die Eingabe der Daten erfolgt über Tabellen oder Formulare. Bei einer Client/Server-Datenbank können mehrere Anwender an einer Datenbank arbeiten. Microsoft Access ist eine reine Clientlösung für einen Anwender. Funktionen und Rechenfunktionen sind möglich. Der Schwerpunkt liegt jedoch im Sammeln und Abfragen von Daten. Mögliche Anwendungsgebiete sind das Sammeln und Verwalten von Adressen, Produkten und deren Merkmalen, Buchtiteln und -inhalten (Bibliotheksdatenbanken).

Bei einer Tabellenkalkulation werden Zahlenwerte erfasst und verrechnet. Neben einfachen Rechnungen sind finanzmathematische Funktionen, logische Funktionen, Matrizen und vieles mehr möglich. Eine Auswertung kann auch in Form eines grafischen Diagramms erfolgen. Die Eingabe der Daten erfolgt auch hier über Tabellen oder Formulare. Verschiedene Tabellen können in einer Arbeitsmappe vorhanden sein.

In einer Tabellenkalkulation gibt es keine Sicherheitsvorkehrungen – so wie bei einigen Client/Server-Datenbanken. Relationen werden nicht erstellt.

Zwischen Datenbanken und Tabellenkalkulationen gibt es Gemeinsamkeiten. Für das Erfassen und Verrechnen von Zahlenwerten ist eine Tabellenkalkulation wie Microsoft Excel 2010 die richtige Wahl.

Für die Planung einer umfangreichen Tabelle erstellen Sie zunächst ein paar Stichpunkte auf Papier. Notieren Sie:

- ➢ Welche Daten sollen erfasst werden?
- ➢ Welche Auswertungen sind nötig?
- ➢ Welche Rechnungen müssen ausgeführt werden?

Ist nur eine Tabelle notwendig, müssen Sie nicht viel mehr tun. Sie können sofort mit der Umsetzung der Aufgabe beginnen.

Bei mehreren Tabellen erstellen Sie ein Diagramm. Aus ihm soll hervorgehen, welche Tabellen mit anderen in Verbindung stehen und welche für sich stehen.

Daten aus dem Internet importieren

Excel 2010 ermöglicht es, Tabellen von einer Internetquelle in ein Tabellendokument einzubinden. Die Tabellenkalkulation erkennt dabei, wo sich verwendbare Daten befinden. Auf diese Weise können Sie zum Beispiel Aktienkurse leicht in eine Tabelle einbinden, ohne die Daten abtippen zu müssen. Voraussetzung für den Import von Daten aus dem Internet ist, dass Excel die Daten erkennt. Dazu muss eine Tabelle vorliegen.

Im folgenden Beispiel sollen die aktuellen Wetterdaten für europäische Städte übernommen werden.

1. Erstellen Sie eine Tabelle mit drei Spalten. Überschreiben Sie diese mit *Stadt*, *Wetter* und *Temperatur*. Formatieren Sie anschließend die Blatt- und Spaltenüberschriften.

2. Fügen Sie mit *Einfügen/Blattzeilen* die Zeilen für die Überschrift ein. Wiederholen Sie diesen Schritt zweimal. Mit *Verbinden und zentrieren* schaffen Sie den notwendigen Platz für die Überschrift. Tragen Sie als Überschrift *Das aktuelle Wetter in Europa* ein. Formatieren Sie diese Überschrift.

Das aktuelle Wetter in Europa		
Sadt	Wetter	Temperatur

3. Geben Sie dem Tabellenblatt eine Bezeichnung. Wechseln Sie dazu in die Backstage-Ansicht. Klicken Sie rechts auf den vorgegebenen Titel und ersetzen Sie ihn mit *Wetter in Europa*. Wenn Sie möchten, können Sie auch eine Kategorie und eine untergeordnete Kategorie festlegen. Im Beispiel haben wir uns hier für *Information* und *Wetter* entschieden.

3. Aufgaben einfacher und schneller mit Excel 2010 erledigen

4 Nun muss zuerst eine Datenquelle her. Die Webseite der Tagesschau ist da genau richtig. Nehmen Sie eine Verbindung ins Internet auf. Öffnen Sie einen Webbrowser. Öffnen Sie die Seite *www.tagesschau.de*. Wählen Sie links im Menü *Wetter/Europa & Welt*. Kopieren Sie die Webadresse dieser Seite in die Zwischenablage von Windows.

5 Wechseln Sie in der Multifunktionsleiste in das Register *Daten*. Hier finden Sie die Funktionen, mit denen der Zugriff auf externe Datenquellen, der Zugriff auf Daten aus einer Access-Datenbank und der Import von Daten vereinfacht werden. Klicken Sie auf das Symbol *Aus dem Web*.

6 Ersetzen Sie die vorgegebene Webseite mit der Webadresse aus der Zwischenablage. Bestätigen Sie mit [Enter] oder *OK*.

7 Die Webseite wird nun in das Dialogfeld geladen. Excel versucht zu erkennen, wo sich verwendbare Daten befinden. Mögliche Datenquellen werden mit kleinen gelben Pfeilen markiert. Sie müssen hier nur die richtige Markierung wählen und die Auswahl bestätigen.

Und schon landen die Daten in Ihrer Excel-Tabelle. Klicken Sie auf den Pfeil vor *Stadt*. Der gelbe Pfeil wird zu einem Häkchensymbol. Die Tabelle mit den Wetterdaten wird markiert. Klicken Sie auf *Importieren*.

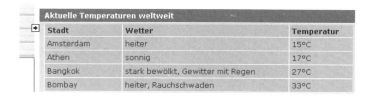

3.2 Daten in einer Tabelle erfassen und formatieren

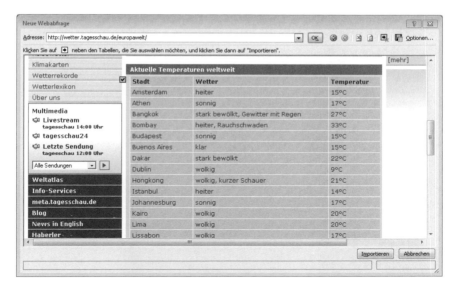

8   Im Dialog *Daten importieren* müssen Sie den Bereich eintragen, den die zu importierende Tabelle im Dokument einnehmen soll. Minimieren Sie den Dialog und markieren Sie den Bereich A6:C50.

9   Klicken Sie auf *Eigenschaften*. Legen Sie fest, ob Excel die Daten automatisch aktualisieren soll. Im Beispiel müssen die Daten nicht so oft auf den neusten Stand gebracht werden. Schalten Sie die Option *Aktualisieren beim Öffnen der Datei* an.

Die Optionen *Abfragedefinition speichern*, *Aktualisierung im Hintergrund zulassen*, *Zellformatierung zulassen*, *Spaltenbreite einstellen* und *Zeilen für neue Daten einfügen, nicht verwendete Zeilen löschen* lassen Sie angeschaltet.

Klicken Sie auf *OK*. Verlassen Sie den Dialog *Daten importieren* mit *OK*. Entfernen Sie die doppelte Überschrift mit *Zellen löschen*. Korrigieren Sie die Breite der Tabellenspalten und speichern Sie das Tabellendokument ab.

Das aktuelle Wetter in Europa

Sadt	Wetter	Temperatur
Amsterdam	sonnig	24°C
Athen	sonnig	23°C
Bangkok	wolkig	30°C
Bombay	heiter	32°C
Budapest	heiter	21°C
Buenos Aires	sonnig	17°C
Dakar	wolkig	26°C
Dublin	wolkig	12°C
Hongkong	wolkig, leichter Regen	20°C
Istanbul	heiter	16°C
Johannesburg	wolkig	21°C
Kairo	sonnig	26°C
Lima	wolkig, dunstig	20°C
Lissabon	heiter	22°C
London	wolkig	17°C
Los Angeles	wolkig	12°C
Madrid	heiter	24°C

Daten aus dem Web im Hintergrund aktualisieren

Voraussetzung für das Aktualisieren von Daten aus einer Webdatenquelle ist eine vorhandene und aktive Internetverbindung. Wird eine Firewall verwendet, müssen Sie dafür sorgen, dass Excel bei jeder Datenaktualisierung durchgelassen wird.

In den Eigenschaften der Datenverbindung können Sie auch festlegen, dass die Daten in regelmäßigen Abständen aktualisiert werden. Dazu geben Sie ein Zeitintervall ein und schalten die Option *Aktualisierung alle x Minuten* an. Wählen Sie auch *Aktualisierung im Hintergrund zulassen*. Alternativ können Sie die Daten beim Öffnen der Datei aktualisieren lassen.

Daten aus dem Web importieren

Nicht immer erkennt Excel eine Webtabelle und die darin befindlichen Daten. Bei einem Besuch einer Webseite können Sie nicht sehen, ob Excel etwas mit den Daten auf dieser Seite anzufangen weiß. Sie müssen ausprobieren, ob Excel die Daten erkennt und sie in ein Tabellenblatt importieren kann.

In diesem Beispiel werden die Daten im Abstand von 120 Minuten aktualisiert.

3.3 Formeln und Funktionen in Excel

Excel 2010 zeigt besonders im alltäglichen Büroeinsatz, was es zu leisten vermag. Hier werden Tabellen erstellt, Formeln und Funktionen geschrieben, Auswertungen und Diagramme angefertigt. Excel ist zu einem Arbeitsmittel geworden, das aus vielen Büros nicht mehr wegzudenken ist. Ohne das Programm würde das Festhalten von Zahlen, Auswertungen und Rechnungen viel Zeit in Anspruch nehmen. Können Sie sich vorstellen, ein Warenlager mit 7.000 verschiedenen Artikeln, Warenein- und -ausgängen, mehreren Hundert Bestellungen pro Tag und einigen Dutzend Serviceanfragen handschriftlich zu führen? Das ist kaum zu bewerkstelligen.

Grundsätze der korrekten Datenberechnung in Excel

Jede Formel besteht aus verschiedenen Komponenten. Neben den Werten finden Sie Rechenoperatoren, Klammern und Zellbezüge vor. Dabei gilt auch hier Punkt- vor Strichrechnung. Klammern sorgen dafür, dass bestimmte Berechnungen in einer besonderen Reihenfolge abgearbeitet werden. Operatoren unterliegen einer bestimmten Rangordnung. Diese bestimmt, in welcher Reihenfolge sie abgearbeitet werden.

Die Schreibweise einer Formel wird als Syntax bezeichnet. Nur dann, wenn die Syntax korrekt ist, wird die Formel richtig abgearbeitet, von Excel 2010 verstanden und die korrekten Ergebnisse erhalten Sie am Ende der Berechnung.

Operatoren in Excel

In der nachfolgenden Tabelle sind die Operatoren aufgeführt:

Operator	Bedeutung	Formelsyntax in Excel	Mathematische Schreibweise der Formel
+	Addition	A1+B1	45 + 23
-	Subtraktion	A2-B2	76 – 28
*	Multiplikation	A3*B3	23 * 7
/	Division	A4 / B4	985 : 12
^	Potenz	A5^2	5^2
%	Prozent	35 %	35 %

Mit einem Vergleichsoperator werden zwei Werte verglichen. Das Ergebnis ist einer der logischen Werte WAHR oder FALSCH.

In der Zelle A1 steht das Ergebnis einer Summenberechnung. Dieser Wert wird mit der Summe einer anderen Tabelle verglichen. Ermittelt wird, ob die Summe aus Tabelle 1 gleich oder größer als die Summe aus Tabelle 2 ist.

=Tabelle1!A1>= Tabelle2!A1

Als Ergebnis der Formel wird WAHR ausgegeben. Damit wissen Sie, dass die Summe aus einer Tabelle gleich oder größer als die der zweiten Tabelle ist.

Die Vergleichsoperatoren, die Sie in Excel verwenden können, finden Sie in der folgenden Tabelle:

Operator	Bedeutung	Formelsyntax in Excel	Mathematische Schreibweise der Formel
=	Gleich	A1=A2	23 = 23
>	Größer als	A17>B17	34 > 17
<	Kleiner als	H4<K4	89 < 95

3.3 Formeln und Funktionen in Excel

Operator	Bedeutung	Formelsyntax in Excel	Mathematische Schreibweise der Formel
>=	Größer/gleich	B2>=H2	12 >/= 7
<=	Kleiner/gleich	J7<=K3	52 </= 82
<>	Ungleich	E12<>H12	3 </> 7

Textinhalte können nicht verrechnet, wohl aber verkettet werden. Dazu wird ein Textverkettungsoperator verwendet. Als Ergebnis wird immer ein Wert mit dem Format *Text* ausgegeben.

Operator	Bedeutung	Formelsyntax in Excel	Mathematische Schreibweise der Formel
&	Verknüpft Textwerte	G23&H25	Aus "Sachbuch"&"autor" wird "Sachbuchautor"

Rangfolge der Operatoren

Verschiedene mathematische Operatoren arbeitet Excel in einer bestimmten Reihenfolge ab. Diese Rangfolge beeinflusst das Ergebnis der Formel. Befinden sich in einer Formel mehrere Operatoren mit gleicher Rangfolge, werden diese von links nach rechts abgearbeitet.

Rang	Operator	Funktionstyp
1	: ; 	Doppelpunkt Semikolon Leerzeichen
2	-	Negation
3	%	Prozent
4	^	Potenz
5	* /	Multiplikation Division
6	+ -	Addition Subtraktion
7	&	Textverkettung
8	= < > <= >= <>	Vergleiche

Punkt- vor Strichrechnung

Auch Excel muss mathematische Grundlagen beachten. So werden in einer Formel immer die Punktrechenarten vor den Strichrechenarten abgearbeitet. Das beeinflusst natürlich das Ergebnis.

A1+B1*C1

Mit den Werten 7, 12 und 5 wird als Ergebnis 67 ausgegeben. Excel 2010 multipliziert zunächst 12 und 5. Das Ergebnis wird mit 5 addiert. Sie sehen, auch Excel 2010 führt erst die Punktrechnung durch und lässt danach die Strichrechnung folgen. Nur mit einer gesetzten Klammer ändert sich diese Reihenfolge.

(A1+B1)*C1

Das Ergebnis ist nun 95. Erst addiert Excel 2010 die Zahlen 7 und 12 und multipliziert das Ergebnis anschließend mit 5.

An einem Beispiel soll nun gezeigt werden, wo Klammern in der Praxis verwendet werden. Eine Firma will aus den Verkaufs- und Einkaufspreisen verschiedener Produkte eine Deckungsbeitragsrechnung erstellen. Der Deckungsbeitrag ist hier die Differenz aus Verkaufs- und Einkaufspreis multipliziert mit der Anzahl der Artikel, wie sie im Warenlager vorhanden sind.

1 Im ersten Schritt der Berechnung wird eine Tabelle erstellt, die für jeden Artikel die vorhandene Menge und den Verkaufs- und Einkaufspreis zeigt. Die Spalte A *Artikel* wird mit dem Zahlenformat *Text* formatiert, die Spalte B *Menge* rechts daneben mit *Zahl*, alle anderen Spalten mit dem Zahlenformat *Währung*.

Artikel	Menge	Verkaufspreis	Einkaufspreis	Deckungsbetrag
038.034	314	27,00 €	21,85 €	
038.035	285	38,85 €	28,35 €	
038.036	412	43,00 €	34,65 €	
038.037	523	52,89 €	42,45 €	
038.038	437	51,95 €	41,05 €	
038.039	388	48,75 €	38,25 €	
038.040	412	38,65 €	28,45 €	
038.041	501	51,85 €	43,05 €	
038.042	478	54,75 €	45,95 €	

2 Der Deckungsbeitrag wird mit der folgenden Formel berechnet:

=B2*(C2-D2)

3.3 Formeln und Funktionen in Excel

Die genannte Formel wird in die Zeile E2 eingetragen.

	A	B	C	D	E
1	Artikel	Menge	Verkaufspreis	Einkaufspreis	Deckungsbetrag
2	038.034	314	27,00 €	21,85 €	=B2*(c2-D2)
3	038.035	285	38,85 €	28,35 €	
4	038.036	412	43,00 €	34,65 €	

3. Mit der Funktion AutoAusfüllen wird die Formel dann auf alle anderen Zellen der Spalte *Deckungsbeitrag* übertragen.

Artikel	Menge	Verkaufspreis	Einkaufspreis	Deckungsbetrag
038.034	314	27,00 €	21,85 €	1.617,10 €
038.035	285	38,85 €	28,35 €	2.992,50 €
038.036	412	43,00 €	34,65 €	3.440,20 €
038.037	523	52,89 €	42,45 €	5.460,12 €
038.038	437	51,95 €	41,05 €	4.763,30 €
038.039	388	48,75 €	38,25 €	4.074,00 €
038.040	412	38,65 €	28,45 €	4.202,40 €
038.041	501	51,85 €	43,05 €	4.408,80 €
038.042	478	54,75 €	45,95 €	4.206,40 €

Bereichs-, Vereinigungs- und Schnittmengenoperatoren

Operatoren werden anhand ihres Einsatzgebiets in drei verschiedene Anwendungstypen unterteilt. Anhand der Summenfunktion soll gezeigt werden, was unter diesen Typen zu verstehen ist und wie sie angewandt werden.

> Bereichsoperator: Mehrere zusammenhängende Zellen werden miteinander verrechnet.

	Januar	Februar	März	April	Mai	Juni
Hans Mustermann	6.000,00 €	6.100,00 €	8.200,00 €	3.800,00 €	7.200,00 €	6.900,00 €
Maria Test	4.500,00 €	5.400,00 €	6.800,00 €	7.400,00 €	6.900,00 €	5.900,00 €
Manfred Musterhausen	8.500,00 €	7.800,00 €	7.400,00 €	7.900,00 €	8.100,00 €	8.500,00 €
Heike Beispiel	7.200,00 €	8.000,00 €	8.400,00 €	8.200,00 €	8.500,00 €	9.400,00 €
Simone Test	5.400,00 €	4.800,00 €	6.600,00 €	5.800,00 €	6.100,00 €	6.500,00 €
Mario Mustermann	6.400,00 €	7.200,00 €	7.800,00 €	6.900,00 €	8.200,00 €	7.500,00 €
						=SUMME(B2:G7)

> Vereinigungsoperator: Mehrere unabhängige Zellbereiche werden verrechnet. Jeder Zellbereich wird in der Formel mit einem Semikolon vom nachfolgenden getrennt. Halten Sie beim Markieren der Zellbereiche die Taste [Strg] gedrückt.

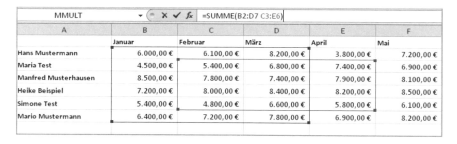

> Schnittmengenoperator: Aus zwei oder mehreren Zellbereichen wird eine Schnittmenge gebildet. Als Operator wird ein Leerzeichen verwendet.

Matrixformeln verwenden

Mit einer Matrixformel wird immer ein kompletter Zellbereich verrechnet. Ein Beispiel soll dies verdeutlichen:

1 Markieren Sie den Bereich, in dem das Ergebnis der Berechnung stehen soll. Im Beispiel wird der Bereich E3:E14 markiert. Die aktive Zelle bleibt E3.

2 Tragen Sie die Formel ein:

   =B3:B14+C3:C14+D3:D14

3 Mit einer Tastenkombination wird aus der eingegebenen Formel eine Matrixformel. Drücken Sie die Tastenkombination [Strg]+[Umschalt]+[Enter].

Die fertige Matrixformel wird mit einer geschweiften Klammer umschlossen:

={B3:B14+C3:C14+D3:D14}

> **Matrixformeln erstellen**
>
> Beim Verwenden einer Matrixformel müssen Sie darauf achten, dass Sie zunächst die Formel eingeben und dann diese mit der Tastenkombination [Strg]+[Umschalt]+[Enter] zu einer Matrixformel umwandeln. Das direkte Eingeben einer geschweiften Klammer wird von Excel falsch interpretiert und führt nicht zu einer Matrixformel.

Eine Matrixformel kann Konstanten enthalten. Solche Konstanten können die folgenden Elemente sein:

- Zahlenwerte (ganze Zahlen, Dezimalzahlen, wissenschaftliches Zahlenformat)
- in Anführungszeichen gesetzter Text
- logische Werte

Folgende Elemente dürfen nicht Bestandteile von Matrixkonstanten sein:

- Zellbezüge
- verschieden lange Spalten oder Zeilen
- Klammern, Prozentzeichen, Währungszeichen

> **Die Syntax einer Matrixformel**
>
> Bei einer Matrixformel ist auf die korrekte Schreibweise der Formel zu achten. Spalten werden mit einem Punkt voneinander getrennt, Zeilen dagegen durch ein Semikolon. Konstanten werden in eine geschweifte Klammer gesetzt.

Schnell einfache Berechnungen durchführen

Eine Formel beginnt mit einem Gleichheitszeichen. Es folgen Zellbezüge und Operatoren. Ein Beispiel:

=C4+D8

In diesem Beispiel addiert Excel die Zellen C4 und D8.

Excel unterstützt Sie beim Erstellen von Formeln. Geben Sie = gefolgt von den ersten Buchstaben der zu verwendenden Funktion ein. Excel zeigt im Tabellenblatt eine Auswahl mit Funktionen an und Sie müssen nur noch die gewünschte auswählen. Ein Beispiel:

In einer Tabelle sind für mehrere Artikel die im Warenlager vorhandenen Stückzahlen eingetragen. In einer Berechnung soll der Mittelwert errechnet werden.

1   Setzen Sie die Maus in die Zelle, in der sich das Ergebnis befinden soll. Geben Sie ein:

  =MI

2   Wählen Sie mit einem Doppelklick aus dem Listenfeld die Funktion *MITTELWERT* aus.

3   Markieren Sie den Bereich der Tabelle, aus dessen Werten der Mittelwert gebildet werden soll. Im Beispiel ist dies B2:B10. Bestätigen Sie mit [Enter].

Artikel	Menge	Verkaufspreis	Einkaufspreis	Deckungsbetrag	Bestellte Menge Durchschnitt
038.034	314	27,00 €	21,85 €	1.617,10 €	
038.035	285	38,85 €	28,35 €	2.992,50 €	
038.036	412	43,00 €	34,65 €	3.440,20 €	
038.037	523	52,89 €	42,45 €	5.460,12 €	
038.038	437	51,95 €	41,05 €	4.763,30 €	
038.039	388	48,75 €	38,25 €	4.074,00 €	
038.040	412	38,65 €	28,45 €	4.202,40 €	
038.041	501	51,85 €	43,05 €	4.408,80 €	
038.042	478	54,75 €	45,95 €	4.206,40 €	
					=MITTELWERT(B2:B10
					MITTELWERT(Zahl1; [Zahl2]; ...)

Formel anzeigen

Platzieren Sie die Maus auf einer Zelle, in der sich das Ergebnis einer Formel befindet. Die verwendete Formel wird nun in der Bearbeitungsleiste angezeigt.

Möchten Sie die Formel korrigieren, verändern Sie diese in der Bearbeitungsleiste und bestätigen anschließend mit einem Klick auf das Symbol *Eingeben* (grünes Häkchensymbol).

Doppelklicken Sie auf eine Zelle, in der sich das Ergebnis einer Formel befindet, wird diese im Tabellenblatt angezeigt und kann hier editiert werden. Nach einem Doppelklick markiert Excel auch alle Zellen bzw. Zellbereiche, die in die Berechnung einfließen.

Die Berechnungsoptionen

Mit den Berechnungsoptionen geben Sie an, wann eine Formel berechnet werden soll. Mit der Standardeinstellung wird eine Berechnung sofort ausgeführt. Alternativ können Sie eine Berechnung auch manuell ausführen lassen oder dafür sorgen, dass die Inhalte von

Datentabellen nicht automatisch verrechnet werden. Haben Sie *Manuell* gewählt, können Sie mit der Taste [F9] eine Berechnung durchführen lassen. Für das Durchführen der Berechnungen auf einem Tabellenblatt drücken Sie [Umschalt]+[F9]. Die Schaltfläche *Berechnungsoptionen* finden Sie im Register *Formeln* der Multifunktionsleiste.

Zellbezüge festlegen

Bei der Arbeit mit Excel müssen Sie nicht nur wissen, wie Sie mit Formeln arbeiten und welche Rangfolge die einzelnen Operatoren haben, Sie müssen auch den Unterschied zwischen relativen und absoluten Zellbezügen kennen und verstehen. Beim Kopieren von Formeln und bei der Arbeit mit der Funktion AutoAusfüllen werden absolute Zellbezüge verwendet.

Relative und absolute Zellbezüge

Relative Zellbezüge werden beim Kopieren von Formeln an die neue Position angepasst. Ändern Sie die Formel in einem Tabellenblatt in jeder Spalte, passt Excel diese an die neuen Gegebenheiten an. Mit relativen Zellbezügen wird am häufigsten gearbeitet.

Im Gegensatz dazu werden absolute Zellbezüge nicht angepasst. Beim Kopieren oder Ausfüllen von Formeln bleiben die zuvor vorhandenen Zell- 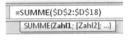 bezüge erhalten. Absolute Zellbezüge können Sie bei großen Tabellenprojekten verwenden. Sie ersparen sich das Neuerstellen von Formeln. Kopieren Sie eine vorhandene Formel und verwenden Sie diese an anderer Stelle in Ihrer Arbeitsmappe. Mit einem absoluten Zellbezug sorgen Sie dafür, dass sich die neue Formel nicht auf die Zellen bezieht, aus der sie ursprünglich stammt.

> **Absolute Zellbezüge verwenden**
>
> Drücken Sie die Taste F4, um einen absoluten Zellbezug in einer Formel zu verwenden. Drücken Sie die Taste ein zweites oder drittes Mal, wird ein gemischter Zellbezug verwendet. Das heißt, nur die Zeile bzw. nur die Spalte ist absolut. Drücken Sie F4 ein viertes Mal, erhalten Sie wieder einen relativen Zellbezug.

Wird nicht der komplette Zellbezug verwendet, sondern nur der Bezug zu einer Zeile oder Spalte, spricht man von einem gemischten Zellbezug. Ein Beispiel dazu:

D$2:D$18

oder

$D2:$D18

Diese Form von Zellbezügen findet in der Praxis weniger oft Anwendung.

Formeln direkt über das Ribbon wählen und anwenden

In den Registern *Start* und *Daten* finden Sie das Listenmenü *AutoSumme*. In diesem verbergen sich die Funktionen für das Addieren von Werten sowie die Rechenfunktionen *Mittelwert*, *Anzahl*, *Maximum* und *Minimum*. Weitere Rechenfunktionen sind über verschiedene Listenfelder im Register *Daten* erreichbar. Wählen Sie das Listenmenü, zu dem die gewünschte Rechenfunktion passt.

Die Anwendung ist sehr einfach: Sie wählen die gewünschte Funktion aus und kennzeichnen die Daten, die verrechnet werden sollen.

Nutzen Sie eine Funktion sehr oft, legen Sie diese einfach in der Schnellzugriffleiste ab. Markieren Sie die Funktion und wählen Sie *Katalog zur Symbolleiste für den Schnellzugriff ablegen*. Anschließend können Sie die Rechenfunktion direkt aus dieser Leiste wählen. Sie müssen nicht mehr das Register *Formeln* und das Listenmenü öffnen.

Ein kleines Beispiel:

Die Funktion *HEUTE* gehört zur Kategorie *Datum und Uhrzeit*. Sie besitzt keine Argumente. *HEUTE* gibt lediglich das aktuelle Datum aus.

1   Setzen Sie den Cursor in die Zelle, die Sie mit dieser Funktion versehen wollen.

2   Wählen Sie in der Multifunktionsleiste das Register *Formeln*. Öffnen Sie das Listenmenü *Datum und Uhrzeit*.

3   Suchen Sie die Funktion *HEUTE* aus. Bestätigen Sie mit *OK*.

Datengruppen benennen und mit benannten Bereichen effektiv mit umfangreichen Tabellendokumenten arbeiten

Sobald es darangeht, vorhandene Daten zu berechnen, zu analysieren oder auszuwerten, müssen Sie mit Zellbezügen arbeiten. Bei kleinen Tabellen ist das kein Problem. Bei großen Tabellen kann das aber schnell unübersichtlich werden.

Bereiche richtig benennen

In einer Arbeitsmappe sind zwölf verschiedene Tabellen vorhanden. Formeln im Tabellenblatt 7 verrechnen Daten aus den Blättern 2 und 3. Einige Zwischenergebnisse landen im Tabellenblatt 12. Analysen, Diagramme und Kalkulationen sind auf andere Blätter verteilt.

Statt Zellbezüge werden wichtige Daten mit Namen versehen. Dabei können Zellen oder auch Bereiche benannt werden.

Bei der Wahl eines Namens müssen Sie auf zwei Dinge achten:

➢ Der Name sollte möglichst kurz sein.

➢ Aus dem Namen sollte hervorgehen, um welche Daten es sich handelt.

Am geeignetsten sind ein Kürzel und ein ergänzender Name. Bei *adresse* werden Sie später nicht mehr wissen, wessen Adresse gemeint ist. Verwenden Sie stattdessen *stamm_adresse*, können Sie auch später noch aus dem Namen ableiten, dass es sich um Stammdaten und somit die Firmenadresse handelt.

Bei einer Rechnungsvorlage ist eine Arbeit mit Bereichen notwendig. Viele verschiedene Daten werden aus unterschiedlichen Tabellen verarbeitet. Zu Beginn werden die Stammdaten festgehalten. Diese werden immer wieder verwendet. Enthalten sollten sein: der Name Ihrer Firma, die zugehörige Anschrift, Kontaktdaten wie Telefonnummer, Faxnummer, E-Mail-Adresse, die Adresse der Firmen-Webseite, Bankverbindung, Steuernummer, Handelsregistereintrag etc.

	A	B
1		
2	**Stammdaten**	
3		
4	Name der Firma	Beispielfirma
5	Straße	Teststraße 23
6	PLZ	D-13359
7	Ort	Berlin
8	Telefon	030 12345678
9	Fax.-Nr.	030 12345679
10	E-Mail	beispielfirmrma@t-online.de
11	Homepage	www.beispielfirma.de
12		
13	Geschäftsführung	Heiko Beispiel
14	Ansprechpartner Presse	Marianne Test
15	Ansprechpartner Kunden	Frank Mustermann
16		
17	Bankverbindung	
18	Bankverbindung	Beispielbank
19	Kontonummer	98765432
20	Bankleitzahl	70070024
21		
22	Handelsregister	
23	Handelsregister-Nr.	9834 987
24	Gerichtsstand	Beispielhausen
25	Steuernummer	123/567/354
26		

Der Inhalt der Stammdaten ist abhängig von der Art Ihrer Firma (Firmenmodell). So muss ein selbstständiger Programmierer andere Stammdaten verwenden als eine Handwerkerfirma oder eine GmbH, die im Bausektor tätig ist.

1 Erstellen Sie ein neues Tabellendokument.

2 Geben Sie dem ersten Tabellenblatt die Bezeichnung *Stammdaten*.

3 Geben Sie anhand der Abbildung die Daten in die Tabelle ein.

4 Speichern Sie das Ergebnis Ihrer Arbeit mit *Datei/Speichern unter*. Wählen Sie ein Verzeichnis, in dem die Datei abgelegt wird. Geben Sie einen Dateinamen ein. Bestätigen Sie.

Bereits bei der Eingabe verwendet Excel die richtigen Zahlenformate. Nur das Feld für die Postleitzahl führt zu einem Problem. Hier muss zunächst das richtige Format festgelegt werden. Das geschieht wie folgt:

1 Markieren Sie den Eintrag im Feld *PLZ*.

2 Öffnen Sie mit der rechten Maustaste das Kontextmenü. Wählen Sie *Zellen formatieren*.

3 Links in der Liste *Kategorie* wählen Sie *Sonderformat*. Nun sehen Sie rechts verschiedene Zahlenformate für Postleitzahlen. Wählen Sie hier das richtige Format. Für Deutschland wäre die Auswahl *Postleitzahl (D)* die richtige. Bestätigen Sie mit *OK*.

Nun wird der Inhalt der Zelle korrekt mit *D-13359* angezeigt.

Überprüfen Sie die Zahlenformate aller Zellen. Zahlen sollten auch als solche formatiert sein, Textinhalte als Text.

Die Stammdaten sind nun im ersten Tabellenblatt festgehalten. Jeder Information wird nun ein Bereich zugeordnet. So kann später in Funktionen nur der zugeordnete Name verwendet werden. Gehen Sie wie folgt vor:

1 Markieren Sie die Zelle mit den zugehörigen Daten, im Beispiel zuerst die Zelle B4. Sie enthält den Namen der Firma.

2 Tragen Sie in das Namensfeld in der Funktionsleiste *stamm_firmenname* ein.

3 Bestätigen Sie den Namen durch Drücken der Taste ⏎Enter.

4 Führen Sie diese Schritte auch mit allen anderen Inhalten der Tabelle *Stammdaten* durch. In der folgenden Tabelle sehen Sie Beispiele, die Sie verwenden können:

Inhalt der Zelle	Bereich	Zugeordneter Name
Name der Firma	B4	stamm_firmenname
Straße	B5	stamm_adresse
PLZ	B6	stamm_plz
Ort	B7	stamm_ort
Telefon	B8	stamm_tel
Fax-Nr.	B9	stamm_fax
E-Mail	B10	stamm_email
Homepage	B11	stamm_homepage
Geschäftsführung	B13	stamm_gf
Ansprechpartner Presse	B14	stamm_ap_presse
Ansprechpartner Kunden	B15	stamm_ap_kunden
Bank	B18	stamm_bank
Kontonummer	B19	stamm_ktnr
Bankleitzahl	B20	stamm_blz
Handelsregisternummer	B23	stamm_handelsrnr
Steuernummer	B25	stamm_steuernr
Gerichtsstand	B24	stamm_gerichtsstand

Benannte Bereiche einsehen und bearbeiten

Über das Namensfeld lassen sich alle benannten Bereiche direkt ansteuern. Öffnen Sie das Feld und wählen Sie den Bereich aus, den Sie bearbeiten oder einsehen möchten. Das Namensfeld finden Sie links in der Bearbeitungsleiste.

3.3 Formeln und Funktionen in Excel

Im Register *Formeln* im Namens-Manager finden Sie alle erstellten Namen und den zugehörigen Zellbezug. Wechseln Sie in der Multifunktionsleiste in das Register *Formeln* und klicken Sie auf *Namens-Manager*. Sie können hier die benannten Bereiche löschen, verändern, filtern oder auch neue erstellen.

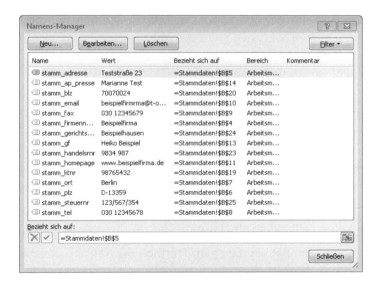

Wählen Sie *Bearbeiten* im Namens-Manager, wenn Sie die Bezeichnung eines benannten Bereichs verändern möchten. Zusätzlich können Sie den Zellbezug korrigieren oder erweitern und, wenn Sie dies möchten, einen Kommentar hinzufügen.

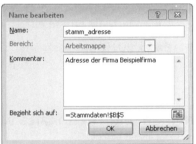

Haben Sie sehr viele Bereiche benannt, können Sie im Namens-Manager mit dem Filter die Anzeige der benannten Bereiche eingrenzen.

Excel 2010 bietet Ihnen im Bereich *Definierte Namen* verschiedene Funktionen an, mit denen Sie leichter mit benannten Bereichen arbeiten können. Mit *Namen definieren* erhalten Sie einen Dialog, mit dem Sie einen Bereich benennen können. Zugleich können Sie den benannten Bereich mit einem Kommentar versehen.

Mit *In Formel verwenden* erhalten Sie ein Listenfeld mit allen vorhandenen Namen und können den gewünschten benannten Bereich mit einem Mausklick auswählen und so in eine Formel integrieren.

Aus Auswahl erstellen ermöglicht Ihnen, den Inhalt einer Zelle als Namen zu verwenden. In einem Dialog wählen Sie, ob Excel den Namen aus der obersten oder untersten Zeile, der linken oder rechten Spalte übernehmen soll.

Bei der Arbeit mit benannten Bereichen müssen Sie einige grundlegende Dinge beachten:

Sie können nicht jedes Zeichen für einen Namen verwenden. Das Erstellen benannter Bereiche unterliegt bestimmten Syntaxregeln. Achten Sie auf Folgendes:

- Das erste Zeichen eines Namens muss ein Buchstabe, ein Unterstrich oder ein umgekehrter Schrägstrich sein. Nach dem ersten Zeichen können Sie auch Ziffern, Punkte oder Unterstriche verwenden.
- Verwenden Sie keine Zellbezüge als Namen.
- Nicht verwenden können Sie Leerzeichen. Trennen Sie Namen, die aus mehreren einzelnen Wörtern bestehen, mit einem Unterstrich oder Punkt voneinander.
- Die maximale Länge eines Namens beträgt 255 Zeichen.
- Excel 2010 unterscheidet bei der Arbeit mit Namen nicht zwischen Groß- und Kleinschreibung. Sie können daher nicht *gewinn* und *GEWINN* verwenden.

Namen und Textinhalte verketten

Im Folgenden sollen die zuvor festgelegten benannten Bereiche verwendet werden. Eine Rechnungsvorlage soll daraus entstehen.

Die Rechnung wird nun unter Verwendung der Namen erstellt. Das Verwenden eines Namens in einem Bereich des Formulars ist simpel. Setzen Sie den Cursor in die betreffende Zelle und geben Sie ein Gleichheitszeichen gefolgt von dem Namen ein, also beispielsweise:

=stamm_homepage

Einige Inhalte müssen Sie verketten. So fügen Sie beispielsweise Postleitzahl und Ort zu einer Zeile zusammen. Dafür müssen Sie eingeben:

= *stamm_plz & " " & stamm_ort*

In diesem Beispiel werden zwei Namen verkettet. Zwischen Postleitzahl und Ort wird ein Leerzeichen gesetzt. Dafür sorgen Sie mit einem " ". Eine Verkettung wird immer mit dem Zeichen & erstellt.

Es kann auch notwendig sein, viele Namen miteinander zu verketten. Das können Sie zum Beispiel mit Ihren Bankdaten am unteren Rand des Rechnungsformulars tun. Ein Beispiel:

=*stamm_Bank & ",Kontonummer: " & stamm_stamm_ktnr & ",Bankleitzahl: " & stamm_blz*

Im Beispiel werden mehrere Namen und Textinhalte zu einer Zeile verknüpft.

Das Rechnungsformular erstellen

Bevor die Inhalte in das Tabellenblatt eingefügt werden können, ist etwas Vorarbeit notwendig:

1 Erstellen Sie ein neues Tabellenblatt. Geben Sie ihm die Bezeichnung *Rechnung*.

2 Formatieren Sie die Breite der Spalten. Die Rechnung muss auf einem Blatt ausgegeben werden. Verwenden Sie die folgenden Maße:

Spalte	Breite
A	6,00
B	9,00
C	34,43
D	10,57
E	11,00
F	12,00

3 Setzen Sie die Maus in die Zelle E1 und tragen Sie =*stamm* ein. Wählen Sie aus dem Auswahlmenü *stamm_firmenname* mit einem Doppelklick aus. Bestätigen Sie mit [Enter]. Excel setzt nun den richtigen Inhalt in die Zelle.

4 Fahren Sie auch mit allen anderen Inhalten der Rechnung wie beschrieben fort.

5 Damit die Webseite korrekt angezeigt wird, müssen Sie zwei benachbarte Zellen zu einer verbinden und den Zeilenumbruch einschalten. Für beide Funktionen gibt es eine Symbolschaltfläche. Markieren Sie die Zellen E2 und F2. Klicken Sie in der Multifunktionsleiste *Start* auf die beiden Symbolschaltflächen *Verbinden und zentrieren* und *Zeilenumbruch*.

Je nach Umfang des Textes müssen Sie selbst entscheiden, ob es notwendig ist, zwei Zellen oder mehr miteinander zu verbinden. In unserem Beispiel wurden die Zellen E2 und F2 verbunden. Da die Internetadresse sowie die E-Mail-Adresse relativ lang sind, wurden auch die Zellen E5 und F5 sowie E6 und F6 verbunden.

Formatieren Sie die Elemente der Rechnung. Wechseln Sie in die Backstage-Ansicht. Wählen Sie *Drucken*. Hier sehen Sie nun die Druckvorschau für die erstellte Rechnungsvorlage. Achten Sie darauf, dass alle Inhalte auf einer Seite untergebracht sind. Ist dies nicht der Fall, müssen Sie noch einige Anpassungen vornehmen.

Eine gepunktete Linie zeigt in der Ansicht *Normal*, wo das Dokument umbrochen wird. Passen Sie die Inhalte der Rechnung so an, dass diese Linie nicht überschritten wird. Nutzen Sie dazu auch im Register *Ansicht* die Umbruchvorschau von Excel 2010.

3. Aufgaben einfacher und schneller mit Excel 2010 erledigen

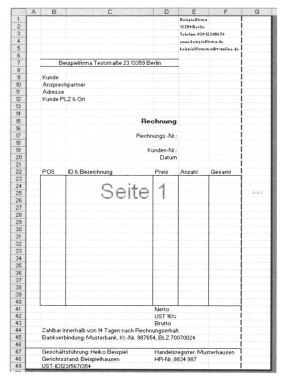

Die Umbruchvorschau von Excel 2010 zeigt: Alle Inhalte werden auf dem Ausdruck wiedergegeben. Ist dies nicht der Fall, reduzieren Sie die Schriftgröße.

Mit Funktionen Adressdaten und Produktlisten einfügen

Natürlich möchten wir nun mit der Rechnungsvorlage weiterarbeiten. So sollen nun Adress- und Produktlisten erstellt werden. Anschließend wird der Rechnungsbetrag ermittelt sowie eine fortlaufende Rechnungsnummer und eine Artikelnummer in einem speziellen Format erstellt.

Für die Adressdaten der Kunden und die Daten der Produkte erstellen Sie jeweils eine Tabelle.

Artikel-Nummer	Bezeichnung	Preis pro Stück
004.237	Artikel XYZ	124,95 €
004.238	Artikel XCD	185,45 €
004.239	Artikel SDF	165,75 €
004.240	Artikel GHJ	125,35 €
004.241	Zubehörartikel QWE	315,15 €

Kunden-Nr.	Firma/ Name	Strasse	PLZ	Ort	Telefon
002345	Beispielfirma	Musterstrasse 12	D-03536	Berlin	030 412334
002346	Test GmbH	Hans-Beispiel Platz 12	D-02763	Musterstadt	012 897654
002347	Firma Hans Beispiel	Musterplatz 23a	D-03583	Berlin	030 234598
002348	Mustermann	Beispielstrass 73	D-03432	Testhausen	054 123456
002349	Firma Mario Test	Am Test 3	D-03583	Berlin	030 458912

Geben Sie der ersten Tabelle die Bezeichnung *Artikel*. Die zweite Tabelle nennen Sie *Kunden*.

Wenn Sie die Artikelnummern und Kundennummern mit dem Format *Text* versehen haben, zeigt Excel in der linken oberen Ecke einen grünen Pfeil an. Damit weist das Programm auf einen möglichen Fehler hin. Setzen Sie die Maus auf die so markierte Zelle. Excel zeigt nun eine Schaltfläche mit einem Achtungssymbol an. Klicken Sie darauf und wählen Sie *Fehler ignorieren*.

	Kunden-Nr.	Firma/ Name	Strasse
1			
2	002345	ielfirma	Musterstr
3	002346	Als Text gespeicherte Zahlen	
4	002347	In eine Zahl umwandeln	
5	002348	Hilfe für diesen Fehler anzeigen	
6	002349		
7		Fehler ignorieren	
8		In Bearbeitungsleiste bearbeiten	
9		Optionen zur Fehlerüberprüfung...	
10			

Nun wäre es ganz praktisch, wenn bei der Eingabe der Kundennummer des Kunden, der eine Bestellung durchführt, die entsprechenden Adressdaten in die Rechnung eingefügt werden. Mit der Funktion *SVERWEIS* kann man dies lösen. Die Funktion durchsucht die Spalte *Kunden-Nr.* der Tabelle und gibt die dazugehörigen Rechnungsdaten aus. Die Syntax dieser Funktion lautet:

=SVERWEIS(SUCHKRITERITUM; MATRIX; SPALTENINDEX; BEREICH)

Eine Tabellenspalte (*MATRIX*) wird durchsucht. Stimmt der gesuchte Wert (*SUCHKRITERIUM*) mit dem Inhalt der Tabellenspalte überein, wird WAHR ausgegeben und der Wert weitergeleitet (*SPALTENINDEX*).

Um den Umgang mit der Formel zu vereinfachen, werden auch hier Bereichsnamen verwendet.

Bei dieser Funktion tritt ein Problem auf: Im Laufe Ihrer Arbeit wird sich sicher die Tabelle *Kunden* verändern. Neue Kunden werden hinzukommen. Der vergebene Bereichsname wird diese nicht berücksichtigen. Sie müssen also dafür sorgen, dass der Bereich dynamisch angepasst wird oder genügend leere Zeilen vorhanden sind, die auch neue Einträge berücksichtigen.

Mit der Funktion *BEREICH.VERSCHIEBEN* können Sie einen Bereich an neue Vorgaben anpassen. Die Syntax dieser Funktion sieht wie folgt aus:

=BEREICH.VERSCHIEBEN(BEZUG;ZEILEN;SPALTEN;HÖHE;BREITE)

BEZUG ist der Tabellenbereich, der dynamisch angepasst werden soll. Der Zellbezug lautet also: *Kunden!A2*.

Die Kundennummer wird in der Tabelle mit dem Zahlenformat *Text* eingetragen. Sie müssen also die Funktion *=ANZAHL2()* verwenden. *=ANZAHL()* kann nur bei dem Format *Zahl* verwendet werden. Diese Funktion sorgt dafür, dass, wenn die Tabelle um einen Kundeneintrag erweitert wird, sich auch der Bereich um eine Zeile erhöht.

Am Ende der Funktion wird angegeben, wie viele Spalten der Bereich umfasst. Im Beispiel sind das acht. Enthält Ihre Tabelle weitere Angaben, zum Beispiel die E-Mail-Adresse des Kunden, ein Postfach, eine Webseite etc., müssen Sie diesen Wert entsprechend anpassen.

Die fertige Funktion lautet:

=BEREICH.VERSCHIEBEN(Kunden!$A$2;;;ANZAHL2(Kunden!$A:$A);8)

Diese Funktion tragen Sie in eine beliebige Zelle in Ihrem Arbeitsblatt ein. Bei der Eingabe unterstützt Sie Excel. Geben Sie *=B* ein, können Sie die passende Funktion aus der Liste wählen. Sie müssen nicht die komplette Funktionszeile eintippen.

Gleiches trifft auf die einzelnen Elemente der Formel zu. Das Programm zeigt auch die Syntax an und verfolgt Ihre Eingabe. Zu jedem Abschnitt der Formel wird der Parameter markiert. So können Sie sich gut orientieren und wissen, welche Elemente der Formel Sie bereits eingegeben haben und welche noch folgen müssen.

Die erstellte Formel wird in der Formelzeile angezeigt. Vergessen Sie eine Klammer, bemerkt Excel den Fehler und weist Sie darauf hin. Sie können dies sofort korrigieren. Den angezeigten Fehler ignorieren Sie.

=BEREICH.VERSCHIEBEN(Kunden!$A$2;;;ANZAHL2(Kunden!$A:$A);8)
BEREICH.VERSCHIEBEN(**Bezug**; Zeilen; Spalten; [Höhe]; [Breite])

3.3 Formeln und Funktionen in Excel

Aus dem erstellten Bereich muss nun ein Name werden. Im Beispiel soll der Name *daten_kunden* verwendet werden. Gehen Sie wie folgt vor:

1 Setzen Sie den Cursor in die Zelle, in der Sie die Funktion *BEREICH. VERSCHIEBEN* erstellt haben. Im Beispiel ist das I2.

2 Markieren Sie die Funktion in der Funktionsleiste. Öffnen Sie mit der rechten Maustaste das Kontextmenü und wählen Sie *Kopieren*. Die Funktion befindet sich nun in der Zwischenablage. Drücken Sie (Esc).

3 Wechseln Sie in der Multifunktionsleiste in das Register *Formeln*. Wählen Sie *Namen definieren*.

4 Tragen Sie als Namen *daten_kunden* ein. Entfernen Sie die Vorgabe aus der Zeile *Bezieht sich auf*. Fügen Sie mit (Strg)+(V) die Funktion aus der Zwischenablage in das Dialogfeld ein. Verlassen Sie den Dialog mit *OK*.

Stören Sie sich nicht daran, dass im Feld *Bezieht sich auf* die Funktion ohne den Funktionsnamen zu sehen ist. Wenn Sie in den Namens-Manager schauen, werden Sie feststellen, dass die Formel komplett aus der Zwischenablage übernommen wurde.

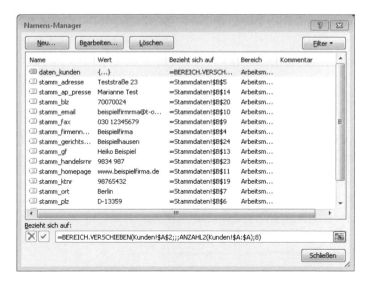

Legen Sie einen Namen für die Zelle E17 in der Tabelle *Rechnung* fest. In dieser wird die Kundennummer eingetragen. Verwenden wir der Einfachheit halber den Namen *kundennr*. Tragen Sie den Namen einfach in die Funktionsleiste ein.

Der erstellte dynamische Name kann nun mit =*SVERWEIS* verwendet werden. Tragen Sie dazu in die Zelle A9 des Tabellenblatts *Rechnung* Folgendes ein:

=*SVERWEIS(kundennr;kunden;2;0)*

Mit =*SVERWEIS* werden auch die übrigen Adressangaben des Kunden in die Rechnung übernommen. Die Funktion greift jeweils auf den Bereich *Kunden-Nr.* und den erstellten dynamischen Namen *Kunden* zu. Zu achten ist auf den richtigen Verweis am Ende der Funktion. Im Beispiel zeigt die *8* auf die Spalte *Ansprechpartner*. In der nächsten Funktion wird auf die Straße verwiesen. Danach folgt eine Verknüpfung von Postleitzahl und Ort.

Die Funktionen lauten:

=*SVERWEIS(kundennr;kunden;8;0)*

=*SVERWEIS(kundennr;kunden;3;0)*

=*SVERWEIS(kundennr;kunden;4;0)&"
"&SVERWEIS(kundennr;kunden;5;0)*

Auf die gleiche Weise können Sie nun auch Produktdaten in Ihre Rechnung einfügen. Ein dynamischer Bereich wird erstellt. Er greift auf die Tabelle *Artikel* zu.

=*BEREICH.VERSCHIEBEN(Artikel!$A$2;;;ANZAHL2(Artikel$A:$A);3*

Die Funktion wird nun für die Erstellung des Bereichsnamens *artikel* verwendet. Die Vorgehensweise kennen Sie ja schon:

1 Setzen Sie den Cursor in die Zelle, in der Sie die Funktion *BEREICH.VERSCHIEBEN* erstellt haben. Im Beispiel ist das K3.

2 Markieren Sie die Funktion in der Funktionsleiste. Öffnen Sie mit der rechten Maustaste das Kontextmenü und wählen Sie *Kopieren*. Die Funktion befindet sich nun in der Zwischenablage.

3 Drücken Sie (Esc).

4 Wechseln Sie in der Multifunktionsleiste in das Register *Formeln*.

5 Wählen Sie *Namen definieren*.

6 Tragen Sie als Namen *artikel* ein.

7 Entfernen Sie die Vorgabe aus der Zeile *Bezieht sich auf*. Fügen Sie mit (Strg)+(V) die Funktion aus der Zwischenablage in das Dialogfeld ein. Verlassen Sie den Dialog mit *OK*.

Der Name des Artikels wird mit =SVERWEIS eingefügt. Dabei müssen Sie diese Funktion mit =WENN kombinieren. Außerdem müssen Sie dafür sorgen, dass Excel nicht den Fehlercode #NV ausgibt. Das können Sie mit B23<>" " tun.

Die Funktion =WENN verwendet die folgende Syntax:

=WENN(PRÜFBEDINGUNG;DANN_ANWEISUNG;SONST_ANWEISUNG)

Es handelt sich also um eine einfache Abfrage, wie sie auch oft beim Programmieren verwendet wird. Im Beispiel wird geprüft, ob die Zelle B21 (*ID*) in der Rechnung leer ist oder einen Inhalt enthält. Ist die Zelle leer, gibt die Funktion nur Leerzeichen aus. Ist ein Inhalt vorhanden, findet die Funktion =SVERWEIS Anwendung.

Die vollständige Funktion lautet:

=WENN(B21<>" ";SVERWEIS(B21;artikel;2;0;" ")

Tragen Sie diese in die Zelle C21 der Rechnung ein (Spalte *Bezeichnung*). In der Zelle *Preis* folgt eine ähnliche Funktion:

=WENN(B21<>" ";SVERWEIS(B21;artikel;3;0;" ")

Sie sehen, unterschiedlich ist nur der Spaltenindex. Einmal wird *2* und einmal wird *3* verwendet. Die Funktion greift also auf die Spalten *Name* und *Preis* der Tabelle *Artikel* zu.

Die beiden Funktionen kopieren Sie nun noch in die darunterliegenden Zellen der Rechnung.

Den Rechnungsbetrag ermitteln

Beim Rechnungsbetrag können Sie nicht einfach die Preise der einzelnen bestellten Artikel summieren. Sie müssen einen Nettorechnungsbetrag ermitteln, die gültige Umsatzsteuer beachten und den Bruttorechnungsbetrag ausgeben.

Die Inhalte der Spalten *Preis* und *Anzahl*, also im Beispiel die Zellen D21 und E21, müssen verrechnet werden. Zum Einsatz kommt hier wieder die Funktion =WENN, denn eine Berechnung soll nur erfolgen, wenn wirklich ein Produkt gekauft wurde. Die Funktion muss dies überprüfen.

Setzen Sie den Cursor in die Zelle F21 (*Gesamt*) und geben Sie die Funktion wie folgt ein:

=WENN(D"21<>" ";D21*E21;" ")

Kopieren Sie die erstellte Funktion nach unten bis in die Zelle F36.

Markieren Sie den Bereich F21:F36 in Ihrer Rechnung. Tragen Sie in das Namensfeld der Funktionsleiste *nettobetraege* ein.

Nun können Sie in der Formel den erstellten Namen nutzen. Setzen Sie den Cursor in die Zelle F37. Tragen Sie ein:

=SUMME(nettobetraege)

Die Zelle, in der die Summe der Nettobeträge landet, wird mit einem Bereichsnamen versehen. Verwenden Sie *nettogesamt*.

Der Umsatzsteuerbetrag in unserem Beispiel muss natürlich noch auf *19 %* gesetzt werden. Für das Feld, das diesen Wert enthält, wird ebenfalls ein Name festgelegt. Im Beispiel ist dieser *ust*.

Setzen Sie den Cursor in das Feld F38 und tragen Sie die folgende Funktion ein:

=nettogesamt*ust

Das Ergebnis aller Nettopreise wird somit mit der Umsatzsteuer verrechnet.

In die Zelle darunter (F39) muss nun noch der Bruttobetrag hinein. Dieser ergibt sich aus dem Umsatzsteuerbetrag und der Summe der Nettobeträge. Die Funktion muss also lauten:

=nettogesamt+ust

Eine fortlaufende Rechnungsnummer vergeben

Das Finanzamt fordert eine fortlaufende Rechnungsnummer. Eine solche lässt sich aber auch sehr gut verwenden, um alle erstellten Rechnungen in einer Tabelle zusammenzufassen und zu archivieren. Sie können in dieser zu jeder Zeit nachschlagen, wann welche Artikel zu welchen Preisen an welchen Kunden versandt wurden.

Erstellen Sie zuerst ein neues Tabellenblatt. Geben Sie ihm die Bezeichnung *Rechnungen_erstellt*. Tragen Sie die Spaltenüberschriften *Rechnungs-Nr.*, *Rechnungs-Datum*, *Empfänger der Rechnung* und *Betrag Brutto* ein. Wenn notwendig, können Sie auch den Umsatzsteuerbetrag erfassen und das Fälligkeitsdatum in einer eigenen Spalte vermerken. Die Ausgangstabelle sieht also wie folgt aus:

Rechnungs-Nr.	Rechnungs-Datum	Empfänger der Rechnung	Betrag Brutto

Nun kommt wieder die bekannte Funktion für das Erstellen eines dynamischen Bereichs =BEREICH.VERSCHIEBEN zum Einsatz.

=BEREICH.VERSCHIEBEN(Rechnungen_erstellt!$A$2;;;ANZAHL(Rechnungen_erstellt!$A:$A);1)

Für den dynamischen Bereich vergeben Sie einen Namen. Im Beispiel wird *rechnungsnr* verwendet.

Mit der Funktion =INDIREKT wird die Nummer der Rechnung jeweils um den Wert 1 erhöht. Die Syntax dieser Funktion lautet:

=INDIREKT(BEZUG;A1)

Die Rechnungsnummer wird in der Rechnung in die Zelle F15 eingetragen. Setzen Sie den Cursor in diese Zelle und geben Sie ein:

=INDIREKT(Rechnungen_erstellt!A"&ANZAHL(rechnungsnr)+1)+1

Mit dieser Funktion wird die Zahl der in der Tabelle *Rechnungen_erstellt* vorhandenen Rechnungen um den Wert 1 erhöht. Das Ergebnis ist die neue Rechnungsnummer.

Artikelnummern mit einem benutzerdefinierten Format darstellen

Im Beispiel wurde für die Darstellung der Artikelnummer das Format *Text* verwendet. Eine der verwendeten Artikelnummern war *002.232*. Um für diese Formatierung ein benutzerdefiniertes Format zu erstellen, gehen Sie wie folgt vor:

1 Markieren Sie die Spalte, die die Artikelnummern enthält.

2 Öffnen Sie das Kontextmenü und wählen Sie *Zelle formatieren*.

3 Im Register *Zahlen* sehen Sie die Liste *Kategorie*. Ganz am unteren Ende dieser Liste finden Sie den Eintrag *Benutzerdefiniert*. Markieren Sie ihn.

4 Rechts im Fenster *Typ* müssen Sie zunächst ein Ausgangsformat wählen. Entscheiden Sie sich für *0*. Verändern Sie dieses Format. Tragen Sie ein:

   000"."000

5 Verlassen Sie den Dialog mit *OK*.

Mit dem gewählten Format enthält der eingetragene Wert zuerst drei Ziffern. Es folgen ein Punkt und wieder drei Ziffern. Excel zeigt nun auch keinen Fehler mehr an.

Der Punkt muss in Anführungszeichen gesetzt werden. Excel verwendet Punkte als Tausendertrennzeichen. In diesem Fall wird der Punkt wie ein Text behandelt und mit Anführungszeichen geschützt.

> **Benutzerdefinierte Zahlenformate verwenden**
>
> Ein benutzerdefiniertes Format muss nur einmal erstellt werden, steht jedoch nur in der Arbeitsmappe zur Verfügung, in der Sie es erstellt haben. Möchten Sie es auch bei anderen Excel-Projekten verwenden, müssen Sie es in einer Vorlagendatei abspeichern.

Zeitdifferenzen und Stichtage exakt berechnen

Ein Datums- oder Zeitformat ist schnell erstellt. Doch wie erstellt man ein benutzerdefiniertes Datumsformat? Welche Möglichkeiten bestehen dabei und wie kann man damit rechnen? In einer Tabelle geben Sie an, wie viele Wochen für ein Projekt notwendig sind.

Nun möchten Sie ausrechnen, wie viel Tage das Team noch hat, bis der Termin der Produktpräsentation da ist. Eigentlich eine einfache Aufgabe. Doch beim Rechnen mit Datums- und Zeitwerten müssen einige Grundregeln beachtet werden.

Grundlagen zum Umgang mit Datumsformaten

Die Formate *Datum, kurz*, *Datum, lang* und das Standard-*Zeit*-Format können Sie über das Auswahlmenü in der Multifunktionsleiste wählen. Die Anwendung ist einfach:

1 Wechseln Sie in der Multifunktionsleiste in das Register *Start*.

2 Markieren Sie die Zelle, deren Inhalt Sie formatieren wollen.

3 Öffnen Sie die Drop-down-Liste *Zahlenformat*. Wählen Sie das gewünschte Format.

In dieser Abbildung sehen Sie, welche Auswirkungen die Formate haben. Von oben nach unter *Datum kurz*, *Datum, lang* und das Format *Zeit*. Letzteres ist ein kombiniertes Format. Es zeigt Datum und Zeit. Bei der Eingabe des Wertes in eine Zelle müssen Sie dies beachten.

3. Aufgaben einfacher und schneller mit Excel 2010 erledigen

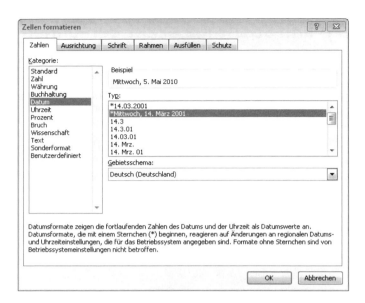

Die drei Formate, die Sie über die Auswahlliste wählen können, werden in einigen Fällen nicht genügen. Ist das so, öffnen Sie den Dialog *Zellen formatieren*. Wählen Sie eine der Kategorien *Uhrzeit* oder *Datum* aus und dann eines der möglichen Formate. Bei jedem Format zeigen verschiedene Voransichten, wie die Werte jeweils dargestellt werden.

Beim Erstellen eines benutzerdefinierten Formats können Sie im Dialog bereits auf einige Vorgaben zurückgreifen. Dabei stehen die Buchstabenkürzel für die Zeiteinheit. Die Anzahl der Zeichen bestimmt die Darstellung des Wertes in der Tabelle.

In der folgenden Tabelle sehen Sie, welche Abkürzungen für welche Einheit stehen. Links die Kürzel, die für das Erstellen eines Datumsformats notwendig sind, rechts die Kürzel, die für das Erstellen eines Zeitformats notwendig sind:

Kürzel	Bedeutung
T	Tag
M	Monat
J	Jahr

Kürzel	Bedeutung
h	Tag
m	Minute
s	Sekunde

Die Anzahl der Zeichen bestimmt die Darstellung des Codes. Ein Tag kann als einstellige Zahl oder mit einer vorangesetzten 0 in der Tabelle erscheinen. Ein Monat kann als Zahl, als Buchstabenkürzel oder auch ausgeschrieben dargestellt werden. In der Tabelle sehen Sie, welches Zeichen zu welcher Ausgabe führt:

Kürzel	Bedeutung
T	Tag ein- bis zweistellig. Einstellige Daten werden ohne 0 dargestellt.
TT	Tag zweistellig. Einstellige Werte werden mit einer vorangestellten 0 dargestellt.
TTT	Tag als Kürzel (*Mo, Di* etc.)
TTTT	Tag ausgeschrieben
M	Monat mit ein bis zwei Ziffern
MM	Monat mit zwei Ziffern. Einstellige Monatsdaten werden mit einer vorangestellten 0 dargestellt.
MMM	Monat als Kürzel (*Jan, Feb* etc.)
MMMM	Monat ausgeschrieben
JJ	Jahreszahl zweistellig
JJJJ	Jahreszahl vierstellig

Die Position eines Zeichens und die Anzahl der Zeichen bestimmen die Formatierung. Einige Beispiele sehen Sie nun in der folgenden Tabelle:

Format	Darstellung des Wertes in der Zelle
TT.MM.JJJJ	12.06.2006
TT.MMM JJ	12. Jun 06
TT.MMM	12. Jun
MMM JJ	Jun 06
TT.MM.JJJJ hh:mm	12.06.2006 12.30
h:mm AM/PM	11.30 AM
h:mm:ss AM/PM	11.30.32 AM
mm:ss,0	10.30,0
[h]:mm:ss	3200:10:30
hh:mm:ss	12.32:22
[$-F800]TTTT, TT, MMMM, JJJJ	Mittwoch, 14. Juni 2006

Datumswerte bei unterschiedlichen Betriebssystemen

Der Kalender von Excel beginnt bei dem Betriebssystem Windows mit dem 1.1.1900. Auf einem Macintosh-System beginnt der Kalender jedoch mit dem 1.1.1904. Das führt beim Import einer Datei zu fehlerhaften Datumswerten. Im Konfigurationsdialog von Excel können Sie bestimmen, dass der Kalender mit dem 1.1.1904 beginnt. In der Voreinstellung ist diese Option deaktiviert. Und so nehmen Sie die Einstellung vor:

1 Wechseln Sie in die Backstage-Ansicht. Öffnen Sie den Dialog *Optionen*.

2 Klicken Sie auf *Erweitert*. Scrollen Sie nach unten bis zum Bereich *Beim berechnen dieser Arbeitsmappe*. Schalten Sie die Option *1904-Datumswerte verwenden* an. Klicken Sie auf *OK*.

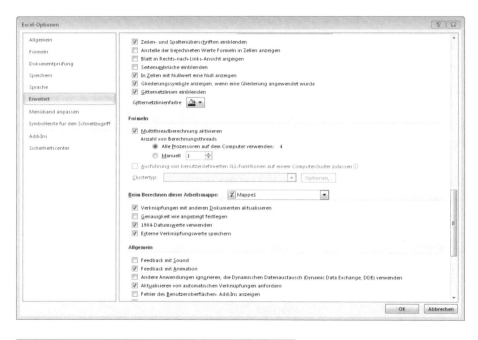

Arbeitszeiten berechnen

In einer Tabelle werden die Arbeitszeiten eines Mitarbeiters festgehalten. Für jeden Arbeitstag ist der Beginn und das Ende der Arbeitszeit erfasst. Dazu kommt eine Mittagspause.

Legen Sie das Zahlenformat über den Dialog *Zellen formatieren* fest. Mit dem Format *Zeit* aus der Drop-down-Liste werden die Sekunden angefügt. Das ist hier nicht notwendig. Es genügt ein Format in der Schreibweise Stunden:Minuten.

Das Format kopieren Sie mit AutoAusfüllen in die darunter und daneben befindlichen Zellen. Über das Optionsmenü wählen Sie anschließend *Nur Formate ausfüllen*.

Achten Sie beim Eingeben eines Zeitwertes auf den dazwischenliegenden Doppelpunkt, zum Beispiel: *7:30*. Ein Punkt führt zu einem falschen Wert.

1 Zunächst einmal muss die Arbeitszeit für einen Tag berechnet werden. Setzen Sie den Cursor in die Zelle F2 und geben Sie die folgende Formel ein:

=C2-B2+E2-D2

Der Beginn der Pause und der Beginn der Arbeitszeit werden abgerechnet. Auf das Ende der Arbeitszeit und das Ende der Pause trifft das auch zu.

Die Arbeitszeit am ersten Tag in der Tabelle beträgt acht Stunden.

Die erstellte Formel wird nun auf die darunterliegenden Zellen übertragen. Im Optionsmenü müssen Sie dazu nichts wählen. Die Vorgabe *Zellen kopieren* ist hier richtig.

2 Ziehen Sie mit AutoAusfüllen die Formel in die Zellen E3 und weiter bis zu E6.

In die Spalte G (*Gesamtzeit*) wird die kumulierte Arbeitszeit eingetragen. Am ersten Tag entspricht diese dem danebenstehenden Wert.

3 Setzen Sie den Cursor in die Zelle G2 und tragen Sie ein:

=F2

Nun können Sie diese Formel nicht mit AutoAusfüllen nach unten ziehen. Die kumulierte Arbeitszeit am Dienstag ist die Arbeitszeit von Montag und Dienstag. Die Inhalte der Zellen G2 und F3 müssen also addiert werden.

4 Setzen Sie den Cursor in die Zelle G3 und tragen Sie ein:

=G2+F3

5 Ziehen Sie die Formel aus der Spalte G3 mit AutoAusfüllen in die Zellen G4, G5 und G6.

Excel setzt die Formeln richtig um. So finden Sie in der Zelle G4 die Formel *=G3+F4*. In G6 steht *=G5+G6*. Dennoch werden die Zeiten nicht richtig zusammengerechnet. Das Ergebnis sieht wie in der folgenden Abbildung aus:

Gesamtzeit
8:00
16:25
0:20
9:05
16:45

Rechnet Excel mit Uhrzeiten, wird der Wert beim Erreichen von 24 Stunden zurückgesetzt. Das führt in diesem Fall zu einem falschen Ergebnis. Sie müssen dem Programm mitteilen, dass die Stundenzahl auch über den Wert 24 hinausgehen soll. Das tun Sie, indem Sie ein benutzerdefiniertes Zeitformat erstellen. Dabei wird das Zeichen für Stunde in eine eckige Klammer gesetzt.

6 Markieren Sie die Zellen G2:G6. Öffnen Sie das Kontextmenü und wählen Sie *Zellen formatieren*.

7 Wählen Sie *Benutzerdefiniert*. Tragen Sie das folgende Zahlenformat in die Eingabezeile ein.

[h]:mm

8 Schließen Sie den Dialog mit *OK*.

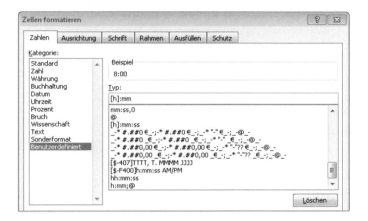

Die addierten Arbeitszeiten werden nun korrekt angezeigt. Das in eckige Klammern gesetzte Zeitformat zeigt nun auch Stunden über den Wert 24 an.

Auf die gleiche Weise können Sie auch andere Zeit- und Datumsformate schützen. Einfach das Format in eine eckige Klammer setzen und schon werden auch 42 Monate, 32 Stunden oder 70 Minuten richtig angezeigt.

Eine Liste nach Datum sortieren

In einer Tabelle werden die Einträge nicht immer in der richtigen Reihenfolge erstellt. Ab und zu ist ein Nachtrag hinzuzufügen. Um wieder Ordnung zu schaffen, muss die Tabelle sortiert werden. Das ist mit wenigen Mausklicks getan:

3. Aufgaben einfacher und schneller mit Excel 2010 erledigen

	A	B	C	D	E	F	G	H
1	Datum	Bestellnummer	Kundennummer	Artikelnummer	Anzahl	Preis pro Artikel	Bestellsumme	Vertriebsgebiet
2	12.05.2010	G003341	1002345	102204	12	620,75	7449	Ost
3	12.05.2010	G003342	1002340	102205	11	711,95	7831,45	Nord
4	10.05.2010	G003343	1003101	102204	10	620,75	6207,5	Ost
5	06.05.2010	G003344	1003105	102204	14	620,75	8690,5	Ost
6	14.05.2010	G003345	1002561	102207	15	595,85	8037,75	Nord
7	06.05.2010	G003346	1002400	102205	12	711,95	8543,4	Nord
8	07.05.2010	G003347	1002708	102207	11	595,85	6554,35	Ost
9	14.05.2010	G003348	1002872	102207	18	595,85	10725,3	Ost
10	12.05.2010	G003349	1002442	102204	14	620,75	8690,5	Nord
11	18.05.2010	G003350	1002345	102204	9	620,75	5586,75	Ost
12	17.05.2010	G003351	1003109	102205	12	711,95	8543,4	Ost
13	10.05.2010	G003352	1002951	102207	14	595,85	8341,9	Nord
14	10.05.2010	G003353	1002104	102204	12	620,75	7449	Ost
15	21.05.2010	G003354	1002112	102205	8	711,95	5695,6	Nord
16	20.05.2010	G003355	1003152	102207	12	595,85	7150,2	Nord
17	20.05.2010	G003356	1003109	102205	11	711,95	7831,45	Nord
18	21.05.2010	G003357	1003157	102205	15	711,95	10670,25	Ost
19	10.05.2010	G003358	1002077	102207	11	595,85	6554,35	Ost
20	23.05.2010	G003359	1002345	102205	12	711,95	8543,4	Nord

1 Markieren Sie die Tabelle.

2 Wechseln Sie in der Multifunktionsleiste in das Register *Start*. Klicken Sie auf *Sortieren und Filtern*. Wählen Sie *Nach Datum sortieren (aufsteigend)*.

	Datum	Bestellnummer	Kundennummer	Artikelnummer	Anzahl	Preis pro Artikel	Bestellsumme	Vertriebsgebiet
1								
2	06.05.2010	G003344	1003105	102204	14	620,75	8690,5	Ost
3	06.05.2010	G003346	1002400	102205	12	711,95	8543,4	Nord
4	07.05.2010	G003347	1002708	102207	11	595,85	6554,35	Ost
5	10.05.2010	G003343	1003101	102204	10	620,75	6207,5	Ost
6	12.05.2010	G003341	1002345	102204	12	620,75	7449	Ost
7	12.05.2010	G003342	1002340	102205	11	711,95	7831,45	Nord
8	12.05.2010	G003349	1002442	102204	14	620,75	8690,5	Nord
9	14.05.2010	G003345	1002561	102207	15	595,85	8037,75	Nord
10	14.05.2010	G003348	1002872	102207	18	595,85	10725,3	Ost
11	17.05.2010	G003351	1003109	102205	12	711,95	8543,4	Ost
12	18.05.2010	G003350	1002345	102204	9	620,75	5586,75	Ost
13	10.05.2010	G003352	1002951	102207	14	595,85	8341,9	Nord
14	10.05.2010	G003353	1002104	102204	12	620,75	7449	Ost
15	10.05.2010	G003358	1002077	102207	11	595,85	6554,35	Ost
16	20.05.2010	G003355	1003152	102207	12	595,85	7150,2	Nord
17	20.05.2010	G003356	1003109	102205	11	711,95	7831,45	Nord
18	21.05.2010	G003354	1002112	102205	8	711,95	5695,6	Nord
19	21.05.2010	G003357	1003157	102205	15	711,95	10670,25	Ost
20	23.05.2010	G003359	1002345	102205	12	711,95	8543,4	Nord

Wenn Sie oft Zahlen als Text formatieren müssen: So deaktivieren Sie die Fehlerüberprüfung für diesen speziellen Fall

Wenn es oft vorkommt, dass Sie Artikelnummern eingeben und auf diese Weise Zahlen in Ihren Tabellen als Text formatieren, schalten Sie die Fehlerüberprüfung für diese Formatierung aus. Dann wird eine solche Formatierung nicht mehr als Fehler gemeldet. Wechseln Sie in die Backstage-Ansicht. Wählen Sie *Optionen/Formeln*. Deaktivieren Sie die Option *Zahlen, die als Text formatiert sind oder denen ein Apostroph vorangestellt ist*. Bestätigen Sie.

3.3 Formeln und Funktionen in Excel

Quartalsumsätze errechnen

Um die Umsätze in einem Quartal zu errechnen, müssen Sie zunächst einmal jeden einzelnen Umsatz einem Quartal zuordnen. Dies geschieht mit der Funktion *AUFRUNDEN*.

	A	B	C	D	E
1	Datum	Artikel-Nummer	Name des Produktes	Preis	Quartal
2	05.05.2010	003.231	Produkt YXZ	725,25 €	
3	06.05.2010	003.232	Produkt ABC	812,95 €	
4	07.05.2010	003.234	Produkt HGT	625,90 €	
5	10.05.2010	003.235	Produkt BVF	600,00 €	
6	11.05.2010	003.236	Produkt KJF	715,95 €	
7	12.05.2010	003.237	Produkt KLG	712,95 €	
8	13.05.2010	003.238	Produkt GDR	711,90 €	
9	14.05.2010	003.241	Produkt LKG	800,10 €	

1 Tragen Sie die folgende Funktion in die Zelle E2 ein:

=AUFRUNDEN (MONAT(A2)/3;0)

Die Funktion *MONAT* ermittelt den Monat, der zu dem Datum in der Spalte A gehört. Das Ergebnis wird durch 3 geteilt und aufgerundet. Ausgegeben wird eine der Ziffern *1*, *2*, *3* oder *4*. Diese steht für das entsprechende Quartal.

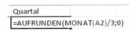

2 Mit AutoAusfüllen ziehen Sie die Formel in alle weiteren Zellen der Spalte E.

	A	B	C	D	E
1	Datum	Artikel-Nummer	Name des Produktes	Preis	Quartal
2	05.05.2010	003.231	Produkt YXZ	725,25 €	2
3	06.05.2010	003.232	Produkt ABC	812,95 €	2
4	07.05.2010	003.234	Produkt HGT	625,90 €	2
5	10.05.2010	003.235	Produkt BVF	600,00 €	2
6	11.05.2010	003.236	Produkt KJF	715,95 €	2
7	12.05.2010	003.237	Produkt KLG	712,95 €	2
8	13.05.2010	003.238	Produkt GDR	711,90 €	2
9	14.05.2010	003.241	Produkt LKG	800,10 €	2

Hängen Sie an die Funktion *. Quartal Jahr* an, wenn Sie die Angabe ergänzen möchten. Dann steht nicht nur eine Ziffer, sondern *2. Quartal 2007* in der entsprechenden Zelle. Möchten Sie dies, würde die Funktion wie folgt aussehen:

=AUFRUNDEN (MONAT(A2)/3;0)&". Quartal 2007"

Die ausgegebene Ziffer wird genutzt, um die Umsätze eines Quartals zu errechnen.

3 Überschreiben Sie die Spalte F mit *Summe 1. Quartal*.

4 Setzen Sie den Cursor in die Zelle F6 und geben Sie die folgende Formel ein:

=Summe(WENN(AUFRUNDEN(MONAT(A2:A6)/3;0)/3;0)=1;D2:D6;0))

Beenden Sie die Eingabe mit der Tastenkombination ⌈Strg⌉+⌈Umschalt⌉+⌈Enter⌉. Die Formel wird in eine geschweifte Klammer gesetzt. Sie wird zu einer Matrixformel. Die Formel sieht danach wie folgt aus:

{=Summe(WENN(AUFRUNDEN(MONAT(A2:A6)/3;0)/3;0)=1;D2:D6;0))}

Diese Formel tut zunächst einmal das, was Sie auch beim Ermitteln des Quartals gemacht haben. Der zum Datum gehörende Monat wird ermittelt. Das Ergebnis wird durch 3 geteilt und aufgerundet. Dieser Wert wird mit dem Wert in der Spalte E (*Quartal*) verglichen. Ist dieses Ergebnis gleich der Quartalszahl, wird die Summe gebildet. Die Warenwerte eines Quartals werden zusammengerechnet. Da die Formel für alle Einträge, die zum 1. Quartal gehören, verwendet werden muss, handelt es sich um eine Matrixformel. Sie muss in eine geschweifte Klammer gesetzt werden.

Die erstellte Formel errechnet nur die Umsätze im 1. Quartal. Um die Umsätze auch der anderen Quartale zu erhalten, muss die Formel nur leicht variiert werden. Statt *=1* wird *=2*, *=3* und *=4* eingefügt.

5 Fügen Sie Ihrer Tabelle drei weitere Spalten hinzu. Überschreiben Sie diese mit *Summe 2. Quartal*, *Summe 3. Quartal* und *Summe 4. Quartal*.

6 Kopieren Sie die Formel aus der Zelle F6 in die Zwischenablage.

7 Setzen Sie den Cursor in die Zelle G6 und fügen Sie die Formel ein. Ersetzen Sie *=1* durch *=2*.

8 Wiederholen Sie den letzten Arbeitsschritt. Fügen Sie die Formel in die Zellen H6 und I6 ein. Ersetzen Sie *=1* durch *=3* und *=4*.

Achten Sie darauf, dass Sie jede Formel nach der Eingabe mit der Tastenkombination in eine Matrixformel umwandeln.

Die verwendeten Formeln für das Errechnen der Umsätze in den Quartalen 2, 3 und 4 sehen nun wie folgt aus:

{=Summe(WENN(AUFRUNDEN(MONAT(A2:A6)/3;0)/3;0)=2;D2:D6;0))}

{=Summe(WENN(AUFRUNDEN(MONAT(A2:A6)/3;0)/3;0)=3;D2:D6;0))}

{=Summe(WENN(AUFRUNDEN(MONAT(A2:A6)/3;0)/3;0)=4;D2:D6;0))}

In der Praxis wird die Tabelle um einige Zeilen länger sein. Hier müssen Sie nichts weiter tun, als die tatsächliche Anzahl der Zeilen zu berücksichtigen und die Formeln entsprechend anzupassen. Hat Ihre Tabelle 240 Zeilen, würde die Formel lauten:

{=Summe(WENN(AUFRUNDEN(MONAT(A2:A240)/3;0)/3;0)=1;D2:D240; 0))}

Gleiches gilt auch für die anderen drei Formeln.

Restzeiten: Wie viele Tage, Wochen und Arbeitstage verbleiben noch?

Sie beginnen ein Projekt an einem bestimmten Datum. An einem zweiten, noch in der Zukunft liegenden Datum muss das Projekt abgeschlossen sein und vorgestellt werden. Nun möchten Sie ermitteln, wie viele Tage Zeit bis zum Projektende sind.

Mit der Funktion =TAGE360 können Sie genau die Tage zwischen zwei Daten ermitteln. Die Anwendung ist einfach. Für diese Funktion sind nur zwei Parameter notwendig. Die Syntax der Funktion lautet:

=TAGE360 (AUSGANGSDATUM;ENDDATUM;METHODE)

METHODE ist ein Wahrheitswert. Lassen Sie den Parameter weg oder tragen Sie *FALSCH* ein, wird die US-Methode verwendet. Ist der 31. eines Monats das Ausgangsdatum, wird er zum 30. des Monats. Ist das Enddatum der 31. im nächsten Monat und liegt der Parameter *AUSGANGSDATUM* vor dem 30., wird aus dem Enddatum der 1. des nächsten Monats.

Tragen Sie als Parameter *WAHR* ein, wird die europäische Methode verwendet. Bei dieser wird das Datum 31. immer in den 30. umgewandelt.

Zuerst ein Blick auf die Ausgangstabelle:

	A	B	C	D
1	Projekt	Auftragsbeginn	Projektende	Arbeitstage
2				
3	Neugestaltung Webauftritt Firma Mustermann	03.05.2010	21.06.2010	
4				

1 Setzen Sie den Cursor in die Zelle D3.

2 Wechseln Sie in der Multifunktionsleiste in das Register *Formeln*. Öffnen Sie den Funktions-Assistenten.

3 Wählen Sie die Kategorie *Datum & Zeit*. Markieren Sie die Funktion *TAGE360*. Klicken Sie auf *OK*.

4 In die Zeile *Ausgangsdatum* tragen Sie *B3* ein. In die Zeile *Enddatum C3*. Bestätigen Sie mit *OK*.

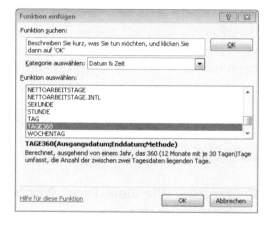

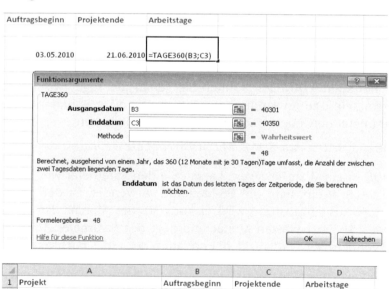

	A	B	C	D
1	Projekt	Auftragsbeginn	Projektende	Arbeitstage
2				
3	Neugestaltung Webauftritt Firma Mustermann	03.05.2010	21.06.2010	48

Die verwendete Funktion berücksichtigt allerdings nicht die Wochenenden und die Feiertage. Mit =NETTOARBEITSTAGE lassen sich die Feiertage berücksichtigen. Die Syntax der Funktion lautet:

=NETTOARBEITSTAGE(AUSGANGSDATUM;ENDDATUM;FREIE_TAGE)

Die Wochenenden berücksichtigt diese Funktion von sich aus. Sie müssen nur die Anzahl der Feiertage als Parameter *FREIE_TAGE* übergeben. Diese lassen sich zwar auch errechnen, doch der Einfachheit halber genügt ein Blick in den Kalender. Im Beispiel sind es genau drei Feiertage. Die Funktion lautet also:

=NETTOARBEITSTAGE(B3;C3;3)

Gehen Sie beim Erstellen dieser Funktion wie bei =TAGE360 vor.

	A	B	C	D	E
1	Projekt	Auftragsbeginn	Projektende	Arbeitstage	
2					
3	Neugestaltung Webauftritt Firma Mustermann	03.05.2010	21.06.2010	=NETTOARBEITSTAGE(B3;C3;3)	

	A	B	C	D
1	Projekt	Auftragsbeginn	Projektende	Arbeitstage
2				
3	Neugestaltung Webauftritt Firma Mustermann	03.05.2010	21.06.2010	36

Effektive Fehlersuche mit der Verfolgung von Zellbezügen und dem richtigen Auswerten von Fehlermeldungen

Excel sorgt mit einer Fehlerüberprüfung dafür, dass falsche Eingaben schnell gefunden werden. Ein angezeigter Fehler kann aber auch bedeuten, dass Sie das Zahlenformat nicht oder falsch eingegeben haben.

Die Fehlerüberprüfung von Excel 2010 verstehen und verwenden

Die Fehlerüberprüfung ist in der Vorgabeeinstellung aktiviert. Sie finden sie im Optionsdialog. Öffnen Sie das Menü *Datei*. Klicken Sie auf *Excel-Optionen*. In der Spalte am linken Rand markieren Sie *Formeln*. Im Bereich *Fehlerüberprüfung* finden Sie nun die Option, die im angeschalteten Zustand dafür sorgt, dass falsche oder fehlerhafte Daten als solche gekennzeichnet werden. Hier können Sie auch die farbliche Kennzeichnung eines gefundenen Fehlers verändern.

In der Backstage-Ansicht finden Sie unter der Option die Regeln für die Fehlerüberprüfung. Diese sind alle selbsterklärend. Schalten Sie alle bis auf *Formeln, die sich auf leere Zellen beziehen* an. Letztere Option lassen Sie deaktiviert. So gehen Sie sicher, dass Sie Formeln erstellen und erst später Daten eingegeben werden können.

In unserem Beispiel trat ein Fehler auf. Die Postleitzahl wurde nicht korrekt formatiert. Excel zeigt in der linken oberen Ecke einen kleinen grünen Pfeil an. Markieren Sie die Zelle, wird ein Achtung-Symbol eingeblendet.

Öffnen Sie mit einem Mausklick das Fehlermenü. Je nach Fehler haben Sie unterschiedliche Möglichkeiten. In unserem Beispiel stehen die folgenden Befehle zur Verfügung:

> *Als Text gespeicherte Zahlen*: Ein Zahlenwert wird mit dem Format *Text* versehen. Sie können mit dem Wert nicht mehr rechnen. So wie Sie die Zahl eingeben, wird sie in der Tabelle angezeigt.

> *In eine Zahl umwandeln*: Ein Wert wird mit dem Format *Zahl* versehen.

> *Hilfe für diesen Fehler anzeigen*: öffnet die Hilfe von Excel und zeigt eine Beschreibung des Fehlers und mögliche Ursachen an.

> *Fehler ignorieren*: Der Fehler wird nicht mehr als solcher angezeigt. Das zugeordnete Zahlenformat wird ignoriert.

> *In Bearbeitungsleiste bearbeiten*: Der Cursor springt in die Bearbeitungsleiste. Hier können Sie den Wert korrigieren.

➢ *Optionen zur Fehlerüberprüfung*: öffnet den Excel-Konfigurationsdialog. Hier können Sie die Regeln und Optionen zur Fehlerüberprüfung einsehen und verändern.

Im Fall der Postleitzahl muss das richtige Zahlenformat, nämlich das Sonderformat, zugeteilt werden. Die Fehleranzeige verschwindet und Excel zeigt die Daten richtig an.

Die Beziehungen von Zellen verstehen und auswerten

Mit den Beziehungen von Zellen können Sie sich anzeigen lassen, welche Werte in eine Formel einfließen und wohin diese weitergegeben werden. Sinnvoll ist das bei umfangreichen Tabellenprojekten, die um weitere Tabellenblätter und Formeln ergänzt werden sollen. Ein weiteres Anwendungsbeispiel sind Tabellendokumente, die von mehreren Mitarbeitern erstellt wurden. Auch bei der Suche nach Fehlern können Sie auf die Beziehungen zurückgreifen.

Den Abschnitt *Formelüberwachung* finden Sie im Register *Formeln*. Schauen wir uns die einzelnen Funktionen einmal näher an:

➢ *Spur zum Vorgänger* zeigt mit einer Linie und Pfeilen an, welche Werte sich auf die aktuell markierte Zelle auswirken. Die Vorgänger werden angezeigt.

➢ *Spur zum Nachfolger* verwendet ebenfalls eine Linie und Pfeile. Es zeigt an, welche Zellen von der markierten Zelle betroffen werden. Die Nachfolger werden angezeigt.

➢ *Pfeile entfernen* löscht die Linien und Pfeile.

➢ *Formeln anzeigen* zeigt in jeder Zelle statt des Ergebnisses einer Berechnung die Formel an.

➢ *Fehlerüberprüfung* sucht nach häufig vorkommenden Fehlern und markiert diese mit Spuren.

➢ *Formelauswertung* arbeitet schrittweise eine Formel ab. So lässt sich jeder Schritt der Berechnung verfolgen.

➢ Mit *Überwachungsfenster* werden die Werte bestimmter Zellen überwacht.

Anzeigen, welche Zellen sich auf einen Wert auswirken

Markieren Sie die Zelle, deren Spuren zum Vorgänger Sie anzeigen lassen wollen. Im Beispiel wird die Zelle E8 markiert. Klicken Sie auf die Symbolschaltfläche *Spur zum Vorgänger*.

Ein Pfeil zeigt nun an, woher die Werte, die zum Ergebnis in der Zelle E8 führen, kommen. Die Zellen B8, C8 und D8 sind mit einem Punkt markiert. Sie wissen nun, dass die Werte in diesen Zellen für die Formel verwendet werden.

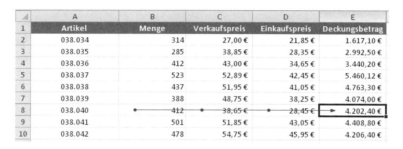

Möchten Sie sich dagegen anzeigen lassen, welche Zellen von einem Wert betroffen sind, markieren Sie die Zelle, deren Spur zum Nachfolger Sie anzeigen lassen wollen. Klicken Sie nun auf die Symbolschaltfläche *Spur zum Nachfolger*. Ein Pfeil zeigt an, in welche Werte der Inhalt der markierten Zelle einfließt.

Spuren zu Vorgängern und Nachfolgern entfernen

Klicken Sie auf die Symbolschaltfläche *Pfeile entfernen*, werden alle Spuren aus der Tabelle gelöscht. Öffnen Sie das Auswahlmenü dieser Funktion, um nur Spuren zum Vorgänger oder zum Nachfolger zu entfernen.

Spur zum Fehler aufzeigen

Verwenden Sie die Fehlerüberprüfung, um bei umfangreichen Tabellen fehlerhafte Formeln zu finden. Klicken Sie auf das entsprechende Symbol. Excel überprüft Ihr Dokument auf Fehler und meldet Ihnen, wenn welche gefunden wurden.

3.3 Formeln und Funktionen in Excel

Mit der Spur zum Fehler lassen Sie sich zeigen, welche Werte für das fehlerhafte Ergebnis verwendet werden. Excel blendet links daneben ein kleines Ausrufezeichen ein. Klicken Sie darauf, wird angezeigt, um welchen Fehler es sich handelt.

Fehlercodes und deren Ursachen

Excel kennt verschiedene Fehlerwerte. Sie finden diese und deren Ursache in der nachfolgenden Tabelle.

Fehlerwert	Grund für den Fehler
#NULL!	Für zwei Bereiche wurde ein Schnittpunkt angegeben, für die kein Schnittpunkt vorhanden ist. Lösung: Es gibt zwei Ursachen und Lösungsmöglichkeiten. 1. Überprüfen Sie, ob die Bereiche sich tatsächlich überschneiden. Tun sie dies nicht, korrigieren Sie dies. 2. Ein falscher Bereichsoperator wurde verwendet. Ein zusammengehörender Bereich wird mit *SUMME (B2:B8)* kenntlich gemacht. Zwei Bereiche, die sich nicht überschneiden, werden mit einem Semikolon getrennt. Beispiel: *SUMME (B2:B8; G2:G8)*
#DIV/=!	Division durch 0 oder durch eine leere Zelle. Lösungen: 1. Verwenden Sie die Spur zum Fehler, um die leere Zelle oder die Null zu finden. Korrigieren Sie den Fehler. 2. Verwenden Sie eine der Funktionen *WENN()* oder *ISTFEHLER()*, um die Fehlermeldung zu unterdrücken.
#WERT!	Für ein Argument oder einen Operator wird ein falscher Typ verwendet. Mögliche Ursachen: 1. Anstelle eines Wertes oder eines Wahrheitswertes befindet sich Text in einer Zelle. Damit kann Excel nicht rechnen. 2. Nach dem Eingeben oder Bearbeiten einer Arrayformel wurde (Enter) gedrückt. 3. Als Arraykonstante wurde ein Zellbezug, eine Formel oder eine Funktion verwendet. 4. Einem Operator oder einer Funktion wurde ein Bereich zugewiesen. Erwartet wird jedoch ein Wert. 5. In einer Arrayfunktion wird ein nicht gültiges Array verwendet. 6. Ein Makro ruft eine Funktion auf und gibt den Fehlerwert *#BEZUG!* zurück.
#BEZUG!	Ein Zellbezug ist ungültig. Mögliche Ursachen: 1. Die Formel bezieht sich auf Zellen, die gelöscht oder verschoben wurden. 2. Eine OLE-Verknüpfung ist aktiviert. Das verknüpfte Programm wird jedoch nicht ausgeführt. 3. Eine Verknüpfung mit einem DDE-Thema wurde erstellt. Das DDE-Thema ist jedoch nicht verfügbar. 4. Ein Makro ruft eine Funktion auf. Diese gibt den Fehlerwert *#BEZUG!* zurück. Lösung: Suchen Sie den Fehler mit der Formelüberwachung, der Spur zum Fehler oder der Formelauswertung.

Fehlerwert	Grund für den Fehler
#NAME?	Ein Text in einer Formel wird nicht erkannt.
	Mögliche Ursachen: 1. Sie verwenden die Funktion *EUROCONVERT*, jedoch ist das Add-in Eurowährungs-Tool nicht vorhanden bzw. nicht geladen. Überprüfen Sie dies und sorgen Sie dafür, dass das Add-in zur Verfügung steht. 2. Ein Name wird verwendet, der im Tabellendokument nicht vorhanden ist. Überprüfen Sie die Namen und nehmen Sie notwendige Korrekturen vor. 3. Sie haben Text in einer Formel verwendet, diesen aber nicht mit doppelten Anführungszeichen kenntlich gemacht. 4. In einem Bereichsbezug haben Sie den Doppelpunkt weggelassen. 5. Der Name eines Bereichs ist nicht vorhanden. Excel kann nichts damit anfangen. Eine mögliche Ursache kann ein Tippfehler sein. 6. Ein Bezug auf ein anderes Arbeitsblatt enthält nicht die einfachen Anführungszeichen.
#ZAHL!	Eine Formel oder Funktion enthält ungültige numerische Werte.
	Mögliche Ursachen: 1. In einer Formel oder Funktion wurde ein unzulässiges Argument verwendet. 2. Eine Tabellenfunktion wurde verwendet. Sie führt Iterationen aus (*INTZINS, ZINS*). Die Funktion ermittelt kein Ergebnis. Korrigieren Sie in den Optionen die Zahl der maximalen Iterationen (Wert, der angibt, wie oft Excel Formeln wiederholt). 3. Eine Formel führt zu einem zu kleinen oder zu großen Ergebnis. Excel kann das Ergebnis nicht darstellen. 4. Eine Datenbankfunktion hat mehr als einen zutreffenden Datenbankwert gefunden.
#NV	Ein Wert für eine Formel oder Funktion ist nicht verfügbar.
	Dieser Fehler kommt oft bei der Arbeit mit den Excel-Datenbankfunktionen vor. Mögliche Ursachen: 1. Notwendige Daten sind im Tabellendokument nicht vorhanden. 2. Bei einer der Arbeitsblattfunktionen *WVERWEIS, VERWEIS, VERGLEICH* oder *SVERWEIS* wurde für das Argument *Suchkriterium* ein ungültiger Wert eingegeben. 3. Mit einer der Arbeitsblattfunktionen *SVERWEIS, WVERWEIS* oder *VERGLEICH* wurde ein Wert in einer unsortierten Tabelle gesucht. Führen Sie vor dem Anwenden dieser Funktionen eine Sortierung durch. 4. In einer Arrayformel wurde ein Argument verwendet, das nicht die gleiche Anzahl von Zeilen oder Spalten enthält wie der Bereich, für den die Arrayformel gilt. Korrigieren Sie das Argument. 5. Eine integrierte oder benutzerdefinierte Tabellenfunktion enthält nicht die erforderlichen Argumente. 6. Eine benutzerdefinierte Tabellenfunktion wurde verwendet. Diese ist jedoch nicht verfügbar. 7. Ein Makro ruft eine Funktion auf. Diese gibt den Fehlerwert *#NV* zurück.
#####	Eine Spalte ist nicht breit genug. Ein negatives Datum oder eine negative Uhrzeit wird verwendet.
	Lösung: 1. Korrigieren Sie die Breite der Spalte. 2. Überprüfen Sie eine vorhandene Datums- oder Zeitangabe. Die Werte müssen positiv sein. Beim Rechnen mit Datumswerten kann es vorkommen, dass Fehler zu negativen Ergebnissen führen.

Kommentare verwenden

Bei kleineren und einfach strukturierten Tabellen sind die verschiedenen Berechnungen kein Problem. Schnell wird klar, welche Formeln verwendet werden, um die jeweiligen Ergebnisse zu erzielen. Bei großen Tabellenprojekten und Tabellen, an denen mehrere Mitarbeiter arbeiten, sind kleine Gedächtnisstützen hilfreich. Versehen Sie die Formeln mit Kommentaren. Tragen Sie eine kleine Notiz ein, aus der klar wird, welchen Zweck die Formel hat und welche Werte verrechnet werden.

Markieren Sie die Zelle, in die Sie einen Kommentar einfügen wollen. Öffnen Sie das Kontextmenü. Wählen Sie *Kommentar einfügen*. Tragen Sie den Kommentartext ein. Bestätigen Sie mit einem Mausklick auf einen freien Bereich im Tabellenblatt.

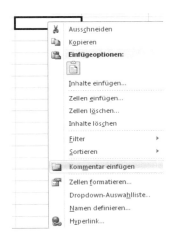

Der eingefügte Kommentar ist anhand eines kleinen roten Dreiecks in der rechten oberen Ecke der Zelle sichtbar. Führen Sie den Cursor darauf, wird der Kommentar angezeigt.

Im Kontextmenü finden Sie Funktionen zum Löschen und Bearbeiten von Kommentaren. Hier können Sie Kommentare auch ausblenden. Möchten Sie die Multifunktionsleiste verwenden, wechseln Sie in das Register *Überprüfen*.

In der Vorgabeeinstellung werden Kommentare nicht mit ausgedruckt. Möchten Sie dies ändern, gehen Sie wie folgt vor:

1. Wechseln Sie in der Multifunktionsleiste in das Register *Seitenlayout*. Wählen Sie *Seitenränder/Benutzerdefinierte Seitenränder*. Wechseln Sie in das Register *Blatt*.

2. Wählen Sie im Listenfeld *Kommentare*, ob Ihre Kommentare am Ende des Ausdrucks oder an ihrer ursprünglichen Position auf dem Aus-

druck erscheinen sollen. Legen Sie, wenn notwendig, weitere Druckoptionen fest. Bestätigen Sie mit *OK*.

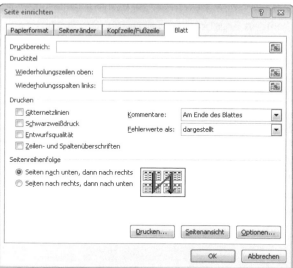

Mit einer Gültigkeitsprüfung nur die Eingabe bestimmter Daten erlauben

Mit einer Datenüberprüfung sorgen Sie dafür, dass nur die Eingabe bestimmter Daten möglich ist. Auf diese Weise erreichen Sie zum Beispiel, dass bei einer Altersangabe nur Werte zwischen 18 und 55 angenommen werden. Sie können Daten und Zeitangaben eingrenzen und Texteingaben auf eine bestimmte Länge begrenzen. Stimmt die Eingabe des Anwenders nicht mit den Daten überein, die Sie in der Gültigkeitsregel festgelegt haben, lassen Sie eine Fehlermeldung ausgeben.

Neben den Begrenzungen auf bestimmte Werte- und Datenbereiche lassen sich mit einer Gültigkeitsprüfung auch Tippfehler vermeiden. Gibt ein Mitarbeiter in einer Tabelle, die zu einem umfangreichen Arbeitsblatt gehört, 15.000 statt 1.500 Euro ein, führt das unter Umständen in den verwendeten Formeln und Auswertungen zu Fehlern. Die fehlerhafte Eingabe muss aufwendig gesucht und korrigiert werden. Bei umfangreichen Tabellenprojekten verschlingt das viel Zeit. Begrenzen Sie die Eingabe in diesem Beispiel etwa auf einen maximalen Wert von 5.000 Euro, wird der Fehler bereits bei der Eingabe bemerkt.

3.3 Formeln und Funktionen in Excel

Setzen wir doch das genannte Beispiel einmal um. In unserer Artikelliste soll der Preis eines Artikels auf einen Wert zwischen 50 und 5.000 Euro begrenzt werden.

1. Wechseln Sie in der Multifunktionsleiste in das Register *Daten*. Markieren Sie die Zelle F2. Wählen Sie *Datenüberprüfung/Datenüberprüfung*.

2. Wählen Sie im Feld *Zulassen* den Eintrag *Dezimal*. Tragen Sie in das Feld *Minimum* den Wert *50* ein. In das Feld *Maximum* tragen Sie *5000* ein.

3. Verbinden wir die Gültigkeitsprüfung mit einer Eingabemeldung. Wechseln Sie in das Register *Eingabemeldung*. Tragen Sie als Titel *Eingabehilfe* ein. In das Feld *Eingabemeldung* tippen Sie: *Geben Sie bitte einen Betrag zwischen 50 und 5000 Euro ein.*

4. Wechseln Sie in das Register *Fehlermeldung*. In das Feld *Titel* geben Sie ein: *Unzulässige Eingabe*. In das darunterliegende Feld kommt die Fehlermeldung: *Nur Werte von 50,00 bis 5.000 Euro sind zulässig. Überprüfen Sie Ihre Eingabe und geben Sie einen korrekten Wert ein!* Verlassen Sie den Dialog mit einem Mausklick auf *OK*.

3. Aufgaben einfacher und schneller mit Excel 2010 erledigen

Überprüfen Sie nun einmal, ob die Gültigkeitsprüfung ihren Dienst korrekt verrichtet. Geben Sie einen Wert von *60,00 Euro* ein. Sie sehen zunächst die Eingabemeldung. Die Eingabe wird angenommen, alles in Ordnung.

Nun geben Sie einmal *40,00 Euro* ein. Ein Dialog mit einer Fehlermeldung wird ausgegeben. Der Wert wird nicht angenommen. Der Anwender muss auf die Schaltfläche *Wiederholen* klicken und die Eingabe korrigieren. Die Gültigkeitsprüfung versieht ihren Dienst und arbeitet korrekt.

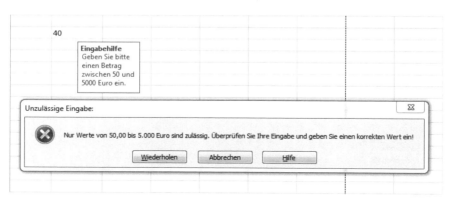

Nun gibt es allerdings ein kleines Problem: Ziehen Sie den Inhalt aus der Zelle F2 mit AutoAusfüllen bis in die Zelle F20, wird nicht nur die Gültigkeitsprüfung kopiert, sondern auch der Dateninhalt der Zelle F2. Es soll aber nur die Gültigkeitsregel übernommen werden. Um das zu erreichen, gehen Sie wie folgt vor:

1   Markieren Sie die Zelle F2. Öffnen Sie mit der rechten Maustaste das Kontextmenü. Wählen Sie *Kopieren*.

3.3 Formeln und Funktionen in Excel

2   Markieren Sie den Bereich F3:F20. Öffnen Sie wieder das Kontextmenü. Wählen Sie *Inhalte einfügen/Inhalte einfügen*. Sie können diese Funktion auch mit einer Tastenkombination verwenden. Möchten Sie dies tun, drücken Sie [Alt]+[Strg]+[V].

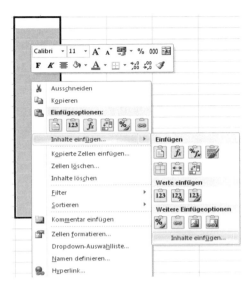

3   Schalten Sie im Dialog die Option *Gültigkeit* an und bestätigen Sie.

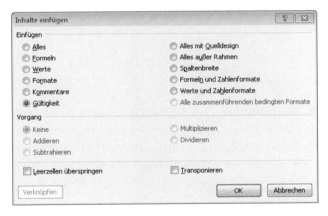

Ein anderes Beispiel: In einer umfangreichen Tabelle werden die Honorare und Daten verschiedener Autoren gesammelt. Da je nach Buchprojekt unterschiedliche Verkaufszahlen zu erwarten sind, werden die Daten per Hand eingetragen. Bei einigen Buchprojekten haben zwei Autoren zusammengearbeitet. Das Honorar muss entsprechend aufgeteilt werden. Um Tippfehler zu vermeiden, soll mit einer Gültigkeitsprüfung das Honorar des zweiten Autors überprüft werden.

3. Aufgaben einfacher und schneller mit Excel 2010 erledigen

Die Ausgangstabelle enthält sechs Spalten:

1 Wechseln Sie in der Multifunktionsleiste in das Register *Daten*. Setzen Sie den Cursor in die Zelle F2. Öffnen Sie den Dialog *Datenüberprüfung*.

2 Im Register *Einstellungen* legen Sie die Gültigkeitskriterien fest. Im Feld *Zulassen* wählen Sie *Ganze Zahl*. Die Auswahl *gleich* ist im Feld *Daten* die richtige. Im Feld *Wert* tragen Sie die folgende Formel ein:

=D2-E2

3 Wechseln Sie in das Register *Fehlermeldung*. Die Option *Fehlermeldung anzeigen, wenn ungültige Daten eingegeben wurden* muss angeschaltet sein. Im Auswahlfeld *Typ* wählen Sie *Warnung*. Als Titel der Fehlermeldung tragen Sie ein: *Fehler bei Dateneingabe*. Tragen Sie im Textfeld ein: *Bitte überprüfen Sie die eingegebenen Daten!* Mit einem Klick auf *OK* verlassen Sie den Dialog.

Was geschieht bei dieser Gültigkeitsprüfung? Excel überprüft die Eingabe in der Zelle F2. In jedem Fall müssen die Werte F2 und E2 das Gesamthonorar in Zelle D2 ergeben. Wenn sich der Anwender vertut und einen falschen Wert in F2 oder E2 eingibt, wird eine Meldung ausgegeben. Der Tippfehler wird bemerkt und kann sofort korrigiert werden.

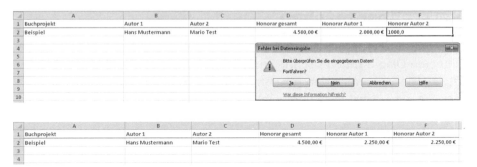

Entsprechen die Einzelhonorare der beiden beteiligten Autoren genau 50 % der Gesamtsumme, gibt Excel 2010 keine Fehlermeldung aus. Die eingegebenen Werte werden akzeptiert.

Gültigkeitsüberprüfung mit WENN

Nicht in jedem Fall ist eine Fehlermeldung in einem Dialogfeld erwünscht. Eine Textmeldung, die bei Bedarf in den benachbarten Zellen ausgegeben wird, sieht um einiges dezenter aus. Die Umsetzung ist einfach: Setzen Sie die Maus in die Zelle G2. Geben Sie die folgende Formel ein:

=WENN(F2=D2-E2;" ";"Bitte die eingegebenen Werte überprüfen!")

Mit *WENN* wird überprüft, ob eine bestimmte Voraussetzung erfüllt ist. Ausgegeben wird ein Wahrheitswert. Ist die Bedingung erfüllt, gibt der Befehl ein Leerzeichen aus. Ist die Bedingung nicht erfüllt, wird der Hinweis *Bitte die eingegebenen Werte überprüfen!* ausgegeben.

3.4 Daten analysieren, auswerten und darstellen

Daten in einer Tabelle stellt man am geeignetsten grafisch mit einem Diagramm dar. Die Höhe oder Tiefe bestimmter Werte wird so auf einen Blick sichtbar. Sie können Entwicklungen, Erfolge und Misserfolge sofort sehen. Excel 2010 bietet Ihnen eine Reihe unterschiedlicher Diagrammformen und unterstützt Sie mit Schnelllayouts und Schnellformatvorlagen beim

Erstellen eines Diagramms. Sie können jedoch auch selbst, ganz ohne Assistenten, ein Diagramm erstellen. Auf diese Weise sind auch spezielle, individuelle Formen möglich.

Mit Diagrammen abstrakte Zahlenkolonnen verstehbar machen

Dank der Multifunktionsleiste ist das Auswählen und Anwenden eines geeigneten Diagrammtyps schnell möglich. Wechseln Sie in das Register *Einfügen*. Hier sehen Sie den Abschnitt *Diagramme*. Mit einem Mausklick öffnen Sie die Auswahlliste und wählen den gewünschten Diagrammtyp aus.

Sie müssen entscheiden, welcher Diagrammtyp in Ihrem speziellen Anwendungsfall der richtige ist. Excel kennt elf verschiedene Hauptdiagrammtypen. Jeder Typ besitzt eine Reihe untergeordneter Typen.

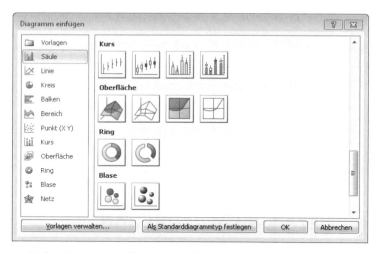

Im Dialog Diagramm einfügen finden Sie alle Diagrammtypen und die zugehörigen untergeordneten Typen. Für jeden Diagrammtyp können Sie anhand einer kleinen Vorschaugrafik sehen, wie das Diagramm im Tabellenblatt aussehen wird.

Schnelle Ergebnisse: mit Schnelllayouts im Handumdrehen ein Diagramm erstellen

Wenige Mausklicks führen Sie zu einem fertigen Diagramm. Im folgenden Beispiel sind die Einnahmen für drei Artikel in einer Tabelle zu sehen. Diese sollen nun in einem Spaltendiagramm aufgezeigt werden.

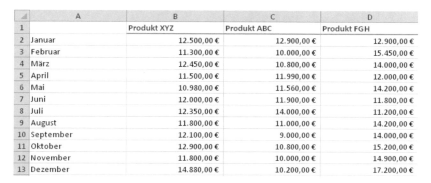

1   Wechseln Sie in der Multifunktionsleiste in das Register *Daten*.

2   Markieren Sie Ihre Tabelle. Achten Sie darauf, dass Sie sowohl Daten als auch Überschriften markieren.

3   Klicken Sie in der Multifunktionsleiste auf *Säule*, um ein Säulendiagramm zu erstellen. Wählen Sie das erste Symbol links in der Reihe. Sie wählen damit ein 3-D-Säulendiagramm mit gruppierten Säulen aus.

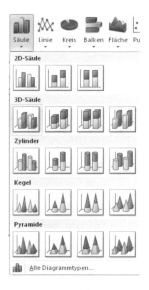

Das Diagramm erscheint nun auf dem Tabellenblatt. Es verdeckt jedoch einen Teil der Tabelle und muss an eine andere Position verschoben werden. Per Drag & Drop ist das schnell getan.

4   Setzen Sie die Maus auf den oberen Rand des Diagramms. Ziehen Sie das Diagramm unter die Tabelle.

Wie eine Bilddatei können Sie die Größe eines Diagramms mit der Maus verändern. Markieren Sie das Diagramm und ziehen Sie es auf die gewünschte Größe.

Der Bereich, der im Diagramm dargestellt ist, wird von Excel 2010 markiert. Sie können diesen „Rahmen" verschieben und so nur bestimmte Daten im Diagramm wiedergeben.

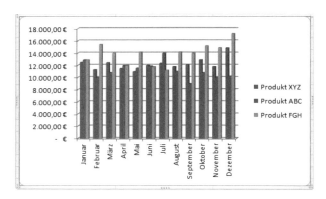

⏵	A	B	C	D
1		Produkt XYZ	Produkt ABC	Produkt FGH
2	Januar	12.500,00 €	12.900,00 €	12.900,00 €
3	Februar	11.300,00 €	10.000,00 €	15.450,00 €
4	März	12.450,00 €	10.800,00 €	14.000,00 €
5	April	11.500,00 €	11.990,00 €	12.000,00 €
6	Mai	10.980,00 €	11.560,00 €	14.200,00 €
7	Juni	12.000,00 €	11.900,00 €	11.800,00 €
8	Juli	12.350,00 €	14.000,00 €	11.200,00 €
9	August	11.800,00 €	11.000,00 €	14.200,00 €
10	September	12.100,00 €	9.000,00 €	14.000,00 €
11	Oktober	12.900,00 €	10.800,00 €	15.200,00 €
12	November	11.800,00 €	10.000,00 €	14.900,00 €
13	Dezember	14.880,00 €	10.200,00 €	17.200,00 €

Den Typ eines Diagramms ändern

Diagrammtyp ändern

Sind Sie mit der grafischen Darstellung der Daten nicht zufrieden, können Sie den Typ des Diagramms nachträglich verändern. Klicken Sie auf die Schaltfläche *Diagrammtyp ändern* unter *Diagrammtools/Entwurf* und wählen Sie den gewünschten Typ aus. Sie sehen dann wieder den Dialog mit der Auswahl der verschiedenen Diagrammtypen und -untertypen vor sich. Wählen Sie einen aus und bestätigen Sie.

Nutzen Sie einen Diagrammtyp oft oder haben Sie ein Diagramm an Ihre Wünsche angepasst und möchten sich später die Arbeit ersparen, speichern Sie dieses einfach als Vorlage ab. Klicken Sie auf *Als Vorlage speichern*. Geben Sie eine Bezeichnung ein und bestätigen Sie.

Die Diagrammtools verwenden

Markieren Sie ein vorhandenes Diagramm, wird die Multifunktionsleiste um drei neue Register erweitert: *Diagrammtools/Entwurf*, *Layout* und *Format*. Hier finden Sie alles, was Sie für die Arbeit mit Diagrammen benötigen.

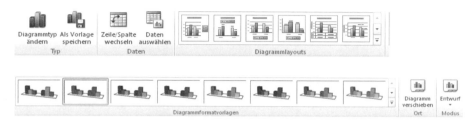

> **QuickInfo auch bei Diagrammen**
>
> Führen Sie die Maus auf eine Symbolschaltfläche, wird der Name des ausgewählten Befehls angezeigt. So finden Sie auch die Schnellformatvorlage *50*.

Mithilfe der Schnellformatvorlagen und der Schnelllayouts soll das erstellte Diagramm noch etwas aufgewertet werden.

1 Markieren Sie das Diagramm. Wechseln Sie in der Multifunktionsleiste in das Register *Diagrammtools/Entwurf*.

2 Ganz rechts sehen Sie die Diagrammformatvorlagen. Mit den Pfeilschaltflächen scrollen Sie in der Auswahl zurück. In der letzten Auswahlreihe finden Sie die Schnellformatvorlage *42*. Wählen Sie diese mit einem Mausklick aus.

Nun wählen Sie noch ein Schnelllayout. Damit wird dem Diagramm eine Überschrift hinzugefügt. Das Layout gibt die Verteilung der verschiedenen Elemente vor. Sie müssen den Diagrammtitel und die Achsentitel nur noch mit einem Inhalt versehen.

3 Wählen Sie im Abschnitt *Diagrammlayouts* der Multifunktionsleiste das erste Layout. Es trägt die Bezeichnung *Layout 1*.

Im Diagramm finden Sie nun eine Überschrift. Allerdings steht hier noch *Diagrammtitel*. Das muss geändert werden.

4 Führen Sie zwei Mausklicks auf die vorgegebene Überschrift aus. Geben Sie *Verkäufe 2010* ein. Setzen Sie die Maus auf einen beliebigen Punkt außerhalb des Diagramms. Führen Sie einen Linksklick in einer leeren Zelle aus.

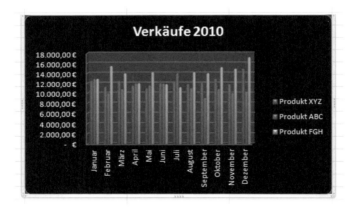

Beachten Sie Folgendes: Ein Doppelklick auf ein Element im Diagramm öffnet den Dialog *Diagrammelement formatieren*. Ein Mausklick markiert ein Element im Diagramm. Ein Rahmen wird nun um dieses Element gelegt und Sie können es größer oder kleiner ziehen und bearbeiten. Ein zweiter einzelner Mausklick bringt Sie in den Editiermodus. In diesem können Sie einen Diagrammtitel verändern oder die Achsentitel bearbeiten.

3.4 Daten analysieren, auswerten und darstellen

> **Was ist ein Schnelllayout?**
>
> Ein Schnelllayout verteilt die verschiedenen Elemente eines Diagramms. Es bestimmt, wo sich die Legende, die Überschrift und die Achsenüberschriften befinden. Ein Schnelllayout legt auch fest, welche Elemente in einem Diagramm vorhanden sind. So fügen einige Layoutvorlagen Werte in das Diagramm ein.

Nicht immer ist auf einem Tabellenblatt genug Platz für die Datentabelle und ein Diagramm. Mit *Diagramm verschieben* wird das Diagramm in ein anderes Tabellenblatt gesetzt. Ein Beispiel: Das Tabellendokument enthält zwei Tabellenblätter. Im ersten, das die Bezeichnung *Artikel* trägt, befinden sich die Datentabelle und das Diagramm. Letzteres soll nun verschoben werden.

1 Geben Sie dem zweiten Tabellenblatt die Bezeichnung *Auswertung*.

2 Ist noch ein drittes Tabellenblatt vorhanden, löschen Sie es. Das Umbenennen und das Löschen der Tabellenblätter erledigen Sie bequem über das Kontextmenü.

3 Wechseln Sie in das Tabellenblatt *Artikel*. Markieren Sie das Diagramm. Wechseln Sie in der Multifunktionsleiste in das Register *Diagrammtools/Entwurf*. Klicken Sie auf die Schaltfläche *Diagramm verschieben*.

4 Im gleichnamigen Dialog ist bereits die Option *Objekt in* ausgewählt. Wählen Sie hier im Auswahlmenü *Auswertung*. Bestätigen Sie mit einem Klick auf die Schaltfläche *OK*.

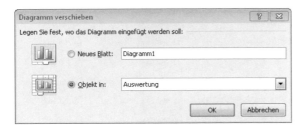

Nach der Bestätigung wird das Diagramm in das Tabellenblatt *Auswertung* verschoben. Hier können Sie es ganz nach Belieben an eine andere Position ziehen, vergrößern und verkleinern.

Übersicht auf engstem Raum: mit Sparklines Trends und Entwicklungen direkt in der Tabellenzelle zeigen

Sparklines ermöglichen es Ihnen, in einer Zelle Diagrammverläufe darzustellen. So können Sie Trends, Gewinne oder Verluste kennzeichnen. Die Anwendung ist sehr einfach. Achten Sie jedoch darauf, dass die Daten gut lesbar bleiben.

Sparklines finden Sie im Register *Einfügen*. Sie können zwischen drei Arten wählen: Liniendiagramm, Spaltendiagramm und Kennzeichnung von Gewinn und Verlust. Die Anwendung ist immer gleich: Sie wählen einen der Sparkline-Typen und markieren dann den Datenbereich, der dargestellt werden soll.

In unserer Beispieltabelle verdoppeln wir erst die Größe der Zellen. Auf diese Weise sind die Sparklines besser zu erkennen. Nicht in jeder Zelle soll ein Sparkline-Diagramm eingefügt werden. Nur in der Zelle der Zeile *Dezember* soll zu jedem Produkt eine kleine Diagrammlinie die Entwicklung der Einnahmen verdeutlichen.

	A	B	C	D
1		Produkt XYZ	Produkt ABC	Produkt FGH
2	Januar	12.500,00 €	12.900,00 €	12.900,00 €
3	Februar	11.300,00 €	10.000,00 €	15.450,00 €
4	März	12.450,00 €	10.800,00 €	14.000,00 €
5	April	11.500,00 €	11.990,00 €	12.000,00 €
6	Mai	10.980,00 €	11.560,00 €	14.200,00 €
7	Juni	12.000,00 €	11.900,00 €	11.800,00 €
8	Juli	12.350,00 €	14.000,00 €	11.200,00 €
9	August	11.800,00 €	11.000,00 €	14.200,00 €
10	September	12.100,00 €	9.000,00 €	14.000,00 €
11	Oktober	12.900,00 €	10.800,00 €	15.200,00 €
12	November	11.800,00 €	10.000,00 €	14.900,00 €
13	Dezember	14.880,00 €	10.200,00 €	17.200,00 €

1 Setzen Sie die Maus in die Zelle B13. Wechseln Sie in das Register *Einfügen*. Im Bereich *Sparklines* wählen Sie mit einem Mausklick den Sparkline-Typ *Linie* aus.

Sie müssen nun den Datenbereich und den Positionsbereich wählen. Der Datenbereich wird mit der Diagrammlinie dargestellt. Der Positionsbereich bestimmt, wo sich das Sparkline-Diagramm befindet.

2 Setzen Sie im Dialog *Sparklines erstellen* die Maus in das Feld *Datenbereich*. Markieren Sie die Zellen B2 bis B13.

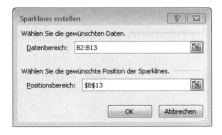

3 Nun platzieren Sie die Maus im Feld *Positionsbereich*. Klicken Sie auf die Zelle B13. Bestätigen Sie mit *OK*.

4 Wiederholen Sie die Schritte 1 bis 3 mit den Spalten, in denen die Einnahmen der anderen beiden Produkte dargestellt werden. Jeweils in der Zeile *Dezember* soll ein Diagramm die Einwicklung der Daten aufzeigen.

5 Markieren Sie nun den Datenbereich der ganzen Tabelle (ohne die Überschriften der Zeilen und Spalten). Wechseln Sie in das Register *Start* und klicken Sie auf *Oben ausrichten*.

Prognosen mit Trendlinien, Verbindungslinien und Fehlerindikatoren erschließen

Sie können verschiedene Möglichkeiten nutzen, die im Diagramm dargestellten Daten auszuwerten. Mit einer Trendlinie kennzeichnen Sie die Entwicklung der Datenreihen. Sie können Verbindungslinien verwenden und positive oder negative Abweichungen kennzeichnen.

Trendlinien geschickt einsetzen

Voraussetzung für das Erstellen von Trendlinien ist, dass Sie ein Balkendiagramm oder ein Säulendiagramm verwenden. Bei einem 3-D-Diagrammtyp, wie zum Beispiel einem Säulendiagramm, können Trendlinien nicht genutzt werden.

Eine Trendlinie veranschaulicht die Entwicklung bestimmter Daten im Diagramm. Eingefügt wird eine solche Trendlinie wie folgt:

1 Wechseln Sie in der Multifunktionsleiste in das Register *Diagrammtools/Layout*. Markieren Sie das Diagramm, für das Sie eine Trendlinie erstellen wollen. Klicken Sie auf *Trendlinie*. Wählen Sie *Lineare Trendlinie*.

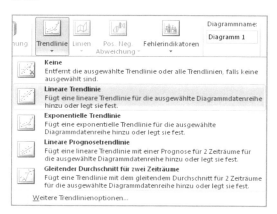

2 Der Dialog *Trendlinie hinzufügen* wird geöffnet. Markieren Sie die Datenreihe, für die Sie eine Trendlinie erstellen wollen. Im Beispiel wird *Produkt XYZ* gewählt. Klicken Sie auf *OK*.

3.4 Daten analysieren, auswerten und darstellen

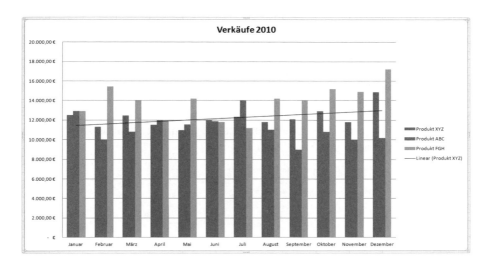

Excel kennt eine Reihe verschiedener Typen von Trendlinien:

- lineare Trendlinie
- exponentielle Trendlinie
- lineare Prognose-Trendlinie
- gleitender Durchschnitt für zwei Zeiträume

Die folgenden Trendlinien sind nur über den Dialog *Weitere Trendlinienoptionen* erreichbar:

- logarithmische Trendlinie
- polynomische Trendlinie
- Potenz

Um eine vorhandene Trendlinie wieder zu entfernen, wählen Sie *Trendlinie/Keine Trendlinie*.

Mit einer Trendlinie kann nicht nur die Entwicklung der Daten, sondern auch eine Prognose über die kommenden Daten erstellt werden. Im Beispiel zeigt die Tabelle die Einnahmen für drei Artikel in vier Monaten. Mit einer Trendlinie soll nun dargestellt werden, wie die Einnahmen im folgenden Jahr sein könnten. Gehen Sie dazu wie folgt vor:

1 Erstellen Sie ein neues Tabellenblatt. Benennen Sie es mit *Trend 2011*.

2 Wechseln Sie in das Tabellenblatt, in dem sich die Datentabelle befindet. Markieren Sie die Tabelle.

3 Aus der Datentabelle soll nun ein Diagramm erstellt werden. Wechseln Sie in der Multifunktionsleiste in das Register *Einfügen*. Klicken Sie auf *Säule/Gruppierte Säulen*.

4 Wählen Sie unter *Diagrammtools/Entwurf* eine Schnellformatvorlage aus. Klicken Sie auf die Formatvorlage *2*.

5 Klicken Sie auf die Symbolschaltfläche *Diagramm verschieben*. Wählen Sie das Tabellenblatt *Trend 2011* aus.

6 Ziehen Sie das Diagramm in die rechte obere Ecke. Vergrößern Sie es mit der Maus. Ziehen Sie es so groß, bis es das ganze Blatt einnimmt. Mit der Seitenumbruchsvorschau sehen Sie, wo die Seite umbrochen wird. Das Diagramm darf nicht über den Seitenumbruch reichen. Korrigieren Sie die Maße mit der Maus. Wechseln Sie zurück in den Ansichtsmodus *Normal*. Im Beispiel nimmt das Diagramm den Bereich A1:S36 ein.

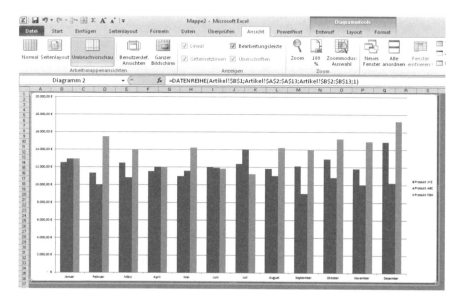

3.4 Daten analysieren, auswerten und darstellen

7 Wechseln Sie in das Register *Diagrammtools/Layout*. Klicken Sie auf *Trendlinie*. Ganz am unteren Rand des Menüs finden Sie den Befehl *Weitere Trendlinienoptionen*. Klicken Sie darauf.

8 Nun müssen Sie noch auswählen, für welches Diagramm die Trendlinie erstellt werden soll. Wir entscheiden uns in diesem Beispiel für *Produkte FGH*. Bestätigen Sie.

Über die Schaltflächen in der Multifunktionsleiste stehen schnell anwendbare Funktionen zur Verfügung. Das ist im Beispiel der Trendlinien nicht anders. Im Dialog *Weitere Trendlinienoptionen* finden Sie mehr Möglichkeiten. Hier können Sie weitere Trendlinienoptionen wählen und eine Trendlinie mit einem Namen versehen. Am Beispiel einer Prognose kann hier genau bestimmt werden, welcher Zeitraum angezeigt werden soll.

9 Im Bereich *Name der Trendlinie* schalten Sie die Option *Benutzerdefiniert* ein. Nun können Sie der Trendlinie eine Bezeichnung geben. Tragen Sie *Produkt FGH* ein.

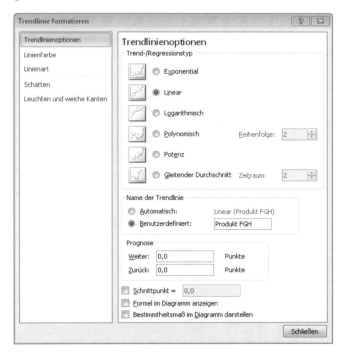

Im Bereich *Prognose* bestimmen Sie, wie weit in die Zukunft die Trendlinie reichen soll. Ausschlaggebend für den Zeitraum (Wochen, Monate, Jahre) ist die Einteilung in Ihrem Diagramm. Haben Sie pro Spalte die Einnahmen für einen Monat erfasst, bedeutet ein Wert von 6 bei einer Prognose, dass die Trendlinie die voraussichtlichen Einnahmen in den nächsten sechs Monaten zeigt. Eine Trendlinie kann auch in die Vergangenheit führen und so zeigen, wie sich die Daten bis zu einem bestimmten Zeitpunkt entwickelt haben.

10 Setzen Sie den Cursor in das Feld *Weiter* (Bereich *Prognose*). Tragen Sie einen Wert von *12.0* ein. Auf diese Weise zeigt die Trendlinie die voraussichtliche Entwicklung im nächsten Jahr an. Achten Sie darauf, dass Sie einen Punkt eingeben müssen. Ein Komma wird nicht angenommen.

11 Verlassen Sie den Dialog mit *Schließen*.

12 Wiederholen Sie die Schritte 7 bis 11 mit den anderen Datenreihen. Verwenden Sie hier die Bezeichnungen *Artikel 002.348* und *Artikel 002.349*.

Das fertige Diagramm sollte wie in der nachfolgenden Abbildung aussehen. Anhand der Trendlinien ist zu erkennen, wie der Verkauf der Artikel im nächsten Jahr aussehen kann. Bedingung ist natürlich, dass die Verkaufszahlen sich in gleicher Weise weiterentwickeln.

Deutlich ist zu sehen, dass bei einem Artikel die Verkaufszahlen nach unten gehen. Das ist ein Warnsignal. Der Händler muss hier den Verkauf durch Werbung, Senken des Preises oder andere Maßnahmen ankurbeln. Alternativ ist zu überlegen, ob es aufgrund des Trends nicht ratsam wäre, die beiden Artikel auslaufen zu lassen und neue Produkte in das Sortiment aufzunehmen.

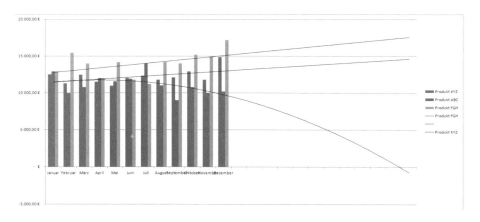

3.4 Daten analysieren, auswerten und darstellen

Verbindungslinien sinnvoll verwenden

Verbindungslinien verbessern die Lesbarkeit von Diagrammen. Sie verbinden Datenpunkte mit der Beschriftung auf der Tabellenachse. Sie stehen nur in einem Liniendiagramm zur Verfügung. Im folgenden Beispiel sehen Sie ein Liniendiagramm. Es zeigt die Verkaufszahlen dreier Artikel.

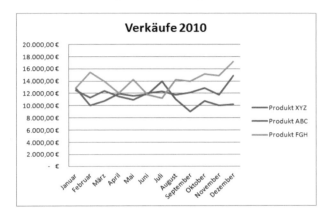

Die Werte in den einzelnen Monaten sollen nun durch Verbindungslinien verdeutlicht werden. Gehen Sie dazu wie folgt vor:

1 Markieren Sie das Diagramm.

2 Wechseln Sie in der Multifunktionsleiste in das Register *Diagrammtools/Layout*.

3 Klicken Sie auf *Linien*. Wählen Sie *Bezugslinien*.

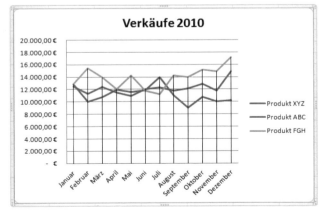

365

Wählen Sie *Spannweitenlinien*, wird nur der Datenbereich von der obersten bis zur untersten Datenlinie gezeigt. Es werden also der Unterschied beider Datenlinien und der Datenbereich, den sie ausfüllen (die Einnahmen von bis), gekennzeichnet.

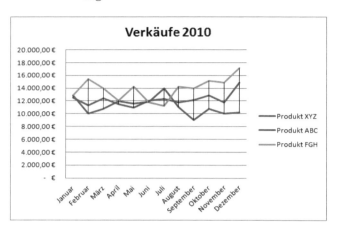

Beide Linientypen auf einem Diagramm zu verwenden, ist nicht sinnvoll. Die Verbindungslinien verdecken die Spannweitenlinien. Sie müssen sich für einen Linientyp entscheiden. Überlegen Sie, welche Aussagen Sie mit Ihrem Diagramm verdeutlichen wollen. Ein paar Anregungen für solche Überlegungen:

➢ Möchten Sie zeigen, in welchem Raum sich die Einnahmen für mehrere Artikel bewegen, verwenden Sie Spannweitenlinien.

➢ Möchten Sie verdeutlichen, wie hoch in jedem Monat die Einnahmen Ihrer Artikel sind, greifen Sie zu einer Verbindungslinie.

➢ Möchten Sie die Unterschiede der Verkaufszahlen zeigen, verwenden Sie positive/negative Abweichungen. Sie sehen, welchen Umfang die Verluste zwischen dem am besten und dem am schlechtesten verkauften Artikel haben.

➢ Wollen Sie zeigen, wie sich die Einnahmen durch den Verkauf Ihrer Artikel Monat für Monat entwickelt haben, greifen Sie zu einer Trendlinie.

➢ Wollen Sie bei einer Präsentation vorführen, wie der Verkauf in der Zukunft aussehen wird, verwenden Sie eine Prognose-Trendlinie.

➢ Möchten Sie nur einen ungefähren Überblick über den Verkauf Ihrer Artikel geben, greifen Sie zu einem Balkendiagramm oder Kreisdiagramm. Die Verkaufszahlen werden hier anhand der dicken Balkengrafiken oder der Kreissegmente deutlich.

Positive und negative Abweichungen darstellen

Die Darstellung von positiven und negativen Abweichungen ist nur in einem Liniendiagramm möglich.

In unserem Beispiel werden drei Produkte verkauft. Produkt FGH wird sehr gut verkauft. Bei den anderen beiden Produkten gibt es deutliche Schwächen. Die Unterschiede sollen nun sichtbar gemacht werden:

1   Markieren Sie das Diagramm.

2   Wechseln Sie in das Register *Diagrammtools/Layout*. Klicken Sie auf *Analyse* und *Pos./Neg. Abweichung*. Wählen Sie den gleichnamigen Befehl.

Eine Balkengrafik zeigt nun die Unterschiede zwischen den am besten und den am schlechtesten verkauften Artikeln. Es gilt, die Ursachen für diese Unterschiede zu analysieren und die Unterschiede zu minimieren.

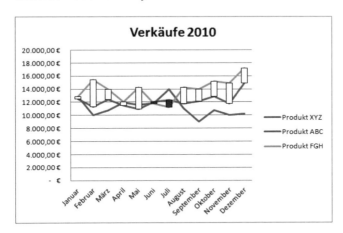

Mit Fehlerindikatoren arbeiten

Bei statistischen und wissenschaftlichen Tabellen können Sie mit Fehlerindikatoren mögliche Fehler kennzeichnen. Excel kennt drei unterschiedliche Indikatoren.

Verschiedene Messwerte wurden erfasst und in einem Diagramm dargestellt. Verwendet wurde dazu der Diagrammtyp *Punkt*.

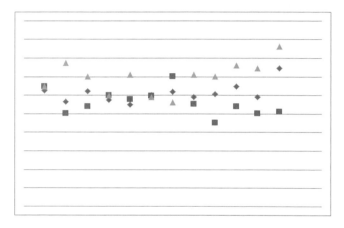

1 Markieren Sie das Diagramm.

2 Wechseln Sie in der Multifunktionsleiste in das Register *Diagrammtools/Layout*.

3 Klicken Sie auf *Fehlerindikatoren*. Wählen Sie den gewünschten Indikatortyp aus.

Die Fehlerindikatoren deuten auf mögliche Messfehler oder andere Fehler hin.

Diagramme an veränderte Daten anpassen

Verändern Sie die vorhandenen Daten in Ihrer Tabelle, wird auch das Diagramm entsprechend angepasst. Das trifft aber nicht zu, wenn Sie Spalten oder Zeilen ergänzen. Hier müssen Sie dem Diagramm mitteilen, dass sich der Datenbereich erweitert hat. Nur so fließen die neu eingetragenen Werte in die Tabelle ein.

Ein Beispiel: In einer Artikelliste wurden die Daten für drei Artikel in den Monaten Januar bis Juni erfasst. Diese Daten wurden in einem Balkendiagramm dargestellt.

Im Laufe des Jahres wird die Tabelle ergänzt. Neben den Daten für die Monate Juli bis Dezember sind zwei weitere Artikel hinzugekommen. Diese neuen Daten sollen natürlich auch im Diagramm dargestellt werden.

Doppelklicken Sie auf das Diagramm, wird der Datenbereich, der im Diagramm zu sehen ist, in der Tabelle markiert. Diese Markierung können Sie mit der Maus verändern. Auf diese Weise können Sie neue Daten auch im Diagramm darstellen lassen. Ist Ihnen oder einem Kollegen ein Fehler unterlaufen und wurde beim Erstellen des Diagramms nicht die komplette Tabelle markiert, können Sie auch dies korrigieren. Eine andere Möglichkeit ist es, bestimmte Daten aus der Tabelle herauszunehmen.

	Produkt XYZ	Produkt ABC	Produkt FGH	Produkt TSD	Produkt JKL
Januar	12.500,00 €	12.900,00 €	12.900,00 €	11.300,00 €	12.900,00 €
Februar	11.300,00 €	10.000,00 €	15.450,00 €	12.340,00 €	12.400,00 €
März	12.450,00 €	10.800,00 €	14.000,00 €	12.800,00 €	14.200,00 €
April	11.500,00 €	11.990,00 €	12.000,00 €	11.000,00 €	14.800,00 €
Mai	10.980,00 €	11.560,00 €	14.200,00 €	14.200,00 €	15.700,00 €
Juni	12.000,00 €	11.900,00 €	11.800,00 €	14.660,00 €	12.400,00 €
Juli	12.350,00 €	14.000,00 €	11.200,00 €	14.800,00 €	12.500,00 €
August	11.800,00 €	11.000,00 €	14.200,00 €	15.000,00 €	14.600,00 €
September	12.100,00 €	9.000,00 €	14.000,00 €	12.900,00 €	15.200,00 €
Oktober	12.900,00 €	10.800,00 €	15.200,00 €	11.800,00 €	17.100,00 €
November	11.800,00 €	10.000,00 €	14.900,00 €	15.200,00 €	16.800,00 €
Dezember	14.880,00 €	10.200,00 €	17.200,00 €	17.500,00 €	18.400,00 €

Ein Mausklick auf das Diagramm markiert in der Tabelle den grafisch dargestellten Datenbereich. Deutlich zu sehen ist hier, dass die neuen Daten nicht dargestellt werden.

Gehen Sie wie folgt vor, um den Datenbereich, der im Diagramm dargestellt wird, zu verändern:

1 Klicken Sie auf das Diagramm.

2 Ziehen Sie die Anfasser des Markierungsrahmens in der Datentabelle nach unten und anschließend nach rechts, bis auch die neuen Daten und Überschriften markiert sind. Im Beispiel wird der Anfasser in der linken unteren Ecke nach rechts unten gezogen. Der Bereich A6:F18 ist markiert. Die Änderung wird sofort angewandt. Das Diagramm wird aktualisiert.

3 Damit die Daten besser dargestellt werden, ziehen Sie das Diagramm größer.

	A	B	C	D	E	F
4						
5						
6		Produkt XYZ	Produkt ABC	Produkt FGH	Produkt TSD	Produkt JKL
7	Januar	12.500,00 €	12.900,00 €	12.900,00 €	11.300,00 €	12.900,00 €
8	Februar	11.300,00 €	10.000,00 €	15.450,00 €	12.340,00 €	12.400,00 €
9	März	12.450,00 €	10.800,00 €	14.000,00 €	12.800,00 €	14.200,00 €
10	April	11.500,00 €	11.990,00 €	12.000,00 €	11.000,00 €	14.800,00 €
11	Mai	10.980,00 €	11.560,00 €	14.200,00 €	14.200,00 €	15.700,00 €
12	Juni	12.000,00 €	11.900,00 €	11.800,00 €	14.660,00 €	12.400,00 €
13	Juli	12.350,00 €	14.000,00 €	11.200,00 €	14.800,00 €	12.500,00 €
14	August	11.800,00 €	11.000,00 €	14.200,00 €	15.000,00 €	14.600,00 €
15	September	12.100,00 €	9.000,00 €	14.000,00 €	12.900,00 €	15.200,00 €
16	Oktober	12.900,00 €	10.800,00 €	15.200,00 €	11.800,00 €	17.100,00 €
17	November	11.800,00 €	10.000,00 €	14.900,00 €	15.200,00 €	16.800,00 €
18	Dezember	14.880,00 €	10.200,00 €	17.200,00 €	17.500,00 €	18.400,00 €

3.4 Daten analysieren, auswerten und darstellen

Im Register *Diagrammtools/Entwurf* finden Sie die Schaltfläche *Daten auswählen*. Diese führt Sie in den entsprechenden Dialog. Hier sehen Sie nun die Beschriftungen Ihres Diagramms und den Diagrammbereich. Von hier aus lassen sich die Zeilen und Spalten im Diagramm tauschen und bestimmte Spalten oder Zeilen entfernen. Sie können die Quelle der Daten verändern.

Daten auswählen

Ganz oben im Dialog sehen Sie den im Diagramm dargestellten Datenbereich. Sie können eine Veränderung direkt eintragen oder auch die Schaltfläche *Dialog minimieren* verwenden und den Datenbereich in Ihrem Tabellenblatt markieren. Möglich ist es auch, die Reihenfolge der Daten so, wie sie im Diagramm dargestellt werden, zu verändern.

Sie finden den Befehl *Datenquelle bearbeiten* auch im Kontextmenü wieder.

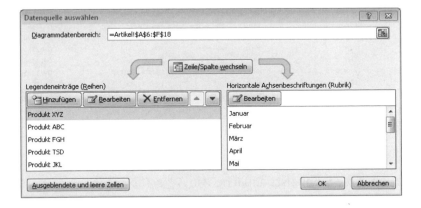

371

Datenbestände schnell übersichtlich sortieren und filtern

Mit einer Sortierfunktion bringen Sie Daten einer Tabelle in eine bestimmte Reihenfolge. Namen und Produktbezeichnungen werden alphabetisch sortiert, Artikelnummern aufsteigend, beginnend mit der kleinsten. Daten werden ebenfalls aufsteigend sortiert.

Excel bietet Ihnen einfache Sortierfunktionen an. Einfach die Daten markieren und auf die entsprechende Symbolschaltfläche klicken. Fertig. Sie können aber auch mehrere Sortieroptionen wählen und so einen genauen Einfluss auf das Ergebnis nehmen.

Ein Filter sucht bestimmte Daten aus einer Tabelle heraus und gibt sie Ihnen aus. Auch hier gibt es schnell anwendbare Filter und erweiterte Optionen.

Auf- und absteigend sortieren

In einer Tabelle werden die Daten der Mitarbeiter einer kleinen Firma erfasst. Die erfassten Daten sollen alphabetisch sortiert werden.

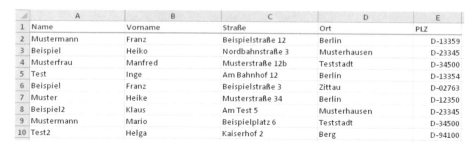

1 Markieren Sie die zu sortierenden Daten.

2 Wechseln Sie in der Multifunktionsleiste in das Register *Daten*.

3 Klicken Sie auf die Symbolschaltfläche *Von A bis Z sortieren*.

3.4 Daten analysieren, auswerten und darstellen

	A	B	C	D	E
1	Name	Vorname	Straße	Ort	PLZ
2	Beispiel	Heiko	Nordbahnstraße 3	Musterhausen	D-23345
3	Beispiel	Franz	Beispielstraße 3	Zittau	D-02763
4	Beispiel2	Klaus	Am Test 5	Musterhausen	D-23345
5	Muster	Heike	Musterstraße 34	Berlin	D-12350
6	Musterfrau	Manfred	Musterstraße 12b	Teststadt	D-34500
7	Mustermann	Franz	Beispielstraße 12	Berlin	D-13359
8	Mustermann	Mario	Beispielplatz 6	Teststadt	D-34500
9	Test	Inge	Am Bahnhof 12	Berlin	D-13354
10	Test2	Helga	Kaiserhof 2	Berg	D-94100

Tritt ein Name doppelt auf, verändert Excel nicht die ursprüngliche Position.

Gleich unter dem Symbol *Von A nach Z sortieren* finden Sie eine Symbolschaltfläche, mit der die markierten Daten in der umgekehrten Richtung sortiert werden. Das funktioniert übrigens auch für Zahlen und Daten.

Am Beispiel einer Adressdatei soll gezeigt werden, wie Sie Daten nach mehreren Kriterien sortieren. Die Beispieltabelle enthält die Adressdaten verschiedener Mitarbeiter. Verwendet werden die Spalten *Name*, *Vorname*, *Straße*, *Ort*, *PLZ*, *Telefon*, *E-Mail*, *Beschäftigt seit* und *Notiz*. Die Daten der Mitarbeiter sollen erst nach Herkunftsort und dann nach Namen sortiert werden.

	A	B	C	D	E	F
1	Name	Vorname	Straße	Ort	PLZ	Telefon
2	Mustermann	Franz	Beispielstraße 12	Berlin	D-13359	030 12345
3	Beispiel	Heiko	Nordbahnstraße 3	Musterhausen	D-23345	023 89547467
4	Musterfrau	Manfred	Musterstraße 12b	Teststadt	D-34500	012 74936
5	Test	Inge	Am Bahnhof 12	Berlin	D-13354	030 12349
6	Beispiel	Franz	Beispielstraße 3	Zittau	D-02763	03583 1234567
7	Muster	Heike	Musterstraße 34	Berlin	D-12350	030 123456
8	Beispiel2	Klaus	Am Test 5	Musterhausen	D-23345	023 9067887
9	Mustermann	Mario	Beispielplatz 6	Teststadt	D-34500	012 927272
10	Test2	Helga	Kaiserhof 2	Berg	D-94100	069 6383838
11	Musterhausen	Falco	Beispielstraße 12	Teststadt	D-34500	012 9623007
12	Beispiel3	Maria	Musterdamm 5	Berg	D-94100	069 33637373
13	Mustereintrag	Sven	Testplatz 23b	Berlin	D-13358	030 987654
14	Test	Inge	Im Wäldchen 2	Berlin	D-12345	030 1495629
15	Beispiel4	Hans	Musterstraße 23	Musterhausen	D-02345	023 9429292

1 Markieren Sie die Tabelle. Wechseln Sie in der Multifunktionsleiste auf *Daten*. Klicken Sie auf die Schaltfläche *Sortieren*.

2 Wählen Sie im linken Bereich *Sortieren nach* den Eintrag *Ort*. Die Inhalte der beiden anderen Auswahlfelder lassen Sie in der vorgegebenen Einstellung.

3 Klicken Sie auf *Ebene hinzufügen*. Wählen Sie im ersten Auswahlfeld *Name*.

4 Klicken Sie noch einmal auf *Ebene hinzufügen*. Wählen Sie im nächsten Auswahlfeld *Vorname*. Bestätigen Sie mit *OK*.

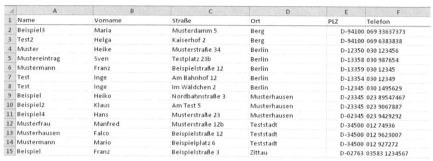

In Excel 2010 können Sie mehr als die bisherigen drei Sortierkriterien festlegen. Sie wählen nicht nur, ob die Sortierung auf- oder absteigend erfolgen soll, sondern können auch auf eine benutzerdefinierte Liste zurückgreifen. Nicht nur Werte, sondern auch Zellenfarben, Symbole und die Farbe der Textelemente in den Tabellen lassen sich in die Sortierung einbeziehen. Über die Schaltfläche *Optionen* bestimmen Sie, ob Spalten oder Zeilen sortiert werden sollen.

Filter verwenden

Beim Filtern von Daten werden bestimmte Daten gesucht und nur die Daten angezeigt, die dem Suchkriterium entsprechen. Die restlichen Daten werden ausgeblendet.

Achten Sie vor dem Anwenden eines Filters darauf, dass Sie für die Daten Ihrer Tabelle ein eindeutiges Zahlenformat festgelegt haben. Verwenden Sie für eine Zelle keine gemischten Formate. Bei einem gemischten Format wird der Filterbefehl für das häufiger verwendete Format angezeigt.

In einer Artikelliste sollen nur die Artikel angezeigt werden, die über dem Durchschnitt liegen.

1 Markieren Sie eine beliebige Zelle in Ihrer Tabelle.

2 Schalten Sie mit einem Klick auf das *Filtern*-Symbol in der Multifunktionsleiste den Filtermodus an. Die Spalten Ihrer Tabelle werden um Filterschaltflächen erweitert.

3 Öffnen Sie das Filtermenü in der Spalte, nach deren Inhalten Ihre Tabelle gefiltert werden soll. Wählen Sie *Zahlenfilter/Über dem Durchschnitt*.

Die Spalte, die einen aktiven Filter enthält, wird mit einem Filterzeichen versehen. Führen Sie den Cursor darauf, zeigt die QuickInfo an, welcher Filter verwendet wird. Die nicht sichtbaren Daten sind weiterhin vorhanden. Hier kann der Filter auch ausgeschaltet werden.

Schauen wir uns noch ein Beispiel an. In einer Tabelle werden alle Mitarbeiter eines Betriebs erfasst. Sie möchten nun Vertreter, die ein bestimmtes Gebiet betreuen, anzeigen. Von diesen wiederum sollen nur die in der Tabelle erscheinen, die mehr als 4.800 Euro im Quartal umgesetzt haben.

	A	B	C	D	E	F	G	H
1	Name	Vorname	Ort	Honorar Januar	Honorar Februar	Honorar März	Honorar April	Summe erstes Quartal 2010
2	Beispiel3	Maria	Berg	2.500,00 €	3.700,00 €	3.200,00 €	2.300,00 €	11.700,00 €
3	Test2	Helga	Berg	2.300,00 €	3.200,00 €	2.800,00 €	2.500,00 €	10.800,00 €
4	Muster	Heike	Berlin	- €	3.100,00 €	2.500,00 €	2.300,00 €	7.900,00 €
5	Mustereintrag	Sven	Berlin	2.600,00 €	2.500,00 €	2.200,00 €	2.850,00 €	10.150,00 €
6	Mustermann	Franz	Berlin	2.350,00 €	2.350,00 €	2.650,00 €	2.750,00 €	10.100,00 €
7	Test	Inge	Berlin	2.500,00 €	2.220,00 €	2.200,00 €	3.200,00 €	10.120,00 €
8	Test	Inge	Berlin	2.350,00 €	2.650,00 €	2.350,00 €	2.650,00 €	10.000,00 €
9	Beispiel	Heiko	Musterhausen	- €	2.700,00 €	2.400,00 €	- €	5.100,00 €
10	Beispiel2	Klaus	Musterhausen	2.650,00 €	2.350,00 €	2.200,00 €	2.850,00 €	10.050,00 €
11	Beispiel4	Hans	Musterhausen	2.500,00 €	2.600,00 €	2.650,00 €	3.200,00 €	10.950,00 €
12	Musterfrau	Manfred	Teststadt	2.350,00 €	2.200,00 €	2.200,00 €	3.100,00 €	9.850,00 €
13	Musterhausen	Falco	Teststadt	2.700,00 €	2.500,00 €	2.650,00 €	2.200,00 €	10.050,00 €
14	Mustermann	Mario	Teststadt	2.550,00 €	2.350,00 €	2.450,00 €	2.100,00 €	9.450,00 €
15	Beispiel	Franz	Zittau	2.350,00 €	2.500,00 €	2.800,00 €	2.650,00 €	10.300,00 €

1 Wechseln Sie in der Multifunktionsleiste in das Register *Daten*.

2 Markieren Sie die Tabelle. Klicken Sie auf das Filtersymbol.

3 Öffnen Sie das Filtermenü in der Spalte *Ort*. Wählen Sie *Textfilter/Ist gleich*.

3. Aufgaben einfacher und schneller mit Excel 2010 erledigen

4 Es öffnet sich der Dialog *Benutzerdefinierter AutoFilter*. Wählen Sie im Feld rechts den gewünschten Ort. Sie können auch mehrere Filterkriterien auswählen. Im Beispiel entscheiden wir uns für *Berlin* und *Zittau*. Bestätigen Sie.

5 Öffnen Sie das Filtermenü über der Spalte *Summe erstes Quartal 2010*. Wählen Sie im Filtermenü *Zahlenfilter/Größer als*. Geben Sie *10000* ein. Bestätigen Sie mit *OK*.

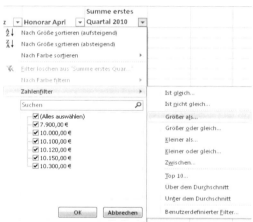

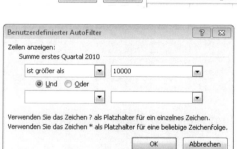

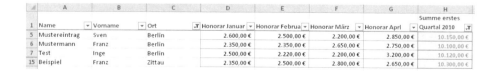

376

3.4 Daten analysieren, auswerten und darstellen

Im Filtermenü werden die Werte der jeweiligen Spalte aufgelistet. Schalten Sie einen Wert aus, wird die dazugehörige Zeile ausgeblendet.

Der *Top 10*-Filter gibt Ihnen die Möglichkeit, die besten zehn auszugeben. Auf diese Weise können Sie ermitteln, wer die besten zehn oder die schlechtesten zehn Umsätze hat. Wenden wir ihn doch einmal an:

1 Wechseln Sie in der Multifunktionsleiste in das Register *Daten*.

2 Markieren Sie die Tabelle. Klicken Sie auf das Filtersymbol.

3 Öffnen Sie das Filtermenü in der Spalte *Summe*. Wählen Sie *Zahlenfilter/Top 10*.

Den benutzerdefinierten AutoFilter haben Sie bereits kennengelernt. Es ist ein logischer Filter, der bestimmte Bedingungen abfragt: *Entspricht*, *Ist größer*, *Ist kleiner*, *Endet mit*, *Enthält* etc. Zwei solche AutoFilter können Sie verwenden.

Neben einer UND- ist auch eine ODER-Verknüpfung möglich. Lassen Sie sich so beispielsweise anzeigen, wer im letzten Quartal den Artikel ABC oder den Artikel XYZ bestellt hat.

Möchten Sie Daten sortieren und filtern, können Sie beide Funktionen über das Filtermenü verwenden. Es stehen Ihnen jedoch nur einfache Sortierfunktionen zur Verfügung. Daten lassen sich nach ihrer Größe auf- oder absteigend sortieren und nach Farben, Textinhalte nur alphabetisch.

Komplexe Filter verwenden

Nicht in jedem Fall sollen die gefilterten Elemente ausgeblendet werden. Mit einem Spezialfilter können Sie bestimmen, wo die gefilterten Daten erscheinen sollen. Sie können außerdem Duplikate entfernen und den Bereich bestimmen, der gefiltert werden soll. So kann auch ein Teil einer Tabelle ausgewählt werden.

Ein Spezialfilter enthält zwei bis drei Bereiche:

> Listenbereich: der Bereich, in dem sich die zu filternden Daten befinden.

> Kriterienbereich: Tabellenbereich, in dem Filterkriterien definiert werden.

➢ Ergebnisbereich: Bereich, in dem das Ergebnis des Filters ausgegeben wird.

Der Ergebnisbereich ist nicht unbedingt notwendig. Das Ergebnis kann auch im Listenbereich ausgegeben werden.

> **Die Spaltenüberschriften der Bereiche**
>
> Der Kriterien- und der Ergebnisbereich müssen die gleichen Spaltenüberschriften besitzen wie der Tabellenbereich. Ist dies nicht der Fall, kann der Spezialfilter nicht korrekt arbeiten. Am einfachsten erreicht man die Übereinstimmung, indem man die Überschriften der Tabelle, für die ein Spezialfilter verwendet werden soll, kopiert.

In einer Tabelle werden die Bestellungen verschiedener Artikel erfasst. Mit einem Spezialfilter soll ermittelt werden, bei welchen Bestellungen aus dem Vertriebsgebiet Ost die Produkte 102207 oder 102204 bestellt wurden. Ausgegeben werden sollen nur Bestellungen, bei denen eine Summe von mehr als 600,00 Euro erreicht wurde.

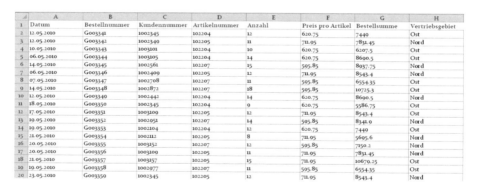

1 Der Kriterienbereich soll sich in einer eigenen Tabelle befinden. Listen- und Ergebnisbereich werden in derselben Tabelle ausgegeben. Versehen Sie zwei Tabellenblätter in Ihrer Arbeitsmappe mit einer Bezeichnung. Markieren Sie das Tabellenregister.

Öffnen Sie das Kontextmenü. Wählen Sie *Umbenennen*. Tragen Sie *Artikel* ein. Bestätigen Sie mit ⎡Enter⎦. Geben Sie in gleicher Weise der zweiten Tabelle den Namen *Kriterien*. Die dritte Tabelle löschen Sie. Auch dies können Sie bequem über das Kontextmenü tun.

2 Kopieren Sie die Überschriftenzeile der Listentabelle. Fügen Sie diese in die Tabelle *Kriterien* ein.

> **Kriterien für den Spezialfilter**
>
> UND-Verknüpfungen müssen sich unterhalb der Überschriften im Kriterienbereich befinden. ODER-Verknüpfungen werden dagegen in verschiedenen Zeilen eingetragen. Das heißt für Excel, es muss die Bedingung der Zeile 2 oder die der Zeile 3 erfüllt werden.

3 Tragen Sie in der Zelle D2 die Artikelnummer *102207* ein. In der Zelle D3 darunter folgt *102204*. In den Zellen G2 und G3 tragen Sie *>600* ein. In den Zellen H2 und H3 tragen Sie jeweils *Ost* ein.

4 Wechseln Sie in die Tabelle *Artikel*. Markieren Sie die komplette Tabelle (Überschrift plus Datenbereich). In der Multifunktionsleiste finden Sie unter *Daten* im Abschnitt *Sortieren und Filtern* die Schaltfläche *Erweitert*. Klicken Sie darauf. Der Dialog *Spezialfilter* wird geöffnet. Die Koordinaten des Listenbereichs hat Excel übernommen. Sie lauten:

$A$1:$I$20

5 Klicken Sie auf das Minimieren-Symbol am Ende von *Kriterienbereich*. Wechseln Sie in die Tabelle *Kriterien*. Markieren Sie den Bereich, der die Überschrift und die Filterkriterien enthält. Maximieren Sie den Dialog wieder. Unter *Kriterienbereich* lesen Sie nun:

Kriterien!$A$1:$I$3

6 Bestätigen Sie mit *OK*.

3. Aufgaben einfacher und schneller mit Excel 2010 erledigen

Rechts oben im Abschnitt *Filtern und Sortieren* des Registers *Daten* finden Sie die Schaltfläche *Löschen*. Klicken Sie darauf, um die Filterergebnisse wieder auszublenden und die ursprüngliche Datentabelle erneut zu sehen.

Datenprüfung, Konsolidierung, Szenarien und Zielwertsuche

Ein Mitarbeiter einer kleinen Firma möchte herausfinden, wie viel Umsatz er machen muss, um eine bestimmte Provisionshöhe zu erreichen.

Grundlage für diese Zielwertsuche sind drei Werte:

➢ der Umsatz des Mitarbeiters; 340.000,00 Euro
➢ der Provisionssatz: 11 %
➢ die Provision

Diese drei Werte werden in einer Tabelle dargestellt. Die Provision errechnet sich aus dem Umsatz mal Provisionssatz. Sie wird also errechnet mit der Formel:

= B5*B6

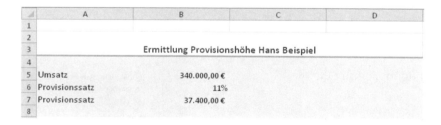

Der Mitarbeiter möchte nun wissen, wie viel Umsatz er erreichen muss, damit er 45.000,00 Euro Provision erhält. Mithilfe der Zielwertsuche von Excel ist diese Frage schnell beantwortet:

3.4 Daten analysieren, auswerten und darstellen

1 Markieren Sie die Zelle B7. Wechseln Sie in der Multifunktionsleiste in das Register *Daten*. Wählen Sie *Szenario-Manager/Zielwertsuche*.

2 In das Feld *Zielwert* tragen Sie ein: *45000*.

3 Die veränderbare Zelle ist der Wert, der ermittelt werden soll, also der Umsatz. Setzen Sie den Cursor in das Feld *Veränderbare Zelle*. Klicken Sie in der Tabelle auf die Zelle B5. Bestätigen Sie.

Nach einem Klick auf *OK* blendet Excel einen Dialog ein. Dieser teilt Ihnen lediglich mit, dass Excel eine Lösung gefunden hat. Klicken Sie auf *OK*, um diese zu übernehmen.

Die Tabelle wird nun angepasst und Sie sehen, welcher Umsatz erreicht werden muss, um die Provision von 45.000,00 Euro zu erreichen.

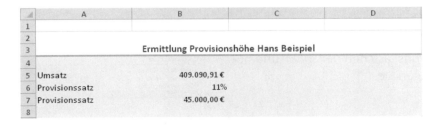

Eine Was-wäre-wenn-Analyse durchführen: den Solver von Excel nutzen

Bevor Sie in Excel 2010 den Solver nutzen können, müssen Sie dieses Add-in aktivieren. Gehen Sie dazu wie folgt vor:

1 Wechseln Sie in die Backstage-Ansicht. Wählen Sie *Optionen*.

3. Aufgaben einfacher und schneller mit Excel 2010 erledigen

2 Wechseln Sie in das Register *Add-Ins*. Ganz unten finden Sie eine Dropdown-Liste. Klicken Sie auf die dahinter stehende Schaltfläche mit der Aufschrift *Gehe zu*.

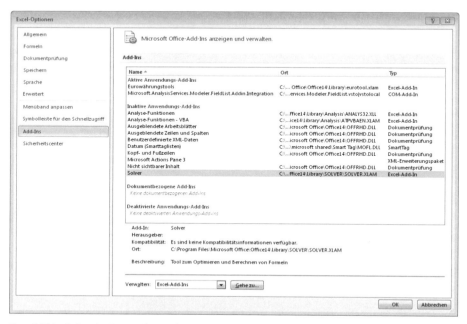

Das Add-in Solver ist in Excel 2010 bereits integriert. Sie müssen es nicht erst aus dem Internet laden und auf Ihrem Rechner installieren. Es ist jedoch notwendig, diese Erweiterung zu aktivieren.

3 Setzen Sie ein Häkchen in das Optionskästchen bei *Solver* und bestätigen Sie.

Den Solver finden Sie nun als zusätzliche Schaltfläche im Register *Daten* (ganz auf der rechten Seite der Multifunktionsleiste).

Eine Firma erstellt jeden Monat eine Umsatz-Kosten-Analyse. Nun soll mit dem Solver von Excel bestimmt werden, wie die Zahlen aussehen, wenn der Gewinn für das Produkt 1 auf 10.000,00 Euro steigt, zugleich der für Produkt 2 auf 26.000,00 Euro sinkt und Produkt 3 bei 19.000,00 Euro Umsatz liegt.

	A	B	C	D	E
1					
2					
3		Umsatz-Kostenanalyse Beispielfirma 2010			
4					
5					
6		Produkt 1	Produkt 2	Produkt 3	Summen
7	Umsatz	12.345,95 €	32.750,00 €	24.760,90 €	69.856,85 €
8	Fixkosten	6.450,65 €	21.650,00 €	15.750,85 €	43.851,50 €
9	variable Kosten (10% vom Umsatz)	1.234,60 €	3.275,00 €	2.476,09 €	6.985,69 €
10	Gesamtkosten	7.685,25 €	24.925,00 €	18.226,94 €	50.837,19 €
11	Gewinn	4.660,71 €	7.825,00 €	6.533,96 €	19.019,67 €

1 Markieren Sie die Zelle B11 (*Gewinn:Produkt 1*). Wechseln Sie in der Multifunktionsleiste in das Register *Daten*. Klicken Sie auf die Symbolschaltfläche *Solver*.

2 Die Zielzelle ist im Dialog bereits übernommen worden. Klicken Sie auf die Minimieren-Schaltfläche im Eingabefeld *Durch Ändern der Variablenzellen*. Wählen Sie die Zellen B7 und B8 aus. Maximieren Sie den Dialog und klicken Sie auf *Lösen*.

3 Der Solver errechnet nun die entsprechenden Ergebnisse und passt die Tabelle an. Im Dialog *Ergebnis* legen Sie fest, ob die Ergebnisse übernommen werden sollen (*Lösung verwenden*) oder ob Sie die Ursprungsdaten wiederherstellen wollen (*Ausgangswerte wiederherstellen*). Im Beispiel werden die Daten übernommen. Bestätigen Sie die in der Vorgabe angeschaltete Option *Lösung verwenden* mit *OK*.

4 Wiederholen Sie nun die Schritte mit den Daten für Produkt 2 und Produkt 3. Rufen Sie den Solver auf. Mit dem *Minimieren*-Symbol wählen Sie zunächst die Zelle C11 als Zielzelle. Für *Veränderbare Zellen* wählen Sie auf die gleiche Weise den Bereich C7:C8. In das Feld *Wert* tragen Sie den Wert *26000* ein. Bestätigen Sie mit *Lösen* und *OK*. In gleicher Weise gehen Sie bei Produkt 3 vor. Als Wert tragen Sie hier *19000* ein.

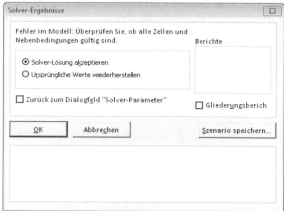

Im Fenster *Ergebnis* sehen Sie rechts drei mögliche Reportvarianten. Diese Berichte werden auf Wunsch erstellt. Die Bedeutungen finden Sie in der folgenden Tabelle:

3.4 Daten analysieren, auswerten und darstellen

Reports (Berichtstyp)	Bedeutung
Antwort	Die Inhalte der Zelle werden mit den Ausgangswerten und den Ergebniswerten in einem Bericht gezeigt.
Sensitivität	Zusätzlich zu den Ausgangs- und Ergebniswerten werden bei diesem Bericht verschiedene statistische Berechnungen aufgelistet, die den Weg zum Ergebniswert zeigen.
Grenzwerte	Ausgangs- und Ergebniswerte und statistische Berechnungen werden mit oberen und unteren Grenzwerten ergänzt.

Über die Schaltfläche *Hinzufügen* lassen sich verschiedene Nebenbedingungen angeben. Dabei können Sie zwischen fünf verschiedenen Operatoren wählen:

Operator	Bedeutung	Eingabe
<=	Der zu ermittelnde Wert ist gleich oder kleiner dem Wert der Nebenbedingung.	Eine Zahl, ein Zellbezug, der Name einer Zelle oder einer Formel.
>=	Der zu ermittelnde Wert ist größer oder gleich dem Wert der Nebenbedingung.	
=	Der neue Wert entspricht dem Wert der Nebenbedingung.	
int	Der zu ermittelnde Wert ist eine ganze Zahl.	Nebenbedingungen können nur für Variablenzellen verwendet werden.
bin	Der zu ermittelnde Wert ist ein binärer Wert (0 oder 1).	
dif	Ein Set von Integer-Variablen zwischen 1 und N, die sich alle von der Lösung unterscheiden. Wird z. B. bei dem Travelling Salesman Problem (TSP) eingesetzt.	

Mit *Szenario speichern* lässt sich ein Solver-Modell als Szenario ablegen. Sie können später wieder darauf zurückgreifen.

Anlagemöglichkeiten mit dem Szenario-Manager vergleichen

Mit dem Szenario-Manager erhalten Sie die Möglichkeit, bei einer vorhandenen Tabelle Werte zu ersetzen. Auf diese Weise können unterschiedliche Ergebnisse berechnet und miteinander verglichen werden.

Eine Firma möchte einen Geldbetrag über eine bestimmte Laufzeit anlegen. Der Betrag beläuft sich auf 32.000,00 Euro. Es gibt drei Banken, die ein Angebot erstellt haben. Alle diese Angebote unterscheiden sich leicht voneinander. So ist der Zinssatz unterschiedlich. Eine Bank bietet sogar einen Bonusbetrag an, der am Ende der Laufzeit des Kredits gewährt wird.

1 Erstellen Sie eine Tabelle mit dem Angebot der ersten Bank.

Das Guthaben, das nach Ablauf der Kreditlaufzeit vorhanden ist, wird mit der Funktion *ZW* berechnet. Diese Funktion berechnet das Guthaben einer Investition nach einer bestimmten Laufzeit. Die Syntax von *ZW* lautet:

=ZW(Zins; Zzr; Rmz; Bw;F)

Noch ein kleiner Blick auf die Bedeutung der einzelnen Parameter:

> *Zins*: Zinssatz für eine Periode
> *Zzr*: Anzahl der Perioden
> *Rmz*: Betrag, der in jeder Periode gezahlt wird
> *Bw*: Bar- oder Gesamtwert
> *F*: bestimmt, wann Zahlungen fällig sind. Möglich sind die Werte *0* oder *1*. *0* bedeutet, die Zahlung ist am Ende der Periode fällig. *1* heißt, die Zahlung ist am Beginn der Periode fällig.

2 Setzen Sie die Maus in die Zelle D10. Wechseln Sie in der Multifunktionsleiste in das Register *Formeln*. Öffnen Sie die Auswahlliste *Finanzmathematik* und wählen Sie *ZW* aus. In das Feld *Zins* tragen Sie *B7* ein. *Zzr* ist die Laufzeit. Tragen Sie demzufolge *B5* ein. *Rmz* lassen Sie frei. In das Feld *Bw* kommt *-B6*. Bestätigen Sie mit *OK*.

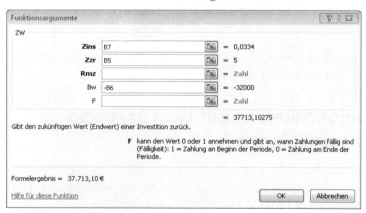

3 Der Bonusbetrag in der Zelle D12 entspricht dem Wert in D8. Übernehmen Sie den Wert mit:

=B8

3.4 Daten analysieren, auswerten und darstellen

4 Der Betrag, den Sie als Ergebnis nach der Laufzeit von fünf Jahren von dieser Bank erhalten, ist die Summe aus der Bonuszahlung und dem Guthaben. Tragen Sie in die Zelle D13 ein:

=B10+B12

	A	B	C	D	E
1					
2		**Angebot Bank A**			
3					
4					
5	Laufzeit (Jahre)	5			
6	Anlagesumme	32.000,00 €			
7	Zinssatz	3,34%			
8	Bonus	560,00 €			
9					
10	Guthaben nach Laufzeit	37.713,10 €			
11					
12	Bonus	560,00 €			
13					
14	Betrag	38.273,10 €			

Im nächsten Schritt sollen die Daten von Bank B und Bank C mithilfe des Szenario-Managers erfasst und alle drei Ergebnisse miteinander verglichen werden. Die Bank B bietet einen Zinssatz von 3,62 %, zahlt aber keinen Bonus. Bank C bietet 3,28 % und eine Bonuszahlung von 720,00 Euro.

5 Klicken Sie in eine beliebige Zelle. Wechseln Sie in der Multifunktionsleiste in das Register *Daten*. Mit *Was-wäre-wenn-Analyse/Szenario-Manager* gelangen Sie in selbigen. Dieser ist zu Beginn noch leer. Klicken Sie auf *Hinzufügen*. Geben Sie eine Bezeichnung ein. Im Beispiel soll der Name *Vergleich Angebote Bank A, B und C* heißen.

6 Setzen Sie den Cursor in die Zeile *Veränderbare Zellen*. Löschen Sie die Vorgabe. Klicken Sie auf *Dialog minimieren*. Markieren Sie die Zellen mit dem Prozentsatz und dem Bonus, also B7:B8. Wählen Sie *Dialog maximieren*.

7 Im Textfenster wird bereits Ihr Name und das aktuelle Datum angezeigt. Ergänzen Sie einen beliebigen Kommentar. Verwenden Sie eine kurze Beschreibung, sodass auch später noch klar ist, wozu das Szenario dient. Die Option *Änderungen verhindern* dient als Schreibschutz. Ein fremder Anwender kann, wenn diese Option angeschaltet ist, das Szenario nicht bearbeiten. Möchten Sie selbst später eine Änderung oder Ergänzung vornehmen, müssen Sie diese Option ausschalten. Schalten Sie die Option *Ausblenden* an, wird das Szenario bei anderen Anwendern nicht in der Liste der vorhandenen Szenarien aufgeführt. Es ist für andere Benutzer nicht sichtbar und kann nur von Ihnen aufgerufen werden. Bestätigen Sie mit *OK*.

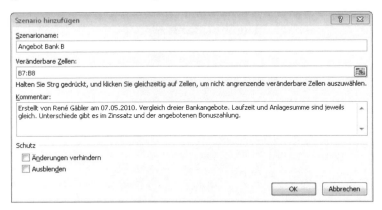

8   Im Dialog *Szenariowerte* entfernen Sie die eingetragenen Daten. Tragen Sie die Daten für Bank B ein. Tragen Sie in die Zeile *1* den Wert *0,0362* ein. In Zeile *2* kommt eine *0*. Klicken Sie auf *OK*.

9   Sie gelangen zurück in das Hauptfenster des Szenario-Managers. Klicken Sie auf *Hinzufügen*, um die Angaben für die dritte Bank einzutragen. Geben Sie eine Bezeichnung ein und bestätigen Sie die Angaben mit *OK*. In die Zeile *1* tragen Sie *0,0328* ein, in die Zeile *2* den Bonusbetrag *720*. Klicken Sie auf *OK*.

Im Szenario-Manager finden Sie nun die beiden erstellten Szenarien vor.

Im nächsten Schritt soll der Szenario-Manager eine Zusammenfassung der beiden Szenarien erstellen. Auf einem gesonderten Tabellenblatt sollen die Daten aller Banken angezeigt werden. So können alle drei Angebote miteinander verglichen und das beste Angebot herausgesucht werden.

Klicken Sie im Hauptfenster des Szenario-Managers auf *Zusammenfassung*. Excel fügt nun der Arbeitsmappe ein neues Tabellenblatt hinzu. Es wird mit dem Namen Szenariobericht versehen. Wechseln Sie in diese Übersicht. Sie sehen in einer Tabelle alle drei Angebote der Banken.

Speichern Sie das Dokument und halten Sie so den Bericht fest. Wenn Sie mögen, können Sie die Optik ein wenig anpassen und den Bericht ausdrucken.

3.5 Analyse großer Datenmengen mit Pivot-Tabellen

Sollen in Excel große Datenmengen analysiert werden, bietet sich die Funktion PivotTable an. Hier können recht einfach Daten zusammengerechnet und analysiert werden.

In einer Pivot-Tabelle ist es einfach, die Sicht auf die Daten zu ändern, ohne die Daten selbst verändern zu müssen. Ein weiterer großer Vorteil einer Pivot-Tabelle ist die Aggregation von Daten, was so viel bedeutet wie verdichten und zusammenfassen. Zum einen fällt es in der Pivot-Tabelle deutlich leichter, eine schnelle Übersicht über die Daten zu bekommen, zum anderen erkennt man auf diese Weise häufig Zusammenhänge, die einem im unübersichtlichen „Datengrab" verborgen bleiben.

Pivot-Tabellen verstehen, erstellen und einsetzen

Sollen in Excel große Datenmengen analysiert werden, bietet sich die Funktion PivotTable an. Hier können recht einfach Daten zusammengerechnet und untersucht werden. In einem Beispiel soll eine erste entsprechende Pivot-Tabelle angelegt werden.

1   Sie wollen vergleichen, welche Städte wie viel Umsatz generiert haben. Die Städte sind jeweils Bundesländern zugeordnet. Erstellen Sie eine Tabelle, die in etwa so aussieht:

2   Je mehr Daten, umso besser – für das Beispiel wurden 60 Städte in den Jahren von 2000 bis 2009 verwendet. Werte können Sie sich über die Formel „Zufallszahl" geben lassen, so müssen Sie sich nicht Umsatzwerte ausdenken.

3   Um aus dieser Tabelle nun eine Pivot-Tabelle zu machen, müssen Sie über das Register *Einfügen* und *PivotTable* gehen. Im idealen Fall wird Ihre Beispieltabelle bereits ausgewählt, ansonsten müssen Sie unter *Tabelle/Bereich* den Bereich auswählen. Im unteren Bereich können Sie festlegen, wo Sie den Bericht haben wollen – empfehlenswert ist ein neues Arbeitsblatt.

3.5 Analyse großer Datenmengen mit Pivot-Tabellen

4 Daraufhin wird ein neues Blatt angelegt, sie bekommen in der Menüleiste zwei neue Register, und auf der rechten Seite sehen Sie *PivotTable-Feldliste*. Hier können Sie auswählen, welche Felder Sie wo sehen möchten. Für das Beispiel ziehen Sie *Bundesland* in *Berichtsfilter*, *Stadt* in *Spaltenbeschriftung* und *Jahr* in *Zeilenbeschriftung* und *Wert* in *Werte*.

5 Auf der linken Seite sollte sich nun die PivotTable gebildet haben. Im oberen Bereich können Sie einzelne Bundesländer auswählen und sich so nur Teilbereiche der gesamten Daten ansehen.

Bundesland	Bayern						
Summe von Wert	**Spaltenbeschriftungen**						
Zeilenbeschriftungen	**Augsburg**	**Ingolstadt**	**München**	**Nürnberg**	**Regensburg**	**Würzburg**	**Gesamtergebnis**
2000	5.712	1.544	9.278	5.122	2.800	4.383	28.839
2001	1.692	6.328	1.776	6.239	8.205	1.454	25.695
2002	7.706	5.491	8.369	9.695	1.608	9.236	42.105
2003	2.280	2.242	6.842	2.022	8.821	7.740	29.947
2004	1.192	4.304	642	1.801	8.407	4.443	20.789
2005	3.281	9.524	8.158	4.865	285	1.575	27.687
2006	5.334	7.023	3.408	4.694	4.833	5.126	30.417
2007	1.016	4.518	8.885	1.688	622	2.335	19.064
2008	9.727	7.056	410	6.118	4.077	8.492	35.879
2009	4.645	2.470	8.238	5.554	1.808	857	23.571
Gesamtergebnis	**42.585**	**50.499**	**56.005**	**47.796**	**41.467**	**45.642**	**283.994**

6 Wenn Sie das Zahlenformat ändern wollen, bietet es sich an, dies auf der rechten Seite in der Feldliste zu machen. Klicken Sie auf das Dreieck bei *Summe von Wert* im Bereich *Σ Werte*.

7 Hier klicken Sie auf *Wertfeldeinstellungen*. Dort finden Sie in dem unteren linken Bereich den Button *Zahlenformat*. Hier können Sie das Format entsprechend ändern.

8 Wollen Sie die Städte in den Zeilen angezeigt bekommen und die Jahre in den Zeilen, gibt es zwei Möglichkeiten. Entweder Sie ziehen in der Feldliste die Elemente ins jeweils andere Feld, oder Sie setzen den Mauszeiger in eines der zu verschiebenden Felder und wählen im Kontextmenü den Punkt *Verschieben* und dort den Eintrag *Stadt in Zeilen* bzw. *Jahr in Spalten verschieben*.

391

9 Um zusätzlich zum Wert noch den Prozentwert anzuzeigen, sollten Sie das Feld *Wert* noch ein zweites Mal in *Σ Werte* ziehen. (Es empfiehlt sich, hier die Jahre mit zum Berichtsfilter hinzuzufügen, da sonst die Übersicht leidet). Anschließend haben Sie zwei Spalten mit Werten. Nun müssen Sie die Datenansicht verändern. Dies können Sie mit einem Klick auf das Feld in der Feldliste tun, anschließend wählen Sie *Wertfeldeinstellungen*.

10 Hier aktivieren Sie das Register *Werte anzeigen als* und klicken anschließend auf das Drop-down-Feld. Dort wählen Sie dann *% des Gesamtergebnisses* aus und bestätigen anschließend mit *OK*.

Nun sollte Ihre PivotTable etwa so aussehen:

Bundesland	Bayern	
Jahr	2009	
Zeilenbeschriftungen	Summe	% des Gesamtwertes
Augsburg	8.848	44,27%
Ingolstadt	1.624	8,12%
München	118	0,59%
Nürnberg	5.072	25,37%
Regensburg	1.017	5,09%
Würzburg	3.310	16,56%
Gesamtergebnis	**19.989**	**100,00%**

Um nun die Stadt mit dem höchsten Wert anzuzeigen, können Sie Ihre PivotTable noch sortieren lassen.

1 Dazu klicken Sie in eines der Felder, das den Prozentwert anzeigt, und anschließend in der Multifunktionsleiste im Register *Optionen* auf *Sortieren*. In dem sich öffnenden Fenster können Sie auswählen, ob Sie nach dem größten oder dem kleinsten Wert sortieren wollen.

2 Bestätigen Sie anschließend mit *OK*.

3 Wollen Sie mehrere Bundesländer miteinander vergleichen, können Sie dies über einen Klick auf das Filtersymbol neben dem Feld *Bundesland* im Arbeitsblatt machen.

4 Hier klicken Sie auf *Mehrere Elemente auswählen*. Anschließend können Sie mehrere Bundesländer auswählen und mit *OK* bestätigen.

5 Sie sehen nun zwar die Städte der Bundesländer, aber nicht, welche Stadt zu welchem Bundesland gehört. Um dies zu sehen, müssen Sie das Feld in der Feldliste von *Berichtsfilter* in *Zeilenbeschriftung* ziehen.

Sollten Sie nun nach jeder Stadt das jeweilige Bundesland sehen, dann steht bei *Zeilenbeschriftung Stadt* über *Bundesland*. Excel 2010 sortiert auch hier, ziehen Sie also *Bundesland* über *Stadt*.

6 Anschließend sieht Ihre PivotTable etwa so aus:

3. Aufgaben einfacher und schneller mit Excel 2010 erledigen

7 Leider stehen hier nur die Werte bei den Städten und Sie können nicht direkt sehen, welches Bundesland wie viel Umsatz gemacht hat. Dafür hat Excel 2010 die Funktion *Teilergebnisse*.

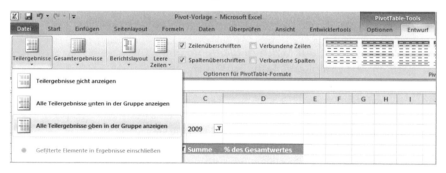

8 Hier haben Sie die Möglichkeit, sich das Teilergebnis in einer seperaten Zeile unter der Gruppe (in diesem Fall den Städten) oder oberhalb in der Zeile, in der auch das Bundesland steht, anzeigen zu lassen. Meist ist es leichter, wenn die Summe unter den zu summierenden Zahlen steht.

9 Sie können auch einzeln bei den Bundesländern die Städte ausblenden lassen. Hierzu klicken Sie einfach auf das Minuszeichen links neben dem jeweiligen Bundesland. Die Summenzeile, die Sie im vorherigen Schritt am Ende eingefügt haben, wird nun in die obere Zeile integriert.

3.5 Analyse großer Datenmengen mit Pivot-Tabellen

Zeilenbeschriftungen	Summe	% des Gesamtwertes
⊞ Bayern	19.989	40,37%
⊟ Hessen		
Wiesbaden	830	1,68%
Frankfurt am Main	1.533	3,09%
Kassel	4.389	8,86%
Darmstadt	9.823	19,84%
Hessen Ergebnis	**16.574**	**33,47%**
⊟ Niedersachsen		
Osnabrück	509	1,03%
Braunschweig	670	1,35%
Oldenburg	5.056	10,21%
Hannover	6.722	13,57%
Niedersachsen Ergebnis	**12.957**	**26,17%**
Gesamtergebnis	**49.521**	**100,00%**

Mit einem Datenschnitt nur die Daten anzeigen, die im Augenblick benötigt werden

Die neue Funktion *Datenschnitt* (engl. Slices) bietet eine einfachere Möglichkeit, einen Filter über eine Pivot-Tabelle zu legen. Sie befindet sich im Register *Einfügen*.

Dieses Beispiel baut auf dem vorherigen auf.

1 Klicken Sie auf das Register *Einfügen* und anschließend auf *Datenschnitt*.

2 Nun öffnet sich ein neues Fenster. Hier klicken Sie auf *Bundesland* und bestätigen anschließend mit *OK*.

3 In dem Fenster, das sich nun öffnet, können Sie zwischen den Bundesländern auswählen (mehrere lassen sich bei gedrückter [Strg]-Taste markieren).

4 Parallel dazu ändert sich die PivotTable.

Mit PivotCharts Tabellendaten analysieren

PivotCharts bietet die schnelle Möglichkeit, mit wenig Aufwand aus einer Pivot-Tabelle ein Diagramm zu erstellen. Dabei werden die Daten auch immer mit der aktuellen Auswahl in der Pivot-Tabelle abgestimmt.

1 Im Register *Optionen* der PivotTable-Tools finden Sie im rechten Bereich die Funktion *PivotChart*.

2 In dem Fenster können Sie auswählen, welchen Diagrammtyp Sie möchten. Als Beispiel verwenden Sie *Gruppierte Säulen* und bestätigen mit *OK*.

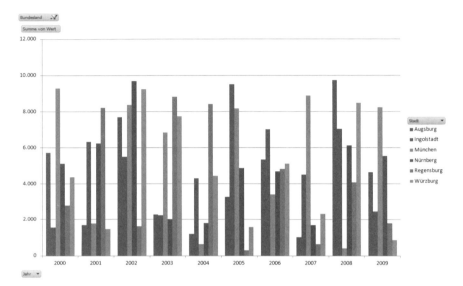

3 Auf dem aktuellen Tabellenblatt ist nun das Diagramm zu sehen. Zur besseren Übersicht verschieben Sie es auf ein neues Tabellenblatt. Dies können Sie über einen Rechtsklick und die Funktion *Diagramm verschieben* machen.

Daten aus verschiedenen Quellen mit dem Add-in PowerPivot in ein einziges Tabellendokument integrieren

Mit dem Add-in PowerPivot können Daten aus Datenbanken (SQL, Access, Oracle u. v. a.), anderen Excel-Dateien, aber auch Textdateien abgefragt und in einer PivotTable weiterverarbeitet werden.

1 Das Add-in PowerPivot ist nicht standardmäßig in Excel integriert, es muss erst bei Microsoft heruntergeladen werden. Dies können Sie unter *www.powerpivot.com* tun. Nach der Installation werden Sie beim

3.5 Analyse großer Datenmengen mit Pivot-Tabellen

Start von Excel gefragt, ob Sie PowerPivot aktivieren wollen. Dies bestätigen Sie mit *Ja*.

2 Anschließend finden Sie in der Menüleiste das zusätzliche Register *PowerPivot*.

3 Mit einem Klick auf *PowerPivot window* starten Sie das Fenster, in dem Sie die Datenverbindungen einrichten können.

4 In diesem Beispiel verbinden Sie sich mit einer Access-Datenbank. Klicken Sie dazu auf *From Database* und anschließend auf *From Access*.

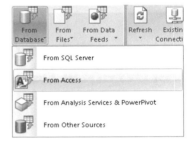

5 In dem sich nun öffnenden Fenster können Sie mit einem Klick auf *Durchsuchen* die Datenbankdatei öffnen, falls notwendig müssen Sie anschließend noch Benutzername und Kennwort eingeben.

6 Nachdem Sie die Verbindung erfolgreich getestet haben, klicken Sie auf *Weiter*. Hier können Sie auswählen, ob Sie selbst ein SQL-Statement schreiben oder mithilfe von Tabellen und Sichten auf die Datenbank zugreifen wollen. Klicken Sie hier einfach auf *Weiter*.

7 Im nächsten Fenster können Sie eine oder mehrere Tabellen auswählen. Anschließend bestätigen Sie mit *Fertig stellen*.

8 Nachdem der Import erfolgreich war, klicken Sie auf *Schließen*.

9 Nun sehen Sie die importierte Tabelle im PowerPivot-Window. Über *PivotTable* in der Menüleiste können Sie diese Daten in Ihre Excel-Arbeitsmappe als Pivot-Tabelle übernehmen.

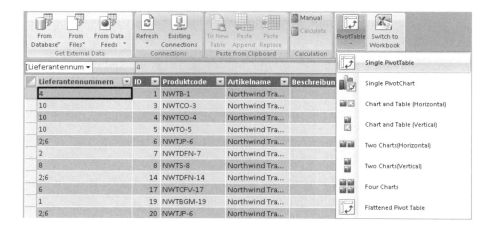

3.6 Tabellendokumente speichern, veröffentlichen und ausdrucken

Zu den Standardaufgaben von Excel gehört es natürlich, die Daten sicher abzuspeichern, zu verwalten und auszudrucken. Auch wenn viele dieser Funktionen selbsterklärend sind, sollen an dieser Stelle die wichtigsten besprochen werden.

Vor der Ausgabe: alle wichtigen Einstellungen zu einem Tabellendokument in der Backstage-Ansicht festlegen

Im neuen Backstage-Bereich zeigt Excel auf einen Blick die wichtigsten Informationen zu der Datei.

Hier können die Arbeitsmappe geschützt, Probleme überprüft und Versionen verwaltet werden.

Im rechten Bereich sind zudem wichtige Informationen wie Dateigröße, Titel, Kategorien zu sehen, außerdem Erstellungs- und letztes Speicherdatum mit Nutzer.

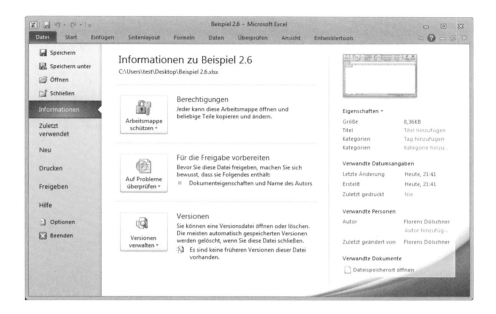

Eine Excel 2010-Arbeitsmappe speichern oder exportieren

Um eine Arbeitsmappe zu speichern, gibt es mehrere Möglichkeiten. Entweder über die *Speichern*-Schaltfläche oben links, in der Multifunktionsleiste im Register *Datei* oder mithilfe einer Tastenkombination.

Die schnellste Methode ist die Tastenkombination [Strg]+[S], diese speichert die aktuelle Datei unter dem aktuellen Namen ab. Wurde die Datei zuvor noch nicht gespeichert, öffnet sich ein Fenster, in dem man sowohl den Pfad als auch den Namen auswählen kann.

Hier kann auch ein Autor (mehrere können über Semikolon getrennt) angegeben werden. Auch lassen sich Tags hinzufügen, die das Sortieren und Suchen später erleichtern.

Die gleiche Funktion erfüllt das Symbol oben links.

Soll die Datei unter einem anderen Namen gespeichert werden, funktioniert dies nur über *Datei/Speichern unter*.

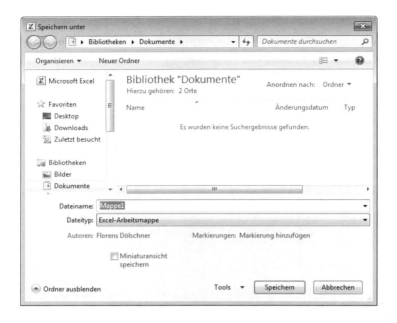

Übersichtlich und ansprechend: Tabellen drucken

Nach der Erstellung wird das Dokument meist auch ausgedruckt. Diese Funktion ist im Register *Datei* zu finden. Doch sollte vor dem Drucken einiges beachtet werden. Gerade bei Excel sollte ein wenig Vorarbeit geleistet werden, da Excel nicht wie Word für eine Seitenansicht ausgelegt ist.

Für die Vorarbeit ist vor allem das Register *Seitenlayout* wichtig. Es bietet neben verschiedenen Designvorlagen auch die Möglichkeit, Seitenränder, Ausrichtung, Größe, Druckbereich einzustellen und viele weitere Anpassungen durchzuführen.

Die Möglichkeiten des Layouts im Detail:

Der Bereich *Designs* bietet etliche Funktionen, um das Arbeitsblatt farblich gut aufeinander abstimmen zu können. Hier können komplette Designs oder auch nur Farben, die zueinander passen, ausgewählt werden. Dies ist von Vorteil, wenn beispielsweise verschiedene Farben benötigt werden,

3.6 Tabellendokumente speichern, veröffentlichen und ausdrucken

um Themen voneinander abzugrenzen. Dank dieser Funktion muss nicht lange geprüft werden, ob Farben beim Drucken auch gut voneinander unterscheidbar sind.

Unter *Seite einrichten* gibt es alle Möglichkeiten, damit das Arbeitsblatt auch richtig aufs Papier kommt. Zum einen kann hier bestimmt werden, wie dick die Seitenränder werden sollen (beispielsweise wenn noch handschriftliche Notizen an den Rand gemacht werden sollen), zum anderen kann aber auch über *Ausrichtung* zwischen Quer- und Hochformat gewechselt werden.

Über *Größe* wird das Papierformat gewählt. Dies wird anschließend über gestrichelte Linien auf dem Arbeitsblatt angezeigt, die den Druckbereich pro Seite darstellen.

Dieser kann jedoch auch direkt festgelegt werden. Der Zellenbereich, der ausgedruckt werden soll, wird markiert und anschließend über *Druckbereich/Druckbereich festlegen* platziert.

Soll an einer bestimmten Stelle der Datei auf eine neue Seite gewechselt werden, gibt es die Funktion des Umbruchs. Hierzu muss auf dem Tabellenblatt die Zelle, an der ein Seitenumbruch erstellt werden soll, markiert werden (es wird immer oben links getrennt), und anschließend wird über einen Klick auf *Umbrüche/Seitenumbruch* der Umbruch eingefügt.

Hintergrundgrafiken bieten, dezent eingesetzt, eine gute Möglichkeit, um beispielsweise Wasserzeichen in einem Excel-Blatt zu benutzen.

Seiten für den Druck einrichten

Der Klick auf *Drucktitel* öffnet das Dialogfenster *Seite einrichten*. Hier kann ausgewählt werden, ob Zeilen und/oder Spalten auf jedem Blatt wiederholt werden sollen. Auch der Umgang mit Kommentaren und Fehlerwerten kann hier eingestellt werden.

Um eine Tabelle, die z. B. gerade nicht mehr auf eine Seite passt, trotzdem nur auf einer Seite auszugeben, können im Dialog *Seite einrichten/Papierformat* unter *Skalierung/Anpassen* die Werte 1 Seite breit und 1 Sei-

te hoch angegeben werden. Excel skaliert die Tabelle dann automatisch auf einen passenden Wert. Alternativ kann auch direkt eine Skalierung mit *Verkleinern/Vergrößern* angegeben werden.

Manchmal kann es hilfreich sein, wenn die Gitternetzlinien mit ausgedruckt werden. Unter dem Register *Blatt* kann dies ausgewählt werden, Rahmen und Linien als Formatierung betrifft das allerdings nicht. Ebenso können die Spalten- und Zeilenbeschriftungen der Tabelle ein- bzw. ausgeblendet werden.

Immer wieder kann es vorkommen, dass sich Objekte überschneiden. Wenn sich ein Diagramm hinter einem anderen befindet und so nur teilweise sichtbar ist, kann es über *Eine Ebene nach vorne* weiter in den Vordergrund geholt werden. Ebenso können hier Bilder gedreht oder anhand des Rasters ausgerichtet werden.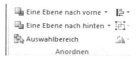

Ist das Dokument für den Druck vorbereitet, ist die Druckfunktion unter *Datei/Drucken* zu finden.

Während auf der rechten Seite eine Vorschau des Drucks zu sehen ist, können auf der linken Seite noch weitere Einstellungen gemacht werden.

Neben schon näher erläuterten Möglichkeiten (Ausrichtung, Papierformat, Seitenränder, Skalierung) ist es möglich zu bestimmen, ob nur das aktive Arbeitsblatt oder die ganze Arbeitsmappe ausgedruckt werden soll.

Auch lässt sich hier auswählen, wenn mehrere Exemplare ausgedruckt werden sollen, wie diese sortiert werden.

Selbstverständlich wird hier auch der Drucker ausgewählt, über den das Dokument ausgegeben wird.

Ein Dokument als Vorlage speichern

Vorlagen sind immer von Vorteil, wenn eine Datei häufiger, aber mit unterschiedlichen Daten verwendet wird. Dies kann bei einer Rechnung oder auch bei der Berechnung verschiedener Nettogehälter der Fall sein. Vorteil gegenüber einer normalen Datei ist, dass beim Speichern nicht die Vorlage überspeichert wird, sondern es wird in eine neue Datei gespeichert.

Um eine Datei als Vorlage zu speichern, muss im Speichern-Fenster der Dateityp *Excel-Vorlage* ausgewählt werden.

Arbeitsblätter schützen und mit Berechtigungen versehen

Natürlich soll die Datei nicht für jeden änderbar sein, und so bietet Excel 2010 reichhaltige Möglichkeiten, die Arbeitsmappe zu schützen.

Es können die komplette Datei, die Struktur der Arbeitsmappe oder auch nur einzelne Blätter mit einem Passwort versehen werden.

Auch die Möglichkeit, die Datei nach Benutzer zu sperren, ist vorhanden. Hierzu ist jedoch eine Anmeldung über Windows Live nötig.

Soll ein Zertifikat für die Datei verwendet werden, gibt es drei Methoden. Die erste ist die lokale Möglichkeit, die zweite geht über eine interne Zertifizierungsstelle (beispielsweise der Systemadministrator), und als dritte Methode gibt es externe Dienstleister.

Nach Beendigung der Bearbeitung kann die Datei als abgeschlossen gekennzeichnet werden. Dadurch wird sie schreibgeschützt und kann erst nach Aufhebung des Status wieder bearbeitet werden.

Tabellendokumente freigeben

Für das Verteilen von Excel-Dokumenten gibt es mehrere Möglichkeiten:

> *Per E-Mail senden* – Sofern Outlook 2010 oder ein vergleichbares Programm auf dem Rechner installiert ist, öffnet sich ein neues Fenster, in dem die Excel-Datei als Anhang gespeichert ist. Zuvor kann die Mappe auch als XPS oder PDF konvertieren werden.

> *Speichern auf SkyDrive* – SkyDrive ist ein Webspeicher bei Microsoft, hier kann von überall auf der Welt aus die Datei geöffnet und weiterbearbeitet werden. Dies ist von Vorteil, wenn von mehreren Rechnern oder mit mehreren Leuten Dateien bearbeitet werden sollen.

> *In SharePoint speichern* – Ein SharePoint Server ist der Microsoft-Nachfolger für Netzlaufwerke. Wie bei einem Netzlaufwerk kann es in den Explorer eingebunden werden, aber auch über den Browser kann man auf einen SharePoint Server zugreifen. Doch SharePoint kann mehr: Kalender, Aufgabenlisten oder auch Adressbücher sind nur einige der Möglichkeiten.

> *PDF/XPS-Dokument erstellen* – PDF (von Adobe) oder XPS (von Microsoft) sind Dateiformate, die plattformunabhängig sind. Meist werden sie dazu verwendet, um Daten über das Internet oder vor Änderung geschützt zu verbreiten. Während es früher nur über Druckertreiber oder aus externen Programmen möglich war, diese Dateien zu erstellen, ist es nun möglich, direkt aus Excel 2010 in diese Dateiart zu speichern.

3.7 Excel in Form bringen

Formulare und Eingabemasken sind eine feine Sache, um standardisierte Aufgaben schnell und sicher zu erledigen. Sie helfen bei der korrekten Dateneingabe und können die Ansicht einer Excel-Tabelle wesentlich vereinfachen.

Formulare und Eingabemasken einsetzen

Soll bei Excel 2010 mit Formularen und Eingabemasken gearbeitet werden, muss zuerst das zugehörige Menü aktiviert werden. Es ist unter *Datei/Optionen/Menüband anpassen* zu finden. Hier muss auf der rechten Seite ein Haken bei *Entwicklertools* stehen und mit *OK* bestätigt werden. Nun befindet sich in der Menüleiste das neue Register *Entwicklertools*.

1 Sie wollen ein Rechnungsformular erstellen. Da Sie mehrere Kunden haben, denen Sie immer wieder Rechnungen schicken, wollen Sie nicht immer wieder die Kundendaten einzeln eingeben.

2 Legen Sie hierzu in einem zweiten Arbeitsblatt eine Liste mit den Kundendaten an.

Firma	Ansprechpartner	Straße	PLZ	Stadt
Schlimmbach & Co.	Frau Schönebeck	Herbert-von-Ritter-Str. 1	43481	Hintertupfing
Sudoku Rätsel GmbH	Herr Risse	Tannenallee 15	11944	Kleinhanebüchen
Riese Büromaterial	Frau Schmidt	Blumenweg 5	84613	Oberau
Goldmann eK	Herr Goldmann	Knebelstr. 3	46426	Mittelbach

3 Anschließend wählen Sie auf dem ersten Arbeitsblatt in der Menüleiste *Entwicklertools* unter *Einfügen* die Funktion *Kombinationsfeld*.

4 Ziehen Sie mit gedrückter linker Maustaste nun das Kombinationsfeld in dem Arbeitsblatt auf. Anschließend klicken Sie mit der rechten Maustaste auf das Kombinationsfeld und wählen dann *Steuerelement formatieren*.

5 Hier wählen Sie im Eingabebereich die erste Spalte mit dem Firmennamen und bei *Zellverknüpfung* die Zelle, in die der Wert weitergegeben werden soll.

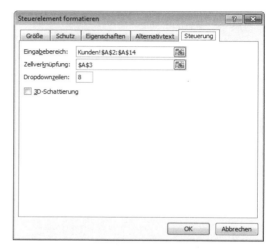

6 Je nachdem, welche Firma Sie nun über das Kombinationsfeld auswählen, erhalten Sie die zugehörige Zeile.

Diese können Sie anschließend über die Indexfunktion wieder in den jeweiligen Wert zurück ändern.

7 Diese Möglichkeit können Sie, je nachdem, welche Spalte Sie benutzen, auch für den Ansprechpartner, die Straße oder Postleitzahl und Ort verwenden.

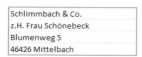

Besser navigieren mit eingefrorenen Fenstern

Die Funktion *Fenster einfrieren*, früher auch als *Fenster fixieren* bekannt, dient dazu, Teile einer Excel-Tabelle festzumachen, sodass diese beim Scrollen trotzdem sichtbar bleiben. Dies ist gerade bei großen Tabellen wichtig, um beispielsweise die Überschriften immer zu sehen.

1   Bei dem Beispiel mit der Rechnung wollen Sie den Kopf bis zur Zeile mit Posten, Artikel etc. festpinnen.

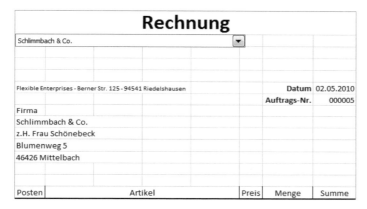

2   Markieren Sie hierzu die Zelle, über der Sie das Fenster einfrieren wollen. Es wird immer in der oberen linken Ecke festgepinnt. Wollen Sie, dass die Zeilen 1 bis 16 immer sichtbar sind, müssen Sie die Zelle A17 markieren. Oder wenn Sie die Spalte A ebenfalls noch immer sehen wollen, dann markieren Sie B17.

3   Die Funktion *Fenster einfrieren* finden Sie anschließend im Register *Ansicht*. Neben der oben beschriebenen Funktion können Sie auch auswählen, dass die oberste Zeile oder erste Spalte immer sichtbar sein soll.

3. Aufgaben einfacher und schneller mit Excel 2010 erledigen

4 Wenn Sie nun den Fensterinhalt verschieben, sollten die Zeilen bzw. Spalten nach wie vor sichtbar bleiben.

Listen- und Optionsfelder erstellen

Ob sie nun Listenfelder, Optionsfelder, Datenüberprüfung oder Gültigkeit genannt wird, die Funktion ist die gleiche. Der Ersteller der Datei bestimmt, welche Daten in ihr stehen dürfen. Diese können aus einer Liste, ein Datum, einer Uhrzeit sein oder auch nur eine bestimmte Textlänge haben. Muss zwischen immer wiederkehrenden Werten gewechselt werden, empfiehlt sich die Liste. Bei der Eingabe von Postleitzahlen ist die Textlänge entscheidend.

1 Sie haben Ihre Rechnung eigentlich fertig, jedoch müssen Sie noch die Mehrwertsteuer hinzufügen. Hier gibt es zum einen 7 % und zum anderen 19 %. Da Sie je nach Artikeln den einen oder den anderen Wert benötigen, sollten Sie dies nun als Liste hinterlegen.

2 Dazu klicken Sie auf die Zelle, in der Sie den Wert schreiben wollen, und anschließend in der Menüleiste auf *Datenüberprüfung* im Register *Daten*.

3 In dem sich nun öffnenden Fenster klicken Sie bei *Zulassen* auf *Liste*. Weiter unten öffnet sich nun der Bereich *Quelle*, hier tragen Sie *0,07;0,19* ein.

4 Über das Register *Eingabemeldung* können Sie optional noch eingeben, ob eine Meldung angezeigt werden soll, wenn die Zelle selektiert wird.

3.7 Excel in Form bringen

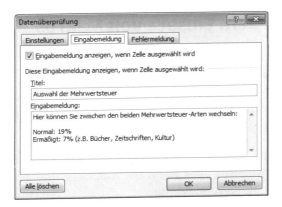

5 Die Meldung bei der Selektion sieht dann so aus:

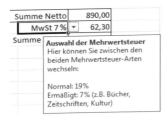

6 Im Register *Fehlermeldung* können Sie auch bestimmen, was passiert, wenn Sie etwas anderes als die erlaubten Werte eingeben.

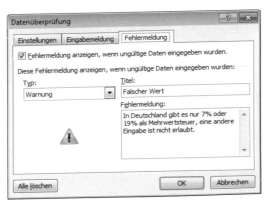

7 Die Fehlermeldung sieht dann so aus:

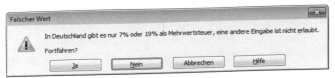

Arbeitsabläufe mit dem Einsatz von Makros optimieren

Mithilfe von Makros kann man auf nahezu alle Funktionen, die Excel bietet, zugreifen. Gerade häufig wiederkehrende Aufgaben können dadurch stark vereinfacht werden. Dadurch wird Zeit gewonnen, die für andere Aufgaben genutzt werden kann.

In Excel 2010 befinden sich die Befehle für die Arbeit mit Makros im Register *Entwicklertools* in der Menüleiste. Hier kann die Aufzeichnung gestartet, ein Makro bearbeitet oder aufgerufen werden.

Beim Aufzeichnen eines Makros bietet Excel 2010 zwei Möglichkeiten: die relative und die absolute Aufzeichnung:

> Bei der relativen Aufzeichnung eines Makros wird das Makro ausgehend von der aktuell selektierten Zelle ausgeführt. Wird beim Aufzeichnen des Makros von Zelle A5 auf Zelle B17 gesprungen, wird ein Sprung von einer Spalte nach rechts und 12 Zeilen nach unten gespeichert. Beim Abspielen des Makros würde Excel also dann nicht auf B17 springen, sondern im Fall einer selektierten Zelle D2 auf E14.

> Die absolute Aufzeichnung spiegelt exakt das wider, was aufgezeichnet wurde. Wird hier bei der Aufzeichnung von A5 auf B17 gesprungen, würde beim Abspielen auch wieder auf B17 gesprungen, unabhängig von der vorher markierten Zelle.

Um die relative Aufzeichnungsmethode zu verwenden, muss zuvor die Schaltfläche *Relative Aufzeichnung* aktiviert werden. Diese wird dann in der Menüleiste eingedrückt dargestellt.

Ist die Schaltfläche nicht eingedrückt, wird die absolute Aufzeichnungsmethode verwendet.

Vor der Makroaufzeichnung sollte noch ein weiteres Thema beachtet werden. Die Makrosicherheit ist wichtig, da über Excel-Makros auch der Eingriff in das Betriebssystem möglich ist. Gefahr kann beispielsweise durch fremde Dateien kommen, die von Programmierern von Viren und Trojanern stammen. Daher sollte die Auswahl der Makrosicherheit nicht zu offen sein.

Die Makrosicherheit ist im Register *Entwicklertools* zu finden.

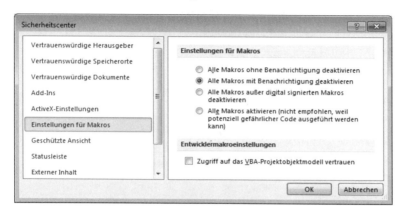

Nach der Auswahl der passenden Einstellung muss mit *OK* bestätigt werden. Voreingestellt ist *Alle Makros mit Benachrichtigung deaktivieren*. Hierbei werden die Makros in einer Datei erst einmal deaktiviert und beim Öffnen wird eine Leiste angezeigt, in der man die Makros aktivieren kann:

Bevor ein Makro erstellt wird, sollte zuerst überlegt werden, ob es sinnvoll ist, mit einem Makro zu arbeiten.

Um die Antwort zu erleichtern, erstellen Sie zu Beginn ein sogenanntes Aufzeichnungsprotokoll. In einer Tabelle werden Aufgabe und Arbeitsschritte festgelegt. Danach müssen Sie diese Schritte nur nacheinander abarbeiten.

Ein Beispiel: An der aktuellen Position des Cursors sollen mit einem Makro die Informationen Ihrer Artikel eingetragen werden. Die Eintragung soll Artikelnummer, Bezeichnung, Beschreibung, vorhandene Lageranzahl, Einkaufspreis und Verkaufspreis enthalten. Also eine ganze Anzahl an Informationen. Das Makro erspart Ihnen die Eingabe dieser Infos.

Zunächst einmal das Aufzeichnungsprotokoll:

Aufgabe	Eingabe der Artikelnummer an der aktuellen Position des Cursors
Bezeichnung des Makros	*Informationen_Musterartikel*
Startposition	Keine feste Startposition
Tastenkombination	[Strg]+[Umschalt]+[M]
Speichern in	Arbeitsmappe: *Muster.xlsm*
Aufzeichnungsmethode	Relative Aufzeichnung
1	Artikelnummer
2	Artikelbezeichnung
3	Artikelbezeichnung fett hervorheben
4	Beschreibung
5	Leerzeile
6	Vorhandene Anzahl im Lager
7	Einkaufspreis
8	Verkaufspreis
9	Aufzeichnung beenden

Diese Tabelle drucken Sie am besten aus. Legen Sie das Blatt neben Ihren Rechner und führen Sie die einzelnen Arbeitsschritte nacheinander aus.

1 Wechseln Sie in das Register *Entwicklertools* in der Multifunktionsleiste. Klicken Sie auf die Schaltfläche *Makro aufzeichnen*.

2 Geben Sie die Bezeichnung, die Sie auch auf dem Aufzeichnungsprotokoll vermerkt haben, ein.

3 Setzen Sie den Cursor in das leere Feld in der Zeile *Tastenkombination*. Drücken Sie [Strg]+[Umschalt]+[M].

4 Das Makro kann in der aktuell geöffneten Arbeitsmappe, einer neu zu erstellenden Mappe oder der persönlichen Makroarbeitsmappe abgelegt werden. Im Beispiel ist die Voreinstellung *Diese Arbeitsmappe* die richtige Wahl. Sie müssen hier keine Veränderung vornehmen.

5 In das Textfeld *Beschreibung* geben Sie einen Text ein, mit dem Sie den Einsatzzweck des Makros umschreiben. So wissen Sie auch später noch, welchen Zweck das Makro erfüllt. Bestätigen Sie alle Angaben mit einem Mausklick auf *OK*.

6 Geben Sie die Informationen des Artikels ein. Halten Sie sich genau an die Reihenfolge der Arbeitsschritte, die Sie zuvor im Aufzeichnungsprotokoll erstellt haben.

7 Beenden Sie die Aufzeichnung mit der Schaltfläche *Makroaufzeichnung stoppen*.

Nun probieren Sie einmal aus, ob das erstellte Makro zum gewünschten Ergebnis führt. Wechseln Sie in ein leeres Tabellenblatt. Drücken Sie die Tastenkombination [Strg]+[Umschalt]+[M].

Möchten Sie sehen, welche Makros im Arbeitsblatt vorhanden sind, einzelne bearbeiten, löschen oder aus dem Auswahldialog aufrufen, dann klicken Sie in der Multifunktionsleiste auf die Schaltfläche *Makros*. Ein Blick in diesen Dialog ist notwendig, wenn Sie die Tastenkombination, mit der ein Makro aufgerufen wird, vergessen haben. Sie können hier auch ein Makro schrittweise ausführen lassen und so sehen, welche Aufgaben von ihm nacheinander ausgeführt werden.

Möchten Sie die für ein Makro vergebene Tastenkombination ändern, führen Sie folgende Arbeitsschritte nacheinander aus:

1 Klicken Sie unter *Entwicklertools* auf die Schaltfläche *Makros*. Alternativ drücken Sie [Alt]+[F8].

2 Markieren Sie das Makro, für das Sie die Tastenkombination ändern wollen. Wählen Sie *Optionen*.

3 Setzen Sie den Cursor in das Tastenfeld. Geben Sie die neue Tastenkombination ein. Verlassen Sie den Dialog mit *OK*.

4 Schließen Sie den Dialog *Makro* mit einem Klick auf die Schaltfläche *Abbrechen*.

4. PowerPoint – Planen und Erstellen von Präsentationen

4.1 Schnellstart für Ein- und Umsteiger

4.2 Die beste Vorbereitung einer PowerPoint-Show

4.3 Was fürs Auge: Themen, Designs und Vorlagen nutzen

4.4 Texte überzeugend darstellen

4.5 Professionelle Mediengestaltung in PowerPoint

4.6 Tabellen müssen nicht ermüdend sein

4.7 Monotonen Zahlen Leben einhauchen

4.8 Verblüffen Sie: Animation und Videos einbinden

4. PowerPoint – Planen und Erstellen von Präsentationen

PowerPoint kommt immer dann zum Einsatz, wenn Sie Informationen grafisch gestalten und einer breiteren Öffentlichkeit vorstellen wollen. Dies geschieht in Präsentationen, die aus Folien bestehen. Folien können Text, Grafiken, Musik und Videos enthalten. Präsentationen lassen sich allein oder mit Kolleg(inn)en erstellen. Ihnen stehen dabei viele Gestaltungsmöglichkeiten für die Objekte auf den Folien zur Verfügung. Sie können aus einem reichhaltigen Angebot an Folienübergängen wählen und Präsentationen mit Musik hinterlegen. Präsentationen können einen Vortrag unterstützen oder automatisch ablaufen. Sie lassen sich in unterschiedlichen Formaten speichern, sodass auch eine Verbreitung im Internet möglich ist und man von der Herstellungsumgebung unabhängig ist.

4.1 Schnellstart für Ein- und Umsteiger

Beim ersten Aufruf von PowerPoint 2010 fällt sofort auf, dass wichtige Elemente der Vorgängerversion beibehalten wurden. Das Menüband gibt es nach wie vor über dem Folienfenster. Allerdings gibt es ein neues Register, den Backstage-Bereich mit dem Registernamen *Datei* ganz links. Hier fließen Funktionen des runden Office-Symbols mit den Funktionen des Menüpunkts *Datei* aus früheren Versionen im Register *Datei* zusammen. Informationen und Funktionen für die Bearbeitung der Präsentation als Ganzes sind hier zu finden.

Die Oberfläche näher betrachtet

Im Vergleich zur Version PowerPoint 2007 hat sich an der Oberfläche nicht viel geändert. Es kamen Funktionen hinzu und die Multifunktionsleiste heißt jetzt Menüband.

Das Menüband von PowerPoint 2010.

Die einzelnen Register sind nach wie vor in Funktionsgruppen unterteilt. Je nachdem, wo Sie sich in der Präsentation befinden oder was auf einer Folie markiert ist, sind die entsprechenden Symbole aktiviert. Der Name einer Gruppe steht immer unter der Symbolgruppe. Sowohl Symbole als auch Gruppen können der Zugang zu weiteren Symbolen sein. Für diesen

Fall sind Symbole mit einem kleinen Dreieck nach unten dargestellt. Finden sich weitere Symbole oder Einstellungsmöglichkeiten in einer Symbolgruppe, finden Sie an der rechten Ecke ein kleines Quadrat mit einem Pfeil, der nach rechts unten zeigt.

Das Menüband lässt sich aus- und einblenden. Für diesen Zweck befindet sich rechts oben neben dem blauen Hilfesymbol ein kleiner Winkel. Er zeigt nach oben und blendet nach einem Klick das Menüband aus. Wenn er nach unten zeigt, wird das Menüband durch einen Klick eingeblendet.

Das Folienfenster

Der eigentliche Arbeitsbereich in PowerPoint 2010 ist wie üblich das Folienfenster. Beim Programmaufruf erscheint hier eine Folie mit dem Folienlayout *Titelfolie*.

Das Folienfenster.

Links daneben können Sie im Navigationsbereich die Folien der Präsentation im Kleinformat sehen und zwischen den vorhandenen Folien navigieren. Unter dem Folienfenster lassen sich Notizen zu einer Folie eintragen, um Hinweise für einen Vortrag zu geben. Die Statusleiste darunter dient der Information und zeigt zum Beispiel die Position der aktuellen Folie in der Präsentation an. Unten rechts befinden sich Symbole für einen schnellen Wechsel zwischen Folienansichten.

Werfen Sie nun einen Blick auf das Folienfenster. Das Prinzip ist durchgängig und wurde im Laufe der Zeit nicht verändert. Dennoch sollen die Ebenen für Themeneinsteiger noch einmal beschrieben werden. In PowerPoint spricht man von Folien, und diese haben grundsätzlich erst einmal die Eigenschaft, dass sie durchsichtig sind. Beim Start erscheinen allerdings gleich zwei grafische Objekte auf der ersten Folie mit einer Eingabeaufforderung. Hier handelt es sich um Platzhalter, die zum einen Text aufnehmen und zum anderen auch selbst gestaltet werden können. Die Position und Größe dieser Platzhalter richtet sich nach dem ausgewählten Folienlayout. Zusätzlich zu den Platzhaltern kann man beliebig viele Objekte auf der Folie frei platzieren. Sie befinden sich praktisch auf einer Folie drauf. Auch der Hintergrund einer Folie lässt sich gestalten. Hier kommt der Folienmaster zum Einsatz. Er erspart die mühsame Anpassung einzelner Folien und wirkt sich auf alle Folien einer Präsentation aus. Die Wahl eines Foliendesigns wiederum hat Auswirkungen auf das Folienlayout der Folien und die Farbgestaltung einer Präsentation.

Die verschiedenen Ebenen einer Folie.

Alles reine Ansichtssache

Bereits an dieser Stelle können Sie sich Ihre gewünschte Ansicht auf die Präsentation einstellen. Je nachdem, welche Aufgabe Sie gerade erledigen, wechseln Sie schnell über das Register *Ansicht* oder über die Symbole der kleinen Symbolleiste an der rechten unteren Seite in eine andere Sichtweise.

 *Symbole der Symbolleiste Ansicht.*

Folgende Ansichtsvarianten stehen in der Symbolleiste zur Verfügung:

> Die Ansicht *Normal* ist die Standardansicht. Hier lassen sich einzelne Folien gestalten. Sie können aber auch in der Gliederung Texte für viele Folien eingeben, ohne sich um das Design zu kümmern. Außerdem lassen sich für Folien Notizen als Kommentar eingeben. Diese Kommentare werden Teilnehmern an einem Vortrag während der Präsentation nicht angezeigt.

> Haben Sie eine Reihe von Folien erstellt, bietet die Ansicht *Foliensortierung* einen hervorragenden Überblick über die gesamte Präsentation. Folien werden in einer Miniaturansicht angezeigt und lassen sich umgruppieren, kopieren und löschen.

> Die Ansicht *Leseansicht* ist neu im Programm. Sie zeigt die Präsentation an. Sie ist auf den Bildschirm angepasst und stellt eine Art Vorschau auf den eigentlichen Ablauf der Präsentation dar.

> Die Ansicht *Bildschirmpräsentation* erlaubt die Darstellung der Präsentation mit allen Animationen und Effekten.

Zusätzlich finden sich in der Symbolleiste noch Symbole zum Zoomen. Sollten Sie über eine Maus mit einem kleinen Rad verfügen, erreichen Sie den gleichen Effekt auch, indem Sie die Maus auf die Folie bewegen und dann am Rad drehen.

Ganz rechts in der Symbolleiste findet sich zuletzt ein Symbol, mit dessen Hilfe sich eine Folie an das aktuelle Fenster anpassen lässt, wenn sie verschoben wurde.

Die Arbeit mit PowerPoint macht am meisten Spaß, wenn Sie mit einer hohen Auflösung arbeiten. Zwar können Sie auch mit einer Auflösung von 800 x 600 Pixeln arbeiten. Je höher jedoch die Auflösung ist, desto intuitiver geht die Arbeit mit dem Menüband von der Hand.

Shortcuts im Überblick – Übersicht über die Tastenkombinationen

Arbeit in Präsentationen	
Strg+P	Drucken einer Präsentation
Strg+S	Speichern einer Präsentation
Strg+N	Anlegen einer neuen Präsentation
Strg+M	Einfügen einer neuen Folie
Strg+Enter	Wechsel zum nächsten Textplatzhalter
Strg+G	Markierte Objekte gruppieren
Strg+D	Duplikat eines markierten Objekts erstellen
Strg+Umschalt+D	Duplikat einer ausgewählten Folie erstellen
F5	Starten einer Bildschirmpräsentation von der ersten Folie an
Strg+Z	Rückgängigmachen eines Befehls
F4 oder Strg+Y	Wiederholen eines Befehls
Strg+F	Suchen nach Text, Formatierungen oder besonderen Elementen
Strg+H	Ersetzen von Text, Formatierungen oder besonderen Elementen
F7	Rechtschreibprüfung

Markieren	
Strg+A	Alle Objekte markieren (Normalansicht); alle Folien markieren (Foliensortierungsansicht); gesamten Text markieren (Gliederungsansicht)
Esc bei Objekten	Markierung des Objekts aufheben
Tab	Nächstes Objekt markieren
Umschalt+Tab	Vorheriges Objekt markieren

Textformatierung	
Strg+Umschalt+P oder Strg+T	Öffnen des Dialogfelds zur Zeichenformatierung
Strg+ß	Schrittweises Verringern des Schriftgrades
Strg+' (Akzentzeichen)	Schrittweises Erhöhen des Schriftgrades
Umschalt+F3	Wechsel zwischen Groß-/Kleinschreibung

4.1 Schnellstart für Ein- und Umsteiger

Textformatierung	
[Strg]+[Umschalt]+[F]	Fett
[Strg]+[Umschalt]+[U]	Unterstrichen
[Strg]+[Umschalt]+[I]	Kursiv
[Strg]+[+]	Tiefgestellt (automatisches Anpassen des Schriftgrades)
[Strg]+[Umschalt]+[+]	Hochgestellt (automatisches Anpassen des Schriftgrades)
[Strg]+[Leertaste]	Entfernen manueller Zeichenformatierungen
[Strg]+[L]	Linksbündig
[Strg]+[R]	Rechtsbündig
[Strg]+[E]	Zentriert
[Strg]+[J]	Blocksatz

Während einer Bildschirmpräsentation	
[N] oder [Enter] oder [Bild↓] oder [→] oder [↓] oder [Leertaste]	Ausführen der nächsten Animation bzw. Wechsel zur nächsten Folie
[P] oder [Bild↑] oder [←] oder [↑] oder [Rück]	Ausführen der vorangegangenen Animation oder Wechsel zur vorhergehenden Folie
Foliennummer eingeben und [Enter]	Wechseln zur Folie <Nummer>
[B] oder [.]	Anzeigen eines schwarzen Bildschirms oder Zurückkehren vom schwarzen Bildschirm zur Bildschirmpräsentation (früher [S] wie **S**chwarz)
[W] oder [,]	Anzeigen eines leeren, weißen Bildschirms oder Zurückkehren von einem leeren, weißen Bildschirm zur Bildschirmpräsentation
[S] oder [+]	Anhalten einer automatischen Bildschirmpräsentation oder erneutes Starten (früher [A])
[Esc] oder [Strg]+[Pause] oder [-]	Beenden einer Bildschirmpräsentation
[L]	Löschen von Notizen auf dem Bildschirm
[H]	Wechseln zur nächsten ausgeblendeten Folie
[E]	Testen mit neuen Einblendezeiten
[O]	Testen mit den ursprünglichen Einblendezeiten
[M]	Testen mit Einblenden durch Mausklick
Beide Maustasten für zwei Sekunden gedrückt halten	Zurückkehren zur ersten Folie

4. PowerPoint – Planen und Erstellen von Präsentationen

Während einer Bildschirmpräsentation	
Strg+P	Wiedereinblenden eines verborgenen Zeigers und/oder Umwandeln des Zeigers in einen Stift
Strg+A	Wiedereinblenden eines verborgenen Zeigers und/oder Umwandeln des Zeigers in einen Pfeil
Strg+H	Sofortiges Ausblenden von Zeiger und Schaltfläche
Strg+U	Ausblenden von Zeiger und Schaltfläche in 15 Sekunden
Umschalt+F10 (oder rechte Maustaste)	Anzeigen des Kontextmenüs
Tab	Wechsel zum ersten bzw. nächsten Hyperlink auf einer Folie
Umschalt+Tab	Wechsel zum letzten bzw. vorhergehenden Hyperlink auf einer Folie
Enter	Ausführen der Mausklick-Anweisung für den markierten Hyperlink
Umschalt+Enter	Ausführen der Mauskontakt-Anweisung für den markierten Hyperlink

Dokumentverwaltung in der Backstage-Ansicht

Das erste Register *Datei* ist der Zugang zur Backstage-Ansicht. Hier finden Sie Informationen und Funktionen, die PowerPoint 2010 und Präsentationen als Ganzes betreffen.

Die Backstage-Ansicht.

Von hier aus lassen sich neue Präsentationen öffnen, speichern oder schließen. Haben Sie den Eintrag *Informationen* in der Navigation gewählt, erhalten Sie im rechten Abschnitt Daten über die geöffnete Präsentation. Zusätzlich lässt sich die Präsentation aber auch durch ein Kennwort schützen oder für die Weitergabe optimieren.

Das Dateiformat

Für das Speichern einer PowerPoint-Präsentation haben Sie in der Navigation zwei Zugänge. Für das Speichern im Standardformat wählen Sie *Speichern* oder *Speichern unter*. Geblieben ist das Standardformat mit der Dateikennung *.pptx*. Es basiert auf XML und ist damit auch für Drittanbieter interessant. Präsentationen können aber auch als sofort ablaufende Präsentation oder in Dateiformaten früherer Programmversionen gespeichert werden.

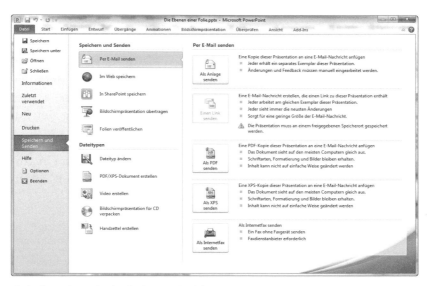

Freigabeoptionen in der Backstage-Ansicht.

Die Formate der früheren Version, die über die Zugänge *Senden* und *Veröffentlichen* erreichbar waren, stehen nun im Menüpunkt *Speichern und Senden* zur Auswahl und wurden um weitere Formate ergänzt. Je nach Wahl der Freigabeoption finden sich in der rechten Spalte Einstellungsmöglichkeiten für das Zielformat. So lassen sich Präsentationen im Internet veröffentlichen, im PDF-Format sichern oder als Video im WMV-Format speichern.

4.2 Die beste Vorbereitung einer PowerPoint-Show

Die Arbeit an einer Präsentation beginnt mit der Planung. Man sammelt in der Art des Brainstormings Ideen und Gedanken. Wer ist die Zielgruppe? Was ist das Thema? Wie soll die Präsentation aufgebaut sein? Was ist der rote Faden? Strukturierte Ergebnisse dieser Planung fließen anschließend in die Realisierung der Präsentation ein.

Zielgruppe und Botschaft bestimmen

Beginnen Sie Ihre Überlegungen mit der Definition der Zielgruppe. Es ist ein Unterschied, ob man Jugendliche für ein Projekt begeistern möchte, Mitarbeitern eines Unternehmens die aktuellen Unternehmensdaten mitteilen soll oder ob man Unterricht gibt.

Überlegen Sie sich als Nächstes, welche Botschaft die Präsentation haben soll. Wollen Sie etwas verkaufen, neutral informieren oder für ein Projekt werben? Formulieren Sie Stichworte und färben Sie diese mit Adjektiven und Adverbien. Anschließend sollten möglichst alle verfügbaren Mittel dazu verwendet werden, diese Botschaft zu übermitteln. Das Schöne an der Erstellung einer Präsentation ist doch, dass man mehrere Sinne der Zuschauer ansprechen kann.

Wenn Sie nicht selbst Vortragender oder Auftraggeber sind, kann ein vorbereitendes Gespräch sehr hilfreich sein. Informieren Sie sich über Zielsetzungen und Vorlieben der Auftraggeber und der Zielgruppe.

> **Plan B für das Publikum bereithalten**
>
> Sehen Sie für den Fall, dass das Publikum anders zusammengesetzt ist als erwartet, weitere Folien vor. Planen Sie eine Reserve für den Fall, dass kritische Fragen gestellt werden oder Aspekte infrage gestellt werden. Hier helfen zusätzliche Fakten und Hintergrundinformationen.

Rechnen Sie bei einer interessanten Präsentation damit, dass Interesse an dem Ausdruck von Folien besteht. Hier sollte man Handzettel vorbereitet haben, die kopiert werden können. Auch dieser Gedanke spielt bei der Wahl des Designs eine Rolle, wenn man farbige Folien verkleinert auf einem Schwarz-Weiß-Drucker ausdrucken muss.

Erstellen Sie eine Checkliste. Nichts ist schlimmer, als wenn die Besucher bereits da sind und ein Kabel fehlt. Planen Sie des Weiteren zusätzliche Zeit als Puffer ein, damit keine Hektik entsteht.

Bestimmen Sie die Inhalte in einem Storyboard

Bevor Sie dann mit der eigentlichen Arbeit beginnen, sollten Sie einen eigenen Ordner anlegen, in dem Sie Material sammeln. Nichts ist schlimmer, als wenn man während der Umsetzung anfängt, nach interessanten Dateien zu suchen.

Nach der Grobplanung wird es detaillierter. Machen Sie sich Gedanken darüber, in welcher Form Sie Informationen auf Folien und in die Präsentation bringen. Sie haben die Wahl zwischen Text, Grafik und Ton. Skizzieren Sie den Aufbau auf Papier oder mit einem Grafikprogramm.

Die Folien selbst sollte man nicht überfrachten. Sie dürfen Stichworte enthalten, die den Vortrag unterstützen. Pro Folie sollte man nicht mehr als fünf Informationseinheiten mit maximal zwei Zeilen verwenden. Aufzählungszeichen, Nummerierungen und der Einsatz von Textebenen lockern die Darstellung auf und erleichtern die Wahrnehmung durch die Betrachter. Bedenken Sie aber immer, dass Folien nicht dazu da sind, dass Vortragende oder Zuschauer den Inhalt ablesen, sondern Botschaften müssen sofort erfassbar sein und Leben in einen Vortrag bringen.

Stimmen Sie das Design mit dem Thema ab

Neben Formulierungen steht Ihnen eine Fülle an multimedialen Gestaltungsmöglichkeiten zur Verfügung. So kann man die Segmente eines Kreisdiagramms wahllos farblich gestalten. Besser ist es aber, wenn man im Titel eine Aussage trifft, die sich auf eines der Segmente bezieht. Dieses Segment kann man dann farblich besonders hervorheben und auf diese Weise die Aussage untermalen und unterstützen.

Allerdings sollte man bei der Wahl der Mittel auch bedenken, dass man Einfluss auf den Betrachter nimmt, und es ist von Vorteil, wenn man überlegt, ob das gewollt ist. Nehmen Sie noch einmal das Kreisdiagramm. Eine beliebte Variante ist die 3-D-Form. Man kann sie drehen und kippen. Dadurch entsteht aber eine Verfälschung der reinen Zahlen. Stellt man eine einfache 2-D-Variante direkt daneben, wird dies recht auffällig. Dem Betrachter fällt dies aber wahrscheinlich auf Anhieb nicht auf.

Ansonsten kann es bei einer Auftragsarbeit von Vorteil sein, wenn man sich mit der Farbgestaltung des Auftraggebers auseinandersetzt und das Design eventuell darauf abstimmt. Das kann die Akzeptanz erhöhen.

Erstellen Sie zuerst eine spannende Geschichte

Nach dem Sammeln von Daten und Ideen braucht das Ganze eine Struktur. Hier geht es vorrangig um Formulierungen, um den roten Faden. Es bietet sich an, das Ganze aufzubauen wie einen interessanten Zeitungsartikel. Am Anfang weckt der Aufhänger das Interesse. In mehreren Abschnitten wird das Thema vor den Zuschauern ausgebreitet, und zum Schluss gibt man einen Ausblick. Erstellen Sie nach dieser Vorgabe eine Gliederung.

Für die Dateneingabe bieten sich folgende drei Varianten an:

➢ Eingabe direkt auf die Folie: Hier geben Sie die Inhalte direkt in die Platzhalter einer Folie ein. Von einem Platzhalter zum nächsten gelangen Sie mit der Tastenkombination [Strg]+[Enter]. Wenn Sie im letzten Platzhalter diese Kombination drücken, wird eine neue Folie eingefügt. Sie können aber auch im Register *Start* auf das Symbol *Neue Folie* klicken.

➢ Eingabe in der Gliederungsansicht: Diese Eingabe erfolgt im linken Teilfenster über das Register *Gliederungsansicht*.

➢ Eingabe in Word: In der Textverarbeitung können Sie Texte in Ruhe vorbereiten und anschließend in eine PowerPoint-Präsentation übermitteln.

Am Beispiel einer Präsentation zum Thema Rennrad werden die drei Varianten nun vorgestellt.

Direkteingabe in die Folie

Beim Start von PowerPoint 2010 erscheint im Folienfenster eine Folie mit dem Folienlayout *Titel*. Man gibt die Inhalte direkt in die Platzhalter ein. Die neue Folie wird direkt im Register *Start* eingefügt. Es erscheint als eine Folie mit dem Folienlayout *Titel und Inhalt*. Das Folienlayout kann nachträglich über das Symbol *Layout* ausgetauscht werden.

4.2 Die beste Vorbereitung einer PowerPoint-Show

Direkteingabe in Folie.

Zeitsparende Eingabe in die Gliederungsansicht

Schneller funktioniert die Eingabe über das Register *Gliederung* im linken Teilfenster. Man spart sich das Einfügen neuer Folien. Die geschieht automatisch mit jedem Zeilenwechsel. Die Tab-Taste ist hier von besonderer Bedeutung. Man arbeitet in Ebenen.

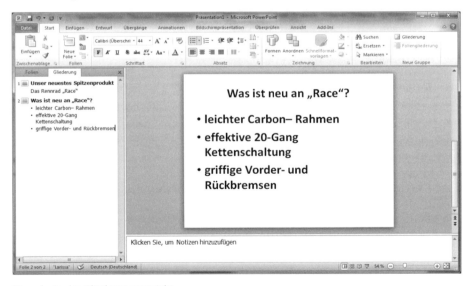

Eingabe in der Gliederungsansicht.

In der obersten Ebene befindet sich die Titelfolie. Wenn Sie also nach der Eingabe eines Titels [Enter] drücken, wird sofort eine neue Folie in die Präsentation eingefügt. Wenn man dann ohne Eingabe die [Tab]-Taste drückt, wird die neue Folie weggenommen und Sie befinden sich auf der nächsten Ebene der Ausgangsfolie.

Sie können dabei die [Tab]-Taste mehrfach drücken und stufen damit die Textebene jeweils um eine Ebene nach unten. Zum Heraufstufen oder Einfügen einer neuen Ebene verwendet man am Zeilenanfang die Tastenkombination [Umschalt]+[Tab].

Übernahme aus einer Word-Gliederung

Als letzte und vielleicht komfortabelste Eingabevariante bietet sich die Texteingabe in Word an. Anschließend wird der Text in eine neue PowerPoint-Präsentation übernommen. Dabei wird der Text zunächst unter Verwendung der Formatvorlagen *Überschrift 1*, *Überschrift 2*, *Überschrift 3* und folgende erfasst. Diese Formatvorlagen lassen sich über folgende Tastenkombinationen zuweisen:

> *Überschrift 1*: [Alt]+[1]
> *Überschrift 2*: [Alt]+[2]
> *Überschrift 3*: [Alt]+[3]

Anzahl der Ebenen?

Damit die Präsentation übersichtlich bleibt, sollte man in einer Folie maximal drei Ebenen verwenden.

Diese Formatvorlagen haben die gleiche Wirkung wie der Einsatz der [Tab]-Taste bei der Eingabe in der Gliederung von PowerPoint.

Die Verwendung der Formatvorlage *Überschrift 1* bewirkt, dass eine neue Folie erstellt wird. Die anderen Formatvorlagen *Überschrift 2* und folgende haben die Wirkung, dass auf einer Folie Text in Ebenen eingestuft wird. Leerzeilen sollte man unbedingt vermeiden, weil dadurch in der Präsentation leere Folien entstehen.

Eine Gliederung in Word könnte wie in der nächsten Abbildung aussehen.

Erstellen Sie diese Gliederung oder etwas Vergleichbares mit entsprechender Formatierung und speichern Sie es dann ab.

4.2 Die beste Vorbereitung einer PowerPoint-Show

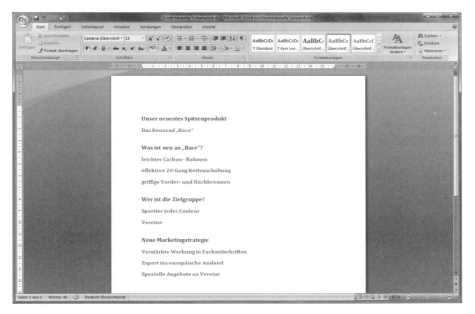

Eine Gliederung in einem Word-Dokument.

Als Nächstes stellt sich die Frage, wie man diese Gliederung in eine PowerPoint-Präsentation übernimmt. Hier bieten sich zwei Wege. Sie können die Gliederung von Word aus in eine neue PowerPoint-Präsentation übertragen. Dieser Befehl ist aber nicht standardmäßig in Word integriert, sondern muss extra in die Symbolleiste für den Schnellzugriff aufgenommen werden. Einfacher ist es, die Gliederung direkt von PowerPoint 2010 aus zu importieren.

Vor der Übernahme der Gliederung in die Präsentation ist das Word-Dokument zu schließen.

Die Word-Gliederung lässt sich an beliebiger Stelle der Präsentation einfügen. Öffnen Sie einfach das Kombinationssymbol *Neue Folie* im Register *Start* und klicken Sie auf den vorletzten Menüpunkt *Folien aus Gliederung*. Wählen Sie dann das Word-Dokument mit der Gliederung aus, und die Folien werden in die aktuelle Präsentation integriert.

Folien aus Word-Gliederung.

Ordnung ist das halbe Leben: Abschnitte für Folien

Eine Neuerung in der Version PowerPoint 2010 macht das Leben im Umgang mit umfangreichen Präsentationen leichter. Mehrere Folien lassen sich in Abschnitten zusammenfassen. Das Ganze verhält sich anschließend wie ein Ordner mit Dateien.

Angenommen, Sie wollen direkt nach der Titelfolie einen Abschnitt für Folien für Analysen einrichten. Klicken Sie dazu mit der rechten Maustaste in der linken Navigation zwischen die Titelfolie und die folgende Folie. Wählen Sie den Menüpunkt *Abschnitt hinzufügen*. Als Ergebnis werden zwei Abschnitte eingefügt. Ein Abschnitt ganz oben hat den Namen *Standardabschnitt* und der nächste Abschnitt ist ein *Abschnitt ohne Titel*.

Mit dem nächsten Mausklick lässt sich der *Abschnitt ohne Titel* umbenennen. Hier ist der Name *Analysen* zu vergeben.

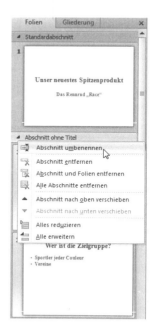

Folienabschnitte.

4.2 Die beste Vorbereitung einer PowerPoint-Show

Folienabschnitt umbenennen.

Diese Abschnitte lassen sich anschließend durch einen Klick auf das kleine Dreieck neben dem Abschnittsnamen ein- und ausblenden. Ist ein Abschnitt ausgeblendet, erscheint neben dem Abschnittsnamen in Klammern die Anzahl der Folien. Über das Kontextmenü lassen sich Abschnitte wieder entfernen oder in der Präsentation nach oben oder unten verschieben. Sehr interessant ist auch die Ansicht der Foliensortierung.

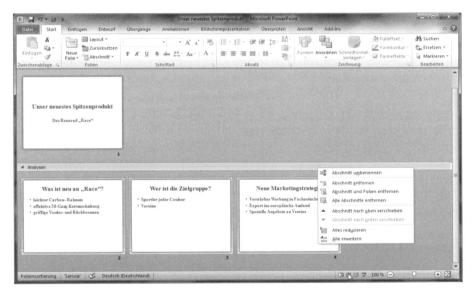

Abschnittsanzeige in der Foliensortierung.

Hier erhält man einen Überblick über Abschnitte und die darin enthaltenen Folien. Wie in einer Gliederung kann man sich gerade bei umfangreichen Präsentationen hier schnell einen Überblick verschaffen und nur die Bereiche bearbeiten, die interessant sind. Auch eine schnelle Neuordnung oder das Entfernen ganzer Abschnitte ist hier kein Problem. Alle Möglichkeiten finden sich im Kontextmenü.

4.3 Was fürs Auge: Themen, Designs und Vorlagen nutzen

Der erste Schritt ist getan und Sie haben eine Grundstruktur. Die macht allerdings noch nicht viel her und haut niemanden vom Hocker. Präsentationen leben gerade vom Design. Das beginnt bereits mit dem Layout einzelner Folien. Sie können allerdings auch Einstellungen für die komplette Präsentation vornehmen.

Layoutideen, die Aufmerksamkeit erregen

Beim Import der Gliederung aus dem Word-Dokument passiert etwas Besonderes. Angenommen, Sie sind genauso vorgegangen wie ich und haben PowerPoint 2010 aufgerufen, dann erscheint eine leere Titelfolie. Die importierten Folien folgen an zweiter Stelle. Und standardmäßig hat die zweite Folie das Layout *Titel und Aufzählung*. Damit ist der Titel zwar korrekt positioniert, aber an sich war diese Folie als Titelfolie gedacht. Die erste Folie lässt sich einfach löschen. Man klickt sie links in der Navigation an und drückt die Entf-Taste.

Auf Folien kann man eine Vielzahl von Informationstypen platzieren. Sie haben die Wahl zwischen vordefinierten Folienlayouts, können aber auch eigene erstellen und verwenden.

> **Der „normale" Aufbau einer Präsentation**
>
> Die meisten Präsentationen beginnen mit einer Titelfolie, die den Titel der Präsentation, vielleicht noch den Namen des Vortragenden, das Datum etc. nennt. Danach folgt meist eine inhaltliche Übersicht, die Sie auf die oben beschriebene Weise erstellen können. Die danach folgenden Folien hängen von der Art und dem Thema der Präsentation ab.
>
> Interessant kann auch eine erste Folie sein, in der die Besucher beim Eintreffen willkommen geheißen und gebeten werden, außerhalb des Raums zu rauchen und die Handys auszuschalten.

Vordefinierte Folienlayouts machen das Leben leichter

Ein vordefiniertes Folienlayout weisen Sie einer Folie über das Register *Start* mit der Schaltfläche *Layout* zu.

4.3 Was fürs Auge: Themen, Designs und Vorlagen nutzen

Zuweisung eines Folienlayouts.

Die verschiedenen Folienlayouts unterscheiden sich im Aufbau und der Kombination von Platzhaltern für ganz unterschiedliche Datentypen. Sie haben den Vorteil, dass man sich auf die Inhalte konzentrieren kann. Die Zuweisung von vordefinierten Folienlayouts garantiert den einheitlichen Aufbau der Folien einer Präsentation. Es liegt dabei in der Natur der Sache, dass man nicht alle Möglichkeiten nutzt, sondern sich auf eine kleine Auswahl beschränkt.

Folienlayouts lassen sich nachträglich einer Folie zuweisen. Sie haben natürlich auch beim Einfügen einer neuen Folie in die Präsentation die Wahl, welches Layout Sie für die Folie verwenden wollen.

Soll die zweite Folie des Beispiels etwas aufgemotzt werden, bietet es sich an, wenn zu dem reinen Text eine kleine Grafik kommt. Gehen Sie dazu wie folgt vor:

1 Weisen Sie der zweiten Folie das Layout *Zwei Inhalte* zu.

2 Klicken Sie auf das Symbol für das Einfügen eines ClipArts.

3 Geben Sie rechts im Aufgabenbereich einen Suchbegriff wie Fahrrad ein und wählen Sie sich ein ClipArt aus.

433

Bei der Zuweisung des Folienlayouts wird der Text automatisch korrekt zugewiesen. Der Platzhalter auf der rechten Seite bietet anschließend den Rahmen für eine Grafik.

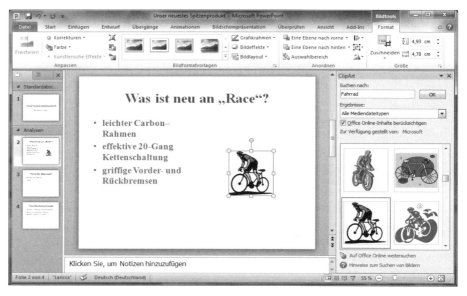

Folie mit dem Layout Zwei Inhalte.

Dieses Folienlayout ist auch hervorragend geeignet, um das Für und Wider von Aspekten gegeneinanderzustellen. So könnte man zum Beispiel Argumente anführen, die für und gegen ein Hochpreisprodukt sprechen. Nimmt der Markt es an oder wird Qualität gewürdigt? Auf diese Weise kann man gut Schwerpunkte setzen.

Komplette Designs auf die Präsentation anwenden

Die Folien einer neuen Präsentation haben erst einmal eine weiße Hintergrundfarbe. Diese Hintergrundfarbe lässt sich anpassen. Zum Glück müssen Sie dies nicht mühsam für jede einzelne Folie erledigen. Die Lösung lautet Design. Für Präsentationen steht Ihnen eine Vielzahl an vorgefertigten Designs im Register *Entwurf* zur Verfügung. Sie lassen sich auf eine Präsentation als Ganzes anwenden. Diese Designs betreffen Hintergrundfarbe, Schriftart und die Hintergrundgestaltung der Präsentation.

4.3 Was fürs Auge: Themen, Designs und Vorlagen nutzen

> **Markierung von Folien**
>
> Folien lassen sich in der Navigation genauso markieren wie Dateien im Explorer. Im Block klickt man die erste Folie an, hält die [Umschalt]-Taste gedrückt und markiert anschließend die unterste Folie. Bei gedrückter [Strg]-Taste lassen sich Folien auch unzusammenhängend markieren.

Für die Übernahme eines Designs haben Sie folgende Möglichkeiten:

- Um zu testen, wie ein Design auf die aktuelle Folie wirkt, reicht es, dass man mit der Maus auf einem Design verharrt. Dieses Design wird dann auf die Folie übertragen, ohne übernommen zu werden.
- Sind mehrere Folien markiert, lässt sich ein Design nur auf diese markierten Folien übertragen. Die restlichen Folien der Präsentation behalten ihr altes Design.
- Ist nur eine Folie markiert, wird das gewählte Design für die gesamte Präsentation übernommen.

Vorbereitete Präsentationsdesigns übernehmen.

Haben Sie ein interessantes Design gefunden? Nein? Dann können Sie die Designgruppe aufklappen und finden dort weitere interessante Designs. Wenn auch das noch nicht ausreichend ist, können Sie nach Designs suchen.

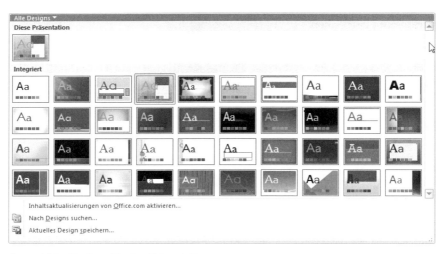

Auswahl der Designs für eine Präsentation.

Nach der Zuweisung eines Designs passt PowerPoint Positionen der Platzhalter und Grafiken an. Das vereinfacht die Arbeit. Es ist auch angenehm, dass man Varianten und ihre Wirkung einfach einmal ausprobieren kann.

Designs haben einen Namen wie zum Beispiel *Austin*. Der Name erscheint unter dem jeweiligen Design, wenn Sie eine Weile mit der Maus in der Gruppe der Designs warten. Haben Sie einer Folie ein Design zugewiesen, dann erscheint dieser Name auch links in der Statusleiste.

Fügen Sie zusätzliche Folien in eine Präsentation ein, wird das Design der Präsentation übernommen. Für den Fall, dass Sie in einer Präsentation mit unterschiedlichen Designs arbeiten, wird das Design der Folie übernommen, die gerade markiert ist.

Designfarben

Gefällt Ihnen ein Design, aber nicht die Farbkombination, dann lässt sich das ändern. Im Register *Entwurf* findet sich rechts das Kombinationsfeld *Farben* zum Anpassen der Designfarben. Jede Farbkombination trägt den gleichen Namen wie das Design. Die einzelnen Farbquadrate stehen für jeweils einen Bestandteil des Designs wie Hintergründe von Texten oder Hyperlinks.

Die Designfarben sind eine Komposition aus verschiedenen Farben für Bestandteile der Folie. Dies kann man besonders schön sehen, wenn man

4.3 Was fürs Auge: Themen, Designs und Vorlagen nutzen

den Menüpunkt *Neue Designfarben erstellen* anwählt. Hier können Sie für jede Nuance eine andere Farbe zuweisen.

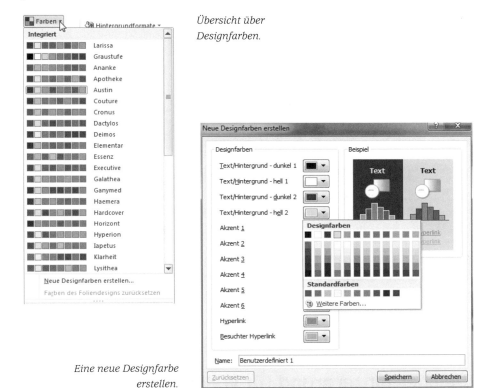

Übersicht über Designfarben.

Eine neue Designfarbe erstellen.

Nach dem Öffnen des Kombinationsfelds einer Farbe erscheinen Abstufungen der Ausgangsfarbe. Es ist empfehlenswert, sich hier eine Farbe auszuwählen, weil die Farben des Designs aufeinander abgestimmt sind. Möchten Sie dies nicht, stehen Ihnen auch die Standardfarben zur Verfügung. Darüber hinaus haben Sie die freie Wahl, sobald Sie *Weitere Farben* anwählen. Hier steht Ihnen der ganze Regenbogen zur Verfügung.

Und nicht nur das. Für den Fall, dass Sie eine ausgefallene Farbe gefunden haben und diesen Farbton auch künftig einsetzen wollen, können Sie sich hier die Bestandteile an Rot, Grün und Blau als Zahlenwert merken und überall reproduzieren.

Die neue Kombination erhält einen eigenen Namen und ist ab sofort in diesem Design verfügbar.

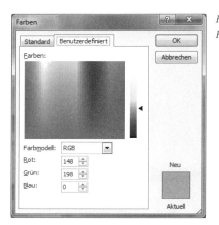

RGB-Farben in der Farbdefinition.

Auch Schriftart und Effekte lassen sich über Kombinationsfelder anpassen. Diese Änderungen gelten aber erst für Folien, die Sie neu einfügen, und haben auf vorhandene Folien der Präsentation keine Auswirkungen.

Auch hier gilt das Gleiche wie für die Wahl des Designs. Sie können Folien markieren und anschließend im Kontextmenü einer Farbpalette den Menüpunkt *Für ausgewählte Folien übernehmen* wählen.

Für den Fall, dass Sie mit Ihrer Wahl nicht mehr einverstanden sind, finden Sie über den Namen des Designs die alte Einstellung schnell wieder.

Welcher Hintergrund für welche Gelegenheit?

Jede Folie hat ihren Hintergrund. Selbst wenn er weiß ist und selbst wenn sich hier alles im Hintergrund abspielt, sollte man doch bedenken, dass ein Hintergrund Auswirkungen auf die Gesamtpräsentation hat. Das Fatale daran ist, dass diese Auswirkung beim Betrachter unbewusst sein kann. Die Hintergrundgestaltung sollte aus diesem Grund dezent bleiben und dennoch gut durchdacht sein. Und auch wenn die Hintergrundgestaltung dezent sein sollte, kann man durchaus Akzente setzen, die sich langfristig einprägen. Insgesamt ist aber von Bedeutung, was auf den Folien dargestellt wird. Hier sollte man die vielen Konfigurationsmöglichkeiten gezielt einsetzen.

> Ein weißer Hintergrund ist interessant für Präsentationen, in denen ein besonderer Kontrast zu dunklen Objekten hergestellt werden soll.

> Hintergründe mit Farbverläufen sind für einfache Präsentationen oder Diashows geeignet.

4.3 Was fürs Auge: Themen, Designs und Vorlagen nutzen

➢ Wenn in einer Präsentation Diagramme vorkommen, muss man besonders darauf achten, dass es bei der Hintergrundfarbe und den Diagrammfarben nicht zu Übereinstimmungen kommt. Dies kann zur Verfälschung der gewünschten Aussage führen.

➢ Bei Präsentationen, die einem großen Publikum vorgeführt werden, sollte man sich den Einsatz von hellen Pastellfarben überlegen.

➢ PowerPoint-Präsentationen, die für Werbezwecke in Schaufenstern gedacht sind und selbst ablaufen, können dagegen gern auffälliger sein, um die Aufmerksamkeit auf sich zu ziehen.

➢ Ist zu erwarten, dass auch Ausdrucke gewünscht sind, sollte man eine Schwarz-Weiß-Variante der Präsentation vorbereiten.

Ein Hintergrundformat zuweisen

In den Designs steht eine Reihe von Alternativen zum Hintergrundformat zur Verfügung. Sie finden diese im Register *Entwurf* in der Gruppe *Hintergrund*.

RGB-Farben in der Farbdefinition.

Neben dem einfarbigen Hintergrund finden sich hier auch ein Farbverlauf und ein Muster in verschiedenen Farben. Hier sollte man bedenken, dass die Hintergrundfarbe in einem Design ein Bestandteil von mehreren Folienobjekten ist, die farblich aufeinander abgestimmt sind.

Wollen Sie die Wirkung einer Farbe überprüfen, bewegen Sie die Maus auf die Farbe. Die Einstellung wird in der aktuellen Folie angezeigt, aber noch nicht übernommen. Sie können Folien auch markieren und dann die Einstellung für die ausgewählten Folien oder aber gleich für die gesamte Präsentation übernehmen.

Alternativen zum Standard

Es kann aber sein, dass Sie in der vorgegebenen Auswahl nichts finden. In diesem Fall wählen Sie den Menüpunkt *Hintergrund formatieren*. Hier bietet sich die ganze Fülle der grafischen Darstellungsmöglichkeiten von PowerPoint 2010. Die Folie wird dabei zu einem grafischen Objekt, das Sie beliebig gestalten können. Und gerade wegen der Vielfalt muss man vorsichtig sein. Weniger ist hier mehr. Dennoch sollte man wissen, was möglich ist.

Den Hintergrund einer Folie können Sie mit einer Farbe einfarbig gestalten und die Farbsättigung einstellen. Benötigen Sie einen Farbverlauf, dann wählen Sie *Graduelle Füllung*.

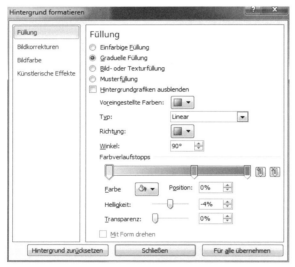

Graduelle Füllung als Folienhintergrund.

Hier haben Sie die Wahl zwischen voreingestellten Farbkombinationen und Farbverläufen in verschiedenen Richtungen. Auch die Farbsättigung lässt sich hier definieren. Veränderungen werden sofort auf die aktuelle Folie übernommen. Sie brauchen das Dialogfenster auch nicht zu schließen, wenn Sie Hintergründe für eine andere Folie testen wollen. Klicken Sie einfach in der linken Navigation auf eine andere Folie.

Sehr angenehm ist auch, dass man den Hintergrund mit einem Klick in die Ausgangsposition zurücksetzen kann. Gerade bei der Vielfalt des Angebots ist die entsprechende Schaltfläche sehr hilfreich.

4.3 Was fürs Auge: Themen, Designs und Vorlagen nutzen

Neben reinen Farben lassen sich Grafiken in den Hintergrund einbinden. Nehmen Sie zum Beispiel die Folie mit der Darstellung des Radsportlers. Man könnte doch einmal versuchen, die Grafik des Sportlers auch für den Hintergrund zu nutzen. Das erreichen Sie mit den folgenden Schritten:

1. Wählen Sie die zweite Folie mit der Grafik aus und rufen Sie im Register *Entwurf* den Menüpunkt *Hintergrundformate* auf.

2. Wählen Sie den Menüpunkt *Hintergrund formatieren*.

3. Rufen Sie im Dialogfenster die Einstellung *Bild- und Texturfüllung* auf.

4. Über die Schaltfläche *ClipArt* im Abschnitt *Einfügen aus* finden Sie die Grafik von dem Rennsportler. Fügen Sie diese ein. Damit haben Sie erreicht, dass die Grafik einmalig als Folienhintergrund dargestellt wird.

5. Aktivieren Sie das Kontrollkästchen *Bild nebeneinander als Textur anordnen*. Damit erreichen Sie, dass die Grafik im Miniaturformat vielfach erscheint. Diese Grafiken könnte man auch noch spiegeln, was hier aber keinen Sinn ergibt. Die Radfahrer würden gegeneinanderfahren.

6. Damit die Grafik dezenter im Hintergrund bleibt, sollte man unbedingt noch die Transparenz erhöhen. Auf diese Weise erhält man eine Wirkung wie bei einem Wasserzeichen.

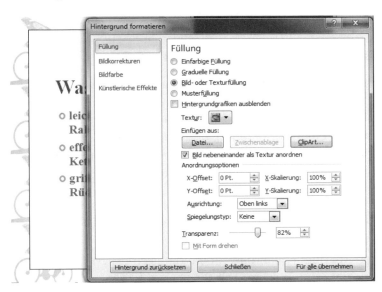

Hintergrund mit Bild- und Texturfüllung.

Und das Ergebnis kann sich sehen lassen. Sie arbeiten im Hintergrund und unterstützen damit die Werbeaussage der Präsentation. Mit einem Klick auf *Schließen* werden die Einstellungen auf die aktuelle Folie übernommen. Sollte sich herausstellen, dass dieses Motiv doch nicht passt, kann man den Hintergrund mit einem Klick wieder zurücksetzen. Sollte sich dieses Motiv als Hintergrund bewähren, kann man es auch für alle Folien übernehmen.

Diese Hintergrundart sollten Sie allerdings vermeiden, wenn auf den Folien bereits viele Objekte eingerichtet sind. In dem Fall ist eine einfache Hintergrundfarbe besser.

Aber man ist nicht auf vorgegebene ClipArts oder Farbverläufe angewiesen. Über die Schaltfläche *Datei* können Sie hier auch eigene Fotos oder Logos einbinden. Der Fantasie sind da keine Grenzen gesetzt.

> **Einheitliche Hintergründe oder Vielfalt?**
>
> Auch Hintergründe lassen sich als Unterstützung einer Aussage nutzen. Bei kleineren Präsentationen empfiehlt sich eine einheitliche Gestaltung. Anders ist es, wenn ein Vortrag länger wird. Hier könnte die Aufteilung in Abschnitte mit der Wahl bestimmter Hintergrundfarben für bestimmte Abschnitte hilfreich sein. Suggestiv würde man dem Publikum Änderungen der Thematik nahebringen.

Corporate Design mit Mastervorlagen

Über das Register *Ansicht* findet man den Zugang zu Mastervorlagen für Ihre Präsentation. In diesen Mastern sind allgemeingültige Einstellungen für Folien gespeichert. Inhalte der Mastervorlage erscheinen automatisch auf jeder neuen Folie einer Präsentation, und Änderungen wirken sich sofort auf alle Folien einer Präsentation aus. Die Verwendung der Master spart viel Zeit und stellt sicher, dass die Gestaltung der Folien einer Präsentation einheitlich ist.

In den PowerPoint-Präsentationen sind folgende Mastervorlagen zu unterscheiden:

- ➢ Folienmaster: Auf dem Folienmaster befinden sich Platzhalter für Texteingabe und grafische Objekte. Die Platzhalter haben Eigenschaften, die sich verändern lassen. So kann man die Schriftart und Schriftgröße eines Platzhalters mit Auswirkungen auf die Inhalte aller Folien ändern. Auch grafische Objekte, die auf allen Folien einer Präsentation erscheinen sollen, sind hier platziert und lassen sich durch weitere Objekte wie ein Logo ergänzen. Der Folienmaster wird durch die Layouts ergänzt, die im Register *Entwurf* zur Auswahl stehen.

> Handzettelmaster: Auch für Handzettel stehen Mastervorlagen zur Verfügung. Handzettel sind für den Ausdruck und die Verteilung an interessierte Teilnehmer eines Vortrags gedacht. In verkleinerter Form lassen sich mehrere Folien auf einem DIN-A4-Blatt platzieren und durch Werbung, Firmenlogo oder Daten eines Ansprechpartners ergänzen.

> Notizenmaster: Für den Vortragenden können Notizen wichtig sein, die in der Normalansicht unterhalb des Folienfensters eingetragen werden. Bei einem Ausdruck erscheinen die Notizen unter der verkleinerten Darstellung einer Folie. Platzhalter im Notizenmaster definieren, wo sich Folie und Notizen befinden sollen. Auch hier lässt sich die Vorlage durch weitere Objekte ergänzen.

Das Logo im Folienmaster

Gerade ein Firmenlogo ist ein wichtiger Bestandteil einer Firmenpräsentation. Es gehört möglichst auf jede Folie.

Und so fügen Sie ein Logo in den Folienmaster ein:

1 Speichern Sie das Logo Ihres Unternehmens in einem vorbereiteten Ordner.

2 Rufen Sie im Register *Ansicht* in der Gruppe *Masteransichten Folienmaster* auf.

3 Auf der linken Seite erscheint der Folienmaster etwas vergrößert. Darunter sind die abhängigen einzelnen Layouts dargestellt. Sie sind links über eine Linie mit dem Folienmaster verbunden.

4 Aktivieren Sie auf der linken Seite die Masterfolie.

5 Wählen Sie das Register *Einfügen* und klicken Sie dann auf *Grafik*.

6 Wählen Sie Ihre vorbereitete Grafik des Firmenlogos aus und klicken Sie auf *Einfügen*. Als Resultat wird das Logo mitten in der Folie platziert.

4. PowerPoint – Planen und Erstellen von Präsentationen

7 Passen Sie eventuell die Größe des Logos an und verschieben Sie es dann mit gedrückter linker Maustaste an den gewünschten Platz im Folienmaster.

> **Die Abkürzung zum Folienmaster**
>
> Wenn es Ihnen zu umständlich ist, den Folienmaster über das Register *Ansicht* aufzurufen, können Sie auch die [Umschalt]-Taste gedrückt halten und auf das Symbol der Normalansicht in der kleinen Symbolleiste rechts unten klicken.

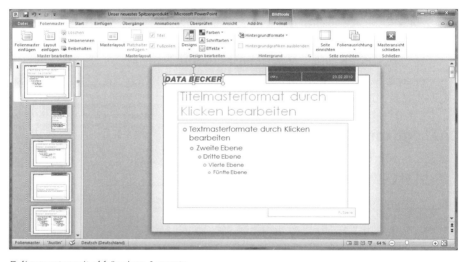

Folienmaster mit abhängigen Layouts.

Direkt in der Ansicht des Folienmasters und seiner Layouts wird deutlich, dass das Logo direkt auch auf anderen Layouts erscheint. Eine Ausnahme bildet hier das Titellayout. Hier ist gegebenenfalls das Logo nachzutragen.

> **Vorlagen löschen**
>
> Sowohl Folienmaster als auch einzelne Masterlayouts lassen sich entfernen. Einen Folienmaster entfernen Sie über das Kontextmenü. Einzelne Layouts werden entfernt, indem man sie anklickt und dann die [Entf]-Taste drückt. Nur das Titelfolienlayout lässt sich nicht löschen. Anschließend stehen die gelöschten Layouts nicht mehr über die Schaltfläche *Layout* im Register *Start* zur Verfügung.

Mit einem Klick auf das Symbol *Masteransicht schließen* kehren Sie in die Normalansicht zurück. Das Logo erscheint im Beispiel auf den beiden letzten Folien mit dem Layout *Titel und Text*. Die erste Folie bleibt unverändert, weil es sich hier um die Titelfolie handelt. Aber auch auf der zweiten Folie erscheint kein Logo, weil der Hintergrund verändert wurde. Dadurch wird die Automatik des Folienmasters außer Kraft gesetzt.

Ein Logo für viele Folien.

Unterschiedliche Folienmaster in der gleichen Präsentation

Für den Fall, dass Sie mehr als einen Folienmaster in einer Präsentation benötigen, um deutliche Unterschiede in Inhalten durch das Design hervorzuheben, lassen sich weitere Folienmaster in eine Präsentation einbinden.

Wechseln Sie dazu wieder in die Masteransicht. Klicken Sie mit der rechten Maustaste in das linke Teilfenster hinein. Wählen Sie dann aus dem Kontextmenü *Folienmaster einfügen* aus. Ein neuer Folienmaster mit dem Namen *Benutzerdefiniertes Design* wird an den vorhandenen Folienmaster mit seinen Layouts angefügt und steht ab sofort für die Folien der Präsentation zur Verfügung.

4. PowerPoint – Planen und Erstellen von Präsentationen

Selbstverständlich können Sie den neuen Folienmaster mithilfe des Kontextmenüs umbenennen. Gestalten Sie den neuen Folienmaster und seine Layouts nach Belieben.

Wollen Sie hingegen schnell ein Ergebnis erzielen und nur bestimmte Bereiche anpassen, lässt sich der vorhandene Folienmaster auch über das Kontextmenü duplizieren. In dem Fall erhält der neue Folienmaster den Namen des Designs mit einer fortlaufenden Nummer.

In der Normalansicht weisen Sie anschließend Folien im Register *Start* über die Schaltfläche *Layout* das gewünschte Layout aus einem der beiden Folienmaster zu.

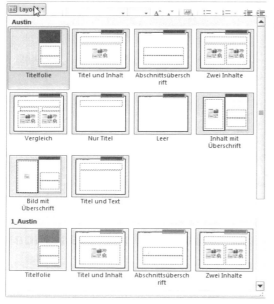

Layouts von zwei Folienmastern zur Auswahl.

In der Abbildung wurde der Folienmaster dupliziert und anschließend mit einem anderen Hintergrund versehen. Das Logo wurde in das Duplikat übernommen.

Ganz individuelle Vorlagen erzeugen

Es ist recht einfach, sich aus einem großen Angebot an Designs zu bedienen. Andererseits spricht einiges dagegen, dass man Designs verwendet, die quasi allen zur Verfügung stehen und von jedermann genutzt werden können. Wer sich hier aus der Masse abheben will, erstellt sich seine eigenen Vorlagen, und das ist gar nicht einmal so schwer. Gehen Sie dabei wie folgt vor:

1 Gestalten Sie eine Präsentation nach Ihren Wünschen mit Definitionen für den Hintergrund, Logo und Design.

2 Wählen Sie im Register *Start* die Schaltfläche *Speichern unter*.

3 Öffnen Sie dann das Kombinationsfeld *Dateityp* und wählen Sie *PowerPoint-Vorlage* (*.potx).

4 Geben Sie der Vorlage einen sprechenden Namen und speichern Sie das Dokument ab.

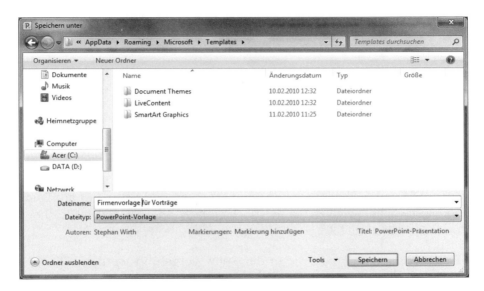

Durch die Wahl des Dateityps *PowerPoint-Vorlage* wird gleich der spezielle Ordner für die Vorlagen vorgegeben.

Auf die neue Vorlage greifen Sie zu, indem Sie im Menü *Datei* auf die Schaltfläche *Neu* klicken. In der Übersicht mit der Überschrift *Verfügbare Vorlagen und Designs* findet sich die Schaltfläche *Meine Vorlagen*.

Beim Klick auf diese Schaltfläche öffnet sich ein neues Fenster, in dem alle Vorlagen erscheinen, die Sie selbst eingerichtet haben.

4. PowerPoint – Planen und Erstellen von Präsentationen

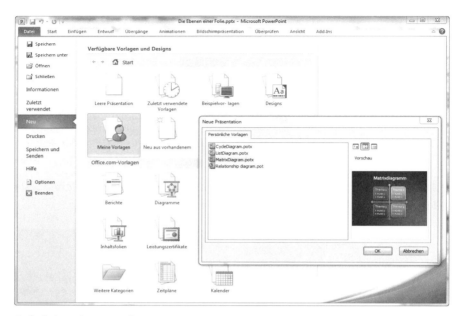

Aufruf einer eigenen Vorlage.

Eine interaktive Fotoshow gestalten

Eine Präsentation lebt von der Kombination aus Text und grafischen Objekten. Für den Fall, dass Sie auf Text verzichten und lieber nur auf Fotos zugreifen wollen, erstellen Sie sich doch einfach eine interaktive Fotoshow. Gehen Sie dabei wie folgt vor:

1. Stellen Sie alle Fotos, die in der Show vorgeführt werden sollen, in einem eigenen Ordner zusammen.

2. Wechseln Sie in das Register *Einfügen* und wählen Sie dann die Schaltfläche *Fotoalbum* in der Gruppe *Bilder*.

3. Es erscheint das Dialogfeld *Fotoalbum*.

4. Klicken Sie auf die Schaltfläche *Datei/Datenträger* und markieren Sie die gewünschten Fotos. Sollen alle Fotos markiert werden, klicken Sie das erste Foto an, halten die [Umschalt]-Taste gedrückt und klicken dann das letzte Foto an. Einzelne Fotos wählen Sie aus, indem Sie die [Strg]-Taste gedrückt halten und dann Fotos anklicken.

5. Nach der Bestätigung der Auswahl mit einem Klick auf *Einfügen* kehren Sie in das Dialogfeld *Fotoalbum* zurück.

4.3 Was fürs Auge: Themen, Designs und Vorlagen nutzen

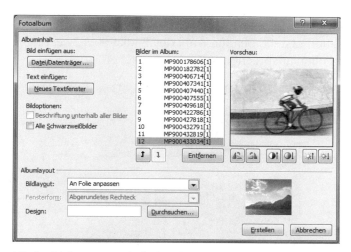

Mit den Pfeiltasten unterhalb der Bildliste können Sie die Fotos noch in der Reihenfolge verändern.

6 Die einzelnen Fotos lassen sich anschließend noch anpassen. Sie sind dazu in der Liste mit der Überschrift *Bilder im Album* auszuwählen und können dann mit den Symbolen unter der Übersicht und der Vorschau bearbeitet werden. Besonders die Anpassung des Kontrasts oder der Helligkeit dürfte bei manchen Fotos von Interesse sein.

7 Wenn es sehr viele Fotos sind, die dargestellt werden sollen, kann man auch überlegen, mehrere der Fotos auf einer Folie unterzubringen. Dazu bieten sich im Abschnitt *Albumlayout* interessante Möglichkeiten. Im Kombinationsfeld *Bildlayout* bestimmen Sie, wie viele Fotos auf einer Folie erscheinen sollen und ob jede Folie einen Titel erhalten soll.

8 Mithilfe des Kombinationsfelds *Fensterform* stellen Sie ein, welchen Rahmen Fotos erhalten sollen.

9 Und Fotoshows lassen sich mit einem Design gestalten. Dazu stehen die bekannten Designs zur Verfügung, aus denen Sie auch bei normalen Präsentationen eine Auswahl treffen. Diese Wahl können Sie aber auch später vornehmen.

10 Nach dem Klick auf die Schaltfläche *Erstellen* wird eine neue PowerPoint-Präsentation erstellt. Bei der Wahl des Bildlayouts *Zwei Bilder mit Titel* sind den Folien ansprechende Titel zu vergeben.

Die fertige Fotoshow.

Die Fotoshow lässt sich wie eine normale Präsentation zum Beispiel mit der [F5]-Taste starten. Wenn man die Maus an den linken unteren Folienrand bewegt, wird eine
Symbolleiste eingeblendet, mit deren Hilfe sich die Präsentation steuern lässt. Die Symbolleiste passt sich dem jeweiligen Hintergrund an und ist aus diesem Grund schwer zu erkennen. Die Präsentation lässt sich aber auch mit dem Mausrad steuern. Dreht man das Rad zu sich, erscheint die nächste Folie. Wird das Rad nach vorn gedreht, erscheint die vorherige Folie.

Mit der [Esc]-Taste beenden Sie die Präsentation vorzeitig.

Die eigene Navigation für die Fotoshow

Präsentationen lassen sich auch durch Objekte navigieren, die im Folienmaster eingefügt werden. Eine Variante dieser Objekte sind Befehlsschaltflächen. Rufen Sie in der Fotoshow den Folienmaster im Register *Ansicht* auf. Führen Sie dabei folgende Arbeitsschritte aus:

1 Markieren Sie den übergeordneten Folienmaster im linken Teilfenster.

2 Öffnen Sie im Register *Einfügen* die Schaltfläche *Formen* in der Gruppe *Illustrationen*.

3 Scrollen Sie in der Übersicht ganz nach unten. Dort finden Sie den Abschnitt *Interaktive Schaltflächen*.

4 Um von jeder Position in der Fotoshow zur ersten Folie zu springen, fügen Sie das Symbol *Interaktive Schaltfläche: Anfang* in den Folienmaster ein. Klicken Sie das Symbol einmal an und klicken Sie anschließend in den Folienmaster. Dort, wo Sie klicken, ist die linke obere Ecke des Objekts. Dadurch wird diese Befehlsschaltfläche in einer Standardgröße im Folienmaster platziert. Die Größe lässt sich später anpassen.

Einen Arbeitsschritt rückgängig machen

Es kommt immer wieder einmal vor, dass man fehlerhafte Arbeitsschritte rückgängig machen möchte. Mit der Tastenkombination [Strg]+[Z] gelingt dies ganz schnell. Alternativ findet sich in der Symbolleiste für den Schnellzugriff auch ein entsprechendes Symbol.

---

5 Es erscheint das Dialogfeld *Aktionseinstellungen*, in dem konfiguriert wird, was passieren soll, wenn der Vortragende diese Schaltfläche anklickt.

Durch die Wahl der Schaltfläche *Anfang* ist bereits alles eingestellt und man kann die Einstellungen mit *OK* übernehmen. Mit einem Klick springt man in der Präsentation zur ersten Folie. Das markierte Objekt lässt sich mit den Richtungstasten bewegen.

6   Fügen Sie auf die gleiche Weise die interaktiven Befehlsschaltflächen mit den Namen *Zurück oder Vorherige(r)* ◁, *Nächste(r) oder Weiter* ▷ und *Ende* ▷| ein und übernehmen Sie die Vorgaben.

7   Wenn man die aktuelle Position in einer Präsentation verlassen hat, kann man später zu dem Ausgangspunkt zurückkehren. Dies erreicht man mit der Schaltfläche *Zurück* . Fügen Sie auch diese Befehlsschaltfläche in Ihre Präsentation ein.

8   Sollten Ihnen die Schaltflächen zu groß erscheinen, lassen sie sich auf einfache Weise anpassen. Markieren Sie die Schaltflächen und wählen Sie im Kontextmenü den Menüpunkt *Objekt formatieren*. Es öffnet sich ein Dialogfeld, in dem Sie links in der Navigation *Größe* auswählen. Hier tragen Sie für die Höhe und die Breite der Objekte Werte in Zentimeter ein. Die Änderungen haben eine sofortige Auswirkung auf die markierten Befehlsschaltflächen.

9   Positionieren Sie die Befehlsschaltflächen korrekt. Dies erreichen Sie, indem Sie die Objekte mit gedrückter linker Maustaste an die gewünschte Position ziehen. Sie können Objekte auch markieren und schrittweise mit den Richtungstasten bewegen.

4.3 Was fürs Auge: Themen, Designs und Vorlagen nutzen

10 Übernehmen Sie die Befehlsschaltflächen auch auf die Titelfolie. Markieren Sie dafür die Befehlsschaltflächen und kopieren Sie diese über die Zwischenablage in die Titelfolie hinein.

11 Schließen Sie dann die Masteransicht und überprüfen Sie das Resultat. Die Befehlsschaltflächen sind jetzt auch in der Präsentation sichtbar, reagieren aber nur in der Bildschirmpräsentation. Starten Sie diese mit der (F5)-Taste und prüfen Sie die Funktionsweise der Befehlsschaltflächen. Mit (Esc) beenden Sie die Präsentation vorzeitig.

Die fertige Präsentation mit interaktiven Befehlsschaltflächen.

Individuelle Schaltflächen einrichten

Neben den einheitlichen Vorgaben lassen sich auch eigene Schaltflächen mit umfangreichen Ereignissen erstellen. Der Fantasie sind hier keine Grenzen gesetzt. Jedes beliebige Objekt kann dazu verwendet werden. So kann ein Foto auf einer Folie derart angepasst werden, dass während der Präsentation mit einem Mausklick direkt eine Internetseite aufgerufen wird.

Gehen Sie für ein Beispiel folgendermaßen vor:

1 Wählen Sie ein Foto auf einer Folie und markieren Sie es.

2 Wählen Sie im Register *Einfügen* das Symbol *Aktion*. Es öffnet sich wieder das Dialogfeld *Aktionseinstellungen* mit seinen ganzen Möglichkeiten. Da Sie ein normales Foto markiert haben, gibt es hier noch keine Vorgaben.

Mouseover

Über das Register *Mouseover* lassen sich Aktionen auch an die reine Mausbewegung über ein Objekt koppeln.

3 Wählen Sie bei *Aktion beim Klicken* die Einstellung *Hyperlink zu* und tragen Sie eine Internetadresse ein. Bestätigen Sie dann die Eingaben mit *OK*.

4 Testen Sie die Einstellungen während der Präsentation.

Foto mit einem Hyperlink als Aktion.

Sobald Sie während der Präsentation die Maus auf das Foto mit dem Hyperlink bewegen, erscheinen die Hand mit dem ausgestreckten Finger und die Internetadresse. Nach einem Klick in das Foto wird die eingestellte Internetadresse im Browser aufgerufen.

Folienübergänge mit 3-D-Animationsgrafikeffekten

Wer schon einmal Präsentationen erstellt hat, kennt die Folienübergänge. Sie wurden in der Version PowerPoint 2010 durch professionelle 3-D-Varianten ergänzt. Sie sind im Register *Übergänge* zu finden, wenn man die Anzeige der Standardübergänge erweitert.

Zugang zu weiteren Folienübergängen.

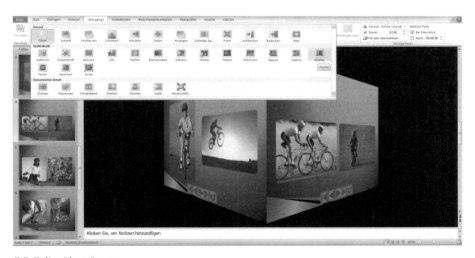

3-D-Folienübergänge.

Die neuen Übergänge fallen nicht gleich ins Auge. Wenn man aber mit der Maus im Abschnitt *Spektakulär* eine Einstellung wie *Würfel* testet, wird sie sofort auf die aktuelle Folie angewendet.

Diese 3-D-Übergänge lassen sich anschließend noch konfigurieren. Neben den verschiedenen Übergangsversionen findet sich das Symbol *Effektoptionen*, mit dem sich 3-D-Effekte je nach Art steuern lassen. Auf diese Weise kann zum Beispiel erreicht werden, dass sich ein Würfel von oben nach unten dreht.

Nachdem eine Wahl getroffen wurde, reicht ein Klick und die Einstellung wird für alle Folien übernommen.

Der Mauszeiger als Laserpointer

Dass man während der Vorführung einer Präsentation nicht nur klicken muss, um zur nächsten Folie zu gelangen, sondern zum Beispiel auch auf Folien mit Stift oder Marker Markierungen anbringen kann, dürfte bekannt sein. Die Werkzeuge finden sich in der kleinen Symbolleiste links unten. Sie erscheint während einer Bildschirmpräsentation, wenn man die Maus in diesen Bereich bewegt.

Neu ist, dass man die Maus auch als Laserpointer einsetzen kann, um während eines Vortrags auf bestimmte Aspekte in einer Folie besonders hinzuweisen. Dazu reicht es, dass man die (Strg)-Taste und an der gewünschten Stelle die linke Maustaste gedrückt hält.

Verwendung der Maus als Laserpointer.

4.4 Texte überzeugend darstellen

Mit der Gestaltung der gesamten Präsentation haben Sie eine gute Ausgangsbasis. Nach der Wahl des Designs und der Layouts können Sie sich nun an die Bearbeitung der Einzelfolien machen und sich Detailarbeiten widmen. Textinhalte und weitere grafische Objekte lassen sich sehr einfach einfügen und geradezu intuitiv gestalten.

Gestaltung der Einzelfolien

Für die Texte sind die Platzhalter auf den Folien vorgesehen. Allerdings kann man auch Textfelder variabel auf Folien platzieren. Die Verwendung von Platzhaltern hat allerdings folgende Vorteile:

➢ Texte werden in der gesamten Präsentation an der gleichen Stelle dargestellt.

➢ Anpassungen am Schriftbild lassen sich im Folienmaster einheitlich für ein bestimmtes Folienlayout ändern. Diese Änderungen wirken sich sofort auf alle verwendeten Folien mit diesem Layout aus.

Platzhalter einer Folie lassen sich auch individuell über Symbole des Registers *Format* anpassen. Davon sollte man aber nur sparsam Gebrauch machen.

> **Achten Sie auf ein einheitliches Erscheinungsbild**
>
> Gerade die Voreinstellung der Textformatierung von Platzhaltern im Folienmaster bietet die Garantie eines einheitlichen Erscheinungsbildes. Jede individuelle Änderung in einzelnen Folien fällt dem Betrachter unbewusst auf und stört das Gesamtbild. Vor einer Anpassung sollte man sich deshalb überlegen, ob es nicht besser ist, wenn man gleich die Schriftart eines Platzhalters im Folienmaster ändert oder eine andere Designschriftart einsetzt.

Neben den Platzhaltern für Texte gibt es auch Layouts mit einem Inhaltsplatzhalter für verschiedene Inhaltstypen wie Diagramm, Tabelle oder SmartArt-Grafik.

Für den Fall, dass Sie in einer Präsentation ein Organigramm benötigen, finden Sie dieses mit dem Symbol *SmartArt-Grafik einfügen*. Nach einem Klick auf dieses Symbol öffnet sich das dazugehörige Dialogfens-

ter für die Auswahl eines Schaubildes. Varianten von Organigrammen sind in der Kategorie *Hierarchie* zu finden.

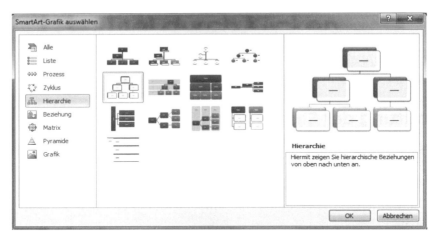

Dialogfeld für die Wahl einer SmarArt-Grafik.

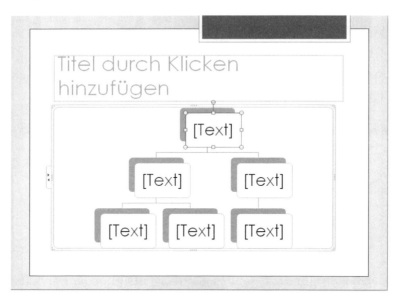

Organigramm.

Auch diese Schaubilder richten sich nach der Automatik eines Designs und werden angepasst, wenn man das Design ändert.

Texte frei auf Folien arrangieren und formatieren

Für die Darstellung von Text stehen Ihnen nicht nur die Platzhalter zur Verfügung, sondern auch Textfelder und grafische Objekte aus der Kategorie *Formen*. Sie können die Beschreibung nachvollziehen, indem Sie in einer Präsentation eine neue Folie einfügen und ihr das Layout *Nur Titel* zuweisen.

Arbeiten mit Textfeldern

Häufig verwendet wird das Textfeld. Das Symbol für die Erstellung ist im Register *Einfügen* in der Gruppe *Illustrationen* über die Schaltfläche *Formen* zu finden.

Nach dem Klick auf das Symbol reicht ein weiterer Klick auf die Folie und man kann sofort mit der Texteingabe beginnen. Während der Eingabe  ist das Textfeld mit einer gestrichelten Markierungslinie umrandet. Es erweitert sich automatisch und passt sich auf diese Weise dem Inhalt an. Einen Rahmen hat das Objekt in dieser Phase nicht.

Bei der Formatierung ist zu beachten, dass es quasi innen und außen gibt. Befindet sich der Cursor in einem Textfeld, kann man sich bewegen wie im normalen Fließtext auch. Man kann sich zum Beispiel mit der [Strg]-Taste und der Taste [→] wortweise bewegen oder ein Wort mit einem Doppelklick markieren. Möchte man das Textfeld als Ganzes formatieren, muss man auf den Rahmen klicken. Dann erscheint eine durchgezogene Markierungslinie. Alle Einstellungen, die Sie vornehmen, gelten dann für das ganze Objekt.

Ist ein Textfeld markiert, lässt es sich

- mit gedrückter linker Maustaste an einen bestimmten Ort ziehen,
- mit Richtungstasten schrittweise zur gewünschten Position bewegen und
- mit gedrückter [Strg]-Taste und den Richtungstasten in sehr kleinen Schritten an ein Ziel bringen.

Häufig lassen sich diese drei Schritte auch miteinander kombinieren, indem man die grobe Arbeit mit der Maus und die Feinarbeit über die Tastatur erledigt.

Hält man die [Strg]-Taste gedrückt und zieht ein Textfeld zu einer anderen Position, erhält man eine Kopie des markierten Textfelds.

Die Formatierung von Text in Textfeldern erledigt man am einfachsten über die Symbolleiste im Register *Start*. Hier findet man alles, was man auch in einer Textverarbeitung findet, in den Gruppen *Schriftart* und *Absatz*. Diese Symbole sind nur aktiviert, wenn ein grafisches Objekt markiert ist. Der Klick auf ein Symbol aktiviert eine Eigenschaft wie zum Beispiel Fettschrift. Der erneute Klick auf das gleiche Symbol hebt die Eigenschaft wieder auf. Über diese Symbole lassen sich alle Formatierungsarbeiten und Einstellungen für den Absatz einrichten.

Symbole zur Gestaltung grafischer Objekte.

Wenn Sie die Schriftgröße verändern und der Text passt nicht mehr in das Textfeld hinein, wird das Textfeld automatisch nach unten erweitert. Die Breite wird nicht verändert. Das kann man aber über die Markierungspunkte an den Seiten selbst schnell erledigen.

Text in Formen

Wenn Formen aus Flächen bestehen, lassen auch diese sich beschriften. Diese grafischen Objekte finden sich ebenfalls im Register *Einfügen* in der Gruppe *Formen*. Man klickt eines dieser Symbole an und dann in die Folie.

Symbole aus der Kategorie Sterne und Banner.

Nach der Wahl eines Symbols und einem Klick in die Folie wird ein grafisches Objekt in Standardgröße auf die Folie gesetzt und man kann sofort Text eingeben. Diese Objekte wachsen allerdings nicht mit dem Text mit, sondern müssen in Breite und Höhe nachträglich angepasst werden.

Text in einem Banner.

Gliederung und Struktur führen durch die Texte

Gut strukturierter Text lockert eine Folie deutlich auf und ist für den Betrachter besser zu erfassen als Textblöcke. Überhaupt sollte man in einer Präsentation nie mit ganzen Sätzen arbeiten, sondern eher mit Stichworten. Wenn diese dann noch strukturiert sind, erhöht das die Akzeptanz beim Publikum.

Das Folienlayout *Titel und Text* ist bereits mit einem Platzhalter für Text mit Aufzählungszeichen vorbereitet. Jede Verwendung der [Enter]-Taste erzeugt einen neuen Punkt in der Aufzählungsliste. Mit der [Tab]-Taste am Zeilenanfang erhält man sofort einen Unterpunkt in der Struktur. Um eine Ebene hochzustufen, reicht die Tastenkombination [Umschalt]+[Tab] am Zeilenanfang.

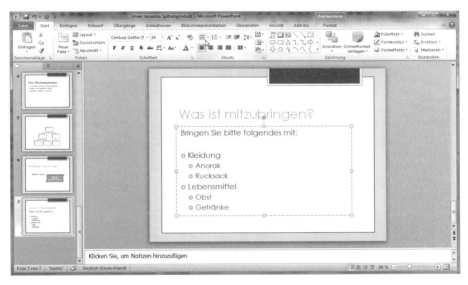

Aufzählungszeichen deaktivieren.

Soll für eine Zeile das Aufzählungszeichen deaktiviert werden, reicht ein Klick auf das entsprechende Symbol im Register *Start*.

Wenn Ihnen die vorgegebenen Aufzählungszeichen nicht gefallen und Sie lieber Symbole verwenden wollen, die zu dem Thema der Präsentation passen, können Sie bis hin zu verkleinerten Fotos alles verwenden. Wenn der Platzhalter für die Aufzählung noch ohne Text ist, reicht es, wenn Sie in den Platzhalter hineinklicken, ansonsten markieren Sie den Bereich, für den die neuen Aufzählungszeichen bestimmt sind. Anschließend gehen Sie wie folgt vor:

1 Erweitern Sie die Auswahl der Aufzählungszeichen.

2 Wählen Sie den Menüpunkt *Nummerierung und Aufzählungszeichen*. Es erscheint ein Dialogfenster mit den voreingestellten Aufzählungszeichen.

3 Klicken Sie auf die Schaltfläche *Anpassen*, und es erscheint ein Auswahlfenster für Schriftarten und Symbole. Die Schriftarten Wingdings 1, Wingdings 2 und Wingdings 3 sowie Webdings sind für Symbole vorgesehen.

4 Wählen Sie Ihr Symbol aus und bestätigen Sie die Auswahl mit *OK*.

5 Im Dialogfenster *Nummerierung und Aufzählungszeichen* lassen sich anschließend noch Farbe und Größe des Symbols anpassen.

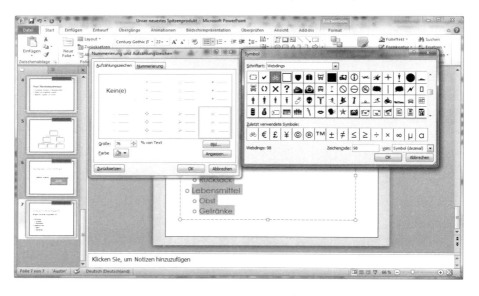

Sogar Fotos lassen sich auf diese Weise als Aufzählungszeichen verwenden. Allerdings dürfen sie in ihrer Abmessung nicht zu groß sein und sie sollten über ausreichende Kontraste verfügen, damit sie auf einer Folie auch zu erkennen sind.

Diese Einstellungen waren individuelle Einstellungen für eine Folie. Für den Fall, dass Ihnen ein bestimmtes Symbol als Aufzählungszeichen besonders gefällt, können Sie es auch im Folienmaster anpassen. Dazu markieren Sie den Aufforderungstext im Platzhalter und wählen das gewünschte Symbol aus. Das hat den Vorteil, dass zum einen die Aufzählungszeichen in der gesamten Präsentation einheitlich sind und zum anderen Sie dieses Symbol an einer einzigen Stelle anpassen können.

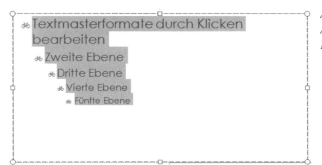

Anpassung eines Aufzählungszeichens im Folienmaster.

Texte besonders hervorheben

In den Medien finden sich viele Beispiele von Texten, die auffällig hervorgehoben sind. Besonders in Bereichen der Werbung wird mit Text geradezu gespielt. Und auch in PowerPoint 2010 findet sich mittlerweile eine Auswahl, die sich sehen lassen kann. Sobald ein Platzhalter für Text oder ein Textfeld markiert wird, erscheint das Register *Zeichentools* und aktiviert Zugänge für die Gestaltung von Form, Kontur und Füllfläche. Sowohl die Füllfläche eines Objekts als auch die Umrandung und der Inhalt lassen sich attraktiv gestalten oder ausblenden.

Im Einzelnen ist dies die Einstellung:

> *Fülleffekt*: Über diese Schaltfläche gestalten Sie die Bestandteile eines grafischen Objekts einzeln. Die Fläche lässt sich mit einer einzigen Farbe, einem Farbverlauf oder einer Grafik ausfüllen. Soll das Objekt transparent sein, deaktiviert man eben die Füllung.

> *Formkontur*: Sollen Einstellungen für den Rahmen eines Objekts eingestellt werden, können Sie dies über die Schaltfläche *Formkontur* erledigen. Hier lassen sich Rahmenstärke, Linienart und -farbe definieren.

➢ *Formeffekte*: Ganz auffällige Möglichkeiten bieten sich dann über die Schaltfläche *Formeffekte*. Hier lässt sich ein Objekt zum Leuchten bringen oder man kann es drehen und spiegeln oder 3-D-Effekte anbringen.

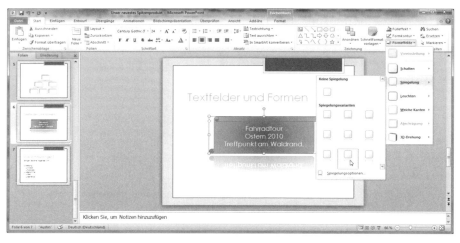

Gespiegeltes Objekt.

Um sich einen Gesamtüberblick über die Einstellungsmöglichkeiten zu verschaffen, wählt man im Kontextmenü eines Objekts den Menüpunkt *Form formatieren*. Dann erscheint ein Dialogfeld, in dem sich alles übersichtlich mit Navigation an der Seite einstellen lässt.

Dialogfeld Form formatieren.

Wer schnell eine Lösung braucht, findet über die Schaltfläche *Schnellformatvorlagen* Vorschläge für die schnelle Gestaltung eines Objekts.

Weniger ist mehr

Man sollte sich von der Vielzahl der Möglichkeiten nicht blenden lassen. Effekte dürfen die Aussage einer Präsentation nicht überlagern, sondern sollen sie unterstützen. Aus diesem Grund sollte man möglichst die vordefinierten Stile einsetzen. Andererseits spricht nichts dagegen, dass man sich bei privaten Gelegenheiten einmal austobt und so auch einen routinierten Blick für das Machbare bekommt.

4.5 Professionelle Mediengestaltung in PowerPoint

Präsentationen, in denen nur Folien mit Text zum Einsatz kommen, wirken auf Betrachter schnell ernüchternd. Der Einsatz von Grafik wirkt hier Wunder und kann einen Vortrag deutlich besser und einprägsamer unterstützen. Die ganze Vielfalt multimedialer Darstellung von einfachen Grafiken bis zu Fotos und Videos steht dem Entwickler zur Verfügung. Er kann sie einsetzen und mit professionellen Werkzeugen bearbeiten und so anpassen, dass sie die Aussage einer Präsentation visuell unterstützen.

Originelle Formen einsetzen und selbst zeichnen

Eine reichhaltige Auswahl an unterschiedlichsten Formen ist im Register *Einfügen* in der Gruppe *Illustrationen* zu finden. Dabei handelt es sich um sogenannte Vektorgrafiken, bestehend aus Linien und Kurven. Grafiken können aus nur einer Linie bestehen oder aber aus einer Linie, die eine Fläche umgibt. Ist dies der Fall, dann lassen sich sowohl Linie als auch Fläche gestalten. Man kann aber auch beide Bestandteile ausblenden und vielleicht mit einem Hyperlink versehen.

Nach dem Klick auf das Symbol *Formen* erscheint die Palette aller verfügbaren Formen, aufgeteilt in verschiedene Kategorien. Formen, mit denen man häufig arbeitet, erscheinen in der Kategorie *Zuletzt verwendete Formen* ganz oben.

Die Wahl der richtigen Form

Nachdem man sich für eine Form entschieden hat, bieten sich folgende Möglichkeiten der Auswahl:

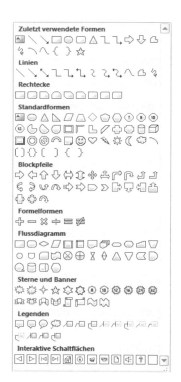

➢ Soll nur eine Form dieses Typs erstellt werden, reicht ein Klick auf diese Form und die Palette schließt sich für die Positionierung des Objekts auf der Folie.

➢ Für die Erstellung mehrerer Formen des gleichen Typs klickt man in der Palette auf die Form mit der rechten Maustaste und wählt aus dem Kontextmenü *Zeichenmodus sperren*. Anschließend lassen sich so lange Formen dieses Typs auf der Folie erstellen, bis man die [Esc]-Taste drückt.

Palette des Formen-Symbols.

Varianten der Erstellung einer Form

Und auch bei der Positionierung von Formen auf der Folie gilt es, folgende Unterschiede zu beachten:

> Mit einem Klick auf die Folie wird eine Form in einer Standardgröße erstellt.

> Eine Form in variabler Größe entsteht durch Ziehen mit gedrückter linker Maustaste.

> Hält man die [Umschalt]-Taste gedrückt und zieht mit gedrückter linker Maustaste, erhält man eine Form mit proportionalen Ausmaßen in gewünschter Größe. Die Form entwickelt sich beim Ziehen vom Ausgangspunkt in die Richtung des Ziehens.

> Hält man die Tastenkombination [Strg]+[Umschalt] gedrückt und zieht mit gedrückter linker Maustaste, erhält man ebenfalls eine Form mit proportionalen Ausmaßen in gewünschter Größe. Die Form entwickelt sich beim Ziehen allerdings aus der Mitte heraus.

Ganz besonders deutlich wird die Wirkung dieser Zusatztasten bei der Verwendung eines Kreises, eines Quadrats und einer Linie.

Name	Standardform	Ziehen mit [Umschalt]-Taste	Ziehen
Kreis oder Ellipse	●	⬤	⬬
Quadrat oder Rechteck	■	◼	▬
Linie	———	⁄	\

Hält man bei der Erstellung einer Linie die [Umschalt]-Taste gedrückt, kann man nur in einem Winkel von jeweils 45° ziehen. Ohne diese Zusatztaste lassen sich Linien in beliebiger Richtung ziehen.

Ist der Zeichenmodus gesperrt, kann man auch einen Linienverbund erstellen. Gehen Sie dabei wie folgt vor:

4. PowerPoint – Planen und Erstellen von Präsentationen

1 Klicken Sie mit der rechten Maustaste auf eine Form im Linienformat und wählen Sie im Kontextmenü *Zeichenmodus sperren*. Damit sind Sie in der Lage, mehrere Linien auf der Folie zu platzieren.

2 Ziehen Sie eine Linie auf.

3 Bewegen Sie die Maus an einen der beiden Eckpunkte der bereits erstellten Linie. Die beiden Markierungspunkte erhalten einen roten Inhalt.

4 Erstellen Sie an einem der beiden Endpunkte eine neue Linie.

5 Erstellen Sie auf die gleiche Weise weitere Linien.

6 Beenden Sie den gesamten Vorgang mit der Esc-Taste.

Formatierung einer Form

Interessant ist auch die Arbeit mit einfachen Pfeilen. Mit ihnen lassen sich Details einer Folie besonders hervorheben. Erstellen Sie einen einfachen Standardpfeil, der anschließend formatiert werden soll. Dafür stehen Ihnen die Funktionen im Register *Zeichentools/Format* zur Verfügung. Dieses Register erscheint nur, wenn man ein grafisches Objekt markiert hat. Mit einem Doppelklick auf das markierte Objekt wechselt PowerPoint automatisch zu dem Register *Format*.

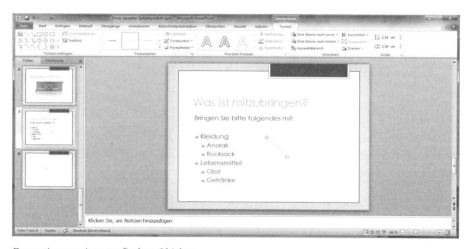

Formatierung eines grafischen Objekts.

4.5 Professionelle Mediengestaltung in PowerPoint

In diesem Register finden Sie viele Formatierungsfunktionen. Alternativ lässt sich ein grafisches Objekt auch über ein Dialogfenster gestalten. Man ruft es über das Kontextmenü mit dem Menüpunkt *Form formatieren* auf. Rufen Sie dieses Dialogfenster für den Pfeil auf.

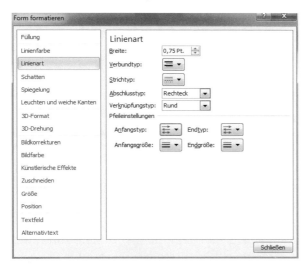

Für Linien kann man generell den Anfang und das Ende gestalten. In diesem Fall wird dann unter Umständen aus einer Linie ein Pfeil. Stellen Sie die Breite des Pfeils auf 5 ein, damit Sie die Einstellungen besser erkennen können.

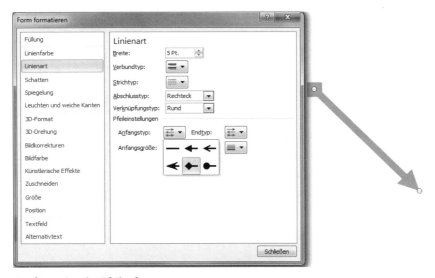

Konfiguration des Pfeilanfangs.

Die angebotenen Varianten sprechen für sich und finden sich auch bei den Einstellungen für den Endtyp wieder. Wählt man am Anfang und am Ende den Pfeil aus, zeigen Pfeilspitzen in zwei Richtungen.

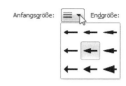

Die Darstellung in der Auswahl *Anfangsgröße* ist in dem Dialogfenster irreführend. Sie betrifft nicht nur die Form von Pfeilspitzen, sondern auch die Form des Rechtecks am Pfeilanfang. Hier muss man ein wenig probieren.

Anpassung von Größe und Gestalt

Ist ein grafisches Objekt markiert, lassen sich auf verschiedene Weise Größe und Gestalt anpassen. Handelt es sich bei dem Objekt um eine Grafik mit Fläche, erscheinen insgesamt acht Ziehpunkte um das Objekt herum. Fügen Sie zum Beispiel eine Form des Typs *Nach unten gekrümmter Pfeil* in der Standard-

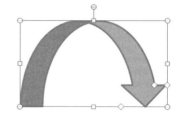

form auf eine Folie ein. An den vier Ecken sind die Ziehpunkte rund und jeweils in der Mitte befinden sich kleine Quadrate als Ziehpunkte. Bewegt man die Maus zu diesen Ziehpunkten, ändert sich die Form des Mauszeigers und wird zu einem Pfeil mit zwei Spitzen. Hier gibt es dann zwei Möglichkeiten, die Größe des Objekts anzupassen:

1 Man zieht mit gedrückter linker Maustaste und die Grafik wird unproportional vergrößert oder verkleinert. Dabei kommt es zu Verzerrungen.

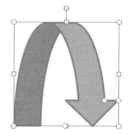

2 Man hält die Umschalt-Taste gedrückt und zieht mit gedrückter linker Maustaste. Die Größe des Objekts ändert sich proportional.

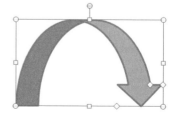

Je nachdem, welche Form Sie gewählt haben, erscheinen bei einer Markierung neben den Ziehpunkten auch noch kleine gelbe Quadrate als Korrekturziehpunkte. Auch sie lassen sich ziehen und die Wirkung kann man an dem Objekt eines runden Pfeils gut erkennen. Die inneren Proportionen ändern sich beim Ziehen. Hier lässt sich zum Beispiel die Breite des Pfeils oder die Spitze des Pfeils justieren.

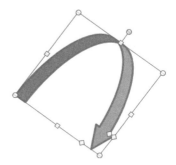

Und nicht zuletzt kann man jedes Objekt auch noch drehen. Zu diesem Zweck gibt es über einem markierten Objekt einen Kreis, grün gefüllt. Bewegt man die Maus dorthin, wird aus dem Cursor ein kreisrunder Pfeil. Zieht man dann mit gedrückter linker Maustaste, lässt sich die Grafik ganz einfach drehen.

Machen Sie fehlerhafte Arbeitsschritte rückgängig

Bei diesen Arbeitsschritten kann schnell einmal ein Schritt danebengehen. In dem Fall geht man mit der Tastenkombination [Strg]+[Z] einfach einen Schritt zurück.

Formatierung einer Form

Formen, die variabel in einer Folie positioniert werden, lassen sich auf die gleiche Weise formatieren, wie die Platzhalter auf einer Folie. Bedenken Sie dabei immer, dass sich gerade bei Grafiken mit Füllfläche sowohl die Rahmen als auch die Flächen formatieren lassen.

Fügen Sie für ein Beispiel die Form *Wolke* im Standardformat auf eine Folie ein. Die Standardfarbe ist Grün, und hier bietet es sich an, die Farbe und das Design der Füllung anzupassen. Öffnen Sie dazu das Dialogfeld über das Kontextmenü und den Menüpunkt *Form formatieren*. Über die Auswahl *Graduelle Füllung* lässt sich bequem ein Farbverlauf definieren.

In dem Dialogfenster befindet sich unter anderem eine Farbskala mit Farbverlaufstopps. Am Anfang sind Farbverlaufstopps eingerichtet. Sie können mit einem Klick in die Skala weitere einfügen oder vorhandene mit der [Entf]-Taste wegnehmen. Alternativ lässt sich das auch mit den beiden Symbolen rechts neben der Farbskala bewerkstelligen.

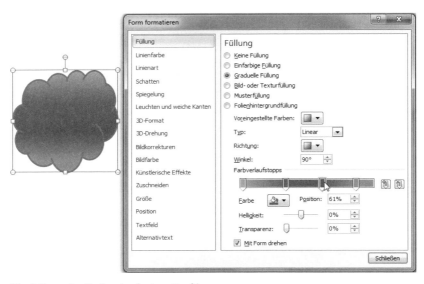

Einstellung des Farbverlaufs einer Grafik.

Ist ein Farbverlaufstopp markiert, kann eine Farbe für diese Position eingestellt werden. Die Reihenfolge geht in der Skala von links nach rechts und in der Grafik von oben nach unten.

Vergleichbar sind die Einstellungen der Rahmenkontur beziehungsweise des Rahmens der Grafik.

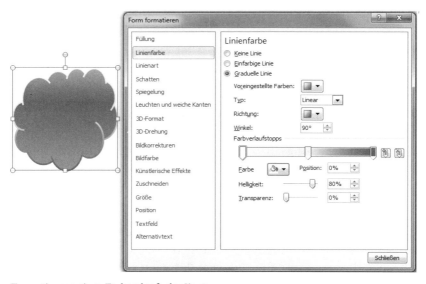

Formatierung eines Farbverlaufs der Kontur.

4.5 Professionelle Mediengestaltung in PowerPoint

Auch hier lässt sich bei der Auswahl *Graduelle Linie* ein Farbverlauf festlegen.

Fügen Sie als Nächstes die Form *Sonne* in der Standardgröße in der Folie ein. Auch diese Grafik ist erst einmal grün und damit noch nicht korrekt in der Gestaltung. Hier
reicht es, wenn man sich die Varianten des Fülldesigns anzeigen lässt.

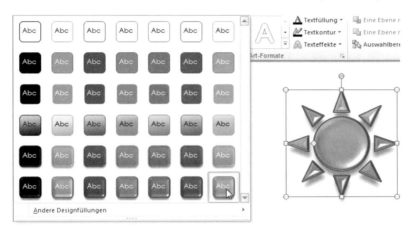

Gestaltung der Füllfläche mit Designfüllungen.

Hier bieten sich interessante Designs an, die mit einem Klick übernommen werden. Eine ganz besondere Wirkung erzielt man über die Formeffekte.

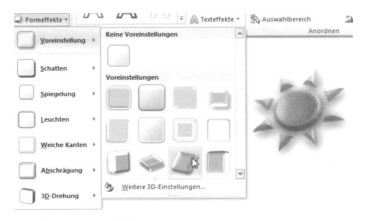

Gestaltung mit Formeffekten.

473

Besonders angenehm ist hier, dass es reicht, dass man mit der Maus über einer Einstellung verharrt. Diese wird dann sofort für die markierte Grafik übernommen. Auf diese Weise sieht man schnell, ob eine Einstellung passt oder nicht.

Formen stapeln

An dieser Stelle bietet sich ein Blick auf eine interessante Möglichkeit, Grafiken zu stapeln. Grafiken werden in der Reihenfolge ihrer Erstellung auf der Folie positioniert. Solange sie nebeneinanderliegen, ist es uninteressant, ob sie sich verdecken oder nicht. Verschiebt man aber eine der Grafiken auf eine Weise, dass sich zwei Grafiken überschneiden, dann erkennt man, welche Grafik zuerst erstellt wurde.

In dem Beispiel wurde zuerst die Wolke und dann die Sonne erstellt. Wenn Sie nun die Sonne zur Wolke ziehen, erscheint die Sonne vor der Wolke. Das ist aber unrealistisch, die Sonne sollte eher hinter der Wolke hervorscheinen.

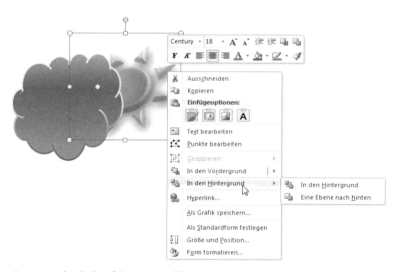

Anpassen der Reihenfolge von Grafiken.

Diesen Effekt erreicht man, indem man im Kontextmenü ein markiertes Objekt in den Vorder- oder Hintergrund verlegt.

Formen umgestalten und kombinieren

Das Angebot der Formen ist sehr vielfältig. Es kann allerdings vorkommen, dass man mit dem Angebot nicht zufrieden ist. Die Formen lassen sich in diesem Fall allerdings einfach anpassen. An einem Beispiel lässt sich das demonstrieren.

Auf einer Folie soll die Bedeutung der Werbung hervorgehoben werden. Aussage soll sein, dass Werbung zielgenau und effektiv sein muss. Dazu bietet sich ein Pfeil an, der genau ins Ziel trifft. Legen Sie als Erstes eine Zielscheibe an.

1   Fügen Sie eine Folie mit dem Layout *Nur Titel* in eine Präsentation ein.

2   Wechseln Sie in das Register *Einfügen* und wählen Sie die Form *Ellipse* aus der Übersicht.

3   Klicken Sie in die Folie, und Sie haben einen Kreis in der Standardgröße.

4   Halten Sie die [Entf]-Taste gedrückt und ziehen Sie mit gedrückter linker Maustaste den Kreis zur Seite. Damit erhalten Sie eine Kopie des Kreises.

5   Halten Sie die [Umschalt]-Taste gedrückt und ziehen Sie mit gedrückter linker Maustaste den Kreis zur Seite. Damit erhalten Sie eine Kopie des Kreises.

6   Öffnen Sie über das Kontextmenü anschließend das Dialogfenster *Form formatieren* und färben Sie die Füllfläche des großen Kreises schwarz.

7   Stellen Sie dann die Linienstärke des kleineren Kreises auf der Seite *Linienart* bei *Breite* auf 10. Färben Sie die Linie weiß und die Fläche schwarz.

8   Fügen Sie einen weiteren, noch kleineren Kreis als weißes Zentrum in die Grafik ein.

9   Markieren Sie alle Kreise. Das erreichen Sie, indem Sie mit gedrückter linker Maustaste einen Rahmen um alle Kreise ziehen. Anschließend lassen sich diese Kreise über das Register *Format* horizontal ausrichten. Aktivieren Sie vorher den Eintrag *An Folie ausrichten*, dann befinden sich die Objekte nach der Ausrichtung exakt in der Folienmitte.

4. PowerPoint – Planen und Erstellen von Präsentationen

Ausrichten und Zentrieren markierter Objekte.

Als Nächstes soll ein Pfeil gestaltet werden, der auf das Zentrum der Zielscheibe zeigt. Das kann man mit den folgenden Arbeitsschritten erreichen:

1 Fügen Sie einen einfachen nach rechts zeigenden Blockpfeil in die Folie ein. Es reicht die Standardform, also ein einfacher Klick in die Folie.

2 Wählen Sie im Kontextmenü *Punkte bearbeiten*. Anstelle der Markierungspunkte erscheinen kleine schwarze Punkte. Wenn man die Maus auf einen dieser Punkte bewegt, ändert der Cursor seine Form und wird zu einem Kreis mit vier Pfeilen. Dann kann man diesen Punkt bearbeiten.

3 Einen neuen Punkt fügen Sie hinzu, indem Sie die [Strg]-Taste gedrückt halten und dann auf eine der Linien klicken. Fügen Sie auf diese Weise einen neuen Punkt in die Mitte der linken Verbindungslinie und

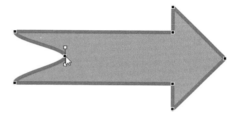

verziehen Sie ihn. Über das Kontextmenü kann ein Punkt auch aus einer Grafik wieder entfernt werden.

476

4.5 Professionelle Mediengestaltung in PowerPoint

4 Auch die Form der Spitze lässt sich auf diese Weise anpassen. So erhält der Pfeil eine individuelle Form.

5 Versehen Sie den Pfeil mit einer anderen Füllfarbe, z. B. Rot.

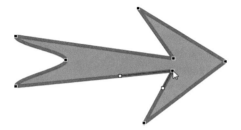

6 Damit der Pfeil noch professioneller wirkt, sollte er eine 3-D-Form bekommen. Öffnen Sie dazu im Kontextmenü das Dialogfeld *Form formatieren*.

7 Wählen Sie für die obere und untere Abschrägung zum Beispiel die Einstellung *Konvex* aus.

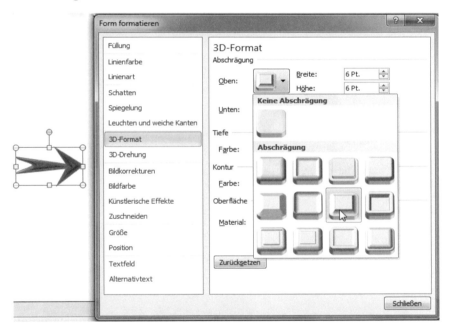

8 Anschließend lässt sich der Pfeil noch drehen. Testen Sie zum Beispiel im Abschnitt *3D-Drehung* die Einstellung *Isometrisch oben abwärts*.

4. PowerPoint – Planen und Erstellen von Präsentationen

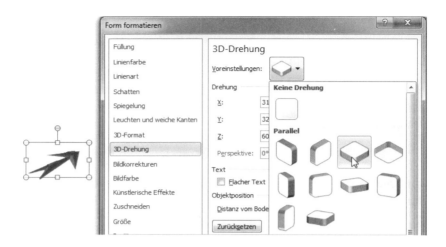

Damit sind die Arbeiten abgeschlossen. Verlängern Sie den Pfeil eventuell noch und verschieben Sie ihn dann so, dass er mit der Spitze in die Mitte der Zielscheibe zeigt.

Die fertige Zielscheibe.

Fotos für die Füllfläche

Auffällig sind auch Formen, die ein Foto in der Füllfläche haben. Mit diesem Mittel lassen sich Aussagen hervorragend unterstreichen.

Fügen Sie jetzt auf einer Folie mit dem Layout *Nur Titel* aus dem Bereich *Form* einen Blockpfeil ein, der nach rechts zeigt. Er kann gern etwas größer ausfallen. Öffnen Sie anschließend für diesen Pfeil über das Kontextmenü das Dialogfenster *Form formatieren*. Mit den folgenden Arbeitsschritten erhalten Sie ein schönes Ergebnis:

1   Wechseln Sie in der Kategorie *Füllung* in den Abschnitt *Bild- und Texturfüllung*.

4.5 Professionelle Mediengestaltung in PowerPoint

2 Klicken Sie auf die Schaltfläche *ClipArt*. Auch eine Fotodatei, die sich auf dem Computer befindet, lässt sich auswählen. Dazu wählt man die Schaltfläche *Datei* und ruft sein Foto auf.

3 Hier können Sie nur einen Suchbegriff eingeben. Suchen Sie zum Beispiel nach dem Begriff Fahrrad.

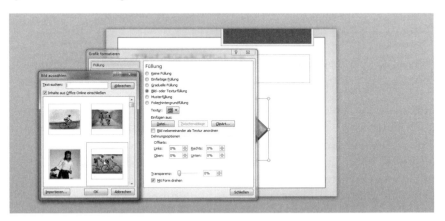

4 Nach der Übernahme des Fotos erhöht ein 3-D-Effekt noch die Wirkung. Probieren Sie dafür im Bereich *3D-Format* die Einstellung *Starke Abschrägung* für *Oben* und *Unten* aus.

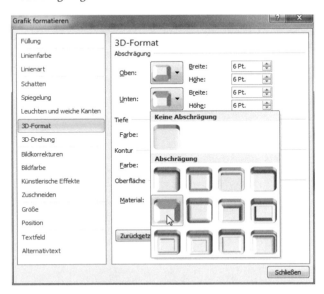

Als Ergebnis haben Sie ein schönes Foto in Ihrem Pfeil.

Ein Foto im Blockpfeil.

Dieses Beispiel zeigt, dass sich Fotos in jede beliebige Form einbauen lassen. Das lässt sich auch im privaten Bereich verwenden.

Für feierliche Anlässe im geschäftlichen oder privaten Bereich kann man auch Fotos von Personen erstellen, auf den Computer übertragen und in einem Ordner sammeln. Wenn man anschließend einen passenden Hintergrund wählt und darauf Ellipsen mit Fotos in der Füllfläche integriert, erhält man ansprechende Ergebnisse. Das folgende Beispiel könnte im privaten Rahmen ein interessantes Geschenk für einen Jubilar sein.

Stammbaum mit Fotoellipsen.

Bei diesem Beispiel wurde die gleiche Technik verwendet wie bei dem Blockpfeil. Präsentationen mit diesem Inhalt sind häufig nicht für einen Vortrag gedacht, sondern eignen sich eher für einen Ausdruck oder als

Vorlage für ein Puzzle. Dafür muss die Folie in ein Grafikformat umgewandelt werden. Gehen Sie wie folgt vor:

1. Wechseln Sie in den Backstage-Bereich über das Register *Datei*.
2. Wählen Sie links im Navigationsbereich *Speichern und Senden* und dann im Auswahlbereich *Dateitypen/Dateityp ändern*.
3. Dort bietet sich dann im mittleren Teilfenster *PNG* oder *JPG* im Abschnitt *Bild-Dateitypen* als Grafiktypen zur Auswahl an.
4. Wählen Sie den Speicherort und speichern Sie die Datei. Sie haben dabei die Wahl, jede Folie oder nur die aktuelle Folie der Präsentation zu speichern.

Folienfreigabe als Fotos.

Grafiken müssen den Text optimal unterstützen

Dort, wo die Möglichkeiten der Formen enden, beginnt der Einsatz von Grafiken aus anderen Quellen wie eingescannten Vorlagen und Konstruktionszeichnungen, eigenen Fotos und Clips aus unterschiedlichen Sammlungen.

ClipArts gekonnt einsetzen

Sehr angenehm und einfach ist die Verwendung von ClipArts aus dem Clip Organizer. Hier finden sich professionell vorgefertigte Formen, Fotos, Sounds und Videos, die sich mit einem Klick in eine Folie integrieren lassen.

4. PowerPoint – Planen und Erstellen von Präsentationen

Bei der Arbeit mit PowerPoint-Präsentationen lassen sich drei Positionen für den Zugriff auf ClipArts unterscheiden. Zum einen stehen ClipArts in Inhaltsplatzhaltern bestimmter Layouts zur Verfügung. Zum anderen lassen sie sich in der Füllfläche von Formen einbinden, und nicht zuletzt kann man ClipArts frei auf Folien platzieren. Die Integration von ClipArts in Formen haben Sie bereits kennengelernt.

Um ein ClipArt frei auf einer Folie zu positionieren, wählen Sie im Register *Einfügen* in der Gruppe *Bilder* das Symbol *ClipArt*.

Nach ClipArts suchen

Bei der Suche nach ClipArts kann man auch mehr als einen Begriff eingeben. Dieser Begriff muss kein Hauptwort sein, sondern man kann auch nach Verben wie *laufen* suchen. Sogar die Eingabe ganzer Sätze, mit denen man ein Thema umschreibt, ist möglich.

Auf der rechten Seite wird der Aufgabenbereich eingeblendet. Hier ist der Suchbegriff einzugeben. Zusätzlich lässt sich einstellen, nach welchem Mediendateityp man sucht. Hier finden sich Illustrationen, die mit den Formen vergleichbar sind, Fotos, Videos und auch Tondateien.

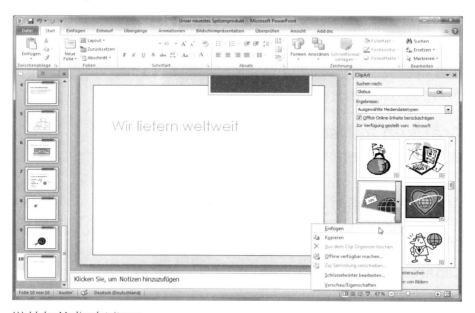

Wahl der Mediendateitypen.

4.5 Professionelle Mediengestaltung in PowerPoint

Von Anfang an lassen sich Office Online-Inhalte berücksichtigen. Diese Einstellung lässt sich mit dem Kontrollkästchen unter der Auswahl der Medientypen aktivieren.

Um das animierte ClipArt einer Weltkugel auf der Folie zu platzieren, gehen Sie wie folgt vor:

1. Legen Sie in einer Präsentation eine Folie mit dem Layout *Nur Titel* an. Selbstverständlich lassen sich ClipArts auch auf jedem Folienlayout unterbringen.

2. Geben Sie als Suchbegriff *Globus* ein und wählen Sie als Medientyp *Videos*.

3. Achten Sie darauf, dass auch Office Online-Inhalte berücksichtigt werden.

4. Bestätigen Sie die Auswahl, und es erscheint eine Übersicht über die ClipArts, die zu diesem Suchbegriff passt. Wählen Sie sich ein ClipArt aus. Sobald sich die Maus darüber befindet, entsteht ein aufklappbares Kombinationsfeld.

5. Wählen Sie hier *Einfügen*, und das ClipArt wird mitten auf der Folie platziert und markiert. Alternativ kann man auch doppelt auf das ClipArt klicken. Hier lässt es sich neu positionieren, kopieren und in der Größe anpassen.

6. Starten Sie die Präsentation, um die Wirkung der animierten Grafik zu sehen.

Präsentationen lassen sich an der aktuellen Folienposition mit einem Klick auf das Symbol rechts unten in der Symbolleiste für Ansichten oder mit der Tastenkombination [Strg]+[F5] starten. Mit der Taste [F5] beginnt die Bildschirmpräsentation mit der ersten Folie.

> **Animierte Grafiken und Videos**
>
> Unter den ClipArts gibt es nur animierte Grafiken im Format GIF und man sucht hier, auch wenn sie unter der Kategorie *Videos* aufgelistet werden, Filme vergeblich. Im Folienlayout mit dem Platzhalter *Inhalt* findet sich allerdings ein Symbol für das Einbinden von Dateien in unterschiedlichen Videoformaten.

Sind die Suchergebnisse nicht zufriedenstellend, kann man über den Hyperlink *Auf Office Online* auch noch in einem Angebot der Firma Microsoft im Internet weitersuchen. Voraussetzung ist natürlich eine funktionierende Internetverbindung, weil bei einem Klick auf diesen Link sofort der Browser mit dem Angebot gestartet wird.

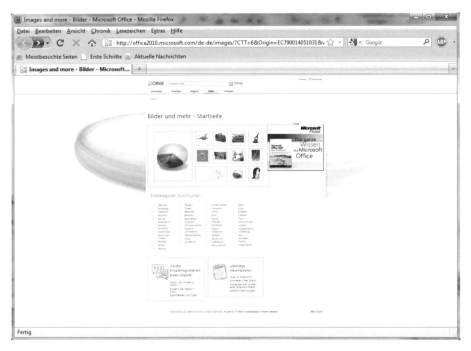

ClipArts im Internet.

Unter einer Übersicht über häufig verwendete Clips finden Sie verschiedene Bildkategorien zur Auswahl. Um das ClipArt eines Globus aus dem Internet zu laden, gehen Sie wie folgt vor:

1 Wählen Sie die Bildkategorie *Landkarten*.

2 Stellen Sie den Medientyp *Animation* ein.

3 Wählen Sie dann im Abschnitt *Freigegebene Schlüsselwörter* den Begriff *Globusse*. Sie können hier Suchbegriffe nicht frei eingeben, sondern sind auf die freigegebenen Schlüsselwörter angewiesen.

4 Bewegen Sie die Maus auf das gewünschte ClipArt. Wählen Sie dann in dem Fenster *Zum Korb hinzufügen*. Alternativ können Sie die Grafik auch direkt auf Ihren Computer laden.

4.5 Professionelle Mediengestaltung in PowerPoint

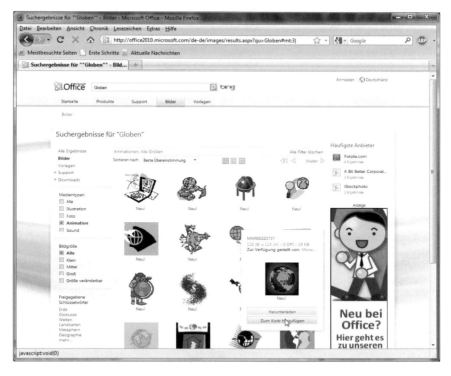

5 Wenn ClipArts im Korb sind, erscheint ein Hyperlink rechts über der Übersicht. Mit einem Klick auf *Download* wechseln Sie auf eine Informationsseite.

4. PowerPoint – Planen und Erstellen von Präsentationen

6 Wählen Sie hier die Schaltfläche *Herunterladen* und im nächsten Fenster *Öffnen mit Clip Organizer*.

7 Das Fenster des Clip Organizer öffnet sich und das neue ClipArt wird angezeigt.

8 Soll ein auf diese Weise geladenes ClipArt auf einer Folie platziert werden, finden Sie den Zugang im Register *Einfügen* über das Symbol *Grafik*.

Grafik

9 Die Grafiken sind in dem Ordner *Microsoft Clip Organizer*, einem Unterordner im Ordner (*Eigene*) *Bilder*. Diesen Ordner findet man im Abschnitt *Bibliotheken* links im Navigator. Mit einem Doppelklick wird die Grafik abgerufen.

4.5 Professionelle Mediengestaltung in PowerPoint

Gespeicherte Grafiken aus dem Internet.

Eigene Grafiken, die man immer wieder verwendet

Diese Auswahl ist bereits ein reicher Schatz, aus dem man schöpfen kann, doch was macht man, wenn man bei der Erstellung von PowerPoint-Präsentationen eigene Grafiken verwenden möchte? Dabei kann es sich um Logos oder Formen in vorgegebenen Farben handeln.

Nehmen Sie zum Beispiel einen Notizzettel, den Sie mit Wiedererkennungseffekt ab sofort bereitstellen wollen. Erstellen Sie ihn wie folgt:

1 Fügen Sie die Standardform *Gefaltete Ecke* in eine leere Folie ein. Die Form finden Sie im Register *Einfügen* unter den Formen.

2 Passen Sie die Größe an.

3 Klicken Sie doppelt in die Form, um die Hintergrundfarbe anzupassen. Wählen Sie anstelle der dunklen Standardfarbe *Subtiler Effekt - Akzent, Orange 6*.

4 Versehen Sie die Form mit einem Schatten. Diese Einstellung finden Sie unter *Formeffekte/Schatten*.

5 Suchen Sie unter den ClipArts nach einer Nadel. Hier finden sich auch Nadeln für den Bürobedarf.

6 Bewegen Sie die Nadel so, dass sie auf den Notizzettel passt.

7 Damit es nicht so aussieht, dass die Nadelspitze direkt auf dem Papier steht, muss die Grafik zurechtgeschnitten werden. Klicken Sie doppelt auf die Form. Klicken Sie dann auf das Symbol *Zuschneiden*. Die Form wird anstelle der Markierungspunkte von schwarzen Ecken und Linien markiert. Bewegen Sie die Maus an die rechte untere Ecke und ziehen Sie ein wenig in die Form hinein.

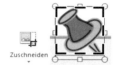

Im nächsten Schritt ist diese Grafik so zu speichern, dass sie ab sofort für PowerPoint-Präsentationen verfügbar ist.

1 Markieren Sie beide grafischen Objekte. Klicken Sie das erste an, halten Sie die [Umschalt]-Taste gedrückt und klicken Sie auf das zweite Objekt.

2 Wählen Sie dann aus dem Kontextmenü *Als Grafik speichern*. Wählen Sie als Dateiformat *Erweiterte Windows-Metadatei* und nennen Sie die Grafik *Notizzettel*.

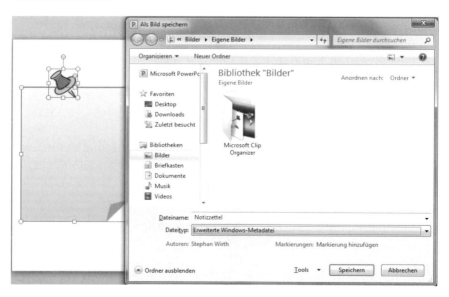

Ab sofort lässt sich diese Grafik im Register *Einfügen* über das Symbol *Grafik* finden und in eine Folie einfügen. Sollten Sie einen größeren Bedarf an eigenen Grafiken haben, können diese natürlich in einem eigenen Ordner abgelegt werden.

Eigene Fotos von der Festplatte

Bei der Vorbereitung einer Präsentation mit vielen Fotos, die nur für diese Präsentation benötigt werden, lohnt es sich nicht, Fotos in dem vorbereiteten Bibliothekenordner zu speichern. Hier bereitet man besser auf einem Laufwerk einen eigenen Ordner vor, indem man das Bildmaterial sammelt, um es dann in Folien einzufügen.

Anschließend wählt man im Register *Einfügen* das Symbol *Grafik* aus und sucht sich Fotos aus dem vorbereiteten Ordner. Alternativ kann man auch eine Grafik oder ein Foto in einem Grafikbearbeitungsprogramm markieren und über die Zwischenablage auf eine Folie kopieren.

Viele Fotos in einer Präsentation können dazu führen, dass ein erhöhter Speicherplatzbedarf entsteht. Dieses lässt sich umgehen, indem man Fotos nicht einfügt und damit fest in die Präsentation integriert, sondern eine Verknüpfung zu einer Fotodatei über den Menüpunkt *Mit Datei verknüpfen* herstellt.

Dabei ist allerdings zu beachten, dass später neben der Präsentation auch die dazugehörenden Fotodateien zur Verfügung stehen müssen. Am besten ist es, wenn man die Fotos in einem Unterordner des Ordners speichert, in dem sich die Präsentation befindet.

> **Fotos aus dem Internet laden**
>
> Fotos lassen sich aus dem Internet über das Kontextmenü auf PowerPoint-Folien kopieren. Zum einen bietet sich über den Menüpunkt *Kopieren* der Weg über die Zwischenablage an. Zum anderen kann man aber auch ein Foto mit dem Menüpunkt *Grafik kopieren* auf der lokalen Festplatte speichern und später in die Präsentation einbinden. Bei diesem Vorgehen sind aber unbedingt die Warenzeichen- und Copyright-Gesetze zu beachten. Vor der Veröffentlichung einer Grafik ist der Urheber um Erlaubnis zu fragen.

Weitere Internetangebote in Onlinebibliotheken

Sind Sie auf der Suche nach professionellen, eventuell kostenlosen Fotos, die sich sinnvoll in Präsentationen einsetzen lassen, schauen Sie doch einmal auf den folgenden Internetseiten nach. Für Demozwecke oder private Zwecke sind diese Angebote lizenzfrei und kostenlos.

Website	URL
#1 Free ClipArt	*http://www.1clipart.com/*
Classroom ClipArt	*http://classroomclipart.com/*
Free Graphics	*http://www.free-graphics.com/*
Presentation Helper	*http://www.presentationhelper.co.uk*

Grafik direkt in PowerPoint bearbeiten

ClipArts, die in PowerPoint eingefügt wurden, lassen sich nachträglich bearbeiten und anpassen. Das gilt zum Beispiel für Vektorgrafiken oder Grafiken vom Dateityp Bitmap.

Bearbeitung von Vektorgrafiken

Vektorgrafiken werden im Clip Organizer Illustrationen genannt. Ein besonderes Merkmal von Vektorgrafiken sind Linien, die Punkte miteinander verbinden und die Flächen umrahmen können. Vektorgrafiken liegen in den Dateiformaten WMF, PNG und JPG vor. Nur Grafiken vom Typ WMF lassen sich in ein PowerPoint-Zeichnungsobjekt umwandeln. Man erkennt den Datentyp, wenn man mit der Maus über einer Grafik verharrt. Dann erscheint ein gelbes Informationsfenster.

Anschließend haben Sie Zugriff auf Einzelteile der Grafiken, die sich kopieren, löschen oder auch anpassen lassen. Häufig sind die Grafiken gruppiert und vor einer Bearbeitung muss diese Gruppierung aufgehoben werden.

Um mit Bestandteilen von ClipArts eine aussagekräftige Folie zu gestalten, gehen Sie wie folgt vor.

1 Fügen Sie auf einer Folie mit dem Layout *Nur Titel* ein ClipArt aus dem Bereich Produktion ein.

2 Wählen Sie aus dem Kontextmenü *Gruppieren/ Gruppierung aufheben*.

Hinweis bei Umwandlung in ein Microsoft Office-Zeichnungsobjekt.

3 Damit haben Sie die Verbindung zum Clip Organizer aufgehoben. Allerdings sind die Bestandteile der Grafik immer noch gruppiert. Wiederholen Sie aus diesem Grund den letzten Schritt und heben Sie erneut die Gruppierung auf. Als Ergebnis erhalten Sie eine Vielzahl kleiner Objekte, die alle markiert sind.

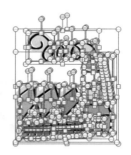

4 Markieren Sie nun einen Bereich der Objekte. Setzen Sie dabei außerhalb der Grafik an und ziehen Sie mit gedrückter linker Maustaste einen Rahmen um die zu markierenden Objekte.

5 Markieren Sie anschließend wieder alle Bestandteile und gruppieren Sie diese.

6 Fügen Sie ein ClipArt mit Zahnrädern ein und separieren Sie auf die gleiche Weise ein schönes Zahnrad. Wenn Sie Elemente in einer Grafik markiert haben, können Sie diese mit gedrückter [Strg]-Taste und der linken Maustaste aus einer Grafik ziehen und auf diese Weise kopieren.

7 Entfernen Sie die überflüssigen Elemente und gruppieren Sie den Rest der Grafik.

8 Ziehen Sie anschließend das Zahnrad über die Fabrik und richten Sie beides aus. Gruppieren Sie die beiden Objekte.

9 Kombinieren Sie auf die gleiche Weise Zahnräder mit unterschiedlichen Motiven.

Folie mit bearbeiteten ClipArt-Elementen.

Bildeffekte machen Bilder und Fotos interessanter

Neben den Vektorgrafiken lassen sich auch Bitmap-Grafiken gestalten. Hierbei handelt es sich um Grafiken, die aus vielen Pixeln bestehen. Dazu gehören auch Fotos. Diese lassen sich in PowerPoint mit professionellen Techniken bearbeiten. Hier kommen Rahmeneffekte, Perspektiven und Schatteneffekte zum Einsatz.

Ein Foto aus der ClipArt-Galerie.

Nehmen Sie zum Beispiel von den ClipArts ein Foto zum Thema Qualität. Fügen Sie es auf eine Folie mit dem Layout *Nur Titel* ein. Es kann sein, dass das Foto zu groß für die Folie ist. Passen Sie es also an. Die weiteren Techniken müssen Sie ausprobieren. Wenn Sie mit der Maus über einer Einstellung stehen bleiben, wird sie auf das markierte Objekt übernommen und Sie können prüfen, ob sie Ihnen gefällt. Wenn ja, reicht ein Klick und der Effekt wird dauerhaft für das Foto verwendet. Probieren Sie folgende Effekte:

1 Hinter dem Symbol *Korrekturen* verbergen sich umfangreiche Varianten der Scharfzeichnung und von Kontrasten und Helligkeitseinstellungen. Hier muss man entscheiden, ob ein Foto dominant auf einer Folie den Ton angeben soll oder ob weitere Objekte auf der Folie geplant sind.

2 Das Symbol *Farbe* bietet vielfältige Einstellungen der Farbsättigung, des Farbtons. Außerdem lassen sich Fotos neu einfärben. Das Ganze erinnert an Werke des Künstlers Andy Warhol.

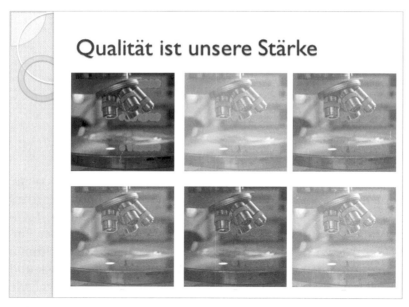

Farbvariationen.

Sehr fantasievoll wird es dann, wenn man künstlerische Effekte auf Fotos anwendet. Hier finden sich dann Verfremdungen jeder Art.

Wenn Sie mit der Maus auf einem Symbol verharren, erscheint der Name des Effekts und wird auch gleich auf das markierte Foto angewandt. Bei all der Schönheit
einzelner Einstellungsmöglichkeiten ist zu bedenken, ob der Effekt auch zu der Aussage der Folie und dem Stil der Präsentation passt.

Foto mit dem Effekt Leuchten: Ränder.

Sich auf das Wesentliche beschränken: der Bildausschnitt

Das Zuschneiden von Grafiken haben Sie bereits im Zusammenhang mit Zeichnungen kennengelernt. Dieses Werkzeug lässt sich auch auf Fotos anwenden und soll hier in einer Variante vorgestellt werden. Angenommen, Sie wollen den Hintergrund der Folien mit einem Fotoausschnitt optimieren, dann gehen Sie wie folgt vor:

1 Wechseln Sie in die Ansicht des Folienmasters.

2 Aktivieren Sie dann links in der Navigation die vergrößerte Masterfolie.

3 Fügen Sie ein Foto ein. Hier wurde ein Motiv aus dem Bereich *Zahnräder* ausgewählt.

4 Mit einem Doppelklick auf das Foto wechselt man in das Register *Format*. Hier findet sich das *Zuschneiden*-Symbol ganz rechts. Öffnen Sie hier das Kombinationssymbol und wählen Sie *Auf Form zuschneiden*.

5 Wählen Sie zum Beispiel die Form Stern mit 32 Zacken aus, und das Foto wird auf diese Form maßgeschneidert.

6 Verkleinern Sie anschließend das Foto und positionieren Sie es an die linke obere Ecke der Folie. Dann können Sie den Folienmaster wieder verlassen und das Foto ist auf jeder Folie zu sehen.

Der Effekt *Freistellen* ist neu in PowerPoint 2010 und bietet bemerkenswerte Möglichkeiten. Mit ihm kann man einen Teil eines Fotos herauslösen. Dieser Vorgang geht über das einfache Ausschneiden hinaus. Objekte eines Fotos werden dabei nach ihren Konturen freigestellt. Diese Technik wurde aus hochprofessionellen Bildbearbeitungsprogrammen übernommen.

Folie mit zugeschnittenem Foto.

Folie mit freigestelltem Objekt.

Ist ein Foto markiert, findet sich das Symbol für die Freistellung ganz links im Register *Format* unter den Bildtools. Nach einem Klick auf das entsprechende Symbol erscheint um das Foto eine Markierung, die man anpassen kann.

Nach jeder Anpassung muss man ein wenig warten und der Teil, der freigestellt werden kann, wird hervorgehoben. Der Rest wird in violetter Farbe dargestellt. Dabei sucht das System jeweils nach zusammenhängenden Bereichen.

Symbolleiste für das Freistellen.

Voreinstellung ist, dass die Bereiche, die erhalten bleiben sollen, markiert sind. Man kann den Effekt aber auch umkehren und nur die Bereiche markieren, die entfernt werden sollen.

Ist das Ergebnis zufriedenstellend, lässt es sich mit einem Klick auf das Symbol *Änderungen beibehalten* übernehmen.

Gestaltung von Folien mit SmartArt

Das Herz der SmartArts sind Texte, die grafisch zueinander in Bezug gesetzt werden. Neben den bekannten Organigrammen gibt es vielfältige Einsatzmöglichkeiten.

Den Zugang zu SmartArts finden Sie im Register *Einfügen* in der Gruppe *Illustrationen*. Hier findet sich eine Vielzahl an Grafiken, die in Kategorien unterteilt sind.

Wie bei den Formen wählt man auch hier ein Objekt und zieht es dann auf der Folie auf. Anschließend werden die einzelnen Bestandteile beschriftet.

4.5 Professionelle Mediengestaltung in PowerPoint

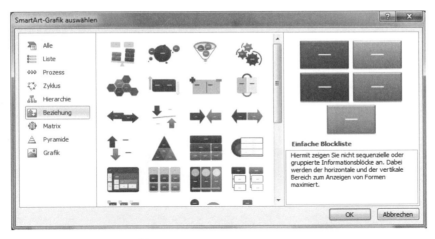

Auswahl von SmartArt-Grafiken.

Organigramme wirkungsvoll gestalten

Normale Organigramme stehen nach wie vor in der Kategorie *Hierarchie* zur Verfügung. Es gibt auch die Herausforderung der Gestaltung, wenn man viel Information unterbringen muss. Gehen Sie bei der Erstellung eines Organigramms wie folgt vor:

1 Fügen Sie eine Folie des Layouts *Titel und Inhalt* in die Präsentation ein. Über das Symbol *SmartArt einfügen* findet sich der Zugang zu den Organigrammen. Alternativ lässt sich ein SmartArt des Typs Organigramm auch variabel im Register *Einfügen* auf einer Folie platzieren.

2 Wählen Sie in der Kategorie *Hierarchie* ein passendes Organigramm wie zum Beispiel *Name und Titel* und geben Sie Texte ein.

3 Fügen Sie im Register *Entwurf* neue Formen zu dem Organigramm hinzu. Dabei spielt es eine Rolle, welcher Bestandteil markiert ist. Wählt man *Form danach hinzufügen*, wird in gleicher Ebene rechts ein neues Element eingefügt. Daraus ergeben sich die Positionen der weiteren Vorgaben.

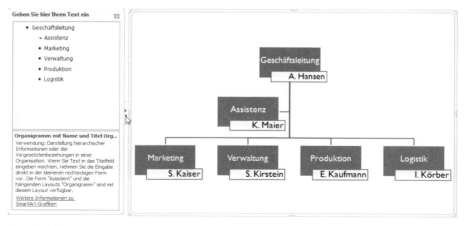

Standarddiagramm.

Um die Grafik befindet sich ein Markierungsrahmen, solange man darin arbeitet. An der linken Seite finden Sie zwei Symbole, mit deren Hilfe sich ein Texteditor ein- oder ausblenden lässt.

Anschließend lässt sich die Grafik bequem und schnell gestalten. Man sollte die Farbgestaltung mit dem Design der Präsentation ab-
stimmen und kann dann über die SmartArt-Formatvorlagen das Organigramm optimal gestalten.

Die SmartArt-Grafik reagiert mit einer Automatik auf Texteingaben und das Hinzufügen oder Entfernen von Elementen. Alle Bestandteile verkleinern oder vergrößern sich automatisch. Das kann zu unerwünschten Effekten führen. Aus diesem Grund ist es angenehm, dass man ein Organigramm auch praktisch auseinandernehmen kann.

Dazu klickt man auf den Markierungsrahmen der SmartArt-Grafik und wählt im Kontextmenü *Gruppieren/Gruppierung aufheben*. Anschließend klickt man direkt in das Organigramm und wählt diesen Menüpunkt erneut aus dem Kontextmenü aus.

Als Ergebnis erhält man eine Gruppe von markierten Einzelobjekten, die einzeln gestaltet und positioniert werden können.

4.5 Professionelle Mediengestaltung in PowerPoint

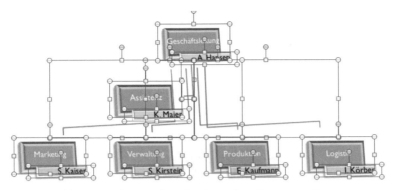

Umgewandeltes Organigramm, bestehend aus einer Gruppe von Formen.

Von Stichworten zum SmartArt

Ein anderer interessanter Weg ist es, zuerst den Text auf einer Folie zu erstellen und ihn anschließend in eine SmartArt-Grafik umzuwandeln. Gehen Sie dabei wie folgt vor:

1 Verwenden Sie eine Folie des Typs *Titel und Inhalt*.

2 Geben Sie Stichworte ein, die in Ebenen unterteilt sind.

3 Wählen Sie anschließend aus dem Kontextmenü den Menüpunkt *In SmartArt konvertieren*.

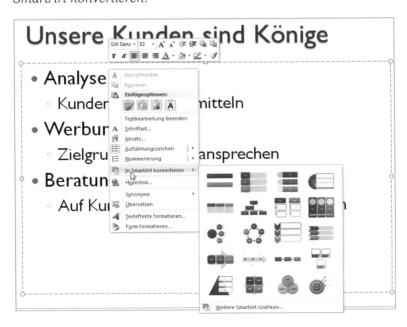

4 Wählen Sie zum Beispiel aus dem Bereich *Weitere SmartArt-Grafiken/ Zyklus* die Grafik *Segmentierter Kreis*.

SmartArt aus Stichworten.

Das Ergebnis lässt sich in dem Editor anpassen und erweitern und verhält sich wie bei der Texteingabe in der Gliederungsansicht oder im Platzhalter für Texte. Mit der Tastenkombination [Umschalt]+[Tab] am Anfang einer neuen Zeile wird um eine Ebene hochgestuft, mit der [Tab]-Taste stuft man eine Ebene herab. Das Ergebnis ist in der Grafik sofort zu sehen.

Anschließend kann man die Grafik noch gestalten. Testen Sie einmal aus der Gruppe *SmartArt-Vorlagen* die Einstellung *Vogelperspektivszene*.

Es kann auch sehr gut sein, dass die verwendeten Farben der SmartArt-Grafik nicht mit dem Design und der Farbgebung der Präsentation übereinstimmen. Hier bieten sich über das Symbol *Farben ändern* vielfältige Farbkombinationen.

4.5 Professionelle Mediengestaltung in PowerPoint

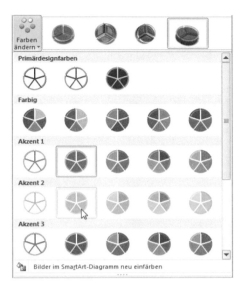

Für den Fall, dass man feststellt, dass man auf dem falschen Weg ist, kann man die SmartArt-Grafik auch auf die ursprüngliche Form zurücksetzen oder sogar wieder in die Stichwortliste konvertieren.

Sicherheitskopie

In der Testphase arbeitet man am besten mit Kopien von Folien. Hier kann man dann ausprobieren oder alles verwerfen und die Ausgangsfolie bleibt erhalten.

Übertragen animierter Formate auf andere Objekte

Befinden sich auf einer Folie viele Einzelobjekte, kann es von Interesse sein, wenn man sie animiert. Damit erreicht man, dass beim Erscheinen der Folie diese Objekte erst nach einem Klick angezeigt werden. Für jedes Objekt lassen sich beliebig viele Animationen wählen und gestalten. So kann man einstellen, dass ein Objekt nach einem Klick erscheint, mit einem weiteren Klick eine kleine Aktion ausführt und dann nach einem letzten Klick wieder verschwindet.

Nehmen Sie für ein Beispiel folgende Einstellungen vor:

1 Wählen Sie die Folie mit den Zahnrädern und überprüfen Sie, ob jedes Zahnrad mit Inhalt eine Gruppe bildet. Markieren Sie anschließend eines der Zahnräder.

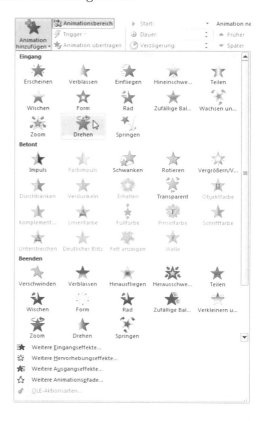

2 Wechseln Sie in das Register *Animationen*. Wenn ein Objekt markiert ist, ist auch das Symbol *Animation hinzufügen* aktiviert. Außerdem finden sich Standard-Eingangsanimationen in der Symbolleiste, die sich aufklappen lässt. Es gibt drei Hauptgruppen, aus denen Sie wählen können. Bei einem Zahnrad bietet es sich an, dass man es drehen lässt.

3 Fügen Sie für das gleiche Objekt die Einstellung *Rotieren* im Abschnitt *Betont* ein. Damit wurden dem gleichen Objekt zwei Animationen zugewiesen. Dies erkennt man direkt am Objekt. Es erhält für jede Animierung eine fortlaufende Nummer.

4 Auf sehr einfache Weise lassen sich diese Animationen auf andere Objekte übertragen. Markieren Sie dazu das animierte Objekt und wählen Sie dann in der Gruppe *Erweiterte Animation* das Symbol *Animation übertragen*. Klicken Sie dann auf das Objekt, das die Animation(en) übernehmen soll. Wollen Sie Animationen auf mehrere Objekte übertragen, klicken Sie auf das Symbol doppelt. Die Animationen werden sofort auf die neuen Objekte

angewandt, sodass man die Wirkung begutachten kann. Außerdem erhält jede Animation eine fortlaufende Nummer.

Audio-/Videounterstützung spektakulär in Vorträge integrieren

Gerade bei umfangreichen Präsentationen kann es von großem Vorteil sein, wenn man mit multimedialer Gestaltung die Aufmerksamkeit weckt. So lassen sich Geräusche und Filme in eine Präsentation einbinden. Für diese Mittel gilt allerdings das Gleiche wie für Stichworte. Weniger ist mehr und man sollte sie gezielt und bewusst einsetzen.

Mit einer Geräuschkulisse Aufmerksamkeit erlangen

Wenn man einen Vortrag halten möchte, gibt es die Phase, in der die Besucher eintreffen. Dauert es etwas länger, kommen sie natürlich untereinander ins Gespräch und da könnte man sich überlegen, ob man für den Start des Vortrags eine Geräuschkulisse wie zum Beispiel Beifall und Jubel aufbaut und so die Aufmerksamkeit nach vorn lenkt.

In der ClipArt-Galerie finden sich wenige Beispiele für Audiodateien.

Bauen Sie eine Tondatei wie folgt in eine Folie ein:

1   Wechseln Sie zur Titelfolie und von dort zum Register *Einfügen*.

2   Wählen Sie als Mediendateityp *Audio* und suchen Sie dann eine Tondatei aus. Sofort wird ein Audioobjekt mitten in der Folie platziert.

3   Über das Register *Wiedergabe* können Sie anschließend das Objekt konfigurieren. Dieses Register erscheint nur, wenn Sie ein Audioobjekt markiert haben.

4 Wichtig ist es auch zu bedenken, wann genau die Audiodatei abgespielt werden soll. Wählen Sie die Einstellung *Automatisch*, wenn die Audiodatei bei
der Anzeige der Folie abgespielt werden soll. Alternativ können Sie auch wählen, dass sie erst nach einem Klick gehört wird. Zusätzlich kann man dann noch die grafische Darstellung des Audioobjekts während der Vorführung der Präsentation ausblenden.

Mit einem Video Bewegung in die Präsentation bringen

Für Filme gilt das Gleiche wie für Tondateien. Man muss sie mit Bedacht einsetzen. Andererseits gibt es durchaus Gründe, zum Beispiel professionell gemachte, firmeneigene Filme in eine Präsentation einzubauen.

Auf Folien mit dem Inhaltsplatzhalter im Layout findet sich ein Symbol für das Einbinden von Filmdateien in unterschiedlichsten Dateiformaten. Bei den Beispielen findet sich auch mindestens ein Film.

Daneben findet sich auch in der ClipArt-Galerie die Einstellung *Videos* unter den Mediatypen. Aber sowohl hier als auch in der Onlinevariante unter dem Stichwort *Animation* finden sich an dieser Stelle grafische Animationen als GIF-Dateien, die nichts mit Filmen zu tun haben.

Fügen Sie den Videofilm *Natur.wmv* auf einer Folie ein. Alternativ können Sie auch eigene Filme verwenden.

Nach dem Einfügen lässt sich der Film konfigurieren. Ist das Filmobjekt markiert, erscheint das Hauptregister *Videotools* mit den Registern *Format* und *Wiedergabe*.
Über das Register *Format* kann man das Objekt selbst grafisch gestalten. Nehmen Sie folgende Einstellungen vor:

1 Rufen Sie eine Stelle im Film auf. Auf diese Weise können Sie die Auswirkungen Ihrer Einstellungen überprüfen.

2 Über dieses Symbol lassen sich Helligkeit und Kontraste einstellen. Probieren Sie hier, wie Veränderungen wirken.

3 Mit der Schaltfläche *Farbe* finden Sie den Zugang, um einen Film neu einzufärben. Auf diese Weise kann man einen Film verfremden oder neue Akzente setzen.

4.5 Professionelle Mediengestaltung in PowerPoint

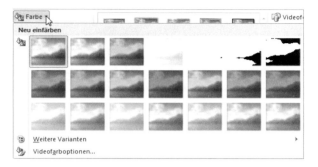

4 Sehr gelungen sind auch die Videoeffekte, die in die Bereiche *Subtil*, *Moderat* und *Intensiv* unterteilt sind. Sie haben die Wahl zwischen Vorlagen und den Einzeleinstellungen, mit denen Sie Beleuchtung, Schatten oder Drehung für den Film definieren können. Auf diese Weise erscheint das Filmobjekt nicht in einem einfachen Kasten, sondern wird deutlich auffälliger und ansprechender vorgeführt.

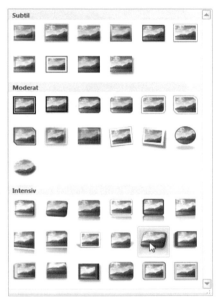

Sehr interessant sind auch die Konfigurationswerkzeuge im Register *Wiedergabe*. Hier finden sich Werkzeuge zur Bearbeitung des Filmablaufs.

Der Film lässt sich abspielen, ohne dass die Präsentation gestartet werden muss. Man kann aber auch Sprungmarken setzen und entfernen und auf diese Weise unwichtige Passagen überspringen. Gehen Sie dabei wie folgt vor:

1 Unter dem Filmobjekt befindet sich ein Laufbalken. Er erlaubt es, dass man den Film abspielt, ohne dass die Präsentation gestartet ist. Außerdem kann man sich bestimmte Passagen des Films genauer anschauen. Markieren Sie im Laufbalken einen Punkt. Der entsprechende Filmausschnitt wird angezeigt. Durch Ziehen nach rechts oder links kann man prüfen, ob man an der gewünschten Stelle ist.

2 Wählen Sie als Nächstes das Symbol *Sprungmarke hinzufügen*. Dann erscheint an der aktuellen Position im Laufbalken ein kleiner Punkt.

3 Sowohl bei der Bearbeitung als auch bei der Vorführung einer Präsentation erreicht man den folgenden Haltepunkte mit der Tastenkombination [Alt]+[Ende]. Vorherige Haltepunkte erreicht man mit [Alt]+[Pos1].

Filme lassen sich auf einfache Weise auch kürzen. Nach einem Klick auf das entsprechende Symbol erscheint ein eigener Editor, in dem man den Anfang und das Ende des Films neu einstellen kann.

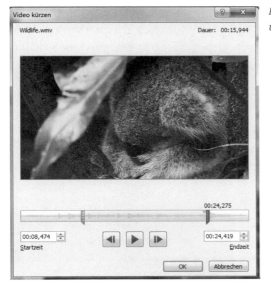

Konfigurationsfenster, um ein Video zu kürzen.

Umwandeln einer Präsentation in ein Video

Ist eine Präsentation nicht für einen Vortrag, sondern als Werbemaßnahme auf einer Messe oder für ein Schaufenster gedacht, dann kann sie auch selbst in ein Video umgewandelt werden. Gehen Sie dabei wie folgt vor:

1 Wechseln Sie in den Backstage-Bereich zum Register *Datei*.

2 Wählen Sie links in der Navigation die Kategorie *Speichern und Senden* und dann im Abschnitt *Dateitypen* die Einstellung *Video erstellen*.

3 Stellen Sie ein, wie viele Sekunden jede einzelne Folie angezeigt werden soll.

4 Aktivieren Sie abschließend das Symbol *Video erstellen* und bestimmen Sie, an welcher Stelle das Video mit dem Format WMV (**W**indows **M**edia **V**ideo) gespeichert werden soll. Nur dieses eine Format steht für den Export zur Verfügung.

Je nach Umfang der Präsentation kann dieser Vorgang einige Zeit in Anspruch nehmen. In dieser Zeit erscheint am unteren Fensterrand ein Hinweis der Bearbeitung. In dieser Phase sollte PowerPoint nicht beendet werden, ansonsten gehen die Daten verloren.

4. PowerPoint – Planen und Erstellen von Präsentationen

Einstellungen für die Erstellung eines Videos aus einer Präsentation.

4.6 Tabellen müssen nicht ermüdend sein

Strukturiertes Zahlenmaterial in Tabellen kann auf Betrachter schnell ermüdend wirken. Dem kann abgeholfen werden, indem man Tabellen etwas aufwendiger gestaltet. Das Problem ist, dass viele Informationen auf engem Raum dargeboten werden und häufig zusätzliche Erklärungen nötig sind, um eine Aussage abzuleiten. Und auch wenn Diagramme oder Schaubilder besser geeignet sind, um Zahlen zu visualisieren, können auch Tabellen sehr informativ sein.

Tabellen in eine Folie einfügen

Tabellen lassen sich in PowerPoint direkt erstellen. Sie können aber auch aus anderen Anwendungen wie Excel importiert werden. Neben dem Import als Kopie kann man Daten auch mit einer Folie verknüpfen und stellt so sicher, dass immer aktuelle Daten verfügbar sind.

Einfache Tabellen mit ein paar Mausklicks

Für ein Beispiel soll eine übliche Übersicht über Projektkosten erstellt werden. Für die Erstellung in PowerPoint benötigen Sie die folgenden Arbeitsschritte:

1 Fügen Sie eine Folie mit dem Layout *Titel und Inhalt* in die Präsentation ein. Wählen Sie dann das Symbol der Tabelle im Platzhalter für Inhalte aus.

2 Geben Sie ein, wie viele Zeilen und Spalten die Tabelle haben soll.

3 Im Register *Layout* lässt sich die Tabellenstruktur gestalten. So kann man Zeilen einfügen, entfernen oder markierte Zellen miteinander verbinden. Geben Sie anschließend Daten ein. Der Schwerpunkt soll hier nicht auf einer Vielzahl von Informationen liegen, sondern in einer möglichst effektiven Darstellung.

4 Wechseln Sie dann zum Register *Entwurf* in den Tabellentools und gestalten Sie die Tabelle farblich. Durch die Auswahl einer Formatvorlage ersparen Sie sich die Einzeleinstellungen.

Werbemaßnahmen		
Budget	Ausgaben	Verbraucht
105.000	99.000	94%

5 Die fertige Tabelle lässt sich über die Zwischenablage kopieren. Die Kopien müssen anschließend nur noch inhaltlich angepasst werden.

4. PowerPoint – Planen und Erstellen von Präsentationen

Folie mit Tabellen.

Heben Sie das Wesentliche einer Tabelle mit Grafiken hervor

Damit ist diese Folie noch nicht optimal. Man könnte mithilfe einer Ampel ein Symbol verwenden, aus dem sofort hervorgeht, wie die Zahlen zu werten sind. Setzen Sie diese Aufgabe wie folgt um:

1 Verkleinern Sie die Tabellen. Auf der rechten Seite findet sich dafür ein Anfasser, wenn eine Tabelle markiert ist. Man zieht mit gedrückter Maustaste nach links und die gesamte Tabelle wird schmaler. Auch die Textgröße wird entsprechend skaliert.

2 Fügen Sie als Nächstes die Grafik einer Ampel in die Folie ein. Achten Sie darauf, dass Sie eine Grafik verwenden, in der alle drei Farben sichtbar sind.

3 Verkleinern Sie die Ampel und verschieben Sie diese auf eine Seite einer Tabelle.

4 Vergrößern Sie die Folienansicht. Wenn Ihre Maus ein Rad hat, können Sie die [Strg]-Taste gedrückt halten und dann das Rad drehen. Wenn Sie nach vorn drehen, wird die Ansicht vergrößert.

5 Fügen Sie einen Kreis aus der Abteilung Formen auf die Folie ein und passen Sie die Größe so an, dass sie auf eine der Ampelfarben passt. Stellen Sie die Farbe des Kreises auf Schwarz. Verdecken Sie auf diese

Weise zum Beispiel Gelb und Grün. Wenn der Kreis nicht exakt auf die Untergrundfarbe passt, können Sie ihn mit der Tastenkombination [Strg] + Richtungspfeil in kleinen Schritten verschieben.

6 Verfahren Sie so bei jeder einzelnen Tabelle und stellen Sie dar, ob Ausgaben im roten Bereich liegen oder nicht.

Tabellen mit Ampeln.

Excel-Tabellen zeitsparend in PowerPoint importieren

Daten, die bereits in Excel erfasst wurden, lassen sich einfach in eine Folie importieren. Gehen Sie dazu wie folgt vor.

1 Markieren Sie in Excel eine Tabelle und kopieren Sie diese in die Zwischenablage.

2 Fügen Sie in PowerPoint 2010 eine neue Folie mit dem Layout *Nur Titel* in Ihre Präsentation ein.

3 Klicken Sie mit der rechten Maustaste auf die Folie. Es bieten sich diverse Importvarianten an.

4. PowerPoint – Planen und Erstellen von Präsentationen

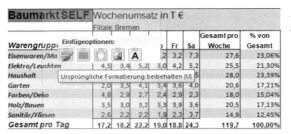

Einfügeoptionen für den Import einer Excel-Tabelle.

Angenehm ist, dass man sofort erkennen kann, wie die Tabelle in der Folie aussieht, wenn man mit der Maus eine Zeit lang auf einer Einstellung bleibt.

Hier haben Sie die Wahl und können entscheiden, ob Sie die Formatierung aus Excel übernehmen wollen, ob die Tabelle das Design der Präsentation übernehmen soll oder ob die Tabelle speichersparend eingebettet werden soll. Auch der Import als Grafik oder reiner Text ist möglich.

Ist die Tabelle importiert, kann man die Einfügeoption nachträglich über die Schaltfläche *(Strg)* an der rechten unteren Tabellenecke ändern.

Excel-Tabellen mit PowerPoint verknüpfen

Excel-Tabellen, die auf die beschriebene Weise importiert wurden, verlieren den Kontakt zur Ursprungstabelle. Es handelt sich um einfache Kopien. Mit importierten Tabellen erhöht sich der Speicherbedarf einer Präsentation.

Anders ist das bei verknüpften Tabellen. Mit wenigen Schritten ist Ihre Excel-Tabelle in PowerPoint verfügbar. Gehen Sie wie folgt vor:

1 Klicken Sie in eine Excel-Tabelle, die Sie mit einer PowerPoint-Folie verknüpfen wollen.

2 Fügen Sie in PowerPoint 2010 eine neue Folie mit dem Layout *Nur Titel* in Ihre Präsentation ein.

3 Wählen Sie im Register *Einfügen* das Symbol *Objekt* an.

4.6 Tabellen müssen nicht ermüdend sein

4 Wählen Sie die Excel-Mappe für den Import aus und aktivieren Sie das Kontrollkästchen *Verknüpfung*.

5 Mit der Bestätigung wird bereits die Verknüpfung hergestellt. Einfacher geht es nicht.

> **Vorsicht mit Verknüpfungen**
>
> Bedenken Sie bei der Verwendung von Verknüpfungen, dass die externen Daten auch bei der Präsentation selbst zur Verfügung stehen müssen. Einerseits hat die Verknüpfung den Vorteil, dass Änderungen an den Daten sofort auf der Folie berücksichtigt werden. Andererseits muss die Excel-Mappe bei der Übertragung der Präsentation auch zur Verfügung stehen und sei es nur als Kopie.

Flexible Tabellen mit AutoFormen erstellen

Tabellen unterliegen einer Dynamik, die manchmal nicht gewünscht ist. Und da es bei der Darstellung von Zahlen auf Qualität und nicht auf Quantität ankommt, ist es eine Überlegung wert, ob man nicht eine Tabelle vollständig aus AutoFormen erstellt. Dadurch ergeben sich weitergehende Gestaltungsmöglichkeiten.

Folgende Arbeitsschritte erleichtern dabei die Arbeit erheblich:

➢ Übernehmen Sie Inhalte aus der Excel-Tabelle nur als Text.

➢ Gestalten Sie eine AutoForm nach Ihren Vorstellungen.

➢ Anschließend kann man das Format der Form auf das importierte Textfeld übertragen. Format übertragen

Baumarkt SELF
Wochenumsatz in T €

Warengruppen	Mo	Di	Mi	Do	Fr	Sa
Eisenwaren/Maschinen	2,5	3,9	4,5	6,2	3,2	7,3
Elektro / Leuchten	4,5	3,4	5,2	3,0	4,2	5,2
Haushalt	3,4	4,5	5,7	4,0	4,9	5,5
Garten	2,0	3,5	4,1	3,4	3,6	4,0
Farben/Deko	4,8	2,9	2,7	2,4	2,9	2,3
Holz / Bauen	3,5	3,0	3,2	3,3	3,9	3,6
Sanitär / Fliesen	2,6	2,2	2,2	1,9	2,3	3,7
Gesamt/Tag	17,2	18,2	22,2	19,0	18,8	24,3

Tabelle aus AutoFormen.

In dieser Tabelle lassen sich mit einfachen Mitteln Akzente setzen und die einzelnen Elemente sind nicht mehr voneinander abhängig.

4.7 Monotonen Zahlen Leben einhauchen

Hauptaufgabe von Tabellen ist es, große Datenmengen aufzunehmen. Ziel ist es nicht, Informationen übersichtlich zu präsentieren. Tabellen sind deshalb von Haus aus monoton, unübersichtlich und nicht anschaulich. Seit jeher sind Diagramme willkommene Hilfsmittel, um umfangreiches Zahlenmaterial übersichtlich mit grafischen Mitteln darzustellen.

Diagramme in PowerPoint erstellen und bearbeiten

Wie es bei dem Einsatz von grafischen Hilfsmitteln üblich ist, wird man am Anfang immer erst einmal von der Vielfalt der Möglichkeiten erschlagen. Überhaupt besteht das Problem, dass man aus nüchternen Zahlen bunte Grafiken erstellt. An sich sind das zwei Gegensätze, weil Farben etwas mit Emotionen und Zahlen etwas mit Verstand zu tun haben.

Aus diesem Grund ist es von Vorteil, wenn man sich vor der Realisierung bereits Gedanken darüber macht, welcher Diagrammtyp für die Lösung einer Aufgabenstellung am besten geeignet ist. Eine kleine Übersicht kann hier bei der Wahl helfen:

4.7 Monotonen Zahlen Leben einhauchen

	Linien	Säulen	Balken	Kreise
Absolute Werte		x	x	
Anteile von Gesamt				x
Entwicklungsablauf	x			
Vergleich		x	x	

Ein Diagramm ist schnell angelegt. Den Zugang findet man entweder im Inhaltsplatzhalter eines Folienlayouts oder im Register *Einfügen*.

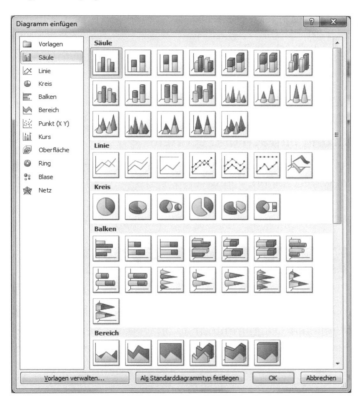

Diagrammtypen in PowerPoint.

Nach der Wahl des Diagrammtyps wird eine Excel-Tabelle mit Beispieldaten zur Verfügung gestellt, die man anpasst. Das Ergebnis ist sofort in einem Diagramm auf der Folie sichtbar.

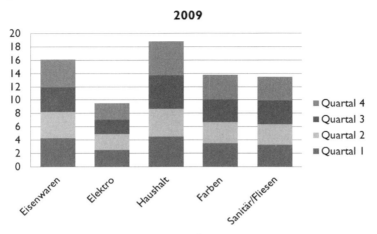

Ein einfaches Diagramm ist schnell erstellt.

Diagrammgestaltung einfach und schnell

Dieser erste Entwurf ist natürlich zu verbessern. Ist ein Diagramm ausgewählt, finden sich diverse Einstellungsmöglichkeiten in den Registern des Bereichs *Diagrammtools*.

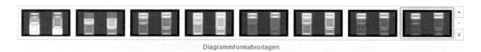

Am schnellsten passen Sie das Diagramm an, indem Sie im Register *Entwurf* eine der vorbereiteten Diagrammformatvorlagen wählen. Hier werden sofort Hintergrund und alle Bestandteile, aufeinander abgestimmt, angepasst.

Die Position der einzelnen Elemente im Diagramm lässt sich über die Diagrammlayouts anpassen. Auf diese Weise bestimmen Sie, wo die Legende oder die Zahlenbeschriftung platziert sein soll. Auch hier spart man sich mühselige Detailarbeit.

4.7 Monotonen Zahlen Leben einhauchen

Auch die Leserichtung einer Tabelle lässt sich auf Knopfdruck ändern. Ein Klick auf das Symbol für den Wechsel und die Daten der Achsen werden vertauscht.

Zeile/Spalte wechseln

Im Register *Layout* können Sie einzelne Elemente des Diagramms gezielt ändern. So lässt sich zum Beispiel die Position von Legende und Titel in der Gruppe *Beschriftungen* anpassen. Hier können Sie auch die Hilfslinien im Hintergrund ausblenden oder die Zeichenfläche anpassen.

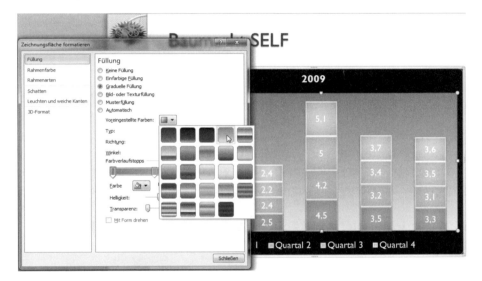

Testen Sie zum Beispiel einmal als Fülleffekt der Zeichnungsfläche die voreingestellte Variante *Morgendämmerung*.

Diagramme professionell animieren

In PowerPoint 2010 wurden die Animationsmöglichkeiten von Diagrammen deutlich verbessert. Es gab Zeiten, da musste man ein Diagramm in seine Einzelteile zerlegen, um sie nicht als Ganzes animieren zu müssen. Diese Zeiten sind zum Glück vorbei.

Rufen Sie das Register *Animationen* auf und wählen Sie eine schöne Animation wie zum Beispiel *Hineinschweben*. Mit dieser Einstellung erscheint das Diagramm als Ganzes auf der Folie. Sobald Sie aber das Symbol *Effektoptionen* wählen, bieten sich äußerst interessante Möglichkeiten. Wählen Sie bei einem Säulendiagramm in der Kategorie *Sequenz* die Einstellung:

> *Nach Serien*, um mit jedem Mausklick eine Datenreihe einblenden zu lassen,

> *Nach Kategorie*, um jeweils eine Säulenkombination erscheinen zu lassen,

> *Nach Element in Datenreihe*, um jedes Element in der Reihenfolge der Datenreihen anzeigen zu lassen, und

> *Nach Element in Kategorie*, um die Elemente einer Säulenkombination einzeln anzuzeigen.

Am interessantesten sind natürlich die Einstellungen *Nach Serien* und *Nach Kategorie*, weil während einer Vorführung mit einem Mausklick gleich eine zusammenhängende Kombination eingeblendet wird.

Mut zur Idee: nicht alltägliche Visualisierung perfekt präsentieren

Standards trifft man an jeder Ecke. PowerPoint bietet Möglichkeiten, die sich hervorheben. Bringen Sie zum Beispiel einmal ein Diagramm zum Leuchten. Gehen Sie dabei wie folgt vor:

1 Erstellen Sie ein 3-D-Diagramm zum Beispiel vom Typ *Gestapelte 3D-Säulen* mit beliebigen Zahlen.

2 Wählen Sie anschließend aus den Diagrammformatvorlagen eine Vorlage mit schwarzem Hintergrund.

3 Entfernen Sie die Diagrammwand und die Hilfslinien im Hintergrund. Positionieren Sie dann die Werte über den einzelnen Balken.

4.7 Monotonen Zahlen Leben einhauchen

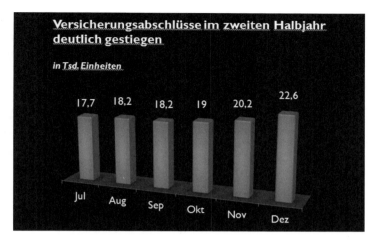

Grundgerüst eines Diagramms.

4 Klicken Sie anschließend doppelt auf einen der Balken in der Datenreihe, und es öffnet sich das Konfigurationsfenster für die Gestaltung. Im *3D-Format* lassen sich dann Abschrägung und Material anpassen. Wählen Sie hier eine runde Variante und als Material *Durchsichtiges Pulver*.

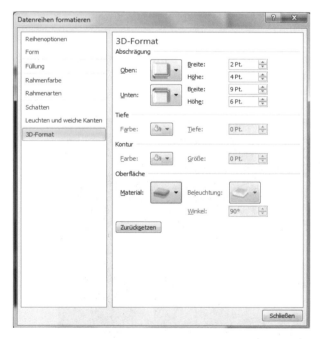

5 Wechseln Sie anschließend in den Abschnitt *Füllung* und wählen Sie hier *Graduelle Füllung*, damit Sie mithilfe von *Farbverlaufstopps* die

Beleuchtung einstellen. Fügen Sie neue Stopps ein und bestimmen Sie die Intensität der Farbe.

6 Mit der Einstellung *Richtung* lässt sich zudem bestimmen, woher das Licht kommt. Wählen Sie hier eine Einstellung, in der der hellste Bereich unten ist. Das Licht kann aber auch aus einer Ecke kommen.

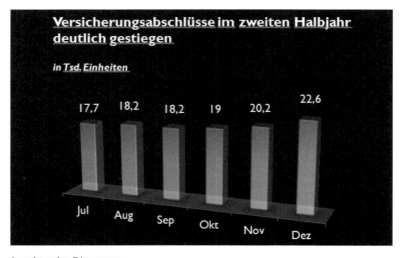

Leuchtendes Diagramm.

Tipps zur aussagekräftigen und attraktiven Gestaltung von Präsentationsdiagrammen

Selbst wenn Diagramme auf den ersten Blick aussagekräftig sind, lassen sich dennoch bestimmte Aspekte hervorheben. Besonders gut gelingt dies bei Kreisdiagrammen. In PowerPoint 2010 werden bereits Akzente in den Diagrammformatvorlagen angeboten.

> **Markierung einer Datenreihe: die Qual der Wahl**
>
> Sollen Balken, Säulen oder Kreissegmente für die Weiterverarbeitung markiert werden, spielt es eine Rolle, ob man das erste Mal auf einen Balken/ein Segment klickt oder ein zweites Mal. Beim ersten Mal wird die komplette Datenreihe markiert und lässt sich bearbeiten. Beim zweiten Mal wird nur eine Säule, ein Balken oder ein Kreissegment markiert.
>
> Hat man übrigens einmal ein einzelnes Element anstelle einer Reihe markiert, reicht ein Klick außerhalb des Diagramms und man kann anschließend die Reihe erneut markieren.

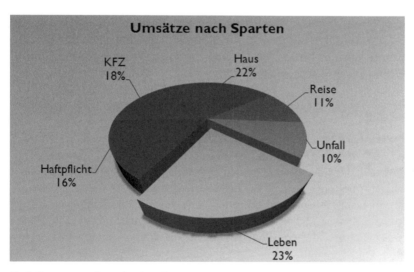

Kreisdiagramm mit markantem Segment.

Akzente lassen sich auch in der Farbgebung des Hintergrunds setzen. Hier wurde ein Farbverlauf in der Füllfläche eingestellt. Außerdem lassen sich 3-D-Diagramme grundsätzlich drehen und kippen. Auf diese Weise wird der Effekt verstärkt und das Diagramm kommt dem Betrachter praktisch entgegen.

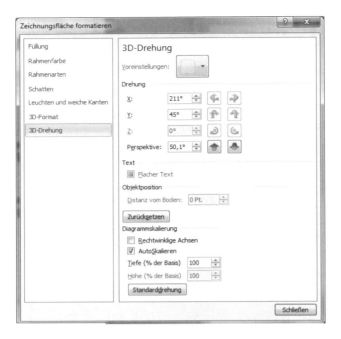

Auch hier erzielen Einstellungen der Ränder und des Materials im Abschnitt *3D-Format* bemerkenswerte Resultate. Für die Farbgestaltung kann man Segmente einzeln färben, aber auch die Einstellung *Automatisch* mit ihren Farbabstufungen ist ansprechend.

Gefahren von 3-D

3-D-Diagramme sind beliebt und machen etwas her. Man sollte sich aber darüber im Klaren sein, dass sie die Sicht des Betrachters beeinflussen. Gerade der Effekt, dass man diese Diagramme drehen und kippen kann, führt dazu, dass die Darstellung von der nüchternen 2-D-Klarheit abweicht. Es gibt Werke darüber, wie man den Eindruck eines Betrachters in eine gewünschte Richtung lenken kann und sich dabei die Techniken der Automatik zunutze macht. Man sollte also wissen, was man tut, und eventuell Varianten eines Diagramms parat haben.

Fotos als Hintergrund für Diagramme

Fotos lassen sich bequem als Hintergrund von Diagrammen einsetzen. Dabei muss man allerdings bedenken, dass sie eben nur als Hintergrund fungieren und nicht zu sehr hervorstechen dürfen. Dies erreicht man aber durch eine entsprechende Formatierung.

4.7 Monotonen Zahlen Leben einhauchen

Fotos als Gestaltungsmittel.

Gehen Sie dabei wie folgt vor:

1 Klicken Sie doppelt in den Diagrammbereich.

2 Wählen Sie anschließend aus den Diagrammformatvorlagen eine Vorlage mit schwarzem Hintergrund.

3 Im Abschnitt *Füllung* lässt sich dann eine Grafik als Datei einfügen und über den Schieber *Transparenz* in der Helligkeit einstellen.

Gleiches gilt auch für die einzelnen Segmente, die man mit einem Foto gestalten kann.

Prozesse und Beziehungen durchschauen mit Schaubildern

Neben den grafischen Darstellungen des reinen Zahlenmaterials gibt es auch noch die Möglichkeit, Sachverhalte und Zusammenhänge durch Schaubilder deutlich zu machen. Hier kommen zum Beispiel Datenflussdiagramme oder auch Organigramme ins Spiel. Interessante Schaubilder finden sich in der Abteilung SmartArt im Register *Einfügen*.

Verwenden Sie zum Beispiel für die Arbeitsweise von Funktionen die Darstellung *Trichter*. Hier kann man schön das Zusammenspiel von Parametern und Ergebnis darstellen. Mit ein paar Klicks hat man bereits ein ansprechendes Ergebnis.

1 Wählen Sie aus dem Register *Einfügen* das Symbol *SmartArt*. Alternativ findet sich der Zugang auch über den Inhaltsplatzhalter von Folienlayouts.

2 Wählen Sie aus der Kategorie *Prozess* das SmartArt *Trichter*.

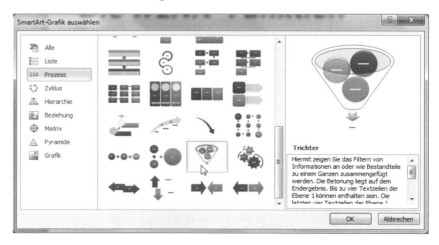

3 Geben Sie den Text ein. Der unterste Kreis ist durch den Trichter verdeckt. Eine Eingabe ist erst nach dem Verschieben des Trichters möglich.

4 Ist das SmartArt markiert, wird die Registergruppe *SmartArt-Tools* angezeigt. Im Register *Entwurf* können Sie die Farben des SmartArts ändern.

5 Abschließend kann man die Darstellung durch die Wahl einer ansprechenden SmartArt-Formatvorlage gezielt hervorheben. Wählen Sie hier zum Beispiel die Einstellung *Abgesenkt*.

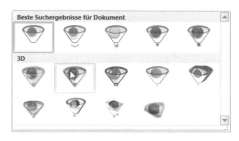

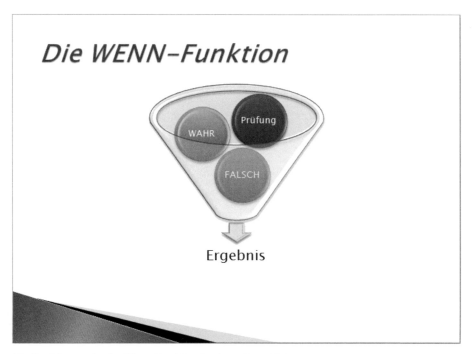

Die Funktionsweise der Wenn-Funktion in einem SmartArt.

Häufig muss man in Schaubildern auch Entwicklungen darstellen. Eine Treppe eignet sich hier für die Visualisierung. Um zum Beispiel die Entwicklungsphasen eines relationalen Datenbanksystems darzustellen, sind folgende Arbeitsschritte denkbar:

1 Fügen Sie ein SmartArt des Typs *Prozess mit aufsteigenden Schritten* aus der Kategorie *Prozess* auf einer Folie ein.

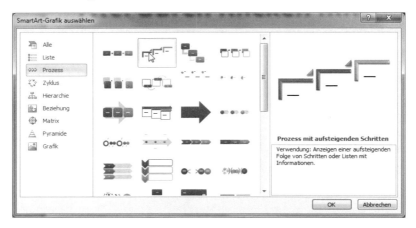

2 Das SmartArt enthält drei Textelemente. Wie bei einem Organigramm lassen sich weitere Elemente hinzufügen. Geben Sie in die Textelemente die folgenden Begriffe ein: *Analyse*, *Feinkonzept*, *Realisierung*, *Test*, *Einführung*.

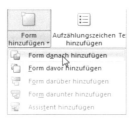

3 Wählen Sie aus den Layouts die Variante „Pfeil nach oben".

4 Ändern Sie dann im Register *Entwurf* in den SmartArt-Tools die Farbkombination und wählen Sie eine SmartArt-Formatvorlage, zum Beispiel *Sonnenuntergangsszene*.

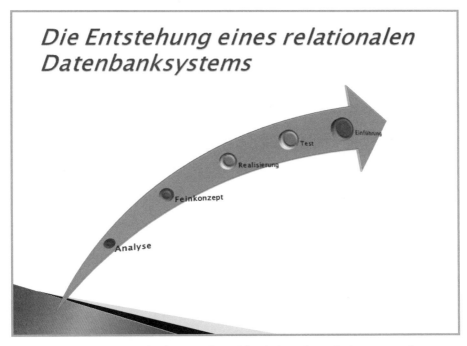

Die Entwicklung eines Datenbanksystems lässt sich mit einem SmartArt hervorragend visualisieren.

4.8 Verblüffen Sie: Animation und Videos einbinden

Der Begriff der Animation taucht im Zusammenhang mit Präsentationen mehrfach auf. Er wird auf Objekte angewandt, die auf einer Folie mit einem Effekt erscheinen oder verschwinden. Auch für den Folienwechsel lassen sich Animationen einstellen. Der Begriff steht aber auch für Filme und Grafikanimationen, die sich in eine PowerPoint-Präsentation einbinden lassen.

Wie geht man mit externen Videos um?

Integrierte Videos sind natürlich Hingucker und sichern die Aufmerksamkeit der Zuschauer. Andererseits benötigen sie viel Platz und stellen höhere Anforderungen an den ausführenden Computer. Außerdem ist zu beachten, wann Videos eingesetzt werden sollen. Für Vorträge eignen sie sich nur in Ausnahmefällen, weil sie dem Prinzip der Unterstützung eines Vortrags widersprechen. Für selbstablaufende Präsentationen zu Werbezwecken sind Videos wiederum interessante Mittel, um die Aufmerksamkeit des Publikums zu erlangen.

> **Animierte GIF-Dateien oder Videos?**
>
> Vor dem Einsatz aufwendiger Videos sollte man sich überlegen, ob es eine GIF-Datei mit animierten Grafiken nicht auch tut. GIF-Animationen lassen sich wie normale Grafiken auf eine Folie einfügen und gestalten. Der Umgang mit diesen Dateien ist einfacher als mit Videos.

Für das Einfügen von Videos steht Ihnen eine Vielzahl Videoformate zur Verfügung. Die Auswahl wird erkennbar, wenn man ein Video einfügen möchte und das Kombinationsfeld für die Anzeige der Dateitypen öffnet.

Da PowerPoint-Präsentationen häufig nicht auf dem gleichen Computer abgespielt werden, auf dem sie entwickelt wurden, sollte man für Videos das Format AVI verwenden, weil dies ein Standard ist, der auf Windows-Computern generell zur Verfügung steht.

> **Medien konvertieren**
>
> In der Realität kann es immer wieder vorkommen, dass man Videomaterial in einem Fremdformat verwenden möchte, das PowerPoint nicht erkennt. PowerPoint verwendet den Windows Media Player für das Abspielen von Videos. Wenn Sie ein Video nicht in diesem Player abspielen können, ist das Format für PowerPoint nicht geeignet. In diesem Fall muss die Videodatei möglichst in das Format MPEG oder AVI konvertiert werden.
>
> Kostenlose Programme zum Konvertieren finden Sie zum Beispiel auf der Internetseite *www.heise.de* im Downloadbereich.

Mit Videoclips Bewegung in die PowerPoint-Präsentation bringen

Angenommen, die gewünschte Videodatei befindet sich auf Ihrem Computer, dann lässt sie sich über das Symbol *Video* im Register *Einfügen* auf einer Folie integrieren.

Bereits auf der Folie lässt sich ein Video abspielen. Die Präsentation muss dafür nicht gestartet werden. Videos lassen sich wie Grafiken beliebig gestalten.

Auch in der ClipArt-Galerie befinden sich Videos, die zum großen Teil nichts mit Filmen zu tun haben. Es handelt sich vielmehr um einfache animierte ClipArts des Dateiformats GIF. GIF steht für **G**raphics **I**nterchange **F**ormat. Dateien dieses Typs enthalten mehrere Grafiken, die nacheinander dargestellt werden. Sie lassen sich ohne Zusatz in PowerPoint abspielen. Für die Erstellung kann man zum Beispiel das Programm Ulead GIF Animator verwenden. GIF-Dateien werden zusammen mit der Präsentation gespeichert.

Sind diese GIF-Animationen eingebunden, können sie wie normale Grafiken gestaltet werden. Einstellungen für das Abspielen gibt es allerdings nicht. Es stehen nur Werkzeuge für die Formatierung in den Bildtools zur Verfügung.

Ein YouTube-Video einbinden

Videos müssen aber nicht auf Ihrem Computer gespeichert sein, um sie im Rahmen einer Präsentation abspielen zu können. Ist eine Internetverbindung vorhanden, kann man auch eine Verbindung zu einem Video im Internet herstellen. Die Internetplattform YouTube ist hier eine interessante Anlaufstelle. Gehen Sie dabei wie folgt vor:

1   Suchen Sie auf YouTube nach einem Video Ihrer Wahl.

2   Rechts unter dem Video befindet sich eine Informationsbox.

4. PowerPoint – Planen und Erstellen von Präsentationen

3   Markieren Sie den Eintrag in dem Feld mit der Beschriftung *Einbetten* und kopieren Sie den Inhalt in die Zwischenablage.

4   Wechseln Sie auf die Zielfolie in PowerPoint und wählen Sie im Register *Einfügen* das Symbol *Video* mit dem Menüpunkt *Video von Online-Videowebsite*.

5   Es öffnet sich ein Editor. Fügen Sie hier den Code für das Einbetten des Videos aus der Zwischenablage ein. Der Code enthält alle notwendigen Parameter für die Darstellung des Videos.

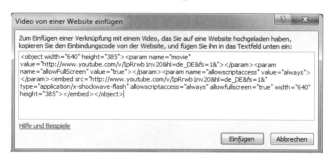

4.8 Verblüffen Sie: Animation und Videos einbinden

Dieses Video erscheint dann als schwarzes Rechteck auf der Folie. Soll es abgespielt werden, ohne dass die Präsentation gestartet wird, reicht ein Doppelklick in das Rechteck hinein. Dann erscheinen die Navigationselemente.

Da es sich um ein eingebettetes Objekt handelt, kann dieses Video nicht gestaltet werden. Zwar lässt sich ein Rahmen definieren, dieser wird allerdings beim Start des Videos ignoriert. Lediglich die Größe des Objekts lässt sich anpassen. Alle anderen Einstellungsmöglichkeiten sind weitestgehend deaktiviert. Dennoch ist dies eine angenehme, platzsparende Variante.

Videos formatieren

Die Größe von Videofilmen sollte man mit Bedacht ändern. Auf der einen Seite wird man bestrebt sein, das Objekt möglichst groß darzustellen. Dies kann auf der anderen Seite aber auf Kosten der Wiedergabequalität gehen. Hier sollte man den Rechner im Hinterkopf haben, auf dem die Präsentation vorgeführt wird.

In PowerPoint lässt sich diese Gefahr umgehen, indem man die Automatik *Optimal für Bildschirmpräsentation* in der Kategorie *Größe* auswählt. Das Konfigurationsfenster erscheint, wenn Sie im Kontextmenü den Menüpunkt *Größe und Position* wählen.

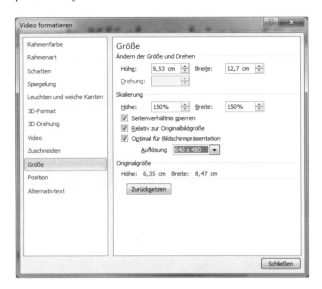

Die Navigation eines Videos mit eigenen Schaltflächen kontrollieren

In einer Präsentation lassen sich Befehlsschaltflächen für die Navigation einbinden. Objekte finden sich unter den Formen.

Man kann allerdings auch andere Objekte dafür verwenden. Wenn man zum Beispiel in der ClipArt-Galerie nach den Begriffen *start*, *anhalten* oder *beenden* sucht, finden sich interessante Grafiken für die Navigation.

Als Nächstes muss erreicht werden, dass während der Präsentation beim Klick auf eine dieser Schaltflächen etwas mit dem Video geschieht. Es soll gestartet, angehalten oder beendet werden. Dabei kommt die Technologie des Triggers zum Einsatz. Trigger steht für Abzug und bedeutet, dass bei einem Klick auf ein zu bestimmendes Objekt etwas mit dem Video passiert.

Um diese Kombination zu konfigurieren, sind folgende Arbeitsschritte nötig:

1   Fügen Sie einen Videoclip aus einer Datei auf einer Folie ein.

2   Die Starteinstellung im Register *Wiedergabe* sollte auf *Beim Klicken* eingestellt sein.

3   Fügen Sie Schaltflächen für das Starten, das Anhalten und das Beenden des Videos auf der Folie ein.

4   Markieren Sie das Video und wechseln Sie zum Register *Animationen*. Aktivieren Sie hier das Symbol *Wiedergabe*.

5   Aktivieren Sie in der Gruppe *Erweiterte Animation* die Schaltfläche *Animationsbereich*. Damit erscheint auf der rechten Seite der Aufgabenbereich mit Einstellungsmöglichkeiten von Animationen der aktuellen Folie.

4.8 Verblüffen Sie: Animation und Videos einbinden

6 Wählen Sie für die vorhandene Animation den Menüpunkt *Anzeigedauer*.

7 Öffnen Sie die Schaltfläche *Trigger* und wählen Sie die Grafik aus, die den Start des Videos aktivieren soll.

8 Fügen Sie über das Symbol *Animation hinzufügen* für das Video eine weitere Animation hinzu. Wählen Sie hier die Aktion *Anhalten* aus und stellen Sie den Trigger auf das zweite grafische Objekt ein.

9 Verfahren Sie auch mit der dritten Animation analog.

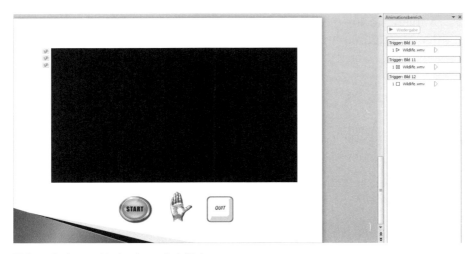

Video mit eigenen Navigationsschaltflächen.

Links neben dem Video erscheinen Symbole mit Blitzen als Hinweis auf den Einsatz von Triggern. Rechts im Aufgabenbereich werden die Bezeichnungen der Grafiken mit dem dazugehörenden Trigger angezeigt.

Der Einsatz von Flash-Filmen

Flash-Filme sind ausgefeilte Vektoranimationen in den Dateiformaten SWF, FLV und MP4. Diese Filme sind beliebt, weil sich interaktive Elemente, Bitmaps, Audio- und Bildsequenzen speichersparend verarbeiten lassen.

Für die Erstellung von Flash-Filmen gibt es im Internet eine Vielzahl an Werkzeugen. Eine erste Übersicht findet sich zum Beispiel auf der Seite *http://www.meine-erste-homepage.com/flash.php*. Hier ist auch der Zugang zu kostenlosen Angeboten von Flash-Filmen, die man auf den Computer laden und gegebenenfalls in eine Folie einbauen kann. So sind die Filme auf der Seite *www.aya-watch.de* sehenswert. Sie haben alle etwas mit der Zeit zu tun.

Flash-Filme lassen sich als Ergänzung zu den Gestaltungsmöglichkeiten von PowerPoint einsetzen, um bewegende Impulse in eine Präsentation zu bringen. Voraussetzung für die Darstellung ist, dass die Programme QuickTime und Adobe Flash Player auf einem Computer installiert sind. Eine Gestaltung wie bei anderen Videoformaten ist nur in eingeschränkten Maßen möglich. Flash-Filme lassen sich also nicht kürzen. 3-D-Effekte lassen sich zwar einstellen, aber beim Abspielen der Filme kommen diese Effekte nicht zur Geltung. Allerdings können die Objekte mit einem Rahmen versehen werden. Auch neu einfärben kann man diese Filme nicht.

Im Vergleich zur Vorgängerversion ist die Einbindung von Flash-Filmen in PowerPoint 2010-Präsentationen deutlich vereinfacht worden. Sie erfolgt wie bei anderen Videofilmen auch im Register *Einfügen* über das Symbol *Video* und den Menüpunkt *Video aus Datei*. Hier findet sich auch das Flash-Format.

Ein Flash-Film lässt sich auf die folgende Weise auf dem Folienmaster einbinden:

1 Wechseln Sie im Register *Ansicht* zur Ansicht des Folienmasters.

Folienmaster

2 Wechseln Sie in das Register *Einfügen* und wählen Sie mit dem Symbol *Video aus Datei* einen Flash-Film aus.

3 Passen Sie das Objekt in der Größe an und verschieben Sie es dann an eine der Ecken der Folie. Es sollte keine anderen Elemente der Folien verdecken.

4 Die Wirkung des Films kann man sich anschauen, ohne dass die Präsentation gestartet werden muss. Klicken Sie einfach im Register *Format* oder *Wiedergabe* auf das Symbol *Wiedergabe*. Den gleichen Effekt erreicht man auch mit einem Doppelklick auf das Objekt.

Wiedergabe
Vorschau

5 Schließen Sie dann die Masteransicht und prüfen Sie das Ergebnis.

Masteransicht schließen
Schließen

Darüber, dass man bei der Verwendung von Filmen mit Bedacht vorgehen soll, wurde bereits gesprochen. Sie dürfen Inhalte eines Vortrags nicht überlagern. Andererseits sind sie interessante Mittel, um die Aufmerksamkeit eines Publikums am Anfang oder Ende eines Vortrags zu fokussieren.

Vertonen Sie Ihre PowerPoint-Präsentation

Eine Präsentation kann mit passender Hintergrundmusik aufgewertet werden. Technisch besteht die Möglichkeit,

- Audioeffekte auf mehrere Folien anzuwenden oder
- Sound an eine Animation oder ein Objekt zu binden.

Als Datenquelle kommen CDs ebenso infrage wie selbst verwaltete Audiodateien auf Ihrem Computer. Sie haben sogar die Möglichkeit, direkt in PowerPoint einen Audiokommentar aufzunehmen.

> **Die Bearbeitung von Audiodateien**
>
> Wenn Sie Audiodaten aufnehmen möchten, bietet sich ein Headset an. Hier sind Kopfhörer und Mikrofon miteinander kombiniert. Dabei sollten Sie unbedingt Geräte mit einem USB-Anschluss verwenden, weil hier die Qualität deutlich höher ist als bei Geräten, die direkt an die Soundkarte angeschlossen werden.
>
> Audiodateien lassen sich in PowerPoint selbst nur bedingt verarbeiten. Sie können sie am Anfang oder Ende kürzen und einen einzigen Haltepunkt anbringen. Sollen Audiodateien umfangreicher bearbeitet werden, muss man Programme verwenden, die mit Soundkarten mitgeliefert werden oder die man sich aus dem Internet lädt. Die Internetplattform des Verlags Heise unter der Adresse *www.heise.de* hat im Downloadbereich interessante Angebote.
>
> Das Betriebssystem Windows bietet den Audiorecorder und den Windows Media Player zum Abspielen von Audiodateien an. Für eine aufwendigere Weiterverarbeitung kommen Programme wie Sony Sound Forge, Adobe Audition oder GoldWave infrage.

In PowerPoint werden Audiodateien eingebettet, sodass man sich keine Gedanken mehr über die Speicherposition machen muss. Man sollte allerdings bedenken, dass eine Präsentation dadurch deutlich mehr Speicherplatz benötigt. Auch das Abspielen von Audiodateien selbst kann einiges an Ressourcen eines Computers in Anspruch nehmen.

Gesprochene Kommentare als sinnvolle Ergänzung

Für den Fall, dass eine Präsentation nachträglich an Besucher eines Vortrags ausgehändigt werden sollen, bietet es sich an, die Präsentation mit gesprochenen Zusatzkommentaren zu versehen und auf CD zu brennen. Auf diese Weise prägt sich der Inhalt bei Betrachtern langfristig besser ein. Auch als Seminarunterlagen, die für den autodidaktischen Unterricht gedacht sind, sind Zusatzkommentare ein interessantes Hilfsmittel.

4.8 Verblüffen Sie: Animation und Videos einbinden

Wer bereits einmal Text auf einen Anrufbeantworter gesprochen hat, weiß, dass man bei der Aufnahme für eine entspannte und ruhige Atmosphäre sorgen muss und dass man sich am besten vorher ein Skript zurechtlegt.

Um für eine Folie einen Kommentar aufzuzeichnen, gehen Sie wie folgt vor:

1 Rufen Sie die Folie auf, für die der Kommentar bestimmt ist.

2 Wählen Sie im Register *Einfügen* das Symbol *Audio* mit dem Menü *Audioaufnahme*.

3 Geben Sie einen Namen für den Kommentar ein und starten Sie die Aufnahme anschließend über das Symbol mit dem roten Punkt.

4 Die Aufnahme wird über das Symbol mit dem blauen Rechteck gestoppt. Anschließend kann ein weiterer Kommentar durch einen erneuten Klick auf das Symbol mit dem roten Punkt angehängt werden. Abgespielt wird mit dem Symbol mit dem blauen Dreieck.

5 Nach der Bestätigung befindet sich das Audioobjekt auf der Folie. Befindet sich der Cursor über dem Objekt, erscheint eine Abspielleiste, mit der man sich den Kommentar anhören kann.

Soll die Audiodatei am Anfang oder Ende gekürzt werden, ist sie zu markieren. Dann wählt man im Register *Wiedergabe* das Symbol *Audio beschneiden*.

Es erscheint das Konfigurationsfenster, mit dessen Hilfe Sie über Schieber den Start und das Ende eines Kommentars neu einstellen können.

Das Kürzen eines Kommentars.

Weitere Einstellungen lassen sich über das Register *Wiedergabe* vornehmen. So können Sie bestimmen, wann die Audiodatei abgespielt werden soll. Dies kann auf Knopfdruck oder automatisch beim Anzeigen der Folie geschehen.

Bei längeren Audiodateien, die in eine Folie eingebaut werden, lassen sich Stoppmarken anbringen. Dazu wählt man eine Position in der Schiene unter dem Audioobjekt und anschließend im Register *Wiedergabe* das

Symbol *Sprungmarke einfügen*. In einer Audiodatei lassen sich auch mehrere Sprungmarken einfügen. Wenn das Audioobjekt während einer Präsentation angezeigt wird, kann man mit der Tastenkombination [Alt]+[Ende] die folgende Sprungmarke ansteuern. Soll eine vorhergehende Sprungmarke angesteuert werden, benötigt man die Kombination [Alt]+[Pos1]. Ist das Audioobjekt während einer Präsentation ausgeblendet, lassen sich auch die Sprungmarken nicht ansteuern.

Dezente Hintergrundmusik für die Präsentation

Häufig verwendet man Audiodateien nur für eine Folie. Es besteht aber auch die Möglichkeit, während der gesamten Präsentation Musik spielen zu lassen. Dies kann besonders für selbstablaufende Präsentationen zu Werbezwecken von Interesse sein. Gehen Sie in diesem Fall wie folgt vor:

1 Lassen Sie sich eine beliebige Folie Ihrer Präsentation anzeigen.

2 Wechseln Sie in das Register *Einfügen* und wählen Sie über das Symbol *Audio* den Menüpunkt *Audio aus Datei* oder *ClipArt-Audio*.

4.8 Verblüffen Sie: Animation und Videos einbinden

3 Fügen Sie eine Audiodatei in der Folie ein.

4 Wechseln Sie in das Register *Wiedergabe* und aktivieren Sie die Einstellung *Bei Präsentation ausblenden*. Damit wird die Grafik der Audiodatei während der Vorführung der Präsentation nicht angezeigt.

5 Wählen Sie im Kombinationsfeld für den Start der Audiodatei die Einstellung *Folienübergreifende Wiedergabe* aus und aktivieren Sie das Kontrollkästchen *Endloswiedergabe*.

6 Wählen Sie eine niedrige Lautstärke, damit die Audiodatei die Präsentation im Hintergrund untermalt.

Testen Sie anschließend die Einstellungen und starten Sie die Präsentation.

5. Outlook – E-Mails, Kontakte und Termine managen

5.1 Schnelleinstieg für Ein- und Umsteiger

5.2 Outlook optimal einrichten

5.3 Die Multifunktionsleiste individuell anpassen

5.4 Ansichten und Aufteilungen der Oberfläche verändern

5.5 So werden Sie mit der täglichen E-Mail-Flut fertig

5.6 Outlook archivieren und mit Spam fertig werden

5.7 Professionelles Kontaktmanagement mit Outlook

5.8 Soziale Netzwerke im Blick behalten

5.9 Termine und Besprechungen stets im Griff

5.10 E-Mails automatisch beantworten

5.11 Weniger Stress: Aufgaben wirklich sinnvoll planen

5.12 Termine und Aufgaben unter Kontrolle: Tipps für ein effizientes Zeitmanagement

5.13 RSS-Feeds einrichten – News auf aktuellem Stand

5.14 Die Journalfunktion: Workflow-Analyse

5.15 Notizen in Outlook

5.16 Outlook mobil einsetzen

5. Outlook – E-Mails, Kontakte und Termine managen

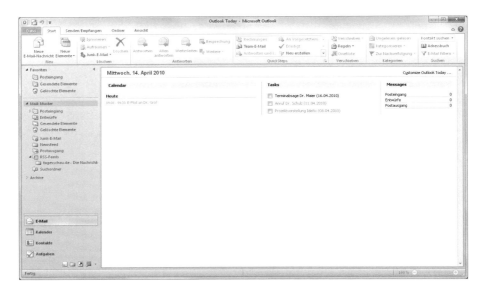

Auch in Version 14 bietet Microsoft Outlook solide und leicht zu handhabende Möglichkeiten, der täglichen Informations- und E-Mail-Flut Herr zu werden. Umsteiger von früheren Outlook-Versionen werden die neuen und verbesserten Funktionen zu schätzen wissen. Aber auch für Einsteiger liefert Outlook einen schnellen Start für eine einfache Bedienung. Mit der überarbeiteten Benutzeroberfläche und einer noch besseren Suchfunktion, der Verbindung zu sozialen Netzwerken wie Facebook oder XING und sogenannten QuickSteps erreichen Sie schnellere und bessere Ergebnisse im Alltag und können so alle gesammelten Informationen auf einer einheitlichen Oberfläche verwalten.

5.1 Schnelleinstieg für Ein- und Umsteiger

Ähnlich wie Word, Excel und PowerPoint erscheint auch Outlook 2010 in einem neuen überarbeiteten Glanz. Die neue Oberfläche soll nachfolgend vorgestellt werden.

Die neue Oberfläche kennenlernen

Der zentrale Bestandteil der Oberfläche ist das Menüband, das bereits mit Outlook 2007 eingeführt wurde. Dieses finden Sie bei allen Funktionen – beispielsweise beim Verfassen und Formatieren von E-Mails, dem Eintragen von Terminen oder dem Hinzufügen von Aufgaben – im oberen Bereich

5.1 Schnelleinstieg für Ein- und Umsteiger

des jeweiligen Fensters vor. Anstelle unübersichtlicher oder verschachtelter Menüs können Sie schnell und einfach auf alle Funktionen zugreifen, die Sie benötigen. Außerdem können Sie das Menüband so anpassen, dass es eigene von Ihnen definierte Registerkarten enthält, die Ihren Vorlieben und Ihrem Arbeitsstil entsprechen.

Das Menüband beim Verfassen von E-Mails.

Durch die grafische Darstellung sowie einer logischen Struktur lassen sich die einzelnen Merkmale und Funktionen schnell wiederfinden.

Mehrere Layoutbereiche für einen schnellen Überblick

Das Hauptfenster von Outlook 2010 ist grundsätzlich in drei verschiedene Bereiche eingeteilt. Beim Start finden Sie links den Navigationsbereich vor. Hier können Sie entweder zwischen den einzelnen E-Mail-Ordnern navigieren oder im unteren Bereich zwischen E-Mail, Kalender, Kontakte oder Aufgaben hin und her wechseln.

Navigationsbereich (1), Lesebereich (2), Aufgabenleiste (3) und Menüband (4).

545

In der Mitte des Hauptfensters finden Sie den sogenannten Lesebereich vor. Wie der Name bereits verdeutlicht, erhalten Sie dort einen Überblick über Ihre empfangenen E-Mails und können diese ebenfalls dort betrachten.

Ganz rechts ist die Aufgabenleiste. Hier erhalten Sie einen schnellen Überblick über anstehende Termine und zu erledigende Aufgaben. Ebenfalls können Sie an dieser Stelle neue Termine und Aufgaben hinzufügen. Dieses Thema behandeln wir jedoch in einem späteren Abschnitt.

Der erste Start: E-Mail-Konto in fünf Minuten einrichten

Sollten Sie bereits früher Outlook auf Ihrem PC benutzt haben, wird Outlook Ihre E-Mails, Kontakte, Termine und Aufgaben automatisch übernehmen. Wenn Sie Outlook zum ersten Mal benutzen, startet Outlook 2010 mit dem Start-Assistenten, der Ihnen eine einfache Konfiguration für Ihr E-Mail-Konto ermöglicht. Sie können diesen Schritt jedoch auch überspringen und Ihr E-Mail-Konto zu einem späteren Zeitpunkt einrichten.

Wenn Sie die Servereinstellungen Ihres E-Mail-Anbieters nicht kennen, bietet Ihnen Outlook eine automatische Konfiguration des E-Mail-Kontos an.

In der Regel erhalten Sie jedoch von Ihrem E-Mail-Anbieter die genauen Zugangsdaten und Einstellungen wie beispielsweise Posteingangs- oder Postausgangsserver. In diesem Fall wählen Sie die Option *Servereinstellungen oder zusätzliche Servertypen manuell konfigurieren* und klicken auf *Weiter*. Tragen Sie alle notwendigen Daten im daraufhin erscheinenden Dialog ein. Um sicherzustellen, dass Ihre Einstellungen korrekt sind, empfehlen wir Ihnen die Option *Kontoeinstellungen testen*.

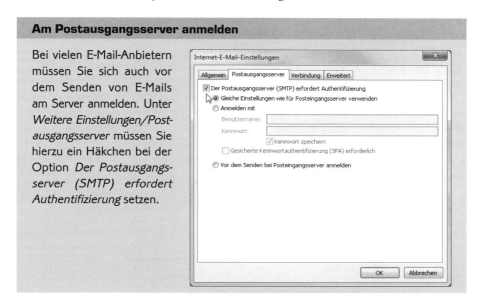

Am Postausgangsserver anmelden

Bei vielen E-Mail-Anbietern müssen Sie sich auch vor dem Senden von E-Mails am Server anmelden. Unter *Weitere Einstellungen/Postausgangsserver* müssen Sie hierzu ein Häkchen bei der Option *Der Postausgangsserver (SMTP) erfordert Authentifizierung* setzen.

Das hinzugefügte E-Mail-Konto finden Sie in Outlook 2010 im Menüband unter *Datei/Informationen*. In diesem Menü besteht ebenfalls die Möglichkeit, weitere E-Mail-Konten hinzuzufügen oder bestehende Konten zu verändern. Im weiteren Verlauf dieses Kapitels erklären wir Ihnen Schritt für Schritt auch die Einrichtung anderer Arten von E-Mail-Konten.

POP3, IMAP oder Exchange?

POP3 – der Standard

Das gängigste Protokoll zum Abrufen von E-Mails ist POP3 (**P**ost **O**ffice **P**rotocol Version 3). Der Vorteil von POP3 besteht darin, dass keine ständige Verbindung zum Mailserver bestehen muss, sondern bei Bedarf vom E-Mail-Programm aufgebaut und wieder beendet wird. Die meisten E-Mail-Anbieter unterstützen POP3, aber auch ein anderes Verbindungsprotokoll kommt oft zum Einsatz: IMAP.

IMAP – komfortabler für mobile Arbeitsplätze

Beim Internet Message Access Protocol verbleiben die E-Mails in der Regel in einer Ordnerstruktur auf dem Mailserver. Sinn und Zweck ist es, den Zugriff auf E-Mails so bereitzustellen, als wenn diese sich auf Ihrem lokalen PC befänden. Der Vorteil ist hierbei jedoch vor allem bei mobilen Arbeitsplätzen zu sehen. Die jeweiligen E-Mails können von jedem Punkt der Welt aus, zum Beispiel auch über ein Mobiltelefon, abgerufen werden und verbleiben auf dem Mailserver. Wenn Ihr E-Mail-Anbieter IMAP unterstützt und Sie auf Ihre E-Mails unabhängig vom jeweiligen Endgerät (z. B. PC, Mobiltelefon) jederzeit zugreifen möchten, empfehlen wir Ihnen die Einrichtung eines IMAP-Kontos. Das jeweilige Protokoll (POP3/IMAP) können Sie beim Hinzufügen eines neuen E-Mail-Kontos unter *Kontotyp* festlegen.

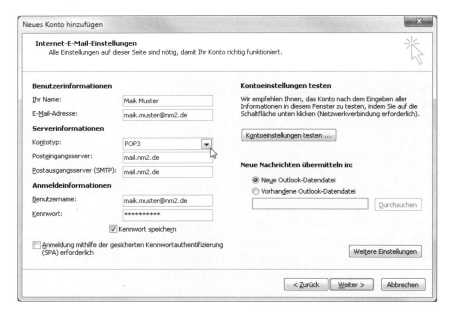

Exchange – Standard in größeren Unternehmen

Der Exchange Server ist ein Groupware- und Nachrichtensystem, der vor allem in größeren Unternehmen eingesetzt wird. Beispielsweise können damit Intranets aufgebaut und Mitarbeiter untereinander in Sachen E-Mail, Kontakte und Termine vernetzt werden. Exchange-Konten lassen sich nicht im laufenden Betrieb von Outlook einrichten, sondern müssen in der Systemsteuerung je nach Windows-Version unter *E-Mail* oder unter *Benutzerkonten/E-Mail* hinzugefügt werden.

Outlook-Datendatei

Wenn Sie Ihre E-Mails über das POP3-Protokoll abrufen, werden diese vom Mailserver Ihres Anbieters auf Ihren Computer heruntergeladen und in einer Outlook-Datendatei gespeichert. Sofern Sie mehrere E-Mail-Konten hinzufügen, legt Outlook für jedes E-Mail-Konto standardmäßig eine eigene Datendatei an. Das bedeutet aber auch, dass Sie verschiedene Posteingänge im Navigationsbereich von Outlook vorfinden. Wenn Sie alle E-Mails in einer einzigen Datendatei speichern und somit nur einen Posteingang möchten, können Sie beim Einrichten weiterer E-Mail-Konten unter dem Punkt *Neue Nachrichten übermitteln in* eine vorhandene Outlook-Datendatei (PST) auswählen.

Falls Sie in einer Firma an einen Exchange Server angebunden sind, verbleiben die Outlook-Daten auf dem Exchange Server. Allerdings ist es möglich, eine lokale Kopie anzulegen, die dann die Endung .OST besitzt.

Schneller am Ziel durch kurze Tastenkombinationen

Mit Tastenkombinationen, sogenannten Shortcuts, können Sie schneller auf bestimmte Funktionen in Outlook 2010 zugreifen. Die wichtigsten und am häufigsten verwendeten Shortcuts möchten wir Ihnen an dieser Stelle im Überblick vorstellen.

Shortcut	Funktion
Strg+1	Wechseln zu E-Mail
Strg+2	Wechseln zu Kalender
Strg+3	Wechseln zu Kontakte
Strg+4	Wechseln zu Aufgaben bzw. Vorgangsliste
Strg+5	Wechseln zu Notizen
Strg+6	Ordnerliste anzeigen
Strg+7	Wechseln zu Verknüpfungen
Strg+8	Wechseln zu Journal
Strg+Umschalt+M	Neue E-Mail
Strg+Umschalt+A	Neuer Termin
Strg+Umschalt+C	Neuer Kontakt

Shortcut	Funktion
[Strg]+[Umschalt]+[L]	Neue Kontaktgruppe
[Strg]+[Umschalt]+[K]	Neue Aufgabe
[Strg]+[Umschalt]+[J]	Neuer Journaleintrag
[Strg]+[Umschalt]+[N]	Neue Notiz
[F9]	E-Mails empfangen/senden
[Strg]+[E]	Sofortsuche

5.2 Outlook optimal einrichten

Outlook Heute

Wenn Sie bereits eine frühere Version von Outlook im Einsatz hatten, werden alle Einstellungen automatisch importiert. Beim Starten von Outlook werden Sie mit der bereits bekannten Outlook-Heute-Oberfläche begrüßt, die einen schnellen Überblick über neu erhaltene E-Mails, anstehende Termine und Aufgaben bietet. Sie erreichen Outlook Heute, indem Sie im linken Navigationsbereich auf den Namen des E-Mail-Kontos bzw. auf die Bezeichnung *Persönliche Ordner* klicken.

Über die Schaltfläche *Outlook Heute anpassen* können Sie diese Darstellung Ihren Wünschen und Anforderungen entsprechend anpassen. Legen Sie fest, welche E-Mail-Ordner Sie innerhalb des Abschnitts *Nachrichten* einsehen möchten, wie viele Tage im Kalender angezeigt werden sollen und wie Aufgaben dargestellt werden sollen. Um die Änderungen zu aktivieren, klicken Sie auf die Schaltfläche *Änderungen speichern*.

Im rechten Bereich von Outlook Heute wird die Anzahl der ungelesenen Nachrichten angezeigt. Mit einem Klick auf den jeweiligen E-Mail-Ordner gelangen Sie direkt zu Ihren E-Mails.

Insgesamt hat sich im Bereich Outlook Heute seit vielen Jahren praktisch nichts mehr getan. Eine ernsthafte Anpassung ist mit einigen Tricks zwar möglich, aber doch recht umständlich, und deshalb wird diese Übersichtsseite auch nicht mehr häufig eingesetzt.

Silber, Blau oder Schwarz

In der Standardkonfiguration erscheint Outlook 2010 in einem silbernen Farbschema. Gefällt Ihnen dieses Schema jedoch nicht, haben Sie die Möglichkeit, dieses über das Menüband *Datei/Optionen/Allgemein* unter der Auswahlliste *Farbschema* zu ändern.

Outlook als Standard-E-Mail-Programm

Wenn Sie Outlook als Standard-E-Mail-Programm einrichten, werden alle E-Mail-Verknüpfungen, die Sie zum Beispiel auf Internetseiten vorfinden, mit Outlook assoziiert. Auch wird Outlook damit zum Standard für Ihr Kontaktmanagement und den Kalender. Die Option dazu befindet sich unter dem Punkt *Startoptionen* im Menü *Datei/Optionen/Allgemein*.

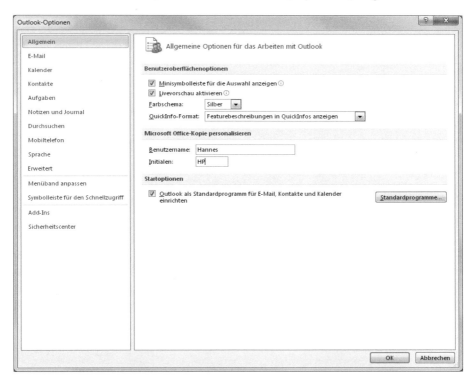

Editor-Optionen anpassen

Während E-Mails im privaten Bereich oftmals mit farbigen Schriften, Bildern und grellen Hintergründen verziert werden, sollte vor allem im geschäftlichen Bereich auf solche Spielereien verzichtet werden. Viele Benutzer vergessen oft, dass nicht alle Empfänger von E-Mails HTML- oder Rich-Text-formatierte Nachrichten korrekt darstellen können.

Grundsätzlich ist seit einiger Zeit das HTML-Format auch in Unternehmen stark verbreitet, da es deutlich mehr Formatierungsmöglichkeiten bietet, um eine E-Mail ansprechend darzustellen. Wenn allerdings der Inhalt der Mail in jedem Fall von jedem Empfänger gelesen werden soll, empfiehlt sich immer noch das Nur-Text-Format. Unter *Datei/Optionen/E-Mail* können Sie die Einstellungen für das Verfassen von E-Mails festlegen.

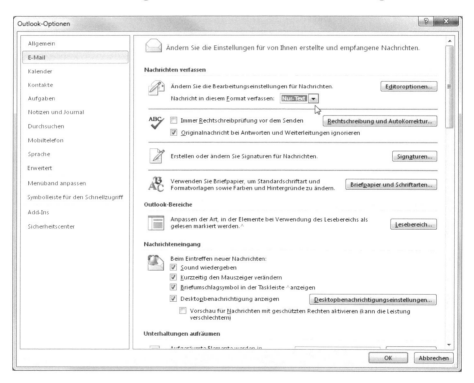

Beim späteren Verfassen von Nachrichten können Sie in jeder E-Mail im Menüband unter *Text formatieren* festlegen, in welchem Format diese verschickt werden soll, falls Sie spezielle Designs (z. B. Briefpapier) oder zusätzliche Features in Ihrer Nachricht einfügen möchten.

Rechtschreibprüfung aktivieren

Unter dem Abschnitt *Nachrichten verfassen* im Menü *Datei/Optionen/ E-Mail* können Sie festlegen, wie die integrierte Rechtschreibprüfung von Outlook arbeiten soll. Nichts ist schlimmer als ein peinlicher Schreibfehler in einer wichtigen geschäftlichen Korrespondenz. Mit der Option *Immer Rechtschreibprüfung vor dem Senden* überprüft Outlook Ihre E-Mails automatisch vor dem Senden auf Fehler und schlägt bei gefundenen Schreibfehlern sofort Alarm.

Die AutoKorrektur anpassen

Nicht nur in Word, sondern auch in Outlook greifen die Einstellungen der AutoKorrektur. Um in diesem Zusammenhang seine gewohnten Einstellungen vorzufinden und unliebsame Überraschungen zu vermeiden, sollte die AutoKorrektur entsprechend angepasst werden. Dazu wird im Menü *Datei/Optionen/E-Mail* die Option *Rechtschreibung und AutoKorrektur* gewählt.

Anschließend können die gewünschten Einstellungen, wie Sie es aus Word gewohnt sind, eingestellt werden.

Die Einstellung *Ersten Buchstaben in Tabellenzellen groß* ist z. B. nicht immer sinnvoll.

Kalenderoptionen festlegen

Bevor Sie Outlook mit Ihrem Terminmanagement betrauen, sollten Sie Ihren Kalender nach Ihren Vorgaben einrichten und anpassen. Wählen Sie hierzu im Menüband unter *Datei/Optionen* die Auswahl *Kalender*.

Legen Sie fest, welche Tage Ihre Arbeitswoche beinhaltet und zu welchen Uhrzeiten Ihr Arbeitstag stattfindet, damit Sie später eine perfekte Übersicht über anstehende Termine erhalten können. Aktivieren Sie unter *Anzeigeoptionen* die Option *Wochennummern in der Monatsansicht und im Datumsnavigator anzeigen*, damit im Kalender auch die Kalenderwochen zum Vorschein kommen, die gerade im geschäftlichen Bereich oftmals von großer Bedeutung sind, wenn es um eine effektive Projektplanung geht.

5. Outlook – E-Mails, Kontakte und Termine managen

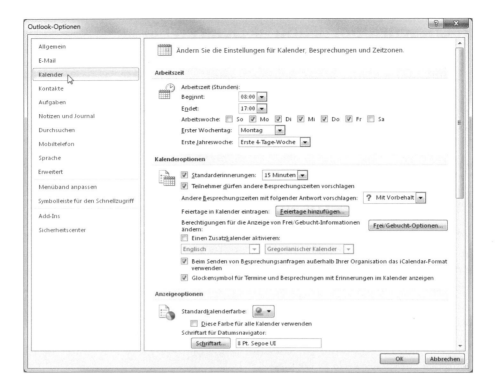

Feiertage hinzufügen

Wählen Sie in den Kalenderoptionen die Schaltfläche *Feiertage hinzufügen* aus, um Ihren Kalender mit Feiertagen zu bestücken.

Keine Termine aus Versehen an Feiertagen: Tragen Sie automatisch alle Feiertage in den Terminkalender von Outlook ein.

Eine zweite Zeitzone verwenden

Bei internationalen Kontakten und für geschäftliche Reisen ist es nützlich, eine zweite Zeitzone im Kalender hinzuzufügen. Um diese einzurichten, aktivieren Sie in den Kalenderoptionen unter *Zeitzonen* die Option *Zweite*

5.2 Outlook optimal einrichten

Zeitzone anzeigen und wählen Ihre gewünschte Zeitzone sowie eine Beschriftung dafür aus. Im Kalender erscheint die zweite Zeitzone links neben der normalen Zeitleiste.

Zugriff auf Outlook-Datendatei schützen

Manchmal gibt es auf einem PC mehr als einen Benutzer, der Outlook verwendet. Alle Elemente wie E-Mails, Kontakte, Termine und Notizen werden von Outlook in einer persönlichen Ordnerdatei (PST) gespeichert, die bei Outlook 2010 im Windows-Explorer in der Regel unter *Eigene Dateien\ Outlook-Dateien* zu finden ist. Im Outlook-Menü unter *Datei/Informationen/ Kontoeinstellungen/Datendateien* können Sie sich den genauen Speicherort der PST-Datei ebenfalls ansehen.

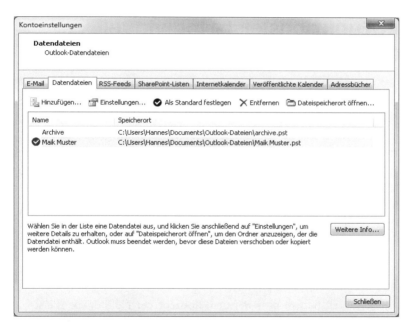

Standardmäßig ist diese Datei jedoch nicht durch ein Kennwort geschützt und könnte somit von anderen Benutzern einfach über die Funktion *Hinzufügen* eingesehen werden. Wenn Sie an einem ungeschützten Mehrbenutzerarbeitsplatz arbeiten, sollten Sie daher in jedem Fall Ihre PST-Datei mit einem Kennwort versehen, um Ihre Privatsphäre zu schützen. Klicken Sie hierzu die Schaltfläche *Einstellungen* an und legen Sie unter *Kennwort ändern* ein Kennwort für das Öffnen der PST-Datei fest. Beim nächsten Start von Outlook werden Sie dann dazu aufgefordert, das Kennwort einzugeben. Damit Sie unter Ihrem Windows-Benutzernamen nicht jedes Mal das Kennwort eingeben müssen, ist es sinnvoll, dieses in der Kennwortliste zu speichern.

> **Mehrere Outlook-Benutzer auf einem PC**
>
> Wenn Sie für mehrere Personen an einem gemeinsamen PC Outlook bereitstellen möchten, müssen Sie verschiedene Windows-Benutzerprofile einrichten. Für jeden Windows-Benutzer wird dann ein eigenes Outlook-Profil mit eigenen Ordnerdateien sowie eigenen Konfigurationen angelegt. Um den gegenseitigen Zugriff auf diese zu unterbinden, sollten Sie sowohl die Outlook-Datendatei als auch das Windows-Benutzerprofil mit einem sicheren Passwort schützen.

5.3 Die Multifunktionsleiste individuell anpassen

Mit Office 2007 wurde die Ribbon- bzw. Multifunktionsleiste eingeführt, die in Registerkarten und Gruppen eingeteilt ist. Die Bedienung des Leisten-Interface ist nach einer gewissen Einarbeitungszeit sehr angenehm. Denn dank der Multifunktionsleiste sind alle Funktionen gleich auf einen Blick zu sehen und man muss sich nicht durch lange Menüs hangeln. Bei der Multifunktionsleiste handelt es sich um eine Registerleiste mit einer gruppierten Schaltflächenleiste darunter. Nach einem Klick auf eines der Register klappt nicht wie gewohnt ein Menü auf, sondern es wird in eine neue Schaltflächenleiste gewechselt, in der die zum Menüpunkt gehörenden Schaltflächen aufgeführt sind.

> **Nutzbare Funktionen immer sichtbar**
>
> Microsoft will ermittelt haben, dass mit dem Konzept der Multifunktionsleiste deutlich Zeit eingespart werden kann. Da habe ich allerdings so meine Zweifel. Was aber auf jeden Fall gewährleistet ist, ist die viel bessere Sichtbarkeit der zahlreichen Funktionen, die sonst in den Untiefen des Menüs versteckt waren.

Weiß man einmal nicht, was sich hinter einer Schaltfläche verbirgt, braucht man nur mit der Maus auf die betreffende Schaltfläche zu zeigen. In einem sogenannten Super-Tooltip erscheinen daraufhin Erklärungen über Sinn und Zweck der Schaltfläche.

5.3 Die Multifunktionsleiste individuell anpassen

> **Blocksatz (Strg+B)**
> Text am linken und rechten Rand ausrichten, wobei bei Bedarf zwischen Wörtern zusätzlicher Platz eingefügt wird.
>
> Der linke und rechte Seitenrand ist dadurch ansprechend gestaltet.

Es werden zusätzliche Informationen im Tooltip angezeigt.

Die Multifunktionsleiste setzt sich in Outlook bei geöffneter Ordnerliste aus mindestens fünf Registern zusammen. Diese können über die Register im oberen Fensterbereich gewählt werden. Im weiteren Verlauf werden Sie die Optionen, die sich hinter den Rubriken verbergen, natürlich noch ausgiebig kennenlernen. Dennoch folgt bereits jetzt ein erster Blick auf die verfügbaren Register:

- *Datei* – dort finden Sie allgemeine Optionen zur Kontoeinstellung und zum Aufräumen von Outlook.
- *Start* – diese Rubrik enthält die wichtigsten Optionen zur gewählten Kategorie. Das Register ist kontextabhängig. Wird z. B. der Kalender geöffnet, lassen sich ganz einfach neue Termine und Besprechungen anlegen. Öffnet man hingegen den E-Mail-Bereich, stehen Optionen wie *Neue E-Mail-Nachricht* und ein E-Mail-Filter zur Verfügung.
- *Senden/Empfangen* – hier sind sämtliche Optionen aufgeführt, die man zum Senden und Empfangen benötigt. Dazu gehören unterschiedliche Sendeoptionen ebenso wie die Möglichkeit, Outlook nur die Kopfzeilen einer E-Mail herunterladen zu lassen.
- *Ordner* – dieses Register ist ebenfalls davon abhängig, welcher Bereich gerade geöffnet ist. Wird der Kalender aufgerufen, lassen sich über *Ordner* zusätzliche Kalender anlegen. Bei geöffnetem *E-Mail*-Ordner stehen hingegen Optionen wie *Neuer Suchordner* und die Einstellungen für die AutoArchivierung zur Verfügung.
- *Ansicht* – und auch diese Rubrik verändert sich, je nachdem, was man aufgerufen hat. Im Kalender hat man z. B. die Wahl zwischen Tages- und Wochenansicht. Bei der E-Mail-Ansicht kann man hingegen Spalten hinzufügen und den Lesebereich einblenden.

Optional können noch die Register *Entwicklertools* und *Add-Ins* eingeblendet werden:

- Entwicklertools – dieses Register ist für die Makroaufzeichnung und -verwaltung sowie für die VBA-Programmierung in Outlook zuständig.

> Add-Ins – in diesem Register können sich Outlook-Add-ins eintragen. Ein solches Add-in könnte z. B. Adobe Acrobat oder ein OCR-Programm sein.

Diese Liste zeigt, dass sich die Inhalte der Multifunktionsleiste immer nach der jeweils gewählten Ansicht richten. Die innerhalb der Register verfügbaren Gruppen variieren dabei natürlich ebenfalls. So werden beispielsweise bei geöffnetem *Kontakte*-Ordner die folgenden Bereiche innerhalb des *Start*-Registers angezeigt:

Das sind die vollständigen Kontakte-Optionen in der Multifunktionsleiste.

Diese Ansicht ist allerdings auch wieder nicht statisch, sondern variiert mit der Breite von Outlook. Im obigen Beispiel sehen Sie die komplette Ansicht des *Start*-Registers. Wenn Sie weniger Platz auf dem Monitor haben, blendet Outlook automatisch einige Gruppen und Optionen aus, bis auf die kleinstmögliche Ansicht, wie sie unten in der Abbildung zu sehen ist:

So stark können die einzelnen Gruppen eines Registers zusammengequetscht werden.

Vollkommen anders sieht das Register allerdings aus, wenn man es innerhalb des Kalenders aufruft:

Das sind die Kalender-Optionen.

Die Multifunktionsleiste passt sich also immer den jeweiligen Bedürfnissen bzw. dem gewählten Element an.

Wenn Sie einen bestimmten Befehl nicht sofort finden, können Sie auf Dialogfenster zurückgreifen, die sich im Vergleich zu den Outlook-Vorgängerversionen kaum verändert haben. Ob solche Dialoge zur Verfügung stehen, sehen Sie an einem kleinen grauen Pfeil an den rechten unteren Gruppenkanten ( ).

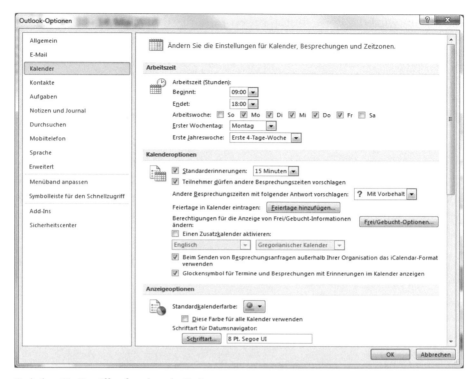

So haben Sie Zugriff auf noch mehr Optionen.

Die Multifunktionsleiste ausblenden

Die Multifunktionsleiste präsentiert alle Funktionen übersichtlich. Allerdings beansprucht sie manchmal sehr viel Platz, die Sichtbarkeit der Funktionen hat eben ihren Preis. Wer nur eine geringe Auflösung zur Verfügung hat, z. B. auf einem Netbook, möchte diesen Platz lieber für den produktiven Arbeitsbereich nutzen.

In solchen Fällen kann man die Multifunktionsleiste ganz einfach ausblenden. So hat man deutlich mehr Platz zur Verfügung. Ausgeblendet wird die Leiste mit einem Klick auf ein kleines weißes Dreieck, oben rechts im Fenster, direkt neben dem Hilfe-Fragezeichen:

 Hierüber wird die Leiste ausgeblendet.

Daraufhin wird die Leiste automatisch minimiert. Sie können die Register weiterhin mit der Maus anwählen, woraufhin die Registergruppen vorübergehend eingeblendet werden. Wollen Sie sie später wieder einblenden, klicken Sie auf den nun angezeigten Abwärtspfeil.

Wichtige Funktionen im Schnellzugriff

Häufig benötigte Befehle kann man in die Symbolleiste für den Schnellzugriff einfügen. Diese Symbolleiste enthält eine Reihe von Befehlen, die unabhängig von der gerade angezeigten Registerkarte sind. Wenn Sie also zum Beispiel häufiger die Druckfunktion von Outlook nutzen, könnten Sie den Drucken-Befehl in die Symbolleiste für den Schnellzugriff einfügen und ihn dann jederzeit direkt aufrufen.

Zu finden ist die Symbolleiste im oberen linken Fensterbereich von Outlook.

Die Symbolleiste für den Schnellzugriff.

Die Symbolleiste ist vollständig anpassbar. Sie können dort jeden beliebigen Befehl platzieren. Aber Achtung: Sinnvoll ist diese Schnellzugrifffunktion eigentlich nur, wenn man nicht zu viele Befehle einfügt. Denn nimmt die Befehlsanzahl überhand, geht schnell auch die Übersicht verloren. Über den Abwärtspfeil, der rechts neben der Symbolleiste angezeigt wird, können Sie zunächst einmal wichtige Standardfunktionen wie z. B. *Zurück*, *Weiter* und *Löschen* aufnehmen. Sollte der von Ihnen gewünschte neue Befehl dort nicht auftauchen, rufen Sie *Weitere Befehle* auf.

Hier finden Sie alle Befehle.

Über das Feld *Befehle auswählen* können Sie die gewünschte Befehlskategorie einstellen, in der der gesuchte Befehl eingeordnet ist. Sollten Sie diese nicht wissen, stellen Sie am besten *Alle Befehle* ein. Dadurch werden alle in Outlook verfügbaren Befehle alphabetisch aufgelistet.

Haben Sie den gewünschten Befehl gefunden, markieren Sie ihn und klicken auf *Hinzufügen*. Der Befehl wird anschließend im rechten Fensterbereich angezeigt. Bestätigt man diese Einstellung mit *OK*, ist der Befehl in der Schnellzugriffleiste enthalten.

Es gibt übrigens noch einen direkteren Weg, um Befehle in die Schnellzugriffleiste aufzunehmen. Dazu klicken Sie den betreffenden Befehl innerhalb der Multifunktionsleiste mit der rechten Maustaste an.

So kann man den Befehl auch hinzufügen.

Wenn Sie anschließend *Zu Symbolleiste für den Schnellzugriff hinzufügen* wählen, wird der Befehl ebenfalls in den Schnellzugriff aufgenommen.

5.4 Ansichten und Aufteilungen der Oberfläche verändern

Outlook bietet verschiedene vordefinierte Ansichten. Diese helfen, Outlook-Elemente (z. B. Aufgaben, E-Mails etc.) übersichtlicher darzustellen. Sämtliche Standardansichten lassen sich individuell anpassen. Ebenso können Sie bei Bedarf auch eigene Ansichten erstellen.

Eine optimierte Arbeitsansicht

Grundsätzlich sollte man in Outlook mit der Ordnerleiste arbeiten. Denn diese bietet Ihnen als Einzige den vollen Überblick über sämtliche Outlook-Elemente.

Die Ordnerleiste ermöglicht den Zugriff auf alle E-Mails, den Kalender, die Kontakte etc.

5. Outlook – E-Mails, Kontakte und Termine managen

Durch einen Rechtsklick auf den Navigationsbereich (das ist der Bereich, in dem *E-Mail*, *Kalender*, *Kontakte* etc. steht) und *Navigationsbereichsoptionen* können Sie zudem explizit festlegen, was in der Ordnerleiste angezeigt werden soll. Wenn Sie also z. B. nicht mit dem Journal arbeiten, können Sie es darüber ausblenden. Deaktivieren Sie dazu das vor dem *Journal*-Eintrag angezeigte Kontrollkästchen.

So hat man alles im Blickfeld.

Die Ansichten anpassen

In Outlook gibt es zahlreiche vordefinierte Ansichten. Die helfen zum Beispiel dabei, E-Mails und Aufgaben übersichtlich darzustellen. Jede Ansicht kann nach einem beliebigen Kriterium sortiert und gruppiert werden. Dazu wählt man den Spaltenkopf des betreffenden Feldes mit der Maus an. Sollen die Kontakte also nach den Abteilungen sortiert werden, in denen sie arbeiten, klicken Sie auf *Abteilung*.

Es wird nach den Abteilungen sortiert.

Klicken Sie nun ein weiteres Mal auf das gleiche Feld, wird die Sortierung umgekehrt.

5.4 Ansichten und Aufteilungen der Oberfläche verändern

> **Felder ausfüllen**
>
> Damit diese detaillierte Sortierung funktioniert, müssen bei den Kontakten die entsprechenden Felder – im vorliegenden Fall also *Abteilung* – ausgefüllt sein.

Ebenso einfach lassen sich Ansichten nach einem bestimmten Feld gruppieren. So können Sie zum Beispiel E-Mails anhand des Kriteriums *Erhalten* gruppieren. Dazu klicken Sie mit der rechten Maustaste auf die Spaltenüberschrift *Kategorien* innerhalb des geöffneten *Aufgaben*-Ordners und wählen *Nach diesem Feld gruppieren*. Oberhalb der Spaltenüberschriften wird daraufhin das Gruppierfeld angezeigt.

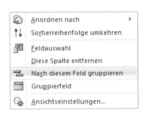

Das Gruppierfeld wurde eingeblendet.

Die einzelnen Kategoriengruppen lassen sich nun über die Plus- und Minuszeichen auf- und zuklappen. Durch Anklicken des zuvor angelegten Gruppierfelds lässt sich die Sortierreihenfolge verändern.

Um ein Gruppierfeld wieder zu entfernen, ziehen Sie es bei gedrückter linker Maustaste auf das gleichnamige Feld im Spaltenkopf. Im aktuellen Beispiel wäre das *Kategorien*.

Spalten nach eigenem Geschmack einrichten

Die im Spaltenkopf angezeigten Felder können fast beliebig ausgetauscht und ergänzt werden. Wie sich so etwas realisieren lässt, lässt sich am besten anhand eines Beispiels zeigen. Durch die folgenden Schritte wird innerhalb des *Aufgaben*-Ordners ein Feld eingefügt, durch das man den Zeitaufwand der jeweiligen Aufgaben einsehen kann.

Klicken Sie dazu mit der rechten Maustaste auf eine beliebige Spaltenüberschrift innerhalb des *E-Mail*-Ordners und wählen Sie *Feldauswahl*. Über das Auswahlfeld im oberen Fensterbereich stellt man ein, aus welcher Kategorie das neue Feld stammt. Im aktuellen Beispiel handelt es sich um eines aus der Kategorie *Häufig verwendete Felder*.

Ziehen Sie anschließend z. B. das Feld *Ablaufdatum* mit gedrückter linker Maustaste zwischen zwei Spaltenüberschriften innerhalb des *E-Mail*-Ordners. Sobald ein roter Pfeil angezeigt wird, können Sie die Maustaste loslassen.

Die Felder werden ausgewählt.

Felder wieder entfernen

Ebenso einfach können Sie nicht mehr benötigte Felder auch wieder löschen. Dazu ziehen Sie diese mit gedrückter linker Maustaste aus dem Spaltenkopf auf die Aufgabenleiste. Es wird ein schwarzes Kreuz angezeigt. Wenn Sie nun die Maustaste loslassen, wird das Feld entfernt.

Beachten Sie, dass die personalisierten Ansichten jeweils nur im aktuellen Ordner gelten. Abhilfe kann hier der Ansichten-Manager (http://www.add-in-world.com/katalog/ol-viewmgr) schaffen. Dieser ist bei Drucklegung dieses Buches allerdings noch nicht für Outlook 2010 verfügbar gewesen.

Texte im Lesebereich per Maus zoomen

Im Vorschaufenster können Sie die Textgröße der E-Mails ganz schnell an Ihre Sehbedürfnisse anpassen. Denn endlich enthält Outlook eine entsprechende Zoomfunktion mit dem Mausrad.

Die Textgröße extrem verkleinert.

Darüber können Sie die E-Mail-Texte ganz nach Belieben vergrößern und verkleinern. Klicken Sie einfach einmal in den Lesebereich und drehen Sie bei gedrückter [Strg]-Taste das Mausrad vor oder zurück.

Die Schriftgröße in der Navigations- und Aufgabenleiste anpassen

In Outlook 2010 ist es nun endlich möglich, den Navigationsbereich auch optisch anzupassen. Denn bislang ließen sich weder Schriftgröße noch Schriftart des Navigationsbereichs und der Aufgabenleiste anpassen. Das hat sich geändert.

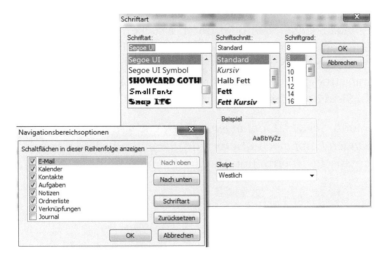

Um die Anzeige der Navigationsleiste anzupassen, klicken Sie innerhalb dieser Leiste mit der rechten Maustaste auf einen beliebigen Bereich und wählen *Navigationsbereichsoptionen*. In dem sich öffnenden Dialogfenster wird auf *Schriftart* geklickt. Anschließend lassen sich Schriftgröße, Schriftschnitt und Schriftart anpassen. Nachdem man die Einstellungen zweimal mit *OK* übernommen hat, wird der Navigationsbereich entsprechend angepasst.

Ähnlich einfach lässt sich auch die Aufgabenleiste verändern. Dazu klicken Sie die Aufgabenleiste bzw. einen beliebigen Bereich innerhalb der Aufgabenleiste mit der rechten Maustaste an und wählen *Ansichteneinstellungen*. Über Weitere Einstellungen können die gewünschten Anpassungen vorgenommen werden. Auch diese muss man abschließend wieder zweimal mit *OK* bestätigen.

5.5 So werden Sie mit der täglichen E-Mail-Flut fertig

Das weltweite E-Mail-Aufkommen steigt mit jedem Tag mehr. Vor allem durch Spamnachrichten und unzählige Newsletter geht die Übersichtlichkeit wichtiger E-Mails verloren. Wir zeigen Ihnen in diesem Kapitel, wie Sie effizient mit der täglichen E-Mail-Flut fertig werden und dabei einen kühlen Kopf bewahren.

So rufen Sie Ihre E-Mails ab

Sie können Ihre E-Mails im Menüband unter *Start* oder *Senden/Empfangen*, *Alle Ordner senden/empfangen* oder durch Drücken der Taste [F9] auf Ihrer Tastatur jederzeit abrufen. Outlook ruft Ihre E-Mails außerdem in regelmäßigen Abständen automatisch ab. Um lange Wartezeiten zu vermeiden und schnellstmöglich über das Vorliegen neuer E-Mails informiert zu werden, sollten Sie diesen Zeitraum allerdings deutlich verkürzen.

Wählen Sie im Menü *Senden/Empfangen* unter *Senden-Empfangen-Gruppen* die Option *Senden-Empfangen-Gruppen definieren* und senken Sie den Wert für die automatische Übermittlung auf fünf Minuten.

Neue E-Mails werden – sofern Sie noch keine E-Mail-Regeln erstellt haben – im Ordner *Posteingang* gespeichert, den Sie im linken Navigationsbereich vorfinden. Wenn neue E-Mails vorhanden sind, wird der Ordnername zudem in Fettschrift dargestellt.

E-Mails erstellen und gestalten

Um eine neue E-Mail zu verfassen, klicken Sie im oberen Menü unter *Start* auf *Neue E-Mail-Nachricht* oder verwenden den Shortcut [Strg]+[Umschalt]+[M]. Achten Sie dabei darauf, dass Sie sich im E-Mail-Bereich befinden, indem Sie im Navigationsbereich unten links auf *E-Mail* klicken. Das Layout des E-Mail-Fensters hat sich im Vergleich zu früheren Outlook-Versionen seit 2007 deutlich verändert.

Auch das E-Mail-Fenster bietet ein intuitiv zu bedienendes Menüband.

Um den E-Mail-Empfänger festzulegen, tragen Sie dessen E-Mail-Adresse in das Textfeld hinter der Schaltfläche *An* ein. Ist der Empfänger bereits in Ihrem Adressbuch gespeichert, können Sie ihn über einen Klick auf die Schaltfläche *An* direkt auswählen. Wenn Sie eine Nachricht an mehrere Empfänger schicken möchten, trennen Sie die E-Mail-Adressen mit einem Semikolon, also zum Beispiel: *max.schmidt@databecker.de; lieschen.mueller@databecker.de*

> **Keine leeren oder unverständlichen Betreffzeilen**
>
> Legen Sie besonderen Wert darauf, Ihrer Nachricht einen gut durchdachten Betreff zu geben. Leere oder unverständliche Betreffzeilen führen gerade bei Spamfiltern oft dazu, dass die E-Mail unbeabsichtigt im Papierkorb landet und schlichtweg nicht gelesen wird.

E-Mails gestalten und formatieren

Damit Sie die E-Mail gestalten können, ist es notwendig, diese entweder im HTML-Format oder im Rich-Text-Format zu verfassen. Klicken Sie hierzu im Menüband auf *Text formatieren* und wählen Sie dort im Bereich *Format* die Option *HTML* aus. HTML, das normalerweise für die Präsentation von Inhalten auf Webseiten eingesetzt wird, bietet nach dem Nur-Text-Format die meiste Kompatibilität mit anderen E-Mail-Programmen.

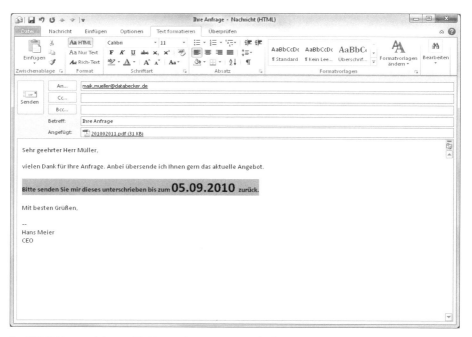

Im HTML-Format können Sie Formatierungen wie Schriftart, Farbe, Schriftgröße und andere Optionen festlegen.

Wählen Sie im Menüband die Registerkarte *Text formatieren* aus, wenn Sie einzelne Elemente der E-Mail besonders hervorheben möchten. Die Bedienung dieser Funktionen kennen Sie bereits aus Word. Achten Sie jedoch in jedem Fall darauf, dass Ihre E-Mail übersichtlich bleibt und nicht mit bunten Formatierungen im unleserlichen Chaos endet. Das bringt weder Ihnen noch dem Empfänger der E-Mail Vorteile.

Dos and Don'ts für geschäftliche Korrespondenz

- Wählen Sie für Ihre E-Mails immer einen aussagekräftigen Betreff, damit Ihr Gegenüber sofort erkennt, um was es geht.
- Seien Sie präsize. Schreiben Sie keine E-Mails, die länger als notwendig sind. Präzisieren Sie Ihre Anfragen oder Antworten und denken Sie daran, dass das Lesen von E-Mails schwerer ist als das Lesen von gedruckten Briefen.
- Beantworten Sie alle Fragen und greifen Sie weiteren Fragen vor, um unnötige weitere E-Mails zu vermeiden.
- Nutzen Sie die Prioritätensetzung (Wichtigkeit), um Ihrem Gegenüber zu signalisieren, wenn es sich um eine dringende Angelegenheit handelt.
- Verzichten Sie niemals auf eine Anrede oder die Verabschiedung in Ihren E-Mails.
- Damit Ihr Kontakt nicht lang nach Ihren Kontaktdaten suchen muss, versenden Sie Ihre E-Mails immer mit Ihrer persönlichen Signatur. Achten Sie dabei aber darauf, diese nicht bei allen Antworten anzufügen. Durch redundante Signaturen werden E-Mails schnell sehr unübersichtlich.
- Kürzen Sie den Originaltext beim Beantworten von E-Mails. Wenn Sie sich auf einzelne Fragen beziehen, kopieren Sie nur den betreffenden Originaltext in die Mail. Das ist besonders dann sehr hilfreich, wenn es sich um lange E-Mails handelt.
- Verzichten Sie auf Abkürzungen. Nicht jedem E-Mail-Empfänger sind Abkürzungen wie Mfg (Mit freundlichen Grüßen), FYI (engl.: for your information – zur Kenntnisnahme) oder TIA (engl.: that is all – das ist alles) geläufig.

E-Mail-Anhänge, Dateien und Objekte hinzufügen

Das Menüband bietet unter der Registerkarte *Einfügen* allerhand Möglichkeiten, um Dateien und Objekte wie beispielsweise Grafiken oder Diagramme an Ihre E-Mail anzuheften. Über die Schaltfläche *Datei anfügen* werden Dateien der E-Mail als Anhang hinzugefügt. Das ist die normale Vorgehensweise, wenn Sie zum Beispiel Bilder, Word-Dokumente oder PDF-Dateien versenden möchten. Sie können jedoch auch bestimmte Inhalte, insbesondere Bilder, direkt in der E-Mail sichtbar machen, ohne dass der Empfänger diese zusätzlich aus dem Anhang öffnen muss. Klicken Sie hierzu im Menüband unter *Einfügen* auf *Grafik* und wählen Sie das einzufügende Bild von Ihrer Festplatte oder von Ihrem USB-Stick aus. Diese Funktion ist jedoch nur dann möglich, wenn Sie die E-Mail im HTML- oder Rich-Text-Format verfassen.

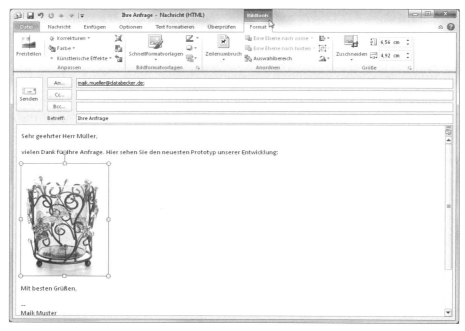

Die Formatierungstools für einzelne Elemente (hier: Bildtools) können wie in Word ausgewählt und benutzt werden.

E-Mails an mehrere Empfänger mit Kopie und Blindkopie

Der Begriff **C**arbon **c**opy (*Cc*) stammt vom früher im normalen Briefverkehr benutzten Durchschlag. Beim Schreiben einer E-Mail dient dieses Feld dazu, Kopien an einen oder mehrere Empfänger zu senden. Dem Empfänger in diesem Feld wird dadurch indirekt symbolisiert, dass diese E-Mail sich nicht direkt an ihn richtet, sondern lediglich zur Kenntnisnahme oder zur Begutachtung dient. Die Einträge in diesem Feld werden bei allen Empfängern angezeigt und sind somit öffentlich.

Anders im Feld **B**lind **c**arbon **c**opy (*Bcc*): Empfänger in diesem Feld erhalten die Nachricht als sogenannte Blindkopie. Die anderen Empfänger können in der Regel nicht einsehen, wer die Blindkopie erhalten hat. Um das *Bcc*-Feld zu aktivieren und Ihre E-Mail als Blindkopie an andere Empfänger zu versenden, klicken Sie im Menüband unter *Optionen* im Bereich *Felder anzeigen* auf *Bcc*. Tragen Sie dann im neu erscheinenden Feld die jeweiligen Empfänger ein.

Visitenkarten, Briefpapiere und Designs verwenden

Visitenkarten versenden

Wer kennt diese Situation nicht: Sie möchten Ihrem Empfänger Ihre Kontaktdaten oder die Kontaktdaten eines Geschäftspartners zusenden und vergeuden dabei Zeit mit der Suche oder dem Abtippen. Wenn Sie einen Kontakt bereits in Ihrem Outlook-Adressbuch haben, können Sie beim Verfassen von E-Mails über das Menü *Einfügen/Visitenkarte* alle Daten im sogenannten vCard-Format an den Empfänger der E-Mail übermitteln. Das vCard-Format ist eine Art elektronische Visitenkarte, das mittlerweile von vielen E-Mail-Programmen und mobilen Endgeräten unterstützt wird.

Bevor Sie mit Outlook richtig loslegen, sollten Sie Ihre eigenen Kontaktdaten im Adressbuch von Outlook hinterlegen, damit Sie diese schnell und einfach versenden können. Legen Sie besonderen Wert darauf, Ihre Daten vollständig und fehlerfrei einzutragen, damit es gar nicht erst zu zeitintensiven Rückfragen kommen kann. Ihre Visitenkarte ist auch in elektronischer Form Ihr persönliches Aushängeschild. Sofern Sie Ihre E-Mail im HTML-Format versenden, können Sie auch ein Foto von sich in Ihrem Kontakteintrag hinterlegen, das dann mitsamt Ihren Kontaktdaten versendet wird.

Designs und Briefpapier

Outlook bietet Ihnen die Möglichkeit, alle E-Mails – sofern sie nicht Nur-Text-formatiert sind – mit verschiedenen Designs zu formatieren. Sie können diese im Hauptfenster von Outlook unter *Datei/Optionen/E-Mail/Briefpapier und Schriftarten* vordefinieren. Von Haus aus bietet Outlook dabei verschiedene Designvorlagen.

5. Outlook – E-Mails, Kontakte und Termine managen

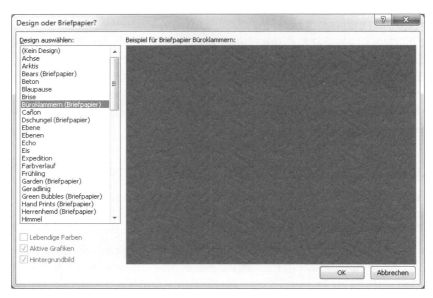

Verschiedene Designs und Briefpapiere verändern das Aussehen Ihrer E-Mails.

Grundsätzlich empfehlen wir Ihnen jedoch, von solchen Designs vor allem im geschäftlichen Bereich abzusehen. Zum einen kann nicht sichergestellt werden, dass der Empfänger der E-Mail dieses Design überhaupt sieht, und zum anderen gehen übertriebene Designs immer zulasten der Information, die Ihre E-Mail enthält.

Zeit fürs Wesentliche: mit der Prioritätensetzung arbeiten

Sie haben mit Outlook beim Verfassen von E-Mails die Möglichkeit, die Wichtigkeit dieser E-Mail festzulegen. Hierdurch können Sie Ihrem Gegenüber signalisieren, ob die E-Mail wichtig oder eher weniger wichtig ist. Im Menüband unter *Nachricht* gibt es im Feld *Kategorien* hierfür zwei Symbole, um diese Stufen festzulegen. Mit einem Klick auf das rote Ausrufezeichen (Wichtigkeit: hoch) wird die Nachricht als wichtig eingestuft, bei einem Klick auf den blauen Pfeil (Wichtigkeit: niedrig) als gering. Beachten Sie jedoch, dass nicht alle E-Mail-Programme diese Funktion in der Form unterstützen. Weisen Sie explizit in der Nachricht noch einmal darauf hin, wenn eine Angelegenheit wichtig oder dringend ist.

Lesebestätigung anfordern

Mit den Verlaufsoptionen können Sie Ihre E-Mail mit noch mehr Funktionen ausstatten. Wenn Sie eine Lesebestätigung vom Empfänger erhalten möchten, wählen Sie im Menüband unter *Optionen* die Option *Lesebestätigung anfordern* aus. Sobald der Empfänger die E-Mail gelesen hat, erhalten Sie eine E-Mail mit einer Bestätigung hierüber. Diese Funktion wird jedoch – ähnlich wie die Übermittlungsbestätigung – nicht von allen E-Mail-Programmen und Mailservern unterstützt. Wundern Sie sich deshalb nicht, falls Sie unter Umständen keine Lesebestätigung erhalten.

Abstimmungen durchführen

Seit Outlook 2007 haben Sie die Möglichkeit, die Empfänger einer E-Mail zu einer bestimmten Sache mit vorgegebenen Antworten zu befragen. Dieses Merkmal funktioniert allerdings nur dann, wenn Ihre E-Mail-Empfänger auch Outlook verwenden. Für die Abstimmung bietet Outlook bereits vorgegebene Antworten an. Sie können jedoch über die Option *Benutzerdefiniert* im Menü *Optionen/Verlauf/Abstimmungsschaltflächen verwenden* selbst Antworten vorschlagen, die Sie jeweils mit einem Semikolon trennen müssen.

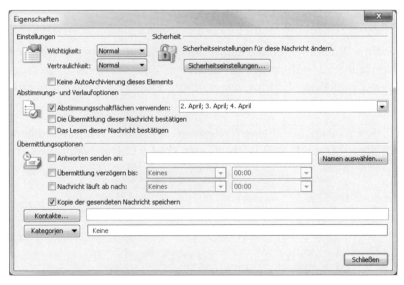

Legen Sie eigene Abstimmungsschaltflächen fest, zwischen denen der Empfänger auswählen kann.

Ein praktisches Beispiel: Sie wollen herausfinden, wie das neue Layout der Firmenzeitschrift ankam oder wie die Kollegen die letzte Fortbildung bewerten? Das alles lässt sich mit der Abstimmungsfunktion von Outlook problemlos und schnell ermitteln. Dabei werden innerhalb einer E-Mail Abstimmungsschaltflächen eingefügt, über die die Empfänger ganz bequem an der Umfrage teilnehmen können.

> **Wie viele Teilnehmer sind sinnvoll?**
>
> Theoretisch kann man in Outlook Umfragen mit beliebig vielen Teilnehmern durchführen. Mag dies von der technischen Seite her funktionieren, stößt man mit der Verwaltung schnell an seine Grenzen. Sobald Sie eine Umfrage mit mehr als ca. 45 Teilnehmern planen, sollten Sie besser auf eine webbasierte Lösung (Intranet) mit einer Datenbankfunktion zurückgreifen.

Die einfachste Form einer Umfrage ist eine einfache Genehmigt/Abgelehnt-Umfrage. Sie wird folgendermaßen erstellt:

1 Zunächst wird wie üblich eine ganz normale E-Mail angelegt, in der man als Empfänger all die Namen eingibt, die an der Umfrage teilnehmen sollen.

2 Um die Umfrage zu erstellen, wird in der neuen E-Mail in das Register *Optionen* gewechselt und *Weitere Optionen* aufgerufen.

3 Rufen Sie im Bereich *Optionen* den Eintrag *Abstimmungsschaltflächen verwenden* auf und wählen Sie im aktuellen Beispiel *Genehmigt;Abgelehnt*. (Wie Sie eigene Abstimmungsvarianten anlegen, wird im nächsten Abschnitt gezeigt.)

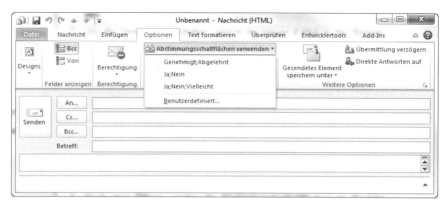

4 Dass die Abstimmungsschaltflächen hinzugefügt wurden, ist an dem Hinweistext zu erkennen. Anschließend wird die E-Mail versendet.

Die Umfrage landet bei den Empfängern als normale E-Mail im Ordner *Posteingang*.

1 Nach dem Öffnen werden die Abstimmungsschaltflächen im Register *Nachricht* angezeigt.

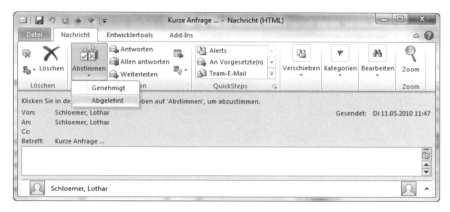

2 Nach dem Anklicken der gewünschten Option wird die Antwortnachricht erstellt. Anschließend folgt die Kontrollabfrage, ob die E-Mail vor dem Versenden noch einmal bearbeitet werden soll. Wenn man sich hier für *Antwort vor dem Senden bearbeiten* entscheidet, kann der Antwort wie jeder anderen E-Mail Text hinzugefügt werden. Mit *OK* wird die Antwort an den Absender geschickt.

Eigene und mehrere Optionen verwenden

Standardmäßig können die folgenden Abstimmungen durchgeführt werden:

> *Ja;Nein*
> *Genehmigt;Abgelehnt*
> *Ja;Nein;Vielleicht*

Das mag für viele Zwecke reichen, oftmals aber eben auch nicht. Für solche Fälle können Sie eigene Optionen anlegen. Vielleicht wollen Sie ja herausfinden, an welchem Tag der kommenden Woche das Essen mit den Kollegen stattfinden soll. In diesem Fall rufen Sie innerhalb der E-Mail

Optionen/Abstimmungsschaltflächen verwenden/Benutzerdefiniert auf. Dort aktivieren Sie *Abstimmungsschaltflächen verwenden* und löschen die voreingestellten Werte. Anschließend können die gewünschten Schaltflächen eingetragen werden.

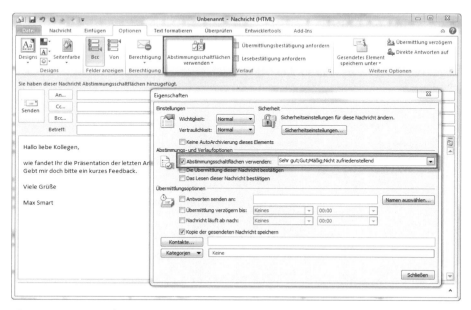

Eigene Optionen werden eingetragen.

Dabei ist darauf zu achten, dass die einzelnen Schaltflächen jeweils durch ein Semikolon getrennt notiert werden. Mit *Schließen* übernimmt man die Einstellungen. Anschließend kann die E-Mail wie gewohnt verschickt werden.

Die Ergebnisse auswerten

Eine Umfrage anzulegen, hat natürlich nur einen Sinn, wenn man die Ergebnisse auswertet. Hier bieten sich zwei Varianten an: Entweder verwendet man Outlook oder Excel. Zunächst die Outlook-Variante:

Öffnen Sie die Originalnachricht mit den Abstimmungsschaltflächen. Normalerweise dürfte sie im Ordner *Gesendete Elemente* liegen. In der Registerkarte *Nachricht* klicken Sie in der Gruppe *Anzeigen* auf *Status*.

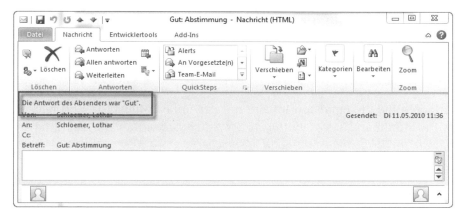

So sieht man, wer wie abgestimmt hat.

Sollte *Status* nicht angezeigt werden, hat noch kein Empfänger an der Umfrage teilgenommen. Die Antwort wird in den eingehenden E-Mails leider nur sehr klein angezeigt, das hätte man sicher etwas besser lösen können.

Absender auswählen

Sollten Sie mehrere E-Mail-Konten in Outlook eingerichtet haben, erscheint im E-Mail-Fenster die Schaltfläche *Von*, die Sie auch über *Optionen/Felder anzeigen* aktivieren können. Hier legen Sie fest, über welches E-Mail-Konto Ihre E-Mail verschickt und welche Absenderadresse festgelegt wird.

E-Mails direkt vom Desktop aus verschicken

Oft kommt es vor, dass Sie einzelne Dateien oder mehrere Dokumente verschicken möchten. Sie können dazu im Windows-Explorer oder auf dem Desktop befindliche Dateien einfach mit der rechten Maustaste anklicken. Über das Menü *Senden an/E-Mail-Empfänger* öffnet sich Outlook. Die ausgewählten Dateien werden automatisch als Anhang hinzugefügt.

Textbausteine für schnelleres Schreiben

Mit den Schnellbausteinen von Outlook können Sie häufig verwendete Texte und Inhalte in einer Vorlage abspeichern, damit Sie diese nicht jedes Mal aufs Neue schreiben müssen. Dadurch sparen Sie besonders dann Zeit, wenn Sie häufiger E-Mails mit identischen Aussagen beantworten.

So geht's: Schnellbaustein erstellen und einfügen

Schreiben Sie zunächst die gewünschten Inhalte im E-Mail-Fenster, die der Schnellbaustein später enthalten soll. Sie können für die Schnellbausteine entweder reinen Text, Bilder oder eine Kombination aus beiden verwenden.

Markieren Sie die erstellten Inhalte mit der linken Maustaste und klicken Sie im Menüband unter *Einfügen/Schnellbausteine* auf die Schaltfläche *Auswahl im Schnellbaustein-Katalog speichern*.

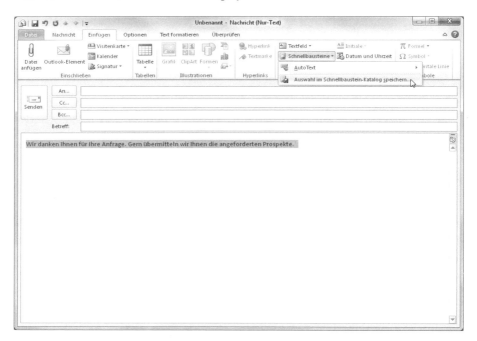

Im darauf folgenden Dialogfeld geben Sie dem neu erstellten Schnellbaustein einen Namen. Unter der Option *Kategorie* können Sie zudem Ihre Schnellbausteine in mehrere Kategorien unterteilen, um einen besseren Überblick zu erhalten.

Fertig! Um in neuen E-Mails den Schnellbaustein einzufügen, klicken Sie im Menüband unter *Einfügen/Schnellbausteine* den jeweiligen Baustein an. Sie sehen zudem vor dem Einfügen eine Vorschau des jeweiligen Inhalts.

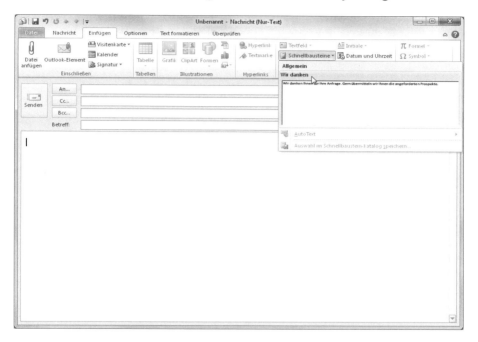

Nachrichten unterschreiben: Signaturen verwenden

Eine Signatur ist in der Regel ein Textbaustein, der der herkömmlichen Grußformel oder Unterschrift im normalen Schriftverkehr ähnelt und den Sie automatisch unter jede E-Mail einfügen lassen können. Es ist eine etablierte Konvention, eine Signatur beginnend mit einer Zeile, die nur die Zeichenfolge „-- " (zwei Bindestriche und ein Leerzeichen) enthält, an den E-Mail-Text anzufügen.

Dadurch wird es den meisten E-Mail-Programmen ermöglicht, die Signatur beim Beantworten einer Nachricht automatisch abzutrennen, da diese dadurch erkannt wird. Achten Sie darauf, dass Ihre persönliche Signatur nicht länger als vier Zeilen à 80 Zeichen Text ist.

So geht's: Signatur einrichten

Klicken Sie im Menüband des Hauptfensters von Outlook auf *Datei/ Optionen/E-Mail/Signaturen*. Wählen Sie anschließend die Schaltfläche *Neu* und geben Sie Ihrer Signatur einen Namen (z. B. *Standard*). Wenn Sie verschiedene Signaturen für unterschiedliche E-Mail-Konten verwenden möchten, empfiehlt sich beispielsweise eine Trennung in Geschäftlich und Privat.

Bearbeiten und formatieren Sie anschließend im unteren Textfeld Ihre Signatur, wie es die nachfolgende Abbildung verdeutlicht.

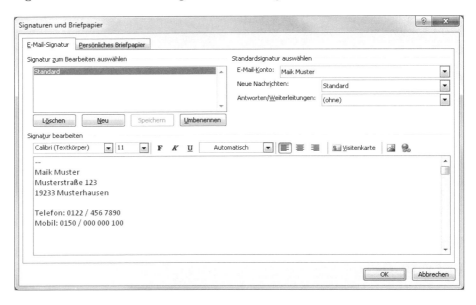

Damit Ihre Signatur automatisch unter jede Nachricht angefügt wird, müssen Sie im Bereich *Standardsignatur auswählen* die jeweils zu verwendende Signatur selektieren. Wenn Sie Ihre Kontaktdaten in der E-Mail-Signatur verwenden, ist es ratsam, diese nur bei neuen Nachrichten anzufügen, um unnötige Zeilen beim Antworten von E-Mails, die der Empfänger bereits kennt, wegzulassen.

Nachrichten lesen, beantworten und drucken

Der Lesebereich von Outlook ist in zwei Spalten aufgeteilt. In der linken Spalte erhalten Sie eine Übersicht über alle erhaltenen E-Mails in Ihrem Posteingang. In der Standardkonfiguration werden diese absteigend nach

Datum sortiert, sodass Sie die neusten E-Mails immer ganz oben vorfinden. Nachdem Sie in dieser Spalte eine E-Mail angeklickt haben, erscheint in der rechten Spalte neben Betreff, Absender und Datum ebenso der Inhalt der jeweils ausgewählten E-Mail.

E-Mails beantworten

Wenn Sie eine E-Mail beantworten möchten, klicken Sie im Menüband einfach auf die Schaltfläche *Antworten*. Die Antwort erhält – auch bei mehreren Empfängern der E-Mail – nur der ursprüngliche Absender. Die Funktion *Allen antworten* bewirkt, dass die Antwort an alle Empfänger und den Absender einer E-Mail übertragen wird.

> **Probleme mit der Darstellung von E-Mail-Inhalten beim Beantworten**
>
> Sollten beim Antworten die Formatierungen der vorhergehenden E-Mail plötzlich verschwunden sein, überprüfen Sie, ob im Menü unter *Text formatieren* die Option *HTML* oder *Nur-Text* angeklickt ist. Manche E-Mails enthalten Bilder und sind folgerichtig nur im HTML-Format und nicht im reinen Textformat darstellbar.

Clevere Optionen beim Beantworten

Sie wollen beim Beantworten von E-Mails die Originalnachricht ausblenden oder diese Nachricht als Anhang einfügen? Kein Problem.

Klicken Sie im Hauptfenster von Outlook auf *Datei/Optionen* und dann auf *E-Mail*. Unter *Antworten und Weiterleitungen* können Sie die verschiedenen Verhaltensweisen beim Antworten oder Weiterleiten von E-Mails einstellen. So können Sie beispielsweise den Originaltext beim Antworten einrücken oder als Anlage beifügen.

> **Originalnachricht immer beifügen**
>
> Besonders im beruflichen E-Mail-Verkehr empfiehlt es sich, stets die Originalnachricht beim Antworten beizufügen, da somit Sie selbst wie auch Ihr Gesprächspartner den kompletten Schriftverkehr immer nachvollziehen können. In welcher Form ist dabei eher zweitrangig. Als am übersichtlichsten hat sich wahrscheinlich die Option *Präfix vor jede Zeile der urspr. Nachricht* bewährt.

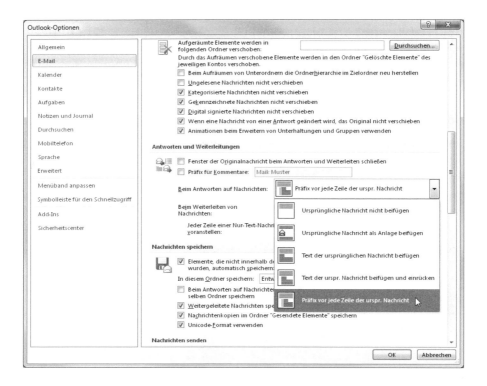

E-Mails ausdrucken

Outlook bietet zwei verschiedene Druckvorlagen, die Sie beim Drucken einer E-Mail über das Menüband *Datei/Drucken* auswählen können. Das Memoformat druckt nur die jeweils ausgewählte E-Mail aus, während das Tabellenformat eine Übersicht über alle im Posteingang befindlichen E-Mails ausgibt. Unter dem in diesem Fenster befindlichen Menüpunkt *Druckoptionen/Druckformat/Formate definieren* können Sie diese Druckvorlagen anpassen. Im Register *Kopfzeilen/Fußzeilen* können Sie definieren, welche Informationen in der Kopf- bzw. Fußzeile erscheinen sollen. Hierbei stehen Ihnen einige bereits vorgefertigte Formatvorlagen zur Verfügung:

Formatvorlage	Beschreibung
[Seite]	Aktuelle Seite bei mehrseitigen E-Mails
[Seiten]	Gesamtseitenzahl
[Datum]	Datum der E-Mail
[Zeit]	Zeit der E-Mail
[Benutzername]	Der Benutzername des E-Mail-Kontos, über das die E-Mail empfangen wurde

Unterhaltungen anzeigen und Gesprächsverlaufe einsehen

Mitunter eine der wichtigsten Neuerungen in Outlook 2010 ist die Darstellung von Unterhaltungen. Wenn Sie auf eine E-Mail geantwortet haben oder sich Ihre Korrespondenz über mehrere Nachrichten erstreckt, können Sie sich den gesamten Gesprächsverlauf im Posteingang anzeigen lassen. Unter Umständen müssen Sie die Unterhaltungsansicht jedoch erst aktivieren. Klicken Sie hierzu im oberen Teil des Lesebereichs auf *Anordnen nach: Datum* und stellen Sie sicher, dass die Option *Als Unterhaltungen anzeigen* aktiviert ist. Sofern ein solcher Verlauf verfügbar ist, erscheint links neben dem Betreff der E-Mail in der E-Mail-Übersicht ein Pfeilsymbol. Klicken Sie es an, um den Gesprächsverlauf zu betrachten. Sie haben dadurch jederzeit die Möglichkeit, einfach und schnell Ihre Antworten noch einmal zu lesen oder die Korrespondenz chronologisch sortiert nachvollziehen zu können.

Das Kategoriensystem von Outlook

Ein weiteres praktisches Werkzeug in Outlook 2010 ist die farbige Kategorisierung, mit denen Sie E-Mails, Kontakte, Termine und Aufgaben kategorisieren können. Bevor Sie dieses Werkzeug zum ersten Mal benutzen, sollten Sie den einzelnen Kategorien einen eindeutigen Namen zuweisen. Klicken Sie im Posteingang im Menüband auf *Kategorien/Kategorisieren/Alle Kategorien*. Mit der Schaltfläche *Umbenennen* ändern Sie die Bezeichnungen der jeweiligen Kategorie. Um einer E-Mail eine oder mehrere Kategorien zuzuweisen, klicken Sie diese im E-Mail-Ordner mit der rechten Maustaste an und wählen die Option *Kategorisieren*.

Mit einem Klick auf die jeweilige Kategorie wird diese der E-Mail zugewiesen. Sie können der Nachricht jedoch auch mehrere Kategorien zuweisen, indem Sie die Option *Alle Kategorien* im Menü wählen und die passenden Kategorien mit einem Häkchen auswählen.

> **Schnelles Kategorisieren mit Schnellklick**
>
> Im Posteingang befindet sich rechts neben dem Betreff ein grau umrahmtes Kästchen. Durch einen Klick darauf können Sie E-Mails eine vorher definierte Farbkategorie durch einen einzigen Klick zuweisen. Die Fahne daneben bewirkt übrigens, dass aus einer E-Mail per Mausklick eine Aufgabe wird.

Aufgaben und Termine aus Nachrichten erstellen

Oftmals ergeben sich aus Korrespondenzen auch Termine und Aufgaben. Mit Outlook können Sie direkt aus einer E-Mail eine Aufgabe oder einen Termin erstellen. Ziehen Sie die E-Mail dazu einfach per Drag & Drop auf die im linken Navigationsbereich befindlichen Schaltflächen *Aufgaben* bzw. *Kalender*. Der Inhalt der E-Mail wird dann automatisch in die Beschreibung der Aufgabe bzw. des Termins eingefügt. Wie Sie Termine und Aufgaben erstellen, beschreiben wir ausführlicher in den Kapiteln 5.6 und 5.7.

Eine eigene Ordnerstruktur anlegen

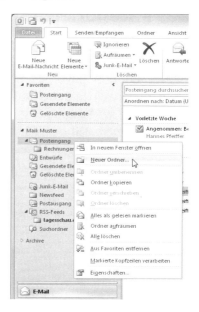

Um stets eine klare Übersicht über wichtige E-Mails zu haben, können Sie Ihre E-Mails in mehrere E-Mail-Ordner verteilen. Klicken Sie mit der rechten Maustaste hierzu im linken Navigationsbereich auf *Posteingang* und wählen Sie die Option *Neuer Ordner*. Wählen Sie aussagekräftige Namen für Ihre E-Mail-Ordner aus, damit Sie wissen, was sich hinter diesen verbirgt. Um E-Mails zu verschieben, können Sie diese einfach per Drag & Drop in den jeweiligen Ordner ziehen, damit diese dort abgelegt werden.

Von Outlook die Post sortieren lassen: der Regel-Assistent

Mithilfe von E-Mail-Regeln können Sie Outlook Ihre Post automatisch sortieren lassen. Eine E-Mail-Regel ist eine Aktion, die von Outlook automatisch ausgeführt wird, wenn Sie eine Nachricht empfangen oder versenden, die den in der E-Mail-Regel definierten Bedingungen entspricht. Anhand eines einfachen Beispiels zeigen wir Ihnen, wie Sie alle E-Mails mit einem bestimmten Betreff in einen E-Mail-Ordner verschieben.

So geht's: E-Mail-Regel erstellen

Wählen Sie im Menüband unter der Registerkarte *Start* im Bereich *Verschieben* den Menüpunkt *Regeln/Regeln und Benachrichtigungen verwalten* aus. Hier erhalten Sie einen Überblick über die erstellten Regeln. Klicken Sie auf *Neue Regel*, um den Regel-Assistenten zu öffnen.

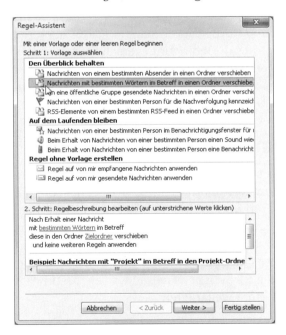

Wählen Sie die Vorlage *Nachrichten mit bestimmten Wörtern im Betreff in einen Ordner verschieben* aus und klicken Sie anschließend im unteren Abschnitt auf die unterstrichene Wortgruppe *bestimmten Wörtern*. Tragen Sie im Feld *Im Betreff zu suchende Wörter* das Wort *Rechnung* ein und klicken Sie anschließend auf *Hinzufügen* und auf *OK*.

Klicken Sie im Regel-Assistenten auf die blau unterlegte Verknüpfung *Zielordner* und wählen Sie den Ordner aus, in dem alle E-Mails, die den Betreff *Rechnung* enthalten, verschoben werden sollen. Klicken Sie danach auf *Fertig stellen*, damit die Regel aktiviert wird.

Die neu erstellte Regel wird nun für alle in Zukunft eintreffenden E-Mails ausgeführt, die das Wort *Rechnung* im Betreff enthalten. Damit auch die bereits erhaltenen E-Mails mit dieser Bedingung verschoben werden, klicken Sie entweder in der Regelübersicht auf *Regel jetzt anwenden* oder im Menüband von Outlook unter der Registerkarte *Ordner* im Bereich *Aufräumen* auf *Regeln jetzt anwenden*.

QuickSteps für regelmäßige Aktionen

Neu an Bord von Outlook 2010 sind die sogenannten QuickSteps. Diese Funktionen ermöglichen es Ihnen, bestimmte Befehle und Verfahren, die Sie häufig verwenden, zu definieren und mittels eines einzigen Klicks auszuführen. Von Haus aus bietet Outlook vorgefertigte Aktionen, etwa das Verschieben von E-Mails in einen bestimmten Ordner oder das Antworten und anschließende Löschen einer E-Mail. QuickSteps sind außerdem sehr praktisch, wenn Sie beispielsweise häufiger Nachrichten an bestimmte Arbeitskollegen oder Geschäftspartner weiterleiten.

So geht's: Eigene QuickSteps erstellen

Klicken Sie im Menüband-Bereich *QuickSteps* unter der Registerkarte *Start* auf *Neu erstellen*. Eventuell müssen Sie auf den danebenstehenden Pfeil nach unten klicken, bis diese Option sichtbar wird.

5.5 So werden Sie mit der täglichen E-Mail-Flut fertig

Überlegen Sie sich einen kurzen und aussagekräftigen Namen für Ihren QuickStep und tragen Sie diesen im Dialog ein. Mit einem Klick auf die Schaltfläche links daneben können Sie ein Symbol für Ihren QuickStep auswählen.

Wählen Sie eine Aktion aus, die ausgeführt werden soll, wenn Sie auf diesen QuickStep klicken. Klicken Sie anschließend auf *Aktion hinzufügen*.

Sie können mehrere Aktionen gleichzeitig in einem QuickStep kombinieren. Im nachfolgenden Beispiel wird die E-Mail als gelesen markiert, an einen Kollegen weitergeleitet und anschließend in den Ordner *Erledigt* verschoben:

Optional können Sie eine Tastenkombination für Ihren QuickStep festlegen, mit der er ausgeführt wird. Klicken Sie auf *Fertig stellen*, um den QuickStep zu speichern.

Um bestehende QuickSteps zu verwalten, zu ändern oder zu entfernen, klicken Sie auf das Symbol rechts unten im Bereich *QuickSteps*.

Das Postfach entschlacken und aufräumen

Unter der Registerkarte *Ordner* finden Sie im Menüband verschiedene Funktionen zum Aufräumen Ihres Posteingangs. So können Sie beispielsweise alle ungelesenen E-Mails als gelesen markieren oder den Ordner automatisch von Outlook aufräumen lassen. Über die Funktion *Ordner aufräumen* löscht Outlook redundante, also identische E-Mails. Sie können über die Einstellungen diese Funktion allerdings auch so anpassen, dass redundante Nachrichten in einen anderen E-Mail-Ordner verschoben werden.

Im *Datei*-Register verbergen sich hinter dem Punkt *Tools zum Aufräumen/Postfachbereinigung* zahlreiche interessante Optionen.

Über *Postfachgröße anzeigen* können Sie die gleichen Informationen sehen, die bereits im vorherigen Abschnitt vorgestellt wurden.

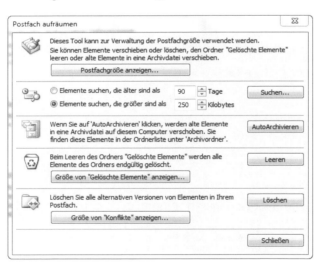

Interessanter ist da schon der *Suchen*-Bereich. Denn darüber können Sie sich Elemente anzeigen lassen, die bestimmte Anforderungen erfüllen:

➢ Elemente, die ein bestimmtes Alter haben
➢ Elemente, die eine bestimmte Größe haben

Löst man eine Suche aus, öffnet Outlook automatisch das Dialogfenster *Erweiterte Suche*, in dem sehr genaue Kriterien vergeben werden können.

Die Suchergebnisse werden im unteren Bereich des Dialogfensters aufgeführt.

Daten manuell archivieren

Um zu verhindern, dass Outlook an die Speichergrenze der Datendateien stößt, sollte man das Postfach in regelmäßigen Abständen archivieren. Hierfür stellt Outlook eine Archivierungsfunktion zur Verfügung. Durch diese Archivierung werden alle Outlook-Daten, die ein bestimmtes Alter erreicht haben, automatisch aus Ihrem Postfach gelöscht und in eine Archiv-PST-Datei verschoben. Diese Archivdatei liegt auf Ihrem Computer innerhalb Ihres Benutzerprofils. Die archivierten Daten können also jederzeit wiederhergestellt werden. (Wie dieses Wiederherstellen funktioniert, wird in diesem Kapitel ebenfalls gezeigt.)

Um alte Elemente zu archivieren, rufen Sie *Datei/Tools zum Aufräumen/ Archivieren* auf.

Hier können Sie die einzelnen Ordner festlegen, die archiviert werden sollen. So können Sie schnell den gesamten Ordner *Posteingang* mit einbeziehen und festlegen, ob z. B. auch der Ordner *Gesendete Objekte* archiviert werden soll. Entwürfe und Spammails sollten wohl in fast allen Fällen nicht archiviert werden.

5. Outlook – E-Mails, Kontakte und Termine managen

Die Daten werden ausgewählt.

Mit dem Datumsfeld legen Sie fest, ab welchem Datum Elemente für die Archivierung vorgesehen werden sollen. Ein guter Wert liegt hier, je nach Mailaufkommen, zwischen drei und sechs Monaten.

Der Speicherort der Archivdatei kann über die *Durchsuchen*-Schaltfläche festgelegt werden. Über die *OK*-Schaltfläche werden die ausgewählten Elemente archiviert. Dass Outlook die Elemente tatsächlich archiviert hat, können Sie in der Ordnerliste sehen.

Die AutoArchivierung nutzen

Die AutoArchivierung ist in Outlook standardmäßig aktiviert. Es sind auch bereits Standardvorgabewerte eingetragen, die aber je nach eigenen Bedürfnissen geändert werden können.

- *Postausgang* – drei Monate
- *Posteingang*, *Entwürfe*, *Journal*, *Notizen*, *Aufgaben*, *Kalender* – sechs Monate
- *Gesendete Objekte*, *Gelöschte Objekte* – zwei Monate

Outlook hält sich bei der AutoArchivierung an feste Regeln. Diese Regeln bestimmen, ab welchem Datum ein Element archiviert werden soll. Die folgende Tabelle zeigt, welche Ereignisse von Outlook verwendet werden, um festzustellen, wann Elemente archiviert werden sollen:

5.5 So werden Sie mit der täglichen E-Mail-Flut fertig

Element	Alter des Elements
Aufgabe	Das Erledigungsdatum oder Datum/Uhrzeit der letzten Änderung. Achtung: Aufgaben, die nicht als erledigt markiert sind, werden nicht automatisch archiviert!
E-Mail	Das Senden-/Empfangen-Datum oder das Datum der letzten Änderung.
Journaleintrag	Das Erstellungsdatum oder das Datum der letzten Änderung.
Kalenderelement	Das Datum des Elements oder dessen letzte Änderung. Achtung: Serienelemente werden nicht automatisch archiviert.
Kontakt	Kontakte werden leider nicht automatisch archiviert.
Notiz	Das Datum der letzten Änderung.

Sie sollten zunächst überprüfen, ob die AutoArchivierung aktiviert ist. Wählen Sie hierzu aus dem *Datei*-Register *Optionen*, wechseln Sie in die Registerkarte *Erweitert* und wählen Sie *Einstellungen für AutoArchivierung*.

Die AutoArchivierung ist aktiviert.

Wenn das erste Kontrollkästchen *AutoArchivierung* aktiviert ist, ist die AutoArchivierung bereits mit Vorgabewerten eingerichtet. In den Standardeinstellungen wird die AutoArchivierung alle 14 Tage durchgeführt. Wollen Sie diesen Zeitraum ändern, tragen Sie den gewünschten Wert in das Feld *Tage* ein. Bei der Verwendung der AutoArchivierung werden die zu archivierenden Ordner innerhalb der Ordnerliste angezeigt.

Die Standardeinstellungen für alle Ordner festlegen

Der einfachste Weg zum Sichern von Elementen ist die Wahl der gleichen Einstellungen der AutoArchivierung für alle Outlook-Ordner. In diesem

Fall werden alle Ordner gleich behandelt. Das Vergessen der Archivierung von Ordnern wird somit ausgeschlossen. Damit für alle Ordner die gleichen Archivierungseinstellungen gelten, rufen Sie *Datei/Optionen* und *Erweitert* auf. Über die Schaltfläche *Einstellungen für AutoArchivierung* gelangen Sie zu dem betreffenden Dialogfenster.

> **Die AutoArchivierung für einzelne Ordner**
>
> Nachfolgend wird beschrieben, wie Sie die Art der AutoArchivierung für einzelne Ordner festlegen können. Wenn Sie die Schaltfläche *Einstellungen auf alle Ordner anwenden* wählen, werden die Einstellungen für alle Ordner übernommen. Die Einstellungen für die einzelnen Ordner werden also überschrieben.

Die Standardeinstellungen für einzelne Ordner festlegen

Zugegebenermaßen ist das Festlegen der AutoArchivierung für alle Ordner der schnellste Weg. In der Praxis ist es aber häufig so, dass beispielsweise einige Ordner häufiger archiviert werden sollen als andere. So können Sie etwa festlegen, dass der Ordner, in dem Ihre geschäftlichen E-Mails liegen, alle zehn Tage, der Ordner mit den privaten E-Mails aber nur alle 30 Tage archiviert werden soll.

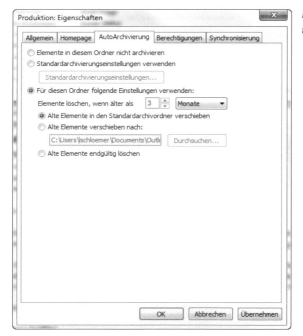

Die AutoArchivierung wird individuell festgelegt.

Um die Archivierungsoptionen für einzelne Ordner festzulegen, klicken Sie den betreffenden Ordner in der Ordnerliste mit der rechten Maustaste an und wählen *Eigenschaften*. Wechseln Sie in die Registerkarte *AutoArchivierung* und nehmen Sie die gewünschten Optionen vor. Damit die Einstellungen für den Ordner individuell vorgenommen werden können, markieren Sie *Für diesen Ordner folgende Einstellungen verwenden*. Stellen Sie die gewünschten Optionen ein und wählen Sie anschließend *Übernehmen*.

Zugriffsschutz für die Archive

Wenn mehrere Personen Zugriff auf einen Rechner haben, sollte der Archivordner durch ein Passwort geschützt werden. Somit wird jeder Anwender beim Outlook-Start zur Eingabe eines Passwortes aufgefordert. Diese Einstellung greift erst nach dem nächsten Outlook-Start. Um den Archivordner mit einem Passwort zu schützen, wählen Sie ihn mit der rechten Maustaste an und wählen *Datendateieigenschaften*. Anschließend wählen Sie nacheinander *Erweitert* und *Kennwort ändern*.

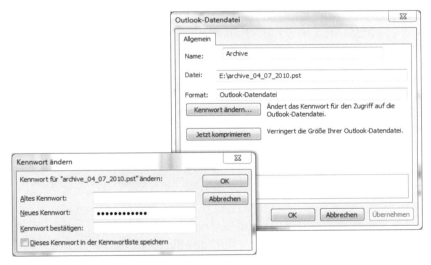

Archivdateien durch ein Passwort schützen.

Tragen Sie in die beiden Felder *Neues Kennwort* und *Kennwort bestätigen* das gewünschte Passwort ein und bestätigen Sie die Eingaben über *OK*. Wenn Sie sich nachträglich dazu entschließen, dass der Archivordner nicht mehr durch ein Passwort geschützt werden soll, tragen Sie in das Feld *Altes Kennwort* Ihr Passwort ein und lassen die beiden übrigen Felder leer.

Archivierte Daten wiederherstellen

Wie bereits erwähnt wurde, speichert Outlook standardmäßig archivierte Elemente in der Datei *archive.pst*. Im Normalfall finden Sie diese Datei unter *C:\Users\<Benutzername>\Documents\Outlook-Dateien\archive.pst*. Sollte sie dort nicht zu finden sein, klicken Sie in der Ordnerliste mit der rechten Maustaste auf *Archive*, wählen *Datendateieigenschaften* und *Erweitert*.

Den Pfad und Namen der Archivdatei können Sie dem Feld *Datei* entnehmen. Um auf archivierte Elemente zugreifen zu können, muss der Archivordner in der Ordnerleiste angezeigt werden. Ist dies bei Ihnen nicht der Fall, gehen Sie folgendermaßen vor: Rufen Sie *Datei/Optionen/Erweitert/Einstellungen für AutoArchivierung* auf. Aktivieren Sie dort *Archivordner in Ordnerliste* anzeigen. Der Archivordner wird jetzt in der Ordnerliste aufgelistet.

Volle Postfächer gezielt abarbeiten

Wo ist diese E-Mail nur? Gestern habe ich sie doch noch gesehen. Kennen Sie das? Bei einem durchschnittlichen Mailaufkommen von 80 Nachrichten pro Tag sammeln sich im Posteingang in einer Woche 400 Nachrichten.

Experten gehen mittlerweile davon aus, dass täglich 60 Milliarden E-Mails über das Internet verschickt werden.

Wer hier nicht entgegensteuert, wird sich bei der Suche nach einer bestimmten Nachricht immer wieder der bekannten Problematik der „Nadel im Heuhaufen" gegenübersehen. Hier gilt es, ein Ablagesystem zu finden, das durchaus mit klassischen „Papierablagen" zu vergleichen ist. Prinzipiell lassen sich E-Mails in fünf Kategorien aufteilen.

- **Nutzlos** – Eingehende E-Mails, die Sie nicht mehr benötigen, sollten Sie sofort löschen. Oftmals genügt schon ein Blick auf den Absender oder die Betreffzeile, um zu wissen, dass es die Nachricht nicht wert ist, aufgehoben zu werden. Jede gelöschte Nachricht schafft mehr Übersicht!

- **Wichtig** – Anfragen für einen wichtigen Geschäftstermin, die aktuelle Projektplanung oder andere wichtige E-Mails sollten Sie sofort bearbeiten.

- **Eilig/Schnell** – Wenn das Bearbeiten einer E-Mail nur wenige Minuten in Anspruch nimmt oder sehr dringlich ist, erledigen Sie es sofort. Denn wenn Sie das nicht tun, häufen sich gerade diese Sorte Mails sehr schnell an. Machen Sie es sich aber zur Regel, zwischen eilig und wichtig zu unterscheiden, denn nicht alles, was eilig ist, ist auch wichtig.

> **Aufheben** – Lässt sich absehen, dass das Abarbeiten einer E-Mail länger als ca. vier Minuten dauert, sortieren Sie sie in einen speziellen Ordner. Für diesen Ordner darf dann aber nicht das Motto gelten: Aus den Augen, aus dem Sinn. Am besten halten Sie sich eine gewisse Zeitspanne pro Tag frei und arbeiten dann konsequent diese E-Mails ab. Manchmal kann es übrigens auch sinnvoll sein, den Ablageordner in mehrere Unterordner aufzuteilen.

> **Privat** – Die Erinnerung an Einkäufe hat zwischen beruflichen E-Mails ebenso wenig etwas zu suchen wie die Einladung zum Geburtstag der geliebten Tante. Legen Sie sich stattdessen einen speziellen Privat-Ordner an und verschieben Sie dorthin alle persönlichen E-Mails. Auch hier gibt es Tricks für die Automatisierung. So können Sie zum Beispiel alle E-Mails Ihrer Frau wie von Geisterhand in den richtigen Ordner sortieren lassen.

Genau das finden, was man sucht

Wo ist die E-Mail von Herrn Müller? Wann wollte er eine Rückantwort? Wer kennt solche Fragen aus dem täglichen E-Mail-Alltag nicht? Outlook bietet einige optimierte Funktionen zum Aufspüren von verschollen geglaubten E-Mails. Mithilfe der Suche ist es eine Leichtigkeit, bestimmte E-Mails schnell aufzuspüren. Je nach Windows-Version sind jedoch unter Umständen zusätzliche Windows-Komponenten (Windows Search) notwendig. Wenn Sie Outlook zum ersten Mal starten und Windows Search nicht installiert sein sollte, wird ein Dialogfeld angezeigt, mit dem Sie zum Herunterladen der Software aufgefordert werden. Installieren Sie diese Komponente unbedingt, damit Sie leichter und effizienter nach Nachrichten und anderen Objekten in Outlook suchen können.

Die Suchtools bieten viele Möglichkeiten, die Suche zu verfeinern.

E-Mails durchsuchen

Die Outlook-Suchleiste steht Ihnen in jedem E-Mail-Ordner im oberen Bereich zur Verfügung. Drücken Sie die Tastenkombination [Strg]+[E], um in das Suchfeld zu gelangen. Geben Sie dann Ihren Suchbegriff ein und drücken Sie anschließend auf die Enter-Taste, um die Suche zu starten. In der darunter befindlichen Auswahl sehen Sie dann alle E-Mails, die den Suchbegriff beinhalten. Dieser wird an allen gefundenen Stellen gelb hervorgehoben.

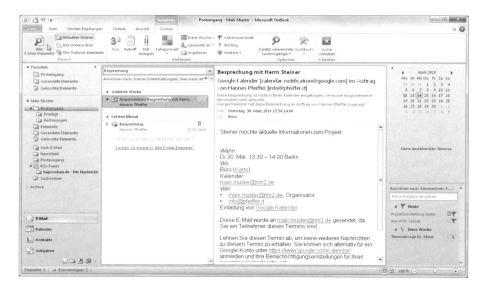

Wenn Sie alle E-Mail-Ordner gleichzeitig durchsuchen möchten, klicken Sie im Menüband unter *Suchtools* auf *Alle E-Mail-Elemente*.

Erweiterte Suchoptionen

Im Menüband unter *Suchtools* können Sie Ihre Suche verfeinern und beispielsweise nur nach einem bestimmten Absender oder Begriff suchen. Unter *Verfeinern* können Sie das jeweilige Feld auswählen, was dann im Suchfeld eingetragen wird. Im nachfolgenden Beispiel wird nach einer E-Mail mit dem Betreff *Besprechung* vom Absender *Maik Muster* gesucht: betreff:(besprechung) von:(Maik Muster).

Nachrichten zur gleichen Unterhaltung oder vom gleichen Absender suchen

Neben der erweiterten Suchfunktion und der bereits vorgestellten Unterhaltungsfunktion bietet Outlook noch ein drittes Merkmal zum schnellen Aufspüren von E-Mails. Durch einen Klick mit der rechten Maustaste und der Auswahl *Verwandtes Suchen* in der E-Mail-Liste können Sie nach Nachrichten suchen, die entweder zur ausgewählten Korrespondenz gehören oder vom gleichen Absender stammen. Dieses Merkmal ist vor allem dann hilfreich, wenn Sie sich im Laufe einer längeren nicht zusammenhängenden Unterhaltung alle Nachrichten noch einmal ansehen möchten.

Individuelle Suchordner benutzen

Wenn Sie die Suchfunktion häufiger für gleichlautende Suchbegriffe verwenden, ist es von großem Vorteil, einen Suchordner zu erstellen. Im folgenden Beispiel soll nach E-Mails gesucht werden, die den Begriff *Online-Bewerbung* im Betreff enthalten.

So geht's: Benutzerdefinierte Suchordner erstellen

Klicken Sie im Menüband des Outlook-Hauptfensters unter der Registerkarte *Ordner* auf *Neuer Suchordner*. Wählen Sie anschließend ganz unten die Option *Benutzerdefinierten Suchordner erstellen* aus und klicken Sie anschließend auf die Schaltfläche *Auswählen*.

Tragen Sie im Feld *Name* eine Bezeichnung für den Suchordner ein. In unserem Beispiel lautet dieser *Online-Bewerbung*. Klicken Sie dann auf die Schaltfläche *Kriterien*.

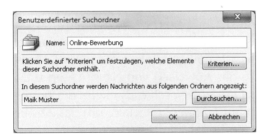

In diesem Dialog werden die Suchbedingungen definiert, mit denen der Suchordner arbeitet. Geben Sie im Feld *Suchen nach* das Wort *Online-Bewerbung* ein und klicken Sie anschließend auf *OK*.

Speichern Sie die Einstellungen der beiden offenen Dialoge mit einem Klick auf *OK* ab. Im linken Navigationsbereich erscheint unter dem Abschnitt *Suchordner* ein neuer Ordner, der alle E-Mails beinhaltet, die den Begriff *Online-Bewerbung* in der Betreffzeile enthalten.

Mit der Verwendung von Suchordnern haben Sie im Zusammenspiel mit E-Mail-Regeln die beste Möglichkeit, klare Strukturen in Ihrem E-Mail-Alltag zu schaffen und E-Mails von vornherein zu sortieren.

Unterhaltungen abweisen

Outlook 2010 bietet eine neue Funktion, mit der Sie eine Korrespondenz abweisen können. Wählen Sie dazu in der E-Mail-Liste die jeweilige Korrespondenz aus und klicken Sie im Menüband auf *Ignorieren*. Sämtliche E-Mails, die im Zusammenhang mit dieser Unterhaltung stehen und zukünftig empfangen werden, werden automatisch ungelesen in den Ordner *Gelöschte Elemente* verschoben. Das gilt natürlich nicht für neue E-Mails, die Ihnen ein Absender schickt. Um das Abweisen von Nachrichten rückgängig zu machen, können Sie im Ordner *Gelöschte Elemente* die betreffende E-Mail auswählen und erneut auf *Ignorieren* klicken, um das Abweisen der Unterhaltung zu beenden. Sie finden die Unterhaltung dann wieder in Ihrem Posteingang vor.

E-Mails mit Zugriffsbeschränkungen verschicken

Das **I**nformation **R**ights **M**anagement (IRM) kann bereits mit Office 2003 genutzt werden. Alles, was Sie dazu benötigen, ist eine Windows Live ID. Öffnen Sie dazu zuerst eine neue E-Mail und klicken Sie auf *Berechtigung*.

Anschließend wird Ihr Windows Live-Konto abgefragt bzw. neu eingerichtet. Folgen Sie dazu einfach dem Dialog.

Berechtigung

5.5 So werden Sie mit der täglichen E-Mail-Flut fertig

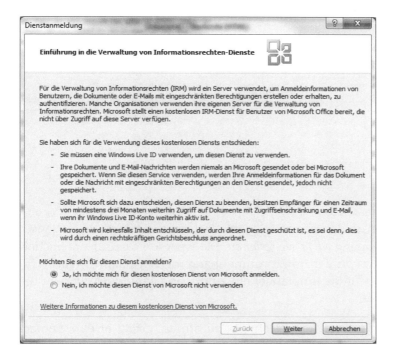

Anschließend ist das IRM einsatzbereit. Wie es sich einsetzen lässt, wird hier anhand eines typischen Beispiels gezeigt. Dabei senden Sie an einen Kollegen eine E-Mail, die er zwar lesen, aber weder weiterleiten noch drucken noch kopieren darf.

> **Anhänge schützen**
>
> Wenn Sie einer geschützten E-Mail eine Word-Datei, eine PowerPoint-Präsentation oder eine Excel-Datei hinzufügen, werden die festgelegten Zugriffsbeschränkungen der E-Mail auf den Anhang übertragen. Beachten Sie, dass die Rechte nur übernommen werden, wenn es sich um eine Microsoft Office-Datei handelt. Eine angehängte Textdatei übernimmt die Zugriffsbeschränkungen zum Beispiel nicht.
>
> Sollten für die angehängte Datei bereits Zugriffsbeschränkungen definiert worden sein, bleiben diese erhalten.

Und so wird die E-Mail geschützt:

1 Legen Sie dazu eine neue E-Mail an und wählen Sie im *Optionen*-Register *Berechtigung*. Markieren Sie das gewünschte Benutzerkonto und bestätigen Sie die Auswahl mit *OK*.

5. Outlook – E-Mails, Kontakte und Termine managen

2 In der Infoleiste der neu angelegten Nachricht erscheint die zugewiesene Berechtigung *Nicht weiterleiten*. Die weitere Prozedur unterscheidet sich nicht von der im Zusammenhang mit normalen E-Mails. Tragen Sie den oder die Empfänger ein, und schon kann die Nachricht gesendet werden.

Versucht der Empfänger, die Nachricht zu öffnen, erhält er eine Fehlermeldung. Zuerst muss von einem in der Mail enthaltenen Link das Internet Explorer-Add-on heruntergeladen und installiert werden.

Erst wenn das Add-on installiert wurde, kann der Empfänger auf die Nachricht zugreifen. Allerdings kann er die Nachricht nicht im Lesebereich anzeigen lassen, sondern muss sie über einen Doppelklick öffnen.

Zu lange gewartet? E-Mails ablaufen lassen

Sie können E-Mails verschicken, deren Inhalt nach einem festgelegten Zeitraum beim Empfänger als ungültig angezeigt wird.

Dazu klickt man innerhalb der Nachricht auf der Registerkarte *Optionen* auf den Abwärtspfeil bei *Berechtigungen* und wählt *Ablaufdatum festlegen*.

Im Dialogfenster *Nachrichtenoptionen* aktivieren Sie im Bereich *Übermittlungsoptionen* das Kontrollkästchen *Nachricht läuft ab nach*. Jetzt brauchen Sie nur noch Datum und Uhrzeit einzustellen, und schon können Sie die E-Mail versenden.

Die Nachricht wird nach Ablauf der Frist im Posteingang automatisch durchgestrichen. Gelöscht wird sie allerdings nicht und der Empfänger kann sie auch weiterhin lesen.

5.6 Outlook archivieren und mit Spam fertig werden

Nichts ist schlimmer als ein Datencrash: Alle E-Mails, wichtige Kontakte, Termine und Aufgaben gehen verloren und Sie haben kaum eine Chance, diese zu konstruieren. In diesem Kapitel zeigen wir Ihnen, wie Sie regelmäßig eine Sicherung durchführen, wie Sie E-Mails archivieren und wie Sie Spam effektiv bekämpfen.

Professionelles Archivieren von E-Mail-Konten

Gerade bei Unternehmen spielt es eine große Rolle, alle elektronischen und digitalen Dokumente für eine lange Zeit zu archivieren. In vielen Fällen sind Unternehmen sogar gesetzlich dazu verpflichtet, diese unverändert zu archivieren, sodass sie jederzeit wieder auffindbar sind. Aber auch im privaten Bereich ist es hilfreich, durch das Archivieren von E-Mails Ordnung im Posteingang zu schaffen.

AutoArchivierung einrichten

Klicken Sie im Menüband auf *Datei/Optionen/Erweitert* und wählen Sie unter dem Punkt *AutoArchivierung* die Schaltfläche *Einstellungen für AutoArchivierung*. An dieser Stelle können Sie bestimmen, wann die automatische Archivierung ausgeführt werden soll. Wenn noch kein Archivordner existiert, wird dieser automatisch angelegt und erscheint im linken Navigationsbereich als neuer E-Mail-Ordner.

Wenn Sie ein äußerst hohes Mailaufkommen haben, können Sie den Zeitraum der AutoArchivierung verkürzen. Er sollte jedoch in der Praxis nicht weniger als 14 Tage betragen, damit noch ausstehende Antworten nicht aus Versehen in das Archiv verschoben werden. Sollte doch einmal eine E-Mail aus Versehen ins Archiv gelangen, können Sie diese per Drag & Drop wieder in den Posteingang ziehen.

Einzelne Ordner von der automatischen Archivierung ausschließen

Wenn Sie mehrere E-Mail-Ordner besitzen und nicht wollen, dass bestimmte Ordner automatisch archiviert werden, können Sie für jeden Ordner die Einstellungen zur AutoArchivierung ändern.

Klicken Sie dazu mit der rechten Maustaste auf den jeweiligen E-Mail-Ordner im linken Navigationsbereich.

Wählen Sie die Option *Eigenschaften/AutoArchivierung* aus.

Im Dialogfeld können Sie entweder die AutoArchivierung ganz ausschalten oder den Abstand der AutoArchivierung individuell anpassen.

Wichtige E-Mail-Ordner können Sie von der AutoArchivierung auch ausschließen.

5.6 Outlook archivieren und mit Spam fertig werden

Manuelles Archivieren von E-Mail-Ordnern

Um E-Mail-Ordner manuell zu archivieren, klicken Sie im Menüband unter *Datei/Informationen* auf *Tools zum Aufräumen/Archivieren*. Sie haben die Möglichkeit, entweder einzelne E-Mail-Ordner oder alle Ordner zu archivieren. Mit einer Datumsauswahl legen Sie fest, dass Elemente archiviert werden sollen, die vor dem angegebenen Datum empfangen worden sind.

Datenverlust mit regelmäßigen Backups vorbeugen

Es ist unbedingt notwendig, regelmäßige Backups Ihrer Outlook-Daten durchzuführen. Sie schützen sich damit vor eventuell auftretenden Hardwareschäden, Diebstahl oder versehentlichem Löschen. Achten Sie darauf, dass sich das Medium der Datensicherung nicht in unmittelbarer Nähe Ihres PCs befindet, sondern an einem sicheren Ort aufbewahrt wird.

So geht's: Backup erstellen

Alle E-Mails, Termine und Kontakte werden in der persönlichen Ordnerdatei (PST) gespeichert. Allerdings speichert Outlook auch andere wichtige Daten in verschiedenen Ordnern im Dateisystem, die meistens versteckt werden. Leider ist es auch mit Outlook 2010 immer noch nicht möglich, die Konteneinstellungen separat zu exportieren. Bei der Datenrücksicherung müssen Sie diese Daten manuell wieder eintragen.

Versteckte Ordner anzeigen

Damit Sie die teilweise versteckten Ordner anzeigen können, klicken Sie im Menü des Windows-Explorer auf *Extras/Ordneroptionen/Ansicht*. Aktivieren Sie das Häkchen bei der Option *Alle Dateien und Ordner anzeigen*. Um die Dateiendungen einsehen zu können, deaktivieren Sie die Option *Erweiterungen bei bekannten Dateitypen ausblenden*, falls diese aktiviert ist.

Backup-Ordner anlegen

Legen Sie auf Ihrer Festplatte einen Ordner an, in den die einzelnen Dateien später kopiert werden und der anschließend auf CD oder DVD gebrannt wird. In unserem Beispiel verwenden wir den Ordner *C:\Outlook-Backup*.

Persönliche Ordnerdateien kopieren

Zunächst ist es erforderlich, die bereits erwähnten PST-Dateien zu sichern. Sie finden diese normalerweise im Ordner *Eigene Dateien\Outlook-Dateien*. Sie können diesen Ordner auch über Outlook erreichen, indem Sie im Outlook-Menü unter *Datei/Informationen/Kontoeinstellungen/Datendateien* auf die Schaltfläche *Datenspeicherort öffnen* klicken.

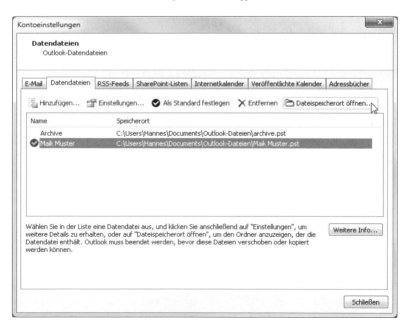

Sollten Sie daneben noch andere Speicherorte für Ihre PST-Dateien verwenden, finden Sie dort auch den jeweiligen Ordner auf Ihrer Festplatte. Kopieren Sie alle Daten aus diesem Ordner in das Backup-Verzeichnis. Achten Sie vor dem Kopieren jedoch darauf, dass Outlook beendet ist.

Andere wichtige Dateien

Neben der PST-Datei speichert Outlook auch andere wichtige Dateien im Dateisystem. Im Ordner *C:\Users\<Ihr Benutzername>\AppData\Roaming\ Microsoft\Outlook* finden Sie in der Regel mehrere Dateien, die Sie am besten in einen separaten Unterordner im Backup-Verzeichnis speichern.

Zuletzt müssen Sie noch die Dateien aus dem Ordner *Signatures* eine Ordnerebene höher in Ihr Backup-Verzeichnis kopieren. In diesen Dateien sind Ihre E-Mail-Signaturen gespeichert. Zur Vereinfachung der späteren Wiederherstellung empfehlen wir, einen Unterordner *Signatures* im Backup-Ordner zu erstellen und die Dateien dorthin zu kopieren.

Daten brennen

Nachdem alle wichtigen Daten gesichert sind, brennen Sie den Backup-Ordner einfach auf CD oder DVD. Sie können hierfür entweder die integrierte Brennfunktion von Windows oder ein externes Programm zum Brennen verwenden.

> **Daten per Assistenten sichern**
>
> Der Vorteil der gerade beschriebenen Sicherung ist, dass Sie die Outlook-Dateien quasi 1:1 sichern und auch auf einen anderen Rechner damit umziehen können. Sie möchten es einfacher haben und „nur" Ihre konkreten Elemente wie Kontakte, E-Mails, Termine etc. sichern? Wie das geht, lesen Sie im Abschnitt „Importieren und Exportieren von Kontakten".

Datenrücksicherung durchführen

Nach einem Datencrash können Sie die gespeicherten Daten einfach wieder einlesen.

1   Stellen Sie zunächst sicher, dass Outlook geschlossen ist.

2   Kopieren Sie die Dateien der Backup-CD wieder zurück in die bereits beschriebenen Ordner.

3 Beim Starten von Outlook sollten in der Regel alle E-Mail-Ordner wieder automatisch geöffnet werden. Ist das nicht der Fall, müssen Sie im Menü *Datei/Informationen/Kontoeinstellungen/Datendateien* die entsprechenden PST-Dateien einmalig manuell hinzufügen.

4 Überprüfen Sie nach der Datenrücksicherung, ob alle Daten vorhanden sind.

5 Richten Sie Ihre E-Mail-Konten wieder ein und prüfen Sie, ob alle getätigten Einstellungen stimmen.

Alternative Datensicherung

Ein Datencrash kann mitunter viel Zeit in Anspruch nehmen – vor allem das Wiederherstellen und Rekonstruieren von einzelnen Daten. Eine Vollsicherung der Festplatte mit entsprechenden Programmen z. B. auf Band oder DVD spart Zeit und Ärger. Hierbei müssen Sie nicht jedes einzelne Programm neu installieren, sondern brauchen nur die Vollsicherung zurück auf Ihre Festplatte zu überspielen. Eine andere Möglichkeit, zeitintensive Wiederherstellungen zu minimieren, ist die Verwendung eines RAID-Systems (gespiegelte Festplatten) in Ihrem PC.

Outlook-Daten auf einen anderen PC kopieren

Mit der oben vorgestellten Methode können Sie auch Ihr komplettes Outlook, mit Ausnahme der Konteneinstellungen, auf einen anderen PC übertragen. Starten Sie zunächst auf dem neuen PC Outlook das erste Mal, ohne ein E-Mail-Konto zu erstellen, damit sichergestellt werden kann, dass alle notwendigen Pfade im Dateisystem existieren. Nach dem Beenden von Outlook kopieren Sie anschließend die gesicherten Dateien in die jeweiligen Verzeichnisse. Beim nächsten Start von Outlook auf dem neuen PC stehen Ihnen Ihre alten Daten wieder zur Verfügung.

Outlook-Datendateien (PST) bei Problemen manuell öffnen

Unter Umständen werden beim Start von Outlook nicht alle Ordner (PST-Dateien) automatisch erkannt und geöffnet. Um diese manuell hinzuzufügen, klicken Sie im Menüband unter *Datei/Informationen/Kontoeinstellungen/Datendateien* die Schaltfläche *Hinzufügen* an und selektieren anschließend die gewünschte Datei.

Spam erfolgreich bekämpfen

Das E-Mail-Aufkommen steigt mit jedem Tag drastisch an – und somit automatisch auch das Aufkommen von Spamnachrichten und Phishing-E-Mails. Outlook 2010 bietet einen automatischen Filter für sogenannte Junk-E-Mails und schützt vor Phishing-E-Mails, bei denen versucht wird, den Empfänger von E-Mails irrezuführen und zur Herausgabe von Zugangsdaten und Passwörtern, beispielsweise fürs Onlinebanking, zu bewegen.

Auch wenn Outlook eine Erkennung für Phishing-E-Mails bietet, sollten Sie sich selbst vergewissern, dass es sich nicht um einen Phishing-Versuch handelt. Keine Software ist perfekt und fehlerfrei; auch Outlook kann eine Phishing-E-Mail übersehen. Beachten Sie daher den folgenden Grundsatz: Ihre Bank wird Sie niemals per E-Mail dazu auffordern, Ihre persönlichen Zugangsdaten unter einer bestimmten Adresse einzugeben.

Junk-E-Mail-Filteroptionen definieren

Der Junk-E-Mail-Filter verschiebt alle E-Mail-Nachrichten, die möglicherweise als Spam klassifiziert werden, in den Ordner *Junk-E-Mail*, den Sie im linken Navigationsbereich von Outlook vorfinden.

Die Optionen des Filters können Sie festlegen, indem Sie im Menüband im Bereich *Löschen* auf *Junk-E-Mail/Junk-E-Mail-Optionen* klicken.

Legen Sie im Register *Optionen* als Sicherheitsstufe *Hoch* fest, um einen bestmöglichen Schutz vor Spam zu haben. Beachten Sie hierbei jedoch, dass es teilweise zum unbeabsichtigten Verschieben von wichtigen E-Mails in den *Junk-E-Mail*-Ordner (False Positive) kommen kann.

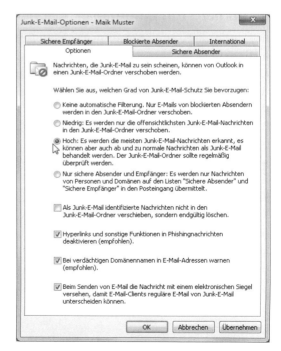

Werfen Sie aus diesem Grund einen Blick in den Ordner *Junk-E-Mail*, wenn eine neue E-Mail dort eintrifft. Um die Spammarkierung zu entfernen, klicken Sie mit der rechten Maustaste auf die betroffene E-Mail und wählen die Option *Junk-E-Mail/Keine Junk-E-Mail*, damit die Mail zurück in den Posteingang verschoben wird. In diesem Dialogfeld haben Sie ebenfalls die Möglichkeit, bestimmte Absender so zu definieren, dass diese nie als Junk-E-Mail behandelt werden (Register *Sichere Absender*).

Sichere und blockierte Absender

Unter der Registerkarte *Sichere Absender* in den Junk-E-Mail-Optionen können Sie E-Mail-Adressen hinzufügen, die in jedem Fall nicht vom Filter behandelt werden sollen. Falls es bei einem bestimmten Absender häufiger zu einer ungewollten Spammarkierung kommt, sollten Sie ihn aus diesem Grund zur Liste der sicheren Absender hinzufügen.

Unter der Registerkarte *Blockierte Absender* fügen Sie Absender hinzu, deren E-Mails in jedem Fall als Junk-E-Mail eingestuft werden sollen. Nützlich ist diese Funktion vor allem bei unerwünschten Newslettern, die sich nicht abbestellen lassen.

Spammails mit einem Klick löschen

Im Laufe der Zeit sammeln sich viele Spam-E-Mails an. Um diese zu entfernen, klicken Sie mit der rechten Maustaste auf den E-Mail-Ordner *Junk-E-Mail* und wählen die Option *Ordner leeren* aus. Alle als Spam markierten E-Mails werden dann gelöscht. Überprüfen Sie vorher, ob die E-Mails in diesem Ordner tatsächlich Spam-E-Mails sind, damit wichtige Nachrichten nicht verloren gehen.

Tools zum Aufräumen

Neu in Outlook 2010 sind zusammengefasste Werkzeuge zum Aufräumen Ihrer Postfächer. Unter dem Menüpunkt *Datei/Informationen/Tools zum Aufräumen* finden Sie neben der Postfachbereinigung auch die Möglichkeit, gelöschte Elemente endgültig zu entfernen und einzelne E-Mail-Ordner zu archivieren.

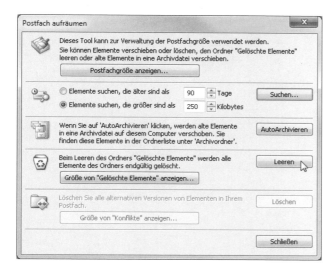

5.7 Professionelles Kontaktmanagement mit Outlook

Das Adressbuch ist mitunter das wichtigste Hauptmerkmal von Outlook, mit dem Sie schnell und einfach die Daten Ihrer beruflichen und privaten Kontakte pflegen können. Neben Standardmerkmalen wie Adresse, Telefonnummer und E-Mail-Adresse bietet es auch eine schnell zu erreichende Liste über Vorgänge und Unterhaltungen mit einem Kontakt. In Outlook 2010 hervorzuheben ist auch der Outlook Social Connector für soziale Netzwerke, der Ihnen aktuelle Meldungen Ihrer Kontakte beispielsweise von Plattformen wie Facebook oder XING liefert.

Adressbuch kennenlernen und anpassen

Um Missverständnisse zu vermeiden: Adressbücher haben nichts mit den Outlook-Kontakten zu tun. Mit Kontakten wird all das bezeichnet, was im Outlook-*Kontakte*-Ordner gespeichert ist. Das Outlook-Adressbuch hingegen wird erst dann angezeigt, wenn man auf die *An-*, *Bcc-* oder die *Cc-*Schaltfläche innerhalb eines neuen E-Mail-Fensters klickt.

Sie erreichen das Adressbuch von Outlook mit einem Klick im linken Navigationsbereich auf *Kontakte*. In der Standardansicht sehen Sie Ihre Kontakte im Visitenkartenformat.

5. Outlook – E-Mails, Kontakte und Termine managen

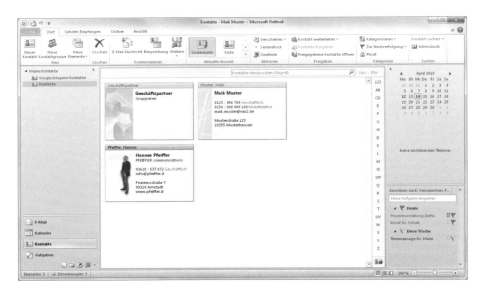

Outlook bietet Ihnen verschiedene Möglichkeiten zur Darstellung von Kontakten, die Sie im Menüband unter *Ansicht/Aktuelle Ansicht* ändern können. Die Anordnung und Sortierreihenfolge können Sie ebenfalls in dieser Registerkarte verändern.

Unter der Verknüpfung *Ansicht ändern/Ansichten verwalten* können Sie die Darstellung nach Ihren Wünschen und Bedürfnissen anpassen, beispielsweise welche Felder in der Listendarstellung angezeigt werden sollen.

Die Outlook-Kontakte als Adressbuch einrichten

Um die im *Kontakte*-Ordner angelegten Kontakte als Adressbuch nutzen zu können, muss man zunächst den Adressbuchdienst einrichten.

1 Dazu ruft man aus dem *Datei*-Register den Punkt *Kontoeinstellungen* auf und wechselt in das Register *Adressbücher*.

2 Hier klicken Sie auf *Neu*. Im nächsten Dialogfenster wird *Zusätzliche Adressbücher* markiert und mit *Weiter* bestätigt.

3 Dort markiert man *Outlook-Adressbuch* und bestätigt diese Auswahl ebenfalls mit *Weiter*.

4 Sollte es jetzt zu einer Fehlermeldung kommen, ist der Adressbuchdienst bereits installiert. In diesem Fall können Sie den Assistenten abbrechen. Erscheint keine Fehlermeldung, führen Sie den Assistenten zu Ende.

5 Um nun den *Kontakte*-Ordner als Adressbuch einzurichten, klicken Sie ihn mit der rechten Maustaste an und wählen *Eigenschaften*.

6 Im Register *Outlook-Adressbuch* aktivieren Sie das Kontrollkästchen *Diesen Ordner als E-Mail-Adressbuch anzeigen*.

Nachdem man das offene Dialogfenster mit *OK* geschlossen hat, kann man den *Kontakte*-Ordner als Adressbuch nutzen. Um das zu testen, klicken Sie innerhalb eines E-Mail-Fensters auf die *An*-Schaltfläche. In dem erscheinenden Fenster werden nun sämtliche Kontakte aus dem *Kontakte*-Ordner angezeigt. Über das Auswahlfeld im oberen Fensterbereich lässt sich das entsprechende Adressbuch auswählen.

> **Wirklich alle Kontakte anzeigen**
>
> Ein Problem mit den Kontakten gibt es nun allerdings noch. Das tritt auf, wenn man mehrere Kontakte-Ordner besitzt. In diesem Fall muss man tatsächlich bei jedem dieser Ordner das Kontrollkästchen *Diesen Ordner als E-Mail-Adressbuch anzeigen* aktivieren. Erst dann werden wirklich alle Kontakte im Adressbuch angezeigt.

5. Outlook – E-Mails, Kontakte und Termine managen

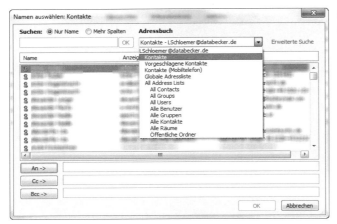

Zahlreiche Adressbücher stehen zur Verfügung.

Die Sortierreihenfolge ändern

Beim Speichern von Kontakten werden verschiedene Sortierungen angeboten. Dazu steht innerhalb der Kontakte-Fenster das Auswahlfeld *Speichern unter* zur Verfügung. Im Geschäftsleben entscheidet man sich normalerweise für die Standardeinstellung *Nachname, Vorname*, schließlich kennt man die meisten beruflichen Kontakte hauptsächlich mit Nachnamen. Möglicherweise wollen Sie die Kontakte aber auch zuerst mit dem Vornamen oder nach der Firma ablegen. Die Standardeinstellung für das Feld *Speichern unter* kann man anpassen.

1 Gehen Sie dazu im *Datei*-Register auf *Optionen* und öffnen Sie das Register *Kontakte*. Interessant ist dort der Bereich *Namen und Ablage*.

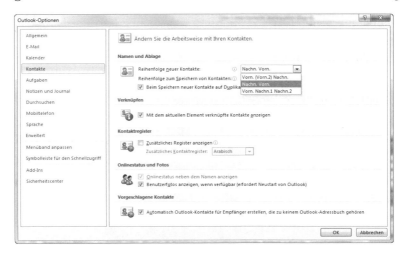

612

5.7 Professionelles Kontaktmanagement mit Outlook

2 Über das Auswahlfeld *Reihenfolge zum Speichern von Kontakten* stellen Sie die gewünschte Reihenfolge ein.

Nachdem man die Einstellungen mit *OK* übernommen hat, muss man die Sortierreihenfolge nicht jedes Mal ändern.

Ein Problem gibt es aber noch: Denn zwar wird die neue Reihenfolge jetzt beim Speichern von Kontakten automatisch angewendet, nutzt man beim Schreiben von E-Mails aber die Adressliste, werden Sie feststellen, dass dort die Kontakte immer nach Vornamen sortiert werden. (Die Adressliste wird aufgerufen, indem man innerhalb des geöffneten E-Mail-Fensters auf die *An*-Schaltfläche klickt.) Auch dieses Verhalten lässt sich anpassen:

1 Dazu wird im *Datei*-Register *Kontoeinstellungen* aufgerufen.

2 Im Register *Adressbücher* finden Sie alle vorhandenen Adressbücher.

3 Hier wird das gewünschte Adressbuch (standardmäßig *Outlook-Adressbuch*) markiert und auf *Ändern* geklickt.

4 In dem sich öffnenden Dialogfenster markiert man *Wie "Speichern unter" (Mander, Jens)*.

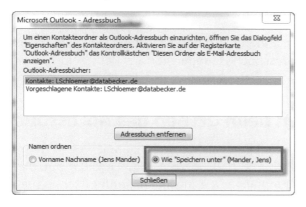

5 Mit *Schließen* und *Fertig stellen* werden die Einstellungen übernommen.

6 Nach einem Outlook-Neustart zeigt ein Blick in das Adressbuch, dass die Sortierung anhand von Nachnamen vorgenommen wird.

Erst die geschäftlichen Kontakte anzeigen lassen

Beim Öffnen des Adressbuchs werden zunächst die Kontakte des Standard-*Kontakte*-Ordners angezeigt. Allerdings legen sich viele Anwender eigene Kontakte-Ordner an, in denen sie dann die wichtigsten Geschäftspartner zusammenfassen. Im folgenden Beispiel wird davon ausgegangen, dass der Kontakte-Ordner *Geschäftspartner* existiert. Und eben der Inhalt dieses Ordners soll beim Adressbuch-Start angezeigt werden.

1 Im *Kontakte*-Ordner wird das Adressbuch über *Start/Adressbuch* aufgerufen.

2 Hier wird aus dem *Extras*-Menü *Optionen* gewählt. Stellen Sie unter *Beim Öffnen des Adressbuchs diese Adressliste zuerst anzeigen* den gewünschten Ordner (im Beispiel *Geschäftspartner*) ein. Damit auch beim Senden zuerst die Namen und E-Mail-Adressen anhand dieses Kontakte-Ordners überprüft werden, markieren Sie im unteren Fensterbereich den entsprechenden Ordner und klicken so lange auf das Pfeil-nach-oben-Symbol, bis der Eintrag an erster Stelle steht.

3 Mit *OK* werden die Einstellungen übernommen.

Um sich die Inhalte der anderen Kontakte-Ordner anzeigen zu lassen, selektiert man sie im Adressbuch-Hauptfenster aus dem Feld *Namen anzeigen aus*.

Fehlermeldungen beim Öffnen des Adressbuchs

Das Adressbuch ist eine feine Sache, allerdings funktioniert es nicht immer. Klickt man beispielsweise innerhalb eines E-Mail-Fensters auf die *An*-Schaltfläche, um so den Empfänger auszuwählen, kann es schon mal vorkommen, dass die Liste leer ist.

Manchmal passiert es aber auch, dass beim Zugriff auf das Adressbuch die folgende Fehlermeldung angezeigt wird:

Die Adressliste kann nicht angezeigt werden. Der mit dieser Adressliste assoziierte Kontaktordner wurde verschoben oder gelöscht, oder Sie haben keine Zugriffsberechtigung. Informationen über das Entfernen dieses Ordners aus dem Adressbuch finden Sie in der Outlook-Hilfe.

Diese Probleme lassen sich mit wenigen Handgriffen lösen.

1 Rufen Sie aus dem *Datei*-Register *Kontoeinstellungen* auf und wechseln Sie in das Register *Adressbücher*.

2 Dort markieren Sie das erste aufgeführte *Outlook-Adressbuch* und löschen es mit *Entfernen*. Wiederholen Sie diese Schritte für alle weiteren Adressbücher.

3 Anschließend schließt man das offene Dialogfenster, beendet Outlook und startet das Programm neu.

4 Klicken Sie in der Ordnerliste den *Kontakte*-Ordner mit der rechten Maustaste an und wählen Sie *Eigenschaften*. Im Register *Outlook-Adressbuch* aktivieren Sie das Kontrollkästchen *Diesen Ordner als E-Mail-Adressbuch anzeigen*.

5 Nachdem man die Einstellungen mit *Übernehmen* und *OK* bestätigt hat, wird das Adressbuch wie gewohnt angezeigt.

Bei einigen Anwendern ist die Option *Diesen Ordner als E-Mail-Adressbuch anzeigen* allerdings ausgegraut und lässt sich daher nicht aktivieren. Auch dieses Problem lässt sich folgendermaßen lösen:

1 Dazu ruft man aus dem *Datei*-Register *Kontoeinstellungen* auf und wechselt in das Register *Adressbücher*.

2 Dort wählt man *Neu*, markiert *Zusätzliche Adressbücher* und klickt auf *Weiter*. In dem sich öffnenden Dialogfenster aktiviert man *Outlook-Adressbuch* und bestätigt diese Einstellung ebenfalls mit *Weiter*.

3 Nachdem man alle offenen Dialogfenster geschlossen und danach Outlook beendet und erneut gestartet hat, kann in den Eigenschaften des *Kontakte*-Ordners die Option *Diesen Ordner als E-Mail-Adressbuch anzeigen* aktiviert werden.

Ein LDAP-Verzeichnis einrichten

LDAP ist vielen Privatanwendern völlig unbekannt. Zum Glück benötigen Sie es auch nur selten. In Unternehmen hingegen können dank eines LDAP-Servers Adressen zentral bereitgestellt werden. So lassen sich Hunderttausende E-Mail-Adressen auf einem Server speichern und alle Mitarbeiter können diesen Datenbestand über Outlook abfragen. LDAP kann aber mehr, als ein riesiges Adressbuch zur Verfügung zu stellen. Typische Einsatzgebiete sind:

- Benutzerverwaltung
- E-Mail-Adressverzeichnis
- Telefonbuch innerhalb eines Unternehmens
- Ressourcenverwaltung (Tagungsräume, Firmenwagen etc.)

Um die Vorteile von LDAP nutzen zu können, muss zunächst eine Verbindung zu dem betreffenden LDAP-Server hergestellt werden.

Vorsicht bei zentralen Firmendaten

In einem Unternehmen werden sowohl der Outlook-Client wie auch der LDAP-Server vom Administrator eingerichtet. In aller Regel wird der Anwender bestenfalls die Verbindung zum Server herstellen müssen.

Um die Verbindung mit einem LDAP-Server aufzubauen, wählen Sie die Menüfolge *Datei/Informationen/Kontoeinstellungen* und dann das Register *Adressbücher* und die Option *Neu*.

Klicken Sie auf *Internetverzeichnisdienst (LDAP)*. Im folgenden Dialog müssen Sie dann nur noch den Namen des Servers und evtl. Anmeldeinformationen eintragen.

Mehrere Adressbücher zusammenführen

Effektiv arbeiten lässt sich mit dem *Kontakte*-Ordner nur, wenn man ihn permanent säubert und dafür sorgt, dass weder doppelte Einträge noch sogenannte Karteileichen vorhanden sind. Outlook selbst hat hier nur beschränkte Fähigkeiten, sodass man auf Lösungen externer Anbieter zurückgreifen muss.

Doppelte Einträge finden

Der *Kontakte*-Ordner wird schnell unübersichtlich, wenn man Kontakte doppelt abspeichert. Das passiert übrigens häufiger, als man anzunehmen mag. Ein kleiner Schreibfehler im Namen genügt und schon werden für ein und dieselbe Person zwei Kontakteinträge angelegt. Allerdings ist das nicht die einzige Situation, bei der man sich doppelte Einträge einbrockt. Auch das Importieren von Kontakten ist eine potenzielle Gefahrenquelle.

Outlook hat mittlerweile eine Funktion eingebaut, die direkt erkennt, dass ein möglicher Konflikt auftritt und man einen Kontakt doppelt anlegen will. Versucht man, einen Kontakt unter dem gleichen Namen wie einen bereits existierenden zu speichern, wird folgendes Dialogfenster geöffnet:

Der Kontakt ist offenbar bereits vorhanden.

Man kann dann entscheiden, ob der Kontakt tatsächlich als neuer Kontakt angelegt oder der bestehende Kontakt mit den neuen Informationen aktualisiert werden soll.

> **Die Warnung abschalten**
>
> Wenn Sie nicht jedes Mal diesen Warnhinweis angezeigt bekommen wollen, können Sie ihn ausschalten. Dazu öffnen Sie *Datei/Optionen/Kontakte* und deaktivieren das Kontrollkästchen *Beim Speichern neuer Kontakte auf Duplikate überprüfen.*

Man kann Outlook jetzt anweisen, den neuen Kontakt ganz normal zu speichern oder den bestehenden Kontakt mit den neuen Informationen zu ergänzen. Bei Letzterem wird Outlook alle Felder des bestehenden und des neuen Kontakts vergleichen und unterschiedliche Felder des bestehenden Kontakts mit denen aus dem neuen Kontakt überschreiben bzw. ergänzen.

Neue Kontakte hinzufügen und anzeigen

Es existieren zwei Möglichkeiten, um einen neuen Kontakt hinzuzufügen. Entweder klicken Sie im Menüband unter *Start* auf *Neuer Kontakt*, oder Sie klicken im Posteingang im Lesebereich doppelt auf den Absendernamen einer E-Mail, um zum Dialog zum Erstellen eines neuen Kontakts zu gelangen.

5.7 Professionelles Kontaktmanagement mit Outlook

Im Notizfeld stehen Ihnen unter *Text formatieren* die gleichen Formatierungstools zur Verfügung, wie Sie sie bereits vom Erstellen neuer E-Mails kennen. Nachdem Sie alle wichtigen Daten eingetragen haben, speichern Sie den Kontakt im Adressbuch über die Schaltfläche *Speichern & schließen* in der Registerkarte *Kontakt* ab.

> **Kontakte möglichst von Anfang an vollständig ausfüllen**
>
> Damit keine doppelten Karteileichen in Ihrem Adressbuch auftauchen, sollten Sie von Beginn an Ihre Kontakte pflegen und alle verfügbaren Daten eintragen. Das ist für ein professionelles Arbeiten unerlässlich und hilft besonders bei der Synchronisation der Daten mit Ihrem Handy oder Organizer, um Ordnung zu bewahren.

Kontaktgruppen erstellen

Outlook bietet Ihnen die Möglichkeit, mehrere Kontakte zu einer Kontaktgruppe zusammenzufügen. Dies ist insbesondere dann ratsam, wenn Sie regelmäßig an einen gleichen Personenkreis E-Mails oder Einladungen zu Terminen verschicken. Sie können die Kontaktgruppe dann als Empfänger auswählen und müssen nicht mühselig alle Kontakte einzeln als Empfänger selektieren.

Um eine neue Kontaktgruppe zu erstellen, klicken Sie im Menüband unter *Start* auf *Neue Kontaktgruppe*. Geben Sie Ihrer neuen Kontaktgruppe einen aussagekräftigen Namen und fügen Sie die Mitglieder unter *Mitglieder hinzufügen* hinzu. Anschließend klicken Sie auf die Schaltfläche *Speichern & schließen*. Sie können danach die erstellte Kontaktgruppe sofort als Empfänger von E-Mails oder Termineinladungen nutzen.

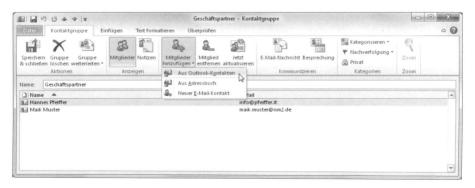

Mehrere Empfänger zu Kontaktgruppen zusammenfassen

Vielleicht kennen Sie das Problem: Ihrer Projektgruppe gehören 13 Mitglieder an. Jedes Mal, wenn Sie eine E-Mail an die Projektgruppenmitglieder schicken, müssen Sie diese 13 Kontakte mühsam heraussuchen. Das kostet unnötig Zeit. Viel schneller und eleganter ist hier der Weg über Kontaktgruppen. Denn in diesen Listen können Sie mehrere Empfänger zu einer Gruppe zusammenfassen. Wenn Sie nun eine E-Mail an die Projektmitglieder verschicken wollen, müssen Sie nur noch die Kontaktgruppe angeben. Alle Kontakte, die in dieser Liste zusammengefasst sind, bekommen die E-Mail dann automatisch zugestellt.

> **Die Verteilerliste wurde abgelöst**
>
> In früheren Outlook-Versionen liefen die Kontaktgruppen noch unter dem Namen Verteilerlisten. Diese Bezeichnung wurde mit Outlook 2010 abgeschafft.

Mehrere Kontakte zu einer Kontaktgruppe zusammenfassen

Im Arbeitsleben legt man Kontaktgruppen oftmals anhand der Abteilungen im Unternehmen an:

- *Außendienst*
- *Marketing*
- *Produktion*
- *Planung*
- *Personal*

Zu erkennen sind diese Listen an einem speziellen Symbol.

So sehen Kontaktgruppen aus.

Üblicherweise legt man Kontaktgruppen im *Kontakte*-Ordner an. Das ist allerdings nicht die einzige Möglichkeit. Denn auch

- im öffentlichen Kontakte-Ordner und
- im persönlichen Adressbuch

können die Listen gespeichert werden. Üblicherweise geht man aber den Weg über den *Kontakte*-Ordner.

1. Rufen Sie den *Kontakte*-Ordner auf und klicken Sie im *Start*-Register auf *Neue Kontaktgruppe*.

2. Um Mitglieder in diese Gruppe aufzunehmen, wechseln Sie in das Register *Kontaktgruppe* und klicken auf *Mitglieder hinzufügen*. Nun stehen drei Optionen zur Auswahl:
   - *Aus Outlook-Kontakten*
   - *Aus Adressbuch*
   - *Neuer E-Mail-Kontakt*

3. Normalerweise ruft man *Aus Outlook-Kontakten* auf. Dadurch wird ein Fenster geöffnet, in dem die Outlook-Kontakte angezeigt werden. Markieren Sie dort die gewünschten Kontakte. Eine Mehrfachauswahl ist dabei über die [Strg]-Taste möglich.

4. Durch Anklicken der *Mitglieder*-Schaltfläche werden die ausgewählten Kontakte in die Liste aufgenommen. Mit *OK* bestätigt man die Auswahl.

5. Die Kontakte stehen daraufhin in der Liste. Weisen Sie der Kontaktgruppe nun noch einen Namen zu. Dieser Name dient später dazu, an die Gruppe E-Mails, Besprechungsanfragen etc. zu verschicken.

6. Mit *Speichern und schließen* wird die Gruppe letztendlich angelegt.

E-Mails an eine Kontaktgruppe senden

Nachdem man die Kontaktgruppe angelegt hat, will man an sie natürlich auch E-Mails schicken. Dabei geht man exakt so wie bei einer normalen E-Mail vor.

1. Innerhalb der neuen E-Mail wählt man über die *An*-Schaltfläche die Kontaktgruppe aus. (Ebenso kann man den Namen der Kontaktgruppe auch direkt in das Adressfeld eintragen.)

2. Anschließend wird die E-Mail wie gewohnt gesendet.

Empfänger verstecken: das Bcc-Feld nutzen

Oft will man die E-Mail zwar an eine Kontaktgruppe schicken, die Empfänger sollen aber nicht die Adressen der anderen E-Mail-Empfänger sehen.

Firmenintern am Exchange Server kann man mit dem Exchange System Manager Gruppen anlegen. Sämtliche Nachrichten, die man an eine solche Gruppe schickt, enthalten als Empfängernamen ausschließlich den Gruppennamen. Allerdings hat diese Variante für die meisten „normalen" Anwender einen entscheidenden Nachteil: Um solche Gruppen anzulegen, benötigt man auf dem Exchange Server Administratorrechte, die man normalerweise nicht hat.

In solchen Fällen – oder auch wenn man nicht in einer Exchange-Umgebung arbeitet – gibt es noch eine andere Möglichkeit. Das Zauberwort lautet *Bcc* – **B**lind **C**arbon **C**opy. Sie haben Sinn und Zweck dieses Feldes bereits kennengelernt. Und genau wie bei „normalen" Empfängern kann man es auch in Verbindung mit Kontaktgruppen verwenden.

1   Die E-Mail wird wie üblich angelegt.

2   In das *An*-Feld trägt man allerdings nicht den Namen der Kontaktgruppe, sondern seine eigene E-Mail-Adresse ein.

3   In das *Bcc*-Feld trägt man nun den Namen der Kontaktgruppe ein.

4   Anschließend kann die E-Mail wie gewohnt versendet werden.

Die Empfänger sehen lediglich, dass sie eine Nachricht bekommen haben. Alle anderen Adressen können sie nicht einsehen.

So ändern Sie Kontaktgruppen nachträglich

Kontaktgruppen können jederzeit auch nachträglich noch geändert werden. Das ist wichtig, wenn zum Beispiel ein neuer Kollege in die Gruppe aufgenommen werden muss. In solchen Fällen gehen Sie folgendermaßen vor:

1   Wechseln Sie in den *Kontakte*-Ordner und öffnen Sie die Kontaktgruppe mit einem Doppelklick.

2   Innerhalb des Registers *Kontaktgruppe* können über *Mitglieder hinzufügen* neue Mitglieder aufgenommen werden. Wählen Sie die gewünschte Option aus und fügen Sie den Kontakt der Gruppe hinzu.

> **Mitglieder aus der Kontaktgruppe entfernen**
>
> Ähnlich unkompliziert funktioniert auch das Löschen eines Mitglieds. Dazu öffnen Sie die Kontaktgruppe, markieren den nicht mehr benötigten Kontakt und klicken im Register *Kontaktgruppe* auf *Mitglied entfernen*.

So hält man die Daten der Kontaktgruppe automatisch aktuell

Die Kontaktgruppe lässt sich automatisch auf dem neusten Stand halten. Ändert sich beispielsweise die E-Mail-Adresse eines Kontakts, passt man diesen Eintrag normalerweise im *Kontakte*-Ordner an. Normalerweise öffnet man anschließend die Kontaktgruppe und trägt auch dort die neue E-Mail-Adresse ein. Diesen Schritt kann man sich allerdings sparen.

1 Öffnen Sie die Kontaktgruppe und klicken Sie im Register *Kontaktgruppe* auf *Jetzt aktualisieren*.

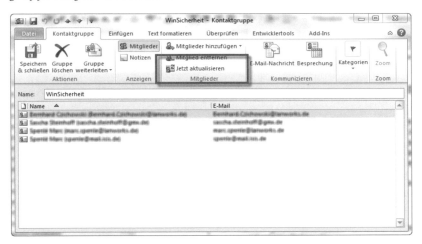

2 Outlook gleicht automatisch sämtliche Daten zwischen Kontaktgruppe und *Kontakte*-Ordner ab.

Kontaktgruppen mitnehmen oder einem Kollegen zuschicken

Sie haben auf den vorherigen Seiten gesehen, wie aufwendig es sein kann, Kontaktgruppen anzulegen und immer auf dem neusten Stand zu halten.

Kein Wunder also, dass man sie auch nach einem Rechnerwechsel wieder zur Verfügung haben will. Für diese Fälle genügt es, wenn Sie sie über die normale Exportfunktion von Outlook so wie die anderen Kontakte exportieren.

Wenn Sie die Liste der Kontaktgruppe an jemanden weiterleiten wollen, geht das mit einem Klick aus der geöffneten Gruppe heraus. Sie brauchen einfach nur die Funktion *Gruppe weiterleiten* zu aktivieren und die Kontaktgruppe dann zu verschicken.

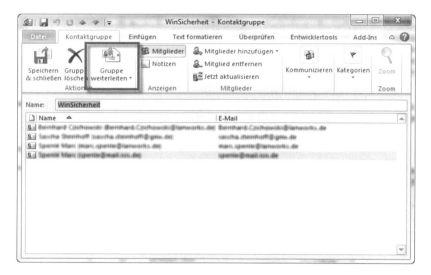

So geht's: Rundschreiben an eine Kontaktgruppe senden

1 Schreiben Sie wie gewohnt eine neue E-Mail über das Menüband *Neue E-Mail-Nachricht* oder durch Drücken der Tastenkombination [Strg]+[Umschalt]+[M]. Tragen Sie Ihre eigene E-Mail-Adresse in das *An*-Feld ein.

2 Damit die Empfänger des Rundschreibens nicht die E-Mail-Adressen der anderen Empfänger einsehen können, ist es notwendig, das *Bcc*-Feld zu verwenden. Sollte das Feld noch nicht eingeblendet sein, wählen Sie im Menüband unter *Optionen* unter *Felder anzeigen* die Option *Bcc* aus.

3 Klicken Sie anschließend im E-Mail-Fenster auf die Schaltfläche *Bcc*. Hier haben Sie die Möglichkeit, mit einem Doppelklick Ihre Kontaktgruppe auszuwählen, der Sie beim Erstellen bereits einen Namen zugewiesen haben.

Empfänger für alle sichtbar?

Beachten Sie, dass Kontaktgruppen kein geeignetes Mittel für Newsletter oder Massenmailings sind, denn alle Empfänger solcher Nachrichten sehen die jeweils anderen Empfänger in der *An*-Zeile der E-Mail, sofern Sie nicht das *Bcc*-Feld verwenden. Kritisch werden solche Massenmails zudem von vielen Spamfiltern angesehen.

Schnelle Übersicht über Aktivitäten mit Kontakten

Mit Outlook können Sie sich alle Aktivitäten anzeigen lassen, an der ein Kontakt beteiligt war. Öffnen Sie dazu den Kontakt mit einem Doppelklick im Adressbuch und klicken Sie im Menüband auf *Anzeigen/Aktivitäten*. In der darauf folgenden Übersicht können Sie ebenfalls die einzelnen Arten von Aktivitäten, also E-Mails, Aufgaben, Termine oder Notizen, einschränken. Dadurch erhalten Sie gerade bei wichtigen Gesprächspartnern einen schnellen Überblick über bisherige Unterhaltungen und müssen nicht manuell nach ihnen suchen.

Den Personenbereich kennenlernen

Outlook 2010 zeigt in jedem Bereich, in dem Kontakte involviert sind, den sogenannten Personenbereich an. Sie erkennen diesen beispielsweise beim Lesen oder Verfassen von E-Mails oder in der Kontaktansicht im unteren Bereich des jeweiligen Fensters.

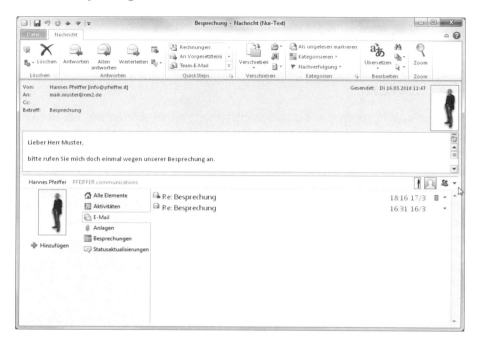

Sobald mehrere Kontakte in einer Konversation oder Aktion involviert sind, können Sie diese im rechten Teil des Personenbereichs auswählen. Klicken Sie dazu einfach das Bild-Symbol oder das Foto Ihres Kontakts an. Anschließend vergrößert sich der Personenbereich und Sie erhalten eine Übersicht über alle Aktivitäten dieses Kontakts, wie zum Beispiel E-Mails mit Ihnen, Termine oder Statusmeldungen aus sozialen Netzwerken wie XING oder Facebook. Um die letztere Funktion nutzen zu können, müssen Sie Outlook jedoch erst für diese Netzwerke konfigurieren.

Sollten Sie den Personenbereich nicht nutzen wollen, können Sie diesen im Hauptfenster von Outlook deaktivieren. Klicken Sie dazu im Menüband auf *Ansicht/Personenbereich* und wählen Sie die Option *Aus*.

Kontakte kategorisieren

Bereits in Kapitel 5.3 haben wir Ihnen die Möglichkeit zur Kategorisierung in Outlook gezeigt. Diese können Sie auch für Kontakte nutzen. Klicken Sie dazu in der Detailansicht eines Kontakts auf *Kategorisieren* und wählen Sie die entsprechende Kategorie aus. Damit Sie diese auch in der Übersicht des Adressbuches einsehen können, verwenden Sie die Ansicht *Liste* und klicken im Menüband unter *Ansicht* auf *Kategorien*.

> **Weniger ist oftmals mehr**
>
> Versuchen Sie, so wenige Kategorien wie möglich zu verwenden, damit Sie den Überblick nicht verlieren. Viele verschiedene Kategorien führen nur zur Überkategorisierung einzelner Kontakte und zur langatmigen Suche nach der jeweiligen Kategorie. Als Faustregel gilt: maximal zwei Kategorien für jeden Kontakt.

Einen Kontakt aus Outlook heraus anrufen

Sofern Sie eine integrierte Telefonkarte oder ein Modem in Ihrem PC besitzen bzw. ein Plug-in für Outlook (z. B. für Skype erhältlich) installiert haben, können Sie Ihre Kontakte direkt aus Outlook heraus anrufen. Wählen Sie hierzu einfach einen Kontakt im Adressbuch aus und klicken Sie im Menüband unter *Kommunizieren* auf *Weitere/Anruf*, um ein Gespräch zu starten. Sie sollten vorher unbedingt sicherstellen, dass Sie Ihren Standort unter *Wähloptionen* definiert haben, wo Sie auch eine eventuelle Amtskennziffer hinzufügen und festlegen können, ob es sich bei Ihrem Anschluss um einen Haupt- oder Nebenstellenanschluss handelt.

Telefonlisten drucken

Für Telefon- oder Mailingaktionen ist es hilfreich, eine Liste bestimmter Kontakte auf dem Drucker auszugeben. Um eine Telefonliste zu drucken, wählen Sie zunächst im Menüband unter *Ansicht/Ansicht ändern* die Option *Telefon* aus. Zunächst werden alle Kontakte und Kontaktgruppen in dieser Ansicht angezeigt. Es ist gerade bei Telefonaktionen notwendig, bestimmte Felder in der Liste hinzuzufügen oder zu entfernen, die bestimmte Informationen zu den einzelnen Kontakten enthalten. Wählen Sie unter *Ansicht/Ansichtseinstellungen* die Schaltfläche *Spalten*. In diesem Dialog können Sie auswählen, welche Spalten in der Telefonliste angezeigt werden sollen.

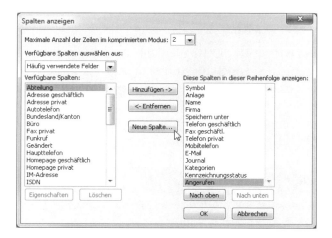

Klicken Sie auf die Schaltfläche *Neue Spalte*, um zusätzliche Spalten hinzuzufügen, etwa die Bezeichnung *Angerufen* und den Typ *Ja/Nein*. Mit dieser Spalte können Sie später in der Telefonliste markieren, welche Kontakte Sie bereits angerufen haben. Die Telefonliste können Sie wie gewohnt über das Menü *Datei/Drucken* ausdrucken.

So geht's: Filter verwenden

Sie können die Auswahl Ihrer Kontakte über verschiedene Suchkriterien definieren. Klicken Sie im Menüband unter *Ansichtseinstellungen* auf die Schaltfläche *Filtern*. Im nachfolgenden Dialog können Sie festlegen, welche Kontakte angezeigt werden, beispielsweise nur Kontakte, die einer bestimmten Kategorie entsprechen.

> **Ansicht zurücksetzen**
>
> Um die Standardansicht wiederherzustellen und damit Filter oder Spaltendefinitionen zu entfernen, klicken Sie im Menüband innerhalb der Registerkarte *Ansicht* auf die Schaltfläche *Ansicht zurücksetzen*.

Importieren und Exportieren von Kontakten

Outlook speichert die Kontakte beim Exportieren oder Senden im standardisierten **vC**ard-Format. Wenn Sie eine Visitenkarte per E-Mail im VC-Format erhalten, können Sie diese einfach mit Outlook öffnen und anschließend über die Funktion *Speichern* Ihrem persönlichen Adressbuch hinzufügen.

Wenn Sie selbst Visitenkarten per E-Mail versenden möchten, wählen Sie den jeweiligen Kontakt im Adressbuch aus und klicken im Menüband auf *Kontakt weiterleiten/Als Visitenkarte*. Alternativ können Sie Visitenkarten auch über die Schaltfläche *Visitenkarte einfügen* im Menüband der Registerkarte *Einfügen* des Fensters für das Erstellen einer neuen E-Mail dem Anhang hinzufügen.

Kontakte per Assistenten sichern

Outlook bietet einen komfortablen Assistenten zum Importieren und Exportieren von Kontakten, E-Mails etc. an, der allerdings besonders für den Export etwas versteckt ist. Je nachdem, für welche Anwendung oder aus welchem Dateiformat Sie Daten ein- oder auslesen lassen wollen, werden unterschiedliche Optionen angeboten.

Am ehesten bietet sich der Export und Import von PST-Dateien an, mit dem Sie schnell und einfach Ihre gesamten Outlook-Daten sichern und zurückspielen können. Die Vorgehensweise wird hier am Beispiel des Exports in eine PST-Datei beschrieben, kann aber auch einfach auf andere Dateien wie z. B. Excel-Tabellen angewendet werden.

1 Klicken Sie im Menüband unter *Datei* auf *Öffnen/Importieren*, um den Import/Export-Assistenten zu starten.

2 Wählen Sie im gestarteten Assistenten die Auswahl *In Datei exportieren*.

3 Klicken Sie nun *Outlook-Datendatei (.pst)* an und bestätigen Sie mit *Weiter*.

4 Wählen Sie anschließend die Ordner aus, die Sie exportieren möchten. Wenn Sie den Hauptordner markieren und *Unterordner einbeziehen* anklicken, werden Ihre gesamten Outlook-Daten exportiert. Wenn Sie nur Ihre Kontakte exportieren möchten, wählen Sie lediglich *Kontakte* aus.

5 Unter *Filter* haben Sie die Möglichkeit, nach bestimmten E-Mails zu sortieren, nur bestimmte Kategorien zu exportieren (*Weitere Optionen*) oder spezielle Kriterien anzugeben (*Erweitert*).

6 Im nächsten Schritt müssen Sie noch den Speicherort und den Dateinamen angeben. Es empfiehlt sich, die Datei zunächst auf der Festplatte oder in einen temporären Ordner zu speichern, aus dem Sie die PST-Datei dann auf eine CD oder DVD sichern können.

7 Zu guter Letzt können Sie Ihre Datei noch mit einem optionalen Passwortschutz versehen. Das bietet sich an, um Ihre wichtigen Kontaktdaten oder E-Mails vor unbefugtem Zugriff zu schützen, sollte einmal jemand in den Besitz Ihrer Datenträger gelangen.

Abschließend sollten Sie die PST-Datei nun auf eine CD oder DVD brennen. Der Import auf einem anderen System funktioniert ganz analog zum Export: Sie wählen nach dem Start des Assistenten *Aus anderen Programmen oder Dateien importieren* aus und folgen den Anweisungen.

Praktisch: Import/Export nach Excel oder in CSV-Dateien

Wenn Sie Ihre Kontaktdaten gut gepflegt haben, lässt sich daraus eine professionelle Tabelle für Ihre Excel-Anwendungen herstellen. Wählen Sie einfach in Schritt 3 *Excel-Tabelle* aus und folgen Sie den Anweisungen. Anschließend können Sie die Excel-Datei ganz bequem als Tabelle, als Datenquelle für Word-Serienbriefe oder Ähnliches verwenden.

5.8 Soziale Netzwerke im Blick behalten

Längst sind die sozialen Netzwerke ein fester Bestandteil des WWW geworden. Facebook, MySpace, XING & Co. verzeichnen nach wie vor wachsende Userzahlen. So hat Facebook in den vergangenen Monaten das geschafft, was wohl niemand für möglich hielt: Google als meistgenutzte Webseite abzulösen.

Dem Erfolg der sozialen Netzwerke kann sich auch Microsoft nicht entziehen und reagiert mit einer durchaus interessanten Outlook-Funktionalität. Mit dem **O**utlook **S**ocial **C**onnector (OSC) bzw. dem Outlook Connector für soziale Netzwerke lässt sich Outlook mit diversen sozialen Netzwerken verknüpfen. So werden zu Outlook-Kontakten beispielsweise Zusatzinformationen wie Profilbild, Aktivitäten oder Position im Unternehmen von der jeweiligen Webseite direkt in Outlook abgerufen.

Dabei stellt der Microsoft Outlook Connector für soziale Netzwerke lediglich die Grundfunktionalität bereit. Ob man tatsächlich Zugriff auf sein Netzwerk hat, hängt von den jeweiligen Betreibern ab. Denn diese müssen ein entsprechendes Tool zur Verfügung stellen. Erst dadurch kann man den Microsoft Outlook Connector für soziale Netzwerke effektiv nutzen.

Bevor der Connector in Aktion gezeigt wird, soll nicht verschwiegen werden, dass viele soziale Netzwerke derzeit noch an einer direkten Anbindung an den Outlook Connector arbeiten.

Sicherlich werden im Laufe der Zeit viele weitere Netzwerke hinzukommen. Sieht man sich auf der entsprechenden Microsoft-Webseite (*http://www.microsoft.com/office/2010/en/socialconnector/default.aspx*) um, kann man sehen, dass bereits Facebook und Windows Live in Planung sind. Überprüfen Sie einfach auf dieser Seite, ob Ihr favorisiertes Netzwerk verfügbar ist.

Den Assistenten installieren

Um den Outlook Connector für soziale Netzwerke verwenden zu können, muss man ihn zunächst aktivieren. Das geht am einfachsten, indem man in Outlook eine neue E-Mail anlegt. Interessant ist dort der untere Fensterbereich.

Klickt man auf diese Leiste, wird automatisch der Assistent zum Einrichten der sozialen Netzwerke gestartet.

Mit *Weiter* wird der Willkommensdialog bestätigt. Im nächsten Fenster wählt man das entsprechende soziale Netzwerk aus. Standardmäßig vorhanden ist bereits SharePoint von Microsoft. Zusätzlich werden alle bereits installierten Netzwerke angezeigt. (Wie sich weitere Netzwerke installieren lassen, wird im nächsten Abschnitt beschrieben.) Markieren Sie das gewünschte Netzwerk und geben Sie die Zugangsdaten ein.

Über die *Verbinden*-Schaltfläche wird der Kontakt zum entsprechenden Netzwerk hergestellt.

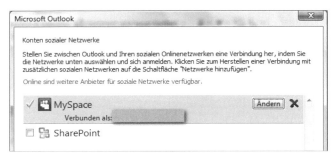

Das Netzwerk wurde erfolgreich aufgerufen.

Um den Assistenten zu beenden, bestätigen Sie die Einstellungen mit *Fertig stellen*.

Ruft man jetzt in Outlook den entsprechenden Kontakt auf, kann man die zu ihm gehörenden Informationen abrufen. Aber Achtung: Das funktioniert ausschließlich bei solchen Personen, mit denen Sie per E-Mail in Kontakt stehen.

Sollte sich nun zum Beispiel das Foto oder die Firma des Kontakts ändern, synchronisiert der Assistent diese Neuerungen automatisch mit Outlook.

Weitere soziale Netzwerke hinzufügen

Im Laufe der Zeit werden immer mehr Netzwerke verfügbar sein, die man an Outlook anbinden kann. Ob Ihr favorisiertes Netzwerk bereits nutzbar ist, können Sie zunächst einmal direkt in Outlook überprüfen. Dazu öffnen Sie einen Ihrer Kontakte, klicken auf das Plussymbol im unteren Fensterbereich und wählen *Netzwerk hinzufügen*. In dem sich öffnenden Dialogfenster gibt es zwei interessante Optionen.

Überprüfen Sie zunächst über die im unteren Fensterbereich angebotene Schaltfläche *Netzwerk hinzufügen*, ob Ihr Netzwerk dort dabei ist. Sollte es nicht verfügbar sein, klicken Sie auf den Link *Online sind weitere Anbieter für soziale Netzwerke verfügbar*. Daraufhin wird die Webseite zum Outlook Social Connector im Standardbrowser angezeigt.

Im oberen Fensterbereich sehen Sie, welche Netzwerke bereits nutzbar sind. Unter *Coming Soon* ist all das aufgeführt, was in naher Zukunft verfügbar sein wird.

Alternativ dazu können Sie auch auf den Webseiten Ihres Netzwerks überprüfen, ob dort entsprechende Informationen zu finden sind. So zeigt beispielsweise XING unter *http://outlook.xing.com/index_de.html* sehr ausführlich, welche Funktionen der sogenannte XING Connector bieten wird.

Wie schnell die einzelnen Netzwerkbetreiber eigene Entwicklungen herausbringen, lässt sich momentan noch nicht abschätzen. Allerdings werden sich vor allem Businessnetzwerke die Chancen, die durch die neue Outlook-Funktionalität geboten werden, nicht entgehen lassen.

5.9 Termine und Besprechungen stets im Griff

In diesem Kapitel zeigen wir Ihnen, wie Sie effektiv und optimiert mit dem Kalender von Outlook 2010 arbeiten. Wir zeigen Ihnen zudem, welche Profitipps wirklich für ein effizientes Arbeiten helfen und wie Sie Unmengen an Zeit sparen können. Um zum Kalender von Outlook zu gelangen, genügt ein Klick auf die Schaltfläche *Kalender* im linken Navigationsbereich.

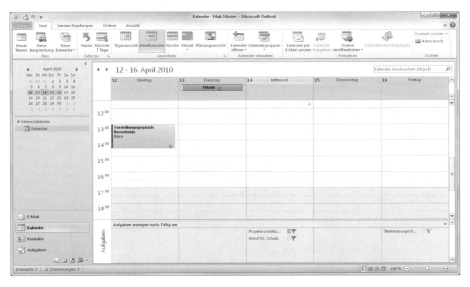

Verschiedene Ansichten für ein effizientes Zeitmanagement: Tagesansicht, Arbeitswoche, Woche, Monat und Planungsansicht für Exchange-Umgebungen oder mehrere Kalender.

Ansichten des Kalenders

Der Kalender von Outlook verfügt über mehrere Ansichten: *Tagesansicht*, *Arbeitswoche*, *Woche*, *Monat* und *Planungsansicht*. Sie können zwischen den einzelnen Ansichten im Menüband im Bereich *Anordnen* wechseln. In der Arbeitswochenansicht können Sie sich schnell einen Überblick über die in der Arbeitswoche anstehenden Termine und Besprechungen verschaffen. In der linken Datumsauswahl können Sie jeweils zwischen den einzelnen Wochen, Monaten oder Tagen wechseln. Im unteren Bereich des Kalenders sehen Sie die anstehenden Aufgaben des jeweiligen Tages. Ganztätige und mehrtägige Termine finden Sie in der oberen blauen Leiste des Kalenders wieder.

So geht's: Weitere Kalender anlegen

Neben Ihrem eigenen persönlichen Terminkalender bietet Ihnen Outlook die Möglichkeit, weitere Kalender zu erstellen. Nutzen Sie dieses Merkmal beispielsweise für die Organisation von Raumnutzungen oder unterteilen Sie Ihren Kalender in mehrere Geschäftsbereiche.

Um einen neuen Kalender zu erstellen, klicken Sie im Menüband auf *Kalender öffnen/Neuen leeren Kalender erstellen* und geben Ihrem neuen Kalender einen eindeutigen Namen.

Im linken Navigationsbereich unter *Meine Kalender* finden Sie dann den neu erstellten Kalender, den Sie über die Kontrollkästchen ein- oder ausblenden können.

Praktisch: Andere Kalender öffnen

Über die Schaltfläche *Kalender öffnen* können Sie beispielsweise die Kalender Ihrer Arbeitskollegen in einer Exchange-Umgebung oder auch freigegebene Kalender aus dem Internet öffnen. Bei letzterer Option haben Sie z. B. die Möglichkeit, einen bei Google Mail freigegebenen Kalender zu öffnen. Die genaue iCal-Adresse erfahren Sie meistens bei Ihrem Anbieter. Im Fall von Google Mail können Sie diese im Kalender unter *Einstellungen* einsehen.

5.9 Termine und Besprechungen stets im Griff

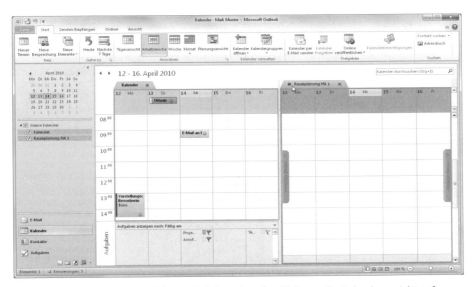

Zwei Kalender: Klicken Sie auf den nach links zeigenden Pfeil, um die Kalenderansicht auf Überlagert anzeigen zu ändern.

Verschiedene Kalenderansichten einsetzen

Wie eine logische Trennung zwischen privaten und beruflichen Kalendern realisiert werden kann, haben Sie im vorherigen Abschnitt gesehen. Dort wurden einfach mehrere Kalender angelegt und das Problem war gelöst. Es gibt aber auch eine Alternative, die ohne zusätzliche Kalender auskommt. Dabei wird ganz auf die Filterregeln von Outlook gesetzt.

> **Ausführliche Informationen zur Terminverwaltung**
>
> An dieser Stelle gibt es nur einen kurzen Ausblick auf die Terminverwaltung mit Outlook. Das nächste Kapitel widmet sich dann ausschließlich diesem Thema.

Im folgenden Beispiel wird davon ausgegangen, dass jeweils eine Kalenderansicht für die private und die berufliche Nutzung umgesetzt werden soll. Entscheidend dabei ist, dass innerhalb der Terminfenster bei privaten Terminen die Funktion *Privat* genutzt wird. Bei geschäftlichen Terminen bleibt diese Funktion hingegen deaktiviert.

 So kennzeichnet man einen privaten Termin.

Durch die folgenden Schritte wird eine passende Ansicht definiert:

1 Um die neue Ansicht anzulegen, wird innerhalb des geöffneten Kalenders aus dem *Ansicht*-Register *Ansicht ändern/Ansichten verwalten* und *Neu* gewählt.

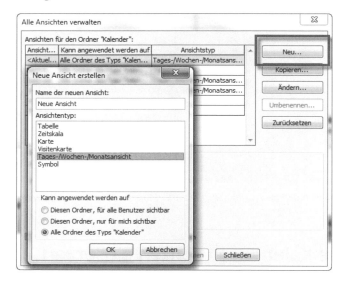

2 In dem sich daraufhin öffnenden Fenster markiert man den Eintrag *Tages-/Wochen-/Monatsansicht* aus der Spalte *Kalender* und klickt auf *Kopieren*.

3 Weisen Sie der Ansicht den Namen *Privat* zu und legen Sie sie über *OK* an. Die Option *Alle Ordner des Typs "Kalender"* kann so übernommen werden.

4 Im Fenster *Erweiterte Ansichteneinstellungen: Privat* klickt man auf *Filtern* und wechselt dort in das Register *Erweitert*. Klicken Sie auf *Feld* und wählen Sie unter *Häufig verwendete Felder* den Eintrag *Vertraulichkeit*. Bei *Bedingung* wird *entspricht* gelassen und bei *Wert* wählt man *Privat*.

5 Mit *Zur Liste hinzufügen*, *OK* und *OK* wird die neue Ansicht angelegt.

Sie befinden sich nun im Dialogfenster *Alle Ansichten verwalten*. (Sollten Sie es versehentlich geschlossen haben, rufen Sie es über das *Ansicht*-Register *Ansicht ändern* und *Ansichten verwalten* auf.) Durch die nächsten Schritte wird eine Ansicht für die geschäftlichen Daten angelegt.

1 Markieren Sie dazu die Ansicht *Privat* und rufen Sie *Kopieren* auf. Der neuen Ansicht weisen Sie den Namen *Geschäftlich* zu und bestätigen dies mit *OK*.

2 Über *Filtern* und *Erweitert* wird das nun schon bekannte Dialogfenster aufgerufen. Im Feld *Elemente suchen, die* sehen Sie den zuvor angelegten Eintrag für den privaten Kalender. Markieren Sie ihn und wählen Sie *Entfernen*.

3 Stellen Sie über das Feld *Bedingung* den Wert *ungleich* ein.

4 Bestätigen Sie die Auswahl mit *Zur Liste hinzufügen*. Mit *OK*, *OK* und *Ansicht übernehmen* werden die Einstellungen übernommen.

Die geschäftliche Ansicht ist damit angelegt. Um zwischen geschäftlicher und privater Ansicht zu wechseln, ruft man im *Ansicht*-Register *Ansicht ändern* auf. Dort stehen die definierten Ansichten zur Verfügung.

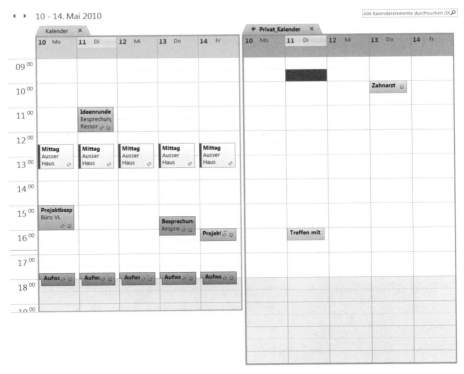

So wird der schnelle Wechsel möglich.

Auf diese Weise kann im Handumdrehen zwischen ganz unterschiedlichen Ansichten hin und her gewechselt werden.

Ordnung im Kalender halten: Überflüssiges löschen

Der Outlook-Kalender ist ein mächtiges Planungsinstrument. Wer seinen Kalender allerdings nicht regelmäßig auf Vordermann bringt, wird schnell im Kalenderchaos versinken. (Noch schlimmer wird es, wenn auch Kollegen auf den Kalender zugreifen können. Denn dann wird auch gleich noch deren Arbeit verkompliziert.) Wer einige Punkte im Umgang mit dem Kalender berücksichtigt, bleibt von solchen Problemen verschont.

1 Tragen Sie tatsächlich jeden Termin ein. Das gilt sowohl für private wie auch für berufliche Termine.

2 In den Kalender gehören ausschließlich Termine hinein. Aufgaben gehören in die Aufgabenliste.

3 Trennen Sie private und berufliche Termine.

Termin erstellen

1 Wählen Sie zunächst in der Tages- oder Wochenansicht den Tag aus, an dem Ihr Termin stattfindet.

2 Klicken Sie anschließend im Menüband auf *Neuer Termin* oder klicken Sie mit Ihrer Maus doppelt in ein Uhrzeitfeld, um den Dialog zum Erstellen eines neuen Termins zu öffnen.

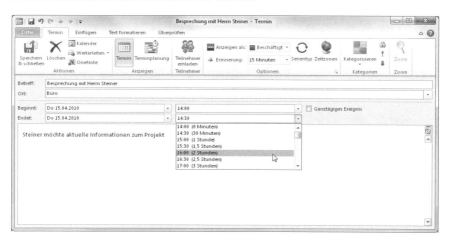

3 Tragen Sie zunächst die grundlegenden Informationen zum Termin ein: Betreff, Ort, Beginn, Ende und Notizen. Achten Sie darauf, eindeu-

tige und aussagekräftige Betreffzeilen für Termine zu verwenden, damit Sie bereits in der Kalenderübersicht wissen, um welchen Termin es sich handelt.

4   Im Menüband im Feld *Optionen* können Sie weitere Details zum Termin festlegen, beispielsweise die farbliche Kennzeichnung im Terminkalender (*Beschäftigt*, *Frei*, *Mit Vorbehalt*, *Abwesend*) oder den Zeitraum, wann Sie sich an diesen Termin von Outlook erinnern lassen möchten. Wählen Sie einen ausreichenden Zeitraum für Termine, auf die Sie sich gesondert vorbereiten müssen.

5   Klicken Sie auf die Schaltfläche *Speichern & schließen*, um den Termin abzuspeichern.

Auch bei Terminen stehen die bereits beschriebenen Kategorien zur Verfügung. Benutzen Sie diese für mehr Übersicht und ein effektiveres Arbeiten. Kategorisierte Termine werden in der jeweiligen Farbe der Kategorie im Kalender angezeigt. Besonders bei wichtigen Terminen sollten Sie dieses Feature unbedingt verwenden.

Über die Registerkarte *Einfügen* im Menüband können Sie weitere Informationen zum Termin anfügen, die Sie zur Abarbeitung benötigen. Verknüpfen Sie wichtige Dateien mit einem Kalendereintrag, damit Sie diese nicht erst suchen müssen, sondern direkt zur Verfügung haben, falls Unterlagen zu einem Termin erforderlich sind.

So geht's: Termin als privat kennzeichnen und schützen

Wenn Sie Ihren Kalender freigeben, beispielsweise bei Office.com oder in einer Exchange-Umgebung, können Sie private Termine vor dem Zugriff Dritter schützen. Klicken Sie hierzu auf das Schloss-Symbol im Menüband, damit nur Sie die Details des Termins einsehen können.

Termine und Besprechungen

Outlook 2010 unterscheidet zwischen Terminen und Besprechungen. Grundsätzlich haben Sie bei beiden die gleichen Möglichkeiten bei der Erstellung oder Verwaltung. Sobald Sie jedoch einen Teilnehmer zu einem Termin einladen, benennt Outlook diesen intern und im Menüband in *Besprechung* um. Der Betreff des Termins geht dabei jedoch nicht verloren.

Wiederkehrende Termine erstellen

Serientermine sind, wie der Name schon verrät, Termine, die sich in regelmäßigen Abständen wiederholen. Um einen Serientermin zu erstellen, klicken Sie im Fenster für das Erstellen von Terminen im Menüband auf *Serientyp*. Im anschließend erscheinenden Dialogfeld können Sie festlegen, wann und wie oft sich dieser Termin wiederholt. Verwenden Sie diese Funktion beispielsweise für Geburtstage oder wiederkehrende Besprechungen.

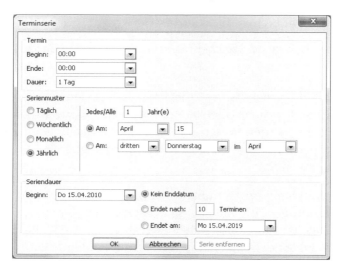

Termine schnell verschieben oder löschen

Im geschäftlichen Alltag kommt es öfter dazu, dass Termine verschoben oder storniert werden. In der Tagesansicht können Sie den Termin per Drag & Drop entweder nach oben oder unten ziehen, um den Beginn eines Termins zu verschieben. In der Wochenansicht können Sie den Termin auf einen anderen Tag verschieben, indem Sie auch hier den jeweiligen Kalendereintrag mit der Maus zwischen den Tagen hin und her verschieben. Diese Vorgehensweise ist allerdings nicht präzise genug, wenn es um genauere Zeiträume geht. Öffnen Sie den Termin mit einem Doppelklick und ändern Sie die jeweiligen Felder für *Beginnt um* und *Endet um* auf das neue Datum bzw. auf die neue Uhrzeit, um den Termin zu verschieben. Wenn Sie einen Termin löschen möchten, klicken Sie mit der rechten Maustaste in der Kalenderübersicht auf den Termin und wählen die Option *Löschen*. Der Termin wird zunächst nicht endgültig gelöscht, sondern lediglich in den Ordner *Gelöschte Objekte* verschoben, aus dem Sie ihn, falls Sie ihn aus Versehen entfernt haben, wiederherstellen können.

Termine und Besprechungen per E-Mail organisieren

1 Um einen Termin per E-Mail zu vereinbaren, klicken Sie im Fenster für das Erstellen eines Termins auf *Teilnehmer einladen*.

2 Tragen Sie anschließend die Empfänger des Termins in das Textfeld hinter *An* ein oder klicken Sie auf die Schaltfläche *An*, um die Teilnehmer eines Termins über Ihr Adressbuch auszuwählen. Sie können festlegen, welche Teilnehmer unbedingt erforderlich sind und welche optional zu einem Termin erscheinen können. Klicken Sie anschließend im Terminfenster auf *Senden*, um Einladungen zu diesem Termin zu verschicken.

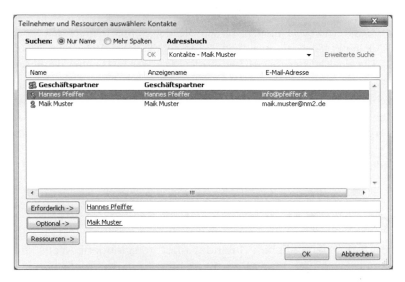

Beachten Sie jedoch, dass dieses Merkmal nur dann ordnungsgemäß funktioniert, wenn die ausgewählten Teilnehmer ebenfalls Outlook oder ein kompatibles E-Mail-Programm verwenden. Diese erhalten die Einladung per E-Mail und können direkt auf Ihre Einladung antworten, ob sie an dem vorgeschlagenen Termin teilnehmen. Wenn Sie den Termin erneut öffnen, können Sie im Menüband unter *Status* die Antworten der einzelnen Teilnehmer einsehen.

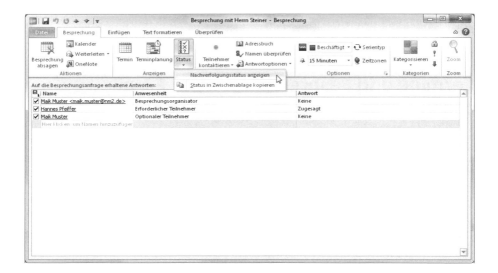

Besprechung absagen und Teilnehmer kontaktieren

Um eine Besprechung abzusagen, öffnen Sie den Termin einfach mit einem Doppelklick in der Kalenderansicht und klicken auf die Schaltfläche *Besprechung absagen*. Die eingeladenen Teilnehmer werden dann per E-Mail über die Absage informiert.

Über die Schaltfläche *Teilnehmer kontaktieren* können Sie Ihren eingeladenen Kontakten eine E-Mail schreiben oder diese anrufen, falls sich Änderungen am Termin ergeben. Aktualisierungen, z. B. Änderungen an der Zeit des Termins, werden ebenfalls per E-Mail an die eingeladenen Teilnehmer versandt, sobald Sie diese ändern.

Kalender per E-Mail versenden

Sie können Ihren persönlichen Kalender über verschiedene Wege für andere Personen freigeben. Eine Möglichkeit besteht darin, den Kalender per E-Mail im standardisierten iCalender-Format (ICS) und als HTML-formatierte Darstellung zu versenden, damit beispielsweise andere Kontakte bei Terminabsprachen wissen, zu welchen Zeiträumen Sie verfügbar sind. Hierbei handelt es sich um eine Art Internetkalender, der als Kalender-Snapshot bezeichnet wird. Klicken Sie im Menüband im Bereich *Freigeben* auf die Schaltfläche *Kalender per E-Mail senden*.

5.9 Termine und Besprechungen stets im Griff

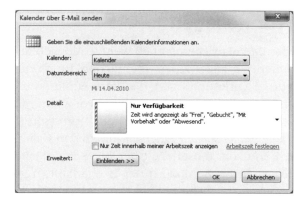

In diesem Dialogfeld legen Sie fest, welche Informationen aus dem Kalender per E-Mail versendet werden. Legen Sie den Datumsbereich fest, der für einen möglichen Termin infrage kommt. Achten Sie dabei jedoch unbedingt auf den Schutz Ihrer Privatsphäre: Es genügt in der Regel, nur die verfügbaren Zeiten für eine etwaige Terminabsprache zu versenden. Sie können jedoch auch alle Informationen Ihres Kalenders per E-Mail an eine andere Person senden, indem Sie im Feld *Detail* die Option *Alle Details* auswählen.

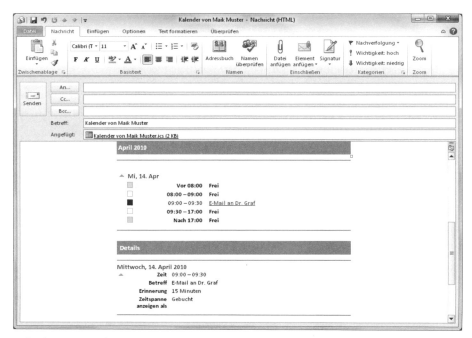

Kalender per E-Mail: An die E-Mail wird eine iCalender-Datei angefügt, im Nachrichtentext erhält der Empfänger eine HTML-formatierte Darstellung Ihres Kalenders.

643

Kalenderfreigaben für Kollegen

Neben der Kalenderfreigabe per E-Mail existieren auch weitere Möglichkeiten, um Ihren Kalender für andere Benutzer zu veröffentlichen. Im Menüband befinden sich dafür mehrere Verknüpfungen, die diese Funktion ermöglichen. Welche Verknüpfungen angezeigt werden, hängt vor allem mit der Konfiguration von Outlook zusammen. In einer Exchange-Umgebung können Sie über *Kalender öffnen/Freigegebenen Kalender öffnen* den Kalender eines anderen Exchange-Benutzers einsehen. Über die Schaltfläche *Kalender freigeben* können Sie anderen Benutzern der Exchange-Umgebung das Einsehen Ihres Kalenders ermöglichen.

Ohne Exchange-Profil können Sie Ihren Kalender jedoch auch auf Office.com oder einem WebDAV-Server veröffentlichen und dabei festlegen, wer Ihren Kalender und die dazugehörigen Details einsehen darf.

So geht's: Kalender auf Office.com freigeben

1 Um Ihren Kalender bei Office.com freizugeben, benötigen Sie eine Windows Live ID. Klicken Sie im Menüband unter *Online veröffentlichen* auf *Auf Office.com veröffentlichen*.

2 Klicken Sie anschließend auf *Anmelden*, um sich mit Ihrer Windows Live ID einzuloggen. Beim ersten Registrieren müssen Sie eventuell den Vereinbarungen von Office.com zustimmen.

3 Anschließend können Sie festlegen, welche Zeitspanne und welche Details Sie auf Office.com veröffentlichen möchten und wer Ihren Kalender abonnieren darf.

4 Danach fragt Sie Outlook, ob Sie die Verknüpfung zu Ihrem Office.com-Kalender per E-Mail versenden möchten. Dies ist besonders dann hilfreich, wenn Sie anderen Kontakten anbieten möchten, Ihren Kalender zu abonnieren.

Kalender drucken

Sie können Ihren persönlichen Kalender in vielen verschiedenen Formaten drucken. Diese Funktion lohnt sich vor allem dann, wenn Sie öfter ohne den Zugriff auf einen PC unterwegs sind und Ihren Kalender stets in gedruckter Form bei sich haben möchten, um keinen Termin zu verpassen. Wählen Sie hierzu im Menüband unter *Datei* die Option *Drucken* aus.

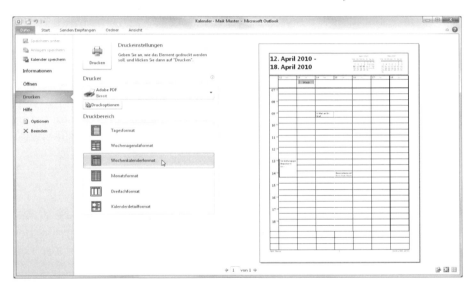

Outlook bietet verschiedene Druckformate für das Drucken Ihres Kalenders an. Im Tagesformat werden alle Tage, die auch in der Kalenderansicht einsehbar waren, separat ausgedruckt. Das Wochenformat liefert eine wöchentliche Übersicht über anstehende Termine.

> **Ausdruck vorher prüfen**
>
> Sie können sich im rechten Bereich bereits vor dem Drucken ansehen, in welchem Layout der Kalender gedruckt wird. Die Anzahl der zu druckenden Seiten sehen Sie im unteren mittleren Bereich, in dem Sie auch zwischen den einzelnen Seiten navigieren können.

Tipps & Tricks für effizientes Arbeiten

Planen Sie mehr Zeit ein

Achten Sie beim Erstellen von Terminen darauf, dass zwischen angrenzenden Terminen genug Zeit ist, falls sich ein Termin unvorhergesehen in die Länge zieht.

Vermeiden Sie Überschneidungen

Geordnete Termine sind für einen soliden und durchdachten Arbeitsablauf unabdingbar. Achten Sie darauf, dass sich ein Termin nicht mit einem anderen Termin überschneidet. Besonders bei Raumplanungen könnte es sonst zu unangenehmen Überraschungen kommen!

Termine klar formulieren

Legen Sie aussagekräftige Betreffzeilen für Termine fest, damit Sie und auch Ihre eventuell eingeladenen Teilnehmer wissen, um was es sich handelt. Wenn Sie einen Termin oder eine Besprechung mit einem Kunden haben, tragen Sie den Namen des Kunden mit in die Betreffzeile ein, damit Sie in der Kalenderübersicht bereits erkennen, mit wem Sie verabredet sind.

Details sind wichtig

Fügen Sie so viele Informationen wie notwendig zu einer Terminbeschreibung hinzu. Wenn Sie elektronische Unterlagen zu einem Termin benötigen, fügen Sie diese direkt über die *Einfügen*-Funktion mit ein, um unnötiges Suchen nach den Dateien zu vermeiden.

Kategorien erleichtern die Übersicht

Mit verschiedenen Farben von Terminen schaffen Sie noch mehr Übersicht: Legen Sie für die verschiedenen Arten von Terminen jeweils eine eigene Kategorie an, z. B. Besprechung, Außentermin und Telefonat.

Frühe Erinnerung

Lassen Sie sich von Outlook rechtzeitig an einen anstehenden Termin erinnern. Generell empfehlen wir einen Zeitraum von 15 bis 30 Minuten. Klicken Sie in der Erinnerung auf *Erneut erinnern*, um sich dann noch einmal kurz vor dem Termin erinnern zu lassen.

5.10 E-Mails automatisch beantworten

In einigen Situationen ist es erforderlich, mit einer Standardmail zu antworten.

Ein typisches Beispiel ist die Abwesenheit vom Büro, wenn man z. B. auf Geschäftsreise oder im Urlaub ist. Externe E-Mails werden im Idealfall von einer Vertretung individuell beantwortet. Wenn das nicht möglich ist, ist ein Hinweis und evtl. ein Ansprechpartner sinnvoll:

Ich bin vom 01. bis 14.09.2010 nicht im Büro und habe keinen Zugriff auf meine Mailbox. Ihre E-Mail wird nicht weitergeleitet; ich beantworte sie nach meiner Rückkehr. In dringenden Fällen wenden Sie sich bitte an die Zentrale.

Für diese Fälle wurde in Outlook 2010 einiges zum Besseren hin verändert. Früher war es mit wenig Aufwand nur möglich, allen eingehenden E-Mails zu antworten. Das hatte nicht selten zur Folge, dass auch auf zahlreiche Spammails geantwortet wurde, mit den entsprechenden Folgen.

In Outlook 2010 gibt es jetzt die neue Funktion *Automatisch Antworten* unter dem Punkt *Datei/Informationen*. Erstens kann jetzt komfortabel nur die eigene Organisation ausgewählt werden, sodass externe E-Mails nicht beantwortet werden und auf diese Weise die Information, dass Sie nicht anwesend sind, nicht gleich jedem bekannt gemacht wird.

Wie es zu erwarten war, steht diese Funktion aber nur in Firmen mit Exchange Server 2007-Anbindung zur Verfügung.

5. Outlook – E-Mails, Kontakte und Termine managen

Zweitens können automatische Antworten an alle eingehenden Mails verschickt werden, das entspricht der alten Outlook-Manier. Es können aber auch automatische Antworten nur an meine Kontakte zurückgeschickt werden, was einer White List entspricht und eine sehr praktische Sache ist.

Fremde und unbekannte Absender bekommen in diesem Fall keine Antwort.

Einen Stellvertreter einrichten

In einem guten Team übernimmt man auch mal die Arbeit eines Kollegen. Ist ein Kollege im Urlaub, übernimmt man seine Telefonate und erledigt einen Teil seiner Aufgaben. Mit Outlook kann man aber noch einen Schritt weiter gehen. Denn hier gibt es die Funktion der Stellvertretungen.

> **Exchange wird vorausgesetzt**
>
> Die Stellvertreter-Funktion setzt zwingend den Einsatz eines Exchange Servers voraus.

Ein Stellvertreter kann folgende Dinge machen:

- Besprechungsanfragen in Ihrem Namen empfangen und beantworten
- E-Mails in Ihrem Namen versenden
- andere Elemente Ihres Exchange-Postfachs (Aufgaben, Notizen) verwalten

Wie sich die Stellvertreter-Funktion nutzen lässt, wird hier anhand eines typischen Szenarios gezeigt. Dabei fahren Sie in Urlaub und richten für diese Zeit einen Stellvertreter in Outlook ein. Der soll folgende Rechte besitzen:

- Besprechungsanfragen annehmen und beantworten
- E-Mails in Ihrem Namen verfassen
- Kontakte anlegen und lesen, aber nicht ändern
- Ihre Aufgaben lesen und ändern sowie neue Aufgaben anlegen

> **Was aus privaten Einträgen wird**
>
> Standardmäßig kann die Stellvertretung als privat gekennzeichnete Elemente nicht lesen. Es gibt allerdings die Option, ihr auch solche Elemente zugänglich zu machen.

Eine Stellvertretung einrichten

Die Einrichtung eines Stellvertreters funktioniert folgendermaßen:

1 Öffnen Sie *Extras/Optionen/Stellvertretungen*. Über *Hinzufügen* wählt man den Stellvertreter aus. (Man kann übrigens auch mehrere Stell-

vertreter einrichten. So ist es durchaus denkbar, dass einer Ihren *Aufgaben*-Ordner verwaltet, während ein anderer für die E-Mails zuständig ist.)

2 Über die Schaltfläche *Berechtigungen* wird festgelegt, was der Stellvertreter in Ihrem Postfach alles anstellen darf. Die Stufen 1 bis 3 und „keine Rechte" stehen zur Auswahl.

- Stufe 1 – Elemente lesen
- Stufe 2 – Elemente lesen und erstellen
- Stufe 3 – Elemente lesen, erstellen und ändern

3 Es handelt sich bei den Elementen um E-Mails, Termine, Besprechungen, Notizen etc. Was üblicherweise nicht beachtet wird: Erhält der Stellvertreter das Recht, E-Mails zu erstellen, geschieht das in Ihrem Namen. Der Empfänger denkt also, dass Sie die Nachricht verschickt haben. Im aktuellen Beispiel werden die folgenden Berechtigungen gesetzt:

Element	Berechtigung
Kalender	2
Aufgaben	2
Posteingang	3
Kontakte	2
Notizen	Keine
Journal	Keine

4 Interessant sind zudem die beiden Optionen im unteren Fensterbereich. Normalerweise sollte man den Stellvertreter über die ihm zugewiesenen Rechte unterrichten. Dazu aktiviert man das obere der beiden Kontrollkästchen. Dem Stellvertreter wird dadurch eine E-Mail mit den Rechten zugeschickt. Vorsicht ist bei der Option *Stellvertretung kann private Elemente sehen* geboten. Wird sie aktiviert, kann der Stellvertreter auf sämtliche als privat gekennzeichneten Elemente zugreifen. In 99 % der Fälle lässt man die Finger von dieser Option. Erschwerend kommt hinzu, dass sich diese Einstellung auf alle Ordner Ihres Exchange-Postfachs auswirkt. Sie können also nicht etwa nur die privaten Kalenderelemente freigeben.

5 Mit *OK* werden die Einstellungen übernommen.

Es stellt sich zum Schluss noch die Frage, wie der Stellvertreter auf die freigeschalteten Optionen zugreifen kann. Dazu wählt er *Datei/Öffnen/Ordner* eines anderen Benutzers. Als Namen trägt er Ihren Namen ein oder wählt ihn über die Namensliste aus. Daraufhin wird eine Liste der möglichen Ordner angezeigt.

Will der Stellvertreter nun in Ihrem Namen eine E-Mail verschicken, geht er folgendermaßen vor: Innerhalb des geöffneten Nachrichtenfensters trägt er in das *Von*-Feld Ihren Namen ein. Die übrigen Einstellungen entsprechen dann wieder denen von normalen E-Mails.

5.11 Weniger Stress: Aufgaben wirklich sinnvoll planen

Egal ob Unternehmer, Angestellter oder Privatperson: Aufgaben hat jeder Mensch zu bewältigen. Wir zeigen Ihnen in diesem Kapitel, wie Sie die *Aufgaben*-Funktionen in Outlook 2010 richtig einsetzen, und geben Ihnen wertvolle Tipps für eine solide Strategie zum Abarbeiten von Aufgaben.

Aufgabenplaner kennenlernen und einrichten

Der Aufgabenplaner von Outlook bietet grundsätzlich zwei verschiedene Ansichten, zwischen denen Sie im linken Navigationsbereich unter *Meine Aufgaben* wechseln können. In der Vorgangsliste werden alle Aufgaben, E-Mails, Termine und Kontakte angezeigt, die zur Nachverfolgung markiert sind. Unter *Aufgaben* werden lediglich die erstellten Aufgaben angezeigt.

Für eine effektive Abarbeitung von Aufgaben ist es zunächst notwendig, die Aufgabenoptionen festzulegen. Sie finden diese im Menüband unter *Datei/Optionen/Aufgaben*.

Aktivieren Sie in jedem Fall die Option *Erinnerungen für Aufgaben mit Fälligkeitsdatum aktivieren*, damit Outlook Sie an bereits überfällige Aufgaben erinnert.

5. Outlook – E-Mails, Kontakte und Termine managen

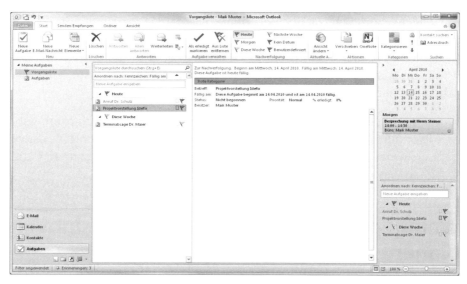

Komplette Übersicht: In der Vorgangsliste sehen Sie alle anstehenden Aufgaben und Vorgänge sortiert nach Fälligkeit.

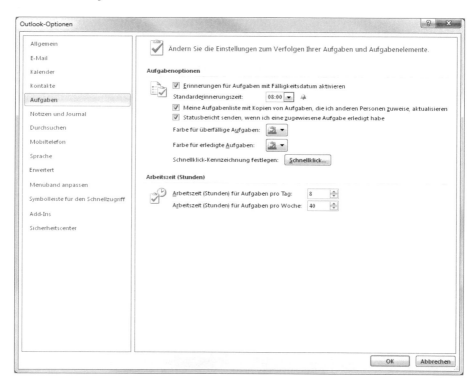

5.11 Weniger Stress: Aufgaben wirklich sinnvoll planen

> **Exchange: Aufgaben öffnen oder freigeben**
>
> Sie können im Menüband unter *Ordner/Freigegebene Aufgaben öffnen* die Aufgabenlisten Ihrer Arbeitskollegen in einer Exchange-Umgebung öffnen oder Ihre eigenen Aufgaben für diese freigeben.

Aufgaben erstellen und verwalten

1 Um eine neue Aufgabe zu erstellen, klicken Sie im Menüband auf die Schaltfläche *Neue Aufgabe* oder mit einem Doppelklick in einen leeren Bereich der Aufgabenübersicht. Anschließend erscheint der Dialog für das Erstellen einer neuen Aufgabe.

2 Geben Sie Ihrer neuen Aufgabe zunächst eine aussagekräftige Bezeichnung im Feld *Betreff* und fügen Sie weitere benötigte Informationen zur Aufgabe im Textfeld ein.

3 Mit den Feldern *Beginnt am* und *Fällig am* legen Sie fest, wann eine Aufgabe beginnt und bis zu welchem Tag diese erledigt sein muss. Wir empfehlen zudem, für jede Aufgabe eine Erinnerung einzurichten, damit Sie das rechtzeitige Erledigen von Aufgaben nicht verpassen.

4 Über die Schaltfläche *Details* im Menüband können Sie weitere Informationen zur Aufgabe angeben, beispielsweise den Gesamtaufwand und die aufgewendeten Reisekilometer. Ähnlich wie bei allen anderen Outlook-Elementen besteht auch bei den Aufgaben die Möglichkeit, diesen eine oder mehrere Kategorien zuzuweisen.

5 Wenn eine Aufgabe erledigt ist, klicken Sie einfach auf die Schaltfläche *Als erledigt markieren*, damit diese Aufgabe aus der Übersicht aktiver Aufgaben entfernt wird.

Schnelles Eingeben von Aufgaben ohne Details

Mit Outlook können Sie ebenfalls binnen weniger Sekunden neue Aufgaben hinzufügen, ohne dass Sie Details angeben müssen. In der Aufgabenübersicht finden Sie dazu ein Textfeld mit grau hinterlegter Beschriftung *Neue Aufgabe eingeben*. Geben Sie dort einfach den Betreff der Aufgabe ein und drücken Sie danach die [Enter]-Taste, um die Aufgabe zur Liste hinzuzufügen.

So geht's: Aufgabenserien einrichten

Wie auch bei Terminen können Sie wiederkehrende Aufgaben leicht im Aufgabenplaner einrichten. Klicken Sie hierzu im Menüband auf die Schaltfläche *Serientyp* und wählen Sie aus, in welchem Zeitraum die Aufgabe wiederholt werden soll.

Wiederkehrende Aufgaben: Tägliche, wöchentliche, monatliche oder jährliche Aufgaben können Sie einfach mit dem Serientyp festlegen.

Aufgaben zuweisen

Mit der Funktion *Aufgabe zuweisen* können Sie zu erledigende Aufgaben an andere Personen übertragen. Dieses Feature funktioniert dann, wenn die angegebene Person ebenfalls Outlook oder ein kompatibles Programm verwendet. Sobald die zugewiesene Person eine Änderung der Aufgabe vornimmt, sie beispielsweise als erledigt markiert, werden Sie automatisch per E-Mail darüber informiert und erhalten in der Aufgabenliste eine aktualisierte Ansicht der Aufgabe.

> **Statusbericht senden**
>
> Über die Funktion *Statusbericht senden* können Sie Ihre Kontakte über den Fortschritt von Aufgaben per E-Mail informieren, zum Beispiel auch dann, wenn Ihnen eine Aufgabe zugewiesen worden ist. Der Empfänger erhält eine E-Mail, die neben dem Text der Aufgabe auch den Status und Aufwand zu erkennen gibt.

Aufgabenansichten, Gruppierungen und Filter

Outlook bietet im Menüband unter *Ansicht ändern* viele vorgefertigte Ansichten, die Sie beim Abarbeiten von Aufgaben unterstützen. Die einzelnen Ansichten können Sie durch Anklicken der Schaltfläche *Ansichten verwalten* auf Ihre persönlichen Bedürfnisse zuschneiden. Wählen Sie dazu zunächst die jeweilige Ansicht aus und klicken Sie rechts auf *Ändern*. Alternativ können Sie auch eine vorhandene Ansicht *Kopieren* und eine eigene Ansicht erstellen.

Unter *Spalten* legen Sie fest, welche Informationen über Aufgaben in der Aufgabenliste aufgeführt werden. Nützlich ist dieses Merkmal, wenn Sie sich beispielsweise eine Liste aktiver Aufgaben mit kurzen prägnanten Informationen ausdrucken möchten.

Mit der Schaltfläche *Gruppieren* haben Sie die Möglichkeit, Aufgaben nach ausgewählten Kriterien – wie beispielsweise Betreff, zuständige Person oder Gesamtaufwand – in Gruppen zusammenzufassen.

Wenn Sie nur bestimmte Aufgaben in der Aufgabenliste einsehen möchten, verwenden Sie das Merkmal *Filtern*, um eigene Filter, z. B. die Suche nach bestimmten Inhalten, einzurichten.

Die voreingestellten Ansichten können Sie jederzeit mit einem Klick auf die Schaltfläche *Zurücksetzen* wiederherstellen.

Mit der Gruppierung werden die einzelnen Aufgaben z. B. nach „Beginnt am" gruppiert.

Einen Termin aus einer Aufgabe erstellen

Um einen Termin aus einer eingetragenen Aufgabe zu erstellen, ziehen Sie die jeweilige Aufgabe aus der Aufgabenansicht per Drag & Drop auf die Schaltfläche *Kalender* im linken Navigationsbereich. Der Aufgabentext sowie der Betreff und weitere angefügte Informationen werden automatisch für den neuen Termin eingefügt, den Sie wie jeden normalen Termin bearbeiten können.

5.12 Termine und Aufgaben unter Kontrolle: Tipps für ein effizientes Zeitmanagement

Unter dem Begriff Zeitmanagement versteht sich die Kunst, seine Zeit optimal zu nutzen. Dabei beschäftigt sich Zeitmanagement mit den Problemen, die eine hohe Anzahl von Aufgaben und Terminen mit sich bringt, wenn die zur Verfügung stehende Zeit begrenzt ist. Das richtige Zeitmanagement besteht aus einer Reihe von Techniken und Strategien, um den Workflow zu optimieren. In diesem Kapitel stellen wir Ihnen die wichtigsten Strategien und Methoden vor, damit Sie nicht in einer Flut aus Terminen und Aufgaben untergehen.

Ziele setzen

Der wichtigste Faktor für ein erfolgreiches Zeitmanagement ist die Zielsetzung. Setzen Sie sich klare Ziele für die Bewältigung von Aufgaben. Unterteilen Sie Ihre Aufgaben dabei in kurz-, mittel- und langfristige Ziele.

Übersicht verschaffen

Bevor es an die Erledigung von Aufgaben geht, ist es hilfreich, sich eine Übersicht über Mittel und Fähigkeiten zu erstellen, die für die Bewältigung einer Aufgabe erforderlich sind. Der Weg ist bei der Erledigung von Aufgaben das Ziel: Wägen Sie ab, welche Vor- und Nachteile die möglichen Wege bringen. Oft hilft Ihnen dabei die Erstellung einer Mindmap.

Prioritäten setzen

Im geschäftlichen Alltag fällt schnell eine große Liste zu erledigender Aufgaben an. Setzen Sie bei der Erledigung von Aufgaben Prioritäten! Folgende Techniken und Methoden können zum Analysieren und Definieren von Prioritäten verwendet werden:

ABC-Analyse

Die sogenannte ABC-Analyse ist ein betriebswirtschaftliches Analyseverfahren, mit dem Sie leicht das Wesentliche vom Unwesentlichen trennen und somit Ihre Wirtschaftlichkeit steigern können. Kategorisieren Sie Ihre Aufgaben mittels der ABC-Analyse in drei verschiedene Kategorien:

- A – hohe Priorität, sehr wichtig
- B – mittlere Priorität
- C – geringe Priorität, weniger wichtig

Somit erhalten Sie in Ihrer Aufgabenliste eine zusätzliche Möglichkeit, wichtige von weniger wichtigen Aufgaben zu unterscheiden und zunächst die Aufgaben mit hoher Priorität zu erledigen.

Salamitaktik

Bei der sogenannten Salamitaktik werden große, unübersichtliche Aufgaben nach dem „Teile und herrsche"-Prinzip in mehrere kleinere Aufgaben unterteilt. Bezogen auf Problemlösungen bedeutet „teile und herrsche", dass Sie große Aufgaben und Probleme besser lösen können, indem Sie diese in kleinere Teilaufgaben zerlegen, die einfacher zu handhaben sind als eine komplexe Aufgabe. Zusammengesetzt ergibt die Erledigung der Teilaufgaben wieder die vollständige Erledigung der ursprünglichen Gesamtaufgabe.

Delegieren

Wenn Sie in Ihrer Aufgabenliste Aufgaben haben, die nicht direkt in Ihren Aufgabenbereich fallen und von einer anderen Person effizienter erledigt werden könnten, sollten Sie diese nach Möglichkeit an diese Person übertragen. Outlook bietet von Haus aus hierfür die Funktion *Aufgabe zuweisen* an.

Die 25.000-Dollar-Methode

Hinter der 25.000-Dollar-Methode verbirgt sich eine kleine Geschichte: Anfang des 20. Jahrhunderts hat der bekannte Manager Charles Michael Schwab die Firma Bethlehem Steel zu einem der größten Stahlkonzerne der Welt auf- und ausgebaut. Dabei überlegte Schwab, wie er Geschäftsprozesse in einem Unternehmen optimieren könnte. Aus diesem Grund beauftragte er einen Berater namens Irving Lee mit der Entwicklung eines Zeitmanagementsystems. Lee schlug ihm eine Methode vor, vereinbarte mit Schwab als Honorar aber nur einen „angemessenen" Betrag. Schwab war von Lees Strategie jedoch derart überzeugt, dass er ihm einen 25.000-Dollar-Scheck überreichte. Daraufhin wurde Lees Konzept als 25.000-Dollar-Methode bekannt. Das Prinzip dahinter ist sehr einfach:

1 Nehmen Sie ein Blatt Papier und schreiben Sie jeden Tag nur die wichtigsten Aufgaben auf, die Sie am darauffolgenden Arbeitstag erledigen müssen.

2 Ordnen Sie die Aufgaben nach Wichtigkeit an und nummerieren Sie diese: Aufgabe 1 ist in diesem System die wichtigste. Achten Sie bei der 25.000-Dollar-Methode darauf, dass jede Aufgabe nur bis zu 20 Minuten Zeit in Anspruch nimmt. Unterteilen Sie deshalb größere Aufgaben nach der Salamitaktik in mehrere kleinere Aufgaben.

3 Erledigen Sie die nummerierten Aufgaben am darauffolgenden Arbeitstag beginnend mit der Nummer 1.

4 Sobald die Aufgabe mit der Nummer 1 erledigt ist, überprüfen Sie, ob die Prioritäten der anderen Aufgaben noch stimmen und keine neue Aufgabe hinzugekommen ist, die eine höhere Priorität hat. Falls doch, ordnen Sie die neuen Aufgaben in der Prioritätenliste ein. Erledigen Sie dann die nun wichtigste Aufgabe in Ihrer Aufgabenliste.

5.12 Termine und Aufgaben unter Kontrolle: Tipps für ein effizientes Zeitmanagement

5 Am Ende des Tages haben Sie vielleicht nicht jede Aufgabe abarbeiten können, jedoch die wichtigsten geschafft. Ordnen Sie am Abend Ihre Aufgaben erneut für den nächsten Arbeitstag.

6 Machen Sie sich die 25.000-Dollar-Methode zur Routine und wenden Sie diese täglich an!

Im Zeitalter von Bits & Bytes benötigen Sie für die 25.000-Dollar-Methode natürlich keinen Zettel und Stift mehr, sondern können die Prioritäten der einzelnen Aufgaben direkt im Aufgabenplaner von Outlook einfügen. Legen Sie dazu eine neue Spalte in der Aufgabenansicht an.

1 Klicken Sie im Menüband auf die Registerkarte *Ansicht* und anschließend auf die Schaltfläche *Spalten hinzufügen/Neue Spalte*.

2 Tragen Sie als Namen für das neue Feld *25.000-Dollar* ein, wählen Sie als Typ die Option *Nummer* aus und klicken Sie abschließend auf *OK*.

3 Damit das Geld für die 25.000-Dollar-Methode in der ersten Spalte der Aufgabenübersicht angezeigt wird, klicken Sie so lange auf die Schaltfläche *Nach oben*, bis die Spalte *25.000-Dollar* ganz oben steht.

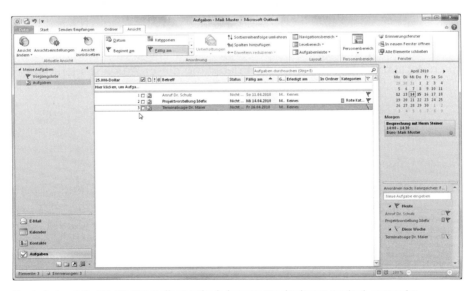

So einfach geht's: Die 25.000-Dollar-Methode können Sie direkt mit Outlook anwenden.

Planen

Neben der optimierten Festsetzung von Prioritäten ist es auch unabdingbar, Aufgaben und Termine richtig zu planen. Durch richtiges Planen können Sie die Ihnen zur Verfügung stehende Zeit sinnvoller nutzen. Auch für das Planen stehen verschiedene Methoden und Wege zur Verfügung:

Schriftlich Planen

Verwenden Sie den Aufgabenplaner und die Notizfunktion in Outlook, um keine wichtigen Vorgänge zu verpassen. Legen Sie besonderen Wert auf klare Beschreibungen von Terminen und Aufgaben, damit keine Details verloren gehen. Die Notizfunktion eignet sich besonders bei Telefongesprächen, um schnell die wichtigsten Informationen zu behalten. Später können Sie aus einer Notiz eine Aufgabe oder einen Termin erstellen.

ALPEN-Methode

Keine Sorge: Sie müssen nicht zum Bergsteiger werden. Die ALPEN-Methode nach Lothar J. Seiwert benötigt nur wenige Minuten pro Tag zur Erstellung eines Tagesplans. Diese Methode setzt sich aus den folgenden fünf Elementen zusammen:

> **Aufgaben, Termine und geplante Aktivitäten notieren** – Im ersten Schritt werden die Aufgaben und Termine am nächsten Tag ohne Beachtung von Prioritäten notiert und festgehalten. Im optimalen Fall sollte dieser Arbeitsschritt einen Tag vor der Fälligkeit erfolgen. Das gilt natürlich nur dann, wenn die Erledigung dieser Aufgabe nicht länger dauert.

> **Länge schätzen** – Im zweiten Arbeitsschritt schätzen Sie die Länge der einzelnen Termine und Aufgaben ein. Dabei spielt es eine sehr große Rolle, die Länge realistisch einzuschätzen und auf Erfahrungen aus der Vergangenheit zurückzugreifen.

> **Pufferzeiten einplanen** – Sie werden es aus dem Geschäftsalltag kennen: Manchmal kommt es zu unvorhergesehenen Problemen oder zu Verzögerungen bei festgesetzten Terminen. Achten Sie darauf, zwischen Terminen genug Spielraum zu haben, damit Sie den nachfolgenden Termin nicht warten lassen müssen, falls sich Ihr vorheriger Termin in die Länge zieht oder ein unvorhergesehenes Ergebnis eintrifft.

- **Entscheidungen treffen** – Egal ob ABC- oder 25.000-Dollar-Methode: Das Wichtigste beim Planen sind Prioritäten. Wenden Sie eine der beschriebenen Methoden an, um Ihren Aufgaben unterschiedliche Prioritäten zuzuweisen oder diese an eine andere Person zu delegieren.
- **Nachkontrolle** – Der letzte Schritt in der ALPEN-Methode ist die Nachkontrolle. Überprüfen Sie die Genauigkeit Ihrer Planung. Wenn Aufgaben erledigt sind, markieren Sie diese sofort als erledigt, damit wichtige, noch offene Aufgaben nicht übersehen werden können. Im Laufe der Zeit sollten Sie auch kontrollieren, ob Ihre Planung wirklich korrekt ist oder ob es oft zu Problemen kommt.

Goldene Stunde

Nehmen Sie sich Zeit für eine ruhige Planung von Aufgaben und Terminen. Unter der goldenen Stunde versteht man im Zeitmanagement einen Zeitraum, in dem Sie ungestört von Telefon, Besuch oder E-Mails arbeiten können. Für eine effiziente Planung ist es unbedingt notwendig, dass Sie nicht durch unwichtige Dinge abgelenkt werden.

5.13 RSS-Feeds einrichten – News auf aktuellem Stand

In diesem Kapitel zeigen wir Ihnen, wie Sie RSS-Feeds in Outlook einbinden. Dem einen oder anderen Leser wird der Begriff RSS sicher schon einmal im Internet begegnet sein. RSS, Englisch für **R**eally **S**imple **S**yndication, ist eine Technik, die es dem Nutzer ermöglicht, die Inhalte einer Internetseite oder Teile davon zu abonnieren. Am häufigsten finden sich RSS-Angebote auf Nachrichtenseiten und Blogs mit dem Ziel, schnell und unkompliziert aktuelle Beiträge abrufen zu können.

RSS-Dateien sind im XML-Format aufgebaut und beinhalten somit weder ein Layout noch ein Design. Mithilfe eines sogenannten Aggregators ist es möglich, diese XML-Dateien abzurufen und die Inhalte des Feeds in eine für Menschen lesbare Form auszugeben. Seit 2007 beinhaltet auch Outlook einen solchen Aggregator.

RSS-Feeds abonnieren

Um RSS-Feeds zu abonnieren, klicken Sie im linken Navigationsbereich mit der rechten Maustaste auf *RSS-Feeds* und wählen die Option *Neuen RSS-Feed hinzufügen*. Geben Sie anschließend die Internetadresse des Feeds ein und klicken Sie auf *Hinzufügen*.

Der neu hinzugefügte RSS-Feed wird dann automatisch als Unterordner im linken Navigationsbereich angezeigt. Mit einem Klick auf diesen Ordner sehen Sie daraufhin die Inhalte des Feeds. Outlook aktualisiert diese Inhalte automatisch in regelmäßigen Abständen.

Hier finden Sie RSS-Feeds

Stellen Sie sich Ihre Themengebiete, die Sie interessieren, selbst zusammen und erhalten Sie schon beim ersten Starten von Outlook alle aktuellen Nachrichten und Informationen. Ob eine Internetseite einen RSS-Feed anbietet, erkennen Sie oftmals am abgebildeten Symbol.

Einige wirklich lohnende Feeds möchten wir Ihnen an dieser Stelle in einer kurzen Übersicht vorstellen.

Feed-Adresse	Titel/Beschreibung
http://www.tagesschau.de/xml/rss2	Tagesschau – Nachrichten
http://www.spiegel.de/schlagzeilen/rss/index.xml	Spiegel Online – Nachrichten
http://www.manager-magazin.de/news/rss/index.xml	Manager Magazin – Wirtschaftsnachrichten
http://www.heise.de/newsticker/heise-atom.xml	Heise Online – IT-Nachrichten
http://www.ftd.de/rss/	Financial Times Deutschland – Wirtschaft und Politik
http://www.boerse-online.de/rss/boerseonline.rdf	Börse Online – Börsennachrichten

5.14 Die Journalfunktion: Workflow-Analyse

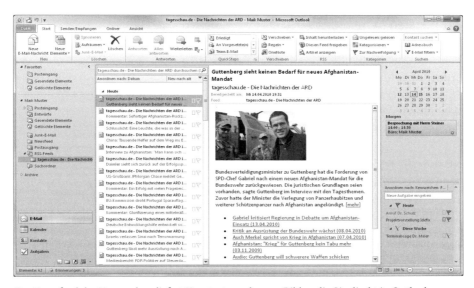

Der Newsfeed der Tagesschau liefert Kurztexte und sogar Bilder, die Sie direkt in Outlook betrachten können.

5.14 Die Journalfunktion: Workflow-Analyse

Mit der Journalfunktion von Outlook 2010 können Sie Ihren Workflow optimal analysieren. Das Journal trägt dabei automatisch alle Aktivitäten mit ausgewählten Kontakten in einer Zeitleiste ein, die während Ihrer Arbeit mit Outlook und anderen Office-Bestandteilen wie Word oder Excel vorgefallen sind. Darüber hinaus können Sie auch manuell einzelne Tätigkeiten zum Journal hinzufügen – sogar Dinge, die Sie nicht an Ihrem Computer erledigen.

Journal einrichten und kennenlernen

In der Standardkonfiguration von Outlook wird das Journal leider nicht im Navigationsbereich angezeigt. Sie können dies ändern, indem Sie die Schaltfläche *Journal* hinzufügen. Klicken Sie hierzu im unteren rechten Bereich des Navigationsbereichs auf den nach unten zeigenden Pfeil *Schaltflächen konfigurieren/Schaltflächen hinzufügen oder entfernen* und wählen Sie das Journal aus. Sie können das Journal auch über die Tastenkombination [Strg]+[8] öffnen.

Beim ersten Öffnen des Journals fragt Sie Outlook, ob alle Aktivitäten automatisch protokolliert werden sollen und das Journal eingeschaltet werden soll. Klicken Sie auf *Ja* und wählen Sie anschließend die Elemente und Kontakte aus, die im Journal protokolliert werden sollen.

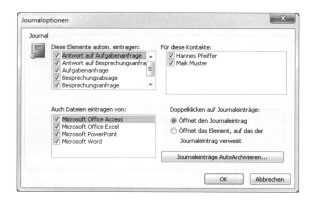

Protokollieren Sie Ihre Arbeit: E-Mails und Anfragen von ausgewählten Kontakten können im Journal aufgezeichnet werden. Zudem lassen sich – kontaktunabhängig – auch die Nutzung von Access, Excel, PowerPoint und Word und sogar Telefonanrufe protokollieren.

Die Journaloptionen können Sie jederzeit im Menüband unter *Datei/ Optionen/Notizen und Journal* erreichen, falls Sie Änderungen an der Protokollierung vornehmen möchten.

Das Journal ist in der Form einer fortlaufenden Zeitleiste aufgebaut. Innerhalb der Tages-, Wochen- oder Monatsansicht können Sie zwischen mehreren vorgegebenen Ansichten und Sortierungen wählen.

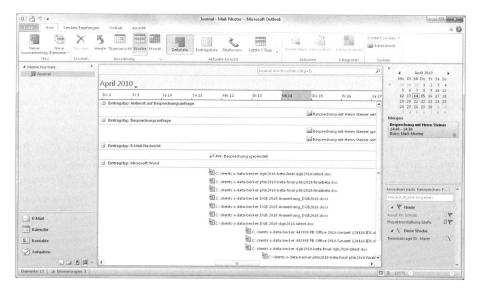

Eintrag gezielt im Journal hinzufügen

Um einen manuellen Eintrag im Journal hinzuzufügen, klicken Sie im Menüband auf die Schaltfläche *Neuer Journaleintrag*. Wählen Sie zunächst einen aussagekräftigen Betreff für den Journaleintrag sowie den Eintragstyp aus. Im unteren Textfeld können Sie zusätzliche Notizen festhalten oder Objekte wie beispielsweise E-Mails oder Dateien einbetten. Wie bei allen Elementen von Outlook können Sie auch einem Journaleintrag über die Schaltfläche *Kategorisieren* eine oder mehrere Kategorien zuweisen.

Ein weiteres nützliches Merkmal im Journal von Outlook ist die Funktion Zeitgeber. Über die Schaltfläche *Zeitmessung starten* können Sie einfach beim Beginn einer Aktivität die Zeit automatisch protokollieren lassen. Sobald Sie auf die Schaltfläche *Zeitgeber anhalten* klicken, wird die Dauer der Aktivität automatisch im Feld *Dauer* angezeigt. Dieses Merkmal ist vor allem bei der Protokollierung von Telefonanrufen interessant. Bei der täglichen Arbeitsanalyse sehen Sie somit genau, wie viel Zeit Sie für bestimmte Aktivitäten aufgewendet haben.

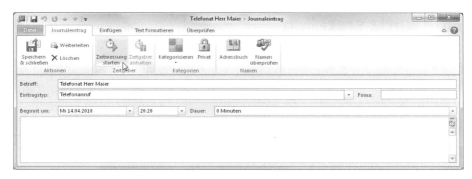

Alternativ zur manuellen Erstellung von Journaleinträgen können Sie jedes Element in Outlook (z. B. E-Mails, Aufgaben, Termine) per Drag & Drop auf die *Journal*-Schaltfläche im linken Navigationsbereich ziehen. Die Inhalte des ausgewählten Elements werden dann automatisch in die Beschreibung des neuen Journaleintrags eingebettet.

5.15 Notizen in Outlook

Jeder kennt sie: Kleine gelbe Haftnotizen kleben oft am Schreibtisch oder Monitor, um sich schnell kurze Informationen zu notieren. Mit der Notizfunktion von Outlook hat die unübersichtliche Zettelwirtschaft ein Ende.

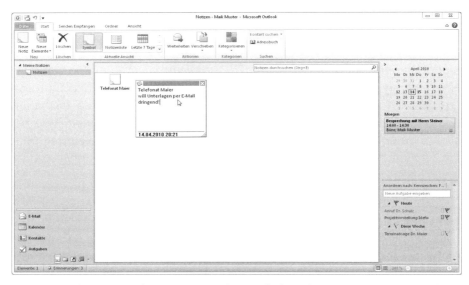

Schnelles Festhalten von Informationen: Mit der Notizfunktion können Sie schnell und einfach Informationen festhalten.

Eine Notiz erstellen

Sie erreichen die Notizfunktion von Outlook mit einem Klick auf das Notiz-Symbol im linken Navigationsbereich oder durch die Tastenkombination [Strg]+[5]. Um eine neue Notiz zu erstellen, klicken Sie im Menüband auf *Neue Notiz* oder doppelt in der Notizenübersicht in einen freien Bereich.

Auch Notizen können farblich kategorisiert werden: Klicken Sie oben links auf das Notizzettel-Symbol und wählen Sie den Menüpunkt *Kategorisieren*, um der Notiz eine Kategorie zuzuweisen.

Sie können Notizen zudem mit einem Kontakt verbinden, indem Sie die Kontakte im Notizmenü unter *Kontakte* auswählen. Die neu erstellte Notiz können Sie dann auch in der Aktivitätsübersicht des jeweiligen Kontakts finden. Um die Notiz zu speichern, klicken Sie oben rechts auf das X-Symbol oder drücken die [Esc]-Taste.

Notizen weiterleiten

Outlook bietet Ihnen die Möglichkeit, Notizen per E-Mail an andere Benutzer zu verschicken. Wählen Sie hierzu eine Notiz mit der linken Maustaste aus und klicken Sie im Menüband auf *Weiterleiten*. Die Notiz wird dann automatisch in den Anhang einer E-Mail eingefügt.

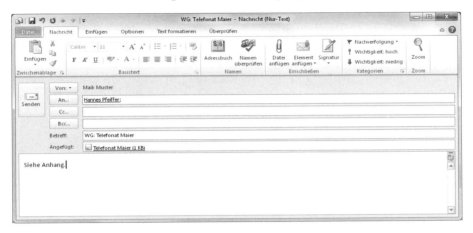

Notiz in einen Kalendereintrag umwandeln

Aus einer Telefonnotiz kann sich im Verlauf eines Gesprächs oft ein Termin ergeben. Um Zeit zu sparen und die notierten Informationen nicht noch einmal manuell in den Termindetails festhalten zu müssen, können Sie aus einer Notiz direkt einen Eintrag im Kalender erstellen. Ziehen Sie hierzu die Notiz aus der Notizübersicht per Drag & Drop auf die Schaltfläche *Kalender* im linken Navigationsbereich. Der Inhalt sowie die Kategorie der Notiz werden automatisch in die Beschreibung des neuen Termins eingefügt.

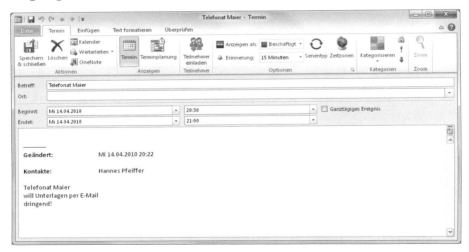

5.16 Outlook mobil einsetzen

Für alle, die nicht über den Luxus einer direkten Exchange-Verbindung über die Firma zum Smartphone verfügen, hält Outlook 2010 ebenfalls eine interessante Funktion parat. Es ist möglich, sich Zusammenfassungen aus dem Kalender oder Erinnerungen per SMS oder MMS zuzuschicken. Auch die gezielte Weiterleitung von Nachrichten und Erinnerungen kann auf diesem Weg realisiert werden. Das alles funktioniert mit einem ganz normalen Mobiltelefon oder Smartphone.

> **Mobile Anbindung mit Exchange Server oder BlackBerry Enterprise-Server**
>
> Falls Sie in Ihrem Unternehmen über einen entsprechenden Server mobil angebunden werden können, müssen Sie sich mit dem zuständigen Administrator unterhalten. Nur er kann die entsprechenden Daten und Verbindungen zur Verfügung stellen.

Die Konfiguration der Verbindung erfolgt wieder über das Menü *Datei/Optionen* unter dem Punkt *Mobiltelefon*.

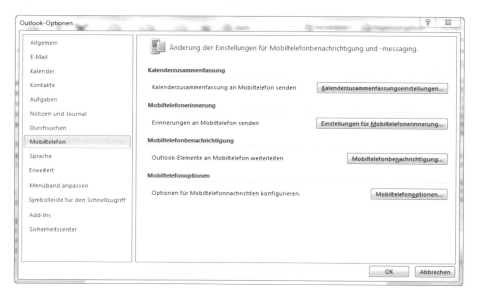

Es stehen zahlreiche Optionen zur Verfügung, von denen viele weitgehend selbsterklärend sind. Die wichtigste Eingabe ist natürlich die korrekte Telefonnummer im internationalen Format.

Nicht so schön ist es, dass man sich nur einmal am Tag eine Kalenderzusammenfassung zuschicken kann. Für viele Belange wird es aber trotzdem genügen, zumal man den Zeitraum der Kalenderübersicht einstellen kann. Allerdings sollte man nur die wirklich wichtigen Einträge berücksichtigen, damit die zugesandten SMS-Mitteilungen nicht zu lang und entsprechend unübersichtlich werden.

Das gilt insbesondere auch für die Mobiltelefonbenachrichtigung, die eingehende Outlook-Elemente an das Mobilgerät weiterleitet. Wenn die Optionen zu großzügig gewählt werden, kann es zu einer wahren Flut von SMS- oder MMS-Benachrichtigungen kommen. Nicht zuletzt sind MMS-Nachrichten auch immer noch ein erheblicher Kostenfaktor.

Allerdings listet Microsoft derzeit noch keine deutschen Provider für den SMS-Service. Aber die amerikanischen Dienste arbeiten weltweit und so auch in Deutschland ohne Probleme. Einige von ihnen bieten auch einen 30-tägigen kostenlosen Testzeitraum an (z. B. *http://www.redoxygen.com/*).

6. Gemeinsame Arbeitsweise im Office-Paket

6.1 Daten zwischen den Anwendungen importieren und exportieren

6.2 Dokumente online freigeben

6.3 Mit den Web Apps von überall Daten bearbeiten

6.4 Datenabgleich unterwegs mit Office Mobile

6.5 Zwischenablage für Profis: OneNote übergreifend einsetzen

6.6 Im- und Export von Outlook-Kontakten

6.7 Zugriffe durch Berechtigungen einschränken

6.8 Digitale Zertifikate

6.9 Die Tools von Office 2010

6.10 Aufzeichnungen und Makros verwenden

6.11 Updates: So halten Sie Ihr Office auf dem neusten Stand

Ein Hauptgrund für die Verbreitung des Office-Pakets lag seit jeher in der Möglichkeit, Daten zwischen Anwendungen auszutauschen. Auf diese Weise lassen sich spezialisierte Ergebnisse einer Anwendung anderen Programmen zur Verfügung stellen und dort in Dokumenten integrieren. Ein Beispiel sind Diagramme, die in Excel professionell erstellt und in einer PowerPoint-Präsentation eingebunden werden.

Auch die Möglichkeit, Dokumente Interessenten zur Verfügung zu stellen, ist ein wichtiger Aspekt bei der Nutzung dieser Programme. Andererseits birgt dies auch die Gefahr von Missbrauch, gegen den es eine Reihe von Maßnahmen gibt.

6.1 Daten zwischen den Anwendungen importieren und exportieren

Es gibt verschiedene Wege, um Daten zwischen Dokumenten auszutauschen. Dabei stellt sich stets die Frage nach dem Ziel, das erreicht werden soll. So ist es beispielsweise vorstellbar, dass Daten in einer Anwendung gesammelt, aber nicht ausgewertet werden können. Dazu müssen die Daten einer anderen Anwendung zur Verfügung gestellt werden. Folgende Varianten sind vorstellbar:

➢ Austausch über die Zwischenablage: Auf diesem Weg lassen sich Daten formatiert oder unformatiert in Dokumente einbinden. Auch Verknüpfungen können auf diese Weise hergestellt werden.

➢ Austausch als Im- oder Export: Soll eine Datei in einem Fremdformat als Ganzes im- oder exportiert werden, kann man sie öffnen oder speichern und einen der Dateitypen wählen, der angeboten wird.

➢ Austausch als Datenverknüpfung: Der Datenaustausch kann mithilfe von Verknüpfungen dynamisch gestaltet werden. Ändern sich Daten im Original, werden diese aktuellen Daten auch im Zieldokument dargestellt.

In dem Zusammenhang ist auch zu bedenken, dass sich die Formate der verschiedenen Dokumentarten unterscheiden. Eine Excel-Tabelle hat einen völlig anderen Aufbau als ein Word-Dokument oder eine Access-Tabelle. Hier kommt es intern zu Anpassungen. An einigen Beispielen sollen Verfahren des Datenaustauschs vorgestellt werden.

Datenexport aus Access

Es gibt Situationen, in denen müssen Daten aus der Access-Umgebung für inkompatible Systeme zur Verfügung gestellt werden. Hier hilft nur ein Export des reinen Datenmaterials. Dabei gehen Informationen über Feldeigenschaften verloren.

Feldinhalte werden durch Trennzeichen voneinander separiert, was dieser Exportvariante auch den Namen gab. Man spricht von **C**haracter **S**eparated **V**alues. Die Daten werden in reinen Textdateien gespeichert und können die Dateikennung *.txt* oder auch *.csv* haben.

Für ein Beispiel kann man die Tabelle *Artikel* aus der Beispieldatenbank Nordwind nehmen. Prüfen Sie zuerst, ob sich die Beispieldatenbank auf Ihrem Computer befindet. Wenn Access komplett installiert wurde, sollte sie sich auf Ihrem Computer befinden. Gehen Sie für den Datenexport wie folgt vor:

1 Öffnen Sie die Datenbank Nordwind und wählen Sie für die Tabelle *Artikel* aus dem Kontextmenü den Eintrag *Exportieren*. Es werden verfügbare Exportformate angezeigt.

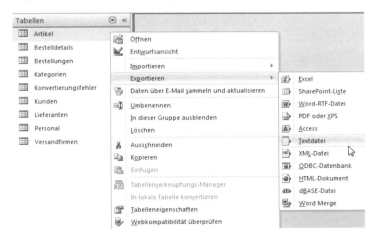

2 Wählen Sie als Exportformat *Textdatei* aus.

3 Suchen Sie im nächsten Fenster ein Ziel zum Speichern und vergeben Sie dann einen Namen für die Exportdatei. Der Export soll ohne Formatierung erfolgen.

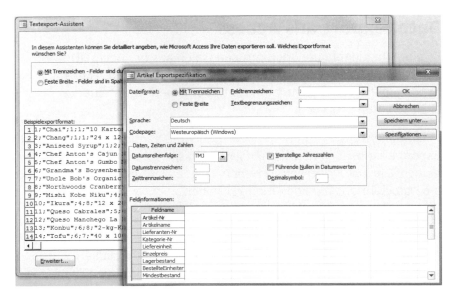

4 Über die Schaltfläche *Erweitert* lassen sich die Trennzeichen definieren. Das ist dann sinnvoll, wenn es während des Exports wegen Feldinhalten zu Problemen kommt. In dem Fall tauscht man Trennzeichen aus. Alternativ können die Felder auch mit festen Breiten konfiguriert werden. Dann erhält jede Spalte eine einheitliche Breite, die unabhängig vom eigentlichen Feldinhalt ist.

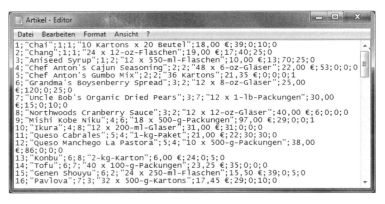

Textdatei im CSV-Format.

Diese Textdatei lässt sich anschließend problemlos in anderen Anwendungen einlesen. Da normalerweise nur Textinhalte mit Trennzeichen begrenzt werden, Zahlen- oder Datumsinhalte aber nicht, können importierende Systeme dennoch Zuweisungen von Datentypen vornehmen. Dies kann man zum Beispiel beim Import dieser Dateien in Excel-Tabellen sehen. Zahlen und Texte werden als solche erkannt und gleich korrekt dargestellt. Gleiches gilt für den Import in Access-Datenbanken.

Import einer CSV-Datei in Excel

Sollen Daten einer Textdatei im CSV-Format in Excel eingelesen werden, begleitet Sie ein Assistent. Starten Sie dazu Excel und wechseln Sie in das Register *Datei*. Hier wählen Sie den Link *Öffnen* und wechseln in den Ordner, der die Textdatei enthält. Wählen Sie dann als Dateityp *Alle Dateien* aus, damit Sie auch Dateien sehen können, die nicht im Excel-Format gespeichert sind. Gehen Sie anschließend wie folgt vor:

1 Markieren Sie die gewünschte Datei und klicken Sie dann auf *Öffnen*.

2 Meistens kann man die Voreinstellung übernehmen. Ein fester Abstand zwischen Feldinhalten sowie Trennzeichen stehen zur Wahl. Von Vorteil ist, dass Inhalte im Vorschaufenster bereits angezeigt werden.

3 Ein weiterer Vorteil wird deutlich, wenn man zum zweiten Schritt des Assistenten gelangt. Trennzeichen werden meistens bereits korrekt angezeigt und hier Textqualifizierer genannt, weil Zahlen oder ein Datum nicht durch Trennzeichen voneinander getrennt werden.

4 Im letzten Schritt des Assistenten kann jedes einzelne Feld noch einmal eingestellt und bezüglich der Importdefinition optimiert werden. Dies ist besonders dann von Interesse, wenn in einer Struktur Zahlen oder Datumswerte enthalten sind. Gerade das Datum kann hier in unterschiedlichen Varianten gespeichert werden.

Nach Abschluss dieser Arbeiten werden die Inhalte in die Excel–Tabelle übernommen und können weiterverarbeitet werden.

Datenaustausch zwischen Excel und Access

In vielen Fällen lassen sich Daten zwischen Dokumenten unterschiedlicher Programmarten austauschen. Hier kann es zum Beispiel sein, dass man umfangreiches Datenmaterial eines relationalen Datenbanksystems wie Access 2010 in Excel statistisch auswerten möchte. In diesem Fall kann eine Verknüpfung anstelle eines Imports vorteilhafter sein. Häufig werden Daten mithilfe einer Abfrage für die Verknüpfung oder den Import vorbereitet.

Mit folgenden Arbeitsschritten erstellen Sie in Excel eine Pivot-Tabelle und ein Pivot-Chart, basierend auf der Tabelle *Bestellungen*, die sich in der Beispieldatenbank Nordwind befindet. Gehen Sie dabei wie folgt vor:

1   Wählen Sie in einer Access-Tabelle den Menüpunkt *Daten*. Hier findet sich in der Gruppe *Externe Daten abrufen* eine Reihe von Dateiformaten, aus denen Daten abgerufen werden können.

2   Wählen Sie hier *Aus Access* und dann die Beispieldatenbank Nordwind. Es wird eine Liste der Abfragen und Tabellen der Beispieldatenbank angezeigt.

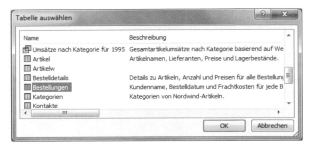

3   Wählen Sie die Tabelle *Bestellungen* aus.

4   Im nächsten Fenster legen Sie fest, wofür die Daten bestimmt sind und wo sie platziert werden sollen. Wählen Sie hier *PivotTable-Bericht* aus.

5   Anschließend genügen wenige Schritte und Sie haben eine übersichtliche Pivot-Tabelle, die sich mit Drag & Drop spielerisch einrichten lässt. Auf der rechten Seite bestimmen Sie zum Beispiel das Feld *Bestimmungsland* für die Zeilenbeschriftung und das Feld *Lieferdatum* für die Spaltenbeschriftung. Das Feld *Frachtkosten* eignet sich am besten für den Wertebereich.

6.1 Daten zwischen den Anwendungen importieren und exportieren

Damit die Pivot-Tabelle übersichtlicher wird, ist das Spaltenfeld *Jahre* noch zu gruppieren. Das erreichen Sie über das Kontextmenü. Aktivieren Sie hier zum Beispiel nur *Jahre*.

Als Ergebnis erhalten Sie in Excel eine Pivot-Tabelle, die auf dem Datenmaterial der Access-Datenbank beruht.

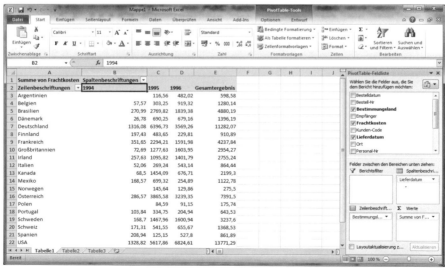

677

Anschließend lässt sich aus der Pivot-Tabelle im Register *Optionen* aus den PivotTable-Tools schnell ein PivotChart erstellen.

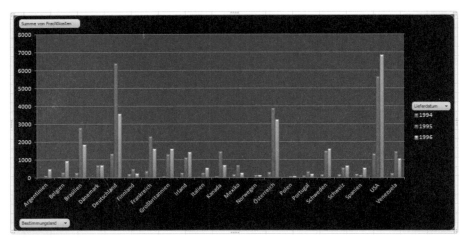

Fertiges Pivot-Chart.

Neben dem Access-Format lassen sich weitere professionelle Datenbanken in Excel-Mappen auswerten.

Eine Pivot-Tabelle mit einer PowerPoint-Präsentation verknüpfen

Das vorhergehende Beispiel lässt sich noch erweitern. So lässt sich das PivotChart in eine PowerPoint-Präsentation einbinden. Dazu sind die folgenden Schritte erforderlich:

1 Speichern Sie die Mappe mit dem PivotChart ab.

2 Markieren Sie dann das Chart und kopieren Sie es in die Zwischenablage.

3 Öffnen Sie in PowerPoint eine Präsentation und wählen Sie eine Folie mit dem Layout *Nur Titel*.

4 Anschließend reicht es, wenn Sie mit der rechten Maustaste in die Folie klicken und eine der Einfügeoptionen auswählen. Sie können das PivotChart einbetten oder eine Verknüpfung herstellen. Wählen Sie hier die Einstellung *Ursprüngliche Formatierung beibehalten und Daten verknüpfen*.

6.2 Dokumente online freigeben

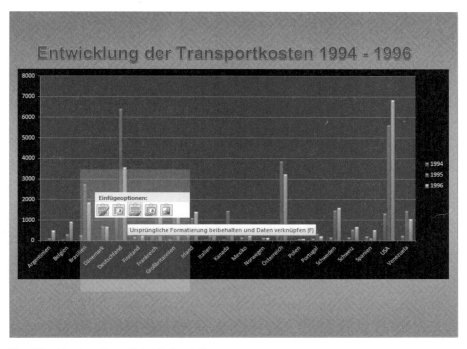

PivotChart in einer PowerPoint-Präsentation.

Der Vorteil dieser Variante ist, dass im Chart die aktuellen Daten angezeigt werden. Zu bedenken ist andererseits, dass Daten auch während einer Präsentation zur Verfügung stehen müssen – und diese findet in den seltensten Fällen am Entwicklungsrechner statt.

6.2 Dokumente online freigeben

Bereits aus den Erstellungsprogrammen heraus können Dokumente der Öffentlichkeit zur Verfügung gestellt werden. Dabei haben Sie die Wahl zwischen verschiedenen Dateiformaten, in denen das geöffnete Dokument als Anhang an eine E-Mail verschickt wird. Neben der Versendung des Dokuments als Kopie können Sie das Dokument auch als PDF oder im XPS-Format verschicken.

Dokumente als Anhang per E-Mail versenden

Im Programmpaket Office 2010 findet sich der Zugang zu diesen Optionen im Backstage-Bereich über das Register *Datei*.

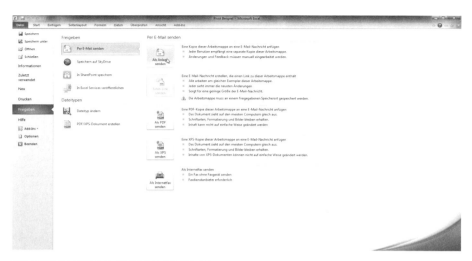

Die Freigabeoptionen im Backstage-Bereich.

Wenn Sie die Einstellung *Als Anlage senden* auswählen, wird das Programm gestartet, das als Standard für den E-Mail-Versand eingerichtet ist. Hier geben Sie lediglich die Adressaten an und können dann die E-Mail mit dem Anhang versenden.

Dokumente als Internetfax senden

Für den Fall, dass Sie bei einem kostenpflichtigen Internetfaxdienst angemeldet sind, haben Sie die Möglichkeit, direkt aus der Office-Anwendung heraus ein Internetfax zu senden. Einer der Anbieter ist das Schweizer Unternehmen ecall. Nähere Informationen finden Sie unter *http://www.ecall.ch/*. Programme dieses Unternehmens arbeiten mit Office-Programmen zusammen und werden von Microsoft empfohlen.

Auch in diesem Fall erfolgt der Zugang zu dem Dienst über den Backstage-Bereich und den Befehl *Speichern und Senden*.

Dokumente auf Windows Live SkyDrive veröffentlichen

Sollen Dokumente an einem öffentlich zugänglichen Ort gespeichert werden, bietet sich die virtuelle Festplatte mit dem Namen Windows Live SkyDrive an. Dabei handelt es sich um eine Neuerung in Office 2010. Wer diese Version hat, erhält von einem Programm aus den Zugang auf ein virtuelles Laufwerk.

Mit Windows Live SkyDrive haben Sie weltweit Zugriff auf eigene Dokumente und können Dokumente Interessenten an einem zentralen Ort zur Verfügung stellen. Windows Live SkyDrive wird im Internet von Microsoft zur Verfügung gestellt. Das virtuelle Laufwerk hat 25 GByte, auf die man Dokumente in einer Größe von maximal 50 MByte speichern kann. Den Zugang erhält man mit der kostenlosen Windows Live ID. Nach der einmaligen Registrierung lassen sich Dokumente in einem privaten und einem öffentlichen Bereich speichern und abrufen.

Für den Fall, dass Sie über eine Windows Live ID verfügen, speichern Sie eine Excel-Mappe auf dem Windows Live SkyDrive wie folgt ab:

1 Wechseln Sie in den Backstage-Bereich und wählen Sie den Befehl *Speichern und Senden*.

2 Wählen Sie dann *Speichern auf SkyDrive* und melden Sie sich mit Ihrer Live ID an.

3 Öffnen Sie den Ordner *Öffentlich* und speichern Sie die Datei ab. Die Verbindungsaufnahme kann ein wenig Zeit in Anspruch nehmen. Die Geschwindigkeit hängt von der Art der Internetverbindung ab.

Auf dem virtuellen Laufwerk können Sie sich wie auf Ihrer eigenen Festplatte bewegen. Sie können Ordner anlegen, Dokumente umbenennen oder löschen und für bestimmte Personen freigeben.

Zugriff auf Windows Live SkyDrive

Wenn Sie Dokumente auf dem Laufwerk Windows Live SkyDrive gespeichert haben, gibt es verschiedene Zugänge dazu.

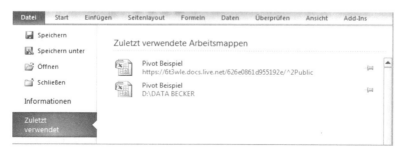

Zum einen finden Sie die Dokumente unter der Liste der zuletzt geöffneten Dokumente. Die Pfadangabe gibt Hinweise darauf, wo sich ein Dokument befindet. Zum anderen können Sie sich auch von einem Programm aus auf dem Windows Live SkyDrive anmelden, um einen Zugang zu den gespeicherten Dokumenten zu erhalten.

Um Interessenten den Zugang zu Ihren Dokumenten zu ermöglichen, wählen Sie ein Dokument im Ordner aus und kopieren den Link im Browser. Senden Sie diesen Link an Interessenten, und so können Sie zum Beispiel Ihren Verwandten auf dem kürzesten Weg die neusten Fotos aus dem Urlaub zeigen. Voraussetzung ist natürlich, dass auch die Interessenten eine Windows Live ID für den Zugang zum Windows Live SkyDrive besitzen.

6.3 Mit den Web Apps von überall Daten bearbeiten

Web Apps sind kostenlose Funktionen, die im Internet bereitgestellt werden. Mit ihnen lassen sich Dokumente direkt im Internet bearbeiten. Die Funktionalität ist eingeschränkt, bietet aber die Möglichkeit, weltweit an einem Dokument zu arbeiten. Benötigen Sie die vollständige Funktionalität eines Programms, laden Sie das Dokument vom Windows Live SkyDrive auf Ihren Computer.

6.3 Mit den Web Apps von überall Daten bearbeiten

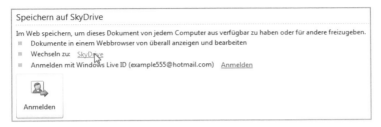

Wechseln auf den SkyDrive.

Um zum Beispiel eine PowerPoint-Präsentation direkt auf dem Windows Live SkyDrive zu bearbeiten, wechseln Sie von jeder beliebigen Office-Anwendung aus zum SkyDrive. Der Zugang findet sich im Register *Daten* im Abschnitt *Speichern und Senden/Speichern auf SkyDrive*. Da sich die Funktionen im Netzwerk befinden, spielt es keine Rolle, von welcher Anwendung aus Sie SkyDrive aufrufen. Wählen Sie hier den Link *Wechseln zu SkyDrive*.

Nach der Wahl dieses Links wird sofort der Browser geöffnet und Sie melden sich mit Ihrer Windows Live ID an.

Sobald Sie in den öffentlichen Ordner gewechselt sind, erhalten Sie den Zugang zu den einzelnen Dokumenten.

Dokumente auf dem SkyDrive.

Wählen Sie hier das Dokument, das Sie im Internet mit den Web Apps bearbeiten wollen.

Sie können sich ein Dokument im Browser anzeigen lassen. Interessanter aber ist der Link *Bearbeiten*. Hier wird das Dokument direkt im Netz geöffnet und Sie können es über den Browser bearbeiten.

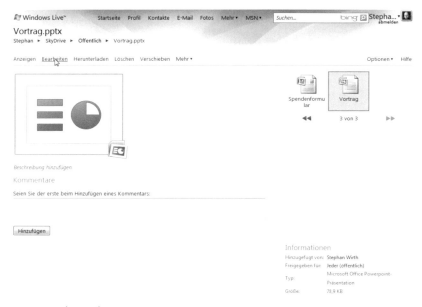

Zugang zu den Web Apps.

Auf diese Weise arbeiten Sie im Internet wie an Ihrem heimischen Computer und nehmen bequem Anpassungen vor. Eine Besonderheit ist noch erwähnenswert. Sie brauchen die Änderungen nicht zu speichern. Änderungen werden sofort in das Dokument übernommen, wenn Sie das Dokument schließen.

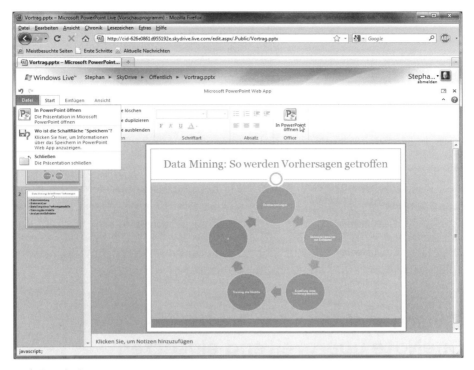

Web Apps im Internet.

Benötigen Sie den vollen Funktionsumfang, können Sie das Dokument über das Symbol rechts auch auf Ihren Computer laden und dort weiterverarbeiten. Das Symbol trägt zum Beispiel die Beschriftung *In PowerPoint öffnen*.

6.4 Datenabgleich unterwegs mit Office Mobile

Sie sind unterwegs und planen eine PowerPoint-Präsentation oder Berechnungen in einer Excel-Mappe? Sie stehen im Stau oder sitzen im Zug und haben eine längere Wartezeit? Diese Zeit können Sie bereits nutzen und mit der Arbeit beginnen, wenn Sie über ein Smartphone verfügen. Hier lassen sich Daten erfassen und später auf einen normalen Computer übertragen.

Seit Jahren bietet Microsoft Lösungen für den Datenaustausch mit mobilen Geräten an. Diese Geräte, Smartphones genannt, verbinden Eigenschaften eines Mobiltelefons mit dem eines kleinen Computers und haben ein eigenes Betriebssystem, das Windows Mobile-Betriebssystem. In dieser Umgebung lässt sich das Microsoft Office Mobile installieren. Dokumente können wie auf einem normalen Computer erfasst, bearbeitet und gelöscht werden. Die Funktionalität ist eingeschränkt, aber die Hauptfunktionen sind vorhanden. So kann man in Microsoft Office Word Mobile auf einem Smartphone mit Touchscreen Texte formatieren, auf Rechtschreibfehler überprüfen oder Text suchen und ersetzen.

Die Dateneingabe erfolgt über Stift, Touchscreen oder mithilfe einer kleinen Tastatur, die über Bluetooth mit dem Smartphone in Verbindung steht. Eine solche aufklappbare Tastatur ist zum Beispiel über *http://www.conrad.de* (Conrad Elektronik) im Versandhandel zu beziehen.

Die Daten können vom Smartphone bequem via Bluetooth, Infrarot oder USB-Verbindung auf einen Computer übertragen werden.

6.5 Zwischenablage für Profis: OneNote übergreifend einsetzen

Das neue OneNote 2010 ist ein professionelles Notizbuch im Hintergrund, mit dem Sie Daten unterschiedlicher Formate sicher speichern und abrufen können. Arbeiten Sie in einem Projekt und sammeln erst einmal Daten in einer Art Brainstorming, dann ist OneNote 2010 genau das Richtige für Sie. Die Erfassung geschieht intuitiv, die Gestaltung erinnert an Zeitungen mit freier Positionierung von Informationen auf einem Blatt.

Für umfangreichere Aufgabenbereiche legt man jeweils ein neues Notizbuch an, das in Abschnittgruppen, Abschnitte und Seiten unterteilt ist. Notizbücher, die man mit OneNote 2010 erstellt, eignen sich hervorragend für den geschäftlichen und privaten Gebrauch.

So einfach richten Sie ein neues Notizbuch ein

Ein neues Notizbuch ist schnell erstellt. Wählen Sie im Register *Datei* den Befehl *Neu*. Notizbücher können auf dem Computer, im Netzwerk oder im Internet angelegt werden.

6.5 Zwischenablage für Profis: OneNote übergreifend einsetzen

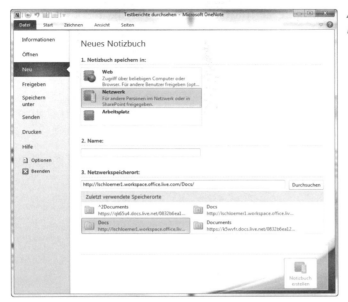

Anlegen eines neuen Notizbuchs in OneNote.

Die Orientierung verläuft im Uhrzeigersinn. Auf der linken Seite sind die bereits eingerichteten Notizbücher als Register aufgelistet. Vorlagen erleichtern den Einstieg. Oben finden sich Abschnittgruppen und Abschnitte. Hier lässt sich das Notizbuch in größere Aufgabengebiete nach Arbeitsschwerpunkten unterteilen. Auf der rechten Seite finden sich die einzelnen Seiten der Abschnitte.

Ein OneNote-Notizbuch mit Leben füllen.

Einen neuen Abschnitt fügen Sie mit einem Klick auf das Register mit dem Sternchen hinzu. Über das Kontextmenü geben Sie einem Abschnitt mit dem Link *Umbenennen* den gewünschten Namen.

Für Notizen, die Sie noch nicht in einem Notizbuch ablegen wollen, finden Sie im Abschnitt *Nicht abgelegte Notizen* Platz. Das Symbol befindet sich am linken unteren Rand. Von hier können Notizen später per Drag & Drop in ein beliebiges Notizbuch gezogen werden.

Jede Seite hat ein Feld für den Seitentitel. Er erscheint sowohl auf der Seite als auch rechts als Registertitel.

Unter dem Seitentitel im Arbeitsblatt werden Datum und Uhrzeit der Anlage angezeigt. Diese Daten lassen sich einfach ändern. Klicken Sie dazu zum Beispiel auf das Datumsfeld und dann auf das Symbol mit dem Kalender. Wählen Sie anschließend ein anderes Datum aus.

Klicken Sie nun an beliebiger Stelle in das Blatt und schreiben Sie einfach los. Es öffnet sich ein Notizcontainer, in den Sie wie in einer Textverarbeitung Daten eingeben. Dieser Notizcontainer lässt sich an eine beliebige Stelle verschieben. Wenn Sie Daten eingegeben haben und die [Tab]-Taste drücken, wird sofort eine Tabelle eingefügt. Der bereits geschriebene Inhalt erscheint in der ersten Zelle. Mit jedem Drücken der [Tab]-Taste wird eine neue Zelle angelegt. Besteht die Tabelle nur aus einer Zeile und Sie drücken in der letzten Zelle die [Enter]-Taste, wird in der Tabelle eine neue Zeile angelegt.

Die schnelle Verbindung zu Outlook

Sie wollen in OneNote 2010 eine Aufgabe erfassen, die auch sofort in Outlook dargestellt wird? Kein Problem. Mithilfe des Kontextmenüs oder spezieller Tastenkombinationen fügen Sie eine Outlook-Aufgabe in OneNote 2010 ein.

6.5 Zwischenablage für Profis: OneNote übergreifend einsetzen

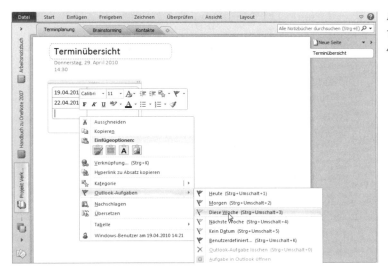

Einfügen von Outlook-Aufgaben.

Diese ist anschließend in Outlook im Abschnitt *Aufgaben* über eine Verknüpfung abrufbar.

Objektvielfalt auf Notizblättern

Um das Speichern brauchen Sie sich keine Gedanken zu machen. Ein Symbol für das Speichern sucht man vergeblich. Änderungen werden automatisch übernommen. Wenn Sie OneNote 2010 beenden und neu starten, befinden Sie sich an der Stelle, die Sie verlassen haben.

Neben der reinen Datenerfassung lassen sich natürlich auch verschiedenste Datentypen auf einer Seite in Notizcontainern unterbringen. Wählen Sie dafür entweder das Register *Einfügen* oder das Register *Zeichnen*.

Das Register Einfügen.

Über diese Register lassen sich Objekte neu erstellen oder vorhandene Dateien in einen Notizcontainer einfügen.

Haben Sie kurz vor einer Konferenz noch eine gute Idee? Nehmen Sie Ihre Gedanken auf. Über die Schaltfläche *Audio aufnehmen* lässt sich sofort eine Audiodatei auf einer Notizseite einfügen. Oder liegen Ihnen wichtige Dokumente vor, die Sie eventuell später für ein Projekt benötigen? Scannen Sie diese ein und fügen Sie den Scannerausdruck auf einer Notizseite ein.

Sammeln Sie Stichworte und notieren Sie Stichworte untereinander, die sich wie in einer normalen Textverarbeitung mit Nummerierungs- oder Aufzählungszeichen gestalten lassen. Fügen Sie Bilder ein oder zeichnen Sie Formen und Linien an jeder Position der Notizseite. Mit den Zeichnen-Tools können Sie anschließend Objekte markieren, mit dem Lasso für eine Markierung umkreisen oder auch wieder entfernen. Hier sind der Fantasie keine Grenzen gesetzt. Allerdings benötigt man am Anfang auch ein wenig Übung, um alles so darzustellen, wie man es sich in der Fantasie vorstellt. Jedoch sind Notizblätter nicht für perfekte Lösungen, sondern für das schnelle Entwerfen von neuen Ideen gedacht.

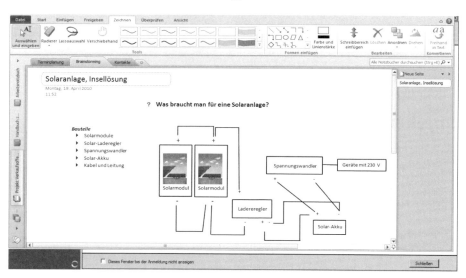

Gestaltung einer Notizseite.

Organisation und Zusammenarbeit

Ob Sie allein oder im Team arbeiten, OneNote 2010 bietet hervorragende Werkzeuge für die Organisation der Arbeit. Sie sind im Register *Freigeben* zu finden.

So lässt sich auf einfache Weise nachvollziehen, wann Änderungen in Notizbüchern vorgenommen wurden. Änderungen werden als Suchergebnis auf der rechten Seite angezeigt. Außerdem werden sie gelb markiert auf den Notizseiten dargestellt.

In die gleiche Richtung geht die Möglichkeit, Seitenversionen anlegen zu lassen. Bei Änderungen wird eine neue, aktuelle Seite erstellt und die alten Versionen bleiben auf eigenen Seiten bestehen. Wenn die Entwicklung in die falsche Richtung geht, kann man den alten Zustand wiederherstellen. Ist man mit einer Entwicklung einverstanden, können alte Versionen auch gelöscht werden.

Wiederherstellen oder Löschen? Sie haben die Wahl.

Arbeiten Sie gemeinsam mit anderen Autoren an freigegebenen Notizbüchern, dann können Sie gezielt nach bestimmten Autoren suchen. Die Autoren werden mit ihren Daten als Suchergebnis auf der rechten Seite angezeigt.

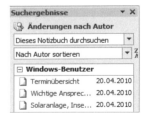

6.6 Im- und Export von Outlook-Kontakten

Excel-Tabellen sind ein beliebter Ort, um Adressdaten zu erfassen. Schnell angelegt kann man sofort darangehen, Adressen zu erfassen, zu sortieren und nachträglich zu bearbeiten. Werden diese Adressdaten auch in Outlook benötigt, ist es kein Problem, diese Adressen zur Verfügung zu stellen.

In beiden Richtungen lassen sich Daten mithilfe von Im- und Exportfunktionen übertragen. Bewährte Assistenten helfen schrittweise bei der Umsetzung.

Datenimport von Excel-Adressen in Outlook-Kontakte

Wenn Sie Adressdaten aus Excel-Tabellen in Outlook importieren wollen, müssen diese zuerst in Excel vorbereitet werden. Markieren Sie dafür den Datenbestand.

> **Tabellenmarkierung in zwei Schritten**
>
> Mit einer speziellen Tastenkombination lassen sich in Excel Tabellenblöcke markieren. Positionieren Sie den Zellzeiger an die linke obere Ecke der Tabelle. Halten Sie dann die Tasten [Strg]+[Umschalt] gedrückt und drücken Sie einmal die Richtungstaste nach unten. Halten Sie die Tasten [Strg]+[Umschalt] weiter gedrückt und drücken Sie einmal die Richtungstaste nach rechts. Auf die Weise haben Sie einen zusammenhängenden Datenblock markiert.

Geben Sie diesem markierten Datenbereich anschließend im Namenfeld einen eigenen Namen. Bestätigen Sie die Eingabe mit [Enter], damit der Name vom System angenommen wird.

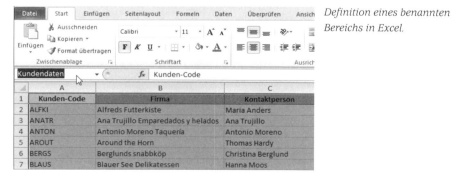

Definition eines benannten Bereichs in Excel.

6.6 Im- und Export von Outlook-Kontakten

Speichern Sie anschließend die Excel-Mappe unter dem Dateityp *Excel 97-2003-Arbeitsmappe* ab. Hier lohnt eventuell ein Blick in die Dateitypen, die Outlook als Importformate akzeptiert. Dieses Format gehört zu den erlaubten Formaten.

Diese Daten lassen sich nun mit wenigen Arbeitsschritten in Outlook importieren. Wechseln Sie dafür in Outlook in das Register *Datei*. Wählen Sie den Befehl *Öffnen* und dann den Eintrag *Importieren*.

Start des Import-Assistenten in Outlook.

Anschließend sind folgende Arbeitsschritte nötig:

1 Übernehmen Sie im Assistenten unverändert den ersten Vorschlag. Hier haben Sie die Wahl zwischen umfangreichen Im- und Exportvarianten. Die Daten sollen aus einer anderen Anwendung importiert werden.

2 Wählen Sie im nächsten Schritt das Excel-Format aus.

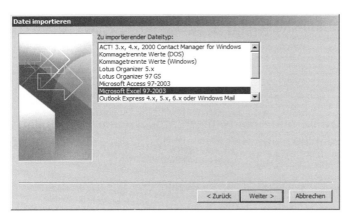

3 Im nächsten Schritt ist die Excel-Mappe zu bestimmen.

4 Definieren Sie dann den *Kontakte*-Ordner als Datenziel für die Adressdaten.

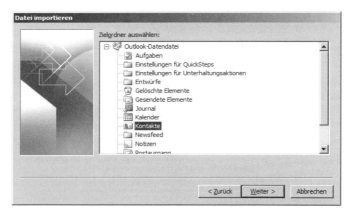

5 Ordnen Sie als Nächstes Felder zu. Sowohl in der Datenquelle als auch im Datenziel finden sich Feldnamen. Stimmen sie überein, kann das System Inhalte zuordnen. Sind die Feldnamen unterschiedlich, müssen sie per Drag & Drop zugewiesen werden. Diese Zuordnung finden Sie nach einem Klick auf die Schaltfläche *Vordefinierte Felder zuordnen*.

6.6 Im- und Export von Outlook-Kontakten

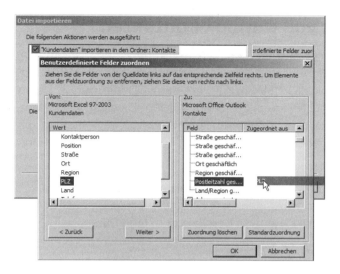

Nach der Fertigstellung finden Sie im *Kontakte*-Ordner die importierten Adressen vor.

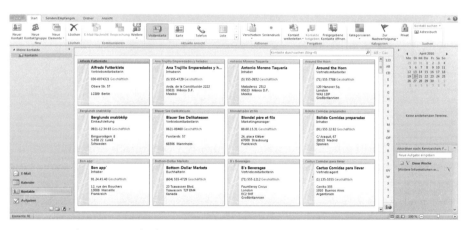

Importierte Adressen in Outlook.

Für den Fall, dass sich in Ihrem *Kontakte*-Ordner bereits Adressdaten befinden, können Sie die Daten auch zuerst in einen Unterordner importieren, bevor Sie die Daten anschließend in Ihren Adressbestand integrieren.

695

Datenexport von Outlook-Kontakten

Auch der umgekehrte Weg ist dank des Assistenten denkbar einfach. Für den Export von Outlook-Daten stehen diverse Formate zur Verfügung. Das neutralste Format ist das CSV-Format, bei dem nur die reinen Daten mit Trennzeichen in eine Textdatei gesichert werden. Dies gab auch dem Format den Namen, nämlich **C**haracter **S**eparated **V**alues. Daten in diesem Format können in jedes gängige Dateiformat problemlos importiert werden.

Um die Kontaktdaten aus Outlook zu exportieren, wechseln Sie wieder in das Register *Datei* und rufen den Link *Öffnen/Importieren* auf. Wählen Sie dann im Assistenten als Datenweg den Export in eine Datei.

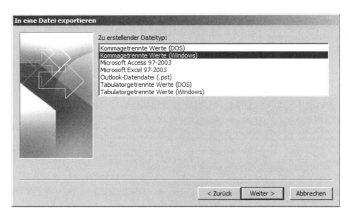

Wahl eines CSV-Formats für den Export von Outlook-Daten.

Wählen Sie dann ein CSV-Format aus, zum Beispiel durch kommagetrennte Werte, und bestimmen Sie den Ordner, aus dem die Daten exportiert werden sollen.

> **Dateikennungen für den Datenexport**
>
> Wenn Sie eine Variante wählen, die Werte mit Kommas trennt, erhält die Ausgabedatei automatisch die Dateikennung *.csv*. Wählen Sie die Variante mit Tabulator, dann erhält die Ausgabedatei die Dateikennung *.txt*. In beiden Fällen handelt es sich um reine Textdateien, die sowohl mit einfachen Texteditoren als auch mit hochwertigeren Programmen wie Excel oder Word geöffnet werden können.

Stellen Sie den Pfad ein und vergeben Sie einen Namen für die Ausgabedatei.

6.6 Im- und Export von Outlook-Kontakten

Anschließend geht es wieder um die Feldzuordnung. Es gibt in Outlook viele Felder für die Kontakte, die häufig nicht alle mit Inhalten gefüllt sind. Gehen Sie hier am besten wie folgt vor:

1 Löschen Sie auf der rechten Seite die vorgegebene Zuordnung.

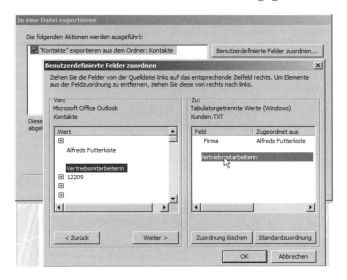

2 Klicken Sie links auf die Schaltfläche *Weiter*, damit Sie anstelle der Spaltenüberschriften erkennen können, in welchen Feldern sich Inhalte befinden. Sind Felder Bestandteil einer Feldgruppe wie *Adresse*, dann muss diese Gruppe geöffnet werden und die Felder einzeln zugeordnet werden. Ansonsten werden die Feldinhalte in einer Spalte übertragen.

3 Ziehen Sie mittels Drag & Drop Felder von links nach rechts. Auf diese Weise werden Überschriften und Feldinhalte untereinander aufgelistet.

4 Schließen Sie den ganzen Vorgang ab.

Mit dieser Vorgehensweise vermeiden Sie, dass in der Ausgabedatei unnötig viele Spalten ohne Inhalt entstehen, die anschließend wieder entfernt werden müssten.

Die CSV-Datei wird mit dem Symbol eines Excel-Dokuments dargestellt. Sie wird durch einen Doppelklick automatisch in Excel geöffnet. Allerdings kann es sein, dass alle Feldinhalte eines Datensatzes in einem Feld dargestellt werden. Hier müssen die Feldinhalte auf mehrere Spalten verteilt werden.

Um dies zu erreichen, ist die erste Tabellenspalte mit den Inhalten zu markieren. Anschließend wechseln Sie zum Register *Daten* und wählen das Symbol *Text in Spalten*. Automatisch startet ein Assistent. Er hat die angenehme Eigenschaft, dass Sie Einstellungen sofort in einem Vorschaufenster überprüfen und gegebenenfalls anpassen können.

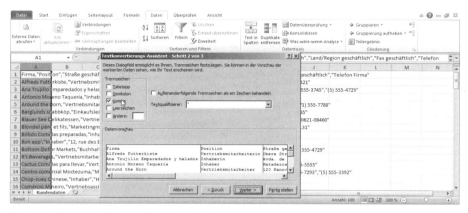

Verteilen Sie in Excel Text auf mehrere Spalten.

6.7 Zugriffe durch Berechtigungen einschränken

Die vereinfachte Veröffentlichung von Daten ist auf der einen Seite äußerst angenehm. Man muss Daten nicht zuerst in ein schreibgeschütztes Format umwandeln, sondern kann sie jedem zur Verfügung stellen. Diese Möglichkeiten bergen allerdings auch Gefahren, weil zum Beispiel über Makros auch Schädlingsprogramme Zugang zu einem Computer finden können. Außerdem kann es sein, dass Sie den Kreis derjenigen einschränken wollen, die Rechte an Ihren Dokumenten erhalten.

Neben den allgemeinen Schutzmechanismen in einzelnen Programmen von Office 2010 wird von Microsoft ein kostenloser Dienst zur Verwaltung von Informationsrechten, abgekürzt IRM, angeboten. Den Zugang zu diesem Dienst finden Sie generell im Backstage-Bereich im Register *Datei*. Wählen Sie hier den Befehl *Informationen*. Im Bereich *Berechtigungen* haben Sie den Zugang zur Einschränkung von Berechtigungen.

6.7 Zugriffe durch Berechtigungen einschränken

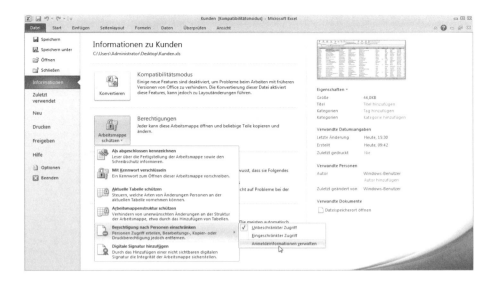

Anmeldung beim IRM-Dienst

Für die Nutzung dieser Funktionalität ist die Anmeldung am kostenlosen IRM-Dienst von Microsoft nötig. Dafür brauchen Sie eine Windows Live ID. Alternativ kann dieser Dienst auch auf firmeneigenen Servern eingerichtet werden.

Im Folgenden wird beschrieben, wie Sie sich für den IRM-Dienst anmelden. Wählen Sie dazu den Befehl *Anmeldeinformationen verwalten*. Es erscheint eine Übersicht über E-Mail-Adressen als Benutzerkonten, die mit einer Windows Live ID verwendet wurden. Ist diese Liste leer, wählen Sie *Hinzufügen*. Dann startet automatisch der Anmelde-Assistent.

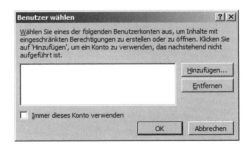

6. Gemeinsame Arbeitsweise im Office-Paket

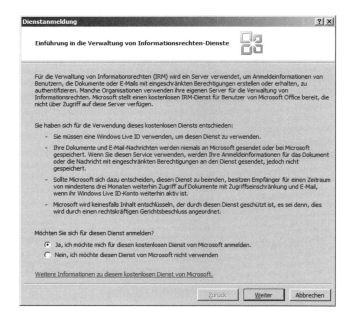

Geben Sie im nächsten Fenster Ihre Windows Live ID mit Kennwort ein.

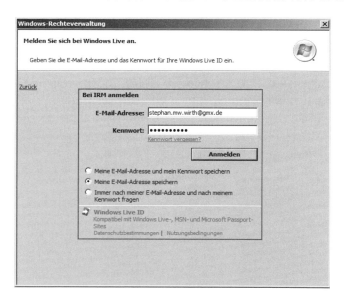

Im nächsten Bildschirm geben Sie an, ob Sie allein an einem Computer arbeiten oder ob Sie sich den Computer mit anderen teilen. Im ersten Fall erhalten Sie für ein halbes Jahr die Möglichkeit, Berechtigungen auf Dokumente einzuschränken.

6.7 Zugriffe durch Berechtigungen einschränken

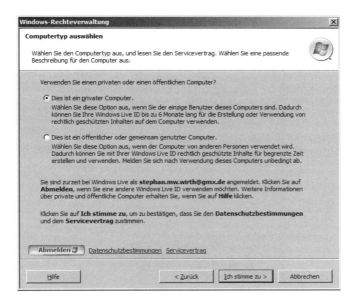

Mit der Zustimmung zu den Bestimmungen ist der Vorgang abgeschlossen und Sie können Zugriffe auf Dokumente einschränken.

Berechtigungen mit IRM vergeben

Wenn Sie sich bei dem IRM-Dienst von Microsoft angemeldet haben, können Sie den Zugriff auf Dokumente schützen. Der Weg geht wieder über das Register *Datei* und den Befehl *Informationen*. Wählen Sie hier *Eingeschränkter Zugriff*.

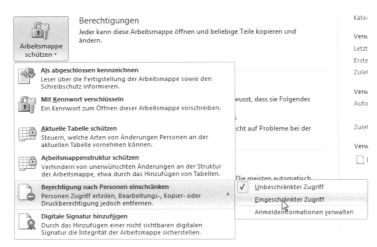

Aktivieren Sie im nächsten Fenster die Einstellung, dass Sie die Berechtigungen für die gerade geöffnete Arbeitsmappe einschränken wollen.

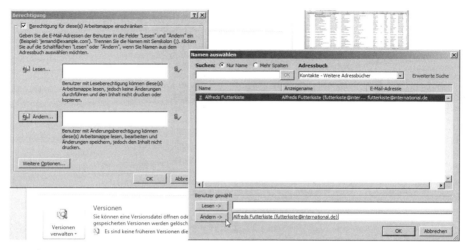

Berechtigungen zuweisen.

Danach können Sie Adressen zum Beispiel aus dem Outlook-Kontaktordner bestimmen und ihnen Lese- oder Änderungsrechte zuweisen. Wählen Sie dafür die Schaltfläche *Ändern* aus.

Über die Schaltfläche *Weitere Optionen* lassen sich die Berechtigungen noch konfigurieren. So können Sie bestimmen, dass diese Berechtigungen zu einem bestimmten Zeitpunkt enden.

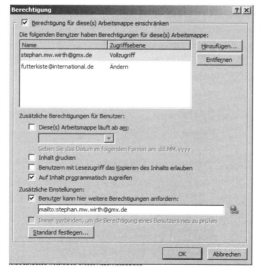

Konfiguration der Berechtigungen.

6.8 Digitale Zertifikate

Mit einer digitalen Unterschrift bestätigen Sie die Echtheit eines gespeicherten Dokuments und sichern auf diese Weise zu, dass es nicht geändert wurde. Für Dokumente werden digitale Zertifikate eigens erstellt. Es ist zu unterscheiden in selbst erstellte kostenlose Zertifikate und kostenpflichtige Zertifikate, die bei speziellen Diensten eigens erworben werden müssen.

Den Zugang zu den digitalen Zertifikaten finden Sie im Register *Datei* unter *Informationen*. Sobald Sie zum Beispiel in Excel das Symbol *Arbeitsmappe schützen* anklicken, erscheint an unterster Stelle der Link für die Erstellung eines digitalen Zertifikats.

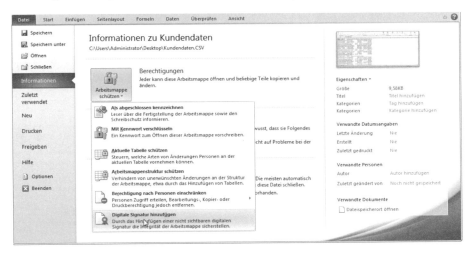

Zugang zu digitalen Zertifikaten in Excel.

Digitale Zertifikate sind unsichtbar, werden mit einem Dokument gespeichert und stellen eine Absicherung dar. Microsoft weist jedoch darauf hin, dass im Streitfall keine rechtliche Sicherheit besteht, und verweist in diesem Zusammenhang auf kostenpflichtige Anbieter im Netz.

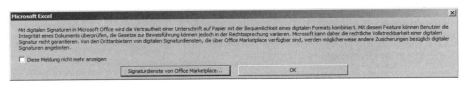

Hinweis auf die Rechtslage im Zusammenhang mit digitalen Zertifikaten und auf weitere Anbieter.

Der nächste Hinweis führt zur speziellen Speicherung des Dokuments, die für die Erstellung eines digitalen Zertifikats Voraussetzung ist.

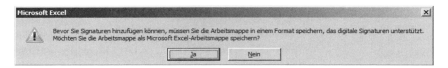

Digitale Zertifikate werden auch digitale ID genannt. Diese Bezeichnung erscheint in dem nächsten Auswahlfenster.

Steht Ihnen kein kostenpflichtiges Zertifikat zur Verfügung, wählen Sie die Variante der Erstellung einer eigenen ID. Ein Hinweis weist noch einmal darauf hin, dass nur Sie die Möglichkeit haben, auf Ihrem eigenen Computer die Echtheit dieses Zertifikats zu überprüfen.

Als Nächstes sind Daten in einem kleinen Formular einzugeben.

Sobald Sie auf die Schaltfläche *Erstellen* klicken, erscheint ein weiterer Hinweis auf die Auswirkungen dieses Vorgangs.

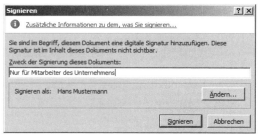

Angabe des Zwecks.

Abschließend wird die Erstellung der Signatur bestätigt. Damit ist das Dokument vor Änderungen geschützt.

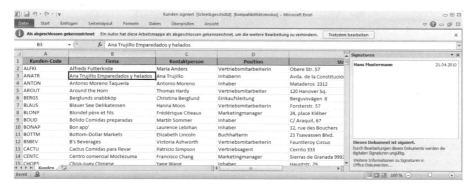

Zertifiziertes Dokument.

Signierte Dokumente erkennt man zum einen an den deutlichen Hinweisen, gelb hinterlegt. Jede Änderung entfernt die Signatur und den Schreibschutz. Außerdem erscheint in der Taskleiste links unten das Symbol eines Zertifikats. Wenn man darauf klickt, wird rechts in einem Teilfenster angezeigt, wer das Dokument zertifiziert hat. Wollen Sie das Dokument verändern oder anpassen, geht das Zertifikat verloren und Sie müssen es nach Änderung und Speicherung erneut mit einem Zertifikat versehen.

6.9 Die Tools von Office 2010

Im Office-Paket ist neben den Hauptprogrammen auch eine Reihe von Werkzeugen enthalten, die für die Verwaltung von Daten und Dateien bestimmt sind. Sie sind unter Microsoft Office Tools zu finden.

Verwaltung digitaler Zertifikate für VBA-Projekte

Projekte, die mit der Programmiersprache VBA erstellt wurden, lassen sich mit einer verschlüsselten, digitalen Zertifizierung schützen. Auf diese Weise bestimmen Sie die Herkunft der Daten und verhindern Anpassungen am Quellcode. Diese Zertifikate sind in Deutschland allerdings rechtlich nicht gleichwertig mit einer persönlichen Unterschrift.

Nach dem Aufruf dieses Tools können Sie sich entweder eine Liste von Anbietern anzeigen lassen, die Zertifizierungen ausstellen, oder selbst ein digitales Zertifikat erstellen lassen. Umfangreiche Hinweise informieren über die Rechtslage und Möglichkeiten.

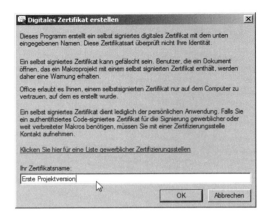

Das Zertifikat erhält einen Namen und kann anschließend einem VBA-Projekt zugewiesen werden.

Rufen Sie zum Beispiel eine Datenbank wie Nordwind in Access 2010 auf. Ein Zertifikat weisen Sie zu, indem Sie im Register *Datei* den Befehl *Speichern und Veröffentlichen* wählen. Im Abschnitt *Erweitert* findet sich dann der Zugang *Packen und signieren*.

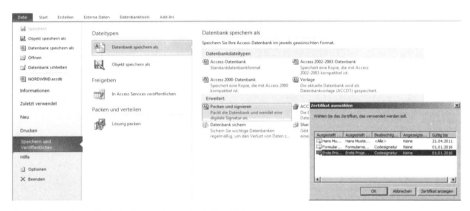

Zuweisung eines Zertifikats zu einem VBA-Projekt.

Wird dieses Symbol angeklickt, erscheint eine Übersicht über Zertifikate, die Sie auf Ihrem Computer bereits eingerichtet haben. Nach der Auswahl eines Zertifikats müssen Sie die Datenbank speichern.

Die Datenbank erhält dann ein Zertifikat als kleines Symbol und beim Öffnen dieser Datenbank erscheint ein deutlicher Hinweis darauf, dass es sich um ein geschütztes Dokument handelt. Erlauben Sie den Zugriff, wird die Datenbank entpackt.

Auch Word- oder Excel-Dokumenten können Zertifikate zugewiesen werden. Dort rufen Sie die Entwicklungsumgebung mit der Tastenkombination [Alt]+[F11] auf und weisen dann das Zertifikat über den Menüpunkt *Extras/Digitale Signatur* zu.

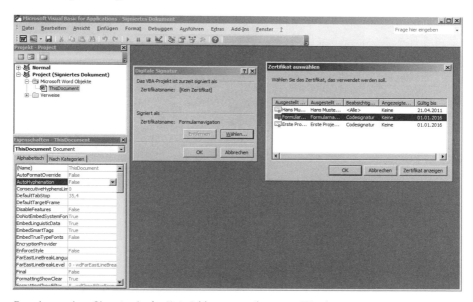

Zuweisung einer Signatur in der Entwicklungsumgebung von Word.

ClipArts mit dem Clip Organizer verwalten

Die Grafiken der ClipArts lassen sich einfach in Excel- oder Word-Dokumente einfügen. Der Clip Organizer hilft als kleines Zusatzprogramm bei der Suche und Verwaltung von ClipArts.

ClipArts sind in der Sammlungsliste nach Kategorien unterteilt. Suchen Sie ein bestimmtes ClipArt, können Sie es auf dem Computer oder online suchen. Mit dem Clip Organizer erhalten Sie einen Überblick über vorhandene ClipArts.

6. Gemeinsame Arbeitsweise im Office-Paket

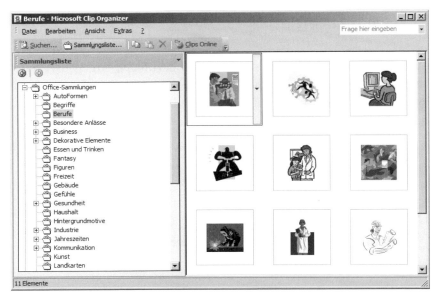

Übersicht über ClipArts.

Suche nach ClipArts.

Haben Sie ein interessantes ClipArt entdeckt, können Sie es mit der Tastenkombination [Strg]+[C] direkt in die Zwischenablage übernehmen und in einem beliebigen Dokument mit der Tastenkombination [Strg]+[V] wieder abrufen.

Spracheinstellungen

Bereits bei der Installation des Betriebssystems oder des Office-Pakets werden länderspezifische Einstellungen vorgenommen. Zusätzlich kann man über unterschiedliche Zeichensätze Zeichen anderer Sprachen in einem Dokument darstellen.

Neben der Standardsprache können in einem System weitere Sprachen berücksichtigt werden. Das betrifft zum Beispiel die Rechtschreibhilfen oder die Prüfung der Grammatik. Sicher ist Ihnen schon aufgefallen, dass in einem Text in Word Begriffe als falsch geschrieben markiert wurden, weil Sie ein paar Begriffe aus einer anderen Sprache verwendeten. Häufig interpretiert das System nach einiger Zeit allerdings die verwendete Sprache wieder korrekt.

Die vom System für einen Abschnitt erkannte Sprache wird in Word in der Taskleiste angezeigt. Klickt man auf diesen Eintrag, erscheint eine Übersicht über die Sprachen.

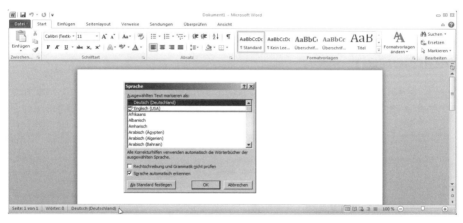

Sprachübersicht in Word.

Getrennt von einer Linie stehen an oberster Stelle die eingerichteten Bearbeitungssprachen.

Wenn Sie das Tool Microsoft Office 2010-Spracheinstellungen aufrufen, können Sie hier eine Standardsprache auswählen, Sprachen hinzufügen oder entfernen.

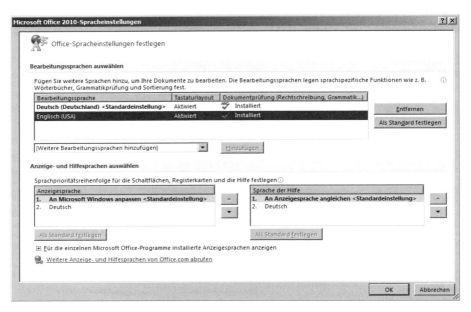

Verwaltung der Sprachen.

Mit dem Microsoft Picture Manager Grafiken bearbeiten

Der Picture Manager ist ein aufwendiges Tool zur Verwaltung und Bearbeitung von Bildern. Die Verwaltungsfunktionalität gleicht der des Explorers.

Organisation von Grafiken im Microsoft Picture Manager.

6.9 Die Tools von Office 2010

Es lassen sich neue Ordner anlegen oder löschen. Mittels Drag & Drop werden Kopien der Grafiken in anderen Ordnern erstellt. Neue Grafiken lassen sich über die Zwischenablage einfügen. Sie können Bilder aber auch von jedem anderen Speicherplatz wie zum Beispiel einer Digitalkamera mittels *Datei/Bildverknüpfung* hinzufügen.

Grafiken lassen sich im Hauptfenster unterschiedlich darstellen. Drei Ansichten stehen zur Verfügung: von der Miniaturansicht über den Filmstreifen bis zur Großansicht.

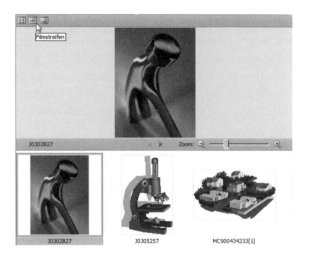

Ist ein Bild markiert, kann man es mit vielen Funktionen bearbeiten. Über *Bilder bearbeiten* lässt sich auf der rechten Seite ein Konfigurationsfenster einblenden, in dem professionelle Funktionen der digitalen Bildbearbeitung zur Verfügung stehen. Hier muss man einfach ausprobieren.

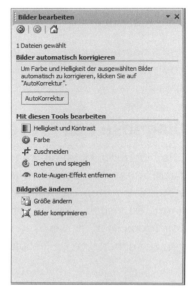

Da es vorkommen kann, dass Bilder für den Versand per E-Mail zu groß sind, kann man Bilder auch gezielt in der Größe anpassen, um den Speicheraufwand zu verringern oder Bilder zu komprimieren.

711

Wenn Sie Bilder verkleinern wollen, hat das Auswirkungen auf die Qualität eines Bildes. Sie können diesen Vorgang nach einer Speicherung nicht rückgängig machen. Aus diesem Grund ist es empfehlenswert, hier grundsätzlich mit Kopien zu arbeiten.

Die Größenanpassung können Sie manuell vornehmen. Es werden aber auch vordefinierte Größen für Dokumente, Web oder den E-Mail-Versand angeboten.

Grafiken, an denen Sie Änderungen vorgenommen haben, werden im Ordner *Ungespeicherte Bearbeitungen* zwischengespeichert. Ein Sternchen neben dem Bildnamen zeigt außerdem an, dass eine Datei bearbeitet wurde. Bevor die Grafik nicht gespeichert wurde, können Änderungen über das Kontextmenü wieder verworfen werden. Ansonsten muss die bearbeitete Grafik über *Exportieren* in einem der vorgeschlagenen Grafikformate gespeichert werden.

Sie wollen Bilder direkt aus dem Picture Manager heraus in ein Office-Dokument oder als Anhang per E-Mail verschicken? Kein Problem. Wählen Sie aus dem Kontextmenü eines Bildes einfach *Senden an* und wählen Sie dann die Anwendung. Die Anwendung wird geöffnet und das Bild wird sofort in ein Dokument übernommen.

Je nachdem, welche Anwendung Sie wählen, können Sie über den Link *Optionen* noch spezielle Einstellungen vornehmen.

Diagnose des Systems

Das Diagnosetool im Office-Paket ermöglicht die Überprüfung des Systems nach unterschiedlichen Kriterien. Neben der Funktionalität des Betriebssystems können Sie auch die Hardware überprüfen lassen. Außerdem kann festgestellt werden, ob Updates korrekt installiert wurden. Im Fall von Problemen ist das System in der Lage, über das Internet nach Lösungen zu suchen, um die Probleme zu beheben.

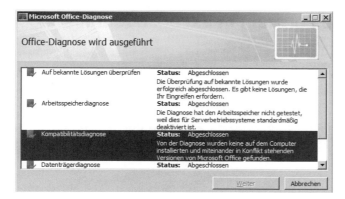

Diagnose mit detaillierten Hinweisen.

6.10 Aufzeichnungen und Makros verwenden

Sicher kennen Sie das. Im Laufe der Zeit fällt Ihnen auf, dass sich bestimmte Arbeitsschritte immer wiederholen. Es sind immer die gleichen und sie sind mittlerweile Routine. An dieser Stelle bietet Office Ihnen die Möglichkeit, mit Makros Arbeitsschritte zusammenzufassen und quasi auf Knopfdruck auszuführen. Dabei basieren Makros auf der Programmiersprache VBA, eine Abkürzung für **V**isual **B**asic for **A**pplications. In dieser Programmiersprache werden die Arbeitsschritte gespeichert.

Ein Programm wird, als Makro abgespeichert, in einem Modul gesichert. Auf diese Weise entsteht ein Ordnungssystem. VBA ist eine Sprache, mit der man sehr komplexe Aufgabengebiete erledigen kann. Man braucht allerdings kein erfahrener Programmierer zu sein, um Makros zu erstellen. Einige Programme des Office-Pakets wie Word 2010 oder Excel 2010 bieten Makrorekorder an, mit denen Sie Arbeitsschritte aufzeichnen können. Diese Makros lassen sich anschließend anpassen.

Vor der Aufzeichnung eines Makros sollte man sich jeden einzelnen Arbeitsschritt notieren. Jeder Umweg oder jeder Irrtum wird mitgeschnitten, sobald die Aufzeichnung beginnt.

Die folgenden Beispiele sollen einen ersten Eindruck von der Welt der Makros vermitteln. Eine umfassende Behandlung von VBA ist in diesem Rahmen allerdings nicht möglich. Jedoch lassen sich die Beispiele bei Bedarf ausbauen.

So schützen Sie Formeln in Excel 2010 mit einem Makro

Wenn man sich in Excel ein Tabellenblatt mit Daten anschaut, kann man auf Anhieb nicht erkennen, wo sich reine Zahlen befinden und wo Zellen Formeln enthalten. Erfolgt in einer Zelle mit Formeln versehentlich eine Eingabe, ist dieser Mechanismus verloren und wird durch den neuen Inhalt ersetzt. Wird die Mappe dann noch gespeichert, ist diese Änderung unwiderruflich.

Arbeitet man nur mit eigenen Excel-Mappen, kann man Vorsicht walten lassen. Was ist aber, wenn man Excel-Mappen an Kollegen für die Dateneingabe weitergibt? Wie kann man dann die wertvollen Formeln und Funktionen schützen? Hier kann man mit einem Makro arbeiten, das die Bereiche mit Formeln und Funktionen in Tabellen schützt.

Aufzeichnung eines Makros in Excel 2010

Starten Sie für das Beispiel Excel 2010 und öffnen Sie eine Mappe mit Formeln und Funktionen. Der Schutzmechanismus funktioniert in Excel so, dass grundsätzlich zuerst einmal alle Zellen einer Tabelle für Änderungen gesperrt sind, diese Sperre aber nicht aktiviert ist. Folgende Arbeitsschritte sollen deshalb in einem Makro ausgeführt werden:

1. Die Tabelle wird als Ganzes markiert.
2. Die Sperre für alle Zellen wird aufgehoben.
3. Nur die Zellen, in denen sich Formeln befinden, werden markiert.
4. Für die markierten Zellen wird die Sperre aktiviert.
5. Das Tabellenblatt wird geschützt und damit werden die Sperren wirksam.

Den Makrorekorder finden Sie im Register *Ansicht* über das Symbol *Makros*.

6.10 Aufzeichnungen und Makros verwenden

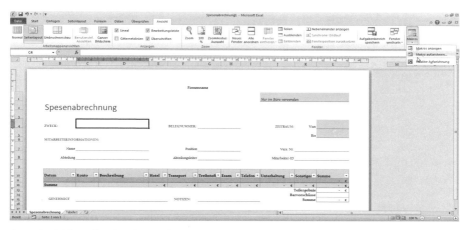

Start des Makrorekorders in Excel 2010.

Nach dem Start der Aufzeichnung ist als Erstes ein Name für das Makro zu vergeben. Die Zuweisung einer Tastenkombination ist optional. Man muss bei der Vergabe von Tastenkombinationen darauf achten, dass keine vorhandenen Kombinationen überschrieben werden.

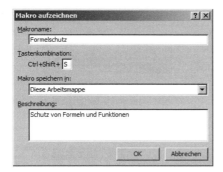

Nach der Bestätigung der Eingaben mit *OK* startet die Aufzeichnung.

Markieren Sie als Erstes das Tabellenblatt mit der Tastenkombination [Strg]+[A]. Als Nächstes ist der Zellschutz aller markierten Zellen zu deaktivieren. Den Zugang zu dieser Einstellung finden Sie im Kontextmenü über *Zellen formatieren*. Im letzten Register *Schutz* muss die Einstellung *Gesperrt* deaktiviert werden.

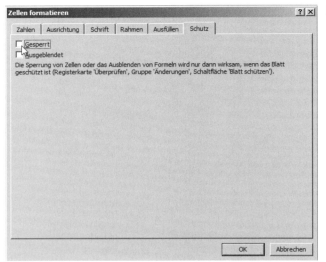 *Zellschutz aufheben.*

Bestätigen Sie diese Einstellung. Um dann nur die Zellen zu markieren, in denen sich Formeln befinden, drücken Sie einmal die Taste [F5]. Klicken Sie die Schaltfläche *Inhalte* an, und Sie haben die Wahl, welche Bereiche der Tabelle markiert werden sollen.

Wählen Sie hier *Formeln* aus und bestätigen Sie die Eingabe.

 *Formelauswahl.*

Nach der Bestätigung sind nur noch die Zellen markiert, in denen sich Formeln befinden. Aktivieren Sie über das Kontextmenü und den Menüpunkt *Zelle formatieren* für diese markierten Zellen die Sperre.

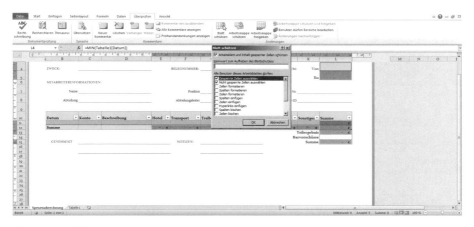

Blattschutz aktivieren.

Die Umgebung für den letzten Schritt finden Sie im Register *Überprüfen*. Wählen Sie hier aus der Gruppe *Änderungen* das Symbol *Blatt schützen*. Bei Bedarf vergeben Sie ein Kennwort und bestimmen, worauf sich der Schutz bezieht. Nach der Aktivierung ist nur noch eine Eingabe in ungeschützte Bereiche möglich.

Die Aufzeichnung beenden Sie, indem Sie in das Register *Ansicht* wechseln, das Kombinationssymbol *Makros* aufklappen und den entsprechenden Menüpunkt anwählen.

Ausführung eines Makros in Excel 2010

Um dieses Makro zu testen, müssen in einer anderen Tabelle dieser Mappe Formeln erstellt werden.

Makros lassen sich auf verschiedene Weise starten. Sie verwenden entweder die Tastenkombination, die Sie bei der Aufzeichnung festgelegt haben. Oder Sie lassen sich über das Register *Ansicht* vorhandene Makros anzeigen. Hier finden Sie dann auch die Schaltfläche zum Ausführen von Makros. Bevor noch eine dritte Variante vorgestellt wird, ist ein Blick in ein Makro über die Schaltfläche *Bearbeiten* interessant.

6. Gemeinsame Arbeitsweise im Office-Paket

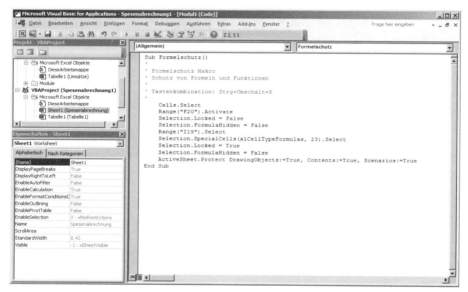

Entwicklungsumgebung von VBA.

Es öffnet sich ein eigenes Fenster, in dem der Programmcode in unterschiedlicher Farbe erscheint. Grün sind Kommentare, die beliebig angepasst werden können. Andere Änderungen sollte man nur mit Kenntnis und Vorsicht vornehmen. Sie können bei Fehleingabe zu einem Abbruch führen. Da es sich hierbei um eine vollständige Entwicklungsumgebung handelt, entfällt an dieser Stelle eine Beschreibung. Sie würde den Rahmen des Buches sprengen.

Auf eine Besonderheit muss hier noch hingewiesen werden. Makros führen schnell zu einem Fehler, wenn die Voraussetzungen nicht stimmen.

6.10 Aufzeichnungen und Makros verwenden

Das erstellte Beispielmakro funktioniert nur, wenn der Blattschutz aufgehoben ist. Wenn Sie also dieses Makro zweimal hintereinander ausführen, erhalten Sie eine Fehlermeldung.

Damit Ihnen das Makro erhalten bleibt, müssen Sie diese Excel-Mappe unter dem Dateityp *Excel-Arbeitsmappe mit Makros* speichern.

So vergeben Sie das aktuelle Datum für ein Tabellenblatt in Excel 2010

Aufgabe des nächsten Makros soll es sein, das aktuelle Datum zu ermitteln und dieses Datum als Bezeichnung für das aktuelle Tabellenblatt zu verwenden. Hier soll nicht mit einer Aufzeichnung gearbeitet werden, sondern das Makro soll direkt in den Editor eingegeben werden.

Starten Sie Excel 2010. Mit der Tastenkombination [Strg]+[F11] öffnet sich das Fenster für die Eingabe von VBA-Code.

Den äußeren Rahmen für ein Makro brauchen Sie nicht einzugeben. Wählen Sie stattdessen den Menüpunkt *Einfügen* und vergeben Sie als Namen *NameAusDatum*.

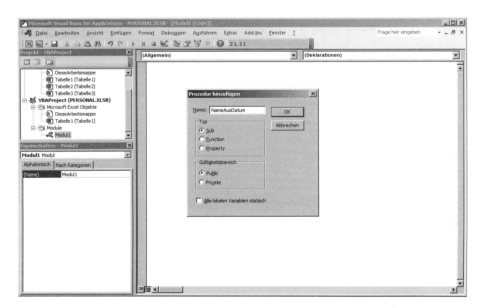

Sobald Sie mit *OK* bestätigen, haben Sie bereits den äußeren Rahmen. Die Schreibweise ähnelt den Funktionen in Excel. Am Ende des Makronamens befinden sich runde Klammern.

Geben Sie anschließend den folgenden Quellcode ein:

Code	Bedeutung
On Error GoTo ErrHandle	Für den Fall, dass das System einen Fehler produziert, soll das System zu der Sprungmarke mit dem Namen *ErrHandle* springen.
ActiveSheet.Name = Format(Now, "dd mmm yy")	Das aktuelle Tabellenblatt wird mit *ActiveSheet* angesprochen. Hinter der Objektbezeichnung folgen ein Punkt und die Eigenschaft *Name*, die man verändern möchte. Dem Namen wird dann das formatierte, aktuelle Datum zugewiesen.
MsgBox "Das Blatt wurde umbenannt"	Eine Erfolgsmeldung gibt einen Hinweis auf die Aktion.
Exit Sub	Nach erfolgreicher Aktion wird die Routine verlassen.
ErrHandle:	Es folgt die Sprungmarke für die Fehlerroutine mit einem Doppelpunkt.
MsgBox "Name wird in der Mappe schon verwendet!"	In einer Mappe darf es keine zwei Tabellen mit dem gleichen Namen geben. Für diesen Fall wird hier mit der Funktion *MsgBox* eine Fehlermeldung ausgegeben.

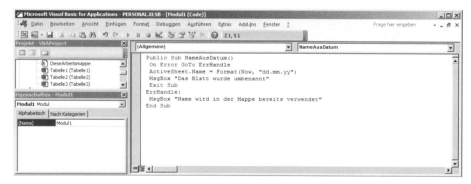

Fertiges Makro.

Sie können dieses Makro direkt in der Arbeitsumgebung testen, indem Sie die Taste [F11] drücken. Auf diese Weise wird das Makro schrittweise ausgeführt.

6.10 Aufzeichnungen und Makros verwenden

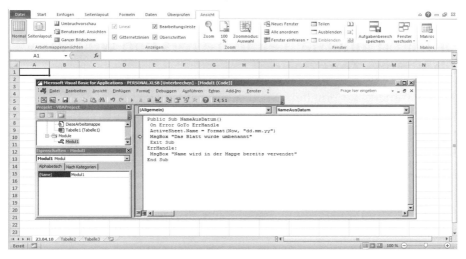

Schrittweise Ausführung eines Makros.

So lassen sich auch Fehler aufspüren.

Damit Sie auf dieses Makro in jeder Excel-Mappe zugreifen können, müssen Sie die Mappe unter dem Dateityp *Excel-Binärarbeitsmappe* abspeichern. Wenn Sie diesen Dateityp wählen, sollte das System in den Ordner *XLSTART* springen. Dieser Ordner ist ein Unterordner des Ordners *Excel* und wird für allgemeingültige Daten verwendet.

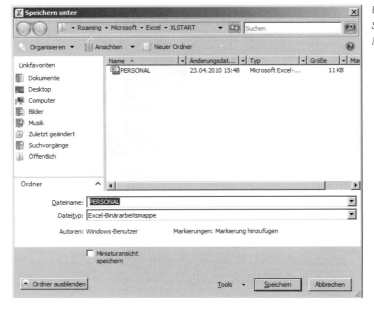

Übergreifender Speicherort für Makros.

Stellen Sie mit einem Makro fest, wie viele Grafiken innerhalb eines Textes und welche über dem Text liegen

Angenommen, Sie erhalten ein umfangreiches Dokument in Word und wollen feststellen, wie viele Grafiken in einen Text integriert sind und wie viele Grafiken sich über dem Text befinden. Der englische Fachbegriff lautet Shape und InlineShape.

Öffnen Sie ein Dokument und schreiben Sie =*rand()*. Sobald Sie ⌈Enter⌉ drücken, erscheinen drei Absätze mit Text. Auf diese Weise spart man sich die Eingabe von umfangreichem Text. Fügen Sie als Nächstes einige ClipArts in das Dokument ein. Diese positionieren Sie anschließend über oder im Text. Das erreichen Sie über das Symbol *Zeilenumbruch* im Register *Format*.

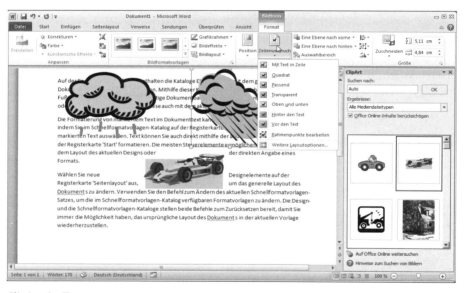

ClipArts im Text.

Dann können Sie den VBA-Editor öffnen. Auch in Word starten Sie ihn mit der Tastenkombination ⌈Alt⌉+⌈F11⌉. Fügen Sie hier eine neue Prozedur mit dem Namen *AnzahlBilder* ein und notieren Sie den folgenden Code:

6.10 Aufzeichnungen und Makros verwenden

Code	Bedeutung
Set Doc = ActiveDocument	Das aktuelle Dokument wird als Objekt der Variablen *Doc* zugewiesen. Diese Variable enthält anschließend alle Eigenschaften dieses Dokuments.
MsgBox "InlineShape = " & Doc.InlineShapes.Count & vbCr & "Shapes = " & Doc.Shapes.Count	Die Funktion *MsgBox* wird wieder für die Anzeige verwendet. Ihr wird ein String zugewiesen, der aus verschiedenen Bauteilen besteht, die mit dem Zeichen & verkettet werden. Reiner Text wird in Hochkommas geschrieben. Die Funktion *Count* zählt im Dokument die Anzahl der Grafiken mit der Eigenschaft *Shape* oder *InlineShape*.

```
Sub AnzahlBilder()
    Set Doc = ActiveDocument
    MsgBox "InlineShape = " & Doc.InlineShapes.Count & vbCr & "Shapes = " & Doc.Shapes.Count
End Sub
```

Makro zum Zählen von Grafiken im Text.

Führen Sie dieses Makro aus, und Sie erhalten einen Hinweis darauf, wie viele Grafiken sich über dem Dokument befinden und wie viele Bestandteil einer Zeile sind.

Ergebnis des Makros.

Speichern Sie dieses Beispiel unter dem Dateityp *Word-Dokument mit Makros*.

6.11 Updates: So halten Sie Ihr Office auf dem neusten Stand

Programme werden ständig weiterentwickelt und es empfiehlt sich, die eigenen Installationen mit Updates auf dem neusten Stand zu halten. Das ist auch damit zu begründen, dass mit Updates neben Neuerungen Schwächen ausgebügelt werden können.

Es gibt verschiedene Wege, um nach Updates zu suchen. Sie haben die Wahl zwischen einer eigenen, manuellen Suche und einer automatischen Suche im Hintergrund.

Die manuelle Suche lässt sich zum Beispiel über das Startmenü und den Befehl *Windows Update* starten.

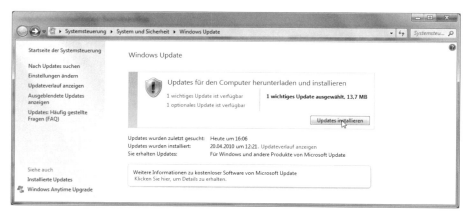

Suche nach Updates.

Wurden neue Updates gefunden, lassen sie sich sofort installieren. Vor der Installation können Sie sich aber auch erst einmal anzeigen lassen, um was es bei den Updates geht.

Wenn Ihnen das zu umständlich ist, können Sie auch eine Automatik aktivieren. Wählen Sie dazu im angezeigten Fenster den Link *Einstellungen ändern*.

6.11 Updates: So halten Sie Ihr Office auf dem neusten Stand

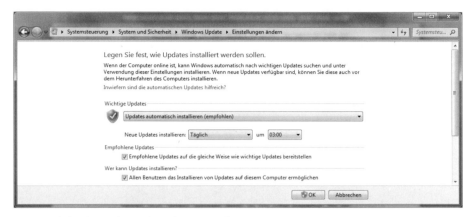

Automatik für die Suche nach Updates einstellen.

Hier lässt sich konfigurieren, wann und wie häufig nach Updates gesucht werden soll. Sie können auch bestimmen, ob Updates automatisch installiert werden sollen oder ob Sie gefundene Updates manuell selbst installieren wollen.

Stichwortverzeichnis

A

Abbildungsverzeichnis erstellen 232
Absatzformatvorlagen 102
Abschnitte 686
Abschnittgruppen 686
Abschnittswechsel 74
Abstimmungen 573f
    auswerten 576
    eigene Optionen anlegen 575
Access 294
Adressbuch 609
    Fehlermeldung bei Zugriff 614
    leer 614
Als Anlage senden 680
Als Tabelle formatieren 292
Änderungen nachverfolgen 184
Änderungsrechte im IRM zuweisen 702
Anmeldung an den IRM-Dienst 699
Ansicht
    Entwurf 26
    Gliederung 26
    nach Feldern gruppieren 563
    Register 26
    Seitenlayout 26
    sortieren 562
    Vollbild-Lesemodus 26
    vordefinierte 562
    Weblayout 26
Arbeitsmappe
    Berechtigungen festlegen 258
    Eigenschaften editieren 258
    Versionen verwalten 258
Arbeitszeiten berechnen 331
Archivdatei, Speicherort 590
Archive, Passwortschutz 593
Archivierung 589
Audiorecorder 538
Aufgaben 651
    einrichten 651
    erstellen 653
    Serien 654
    zuweisen 655
Aufgabenserien 654
Auflösung 219
Aufzählungen 82
Aufzählungszeichen 690
Aufzeichnung eines Makros 714
Auswahlbereich 25
AutoArchivierung 590, 601
    Einstellungen für Ordner 592
    Zeitraum festlegen 591
AutoAusfüllen 303
    Excel 261
    individuelle Listen 263
AutoText 56
AutoWiederherstellen-Information 242

B

Backstage 14
Backstage-Zentrale 257
Bedingte Formatierung 274
    Regeln 282
    Regeln erstellen 286
Belichtungsfähige Datei 236
Benutzte Formate abrufen 105
Berechtigungen mit IRM vergeben 701
Bereich
    benennen 309
    verschieben 320
Besprechungen 633, 641
Bildauflösung 219
Bildbearbeitung, PowerPoint 490
Bildeffekte, Bildausschnitt 495
Bilder
    bearbeiten 86
    zuschneiden 89
Bildschirmelemente (Word) 22
Bildschirmpräsentation
    Tastenkombinationen 421
Bildtools, Symbol Farbe 85
Bitmap-Bilddateien 217
Blind carbon copy (Bcc) 571, 622
Briefbogen
    besondere Gestaltungsmöglichkeiten ... 47
    Corporate Identity 42
    Firmeninformationen 43
    Firmenlogo 43
    gestalten 35
    Gestaltungstipps 42
    Kopf- und Fußzeile 44

Briefbogen
    Linie ziehen 41
    Loch- und Falzmarken 40
    nicht bedruckbarer Bereich 41
    Slogan 43
    stabiles Layout 44
    Umschläge drucken 50
Briefgestaltung, Geschäftsbrief 30
Briefkörper einrichten 49
Briefvorlage
    Faxpapier generieren 52
    gestalten 35
    Loch- und Falzmarken 40
    speichern 36

C

Cc 570
Character Separated Values 673, 696
ClipOrganizer 707
Corporate Identity 42

D

Datei 257
Dateiformat 26, 242
Dateimenü 14
Daten
    als Tabelle formatieren 277
    archivieren 589
    aufwendige Sortierung 378
    aus dem Web importieren 298
    ausblenden 374
    begrenzen 346
    Eingabeprüfung 346
    Fehleingaben abfangen 346
    freigeben mit OneNote 691
    komplexe Filter 377
    Überprüfung 346
Datenaustausch 242
Datenaustausch Excel/Access 675
Datenexport aus Access 673
Datenexport von Outlook-Kontakten 696
Datenimport in Outlook 692
Datenimport und -export 672
Datenquelle bearbeiten 59, 61
    Seriendruck 61
Datensatz überspringen wenn 66
Datentyp, von Bildern 218
Datenverknüpfung 672
Datum 129

Datum und Uhrzeit einfügen 31
Datum und Zeit
    AutoAusfüllen in Excel 262
    Format 327
    rechnen mit 327
    unterschiedliche Betriebssysteme 330
Datumswerte darstellen 270
Design erstellen 293
Dezimalkomma einfügen 251
Diagramme
    Abweichungen darstellen 367
    Balken 369
    Fehlerindikatoren darstellen 368
    in Word 159
    richtigen Typ auswählen 352
    Säulen 353
    Schnelllayout 353
    Trendlinien 360
    Typ ändern 354
Digitale ID 704
Digitale Zertifikate für VBA-Projekte 705
DIN-Norm 30
DIN-Norm 676 42
Dokumente
    als E-Mail-Anhang 679
    als Internetfax 680
    drucken 259
    durchsuchen 189
    durchsuchen und ersetzen 190
    Freigaben verwalten 260
    Grammatik überprüfen 182
    lange 189
    mehrseitige drucken 235
Dokumentschutz aktivieren 131
Dokumentvorlage 101, 114
    aktivieren 125
    Austausch zwischen 125
    Datum einfügen 129
    erstellen 116
    Felder erstellen 129
    integrierte 115
    Word 22
Dos & Don'ts für geschäftliche
    Korrespondenz 569
DOTX-Vorlage .... *siehe* Word-Vorlage
Drilldown-Funktionen 17
Drop-down-Formularfelder 137
Drucken
    auf Firmenpapier 235
    Probleme beheben 234
    Word 233

Druckfunktionen 98
Druckvorschau 259

E

Editor-Optionen 552
Eigenschaften 258
Einfügeoptionen 285
Einzüge messen 81
Elemente, alte archivieren 589
E-Mail
   Ablagesystem 594
   ablaufen lassen 601
   abrufen 566
   an Kontaktgruppe senden 621
   Anhänge 569
   archivieren 601
   aufräumen 608
   aus Word 240
   Ausdrucken verhindern 599
   automatisch beantworten 647
   beantworten 581
   Betreff 568
   drucken 582
   durchsuchen 595
   Empfänger verstecken 622
   erstellen und gestalten 567
   Format 568
   Formatprobleme 581
   ignorieren 598
   Kontenübersicht 547
   Konto einrichten 546
   Kopie und Blindkopie 570
   Kopieren verhindern 599
   Rechtschreibprüfung 553
   Senden-Empfangen-Gruppen 566
   Signaturen 579
   Spamfilter 607
   Suchordner 597
   Wichtigkeit 572
Endnoten 201
Entwicklertools 129
Etikettenbögen 161
Excel
   aufrunden 335
   Berechnungen durchführen 305
   Datenüberprüfung 346
   erste Schritte 246
   Fehlercodes 343
   Fehlerüberprüfung 342
   fortlaufende Rechnungsnummer 325

Excel
   individuell anpassen 250
   Kommentare verwenden 345
   Liste sortieren 333
   Operatoren 300
   Optionen 249
   Punkt- vor Strichrechnung 302
   Tastenkombinationen 252
Excel-Arbeitsmappe mit Makros 719
Excel-Tabellen in Word einbinden 158
Exchange 548
Externe Daten 676

F

Facebook 630
Falzen 174
Farbfoto 217
Farbtiefe 218
Fax-Assistent 240
Faxdokumente 240
Faxpapier
   Dokumentgerüst einrichten 55
   erstellen 52
   Grundregeln 52
   Logo anpassen 53
   Vorlage erstellen 54
   Vorlage gestalten 54
Fehleingaben abfangen 346
Fehlerüberprüfung 339
Feld in Pivot gruppieren 677
Filter
   komplexe 377
   Kriterien 379
   verwenden 374
Folie
   gestalten 457, 459ff, 466
   Hintergrund, Bildausschnitt 495
   Hintergrundmusik 540
   Konsistenz 457, 471
   Notfallfolien 424, 503, 515
Folienlayout
   Inhalt mit Überschrift 433, 441
Folienmaster 442
Formatierung
   bedingte 274
   bedingte Formatierungsregeln 282
   Regeltypen 286
   suchen und ersetzen 197
Formatvorlagen 101
   Ablageort 105

729

Stichwortverzeichnis

Formatvorlagen
  Absatz 102
  als Tabelle formatieren 277
  ändern 105
  automatisch aktualisieren 106
  Designschema 104
  Einstellungen einsehen 112
  erstellen 107
  löschen 113
  Tastenkombinationen 103
  verwenden 103
  Zeichen 102
Formel
  anzeigen 306
  manuell ausführen 307
  Matrix 304
  Mittelwert 306
  Operatoren 300
  Punkt- vor Strichrechnung 302
  Rangfolge 301
  Schreibweise 300
  Vergleichsoperator 300
Formelüberwachung 341
Formulare
  Drop-down-Felder 137
  interaktiv 127
Formularschutz 144
Freigaben verwalten 259
Funktion INDIREKT 325
Fußnoten 201
  kopieren und verschieben 203
Fußzeile 166

G

Geburtstagserinnerung 640
Gesprächsverlauf 583
GIF-Dateien 530
Gliederung, Überschriftebenen 428
Gliederungsansicht 26, 206
Gliederungsfunktion 205
Grafiken
  einfügen 216
  ersetzen 196
  verknüpfen 221
  Verknüpfungspfad ändern 221
  von Webseiten 490
Grammatikprüfung 182
Gültigkeitsprüfung
  in benachbarter Zelle 351

H

Handzettelmaster 443
Hintergrund
  Bildausschnitt 495
  Musik 540

I

IMAP 548
Import, Tabellen aus dem Web 295
Index 222
  formatieren 225
  manuell formatieren 226
  Shortcuts 226
Information 257
Inhalte einfügen 285
Inhaltsverzeichnis 222, 228, 230
  Abbildungsverzeichnis erstellen 232
  Formatvorlagen 228
  Spezialverzeichnisse erstellen 231
Initiale 84

J

Journal 663
  einrichten 663
  Einträge 665
JPEG-Dateien 217
Junk-E-Mail 607

K

Kalender 633
  anlegen 634
  Ansichten 634
  drucken 645
  Feiertage 554
  Freigaben 644
  nur private Termine anzeigen 635
  Office.com 644
  öffnen 634
  Optionen 553
  per E-Mail versenden 642
  Termin erstellen 638
  Überflüssiges löschen 638
  Zeitzonen 554
Kommentare 187
  anzeigen 188
  drucken 188

Kontakte 609
   Aktivitäten 625
   als Adressbuch einrichten 610
   anrufen 627
   doppelte finden 617
   Import & Export 628
   kategorisieren 627
   nach Nachnamen sortieren 612
   sortieren 612
   Telefonlisten 627
   Verteilerlisten 619
Kontaktgruppen 619f
   ändern 622
   anlegen 621
   automatisch aktualisieren 623
Kontextsensitiv 247
Kopf- und Fußzeile
   Briefbogen 44
   Elemente einfügen 46
   erste Seite anders 44
Kopfzeile 166
Korrekturzeichen 185

L

Layout clever gestalten 101
LDAP 615
Lesbarkeit 172
Lesebestätigung 573
Letzte Änderungen anzeigen 691
Lineal 77
Linien 83
Liste sortieren 333
Loch- und Falzmarken 40

M

Mailen aus Word 240
Makros 713
Makros, Word 132
Marginalbemerkungen 108
Markieren, lange Textabschnitte 200
Master
   Notizen 443
   schnelles Umschalten 444
Master- und Unterdokumente 211
Matrixformel 304
Matrixformel, Syntax 305
Media Player 538
Microsoft Office Online 34
Mittelwert 306

Multifunktionsleiste
   Entwicklertools 129
   Word 23

N

Namen verketten 315
Namenfeld in Excel 692
Namensschilder 163
Navigationsbereich, Schrift anpassen 565
Netzwerke, soziale 630
Neue Notizbücher anlegen 686
Nicht abgelegte Notizen 688
Nicht bedruckbarer Bereich 41
Notizcontainer 688
Notizen 666
   erstellen 666
   umwandeln 667
   weiterleiten 667
Notizenmaster 443
Nummerierungen 82

O

Office Mobile 15
Office Web Apps 15
Offsetdruck 236
OneNote 686
OneNote und Outlook 688
Onlinefreigabe 679
Operatoren
   Bereich 303
   Schnittmengen 303
   Vereinigung 303
Optionen für Tabellenformat 278
Ordnerleiste 561
Ordnerrücken 163
Outlook
   anpassen 551
   Aufgaben 651
   Backup 603
   Briefpapier 571
   Datendatei 549
   Editor-Optionen 552
   E-Mail-Ordner 584
   Journal 663
   Kalender 633
   Kategorisierung 583
   Kontakte 609
   Layoutbereiche 545
   mehrere Benutzer 556

Outlook
   Notizen 666
   Oberfläche 544
   Outlook Heute 550
   Personenbereich 626
   PST 549
   QuickSteps 586
   Rechtschreibprüfung 553
   RSS-Feeds 661
   Schnellbausteine 577
   Shortcuts 549
   Sicherheit 555
   Unterhaltungen 583
   Unterhaltungen abweisen 598
Outlook Social Connector (OSC) 18, 631

P

Personenbereich 626
Pivot-Tabelle 676
PivotTable-Bericht 676
POP3 547
Positionsrahmen 109
PostScript 238
PowerPoint
   Grafikbearbeitung 490
   Hintergrundmusik 540
   vertonen 537
   Präsentation
      Aufbau 432
      Hintergrundmusik 540
      Notfallfolien 424, 503, 515
      planen 424f
      Titelfolie 432
      vertonen 537
      Zielgruppe und Botschaft 424f
Programmhilfe 248

Q

QuickSteps 17, 586

R

Rahmen 83
Rahmen entfernen 39
Recherchieren 182
Rechnen in Word-Tabellen 139, 157
   Mehrwertsteuer 142
   multiplizieren 141
Rechnungsformular 133

Rechnungsnummer, fortlaufende
   vergeben 325
Rechtschreibprüfung 175
   anhalten 179
   automatisch 176
   Funktionalität 176
   per Kontextmenü 177
   Wörterbücher bearbeiten 179
   Wortwiederholungen löschen 179
Regel-Assistent 585
Register Ansicht 26
Register Datei 22
Reports 385
Restzeit berechnen 337
Ribbon
   Befehle finden 558
   Symbolleiste für den Schnellzugriff 560
   Word 23
RIP 238
RSS-Feeds 661
RSS-Feeds abonnieren 662
Rundschreiben 624

S

Satzprogramm 236
Schattierung 83
Schnellformatierung 269
Schnellklick 584
Schnellzugriff 560
Schnellzugriffleiste anpassen 249
Schriftart
   eingebettet 239
   Gestaltungstipps 42
Schriften einbetten 238, 243
Screenshot-Funktion 16
Seite einrichten 165, 233
Seitengestaltung
   Schnellbausteine 56
   Unterschrift einfügen 57
Seitenlayout, Ansicht 26
Seitenrahmen 48
Seitenränder 48
Seitenränder, benutzerdefiniert 31, 49
Seitenversionen in OneNote 691
Sepiaeffekt 85
Serienbrief 58
   einrichten 60
   mit Regeln 64
Seriendokumente 58

Stichwortverzeichnis

Seriendruck 58
   Daten aus Outlook importieren 72
   Datenquelle 59
   Datensatz überspringen wenn 66
   Empfänger 61
   Fehler vermeiden 64
   Felder einfügen 62
   mit persönlicher Note 68
Seriendruckempfänger 61
Seriendruckfelder 62
Serientermine 640
SharePoint-Server 259
Shortcuts
   Outlook 549
   PowerPoint 420
   Word 27
Sicherungskopie 241
Signaturen 579
SkyDrive 259
Social Network 627
Solver
   Ergebnisse 384
   Modell 385
   Szenario erstellen 383
Sonderzeichen einfügen 39
Sortierungen 562
Soziale Netzwerke 18, 630
   Facebook 630
   in Outlook 630
   in Outlook hinzufügen 632
   Outlook Connector installieren 631
Spalte
   Breite ändern 267
   Entwurfsansicht 74
   Formatierung ändern 76
Spaltenabstand 168
Spaltenanzahl 73
Spaltensatz 73
   Spaltenbreite 75
   Übernehmen für 76
Spaltenumbrüche 171
Spam 607
Sparklines 16, 358
Speichern von Daten in OneNote 689
Speicherort ändern 240
Stabiles Layout 44
Standard-Briefformate 37
Standard-E-Mail-Programm 551
Statusbericht 655
Stellvertreter einrichten 649
Steuerzeichen 194

Stichwörter 222
Stripeset 292
Suchen
   Absatzformate 199
   Mustervergleich/Platzhalterzeichen 192
   Operatoren 195
   Platzhalterzeichen 193
   Schaltfläche 200
Suchfunktionen, Word 189
Suchordner 597
SVERWEIS 319
Syntax 300
Szenario-Manager 385
   Bericht 389
   Werte 388

T

Tabelle
   aus Text erstellen 156
   erzeugen 145
   formatieren 150
   im Notizcontainer 688
   in PowerPoint-Folie einfügen 510
   in Text umwandeln 156
   markieren 152
   mehrere Spalten und Zeilen ändern 267
   Optionen für Tabellenformat 278
   Spalten und Zellen einfügen 154
   verschachteln 147
   Werte mit Farbbalken hervorheben 280
   Werte mit Symbolsätzen hervorheben 281
   Word 145
Tabellenbestandteile löschen 154
Tabellendokument erstellen 258
Tabellenformatvorlage erstellen 291
Tabellenteile markieren 151
Tabstopps 78
Tabstopp-Typen 80
Tabstopp-Zeichen anzeigen 77
Tabulatoren 77
TAGE360 337
Tastenkombinationen
   Ansichtswechsel 253
   Berechnungen und Überprüfungen 256
   Datums- und Zeitformate 256
   Excel 252
   Markieren 257
   Navigation in einer Tabelle 255
   oft verwendete Funktionen 253
   Outlook 549

Tastenkombinationen
    PowerPoint 420
    Tabelle bearbeiten 254
    Word 27
    Zahlenformate 255
Termine 633
    löschen 640
    private 635
    verschieben 640
Textbausteine 56
Textdatei 673
Texte
    für Überarbeitung schützen 186
    kommentieren 187
    redaktionell bearbeiten 183
    überarbeiten 175
    Urheberschaft 187
Textfelder 236
Textmarken 199
Textspalten 167
Thesaurus 182
Tintenstrahldrucker 166
Tischkärtchen 163

U

Überarbeitungen annehmen oder
    ablehnen 185
Überschriftebenen 428
Umbruch 171
Umfragen 574
    anlegen 574
    Genehmigt/Abgelehnt 574
Umsätze in einem Quartal errechnen 335
Umschläge drucken 50
Unterdokumente 212
Unterschrift in Dokumente einfügen 57
Urlaub, Stellvertreter einrichten 649

V

VBA 705
Verzeichnis 231
Video konvertieren 530
Visitenkarte 163, 571
    mit Word ausdrucken 100
    mit Word entwerfen 91
Visual Basic for Applications 713
Vollbild-Lesemodus 26
Vordefinierte Felder zuordnen 694
Vorgabetexte 135

Vorlagen 126
    löschen 444
    verwenden 258
Vorschaufenster
    Textgröße anpassen 564

W

Wasserzeichen 48
Weblayout, Ansicht 26
Werte
    AutoAusfüllen 261
    einfärben 271
    Farbbalken 280
    hervorheben mit Farbbalken 280
    hervorheben mit Symbolsätzen 281
Windows Live ID 681
Windows Live SkyDrive 680
Word
    Benutzeroberfläche 23
    besondere Gestaltungsmöglichkeiten 47
    Bildbearbeitung 220
    Diagramme 159
    Dokumentvorlagen 22, 101
    DTP 47
    Einzüge 81
    erste Schritte 22
    Formatvorlage 101
    Linien 83
    Makro aufzeichnen 132
    Multifunktionsleiste 23
    Rahmen 83
    Ribbon 23
    Schattierungen 83
    Seitenrahmen 48
    Shortcuts 27
    Spaltensatz 73
    Tabellen erzeugen 145
    Tabellen in Form bringen 147
    Tabellen verschachteln 147
    Tabulatoren 77
    Visitenkarten entwerfen 91
    vorgefertigte Anschreiben 34
    Wasserzeichen 48
WordArt-Katalog 89
Word-Dokument als Datenquelle 59
Word-Versionen 242
Word-Vorlage 36
Wörter einrahmen 84
Wörterbücher bearbeiten 179

734

X

XML-Features 251

Z

Zahlenformate
- als Währung darstellen 270
- benutzerdefiniert 326
- benutzerdefinierte Formatierung 273
- Buchhaltung 272
- Codes 273
- Datum und Zeit 328
- löschen 274
- Währung 272

Zeichenformatvorlagen 102
Zeichenmodus sperren 466f
Zeilen, Höhe ändern 267
Zeilenlänge 172
Zeilenumbruch 722
Zeitmanagement 656
Zellbezüge
- festlegen 307
- relativ und absolut 307

Zellen
- als Text formatieren 271
- Datumswerte darstellen 270
- formatieren 271
- Formatvorlage 275
- markieren 270
- Sonderformate 271
- Spuren verfolgen 342
- teilen 136
- verbinden 268
- Währung darstellen 270
- Werte einfärben 271
- Zahlenformate festlegen 270
- zentrieren 268
- zusammenfassen 268

Zellenformatvorlagen 275
- erstellen 292
- verwenden 289

Zielwertsuche 380
Zuletzt verwendet 258
Zuschneiden, Bild 89
Zweitonbild 86
Zwischenablage nutzen 285

▶▶ Setzen Sie Windows 7 reibungslos in der Praxis ein!

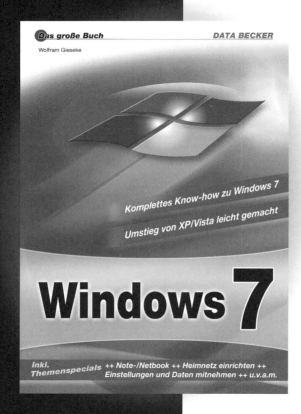

Gieseke
Das große Buch Windows 7
736 Seiten, € 19,95
ISBN 978-3-8158-3031-4

nur € 19,95

Wenn Sie Windows 7 möglichst sofort problemlos nutzen möchten, werden Sie dieses umfassende Nachschlagewerk schnell zu schätzen wissen.

In angenehmer, leicht verständlicher Sprache wird Ihnen alles vermittelt, was Sie zu Windows 7 wissen müssen. Das große Buch kommt stets sofort auf den Punkt und stellt Ihnen direkt einsetzbare Rezepte, Workshops und Problemlösungen zur Verfügung.

Zu wichtigen Themen erhalten Windows XP-Umsteiger weiterführende Informationen. Abgerundet wird das Standardwerk für preisbewusste Anwender durch zahlreiche Tipps, spannende Themen-Specials und alltagstaugliches Troubleshooting.

- *Umstieg von Windows XP/Vista leicht gemacht*
- *Das komplette Praxis-Wissen zum neuen Windows 7*
- *Windows 7 individuell installieren und einrichten*
- *Themen-Specials zu Netzwerk Datenübernahme u.v.m.*

DATA BECKER

Gratis-Leseprobe und Inhaltsverzeichnis: www.databecker.de